Die Verwaltung

der

Preußischen Staats-Eisenbahnen

und der

unter Staats-Verwaltung stehenden Privatbahnen

in finanzieller Beziehung.

Handbuch für Eisenbahn-Beamte

von

H. Kosub,
Geheimer exped. Secretair und Calculator.

Berlin und Leipzig.
Verlag von J. Guttentag.
(D. Collin.)
1880.

Vorrede.

Bei Ausarbeitung des vorliegenden Werkes hat mich die Absicht geleitet, eine möglichst vollständige und übersichtliche Darstellung der auf die Verwaltung der Staatseisenbahnen und der unter Staatsverwaltung stehenden Privatbahnen in finanzieller Beziehung Bezug habenden Normen — der einschlägigen gesetzlichen Bestimmungen und Verwaltungsvorschriften — zu geben.

Es entspricht dies gewiß um so mehr einem Bedürfniß, als mit Einführung des Normalbuchungs-Formulars vom 1. April 1880 ab im Etats- und Rechnungswesen der Eisenbahnen neue Gesichtspunkte zur Geltung kommen, welche hier schon Berücksichtigung finden konnten.

Soweit dieser Zweig von mir in einem früheren Handbuche — das Kassen- und Rechnungswesen — zur Anschauung gebracht worden ist, würde sonach eine Umarbeitung des Werkes an und für sich geboten gewesen sein. Im Uebrigen konnte sich meine frühere Ausarbeitung nur auf die Einrichtungen bei einer unter Staatsverwaltung stehenden Eisenbahn stützen, wobei nicht zu vermeiden war, daß Bestimmungen aufgenommen wurden, welche nur auf diese Verwaltung Anwendung fanden. Dergleichen Bestimmungen sind in dem vorliegenden Werke, welches vom Standpuncte der Staatsbahnen ausgehend, doch die unter Staatsverwaltung stehenden Bahnen nicht aus dem Auge läßt, nicht enthalten.

Aber nicht nur die auf das Etats-, Kassen- und Rechnungswesen speciell Bezug habenden Bestimmungen haben wesentliche Aenderungen erfahren, sondern auch Gesetze, Verordnungen ꝛc., welche in meinem „Kassen- und Rechnungswesen“ Aufnahme gefunden, sind geändert bezw. durch andere ersetzt oder erweitert worden und mußten sonach ergänzt werden. Die aufgenommenen Gesetze und Verordnungen sind solche, welche bei den Eisenbahnen unausgesetzt zur Anwendung kommen. Das Werk wird sich daher in jeder Beziehung als zweckmäßiges Nachschlagebuch empfehlen.

Um der Ausführung im Eingange dieser Vorrede zu entsprechen, habe ich schließlich neue Materien aufgenommen und hoffe damit die Nützlichkeit des Buches erhöht zu haben. Namentlich glaubte ich, nachdem die Dienstvorschriften für die Beförderung von Personen, Reisegepäck 2c., sowie von Gütern einheitliche geworden, diese aber den Büreaubeamten nicht immer zugängig sind, die Kenntniß derselben jedoch — namentlich bei etwa noch abzulegendem Examen — immerhin erforderlich ist, solche wenigstens im Auszuge aufnehmen zu sollen.

Für diejenigen Herren Beamten, welche bei den jetzt zur Verstaatlichung kommenden Privatbahnen beschäftigt sind, wird das vorliegende Werk, wie ich annehmen kann, ein erwünschter Rathgeber für den Uebergang in den neuen Geschäftsgang sein.

Berlin, im Januar 1880.

Der Verfasser.

Inhaltsverzeichniß.

Nachtrag.

Berichtigungen, bezw. während des Drucks eingetretene Aenderungen.

1. Die Zulage für Abtheilungs-Dirigenten der Eisenbahn-Directionen ist unter Titel 1 Pos. 2 der Ausgabe des Special-Betriebs-Etats (cfr. Seite 36) in folgender Art nachzuweisen:

x Mitglieder der Direction (darunter x Abtheilungs-Dirigenten) von .... ℳ bis .... ℳ,
durchschnittlich .... ℳ . . . . = ... ℳ
Zulage für x Abtheilungs-Dirigenten à ... ℳ . . . . = ... ℳ

2. Unter Titel 1 der Ausgabe, Pos. 3 (cfr. Seite 36) ist statt „etatsmäßige Hülfsarbeiter der Betriebsämter" zu setzen „ständige ꝛc."

Als Stellen für ständige Hülfsarbeiter sind alle Stellen derjenigen Inspectoren (Bau-, Betriebs-, Maschinen- ꝛc.) aufzunehmen, welche bei den bisherigen Eisenbahn-Commissionen als Hülfsarbeiter fungirt haben, bezw. in den zukünftigen Betriebsämtern fungiren sollen.

Die Stellen der innerhalb der Directionen fungirenden Inspectoren und der Bauinspectoren, welche als Vorsteher von selbstständigen Baukreisen fungiren, sind als solche aufzunehmen.

Ebenso sind die Stellen der Maschinenmeister, auch wenn dieselben als Hülfsarbeiter der Eisenbahn-Commissionen fungirt haben bezw. als Hülfsarbeiter der künftigen Betriebsämter fungiren sollen, vorläufig als Maschinenmeister-Stellen aufzunehmen.

3. Unter den Ausgabe-Titel 1 — Seite 36 — ist zu setzen: Die Stellen und Gehälter der unter Titel 1 aufgeführten Beamten, mit Ausnahme des Präsidenten und Vorsitzenden der Directionen, übertragen sich bei sämmtlichen Staatsbahnen und für Rechnung des Staats verwalteten Bahnen gegenseitig innerhalb derselben Kategorie.

4. Titel 2 Pos. 5 der Ausgabe des neuen Etats-Schemas (cfr. Seite 38) ist zu ändern in: „Betriebs- und Verkehrs-Controleure von ꝛc."

5. Seite 8 Zeile 17 von oben lies: Kapitel, anstatt Kapital.

6. Seite 9 Zeile 11 von oben lies: diesbezüglichen, anstatt dies bezüglichen.

7. Seite 15 fällt bei III. am Ende der zweiten Zeile der Punkt weg, und bei IIIc. tritt am Schlusse der Parenthese an Stelle des : ein ;.

Vorbemerkung.

Mit Rücksicht darauf, daß das vorliegende Werk zum großen Theile Bestimmungen enthält, welche von dem Ministerium für Handel, Gewerbe und öffentliche Arbeiten ausgegangen sind, wird bemerkt, daß die Eisenbahnverwaltung bis Ende März 1879 mit diesem Ministerium vereinigt war, bezw. von diesem ressortirte.

Mittelst Cabinetsordre vom 7. August 1878, betreffend die anderweite Ordnung der Geschäftskreise mehrerer Ministerien ist jedoch auf den Bericht des Staats-Ministeriums Allerhöchst genehmigt worden, daß

a) die Verwaltung der Angelegenheiten von Handel und Gewerbe von dem Ministerium für Handel, Gewerbe und öffentliche Arbeiten getrennt und für dieselbe ein eigenes „Ministerium für Handel und Gewerbe" gebildet werde;

b) die Verwaltung der übrigen, bisher im Ministerium für Handel, Gewerbe und öffentliche Arbeiten vereinigten Verwaltungszweige in diesem Ministerium, welches demnächst die Bezeichnung „Ministerium der öffentlichen Arbeiten" zu führen hat, verbleibe.

In Verfolg dieser Ordre ist mittelst weiterer Allerhöchster Ordre vom 14. October 1878 die Ueberweisung des technischen Unterrichtswesens, soweit dasselbe mit der Handels- und Gewerbe-Verwaltung verbunden war, jedoch mit Ausnahme des Navigationsschulwesens, an den Herrn Minister der geistlichen-, Unterrichts- und Medicinal-Angelegenheiten genehmigt worden.

Zur Ausführung dieser Erlasse ist Seitens des damaligen Herrn Ministers für Handel, Gewerbe und öffentliche Arbeiten, jetzigen Herrn Ministers der öffentlichen Arbeiten, folgende Bekanntmachung ergangen:

Mit Bezugnahme auf die Allerhöchsten Cabinetsordres vom 7. August und vom 14. October v. J. betreffend Aenderungen in den Ressortverhältnissen mehrerer Ministerien (Ges.-S. 1879 S. 25 und 26) bringe ich zur öffentlichen Kenntniß, daß Berichte, Gesuche und Eingaben, welche bisher an den Minister für Handel, Gewerbe und öffentliche Arbeiten zu richten waren, vom 1. April d. J. ab, 1) in Angelegenheiten, welche sich auf das gewerbliche Unterrichtswesen, ausschließlich des Navigationsschulwesens, und an die zur Hebung des Kunstgewerbes bestimmten Anstalten beziehen, zu denen auch die Königliche Porzellan-Manufactur gehört, an den Herrn „Minister der geistlichen-, Unterrichts- und Medicinal-Angelegenheiten", 2) in Sachen, welche sich auf „Handel und Gewerbe" beziehen, soweit sie nicht unter die Nr. 1 fallen, an den Herrn „Minister für Handel und Gewerbe", 3) in den zu 1 und 2 nicht genannten Sachen, nämlich in den Angelegenheiten des Bauwesens und des Eisenbahnwesens, sowie in den zum Geschäftsbereiche der Verwaltung des Berg-, Hütten- und Salinenwesens gehörigen Angelegenheiten an den „Minister der öffentlichen Arbeiten" zu richten sind. Die Behörden werden angewiesen, hiernach zu verfahren.

Berlin, den 18. März 1879.

Der Minister für Handel, Gewerbe und öffentliche Arbeiten.

gez. **Maybach.**

Im Weiteren bleibt zu bemerken, daß mit dem 1. April 1880 eine anderweite Organisation der Eisenbahnen eintritt. Von da ab werden an Stelle der bestehenden Eisenbahn-Commissionen — Eisenbahn-Betriebsämter und demgemäß an Stelle der Eisenbahn-Commissions-Kassen — Betriebs-Kassen treten.

Diese Aenderungen haben in dem neuen, mit dem 1. April 1880 einzuführenden Etatsschema, welches in diesem Werke bereits enthalten ist, durch Aufnahme entsprechender Stellen, als: Betriebs-Directoren, etatsmäßige (bezw. ständige —, cfr. Seite X) Hülfsarbeiter der Betriebsämter (Seite 36) und Betriebskassen-Rendanten (Seite 38) ꝛc., Ausdruck gefunden; während an Stelle der bisherigen Vorsitzenden der Eisenbahn-Directionen je ein Präsident derselben tritt. Diese Bezeichnungen werden mit Eintritt der neuen Organisation überall da, wo die bisherigen Benennungen noch Anwendung gefunden haben, an deren Stelle treten müssen.

Einleitung.

Für die Verwaltung und Beaufsichtigung der preußischen Eisenbahnen bestehen in dem Ministerium der öffentlichen Arbeiten zwei Abtheilungen: Eine für die Verwaltung der Staatsbahnen und der unter Staatsverwaltung stehenden Privatbahnen, und Eine für Beaufsichtigung der Privatbahnen unter Privat-Directionen.

In Bezug auf die Verwaltung der Einnahmen und Ausgaben der Staats-Eisenbahnen sind neben den ergangenen Specialbestimmungen im Allgemeinen dieselben Gesetze, Verordnungen 2c. maßgebend, welche für die Verwaltung der übrigen Kassen des Staates gegeben sind.

Die unter der Verwaltung des Staates stehenden Privat-Eisenbahnen werden zwar nach denselben Grundsätzen wie die Staatsbahnen verwaltet, doch kommen für dieselben nebenbei die Bestimmungen der bei ihrer Gründung festgestellten und staatlich genehmigten Statuten, sowie die etwa ergangenen Nachträge zu denselben wesentlich mit in Betracht.

Für die Staatsbahnen finden wir die Verwaltungsnormen zunächst in der Verfassungs-Urkunde für den preußischen Staat vom 31. Januar 1850, Titel VIII. Artikel 99, wonach alle Einnahmen und Ausgaben des Staates für jedes Jahr im Voraus veranschlagt und auf den Staatshaushalts-Etat gebracht werden müssen.

Es ist selbstverständlich, daß die Einnahmen und Ausgaben des Staates auch vordem durch Etats veranschlagt worden sind, denn ohne solche würde eine ordnungsmäßige Verwaltung nirgends möglich sein. Die Gründung des Etats für die preußischen Staatsbahnen ist auf den Allerhöchsten Erlaß König Friedrich Wilhelm IV. vom 31. December 1842 an den Staats- und Finanz-Minister v. Bodelschwingh zurückzuführen, durch welchen dieser auf seinen Antrag ermächtigt wird, zur Förderung der Eisenbahn-Bauten die Summe von 500 000 Thalern in den Etat der General-Staats-Kasse für das Jahr 1843 aufzunehmen, und ferner die Kosten der technischen

Vorarbeiten für die in Betracht kommenden Eisenbahn-Unternehmungen auf den etatsmäßigen Fonds anzuweisen.

Wie mächtig der Aufschwung ist, welchen das Eisenbahnwesen seitdem genommen, ergiebt die Eisenbahnstatistik. Danach haben bis Ende 1877 für preußische Staatsbahnen 1253 Millionen Mark, für die unter Verwaltung des Staats stehenden Privatbahnen 1053 Millionen Mark und für die übrigen preußischen Privatbahnen 2404 Millionen Mark Verwendung gefunden.

Die Einrichtung förmlicher Etats für sämmtliche Staats-Eisenbahnen hat jedoch, wie sich aus dem folgenden Erlaß der Herren Minister für Handel, Gewerbe und öffentliche Arbeiten und der Finanzen vom 31. October 1853 ergiebt, erst mit dem Jahre 1853 begonnen.

Seitdem sind die Eisenbahn-Etats in der äußeren Form mehr und mehr erweitert worden, auch waren für die Aufstellung derselben den preußischen Staats- und den unter Staats-Verwaltung stehenden Privat-Eisenbahnen von dem Königlichen Ministerium schon seit Jahren gleiche Normen und Schematas gegeben; es stellte sich aber längst das Bedürfniß nach möglichst einheitlicher Gestaltung der Etats aller deutschen Eisenbahn-Verwaltungen heraus, denn da die Einrichtung derselben die Grundlage für die gesammte Buchführung und Rechnungslegung bildet, so erschwerte die Verschiedenartigkeit hierin die Aufstellung der, sämmtliche deutsche Eisenbahn-Verwaltungen umfassenden vergleichenden Statistik über die finanziellen Ergebnisse derselben, deren Nutzen überall anerkannt ist, nicht unerheblich.

Wenn nun auch die Einführung ganz gleicher Etats in diesem Umfange mit Rücksicht auf die abweichenden Einrichtungen bei den einzelnen Staaten und die Verschiedenartigkeit der Verhältnisse mancher Bahnen nicht angängig sein mochte, so war doch das Bestreben darauf gerichtet, bei der Buchung der Einnahmen und Ausgaben überall nach gleichen Grundsätzen zu verfahren, bezw. die einheitliche Gruppirung derselben durch Normal-Formulare festzustellen.

Es haben daher schon seit längerer Zeit von Vertretern sämmtlicher deutschen Bahnen — aller Staats-, Reichs- und Privatbahnen — Berathungen über diesen Gegenstand stattgefunden, die nunmehr zum Abschluß gekommen sind und thatsächlich die Annahme eines

Normal-Buchungs-Formulars

für alle deutschen Eisenbahn-Verwaltungen zum Ergebniß hatten. Dasselbe ist der

Buchung der Einnahmen und Ausgaben überall mindestens so weit zu Grunde zu legen, daß danach ziffermäßig richtige und im Einzelnen controlirbare Auszüge gegeben werden können.

Mit Einführung dieses Normal-Buchungs-Formulars — mit welcher sich in Preußen außer dem Eingangs erwähnten Ministerium auch das Königliche Finanz-Ministerium und die Königliche Ober-Rechnungs-Kammer einverstanden erklärt haben, und welches bei den preußischen Staatsbahnen bereits dem Etat für das Rechnungsjahr vom 1. April 1880/81 zu Grunde gelegt werden soll — beginnt in dem Kassen- und Rechnungswesen sowie in der Statistik der Eisenbahnen ein neuer Zeitabschnitt.

Dasselbe wird daher in Verbindung mit dem in dem Königl. Ministerium danach neu entworfenen bezw. definitiv festgestellten Etatsschema nebst den für die Buchungen 2c. gegebenen speciellen Erläuterungen, wie diese aus den Berathungen über das Normal-Buchungs-Formular hervorgegangen, hier angemessen eine Stelle finden, denn es wird für jeden Eisenbahn-Beamten von Interesse sein, die Grundsätze kennen zu lernen, nach denen die Einnahmen und Ausgaben veranschlagt und demnächst verbucht werden sollen, sei es, daß er die richtige Anwendung derselben zu überwachen hat, oder als Rechnungs- oder Kassen-Beamter danach verfahren muß. Nur dann, wenn diese Grundsätze überall richtiges Verständniß gefunden, wird erreicht werden, was mit dem Normal-Buchungs-Formular beabsichtigt ist: eine richtige Darstellung der finanziellen Betriebs-Ergebnisse sämmtlicher deutschen Eisenbahnen.

Außer dem Eingangs erwähnten Artikel 99 der **Verfassungs-Urkunde** kommen hier noch folgende Artikel derselben in Betracht:

Artikel 103.

Die Aufnahme von Anleihen für die Staats-Kasse findet nur auf Grund eines Gesetzes statt. Dasselbe gilt von der Uebernahme von Garantieen zu Lasten des Staates.

Artikel 104.

Zu Etats-Ueberschreitungen ist die Genehmigung der Kammern erforderlich.

Die Rechnungen über den Staatshaushalts-Etat werden von der Ober-Rechnungs-Kammer geprüft und festgestellt. Die allgemeine Rechnung über den Staatshaushalt jeden Jahres, einschließlich einer Uebersicht der Staatsschulden, wird mit den Bemerkungen der Ober-Rechnungs-Kammer zur Entlastung der Staats-Regierungen den Kammern vorgelegt.

Ein besonderes Gesetz wird die Einrichtung und die Befugnisse der Ober-Rechnungs-Kammer bestimmen.

Das letztbezeichnete Gesetz ist unterm 27. März 1872 ergangen. Dieses sowohl wie der Allerhöchste Erlaß vom 22. September 1873, betreffend das Regulativ über den Geschäftsgang bei der Ober-Rechnungs-Kammer, sowie die Instruction für die Ober-Rechnungs-Kammer vom 18. December 1824 regeln zugleich das Verhältniß der Staatsbehörden und der Staatskassen gegenüber der Königlichen Ober-Rechnungs-Kammer. Diese Bestimmungen haben daher — so weit erforderlich — hier an entsprechender Stelle nebst einigen Erläuterungen Aufnahme gefunden[1]).

Aus dem nachfolgenden Erlaß ergiebt sich ferner das Verhältniß der Eisenbahn-Haupt-Kassen gegenüber der General-Staats-Kasse[2]).

[1]) Das Regulativ ist hier nicht aufgenommen, vielmehr an entsprechender Stelle nur darauf verwiesen, da dasselbe nicht ein allgemeines Interesse hat.

[2]) Die Eisenbahn-Commissions-Kassen stehen mit der General-Staats-Kasse nicht direkt in Verkehr.

Erlaß des Herrn Ministers für Handel, Gewerbe und öffentliche Arbeiten und des Herrn Finanz-Ministers an sämmtliche Königliche Staats-Eisenbahn-Directionen vom 31. October 1853.

Nachdem mit dem laufenden Jahre die Aufstellung förmlicher Etats für sämmtliche Staats-Eisenbahnen begonnen hat und die Schlußsummen der Einnahme und Ausgabe dieser Etats vorschriftsmäßig in den Staatshaushalts-Etat und in den Etat der General-Staats-Kasse über die Eisenbahn-Verwaltung übernommen sind, ist es erforderlich, daß in den von der General-Staats-Kasse zu legenden, die Eisenbahn-Verwaltung betreffenden Jahres-Rechnungen auch die im Laufe des Jahres bei den Staats-Eisenbahn-Hauptkassen wirklich stattgefundenen Einnahmen und Ausgaben summarisch zum Nachweise gebracht werden. Zu diesem Behufe wird den Königlichen Directionen Folgendes eröffnet:

Die Staats-Eisenbahn-Hauptkassen haben am Schlusse jeden Quartals den Betrag

der Ist-Einnahme,
der Einnahme-Reste,
der Ist-Ausgabe und
der Ausgabe-Reste

der General-Staats-Kasse summarisch zu deklariren[1]) und den Betrag, um welchen die Ist-Einnahme die Ist-Ausgabe übersteigt, an die letztere baar abzuführen.

In den Fällen, wo die Hauptkassen der Staats-Eisenbahnen nicht die nöthigen Geldmittel besitzen, um die zu Anfange des folgenden Quartals zu leistenden Ausgaben zu bestreiten, kann der hierzu erforderliche Betrag zwar zurückbehalten, es muß dies aber, unter Angabe der Summe, in dem Lieferzettel und in dem Abschlusse bemerkt werden.

Zwischen der General-Staats-Kasse und den Hauptkassen der Staats-Eisenbahnen findet, wie hierbei bemerkt wird, künftig unmittelbarer Verkehr statt.

Bis zum Jahresschlusse müssen der General-Staats-Kasse die gesammten Einnahmen und Ausgaben der Staats-Eisenbahn-Hauptkassen einschließlich der Reste vollständig deklarirt resp. abgeliefert werden, so daß der Final-Abschluß der betreffen-

---

[1]) Der vierteljährigen Deklarationen ungeachtet, hat die Haupt-Kasse ihre disponiblen Bestände schon im Laufe des Quartals an die General-Staats-Kasse abzuführen und niemals Gelder über das jedesmalige Bedürfniß hinaus zurückzubehalten.

den Eisenbahn-Hauptkasse in den Schlußsummen der Einnahme und Ausgabe mit den bezüglichen Posten in den Final-Abschlüssen der General-Staats-Kasse in Soll, Ist und Rest genau übereinstimmt.

Bedürfen die Hauptkassen der Staats-Eisenbahnen zu Anfang des Jahres zur Bestreitung ihrer Ausgaben eines Bestandes, so kann der erforderliche Betrag zwar zurückbehalten werden, es ist derselbe aber als Vorschuß zu deklariren und als solcher sowohl in den Büchern der Eisenbahn-Hauptkassen, als auch in denen der General-Staats-Kasse bis zur erfolgten Abwickelung zu führen, welche sobald als möglich bewirkt werden muß.

Bei dieser Gelegenheit wird zugleich festgesetzt, daß die monatlichen und vierteljährlichen Abschlüsse der Eisenbahn-Hauptkassen in den im §. 17 des Regulativs wegen Einrichtung des Kassenwesens für die Provinzial-Hauptkassen[1]) bestimmten Terminen zu bewirken und daß hinsichtlich der nach den jedesmaligen Abschlüssen zu fertigenden Extracte aus den Büchern, sowie wegen der auf Grund dieser Extrakte durch den Kassen-Kurator vorzunehmenden Kassen-Revisionen im Allgemeinen die Bestimmungen in den §§. 19 und 20 jenes Regulativs zu beachten sind. Die Quartal-Extracte sind nach dem anliegenden Schema aufzustellen und die Einnahmen und Ausgaben darin nur summarisch nach den einzelnen Titeln und Abschnitten zum Nachweise zu bringen. Am Schlusse der Extracte sind dem sich bei der Balance der Ausgabe gegen die Einnahme ergebenden Bestande die Bestände bei den extraordinären Fonds und sonstigen Nebenfonds, die Depositen, sowie die während des Abschlusses aufgekommenen Einnahmen zuzusetzen, die noch offen stehenden Vorschüsse, sowie die während des Abschlusses stattgefundenen Ausgaben dagegen abzusetzen, so daß der alsdann verbleibende Rest den wirklich vorhandenen Kassenbestand bildet, welcher demnächst ante lineam speciell nach den verschiedenen Geldsorten in baar und in Effecten nachzuweisen ist. Der so gefertigte Quartal-Extract ist, nachdem er von dem Kassen-Curator dahin:

> daß dieser Extract mit den in calculo und nach den Belägen revidirten Kassenbüchern übereinstimmt und der in demselben verzeichnete Bestand in den angegebenen Münzsorten 2c. mit dem Betrage von überhaupt 2c. (der Betrag ist in Buchstaben auszudrücken) bei der Revision wirklich vorgefunden ist, außerdem aber sonstige Bestände in baarem Gelde oder in Effecten bei der Kasse nicht vorhanden sind,

bescheinigt worden, für die drei ersten Quartale des Jahres jedesmal spätestens am 20. des auf das vorhergehende Vierteljahr folgenden nächsten Monats, für das letzte Quartal dagegen jedenfalls bis zum 20. Februar des folgenden Jahres[2]) unerinnert und bei Vermeidung einer Ordnungs-Strafe von 1 Thlr. bis 5 Thlr. im Unterlassungsfalle, an mich, den Minister für Handel, Gewerbe und öffentliche Arbeiten (jetzt Minister der öffentlichen Arbeiten) einzureichen. Den Final-Extrakten sind die

[1]) vom 17. März 1828, in von Kamptz's Annalen, Jahrgang 1828. Seite 285 bis 297.

[2]) Nach Vorlegung des Etats-Jahres rücken diese Termine je um 3 Monate (cfr. die Erlasse auf Seite 10 und 11).

Abschlüsse von den extraordinären Fonds und sonstigen Nebenfonds, sowie die Nachweisungen der Depositen und Vorschüsse beizufügen[1]).

Die Final-Abschlüsse bilden, worauf die Königlichen Directionen noch besonders aufmerksam gemacht werden, nach §. 22 des oben allegirten Regulativs die Grundlagen der Jahres-Rechnungen und müssen mit diesen genau übereinstimmen. Eine Abänderung dieser Abschlüsse wegen etwaiger Erinnerungen, welche gegen dieselben aufzustellen sind, ist niemals zulässig, vielmehr müssen die in Folge von dergleichen Erinnerungen erforderlichen Berichtigungen **in den Büchern und Abschlüssen des folgenden Jahres nachgewiesen werden.**

Nach Vorstehendem hat die (Tit.) Ihre Hauptkasse mit der erforderlichen Instruction zu versehen und dafür Sorge zu tragen, daß danach fortan verfahren wird.

Berlin, den 31. October 1853.

Der Minister für Handel. Der Finanz-Minister.

An
sämmtliche Königliche Eisenbahn-Directionen.

Abschluß
der
Haupt-Kasse der 2c. Eisenbahn zu ....
für das ......te Quartal 18......

oll-Einnahme (Ausgabe)				6.	7.	8.	9.	
2. Zugang.	3. Abgang.	4. Es ist also Soll-Einnahme (Ausgabe)	5. Davon ist fällig bis Ende des ...ten Quartals.	Littr. und Titel.	Einnahme (Ausgabe).	Wirkliche Einnahme (Ausgabe) bis Ende des ...ten Quartals.	Bleibt Rest gegen Col. 5.	Bemerkungen.

Verhältniß des Etats der Staats-Eisenbahn-Verwaltung zum Staats-Haushalts-Etat, zur Buchführung und Rechnungslegung.

Der Etat der Staats-Eisenbahn-Verwaltung wird bei dem Ministerium der öffentlichen Arbeiten aufgestellt und umfaßt sowohl die Bedürfnisse der bezeichneten Abtheilungen desselben, als auch die der Eisenbahn-Commissariate und der Staatsbahnen.

Derselbe bildet einen Theil des Staatshaushalts-Etats. Dieser wird, nach dem

[1]) Mit dem Final-Abschlusse ist von den Staaatsbahn-Directionen an den Herrn Finanz-Minister zugleich:
a) eine specielle Nachweisung der gegen den Etat stattgefundenen Abweichungen und
b) eine dergleichen von den Einnahme- und Ausgabe-Resten nach vorgeschriebenem Formular einzureichen.

die einzelnen Herren Minister über die Bedürfnisse ihres Ressorts mit dem Herrn Finanz-Minister in Verbindung getreten, durch Beschluß des Gesammt-Ministeriums festgestellt und sodann auf Königliche Ermächtigung in das Abgeordneten-Haus eingebracht. Dieses beschließt über die einzelnen Posten. Nach Berathung und Annahme des gesammten Staatshaushalts-Etats und des Etats-Gesetzes durch das Abgeordnetenhaus folgt die Ueberweisung an das Herrenhaus, welches verfassungsmäßig den Etat nur so, wie er nach den Beschlüssen des Abgeordnetenhauses festgestellt worden ist, im Ganzen annehmen oder denselben verwerfen kann. Eine Aenderung des Etats darf das Herrenhaus nicht vornehmen.

Nach Genehmigung des so vereinbarten Etats durch den König wird das Etatsgesetz sowie der Hauptetat durch die Gesetzsammlung veröffentlicht und dient sodann mit den Special-Etats als gesetzliche Norm für die Einnahmen und Ausgaben. Ueber die beabsichtigte Verwendung extraordinair bewilligter Summen dienen besondere Anlagen des Haupt-Etats zum Anhalt.

Die Special-Etats werden der Königlichen Ober-Rechnungs-Kammer mitgetheilt und es erhält jede Behörde und Kasse ꝛc. über die von ihr zu verrechnenden Einnahmen und Ausgaben einen Kassen-Etat, dessen Eintheilung in Kapital, Titel ꝛc. bei Führung der Bücher zur Norm dient.

Ueber die dem Ministerium der öffentlichen Arbeiten zur Verwaltung der Eisenbahnen zur Verfügung gestellten Mittel wird bei der General-Staats-Kasse[1]) Buch geführt und Rechnung gelegt. In dieser Rechnung werden auf Grund der Final-Abschlüsse der Eisenbahn-Haupt-Kassen auch die Einnahmen und Ausgaben der Staatsbahnen generell nachgewiesen. Dieselbe umfaßt sonach den ganzen Eisenbahn-Etat.

Bei den Eisenbahnen erfolgt die Buchführung sowie die specielle Rechnungslegung durch die Eisenbahn-Haupt-, bezw. die Commissions-Kassen. Die Specialrechnungen der Eisenbahnen müssen selbstredend mit der generellen Rechnung der General-Staats-Kasse in den Summen übereinstimmen.

Die Etats der unter der Verwaltung des Staates stehenden Privatbahnen stehen mit dem Staatshaushalts-Etat in keinem Zusammenhange, abgesehen, daß derselbe die Erträge, welche dem Staate gesetzlich oder nach besonderem Abkommen aus dem Betriebe dieser Bahnen zustehen — Superdividende ꝛc. — aufnimmt. Auch die vom Staate etwa vertragsmäßig zu leistenden Zuschüsse bei einem Minderertrage bezw. zur Deckung garantirter Zinsen für Privatbahn-Unternehmungen werden im Staatshaushalts-Etat mit veranschlagt.

Diese Etats werden im Ministerium der öffentlichen Arbeiten ohne Mitwirkung

---

[1]) Die auf Grund der Kabinetsordre vom 17. Januar 1820 (G.S. S. 21) bestandene Einrichtung eines Staatsschatzes ist durch das Gesetz vom 18. Dezember 1871 (G.S. S. 593) aufgehoben. Die am 2. Januar 1872 vorhanden gewesenen Bestände und Forderungen des Staatsschatzes sind der allgemeinen Finanz-Verwaltung überwiesen worden. Die Geschäfte der Rendantur des Staatsschatzes sind auf die General-Staats-Kasse übergegangen. (Erlaß des Ministers des Innern vom 16. Januar 1872. Min.Bl. S. 50).

der Kammern festgestellt und genehmigt. Sie weichen von den Etats der Staatsbahnen in so weit ab, als bei ersteren die zur Ergänzung und Erneuerung der Bahn-Anlagen und Betriebsmittel sowie als Reserve ꝛc. erforderlichen Beträge soweit hierzu nicht etwa neue Anleihen erforderlich sind, aus dem Betriebs-Etat entnommen und daraus besondere etatsmäßige Fonds gebildet werden, während die Staatsbahnen nur je einen Etat haben, die extraordinären Geldbedürfnisse aber aus der General-Staats-Kasse empfangen.

(Für kleinere Bauausführungen werden zwar die erforderlichen Beträge in der Regel im Betriebs-Etat der Staatsbahnen bewilligt werden können.)

Die Ueberweisung dieser extraordinären Mittel erfolgt nach Genehmigung der diesbezüglichen Projecte und Kostenanschläge auf jedesmalige Anträge der Directionen bezw. Kommissionen von dem Ministerium der öffentlichen Arbeiten nach Bedarf und es sind darüber nach Maßgabe der Erläuterungen in dem Abschnitt über die Rechnungslegung Special-Rechnungen zu legen.

Bei den unter Staats-Verwaltung stehenden Bahnen wird nach dem Vorstehenden außer dem Betriebs-Etat je noch ein Etat für den Erneuerungs-Fonds, den Ergänzungs-, den Reserve- und den Dispositions-Fonds ꝛc. erforderlich sein, je nachdem bei denselben Fonds gebildet sind[1]). Der letztbezeichnete Fonds wird aus den zur Herstellung von Anschlußbahnen an industrielle Etablissements aus dem Betriebs-Fonds zurückzulegenden Beträgen gebildet.

Der Dispositions-Fonds der Staats-Eisenbahn-Verwaltung ist dagegen zu unvorhergesehenen Ausgaben vorgesehen und dient anderen Zwecken.

Unter Ergänzungen bezw. Ergänzungsbauten versteht man bei den Staats-Eisenbahnen eine Vergrößerung oder Ausdehnung der vorhandenen Anlagen bezw. eine Erweiterung des Unternehmens.

Das Etatsjahr[2]).

Gesetz, betreffend die Verlegung des Etatsjahres etc. Vom 29. Juni 1876.

(Ges. S. S. 177.)

Wir **Wilhelm**, von Gottes Gnaden König von Preußen ꝛc. verordnen, mit Zustimmung der beiden Häuser des Landtages der Monarchie, was folgt:

§. 1.

Das Etatsjahr für den Staatshaushalt beginnt vom 1. April 1877 ab, mit dem 1. April und schließt mit dem 31. März jedes Jahres.

---

[1]) Eine specielle Erläuterung dieser Fonds ist in dem Handbuche „das Kassen- und Rechnungswesen bei den Preußischen Staats- und den unter Staats-Verwaltung stehenden Privatbahnen von H. Kosub", Verlag von Maruschke & Berendt in Breslau, gegeben.

[2]) Bis zum Jahre 1877 fiel das Etatsjahr mit dem Kalenderjahr zusammen. Das Vierteljahr vom 1. Januar bis Ende März 1877 ist als eine für sich abgeschlossene Geschäfts-Periode behandelt worden.

Den Kommunalen und allen sonstigen nicht staatlichen Verwaltungen bleibt überlassen, auch für ihren Haushalt das veränderte Etatsjahr anzunehmen und die gegenwärtig für die Aufstellung ihres Etats, sowie für die Rechnungslegung bestehenden Termine entsprechend abzuändern. Alle dem entgegenstehenden gesetzlichen Bestimmungen werden hierdurch aufgehoben.

§. 2 und §. 3
(betreffen das Vierteljahr vom 1. Januar bis 31. März 1877 und die Ermächtigung zur Ausgabe von verzinslichen Schatzanweisungen.)

§. 4.

Der Finanz-Minister ist mit der Ausführung dieses Gesetzes beauftragt.

Urkundlich ꝛc.

Gegeben Bad Ems, den 29. Juni 1876.

(L.S.) gez. Wilhelm.

Fürst von Bismarck. Camphausen. Gr. zu Eulenburg. Leonhardt.
Falk. v. Kameke. Achenbach. Friedenthal. Hofmann.

Bezeichnung der Rechnungs-Quartale.

Durch Erlaß des Herrn Finanz-Ministers vom 22. Mai 1878 an sämmtliche Regierungen ist bestimmt, daß die Rechnungs-Quartale gleichwie in der Reichsverwaltung auch in der Preußischen Verwaltung nunmehr nach dem Etatsjahr zu bezeichnen sind, also z. B. das die Monate April, Mai und Juni umfassende Quartal:

1. Quartal des Etatsjahres 1878/79.

Der Erlaß vom 12. November 1877, welcher anordnete, daß das Rechnungsquartal nach den Monaten zu bezeichnen sei, ist aufgehoben.

Der erstbezeichnete Erlaß ist durch Verfügung des Herrn Ministers für Handel, Gewerbe und öffentliche Arbeiten vom 14. Juni 1878. II. 10372. V. 3428. den Eisenbahn-Behörden zur Kenntnißnahme und gleichmäßigen Beachtung mitgetheilt worden.

Erlaß des Herrn Ministers für Handel, Gewerbe und öffentliche Arbeiten vom 24. October 1876 an die Königlichen Directionen der Staatseisenbahnen und des Herrn Finanz-Ministers vom 26. September 1876 betreffend die Verlegung des Finalabschluß-Termins.

Die Königliche Direction erhält im Anschlusse Abschrift der wegen Verlegung der bisherigen Finalabschluß-Termine von dem Herrn Finanz-Minister an die Königlichen Regierungen ꝛc. erlassenen Verfügung vom 26. v. M. zur Kenntnißnahme und Beachtung, mit dem Bemerken, daß hiernach die

a) für die Eisenbahn-Hauptkassen durch die Generalverfügung vom 31. October 1853 auf den 10. Februar und

b) für die Eisenbahn-Commissions-Kassen nach den der General-Verfügung vom 19. September 1873 beigefügten ergänzenden Bestimmungen auf den 31. Januar

festgesetzten Finalschluß-Termine sowohl für das, eine besondere Etats- und Rechnungsperiode bildende Vierteljahr vom 1. Januar bis 31. März 1877, als auch für die demnächst mit dem 1. April 1877 beginnenden neuen Etatsjahre um je 3 Monate hinausrücken, mithin

zu a auf den 10. Mai,
zu b auf den 30. April

verlegt werden.

Für das laufende Etatsjahr behält es bei den bisherigen Vorschriften, wonach die Finalabschlüsse resp. am 10. Februar und 31. Januar k. J. zu bewirken sind, sein Bewenden.

(Zusatz für die E.-Direction zu Saarbrücken: Bezüglich der Rhein-Nahe-Eisenbahn finden die vorstehenden Bestimmungen gleichfalls Anwendung.)

Der Minister für Handel, Gewerbe und öffentliche Arbeiten.

Finanz-Ministerium. Berlin, den 26. September 1876.

Des Kaisers und Königs Majestät haben zu genehmigen geruht, daß die durch das Kassen-Regulativ vom 17. März 1826. sub Nr. 17 für die Special-, Provinzial-Haupt- und Central-Kassen und durch den Allerhöchsten Erlaß vom 15. April 1861 für die General-Staatskasse bestimmten Finalabschluß-Termine für das eine besondere Etats- und Rechnungsperiode bildende Vierteljahr vom 1. Januar bis 31. März 1877 sowohl, als für die demnächst mit dem 1. April beginnenden neuen Etatsjahre auf drei Monate hinausgeschoben werden, dergestalt, daß die Finalabschlüsse der bezeichneten Kassen, welche bisher am 26. und 31. Januar, am 10. Februar, am vorletzten Tage im Februar und am 15. März zu bewirken waren, künftig resp. am 26. und 30. April, am 10. Mai, am 30. Mai und am 15. Juni erfolgen.

Die Königliche Regierung wird hiervon im Anschlusse an die Verfügung vom 4. d. M. ($\frac{\text{F. M. I. 12532}}{\text{M. f. d. l. A. 12925}}$), betreffend die Verlegung des Etatsjahres, mit dem Auftrage in Kenntniß gesetzt, hiernach sämmtliche betheiligte Behörden und Kassen Ihres Verwaltungsbezirkes mit entsprechender Anweisung zu versehen.

Der Finanz-Minister.

An
die Königlichen Regierungen und die Königliche Finanz-Direction zu Hannover.
I. 14502.

Das Normalbuchungs-Formular für die Eisenbahnen Deutschlands und die Eisenbahn-Etats.

Mit Einführung des Normal-Buchungs-Formulars werden die bestehenden Formulare für die Buchführung bei den Eisenbahn-Haupt- und Kommissions-Kassen nicht überall einfach beseitigt, vielmehr wird durch das Normal-Formular nur vorgeschrieben, wie die Einnahmen und Ausgaben unter gewissen Titeln und Positionen zusammenzufassen sind, um danach Auszüge für die Statistik geben zu können. Zwar ist es nach dem Conferenz-Protokoll vom 3. bis 9. April 1878 als wünschenswerth hingestellt, daß überhaupt nur ein Normal-Formular verwendet werde, jedoch soll für diejenigen Bahnen, welche gehindert sind, das einzuführende einheitliche Formular ihrer Buchung ohne Weiteres zu Grunde zu legen, dasselbe nur als statistisches Formular obligatorisch sein.

Auch eine genaue Einhaltung der Titel und Positionen, wie sie im Normal-Buchungs-Formular gegeben, ist nicht zur Bedingung gemacht und es wird daher die Eintheilung der Etats unter Beachtung der mit dem Normal-Formular gegebenen allgemeinen Vorschriften je nach den eigenthümlichen Verhältnissen der Bahnen im Anschluß an die bestehenden Einrichtungen ꝛc. erfolgen können.

Für die preußischen Staats- und die unter Staats-Verwaltung stehenden Privatbahnen ist das Formular für den Betriebs-Etat nach Maßgabe des Normal-Buchungs-Formulars bereits bei dem Ministerium der öffentlichen Arbeiten festgestellt und kommt bei den ersteren mit dem Etatsjahre 1880/81 in Anwendung. Dasselbe weicht in seiner Titel-Eintheilung von der des Normal-Formulars ab, und da einerseits für die Buchführung und Rechnungslegung die Etatseintheilung maßgebend ist, andererseits aber eine Text-Wiederholung, wie sie mit der Aufnahme des Normal-Formulars für den Betriebs-Fonds verbunden sein würde, sich erübrigt, so erscheint es angemessen, für diesen Fonds hier nur das Etat-Formular wiederzugeben, dagegen zum Verständniß der Anwendung diejenigen Erläuterungen an entsprechender Stelle mit aufzunehmen, welche nach Maßgabe der stattgehabten Berathungen von Vertretern sämmtlicher deutschen Bahnen über Feststellung und Anwendung des Normal-Formulars in diesem Aufnahme gefunden haben.

Zur Orientirung gegenüber dem Normal-Formular werden die Titel und Positionen desselben jedoch den entsprechenden Titeln und Positionen des Etats gegenüber gestellt werden.

Für die übrigen Fonds wird das Normal-Buchungs-Formular unverändert, wie es aus den Berathungen hervorgegangen, wiedergegeben werden.

Zunächst folgen hier die

Allgemeinen Vorschriften für die Anwendung des Normal-Buchungs-Formulars.

I. Bedeutung des Formulars.

Das gegenwärtige Formular ist der Buchung der Einnahmen und der

Ausgaben sämmtlicher deutscher Eisenbahn-Verwaltungen mindestens insoweit zu Grunde zu legen, daß ziffernmäßig richtige und im Einzelnen controlirbare Auszüge nach Maßgabe des Normal-Formulars gegeben werden können.

II. **Verhältniß des laufenden Jahres zu früheren und späteren Jahrgängen.**

1) Die Buchung jeder Eisenbahn-Verwaltung muß die Einnahmen und Ausgaben des laufenden Jahres ersichtlich machen, und zwar sowohl die bereits kassenmäßig geordneten, als auch die aus dem laufenden Jahre herrührenden, aber noch nicht zur wirklichen Ein- oder Auszahlung gelangten Summen, soweit diese dem Grunde nach feststehen. Soweit derartige Einnahme- oder Ausgabe-Posten in ihrer Höhe noch nicht definitiv festgestellt werden können, sind die Beträge schätzungsweise einzustellen.

Die sich gegen diese Schätzung etwa später ergebenden Differenzen sind in dem Jahre zur Berechnung zu bringen, in welchem dieselben festgestellt sind. Dasselbe ist der Fall bezüglich solcher Einnahmen und Ausgaben, welche aus den Vorjahren zwar herrühren, aber erst später bekannt geworden sind. Beträge der letzteren Art sind bei den betreffenden Positionen mindestens insoweit besonders kenntlich zu machen, als sie nach Ansicht der Eisenbahn-Verwaltungen geeignet sind, die statistische Bedeutung der zuständigen Rechnungs-Position zu alteriren.

2) Soweit in der Rechnung einzelner Verwaltungen Beträge in Einnahme oder Ausgabe erscheinen, welche aus dem Betriebe des laufenden Jahres nicht herrühren, vielmehr aus irgend einem andern Grunde in die Rechnung eingestellt werden, sind diese behufs Ausscheidung aus der Statistik besonders aufzuführen.

III. **Verhältniß der Einnahmen zu den Ausgaben.**

Jede Einnahme und jede Ausgabe ist als solche gesondert zu buchen, und ist nicht etwa blos die Differenz zwischen entsprechenden Einnahme- und Ausgabe-Posten zur Erscheinung zu bringen: es müßte denn letzteres ausnahmsweise im Formular selbst angeordnet sein.

IV. **Verhältniß der Betriebsrechnung zur Rechnung des Baufonds und der verschiedenen Specialfonds.**

Zu den Ausgaben des Betriebes gehört auch die völlige Instandhaltung der Bahnanlagen und der Betriebsmittel, einschließlich deren Erneuerung im Falle gänzlichen oder theilweisen Abganges sowie der Deckung der durch außerordentliche Ereignisse und Unglücksfälle erwachsenden Kosten. Dagegen fallen die Ausgaben für erhebliche Ergänzungen, Erweiterungen und Verbesserungen der Bahnanlagen, sowie für Vermehrung der Betriebsmittel in der Regel dem Baufonds — das Vorhandensein eines solchen vorausgesetzt — zur Last. Bauausgaben in dem gedachten Sinne sind, sofern sie thatsächlich aus Betriebsmitteln bestritten werden, in der Betriebsrechnung unter Titel VII summarisch aufzuführen und außerdem in besonderem Verzeichnisse nach Maßgabe der Baurechnung nachzuweisen.

Soweit Betriebs-Ausgaben in obigem Sinne dem Erneuerungs- oder dem Reservefonds entnommen werden, sind dieselben nicht nur in der Rechnung dieser Fonds (Ia und Ib), sondern auch in der Betriebsrechnung an betreffender Stelle zu verausgaben. Die Ausgleichung geschieht mittelst Absetzung der verausgabten Summe von der Rücklage beim „Abschluß II" der Betriebsrechnung, während in der Rechnung der Fonds die volle Rücklage in Einnahme gesetzt wird.

Die Ausgaben der Hülfskassen für Beamte und Arbeiter erscheinen nur in der Special-Rechnung Ie, während die Zuschüsse zu diesen Fonds als Betriebs-Ausgaben (unter Titel II Position 11ª und 12ª) verrechnet werden.

Hinsichtlich des Verhältnisses der Rechnungen des Werkstättenbetriebs und der Betriebs-Materialien-Verwaltung zur Eisenbahn-Betriebs- und zur Bau-Rechnung sind die Anmerkungen zu den Special-Rechnungen Ic und Id zu vergleichen.

Anmerkung. Nach dem Conferenz-Protokoll vom 25. bis 27. Februar 1879 ist beschlossen worden, sämmtliche Anmerkungen des Entwurfs zum Normal-Buchungs-Formular, welche sich lediglich auf außerhalb der Buchung zu machende statistische Aufzeichnungen beziehen, im Normal-Formular selbst wegzulassen und hierüber besondere Anordnung dem Reichs-Eisenbahn-Amt vorzubehalten.

Die Aufstellung der Entwürfe zu den Betriebs-Etats der Staats-Eisenbahnen und der unter Staats-Verwaltung stehenden Privatbahnen.

Die Etats-Entwürfe der vorgenannten Eisenbahnen werden nach den von dem Herrn Minister der öffentlichen Arbeiten hierüber gegebenen Bestimmungen und Schematas aufgestellt.

Die Gruppirung der Betriebs-Einnahmen und der dauernden Betriebs-Ausgaben — das Ordinarium — erfolgt nach Anleitung des Etatsschemas. Darnach erscheinen vom Etatsjahre 1880/81 ab bei den Staatsbahnen die Einnahmen unter sechs, die Ausgaben unter dreizehn Titeln, ausschließlich des vor dem Ausgabe-Titel XII. nummerlos eingeschobenen, bei den Staatsbahnen nicht vorkommenden Titels für erhebliche Ergänzungen, Erweiterungen und Verbesserungen.

Außer den im Ordinarium zur Verfügung gestellten Beträgen werden den Staatsbahn-Verwaltungen (Directionen und Commissionen) je nach Bedürfniß und nach Maßgabe der disponiblen Staatsmittel zu größeren Neu- und Ergänzungsbauten, Vermehrung der Betriebsmittel, — Locomotiven und Wagen — die erforderlichen Beträge entweder im Extraordinarium des Etats der Eisenbahn-Verwaltung — also des Ministeriums der öffentlichen Arbeiten — welches die einmaligen und außerordentlichen Ausgaben umfaßt, oder durch besondere Gesetze bewilligt.

Es wird zwar davon abgesehen werden müssen, alle, die Etats-Aufstellung betreffenden Verfügungen nebst den zugehörigen Schematas hier wörtlich wiederzugeben, vielmehr werden nur die hauptsächlichsten Bestimmungen event. im Auszuge eine Stelle finden können. Damit wird aber auch dem Erforderniß um so mehr genügt, als einerseits ein Theil dieser Verfügungen kein allgemeines Interesse hat und andererseits den mit der Aufstellung der Etatsentwürfe betrauten Beamten die betreffenden Dienstakten stets zugängig sein werden.

I. Erlaß vom 23. Februar 1859, II. 1615, ordnet an, daß bei Aufstellung der Etats für die Staats- resp. unter der Verwaltung des Staates stehenden Eisenbahnen fortan die Einnahmen nach der Fraktion aus den Erträgnissen der letzten drei abgeschlossenen Jahre[1]) in Ansatz zu bringen sind.

Zu dem Ende sind mit den Etats die zur Begründung der Einnahmesätze erforderlichen Fraktions-Nachweisungen in gleicher Art, wie dies hinsichtlich der unbestimmten Ausgaben geschehen muß, einzureichen.

II. Erlaß vom 3. Juni 1872, II. 10449, bestimmt für die Staatsbahnen, daß bei allen Positionen, welche im Etat als „künftig wegfallend" bezeichnet sind, in der Rubrik „Bemerkungen" das Jahr angegeben werde, in welchem dieser Beisatz „künftig wegfallend" zuerst ausgesprochen worden ist.

III. Erlaß vom 19. April 1874, II. 4160, veranlaßt die Staats-Eisenbahn-Directionen, bei Aufstellung der Etats-Entwürfe.

a) zu den Erläuterungen der speciellen Begründung der einzelnen Etatspositionen allgemeine Erläuterungen voranzuschicken und dabei die allgemeinen Gesichtspunkte anzugeben, welche bei Veranschlagung der Einnahmen und Ausgaben als Anhalt gedient haben;

b) (betrifft die erforderlichen Angaben über das Anlage-Kapital — siehe den besonderen Abschnitt hierüber);

c) (betrifft die Theilung der Titel für Unterhaltung und Erneuerung der Bahnanlagen und der Locomotiven und Wagen und solche für die Unterhaltung und für die Erneuerung):

d) Bei der Vorschrift, nach welcher in der Colonne „Bemerkungen" der Etatsentwürfe betreffenden Orts nachzuweisen ist, wie viel von den Ausgaben für Unterhaltung,

1. auf die laufende Unterhaltung und
2. auf Ergänzungen

entfallen, behält es nach wie vor sein Bewenden.

e) Bei Anmeldung von einmaligen und außerordentlichen Ausgaben für

---

[1]) Erlaß vom 20. März 1878, II. 5247, V. 1525, theilt sämmtlichen Directionen und Commissionen einen an sämmtliche Regierungen gerichteten Erlaß des Herrn Finanz-Ministers vom 9. März 1878, I. 2150 zur gleichmäßigen Beachtung mit, wonach anläßlich der Verlegung des Etatsjahres bis auf weitere Anordnung statt der bisherigen dreijährigen nur zweijährige Fraktionsberechnungen beizubringen sind.

solche Zwecke, für welche bereits früher Bewilligungen stattgefunden haben, sind jedesmal die letzteren unter Angabe der betreffenden Verfügungen speciell nachzuweisen. Handelt es sich dabei nicht um Jahresraten, sondern um Mehrforderungen gegen die ursprünglichen Bewilligungen, so sind selbstverständlich die Ursachen, aus welchen die früheren Bewilligungen sich als unzulänglich erwiesen, ausführlich darzulegen rc.

IV. Erlaß vom 12. December 1874, II. 27014 an sämmtliche Königl. Directionen. Bei Bemessung des Remunerations- und Unterstützungs-Fonds ist nur die Zahl der etatsmäßigen Beamten und der Diätarien zum Grunde zu legen, die Civil-Supernumerarien dagegen außer Betracht zu lassen, jedoch nachrichtlich deren Zahl anzugeben.

V. Erlaß vom 25. Februar 1876, II. 2329, an sämmtliche Staatsbahn-Directionen.

Mit Rücksicht darauf, daß dieser Erlaß wichtige Grundzüge für Aufstellung der Entwürfe enthält, folgt derselbe im Wortlaut, jedoch mit Ausschluß der durch denselben vorgeschriebenen Formulare.

Erlaß vom 25. Februar 1876, II. 2329 an sämmtliche Staatsbahn-Directionen.

Von den Eisenbahn-Directionen und Commissionen ist bei Aufstellung der Etats-Entwürfe bezw. der Begründung der darin enthaltenen Ansätze bisher verschieden verfahren worden. Dies veranlaßt mich, zur Herbeiführung einer thunlichsten Uebereinstimmung zunächst bezüglich der Ausgabe-Titel 1 bis 9[1]) und 15 bis 19 auf folgende Punkte zur Nachachtung hinzuweisen:

1. zu Ausgabe-Titel 1. In den Erläuterungsberichten zu den Etats-Entwürfen ist anzugeben

a) in Betreff der Eisenbahn-Bau und Betriebs-Inspectoren, sowie der Eisenbahn-Baumeister, in welchen Stellungen dieselben Verwendung finden sollen;

b) bezüglich der Maschinenmeister, sowie der bei Titel 4 erscheinenden Werkstätten-Vorsteher und Werkmeister — unter Berücksichtigung der Bestimmungen in der General-Verfügung vom 5. Juli 1875 — II. 11296 — betreffend die Anstellung der Werkmeister und Werkstätten-Vorsteher, — welcher Wirkungskreis, getrennt nach den einzelnen Werkstätten, einem jeden Beamten überwiesen ist.

2. zu Titel 2 bis 4 resp. 5.

---

[1]) Die in dieser Verfügung angezogenen Etatstitel rc. entsprechen dem bis ult. März 1880 giltigen Etatschema. Die entsprechenden Titel des neuen Schemas ergeben sich bei der „Recapitulation der Betriebs-Ausgaben" am Schlusse des nachfolgenden Etats-Schemas.

a) Um die Gesammtzahl der erforderlichen Beamten und Arbeiter, sowohl in den einzelnen Büreaus, als auch auf den verschiedenen Stationen ersehen, resp. die Nothwendigkeit derselben näher prüfen zu können, ist die Aufstellung folgender Nachweisungen nöthig:

A. einer Nachweisung der in den einzelnen Büreaus beim Bau und Betriebe dauernd erforderlichen etatsmäßigen und außeretatsmäßigen Beamten, sowie der vorübergehend beschäftigten Hülfsarbeiter,

B. einer dergleichen der auf den Stationen dauernd erforderlichen Stations- und Expeditionsbeamten, sowie der Arbeiter, mit Ausschluß der Werkstätten-Arbeiter,

C. als Anlage zu dem Stations-Verzeichnisse ad B einer Nachweisung über den Umfang des Verkehrs ꝛc. der einzelnen Stationen.

Schemas zu diesen drei Nachweisungen, bei deren Anfertigung die auf denselben befindlichen Anmerkungen genau zu beachten sind, liegen bei[1]).

Die zum Etat pro 1877 erforderlichen derartigen Nachweisungen können, sofern dies nicht schon früher angänglich sein sollte, mit den zum 1. April d. J. fälligen Etats-Entwürfen vorgelegt werden.

Für die ferneren Jahre sind dieselben den wegen Creirung neuer Beamtenstellen — 3 Monate vor dem zur Einreichung der Etats-Entwürfe bestimmten Termine — zu erstattenden besonderen Berichten beizufügen. Angaben, welche sich zu diesem Termine noch nicht machen lassen, sind bei Vorlage der Etats-Entwürfe nachzubringen. Den letzteren ist außerdem eine „Vergleichende Uebersicht der persönlichen Ausgaben" (Schema D), welche stets die Ausgabe-Beträge des betreffenden Etats-Jahres und der voraufgegangenen vier Jahre enthalten muß, beizufügen.

b) Bei den Bahn- und Betriebs-Controleuren ist in den Etats-Erläuterungsberichten anzugeben, in welchen Stellungen, bezw. für welche Bezirke dieselben beschäftigt werden.

c) Der Umfang der Bahnmeister- und Bahnwärter-Bezirke ist graphisch darzustellen, auch im Zusammenhange mit dem Bedarf an etatsmäßigen Stellen die Zahl des erforderlichen Hülfspersonals nebst Lohnsatz anzugeben und zu begründen, insbesondere aber nähere Auskunft über die Länge der Dienstzeit und die Grundsätze der Ablösung, sowie darüber zu geben, in welcher Weise die Beurlaubung zum Kirchenbesuche geregelt ist.

d) Bei den Telegraphen-Aufsehern ist die Länge der einem jeden Beamten zur Beaufsichtigung ꝛc. überwiesenen Leitungen ersichtlich zu machen.

e) Der Bedarf an Locomotiv- und Zugpersonal, sowohl an etatsmäßigem als außeretatsmäßigem, ist hier im Zusammenhange nach dem Fahrplan zu begründen und dabei anzugeben, wieviel

[1]) Die Schemas sind aus den bereits angegebenen Gründen hier weggelassen.

1. Locomotivkilometer auf Locomotivführer resp. Heizer,
2. Zugkilometer auf Zugführer und Packmeister (bei Zugführer nur Personenzüge in Betracht zu ziehen),
3. Personenachskilometer auf Schaffner,
4. Güterachskilometer auf Bremser entfallen,

sowie ob Zugführer und Schaffner auch bei Güterzügen und event. weshalb Verwendung finden.

Bei den Locomotivführern ist davon auszugehen, daß nur die dauernd erforderlichen Stellen mit wirklichen Locomotivführern zu besetzen, im Uebrigen aber examinirte Heizer nöthigenfalls zur Aushülfe heranzuziehen sind.

Für Hülfsheizer, Hülfsbremser und Schmierer bleiben die Lohnsätze anzugeben.

3. In den Etats selbst ist, was nicht immer geschehen, bei denjenigen Positionen, bei welchen Beamte mit verschiedenen Amtsbezeichnungen, wie z. B. Stations-Aufseher und Assistenten, Stations-Kassen-Rendanten und Güter-Expeditions-Vorsteher ꝛc. nachgewiesen werden, stets die Zahl der Beamten jeder einzelnen Klasse, bei den Stations-Assistenten auch anzugeben, wieviel davon für den Stationsdienst, bezw. für den Güterdienst bestimmt sind.

4. Die Wagenmeister, welche in einigen Etats bei Ausgabe-Titel 3, in anderen bei Titel 4 aufgeführt stehen, sind künftig allgemein bei Titel 3 unter einer hinter Stations-Aufseher und Stations-Assistenten einzuschaltenden besonderen Position und zwar das Gehalt derjenigen Wagenmeister, welche als Rangirmeister fungiren, auf Bahnverwaltung, das der übrigen Wagenmeister auf Transport-Verwaltung nachzuweisen.

5. Für die Ausgaben bei Titel 5 bis 9 und 15 bis 19 (bei der Main-Weser Bahn Titel 5 bis 10 und 16 bis 20) sind, wie früher, Fractions-Nachweisungen zu fertigen und vorzulegen, und die sich darnach ergebenden Durchschnittsbeträge, soweit in dieser Verfügung nicht ein Anderes bestimmt worden ist, oder die betreffenden Ausgaben nicht ein für alle Mal feststehen, der Veranschlagung zum Grunde zu legen. Etwaige nöthig werdende Abweichungen von der Fraction — beispielsweise in Folge veränderter Einheitspreise, Hinzutritts neuer Strecken ꝛc. — sind jedesmal speziell zu motiviren.

6. Die bei Titel 5 für Arbeitshülfe, sowie zur Löhnung des Hülfspersonals und der Arbeiter vorzusehenden Beträge sind unter Zugrundelegung der Zahl der dauernd und vorübergehend erforderlichen Hülfsbeamten und Arbeiter und der zu zahlenden Diäten- und Lohnsätze (cfr. Nr. 2a, c und e dieses Erlasses) zu ermitteln.

7. Der zur Honorirung der Bahnärzte in Ansatz zu bringende Betrag ist nach Lage der mit denselben abgeschlossenen Verträge zu bemessen.

8. Zu Titel 6. Die Ausgaben in Folge des Haftpflichtgesetzes sind bei Titel 19 (resp. 20) — Schadenvergütungen — zu veranschlagen.

9. ebend. Die Berechnung der Prämien für Ersparnisse an Kohlen und Oel hat nach den reglementsmäßigen Sätzen pro Locomotiv- bezw. Wagenachs-Kilometer zu erfolgen.

10. Zu Titel 7. Bei Berechnung der zu außerordentlichen Remunerationen und Unterstützungen nach dem Satze von 27 M. pro Kopf der etatsmäßigen Beamten und diätarisch beschäftigten Hülfsarbeiter, mit Ausschluß der nicht in Betracht zu ziehenden Civil-Supernumerare, in Ansatz zu bringenden Beträge kann künftig auch die Zahl derjenigen Beamten und Hülfsarbeiter, deren Besoldungen resp. Remunerationen aus Baufonds zu bestreiten oder von anderen Eisenbahn-Verwaltungen 2c. zu erstatten sind, berücksichtigt werden; jedoch ist der auf dieselben entfallende Betrag in ähnlicher Weise, wie dies hinsichtlich der Besoldungen bei Titel 1 bis 4 geschieht, vor der Linie abzusetzen.

Von dem beim Bau beschäftigten Personal sind übrigens nur diejenigen Beamten in Betracht zu ziehen, welche entweder etatsmäßig angestellt oder mit Aussicht auf Beibehaltung auch nach Eröffnung des Betriebes angenommen sind und keine besonderen Bauzulagen oder höhere Diäten beziehen, als die ihnen gleichstehenden beim Betriebe thätigen Beamten.

Die durch die Generalverfügung vom 22. September 1872 — II. 15502 — vorgeschriebene Nachweisung ist auch ferner einzureichen, am Schlusse derselben aber ersichtlich zu machen, von welchen fremden Verwaltungen resp. aus welchen Baufonds Beiträge und in welcher Höhe zu leisten sein werden.

11. Zu Titel 8 (9). Die in Ansatz zu bringenden Fahr- und Stundengelder der Beamten des Fahrdienstes sind nach der Zahl der für das betreffende Etatsjahr veranschlagten Locomotiv-, bezw. Zug- und Wagenachs-Kilometer unter Zugrundelegung der reglementsmäßigen Sätze, die Nachtgelder nach Lage der Züge bezw. der Stationirung des Beamtenpersonals, sowie nach den festgesetzten Einheitssätzen zu berechnen.

12. Zu Titel 9 (10). Die Berechnung der zur Gewährung von Manquements-Entschädigungen erforderlichen Beträge hat auch künftig nach den Bestimmungen in der Verfügung vom 21. Februar 1872 — II. 2043 — zu erfolgen, jedoch bedarf es der Einreichung besonderer Nachweisungen über die Höhe der Jahres-Einnahmen der verschiedenen Kassen hinfort nicht. Es genügt vielmehr, wenn in den Erläuterungsberichten zu den Etats ersichtlich gemacht wird, wie viel Kassen 2c. zu jeder der in der ebengedachten Verfügung nach der Höhe der Jahres-Einnahmen bestimmten Abtheilungen vorhanden sind.

Auch der von einzelnen Verwaltungen in den Etats selbst gegebene nähere Nachweis der verschiedenen Dienststellen und Sätze kann unterbleiben und statt dessen überall lediglich die Bezeichnung „Manquements-Entschädigungen“ treten.

13. ebend. In Rücksicht darauf, daß zur Vertreibung von Ungeziefer nicht blos Katzen gehalten, sondern auch andere Mittel angewandt werden, empfiehlt es sich, die betreffende Etats-Position in folgender Weise zu fassen: „Zur Haltung von Wächterhunden und für Vertilgung von Ungeziefer in den Diensträumen.“

14. Zu Titel 15 (16). Die Veranschlagung der Ausgaben an Miethen für fremde Wagen auf der eigenen Bahn hat, ebenso wie die Berechnung der Einnahmen an Miethen für eigene Wagen auf fremden Bahnen, pro Wagenachskilometer zu

erfolgen. Bei Feststellung der letztern ist in der Weise zu verfahren, daß zunächst nach einem dreijährigen Durchschnitt ermittelt wird, wie sich

a) bezüglich der Ausgaben
die auf der eigenen Bahn von eigenen Wagen einerseits und von fremden Wagen andererseits zu der Gesammtzahl der auf der eigenen Bahn von eigenen und fremden Wagen,

b) bezüglich der Einnahmen
die von eigenen und fremden Wagen auf der eigenen Bahn einerseits zu den von eigenen Wagen auf fremden Bahnen andererseits

zurückgelegte Anzahl Wagenachskilometer stellt. Nach dem sich hiernach ergebenden Verhältniß ist sodann unter Zugrundelegung der für das betreffende Etatsjahr veranschlagten Gesammtzahl Wagenachskilometer der Ansatz für die Ausgaben bezw. Einnahmen zu berechnen. Erscheinen hiergegen Abweichungen angezeigt, so sind dieselben speziell zu begründen.

Die für das Anleihen, sowie das Verleihen von Locomotiven und Wagen zu zahlenden bezw. aufkommenden Beträge sind bei der letzten Position des letzten Ausgabe- resp. Einnahme-Titels nachzuweisen.

15. Zu Titel 18 (19). Die Ausgaben für Benutzung resp. Mitbenutzung fremder Bahnen und Betriebs-Anstalten und ebenso auch die Einnahmen für Benutzung resp. Mitbenutzung von Bahnstrecken und Betriebsanstalten durch fremde Bahn-Verwaltungen sind auf Grund der bestehenden Verträge, und zwar nicht — wie dies von einigen Directionen geschehen — nur summarisch, sondern speziell für die einzelnen Verwaltungen resp. Bahnhöfe rc. in Ansatz zu bringen.

Soweit die betreffenden Verträge hier nicht bereits vorliegen, sind dieselben beizufügen, andernfalls aber ist der Ueberreichungsbericht genau zu bezeichnen.

16. Zur Vermeidung von Unrichtigkeiten in den Zahlenangaben, wie sich solche bisher öfter herausgestellt haben, sind nicht nur die Etats selbst, sondern auch sämmtliche dazu gehörige Anlagen, einschließlich der Erläuterungsberichte, soweit dieselben Zahlen enthalten, vor der Einreichung in calculo zu prüfen und zu bescheinigen.

VI. Erlaß vom 15. October 1876, II. 19076, an sämmtliche Staatsbahn-Directionen bringt die Bestimmung in Erinnerung, wonach die Vorschläge wegen Creirung neuer Beamtenstellen drei Monate vor dem für die Einreichung der Etats-Entwürfe bestimmten Termine, mithin, da der letztere auf den 1. April jeden Jahres festgesetzt ist, bis auf Weiteres bis zum 1. Januar jeden Jahres an den Herrn Minister einzureichen sind. (Erlaß vom 12. December 1877, II. 25885 besagt, daß durch die Verlegung des Etatsjahres eine Verschiebung des Termins für die Vorschläge zur Creirung neuer Beamtenstellen zunächst nicht einzutreten hat.)

VII. Erlaß vom 4. November 1876, II. 18921, macht darauf aufmerksam, daß die in den Etats bei den Ergänzungs- und Erneuerungs-Fonds vorgesehenen Kosten nur zur Bestreitung der Kosten für diejenigen Bauausführungen verwendet werden dürfen, für welche sie von vornherein bestimmt waren, daß also die Kosten für anderweite im Etat nicht vorgesehene Ergänzungen ꝛc. aus den etatsmäßigen Fonds ohne vorher einzuholende Genehmigung des Herrn Ministers nicht bestritten resp. in Rest gestellt werden dürfen, auch wenn in Folge veränderter Baudispositionen ꝛc. die Etats bei demselben Titel die Mittel dazu noch bieten sollten. Ebenso ist darauf zu halten, daß die für die einzelnen Bauausführungen vorgesehenen Summen nicht überschritten werden. Sollte dessen ungeachtet eine Ueberschreitung voraussichtlich nicht zu vermeiden sein, so ist dem Herrn Minister davon in jedem einzelnen Falle rechtzeitig, also vor der Ausführung, Anzeige zu machen, während in den Fällen, in welchen sich die Ueberschreitung nicht hat voraussehen lassen, sofort nach Bekanntwerden derselben motivirt zu berichten ist.

VIII. Erlaß vom 31. October 1876, II. 17446, setzt die Königl. Eisenbahn-Directionen in Bromberg, Hannover und Berlin davon in Kenntniß, wie der Herr Finanz-Minister und die Königl. Ober-Rechnungs-Kammer sich damit einverstanden erklärt haben, daß in Abänderung der zur Zeit bestehenden Einrichtung, nach welcher die sämmtlichen Betriebs-Einnahmen von der Haupt-Kasse zu verrechnen sind, vom 1. April 1877 ab die unter den Etatstiteln 3 und 5 bis 7 der sogenannten verschiedenen Einnahmen nachzuweisenden Einnahmen bei den Kommissionskassen verrechnet werden und nur in so weit der Haupt-Kasse nach wie vor zur Verrechnung verbleiben, als sie bei der Direction berechnet werden und der Haupt-Kasse unmittelbar zufließen. Demgemäß sind von dem gedachten Termine ab in dem Etat der Direction nur die bei der Haupt-Kasse auch ferner zu verrechnenden fraglichen Einnahmen in der bisherigen Weise nachzuweisen, während die bei den Kommissions-Kassen zu verrechnenden, dergl. unter den obgenannten Titeln in den Etats der betreffenden Kommissionen vorzusehen und nur summarisch in gleicher Art, wie dies bezüglich der Ausgaben durch die Verfügung vom 9. April 1873 (II. 6952) angeordnet worden, in den Etat der Direction zu übernehmen sind.

Die genannten Directionen haben hiernach die unterstellten betreffenden Organe mit Instruction zu versehen und die erforderlichen Abänderungen der Geschäftsanweisungen für die Haupt-Kasse und die Kommissions-Kassen zu bewirken.

IX. Erlaß vom 25. Juli 1877 $\frac{\text{II. 15473}}{\text{V. 7063}}$ an sämmtliche Staatsbahn-Directionen bestimmt, daß in den Etats bei den Besoldungsfonds resp. bei den Fonds des Titels 5 sämmtliche Dienstwohnungen und sonstige Emolumente der Beamten erwähnt werden. Darunter sind auch diejenigen Emolumente der Beamten zu verstehen, welche denselben für Wahrnehmung von Nebenämtern ꝛc. aus anderen fiskalischen, oder aus Kreis-, Gemeinde-, Gesellschafts- ꝛc. Fonds etwa gewährt werden.

X. Erlaß vom 26. März 1878, II. 5473, an sämmtliche Staatsbahnen-Directionen bestimmt mit Bezug auf den Erlaß vom 25. Juli 1877 $\frac{\text{II. 15473}}{\text{V. 7063}}$ in

Betreff der Angaben in den Etats über Dienstwohnungen und sonstige Emolumente der Beamten Folgendes: Die in Betracht kommenden Nebenemolumente sind zu trennen:

a) in solche, welche in dem Texte des Etats bei den betreffenden Positionen der Besoldungs-Titel nachrichtlich Aufnahme zu finden haben, wie dies aus den, den Königlichen Eisenbahn-Directionen inzwischen zugegangenen festgestellten Betriebs-Etats ersichtlich ist;

b) in solche, welche nur in der Colonne Bemerkungen der Etats-Entwürfe aufzuführen sind.

Zur künftigen Beachtung, zunächst also für die Aufstellung der Etats-Entwürfe pro 1. April 1879/80 wird bemerkt, daß es sich überhaupt nur um **fortlaufende** Vergütungen für Nebenbeschäftigungen oder um Naturalbezüge, also nicht um Remunerationen 2c. handelt, welche den Beamten etwa aus Veranlassung hervorragender Thätigkeit oder in Folge besonderer Aufträge zur Verrichtung außergewöhnlicher Dienstgeschäfte einmalig oder auch wiederholt, jedoch jedesmal auf besonderen Antrag gewährt werden.

In die Kategorie ad a entfallen außer den Dienstwohnungen, deren Anzahl bei den betreffenden Etats-Positionen mit den Angaben in der, mit dem Etats-Entwurfe einzureichenden Nachweisung über die Wohnungsgeldzuschüsse der Beamten übereinstimmen muß, diejenigen Nebenbezüge, welche einzelnen Beamten für besondere Functionen innerhalb des Bereiches der eigenen Verwaltung fortlaufend — wenn auch unter dem Vorbehalte des Widerrufs — oder aus früherer Zeit her, mit der Maßgabe der Verminderung oder des Wegfalls bei eintretender Gehalts-Verbesserung, neben ihrem etatsmäßigen Gehalte und dem gesetzlichen Wohnungsgeldzuschuß unmittelbar oder mittelbar aus dem Betriebs-Fonds der Verwaltung bewilligt sind resp. zustehen, sofern und insoweit diese Bezüge aus dem Texte der einzelnen Etats-Positionen nicht bereits besonders hervorgehen, wie beispielsweise die Functionszulagen für Büreau-Vorsteher, die Remunerationen der Bahnwärter für Bedienung der elektromagnetischen Telegraphen, die Remunerationen der Weichensteller 2c für Besorgung des Billetverkaufs auf den Haltestellen (Tit. 5 Pos. 3. 4. bezw 5) oder die Prämien für Ersparnisse an Kohlen und Oel 2c, die Fahr-, Stunden- und Nachtgelder des Fahrpersonals (Tit. 6 Pos. 1 und 2 und Tit 8 Pos. 3 und 4). Unter den mittelbar aus Betriebs-Fonds gewährten Nebenbezügen sind zu verstehen:

solche, welche etwa nach der Art der den betreffenden Beamten übertragenen Funktionen zunächst auf einem besonderen Vorschuß- 2c. Conto zur Buchung gelangen und erst in Verbindung mit anderen Ausgaben ganz oder, wegen Mitbetheiligung anderer Verwaltungen 2c., nur theilweise dem eigenen Betriebs-Fonds belastet werden, sowie

solche, welche an Vergütungen für die Wahrnehmung des Dienstes anderer Verwalungen 2c. behufs Auszahlung an die betreffenden Beamten etwa vorweg in Abzug gebracht werden.

Die Kategorie ad b umfaßt diejenigen Vergütungen, welche einzelne Beamte für die Wahrnehmung von Nebenämtern außerhalb des Bereiches der einzelnen Verwaltungen, wie beispielsweise die Versehung des Postdienstes auf den Eisenbahn-Stationen, die Besorgung der laufenden Geschäfte der Linien-Commissionen rc. aus anderen fiskalischen, oder aus Kreis-, Gemeinde-, Gesellschafts- rc Fonds fortlaufend beziehen.

Schließlich wird noch besonders bemerkt, daß die Angaben in jedem einzelnen Falle die nähere Bezeichnung der betreffenden Positionen des Betriebs-Etats oder der fremden Fonds, aus welchen die Nebenbezüge gewährt werden, enthalten muß, und daß die einzelnen Beamten der Betriebs-Verwaltung aus Neubaufonds gewährten widerruflichen s. g. Bauzulagen nicht in Betracht zu ziehen sind.

XI. Erlaß vom 27. Februar 1879, II 2025, enthält die Bestimmungen, nach denen bei den Staatsbahnen bei Aufstellung der Etatsentwürfe bezüglich der Titel 10 und 11 (jetzt Titel 7 und 10) zu verfahren ist, nebst den Schemas zu den danach aufzustellenden Anschlägen.

Diese Titel sind als eine besondere Abtheilung des Etatsentwurfes zu behandeln und demgemäß alle dazu gehörigen Anlagen und Erläuterungen von dem übrigen Etat abzutrennen. Dasselbe gilt hinsichtlich der Titel 12 bis 14 (jetzt Titel 8, 9 und 11). Die Vorlage der Titel 10 bis 14 (jetzt Titel 7 bis 11) hat mit besonderem Begleitbericht zu geschehen. (Es kann dies gewissermaßen als der technische Theil des Etats bezeichnet werden.)

Aus der Verfügung, welche außerdem die Anwendung der durch dieselbe vorgeschriebenen Schemas erläutert, ist Folgendes zu entnehmen:

a) Zu Titel 10 und 11 ist nach vorgeschriebenem Schema eine Uebersicht zur Vergleichung der Etatsansätze mit den Ausgaben, bezw. Bewilligungen der Vorjahre anzufertigen.

b) Den Kostenanschlägen und Uebersichten zu Titel 10 und 11 ist ein gesonderter Erläuterungsbericht beizufügen, in welchem für jede Position zunächst bezüglich der gewöhnlichen Unterhaltung das Erforderliche über die Höhe der Einheitspreise, über besondere bei der Veranschlagung zu berücksichtigende Umstände und über das Verhältniß der Gesammtsumme zu den Ausgaben bezw. Bewilligungen der Vorjahre anzugeben ist.

Die Nothwendigkeit der einzelnen Ausführungen zur außergewöhnlichen Unterhaltung und Ergänzung ist zu motiviren, unabhängig davon, ob etwa schon anderweitig Projecte dafür zur Vorlage gelangt sind. Sofern noch keine fertigen Projecte und Kostenanschläge vorgelegt werden können, sind doch Projektskizzen und Kostenüberschläge als Anlagen beizufügen. Sollte in der nächsten Zeit nach Einreichung der Etatsentwürfe die Entbehrlichkeit einzelner ursprünglich vorgesehenen Anlagen oder die Nothwendigkeit von Abänderungen der angemeldeten Beträge zu Tage treten, so ist dies thunlichst frühzeitig anzuzeigen.

(Folgen Erläuterungen zu den Schemas für die Veranschlagung der Titel 12, 13 und 14, jetzt Titel 8, 9 und 11 rc.)

c) Die gewöhnliche Unterhaltung der Betriebsmittel (Titel 13, jetzt Titel 9) begreift die Instandhaltung derselben in dem vorhandenen Umfang in sich, einschließlich Erneuerung derjenigen Theile, deren Beschaffung nicht unter Titel 14 (jetzt 11) zu verrechnen ist. Außergewöhnliche Unterhaltung und Ergänzungen sind besonders zu veranschlagen. Der Werth der alten Materialien, welche bei den auf Titel 13 (jetzt 9) auszuführenden Arbeiten gewonnen werden, ist hierbei abzusetzen.

d) Die Kosten des Werkstättenbetriebes dürfen nicht als besondere Etats-Positionen erscheinen, sondern sind als Generalkosten auf die einzelnen Positionen zu vertheilen.[1])

e) Bei Titel 14 (jetzt 11) sind nur die speciell aufzuführenden Beschaffungen und zwar mit dem vollen Werth zu veranschlagen, während der Erlös aus den alten Materialien, bezw. der Werth derselben bei Titel 7 (jetzt Titel 5) der Einnahme in Ansatz zu bringen ist. Die Arbeitslöhne sind ausschließlich bei Titel 13 (jetzt 9) zu verrechnen.

f) Die Bedarfsermittelung, nach welcher die Anzahl der zu beschaffenden Locomotiven und Wagen festzusetzen ist, geschieht nach vorgeschriebenem Schema und ist ebenfalls als ein Theil des Erläuterungsberichts zu behandeln. Bezüglich der Beschaffung von Locomotiven ist zu erörtern, inwieweit ein Ausgleich zwischen den gekuppelten und ungekuppelten Personenzug-Locomotiven, zwischen den dreifach und den zweifach gekuppelten Güterzug-Locomotiven, sowie zwischen den letzteren und den zum Rangirdienst gebrauchten Tender-Locomotiven angängig ist, ferner, ob nicht ein Ausgleich zwischen Personenzug- und Güterzug-Locomotiven zur Zeit des stärksten Verkehrs im Personenzug- bezw. Güterzugdienst stattfinden kann, da dieser stärkste Verkehr für die beiden Gattungen von Locomotiven nicht immer in dieselbe Zeit fällt.

Alle weiteren zu den Titeln 10 bis 14 (jetzt 7 bis 11) bisher beigebrachten Anlagen kommen in Wegfall.

XII. Erlaß vom 20. März 1879, II 2842, an die Staatsbahnen. Zur Herbeiführung der Uebereinstimmung der Längen-Angaben in den Etats der Staats-Eisenbahnen mit denen der erst später anzufertigenden Jahresberichte bezw. statistischen Nachrichten ist bis spätestens zum 5. April jeden Jahres eine Nachweisung der am Schlusse des Etatsjahres in Betracht kommenden Längen nach Maßgabe vorgeschriebenen Formulars an das technische Eisenbahn-Bureau des Königlichen Ministeriums einzureichen. Für den Fall, daß voraussichtlich in dem nächsten Etatsjahre neue Strecken zur Eröffnung gelangen werden, ist am Schlusse der Tabelle die Länge derselben und der in Aussicht genommene Tag der Eröffnung anzugeben.

---

[1]) Eine genaue Erklärung, was unter Generalkosten bei den Werkstätten zu verstehen und wie diese zu verrechnen, ist in dem Handbuche „Das Kassen- und Rechnungswesen bei den preußischen Staats- rc. Bahnen“ von H. Kosub, Seite 121/2 der ersten Auflage gegeben.

Schema

zum

Betriebs-Etat der preußischen Staats-Eisenbahnen und der unter Staats-Verwaltung stehenden Privatbahnen.

Anmerkung. Dieses Formular ist im Ministerium der öffentlichen Arbeiten im Anschluß an das im Jahre 1879 von Vertretern aller deutschen Bahnen vereinbarte Normal-Buchungs-Formular festgestellt worden und kommt bei den Staatsbahnen mit dem 1. April 1880 zur Anwendung.

Zur besseren Ausnutzung des Raumes ist das gegebene Schema bei der Einnahme sowohl als bei der Ausgabe nur je einmal über den ganzen Bogen dargestellt, während im Uebrigen die zweite Seite zur Gegenüberstellung der Titel und Positionen des Normal-Buchungs-Formulars und der für dieses gegebenen Erläuterungen, sowie zu Anmerkungen zu dem Etatsschema benutzt worden ist.

Titel.	Position.	Unter-Position.	(Etats-Schema.) Betriebs-Einnahme.	Betrag für 1. April 188./8. M.	₰	Darunter künftig wegfallend. M.	₰
1.			**Titel 1. Aus dem Personen- und Gepäck-Verkehr.**				
	1.		Für Beförderung von Personen (auch zu ermäßigten Preisen: auf Retour- und Abonnementsbillets, Regie-Extrazüge ꝛc.) ausschließlich Militair auf Requisitionsschein . . .	00	—	—	—
	2.		Für Beförderung von Militair auf Requisitionsschein	00	—	—	—
	3.		Für Beförderung von Gepäck, einschließlich des ohne Lösung von Fahrbillets aufgegebenen, sowie von Traglasten	00	—	—	—
	4.		Für Beförderung von Hunden auf Hundebillets und Gepäckschein	00	—	—	—
	5.		Für bestellte Extrazüge nach besonderem Tarif	00	—	—	—
	6.		Sonstige Einnahmen, als: Lagergelder, Strafgelder ꝛc., soweit sie aus dem Personen- und Gepäck-Verkehr herrühren	00	—	—	—
			Summa Tit. 1	00	—	—	—
2.			**Titel 2. Aus dem Güterverkehr.**				
	1.		Für Beförderung von Eilgut und Expreßgut . . . . . } einschließlich der Equipagen und anderer Fahrzeuge aller Art.	00	—	—	—
	2.		Für Beförderung von Frachtgut } einschließlich der Equipagen und anderer Fahrzeuge aller Art.	00	—	—	—
	3.		Für Beförderung von Postgut	00	—	—	—
	4.		Für Beförderung von Militairgut auf Requisitionsschein, einschließlich Pferde und Fahrzeuge	00	—	—	—
	5.		Für Beförderung von Vieh, einschließlich Pferde, auch Luxuspferde, ausgenommen Hunde auf Hundebillets und Gepäckschein (1. 4) . . .	00	—	—	—
	6.		Für Beförderung von Leichen	00	—	—	—
			Latus	00	—	—	—

Der Etat für 1. April 188./8. setzte aus — unter Tit.	Pos.	M.	Pf.	Mithin sind für 1. April 188./8. — mehr M.	Pf.	weniger M.	Pf.	Die wirkliche Einnahme für 187./.. (excl. der Reste aus den Vorjahren) beträgt M.	Pf.	Des Normal-Buchungs-Formulars — Titel.	Position.	Unter-Position.	Bemerkungen.
										I.			
1.	1.	00	—	00	—	—	—	00	—		1.		
1.	1.	00	—	—	—	00	—	00	—		2.		
1.	2.	00	—	—	—	—	—	00	—		3.		
1.	4.	00	—	—	—	—	—	00	—		4.		
—	—	00	—	—	—	—	—	00	—		5.		
1.	6.	00	—	—	—	00	—	00	—		6.		
				00	—	00	—						
—	—	00	—	—	—	00	—	00	—				
										II.			
2. 1.	1. 3.	00	—	00	—	—	—	00	—		1.		
2. 1. 2.	3. 3. 4.	00	—	—	—	00	—	00	—		2.		
2.	2.	00	—	—	—	—	—	00	—		3.		
—	—	00	—	—	—	—	—	00	—		4.		
1. 2.	5. 5.	00	—	—	—	—	—	00	—		5.		
—	—	00	—	—	—	—	—	00	—		6.		
—	—	00	—	00	—	—	—	00	—				

Anmerkung. Die zweite Seite des vorgeschriebenen Formulars zum Etat ist sowohl bei der Einnahme als bei der Ausgabe nur je einmal veranschaulicht. Dasselbe reicht nur so weit der Horizontalstrich geht. Der übrige, hier weiter benutzte Raum dient im Etat zu „Bemerkungen".

Titel.	Position.	Unter-Position.	(Etats-Schema.) Betriebs-Einnahme.	Betrag für 1. April 188./8. M.	₰	Darunter künftig wegfallend. M.	₰
			Transport	00	—	—	—
2.	7.		Für Beförderung von frachtpflichtigem Dienstgut, einschließlich Baumaterialien	00	—	—	—
	8.		Nebenerträge als:				
		1.	Frachtzuschläge für Werth- und Lieferfrist-Versicherung	00	—	—	—
		2.	Provisionen, Lager-, Lade-, Stand- und Wiegegelder, Conventionalstrafen, Erstattung von An- und Abfuhrkosten, Zechenfrachten, Ueberschiebe- und Rangirgebühren, Zolldeclarationsgebühren, Krahnmiethen, Desinfectionsgebühren, etwaige von Arbeitern abzuliefernde Gebühren 2c. . .	00	—	—	—
			Summa Tit. 2	00	—	—	—
3.			**Titel 3. Vergütung für Ueberlassung von Bahnanlagen und für Leistungen zu Gunsten Dritter*).**				
	1.		Vergütung für verpachtete Bahnstrecken . . .	00	—	—	—
		1pp.					
	2.		Vergütung für Mitbenutzung von Bahnhöfen, Bahnstrecken und sonstigen Anlagen, sowie von Bediensteten durch andere Bahn-Verwaltungen oder Besitzer von Anschlußgeleisen	00	—	—	—
		1pp.					
	3.		Vergütung für Wahrnehmung des Betriebsdienstes für andere Verwaltungen beziehungsweise in gemeinschaftlichen Verkehren . . .	00	—	—	—
		1pp.					
	4.		Vergütung für Verwaltungskosten von Eisenbahn-Verbänden und Abrechnungsbüreaus .	00	—	—	—
			Summa Tit. 3	00	—	—	—

*) Nach dem Erlaß vom 29. Juli 1879. II. 8873 steht Nichts entgegen, bei Tit. III, Position 1, 2 und 3 der Einnahme zum Zwecke des speciellen Nachweises der bestehenden Gemeinschafts-Verhältnisse Unterpositionen einzufügen Wegen Erstattung von Gehältern 2c. aus Baufonds cfr. die Anmerkung zu Titel VI, Position 8.

Anmerkungen zum Etats-Schema.	Des Normal-Buchungs-Formulars Titel.	Position.	Unter-Position.	Anmerkungen nach dem Normal-Buchungs-Formular*).
Die Einnahmen aus dem Transport-Verkehr — Tit. I und II des Etats — werden von der Verkehrs-Controle — Abtheilung I für den Personen-Verkehr und Abtheilung II für den Güter-Verkehr — nach den Bestimmungen der durch Ministerial-Rescript vom 26. Juni 1879. II. 6908. IV. 3745 genehmigten Instruction für dieselbe, kontrolirt, festgestellt und zur definitiven Verrechnung gebracht.	II.	7. 8.	a. b.	
Die auf die Personen- und Güter-Beförderung Bezug habenden „Allgemeinen Dienst-Vorschriften" erscheinen einschließlich der Bestimmungen über die Rapportirung und Buchführung bei den Billet-, Gepäck- und Güter-Expeditionen, soweit es dem Zwecke dieses Werkes entspricht, im Auszuge unter einem besonderen Abschnitt.				
Bezüglich der Verrechnung der zur Rückzahlung kommenden Fahr-, Fracht-, Stand- und Lagergelder ist gemäß Erlaß vom 4. August 1879. II. 9035 nach den, in der Registratur zu Nr. 4 der Tagesordnung der am 27. und 28. Juni 1879 im Königl. Ministerium abgehaltenen Staatsbahnconferenz aufgestellten Grundsätzen zu verfahren.	III.			
Danach kommen folgende Grundsätze allgemein zur Einführung: 1. Fahr- und Frachtgelder werden von den betreffenden Einnahme-Positionen abgesetzt, wenn es sich um das Rückgängigmachen einer Einnahme des laufenden Betriebsjahres handelt.		1.		Zu Titel III. Pos. 1. Dieselbe umfaßt jede Art von Pachtzins, mag er in einem festen Satze oder in dem quoten Theile des Erträgnisses einer Strecke ꝛc. bestehen. Nicht hierher gehört dagegen der etwaige Ertrag einer für eine fremde Verwaltung auf Rechnung des Eigenthümers betriebenen Strecke, vielmehr ist in einem solchen Falle besondere vollständige Rechnung zu legen.
2. Fahr- und Frachtgelder, deren Rückerstattung den Charakter der Schadensvergütung hat, sowie diejenigen, welche nicht mehr im laufenden Betriebsjahr abgesetzt werden können, gelangen bei Titel VI, Position 10³*) zur Verausgabung. 3. Nach denselben Grundsätzen ist bezüglich der Stand- und Lagergelder zu verfahren.		2.		Zu Pos. 2. Die Gehälter der Seitens der fremden Bahn mitbenutzten Beamten sind in den betreffenden Ausgabe-Positionen voll anzusetzen; ebenso
Bezüglich der Behandlung der Reste bei den Verkehrs-Einnahmen und Ausgaben**) ist durch Ministerial-Erlaß vom 31. Juli 1879. II. 9033 nach den Beschlüssen der vorbezeichneten Staatsbahn-Conferenz (Registratur Nr. 2		3. 4.		Zu Pos. 3. Die hier etwa inbegriffene Wagen- und Locomotivmiethe ist in dieser Position mit zu verrechnen und nicht etwa zu Titel IV. Pos. 1 auszuscheiden.

*) Nach dem Protokoll der Staatsbahn-Conferenz — Position 9³; mit Rücksicht auf die in der Nummerfolge der Positionen eingetretene Veränderung muß es jedoch 10³ heißen.

**) d. i. Einnahmen aus dem Personen- und Güterverkehr, Wagenmiethen; Ausgaben an Wagenmiethen und Verbandskosten.

*) Die nach dem Normal-Buchungs-Formular hier aufgenommenen Anmerkungen sind für alle Eisenbahnen Deutschlands maßgebend.

Titel.	Position.	Unter-Position.	(Etats-Schema.) Betriebs-Einnahme.	Betrag für 1. April 188./8. ℳ	₰	Darunter künftig wegfallend. ℳ	₰
4.			**Titel 4. Vergütung für Ueberlassung von Betriebsmitteln.**				
	1.		Miethe (einschließlich Conventionalstrafe) für				
		1.	Locomotiven	00	—	—	—
		2.	Wagen	00	—	—	—
	2.		Leihgeld für ausgeliehene Betriebsmittel für				
		1.	Locomotiven	00	—	—	—
		2.	Wagen	00	—	—	—
			Summa Tit. 4	00	—	—	—
5.			**Titel 5. Erträge aus Veräußerungen.**				
	1.		Aus dem Verkaufe der Materialien, welche bei der Erneuerung gewonnen worden, als:				
		1.	Schienen, Schwellen, Kleineisenzeug . .	00	—	—	—
		2.	Oberbaumaterial der Brücken	00	—	—	—
		3.	Weichen, Kreuzungen, Drehscheiben 2c. .	00	—	—	—
		4.	Locomotiven, Tender und deren Hauptheile	00	—	—	—
		5.	Personenwagen und deren Haupttheile .	00	—	—	—
		6.	Gepäck-, Güter- und sonstige Transportwagen und deren Haupttheile . . .	00	—	—	—
	2.		Aus dem Verkaufe anderweiter Betriebsmaterialien	00	—	—	—
	3.		Aus dem Verkaufe sonstiger Gegenstände, soweit der Erlös nach den Rechnungs-Einrichtungen der einzelnen Verwaltungen der Betriebsrechnung zufließt	00	—	—	—
			Summa Tit. 5	00	—	—	—
6.			**Titel 6. Verschiedene sonstige Einnahmen.**				
	1.		Telegraphen-Gebühren	00	—	—	—
	2.		Pächte und Miethen, sowie ökonomische Nutzungen aus Gebäuden und Grundstücken, als:				
		1.	Restaurationen	00	—	—	—
			Latus	00	—	—	—

Anmerkungen zum Etats-Schema.	Des Normal-Buchungs-Formulars Titel.	Position.	Unter-Position.	Anmerkungen nach dem Normal-Buchungs-Formular.
der Tagesordnung) vom 27. und 28. Juni 1879 genehmigt, daß 1. diejenigen Beträge, welche direkt beim Betriebsfonds zur Verrechnung gelangen, nach den allgemeinen Grundsätzen behandelt werden, 2. eine Abweichung hiervon jedoch bezüglich derjenigen Beträge stattzufinden hat, welche zunächst auf dem Conto für Bruttoablieferungen zur Verrechnung gebracht werden müssen, und erst nach Ausscheidung der Antheile fremder Bahnverwaltungen Nachnahmen 2c. bei dem Betriebsfonds verrechnet werden können. Es sind nämlich a) die bis zum Finalabschluß definitiv festgestellten Beträge ohne Rücksicht darauf, ob sie bereits baar eingegangen sind, sämmtlich zum „Ist“ zu stellen; b) auch die zur Zeit des Finalabschlusses noch nicht definitiv festgestellten Beträge schätzungsweise zum „Soll“ und „Ist“ zu stellen. Das von einzelnen Verwaltungen gegen diese Verrechnung erhobene Bedenken: daß es nicht sicher sei, ob diese zum „Ist“ gestellten Einnahmen auch in der That in den bis zum Final-Abschlusse eingegangenen Brutto-Einnahmen Deckung finden, wurde in der Staatsbahn-Conferenz nicht für durchschlagend gehalten, weil in diesem Falle die fehlenden Beträge als Vorschuß gebucht werden können. Ueber die zuverlässigste und einfachste Art der Schätzung der Verkehrs-Einnahmen hat eine besondere Commission zu berathen.	IV.			
		1.		Zu Titel IV Pos. 1. Unter „Miethe“ sind die Entschädigungen für die Benutzung der Wagen und Locomotiven, welche aus dem Uebergange des Materials im gewöhnlichen gegenseitigen Verkehre, und
			1.	
			2.	
		2.		zu Pos. 2 unter „Leihgeld“ die auf Grund besonderer Vereinbarungen zu zahlenden Entschädigungen für auf Zeit abgegebene Betriebsmittel zu verstehen.
	V.			
		1.		Zu Titel V Pos. 1 und 2. Diejenigen Beträge, welche hiervon in Specialfonds fließen, sind nicht nur in der Specialrechnung, sondern auch unter gegenwärtiger Position zu vereinnahmen. Wegen Ueberweisung an den Fonds s. „Abschluß II“ der Betriebsrechnung*).
			1.	
			2.	
			3.	
			4.	
			5.	
			6.	
		2.		
		3.		
	VI.			
		1.		
		2.		
Zu Unterpos. 1. Wenn fremde Bahn-Verwaltungen an den Einnahmen für die Verpachtung von Restaurationen 2c. auf gemeinschaftlichen Bahnhöfen Theil nehmen, so ist zwar die gesammte Einnahme unter Position 2 Unterposition 1 unverkürzt zu verbuchen, der auf die fremde Verwaltung entfallende Antheil dagegen auf die bei Titel III zu verbuchende Vergütung in Anrechnung zu bringen.				

*) Bezw. dieses Schemas.

Titel.	Position.	Unter-Position.	(Etats-Schema.) Betriebs-Einnahme.	Betrag für 1. April 188./8. M.	₰	Darunter künftig wegfallend. M.	₰
			Transport	00	—	—	—
6.		2.	Dienst- und Miethwohnungen*) . . .	00	—	—	—
		3.	Dienstlokale für Post, Telegraphie, Zoll und Steuer, Polizei ꝛc.	00	—	—	—
		4.	Lagerplätze, Grasplätze, Pflanzungen, Latrinen, Bergwerke, Steinbrüche, Trajecte ꝛc.	00	—	—	—
	3.		Vergütung der Post:				
		1.	für Benutzung der Coupés zum Postdienst, Beförderung von Postwagen und Gestellung von Beiwagen	00	—	—	—
		2.	für das Unterstellen, Reinigen, Beleuchten, Schmieren, Rangiren ꝛc. der Eisenbahn-Postwagen	00	—	—	—
	4.		Entschädigung von der Reichs- oder Staats-Telegraphen-Verwaltung für Benutzung und Begleitung von Bahnmeisterwagen ꝛc. . .	00	—	—	—
	5.		Einnahme an Brücken- und Fährgeld, sowie Werft- und Hafengebühren	00	—	—	—
	6.		Pensionsbeiträge, sofern nicht besondere Verrechnungen bezw. Kassen bestehen	00	—	—	—
	7.		Zinsen und Coursgewinne aus Geldbeständen des Betriebes	00	—	—	—
			Latus	00	—	—	—

*) Wegen der Höhe der von den Staatsbeamten zu vergütenden Miethsbeträge cfr. den besonderen Abschnitt hierüber.

Anmerkungen zum Etats-Schema.	Des Normal-Buchungs-Formulars: Titel.	Position.	Unter-Position.	Anmerkungen nach dem Normal-Buchungs-Formular.
Zu Unterpos. 2. a) Laut Staatsministerial-Beschluß vom 8. Novbr. 1873, St. M. Nr. 648, ist auch von suspendirten Beamten der volle Miethsbetrag für innehabende Dienstwohnungen aus der ihnen gesetzlich zustehenden Hälfte ihres Diensteinkommens zu entrichten. Beziehen diese Beamten Wohnungsgeld-Zuschuß und ist demgemäß die Wohnungsmiethe auf den Betrag desselben festgesetzt, so ist die Hälfte der Miethe auf den während der Suspension zu zahlenden halben Wohnungsgeld-Zuschuß anzurechnen, die andere Hälfte aber aus dem Gehalte zu entnehmen, welches den Beamten competirt. (Erl. v. 11. December 1873, II. 26480.) b) Wegen der Verpflichtung der Inhaber von Dienstwohnungen zur Unterhaltung derselben ꝛc. cfr. das Regulativ vom 18. Octbr. 1822 und die Anmerkungen zu Tit. VII b Position 12 der Ausgabe.				
Entschädigungen der Werkstätten-Verwaltungen für Dienstwohnungen an Werkstatts-Beamte in Gebäuden der Betriebs- (nicht Werkstätten-) Verwaltung, kommen in Höhe des Wohnungsgeld-Zuschusses des betr. Beamten bei Tit. 6 Pos. 2² in Einnahme. Erlaß vom 10. Novbr. 1879.				
Zu Pos. 3. Cfr. §. 95 des Auszuges aus den Allgemeinen Dienstvorschriften für die Beförderung von Personen ꝛc.		3.	1.	
			2.	
		4.		
		5.		
		6.		
		7.		
Die ursprüngliche Position 8 „Erstattung aus Baufonds an Gehältern und Remunerationen für die bei Neubauten beschäftigten Beamten" ist fortgefallen. Durch Erlaß vom 29. Juli 1879, II. 8873 ist bezüglich dieser Position Folgendes verfügt: Die Erstattung aus Baufonds an Gehältern				

Titel.	Position.	Unter-Position.	(Etats-Schema.) Betriebs-Einnahme.	Betrag für 1. April 188./8. ℳ	₰	Darunter künftig wegfallend. ℳ	₰
6.			Transport	00	—	—	—
	8.		Insgemein, wie Conventionalstrafen für verspätete Lieferungen, sonstige Strafgelder, Gebühren für Aushang von Annoncen, Vergütung für Druck von Billeten auf fremde Rechnung, rückersetzte Prozeßkosten ꝛc.	00	—	—	—
			Summa Tit. 6	00	—	—	—
			Recapitulation der Betriebs-Einnahmen.				
			Titel 1. aus dem Personen- und Gepäck-Verkehr	00	—	—	—
			„ 2. aus dem Güterverkehr	00	—	—	—
			„ 3. Vergütung für Ueberlassung von Bahnanlagen ꝛc.	00	—	—	—
			„ 4. Vergütung für Ueberlassung von Betriebsmitteln	00	—	—	—
			„ 5. Erträge aus Veräußerungen . . .	00	—	—	—
			„ 6. Verschiedene sonstige Einnahmen . .	00	—	—	—
			Summa der Betriebs-Einnahmen	00	—	—	—

Anmerkungen zum Etats-Schema.	Des Normal-Buchungs-Formulars Titel.	Position.	Unter-Position.	Anmerkungen nach dem Normal-Buchungs-Formular.
und Remunerationen der bei Neubauten beschäftigten Beamten sind nicht hier, sondern bei Titel III Pos. 2 unter einer besonderen Unterposition zu vereinnahmen*), indem die Bau-Verwaltung in dieser Hinsicht wie eine fremde Bahn-Verwaltung zu behandeln ist. Demgemäß erhält die jetzige Position 9 die Nummer 8.	VI.			
Zu Position 8. a) Betreffs der Conventionalstrafen wird auf den bezüglichen besonderen Abschnitt verwiesen.		8.		
b) Die von den Dienstwohnungs-Inhabern für das Reinigen der Schornsteine, sowie für das ihnen aus fiscalischen Wasserleitungen zugeführte Wasser zu zahlenden Entschädigungen sind unter Tit. 6 Pos. 8 in Einnahme nachzuweisen. Erlaß vom 10. November 1879.				
				Uebersicht der Betriebs-Einnahmen. Uebertrag aus dem Vorjahre.
	I.			
	II.			
	III.			
	IV.			
	V.			
	VI.			

*) Diese Bestimmung ist durch Erlaß vom 10. November 1879, II. 13426 dahin abgeändert, daß die aus Baufonds zu erstattenden Gehälter und Remunerationen ebenso wie die Ersatzleistungen der Werkstätten-Verwaltung durch Absetzung an den Ausgaben verrechnet werden.

Titel.	Position.	Unter-Position.	(Etats-Schema.) Betriebs-Ausgabe.	A. Allgemeine Verwaltung. M.	B. Bahn-Verwaltung. M.	C. Transport-Verwaltung. a. Aeußerer Bahnhofsdienst. M.	 b. Expeditionsdienst. M.	 c. Zugbegleitungsdienst. M.	 d. Zugförderungsdienst. M.	Betrag für 1. April 188./8. M.	 ₰
			Abtheilung I. Persönliche Ausgaben. Besoldungen der etatsmäßigen Beamten*).								
1.			**Titel 1.**								
	1.		1 Präsident der Direction . . . . . . (Hat Dienstwohnung.)	00	—	—	—	—	—	00	—
	2.		— Mitglieder der Direction und Betriebs-Directoren	00	—	—	—	—	—	00	—
	3.		— etatsmäßige Hülfsarbeiter der Betriebsämter. — Eisenbahn-Bau- u. Betriebs-Inspectoren. — Maschinen-Inspector. — Güter-Inspector. 00 von ꝛc. . . . . .00 M. Davon ab: Die Besoldungen für 00 Bau-Inspectoren, welche aus Baufonds bestritten wird, mit . .00 M. bleiben	00	00	00	00	00	00	00	—
	4.		— Eisenbahn-Baumeister von ꝛc. . . .	00	00	—	—	—	—	00	—
	5.		— Telegraphen-Inspectoren von ꝛc. . . .	00	—	—	—	—	—	00	—
	6.		— Maschinenmeister von ꝛc. . . . .00 M. Davon ab: Die Besoldung für 00 Werkstätten-Maschinenmeister, welche von dem Werkstätten-Conto erstattet wird**), mit . . . . . .00 M. bleiben	—	—	—	—	—	00	00	—
			Summa Tit. 1	00	00	00	00	00	00	00	—
			Die Gehälter der unter Tit. 1 Pos. 1 und 2, sowie die Gehälter und Stellen der unter Tit. 1 Pos. 3 aufgeführten Beamten übertragen sich gegenseitig innerhalb derselben Kategorie bei sämmtlichen Staatsbahnen.								

*) Wegen der als künftig wegfallend zu bezeichnenden Beamtenstellen wird auf die bezügliche Anmerkung S. 43 verwiese

**) Nach der Anmerkung zur Rechnung des Werkstätten-Betriebes im Normal-Buchungs-Formular (siehe dieses) sind sämmtlic persönliche und sachliche Ausgaben der Werkstätten-Verwaltung, erstere einschließlich der Besoldung der Beamten und der Löh der Arbeiter; letztere einschließlich der Unterhaltung sämmtlicher Werkstätten-Gebäude, Werkstätten-Anlagen nebst zugehörigen Geleisen auf Werkstätten-Conto zu buchen.

Alle diese Ausgaben sind demnach bei Aufstellung der Etats-Entwürfe nach dem neuen Schema zu ermitteln und von de Summen abzusetzen. Dagegen sind in dem Etatsentwurfe diejenigen Ausgabesummen, welche zum Werkstätten-Betriebe in Beziehu stehen und durch den Umfang der Ausgaben des Werkstätten-Contos beeinflußt werden, nach Maßgabe der abgesetzten Beträge entsprechen zu erhöhen. Die Vertheilung dieser Beträge auf die einzelnen Titel und Positionen des Betriebs-Etats hat nach demselben Maßsta zu erfolgen, nach welchem die General-Kosten der Werkstätten-Verwaltung vertheilt werden. Erlaß vom 29. Juli 1879. II. 8873.

Darunter künftig weg-fallend.		Der Etat für 1. April 188./8. setzt aus				Mithin sind für 1. April 188./8.				Die wirkliche Ausgabe für 187./.. (excl. der Reste aus den Vorjahren) beträgt		Servisklasse für den Wohnungsgeld-Zuschuß.	Des Normal-Buchungs-Formulars			Anmerkungen nach dem Normal-Buchungs-Formular.
		unter				mehr		weniger								
M.	Pf.	Tit.	Pos.	M.	Pf.	M.	Pf.	M.	Pf.	M.	Pf.		Titel.	Position.	Unter-Position.	
													I.			(Die Anmerkungen zu Titel I folgen auf der nächsten Seite.)
—	—	1	1	00	—	—	—	—	—	00	—	II				
—	—	1	2	00	—	—	—	00	—	—	—	III*)				
												III*)				
00	—	1	3	00	—	00	—	—	—	00	—					
—	—	1	4	00	—	—	—	—	—	00	—	IV				Das Normal-Buchungs-Formular beschränkt sich bezüglich der Besoldungen auf folgenden Text: Abtheilung I. Persönliche Ausgaben. Titel I. Besoldungen und Gehalte der etatsmäßigen Beamten (Bediensteten).
—	—	1	5	00	—	—	—	—	—	00	—	IV				
												IV				
—	—	1	6	00	—	—	—	—	—	00	—					
00	—	—	—	00	—	00	—	00	—	00	—					

Anmerkungen. a) Für die Buchung. Fungiren einzelne Beamte gleichzeitig in mehreren Verwaltungszweigen (A. B. oder C.), so sind die Gehälter derselben für denjenigen Verwaltungszweig zu buchen, in welchem die betr. Beamten hauptsächlich beschäftigt sind. In diesem Falle muß behufs Aufstellung der Statistik bei den Jahressummen jeder betr. Beamtenkategorie ersichtlich gemacht werden, welcher Theil der Summe auf die verschiedenen Verwaltungszweige zu rechnen ist.

b) Für den Etat. Die Stellen der Betriebs-Directoren und etatsmäßigen Hülfsarbeiter sind im Etat der Betriebsämter aufzuführen.

Erlaß vom 10. November 1879, II. 13426.

c) Wegen der aus Baufonds 2c. zu erstattenden Besoldungen cfr. die Anmerkungen auf S. 35.

*) Die Servisklasse für Betriebs-Directoren und etatsmäßige Hülfsarbeiter der Betriebsämter steht noch nicht fest.

Titel.	Position.	Unter-Position.	(Etats-Schema.) Betriebs-Ausgabe.	A. Allgemeine Verwaltung. ℳ	B. Bahn-Verwaltung. ℳ	C. Transport-Verwaltung. a. Aeußerer Bahnhofsdienst. ℳ	b. Expeditions-dienst. ℳ	c. Zugbegleitungs-dienst. ℳ	d. Zugförderungs-dienst. ℳ	Betrag für 1. April 188./8. ℳ	₰
2.			**Titel 2*).**								
	1.		— Hauptkassen-Rendant von ꝛc.	00	—	—	—	—	—	00	—
	2.		— Betriebskassen-Rendanten von ꝛc. . .	00	—	—	—	—	—	00	—
	3.		— Buchhalter, — Kassirer der Hauptkasse und — Eisenbahn-Sekretaire. 00 von ꝛc. . . . . 00 ℳ Davon ab**): Die Besoldung für 00 Eisenbahn-Sekretaire der Werkstätten-Verwaltung, welche von dem Werkstätten-Conto erstattet wird, mit 00 ℳ bleiben	00	00	00	00	—	00	00	—
	4.		— Betriebs-Sekretaire von ꝛc. . . 00 ℳ Davon ab: Die Besoldung für 00 Betriebs-Sekretaire der Werkstätten-Verwaltung, welche von dem Werkstätten-Conto erstattet wird, mit 00 ℳ bleiben	00	00	00	00	—	00	00	—
	5.		— Bahn- und Betriebs-Controleure von ꝛc.	—	—	—	00	—	—	00	—
	6.		— Kanzlisten von ꝛc.	00	00	00	00	—	00	00	—
	7.		— Zeichner von ꝛc.	00	00	—	—	—	00	00	—
			Davon ab mut. mut. wie Pos. 4.								
	8.		— Billetdrucker und Stempler von ꝛc. . .	00	—	—	00	—	—	00	—
	9.		— Büreau- und Kassendiener von ꝛc. . .	00	—	—	00	—	—	00	—
			Summa Tit. 2	00	00	00	00	—	00	00	—
			Die in den Etats der Direction und der Betriebsämter vorgesehenen Stellen und Gehälter der unter diesem Titel aufgeführten Beamten übertragen sich innerhalb derselben Categorie. Außerdem übertragen sich die Gehälter der unter Pos. 8 und der zu Tit. 4 Pos. 14 aufgeführten Beamten.								
3.			**Titel 3.**								
	1.		— Vorsteher von 00 Stationen 1. Klasse von ꝛc.	—	—	00	—	—	—	00	—
			Latus	—	—	00	—	—	—	00	—

*) Durch den Erlaß vom 29. Juli 1879, II. 8873 ist unter 6 generell bestimmt, daß die Competenzen desjenigen Personals, welches Beamten beigegeben ist, die zur Bahn- oder Transport-Verwaltung gehören, entsprechend unter Lit. B. oder C. zu verrechnen sind. Die Gehälter der Bahn- und Betriebs-Controleure sind bis auf Weiteres unter Lit. C b. zu verrechnen.

**) Betreffs der aus Baufonds zu erstattenden Besoldungen ist nach S. 35 ebenfalls die Absetzung an den entsprechenden Stellen zu bewirken.

Servisklasse für den Wohnungsgeld-Zuschuß.	Anmerkungen zum Etats-Schema.	Des Normal-Buchungs-Formulars Titel.	Position.	Unter-Position.	Anmerkungen nach dem Normal-Buchungs-Formular.
IV. IV. IV. IV. IV. IV. IV. V. V. IV.	Zu Titel I bis IV. Es unterliegt keinem Bedenken, auch andere Stellen, welche im Etats-Schema nicht ausdrücklich aufgeführt sind, wie z. B. Ober-Güter-Verwalter ꝛc. und zwar am Schlusse der betreffenden Titel aufzunehmen, sofern dieselben nicht im Wesentlichen den im Schema aufgeführten Stellen entsprechen. Im letzteren Falle sind die betreffenden Stellen unter a, b ꝛc. einzufügen, damit die Reihenfolge der Positionen bei allen Verwaltungen übereinstimmt. Zu Titel I. Die Gehälter der unter Position 3 und 4 aufgeführten Eisenbahn-Bau- und Betriebs-Inspectoren, Maschinen-Inspectoren, Güter-Inspectoren und Eisenbahn-Baumeister sind, soweit die Thätigkeit derselben sich nicht auf die Gesammtleitung des Unternehmens erstreckt, d. h. soweit diese Beamten nicht bei der Central-Verwaltung oder als Mitglieder bezw. Hülfsarbeiter von als Abtheilungen der Direction eingerichteten Eisenbahncommissionen*) beschäftigt werden, und zwar die Gehälter der Eisenbahn-Bau-Inspectoren und Eisenbahn-Baumeister als Vorsteher von Baukreisen unter Lit. B, der Betriebs-Inspectoren unter Ca, der Maschinen-Inspectoren unter Cd und der Güter-Inspectoren unter Cb zu verrechnen. (Erlaß vom 29. Juli 79, II. 8873.) Diese Bestimmung findet auch auf die Ober-Maschinenmeister und die Ober-Güter-Verwaltung Anwendung, deren Competenzen je nach den Stellen, in welchen sie fungiren, unter A oder C zu verrechnen sind. Nach Einrichtung von Betriebsämtern, welche nicht, wie die Eisenb.-Commissionen, Abtheilungen der Direction sind, können die Competenzen der etatsmäßigen Hülfsarbeiter derselben nicht auf A verrechnet werden. Die Competenzen der Büreaubeamten der Betriebsämter sind, sofern und soweit dieselben für die Ressorts von Beamten beschäftigt werden, welche zur Bahn- oder Transport-Verwaltung gehören, entsprechend Lit. B oder C zu buchen. (Erlaß v. 10. November 1879, II. 13426.) *) An Stelle der Eisenbahn-Commissionen treten vom 1. April 1880 ab die Eisenbahn-Betriebsämter.	I.			Zu Titel I. 1. Die Gehalte der einzelnen Beamtenkategorieen sind getrennt zu buchen, und ist in der Rechnung zur Erscheinung zu bringen, welchem Verwaltungszweige dieselben angehören. Zu den Beamten der Allgemeinen Verwaltung (A) sind zu rechnen: alle Beamte, welche Dienststellen angehören, deren Thätigkeit sich auf die Gesammtleitung des Unternehmens erstreckt, namentlich: Direction und Aufsichtsrath, Commissionen, Centralbüreau, Tarif- und Reclamations-Büreau, Controlen (Personen-, Güter-, Wagen-, Rechnungs- ꝛc.), Hauptkassen-Verwaltung, Central-Materialien-Verwaltung, technisches Central-Büreau, Betriebs-Directionen, Bayer. Oberbahnämter, Badische Ober-Betriebs-Inspectoren, Ober-Betriebs-Inspectionen, Ober-Maschinen-Inspection, allgemeine Wagenverwaltung, Telegraphen-Inspection, sowie die zu diesen Stellen gehörigen Büreau- und Hülfsbeamten. Zu den Beamten der Bahn-Verwaltung (B) gehören: die mit der Bewachung und Unterhaltung der Bahnanlagen betrauten Beamten, sowie das Telegraphen-Unterhaltungspersonal nebst deren Büreau- und Hülfspersonal, namentlich: Abtheilungsbaumeister, Bezirks- und Strecken-Ingenieure, Bahnmeister, Strecken-Telegraphen-Aufseher, Bahn-, Block- und Brücken ꝛc. Wärter. Zu den Beamten der Transport-Verwaltung (C) zählen: a) Diejenigen des äußern Bahnhofsdienstes einschließlich Telegraphisten, namentlich für folgende Dienststellen: Stationsvorsteher, Assistenten für den äußeren Dienst, Telegraphisten, Beamte im Stationsbüreau, auch Wagennotirer, Ober-Rangirer (Rangirmeister), Rangirer und Koppler, Wagenrevisoren, Weichenrevisoren, Weichensteller (Weichenwärter), Thürhüter (Portiers), Perrondiener, Boten und Bahnhofswächter.

Titel.	Position.	Unter-Position.	(Etats-Schema.) Betriebs-Ausgabe.	A. Allgemeine Verwaltung.	B. Bahn-Verwaltung.	C. Transport-Verwaltung. a. Aeußerer Bahnhofsdienst.	b. Expeditions-dienst.	c. Zugbegleitungs-dienst.	d. Zugförderungs-dienst.	Betrag für 1. April 188./8.	
				M.	M.	M.	M.	M.	M.	M.	₰
3.			Transport	—	—	00	—	—	—	00	—
	2.		— Vorsteher von 00 Stationen 2. Klasse von rc.	—	—	00	—	—	—	00	—
	3.		— Stations-Aufseher und Stations-Assistenten von rc.*)	—	—	00	00	—	—	00	—
	4.		— Rangir- und Wagenmeister von rc. . .	—	—	00	—	—	—	00	—
	5.		— Portiers u. Weichensteller von rc. 00 M. Davon ab: Die Besoldung für 00 Portiers der Werkstätten-Verwaltung, welche von dem Werkstätten-Conto erstattet wird, mit . 00 M.								
			bleiben	00	—	00	—	—	—	00	—
	6.		— Bahnmeister von rc.	—	00	—	—	—	—	00	—
	7.		— Bahnwärter von rc.	—	00	—	—	—	—	00	—
	8.		— Telegraphen-Aufseher von rc.	—	00	—	—	—	—	00	—
	9.		— Telegraphisten von rc.	—	—	00	—	—	—	00	—
	10.		— Magazin- und Nachtwächter . à — M. Davon ab mut. mut. wie Pos. 5.	—	00	00	00	—	—	00	—
			Summa Tit. 3	00	00	00	00	—	—	00	—
			Vermerk wie oben am Schluß des Titels 2. (bis „Categorie").								
4.			**Titel 4.**								
	1.		— Stations-Kassen-Rendanten und Güter-Expeditions-Vorsteher von rc.	—	—	—	00	—	—	00	—
	2.		— Stations-Einnehmer, Güter- und Kassen-Expedienten von rc.	—	—	—	00	—	—	00	—
	3.		— Lade- und Bodenmeister von rc. . . .	—	—	—	00	—	—	00	—
	4.		— Locomotivführer von rc.	—	—	—	—	—	00	00	—
	5.		— Heizer und Maschinenwärter von 00 M. Davon ab: Die Besoldung für 00 Maschinenwärter der Werkstätten-Verwaltung, welche von dem Werkstätten-Conto erstattet wird, mit 00 M.								
			bleiben	—	—	—	—	—	00	00	—
	6.		— Zugführer von rc.	—	—	—	—	00	—	00	—
	7.		— Packmeister von rc.	—	—	—	—	00	—	00	—
	8.		— Schaffner von rc.	—	—	—	—	00	—	00	—
	9.		— Bremser und Schmierer von rc. . . .	—	—	—	—	00	—	00	—
			Latus	—	—	—	00	00	00	00	—

*) Laut Erlaß vom 10. November 1879 (Pos. 12) sind auch die Gepäck-Expedienten, welche bei Tit. 4 gestrichen sind, auf Tit. 3 Pos. 3 verwiesen.

Serviskasse für den Wohnungsgeld-Zuschuß.	Anmerkungen zum Etats-Schema.	Des Normal-Buchungs-Formulars: Titel.	Position.	Unter-Position.	Anmerkungen nach dem Normal-Buchungs-Formular.
IV. IV. V. V. IV. V. IV. V. V. IV. IV. V. IV. V. V. V. V. V.	Zu Titel III. 2. 1 Stations-Vorsteher bezieht für Wahrnehmung der Postdienstgeschäfte auf Station ... eine Vergütung von — *M.* jährlich aus Fonds der Postverwaltung *). Zu Titel III Pos. 5. Die Gehälter derjenigen Portiers, welche in den Directions-Gebäuden Dienste leisten, sind unter Lit. A zu verrechnen. (Erlaß vom 29. Juli 1879, II. 8873.) Zu Titel III Pos. 10. Das Gehalt derjenigen Nachtwächter, welche in den Werkstätten fungiren, ist bei dem Werkstätten-Conto zu verrechnen und dementsprechend bei dieser Position derselbe Absetzungs-Vermerk, wie bei Pos. 5 rücksichtlich der Werkstätten-Portiers geschehen, aufzunehmen. (Erlaß vom 29. Juli 1879, II. 8873.) Der Vermerk über die Erstattungen vom Werkstätten-Conto ist nach dem Erlaß vom 10. November 1879, II. 13426 nur betreffs der Besoldungen — Tit 1 bis 4 — und der Remunerationen — Tit. 5 Pos. 10 — überall da beizufügen, wo vom Werkstätten-Conto Besoldungen und Remunerationen zu übernehmen sind. Dagegen sind die Ersatzleistungen auf alle übrige Ausgaben wie z. B. Tagegelder, Reise- u. Umzugskosten 2c. von vornherein, ohne daß ein desfallsiger Vermerk vor der Linie erforderlich wäre, von den Beträgen im Betriebs-Etat abzusetzen. *) Diese Anmerkung entspricht dem Etats-Schema.	I.			b) Diejenigen des Expeditionsdienstes: 1. für den Personen- und Gepäck-Expeditionsdienst, namentlich: Billet- und Gepäck-Expedienten, Kassirer, Buchhalter und Assistenten 2c. 2. für den Güter-Expeditionsdienst, namentlich: Güter-Expedienten, Kassirer, Buchhalter, Assistenten, Boden- (Wiege-, Lade-) Meister, Aspiranten, Gehülfen, Portiers, Boten, Wächter für den Güter-Expeditionsdienst. c) Diejenigen des Zugbegleitungsdienstes, namentlich: Oberschaffner, Zuführer, Schaffner, Bremser, Wagenwärter 2c., Packmeister. d) Diejenigen des Zugförderungsdienstes (Maschinendienstes), namentlich: Betriebs-Maschinenmeister, Locomotivführer, Hülfsführer, Lehrlinge, Heizer und Maschinenwärter. Die Beamten der Betriebs-Materialien-Verwaltung sind je nach ihrer speciellen Function einer der Rubriken A. B. oder C. a. b. c. d. unterzuordnen. Fungiren einzelne der unter B. und C. aufgeführten Beamten gleichzeitig in mehreren Verwaltungszweigen, so sind die Gehälter auf dieselben getrennt zu buchen. Insoweit diese Trennung bei der Buchung unthunlich ist, muß behufs Aufstellung der Statistik bei den Jahressummen jeder betreffenden Beamtenkategorie ersichtlich gemacht werden, welcher Theil der Summe auf die verschiedenen Verwaltungszweige zu rechnen ist. 2. Da die Beiträge anderer Verwaltungen zu Besoldungen einzelner Beamten in Titel III der Einnahme zu buchen sind, so erscheinen hier die vollen Gehaltssätze. 3. Auch die fixirten Tantièmen der Verwaltungsräthe, Directoren und etwaiger sonstiger Beamten sind als Gehälter oder Gehaltstheile zu betrachten und deshalb nicht unter der Verwendung des Ueberschusses, sondern in gegenwärtigem Titel zu verzeichnen. An ersterem Orte erscheinen dagegen die nicht fixirten Tantièmen.

Titel.	Position.	Unter-Position.	(Etats-Schema.) Betriebs-Ausgabe.	A. Allgemeine Verwaltung. M.	B. Bahn-Verwaltung. M.	C. Transport-Verwaltung. a. Aeußerer Bahnhofsdienst. M.	b. Expeditions-dienst. M.	c. Zugbegleitungs-dienst. M.	d. Zugförderungs-dienst. M.	Betrag für 1. April 188./8. M.	₰
4.			Transport	—	—	—	00	00	00	00	—
	10.		— Werkstätten-Vorsteher von 2c. . . 00 M. welcher Betrag vom Werkstätten-Conto erstattet wird.	—	—	—	—	—	—	—	—
	11.		— Werkmeister von 2c. . . . . . 00 M.	—	—	—	—	—	—	—	—
			Davon ab mut. mut. wie Pos. 6 . 00 M.	—	—	—	—	—	00	00	—
	12.		— Materialien-Verwalter 1. Klasse von 2c. . . . . 00 M. Davon ab: Die Besoldung für 00 Materialien-Verwalter 1. Klasse der Werkstätten-Verwaltung, welche von dem Werkstätten-Conto erstattet wird, mit . . . . 00 M. bleiben	—	—	00	—	—	—	00	—
	13.		— Materialien-Verwalter 2. Klasse von 2c. . . . . 00 M. Davon ab: Die Besoldung für 00 Materialien-Verwalter 2. Klasse der Werkstätten-Verwaltung, welche von dem Werkstätten-Conto erstattet wird, mit . . . . 00 M. bleiben	—	—	00	—	—	—	00	—
	14.		— Magazin-Aufseher von 2c. . . . 00 M. Davon ab: Die Besoldung für 00 Magazin-Aufseher der Werkstätten-Verwaltung, welche von dem Werkstätten-Conto erstattet wird, mit 00 M. bleiben	—	—	00	—	—	—	00	—
			Summa Tit. 4	—	—	00	00	00	00	00	—
			Wie am Schlusse des Titels II Vermerk hier wiederzugeben. Außerdem übertragen sich die Gehälter der unter Pos. 14 und der zu Tit. 2 Pos. 8 aufgeführten Beamten. (Wiederholung von Tit. 1 bis 4 und Summa.)								
4a.			**Titel 4a.** Zu Wohnungsgeldzuschüssen für die Beamten	00	00	00	00	00	00	00	—
			Dieser Titel überträgt sich mit dem gleichen Titel im Etat der Betriebsämter.								

Servisklasse für den Wohnungsgeld-Zuschuß.	Anmerkungen zum Etats-Schema.	Des Normal-Buchungs-Formulars: Titel.	Position.	Unter-Position.	Anmerkungen nach dem Normal-Buchungs-Formular.
		I.			
IV.					
IV. IV.	Zu Tit. IV Pos. 12. Die Anmerkung zu Tit. III Pos. 10 bezüglich der Verrechnung der Werkstätten-Nachtwächter findet nach dem Erlaß vom 29. Juli 1879, II. 8873 auch auf die Verrechnung der Gehälter der Werkmeister statt.				
IV.	Als künftig wegfallend sind nach dem Erlaß vom 10. November 1879, II. 13426 folgende Stellen zu bezeichnen: Bahnwärter, Weichensteller, Portier und Perrondiener, Nachtwächter, Kassen- und Büreaudiener, Billetdrucker, Magazinaufseher, Brücken-, Maschinen- und Krahnwärter, Krahnmeister, Kohlenmesser, Matrosen und Traject-Aufseher, Bremser, Schmierer u. Heizer. (Tit. 2 Pos. 9; Tit. 3 Pos. 5, 7 und 10; Tit. 4 Pos 9.)				
V.	Die Competenzen der Hülfsbahnwärter, Hülfsweichensteller u. s. w. sind nach demselben Erlaß, soweit dieselben als diätarische Beamte beschäftigt werden, unter Tit. 5 Pos 1, andernfalls unter Tit. 5 Pos. 7 zum Nachweise zu bringen.				
	Zu Titel IVa. Die Gewährung von Wohnungsgeld-Zuschüssen an die unmittelbaren Staatsbeamten erfolgt in Gemäßheit des Gesetzes vom 12. Mai 1873 (Ges.-S. S. 209—212) nebst Ausführungs-Bestimmungen vom 17. Mai 1873, II. 9554. — Der Tarif für den Jahresbetrag der einzelnen Servisklassen nebst einer Berechnung	II.	3.		(Die Wohnungsgeld-Zuschüsse erscheinen im Normal-Buchungs-Formular mit den Local- und Theuerungszulagen, Miethsentschädigungen unter Tit. II Pos. 3.)

Titel.	Position.	Unter-Position.	(Etats-Schema.) Betriebs-Ausgabe.	A. Allgemeine Verwaltung.	B. Bahn-Verwaltung.	C. Transport-Verwaltung. a. Aeußerer Bahnhofsdienst.	C. b. Expeditionsdienst.	C. c. Zugbegleitungsdienst.	C. d. Zugförderungsdienst.	Betrag für 1. April 188./8.	
				M.	M.	M.	M.	M.	M.	M.	₰
5.			**Titel 5. Andere persönliche Ausgaben.**								
	1.		Diätarische Besoldungen, Vergütungen für besondere Functionen (Functionszulagen der Vorsteher von Büreau-Abtheilungen ꝛc.) sowie zeitweise Arbeitshülfe	00	00	00	00	00	00	00	—
	2.		Stellvertretungskosten, Kommandogelder ꝛc.[1])	00	00	00	00	00	00	00	—
	3.		Lokal- und Theuerungszulagen, Miethsentschädigungen	00	00	00	00	00	00	00	—
	4.	1.	Diäten und Reisekosten	00	00	00	00	00	00	00	—
		2.	Umzugskosten[2]).								
	5.		Fahr- und Nachtgelder, Kilometergelder, Stundengelder, Regelmäßigkeitsprämien .	—	—	—	—	00	00	00	—
	6.		Prämien für Materialersparnisse, für Entdeckung von Rad- und Achsbrüchen ꝛc.[3])	—	00	—	—	—	00	00	—
	7.		Tage- und Accordlöhne einschl. der Löhne für die Arbeiter der Betriebs-Materialien-Verwaltung und ausschl. derjenigen der Bahnunterhaltungs- und der Werkstättenarbeiter, und zwar:								
		1.	für Hülfsbahnwärter, Hülfsweichensteller, Hülfsbremser, Schmierer, Hülfsheizer, Maschinenputzer ꝛc.[4])	—	00	00	—	00	00	—	—
		2.	für Bahnhofs- und Güterbodenarbeiter[5])	—	—	00	00	00	00	00	—
	8.		Für Dienstbekleidung und Dienstkleider-Entschädigung (einschl. Pelz- und Filzstiefel, sowie Reparaturgelder)	00	00	00	00	00	00	00	—
			Latus	00	00	00	00	00	00	00	—

[1]) Auf Tit. 5 Pos. 2 sind außer den Tagegeldern bei auswärtigen Stellvertretungen und Commandos auch die Diäten und Reisekosten für die Hinreise zum Commandoorte und die Rückreise zu verbuchen. Erlaß vom 10. November 1879, II. 13426 (Pos. 13).

[2]) Auf Tit. 5 Pos. 4² kommen sämmtliche bei Versetzungen zu gewährende Vergütungen incl. etwaiger Miethsentschädigungen und der persönlichen Diäten und Reisekosten zum Nachweise. Erlaß vom 10. November 1879, II. 13426 (Pos. 14).

[3]) Die Prämien für Entdeckung von Schienenbrüchen sind auf Lit. B, alle übrigen hier zum Nachweise kommenden Prämien dagegen auf C^d zu verbuchen. Erlaß vom 10. November 1879, II. 13426 (Pos. 15).

[4]) Wegen der diätarisch beschäftigten Hülfsarbeiter ꝛc. siehe die Anmerkung auf S. 43.

[5]) Die Bezüge der Bahnhofs- und Güterboden-Arbeiter sind auf C^a, C^b, C^c, C^d zu vertheilen, je nachdem dieselben vorzugsweise als Wagenputzer (C^d), Wagenschieber (C^a), Wasserpumper (C^d), Gepäckträger (C^b), Güterboden-Arbeiter (C^b) u. s. w. Verwendung finden. Erlaß vom 10. November 1879, II. 13426 (Pos. 16).

Anmerkungen zum Etats-Schema.	Des Normal-Buchungs-Formulars: Titel.	Position.	Unter-Position.	Anmerkungen nach dem Normal-Buchungs-Formular.
auf Quartale, Monate und Tage und des Durchschnittes; ferner die dem Gesetze vom 3. August 1878, betr. die Revision des Servistarifs rc. (Reichs-Ges.-Bl. S. 243) beigefügte Klasseneintheilung der Orte folgt in einem besonderen Abschnitt.	II.			
Zu Pos. 1. In Berücksichtigung des Umstandes, daß die im Tagelohn-Verhältniß stehenden Büreau-Hülfsarbeiter, Hülfsbüreaudiener rc. für die von denselben an den Wochentagen häufig zu leistenden Ueberstunden keine besondere Vergütung erhalten, findet sich nichts dagegen zu erinnern, wenn denselben für die Sonntagsarbeit der bezügliche Tagegeld- bezw. Lohnsatz unverkürzt auch dann in Rechnung gestellt wird, wenn zwar keine volle Tagesleistung erfolgt ist, der betreffende Hülfsarbeiter aber am Sonntage während der Dienststunden zur Dienstleistung sich hat bereit halten müssen. Dagegen sind etwaige Urlaubs- und Krankheitstage von der Lohnzahlung auszuschließen. (Erl. v. 24. August 1879, II. 9836.)	II.	1. 2. 3.		Zu Titel II*). Die Vorschriften der Amerkungen zum Ausgabe-Titel I kommen auch hier zur Anwendung, so weit nicht durch Punkte und Striche**) in den einzelnen Colonnen etwas Anderes bestimmt ist. (Cfr. die Anmerkung bei Titel IVa des Etats-Schemas.)
Zu Pos. 4 wird auf die besonderen Abschnitte über die Tagegelder und Reisekosten, sowie über die Umzugskosten Bezug genommen.		4.		
Zu Pos. 5 u. 6. Für die Berechnung der Neben-Emolumente der Beamten des Fahrdienstes (Locomotiv- und Zugbegleitungs-Beamten) sind von dem Königlichen Ministerium allgemein gültige Bestimmungen erlassen worden, welche nebst den Zusatz-Bestimmungen der einzelnen Directionen in besonderen Reglements zusammengestellt sind, auf welche hiermit hingewiesen wird. Im Allgemeinen wird Folgendes bemerkt: das Fahrgeld tritt an Stelle der Tagegelder und Reisekosten, und zwar für jede bei Ausrichtung der Funktionen der genannten Beamten zurückgelegte Fahrt. Stundengelder werden an Stelle der Fahrgelder bei Material-, Kies-, Zechen- und Grubenzügen, ferner für den Rangirdienst auf den Bahnhöfen außerhalb des Stationsortes den Locomotiv-Beamten gezahlt. Nachtgelder erhalten die Locomotiv- und Zugbegleitungs-Beamten für jede dienstliche Uebernachtung auf einer fremden Station. Als Uebernachtung gilt ein mindestens vierstündiger ununterbrochener Aufenthalt auf einer fremden Station von 12 Uhr Mitternacht bis 5 Uhr Morgens oder wenn die Abwesenheit vom Stationsorte länger als 18 Stunden dauert. Die Verbrauchssätze an Brenn- und Schmiermaterial werden von den einzelnen Verwaltungen festgesetzt.		5. 6. 7. 8.		Zu Pos. 7. Die Kosten für die Bahnunterhaltungs-Arbeiter sind als Arbeitsleistungen zugleich mit dem betreffenden Material unter den sächlichen Ausgaben zu verrechnen. Vgl. Anmerkung 2 zu Tit. IV. Wegen der Werkstätten-Arbeiter ist die Anmerkung zu Rechnung Ic zu vergleichen.

*) Die Anmerkungen beziehen sich auf die Titel-Bezeichnungen des Normal-Buchungs-Formulars.

**) An Stelle der Punkte und Striche treten im Etats-Schema Nullen und Striche. Die mit Nullen bezeichneten Stellen sind auszufüllen, die mit Strichen versehenen leer zu lassen.

Titel.	Position.	Unter-Position.	(Etats-Schema.) Betriebs-Ausgabe.	A. Allgemeine Verwaltung. M.	B. Bahn-Verwaltung. M.	C. Transport-Verwaltung. a. Aeußerer Bahnhofsdienst. M.	b. Expeditionsdienst. M.	c. Zugbegleitungsdienst. M.	d. Zugförderungsdienst. M.	Betrag für 1. April 188./8. M.	₰
5.			Transport	00	00	00	00	00	00	00	—
	9.		Mancogelder für Kassenführer	00	—	00	00	—	—	00	—
	10.		Außerordentliche Remunerationen und Unterstützungen an Beamte	00	00	00	00	00	00	00	—
			(Davon geht ab Erstattung vom Werkstätten-Conto und aus Baufonds).								
	11.		Unterstützungen für Arbeiter und deren Hinterbliebene	00	00	00	00	00	00	00	—
	12.	1.	Kosten für ärztliche Untersuchung und Behandlung von Beamten und Arbeitern, einschließlich der Medicamente und des Honorars der Bahnärzte	00	—	—	—	—	—	00	—
		2.	Zuschüsse zu Krankenkassen	00	—	—	—	—	—	00	—
	13.	1.	Pensionen	00	—	—	—	—	—	00	—
		2.	Zuschüsse zu Pensions- und Unterstützungskassen*)	00	—	—	—	—	—	00	—
	14.		Für die Beamten des Telegraphendienstes aus dem Privat-Depeschen-Verkehr . .	—	—	00	—	—	—	00	—
			Summa Tit. 5	00	00	00	00	00	00	00	—
			Die Positionen dieses Titels im Etat der Direction und der Betriebsämter übertragen sich gegenseitig.								
			Abtheilung II. Sächliche Ausgaben.								
6.			**Titel 6. Allgemeine Kosten.**								
	1.		Büreaubedürfnisse (als Schreib-, Zeichen- und Packmaterialien, Bücher und andere Drucksachen, Karten, Pläne, Herstellungskosten für Billets, Fahrpläne ꝛc.) . . .	00	00	00	00	00	00	00	—
	2.		Heizung, Erleuchtung und Reinigung der Dienstlokale (einschließlich der Wartezimmer, Bahnwärter- ꝛc. Buden, sowie								
			Latus	00	00	00	00	00	00	00	—

*) Die hier zum Nachweise kommenden Ausgaben, auch wenn sie Kranken-Unterstützungs- und Pensionskassen der Werkstätten-Arbeiter betreffen, sind unter Lit. A. aufzunehmen. Erlaß vom 10. November 1879, II. 13426 (Pos. 17).

Anmerkungen zum Etats-Schema.	Des Normal-Buchungs-Formulars: Titel.	Position.	Unter-Position.	Anmerkungen nach dem Normal-Buchungs-Formular.
	II.			
Bei Pos. 9*) ist auch die besondere, bei entsprechender Gehaltserhöhung wegfallende Entschädigung der Expeditionsbeamten für von denselben bisher bezogene Schreibgebühren und Antheile an der Nachnahme-Provision auszubringen.		9.		
Zu Pos. 10. Die Gewährung von Remunerationen aus den Etatsfonds des (früheren Titel 7, jetzt) Titel 5 an nicht bei der betreffenden Bahn angestellte Beamte kann als zulässig nicht anerkannt werden. Auch die übrigen Etatsfonds dürfen für derartige Zuwendungen nicht in Anspruch genommen werden, es sei denn, daß durch den Staatshaushaltsetat die Bewilligung von Remunerationen an Beamte der Anschlußbahnen bei dem zu belastenden Titel ausnahmsweise für zulässig erklärt werden sollte.		10.		Zu Pos. 10, 11 und 12. Die für Beamte einerseits und Arbeiter andererseits bestimmten Beträge sind thunlichst zu trennen. Soweit die betreffenden Beträge und diejenigen zu Pos. 8 Hülfskassen entnommen werden, sind sie lediglich in der betreffenden Specialrechnung zu buchen.
		11.	1.	
			2.	
(Monitum der Kgl. Ober-Rechn.-Kammer v. 29. September 1878 gegen die Betriebs-Rechnung der Haupt-Kasse Münster.)		12.	1.	Zu Pos. 12[1] vergl. Anmerkung zu Titel III Pos. 10[2].
			2.	
		13.		Insgemein.
	III.			Zu Titel III. Die Vertheilung auf die einzelnen Verwaltungszweige hat wie im Ausgabe-Titel I zu erfolgen.
Zu Pos. 1. In Betreff der für Schreibmaterialien zu gewährenden Geld-Vergütung wird auf die Anmerkung zu §. 17 der Instruktion für die Ober-Rechnungskammer Bezug genommen.		1.		
(Bei den Eisenbahn-Verwaltungen wird der ganze Schreibmaterialien-Bedarf wohl noch durchweg in natura geliefert. Für den Fall des Eintritts von Geldvergütungen erschien die Aufnahme der hierauf Bezug habenden Bestimmungen jedoch am Platze.		2.		

*) Diese Anmerkung entspricht dem Etats-Schema.

Titel.	Position.	Unter-Position.	(Etats-Schema.) Betriebs-Ausgabe.	A. Allgemeine Verwaltung. M.	B. Bahn-Verwaltung. M.	C. Transport-Verwaltung. a. Aeußerer Bahnhofsdienst. M.	b. Expeditionsdienst. M.	c. Zugbegleitungsdienst. M.	d. Zugförderungsdienst. M.	Betrag für 1. April 188./8. M.	₰
6.			Transport	00	00	00	00	00	00	00	—
			der Beleuchtung der Bahn und der Bahnhöfe, der optischen Telegraphen, Locomotivschuppen, Wasserstationen rc.), sowie Haltung von Wächterhunden und Beseitigung des Ungeziefers auf den Güterböden . .	00	00	00	00	00	00	00	—
	3.		Instandhaltung und Ergänzung der Inventarien (mit Ausschluß der unter Tit. 7a Pos. 7 und 8 und Tit. 9 aufgeführten) .	00	00	00	00	00	00	00	—
	4.		Entschädigung für Benutzung fremder Grundstücke, Miethe für Dienstgebäude und Dienstwohnungen, einschließlich der Kosten für deren Unterhaltung	00	00	00	00	00	00	00	—
	5.		Steuern (mit Ausnahme der Eisenbahnsteuer), Kommunalabgaben und öffentliche Lasten	00	—	—	—	—	—	00	—
	6.		Feuer- u. andere Versicherungsbeiträge (vacat)	—	—	—	—	—	—	—	—
	7.		Gerichtskosten, Stempel rc.	00	—	—	—	—	—	00	—
	8.		Kosten des Geldverkehrs mit Banken . .	00	—	—	—	—	—	00	—
	9.	1.	Insertionskosten	00	—	—	—	—	—	00	—
		2.	Portokosten und sonstige Frachtgebühren für dienstliche Sendungen	00	—	—	—	—	—	00	—
	10.	1.	Ersatzleistungen, insbesondere für verlorene, verdorbene und beschädigte Transportgegenstände, Ergänzung beschädigter Emballagen, sowie für Lieferfristüberschreitungen	00	—	—	—	—	—	00	—
		2.	Entschädigungen auf Grund der Haftpflichtgesetze*)	00	—	—	—	—	—	00	—
		3.	Sonstige Entschädigungen, insbesondere Rückzahlung von Fahr- und Frachtgeldern, An- und Abfuhrkosten, sowie an Lager-, Stand- und Waagegeld — insofern die zuviel erhobene Einnahme nicht mehr abgesetzt werden kann	00	—	—	—	—	—	00	—
	11.		Erhebliche Reparaturen und Erneuerungen								
			Latus	00	00	00	00	00	00	00	—

*) Das Reichshaftpflicht-Gesetz vom 7. Juni 1871, betreffend die Verbindlichkeit zum Schadenersatz für die beim Betriebe vo[n] Eisenbahnen, Bergwerken, Steinbrüchen, Gräbereien und Fabriken herbeigeführten Tödtungen und Körperverletzungen ist von dem R[e]gierungs-Assessor Dr. jur. Georg Eger, z. Z. im Ministerium der öffentlichen Arbeiten, unter Berücksichtigung der Gesetzesmaterialie[n] und bisherigen Entscheidungen eingehend erläutert. Verlag von J. U. Kern in Breslau. Dieses Werk wird in Haftpflichtstreitsachen de[m] Richter wie den Partheien unentbehrlich, auch den Eisenbahn-Beamten ein erwünschter Rathgeber sein.

Anmerkungen zum Etats-Schema.	Des Normal-Buchungs-Formulars Titel.	Position.	Unter-Position.	Anmerkungen nach dem Normal-Buchungs-Formular.
	III.			
		3.		
		4.		
		5.		
Zu Pos. 6. Bei Privatbahnen folgt hinter Position 5 eine Position „Feuer- und andere Versicherungsbeiträge“ *).		6.		
		7.		
		8.		
		9.		Porto und Insertionskosten.
Zu Pos. 9 Unterpos. 2. Die bisher bestandene Portofreiheit für Postsendungen der Staatsbehörden ist nach dem Bundesgesetz vom 5. Juni 1869 aufgehoben. Nur in reinen Bundesdienst-Angelegenheiten werden Postsendungen jeder Art portofrei befördert, wenn die Sendungen von einer Bundesbehörde abgeschickt, oder an eine Bundesbehörde gerichtet sind. Auch in Militair- und Marine-, als reinen Bundes-Angelegenheiten ist die Portofreiheit aufrecht erhalten worden. Ebenso werden in Angelegenheiten des Deutschen Eisenbahn-Vereins 1. die Briefe, 2. Akten und 3. Drucksachen — ad 2 und 3 in Packeten bis zu 20 Pfund Gewicht — im Verkehr nach und von Baden, Bayern und Württemberg nach wie vor portofrei befördert.		10.	1.	
			2.	Zu Pos. 10²: ausschließlich der regulativmäßig aus dem Betriebsfonds (Titel II Pos. 12¹) oder aus einem Specialfonds zu bezahlenden Beträge.
			3.	Zu Pos. 10³. Zu Unrecht erhobene Einnahmen aus dem laufenden Rechnungsjahre sind von den betreffenden Einnahmen abzusetzen. Rückzahlungen, welche die Natur eines eigentlichen Schadenersatzes haben, insbesondere Vergütung des Frachtbetrages wegen versäumter Lieferzeit, sind überall nicht abzusetzen.
Im Uebrigen sind alle Postsendungen zwischen Königlichen Behörden portopflichtig und entweder zu frankiren oder, wenn die Angelegenheit das Interesse des Empfängers berührt, wie bisher unfrankirt mit der Bezeichnung: „portopflichtige Dienstsache“ zu versehen. Postanweisungen unterliegen dem Frankirungszwange.		11.		Zu Pos. 10 und 11. Soweit für derartige Ausgaben der Reservefonds herbeigezogen wird, sind die betreffenden Beträge gleichwohl auch unter obigen Positionen zu verrechnen. Wegen der weiteren rechnerischen Behandlung vergl. Anmerkung zu Pos. 1 des „Abschlusses II“ der Betriebsrechnung.

*) Durch das Etats-Schema vorgeschrieben.

Titel.	Position.	Unter-Position.	(Etats-Schema.) Betriebs-Ausgabe.	A. Allgemeine Verwaltung. M.	B. Bahn-Verwaltung. M.	C. Transport-Verwaltung. a. Aeußerer Bahnhofsdienst. M.	b. Expeditionsdienst. M.	c. Zugbegleitungsdienst. M.	d. Zugförderungsdienst. M.	Betrag für 1. April 188./8. M.	₰
6.			Transport	00	00	00	00	00	00	00	—
			von Bahnanlagen und Bauwerken in Folge von außergewöhnlichen Naturereignissen	—	00	—	—	—	—	00	—
	12.		Insgemein z. B.								
		1.	Kosten von Conferenzen, Generalversammlungen 2c.	00	—	—	—	—	—	00	—
		2.	Ausschmückung der Bahnhöfe und Verwaltungsgebäude bei festlichen Gelegenheiten*)	00	—	—	—	—	—	00	—
		3.	Etwaige nicht ersetzte Kosten der zollamtlichen Abfertigung 2c.	—	—	—	00	—	—	00	—
		4.	Rollgelder, soweit sie der Verwaltung zur Last fallen	—	—	—	00	—	—	00	—
		5.	Kosten für Umladen laufunfähiger Wagen .	—	—	—	00	—	—	00	—
		6.	Zurückerstattete Conventionalstrafen für verspätete Erfüllung contractlicher Obliegenheiten, welche in den Rechnungen der Vorjahre vereinnahmt worden sind	00	—	—	—	—	—	00	—
		7.	2c.								
			Summa Tit. 6	00	00	00	00	00	00	00	—
			Die Positionen dieses Titels im Etat der Direction und der Betriebsämter übertragen sich gegenseitig.								
7.			**Titel 7. Kosten der Unterhaltung der Bahnanlagen mit Ausschluß größerer Erweiterungs- und Ergänzungsbauten **).**								
			a) Anlagen auf freier Strecke, einschließlich der durchgehenden Hauptgeleise in den Bahnhöfen.								
	1.		Unterhaltung des Bahnkörpers, der Böschungen, Banketts und aller Nebenanlagen, als: Parallelwege, Rampen, Gräben, Abpflasterungen, Futtermauern, Uferdeckungen, sowie der Wege-Uebergänge im Bahn-Niveau nebst Zubehör	—	00	—	—	—	—	00	—
			Latus	—	00	—	—	—	—	00	—

*) Durch Aenderung der bisherigen Bezeichnung dieser Ausgabe-Position (12[2]): „für Ausschmückung der Bahnhöfe bei Anwesenheit von Mitgliedern des Königl. Hauses oder anderer regierender Häuser" soll, wie ausdrücklich bemerkt ist, nicht auch eine Aenderung der seither maßgebenden Grundsätze für die Verwendung der hier ausgebrachten Mittel eintreten. Erlaß v. 10. Novbr. 1879, II. 13426.

**) Einige specielle Bestimmungen in Betreff der Veranschlagung der Kosten für Tit. 7 sind in einem besonderen Abschnitt gegeben

Anmerkungen zum Etats-Schema.	Des Normal-Buchungs-Formulars Titel.	Position.	Unter-Position.	Anmerkungen nach dem Normal-Buchungs-Formular.
(Bei Sendungen an Privat-Empfänger ist event. das Porto von dem zu zahlenden Betrage einzubehalten, so daß der an die Post baar eingezahlte Betrag und das Porto zusammen die zu justificirende Zahlung darstellen. Erlaß v. 1. Dezbr. 1868 II 13945).	III.			
Es ist selbstverständlich, daß es den Behörden unbenommen ist, zur Portoersparniß mehrere Briefe an eine Adresse in einem gemeinschaftlichen Couvert oder Packete, deren Gewicht mehr als 20 Pfund beträgt, mit den Eisenbahnen als Frachtgut zu versenden. Auch werden die zu frankirenden Briefe an Adressaten, welche in Ortschaften wohnen, an denen sich Eisenbahn-Stationen befinden, gleich wie die Dienstcorrespondenz — soweit dies eben gesetzlich zulässig — mit den Eisenbahnzügen durch das Zugpersonal — per Packmeister — zu befördern sein. Soweit die Portofreiheit einzelnen Eisenbahn-Verwaltungen unter Staatsverwaltung vertragsmäßig noch zusteht, wird die Dienstcorrespondenz bis 20 Pfd. ausschließlich durch die Post unter dem Rubrum „Eisenbahn-Dienst-Sache" frankirt befördert, wofür das Porto in ein Entschädigungs-Conto aufgenommen und von der Post creditirt wird. Ueber das verauslagte Porto, zu dessen Deckung den betreffenden Beamten in der Regel ein Vorschuß bewilligt wird, ist von diesen eine Controle zu führen, aus welcher dasselbe periodisch — etwa allmonatlich — unter Anfertigung von Extracten auf die zur Tragung des Portos verpflichteten Fonds zur Erstattung liquidirt wird.		12.		Insgemein z. B. a) Kosten der Staatsaufsicht, b) Kosten von Conferenzen, General-Versammlungen 2c., (u. s. w., wie Pos. 2—4 des Etats-Schemas).
	IV.			Zu Titel IV. 1. Hierher gehören auch die Erneuerungen — mit Ausnahme der in Titel III Pos. 11 und Titel VI verwiesenen und der die Erhaltung der Werkstätten-Anlagen betreffenden — sowie diejenigen Ergänzungen, Erweiterungen und Verbesserungen, welche nicht als erhebliche im Sinne der „Allgemeinen Vorschriften" — Ziffer IV Abs. 1 zu betrachten sind.
	IVa.			
		1.		2. Unter den Ausgaben für Unterhaltung ist in der Regel Material und Arbeitslohn inbegriffen. Nur zu IVa Pos. 2 und IVb Pos. 4 sind die Beschaffungskosten der Eisentheile des Oberbaues und der Schwellen auszuscheiden und in Titel VI als Erneuerung zu buchen. Wegen der Kosten für Ergänzungen, Erweiterungen und Verbesserungen wird auf Ziffer IV der „Allgemeinen Vorschriften" Bezug genommen.

Titel.	Position.	Unter-Position.	(Etats-Schema.) Betriebs-Ausgabe.	A. Allgemeine Verwaltung. M.	B. Bahn-Verwaltung. M.	C. Transport-Verwaltung. a. Aeußerer Bahnhofsdienst. M.	b. Expeditionsdienst. M.	c. Zugbegleitungsdienst. M.	d. Zugförderungsdienst. M.	Betrag für 1. April 188./8. M.	₰
7.			Transport	—	00	—	—	—	—	00	—
	2.		Unterhaltung des Oberbaues (mit Ausschluß der Beschaffungskosten für Schienen, Schwellen, Kleineisenzeug)	—	00	—	—	—	—	00	—
		1.	Unterhaltung des Geleises	—	00	—	—	—	—	00	—
		2.	Beschaffung des Kieses und sonstigen Bettungsmaterials loco Verwendungsstelle . . .	—	00	—	—	—	—	00	—
	3.		Unterhaltung der Unter- und Ueberführungen von Wegen und Eisenbahnen, Durchlässe, Brücken, Tunnels	—	—	—	—	—	—	00	—
		1.	Unterhaltung der Wegeunterführungen . .	—	00	—	—	—	—	00	—
		2.	Unterhaltung der Bahnüberbrückungen . .	—	00	—	—	—	—	00	—
		3.	Unterhaltung der Durchlässe und Brücken .	—	00	—	—	—	—	00	—
		4.	Unterhaltung der Tunnels	—	00	—	—	—	—	00	—
	4.		Unterhaltung der Hecken (Einfriedigungen) auf freier Strecke; Baumpflanzungen, Barrièren, Warnungstafeln, Neigungs- und Krümmungszeiger, Bahn-Revisionskreuze, Nummer- und Grenzsteine ꝛc. .	—	00	—	—	—	—	00	—
	5.		Kosten für Wegräumen des Schnees, sowie Instandhaltung und Ergänzung der Schneeschutzanlagen, für das Bestreuen der Schienen bei Glatteis	—	00	—	—	—	—	00	—
	6.		Kosten für das Wundhalten der Schutzstreifen in den angrenzenden Forsten und für Feuerwache Behufs Verhütung von Waldbränden	—	00	—	—	—	—	00	—
	7.		Zur Anschaffung und Unterhaltung der zur Instandsetzung der Bahn erforderlichen Geräthschaften, desgl. der Bahnmeisterwagen und Draisinen	—	00	—	—	—	—	00	—
	8.		Unterhaltung der Bahnmeister- und Bahnwärter-Wohnhäuser, sowie der Blockstationen und der Wärterbuden nebst deren Utensilien und Mobilien	—	00	—	—	—	—	00	—
	9.		Unterhaltung außergewöhnlicher Anlagen (geneigte Ebenen, Trajecte, Militairanlagen ꝛc.)	—	00	—	—	—	—	00	—
	10.		Insgemein. Ausgaben für die Untersuchung der Festigkeit von Baumaterialien und für anderweite auf die Unterhaltung der Bahnanlage bezughabende Versuche . .	—	00	—	—	—	—	00	—
			Summa Tit. 7 a	—	00	—	—	—	—	00	—

Anmerkungen zum Etats-Schema.	Des Normal-Buchungs-Formulars: Titel.	Position.	Unter-Position.	Anmerkungen nach dem Normal-Buchungs-Formular.
	IVa.			
		2.		
			1.	
			2.	
		3.		
			1.	
			2.	
			3.	
			4.	
		4.		
		5.		
		6.		
		7.		3. Titel IVa Position 7 umfaßt auch die Geräthschaften zur Unterhaltung der Bahnhofs-Anlagen (Titel IVb), welche von denen zur Unterhaltung des Bahnplanums und Oberbaues nicht wohl zu trennen sind. (Vergl. Anmerkung zu Titel II Pos. 7.)
		8.		
		9.		
		10.		Insgemein.

Titel.	Position.	Unter-Position.	(Etats-Schema.) Betriebs-Ausgabe.	A. Allgemeine Verwaltung. ℳ.	B. Bahn-Verwaltung. ℳ.	C. Transport-Verwaltung. a. Aeußerer Bahnhofsdienst. ℳ.	b. Expeditionsdienst. ℳ.	c. Zugbegleitungsdienst. ℳ.	d. Zugförderungsdienst. ℳ.	Betrag für 1. April 188./8. ℳ.	₰
7.											
			b) Bahnhofs-Anlagen.								
	11.		Unterhaltung der Einfriedigungen, Pflanzungen, Gärten, Anfahrten und Verbindungsstraßen 2c.	—	00	—	—	—	—	00	—
	12.		Unterhaltung der Gebäude, mit Ausschluß der zu Tit. 7 Pos. 8, 13 und 15 aufgeführten	—	00	—	—	—	—	00	—
	13.		Unterhaltung der Nebengebäude, wie Weichensteller- und Portierbuden, Materialiendepots, Aborte, Eiskeller 2c., sowie der Entwässerungsanlagen, Gasleitungen, des Pflasters der Vieh- und Wagenrampen, Ladekrähne, Brückenwaagen, Stationsbrunnen, Perrons, Laternen, Kandelaber, Uhren, Glocken 2c.	—	00	—	—	—	—	00	—
	14.		Unterhaltung des Oberbaues (mit Ausschluß der Beschaffungskosten für Schienen, Schwellen, Kleineisenzeug)	—	00	—	—	—	—	00	—
		1.	Unterhaltung der Nebengeleise.								
		2.	Beschaffung des Kieses und sonstigen Bettungsmaterials, auch für die Weichen .	—	00	—	—	—	—	00	—
		3.	Unterhaltung der Drehscheiben, Schiebebühnen, Weichen (incl. Laternen) und sonstiger mechanischer Vorrichtungen . .	—	00	—	—	—	—	00	—
	15.		Unterhaltung und Reinigung der Locomotiv- und Wagenschuppen, Feuergruben, Wasserstationen, Wasserkrähne, Pumpen, Brunnen (excl. Wirthschaftsbrunnen), Röhrenleitungen, Wasserhebungsmaschinen, sowie Unterhaltung der Hebekrähne 2c.	—	00	—	—	—	—	00	—
	16.		Unterhaltung außerordentlicher Bahnhofs-Anlagen (Hebeanstalten, Gasanstalten 2c.)	—	00	—	—	—	—	00	—
	17.		Insgemein. Ausgaben für die Unterhaltung der Bahnhofsanlagen, welche unter den Positionen 11—16 nicht vorgesehen sind	—	00	—	—	—	—	00	—
			Summa Tit. 7b	—	00	—	—	—	—	00	—

Anmerkungen zum Etats-Schema.	Des Normal-Buchungs-Formulars: Titel.	Position.	Unter-Position.	Anmerkungen nach dem Normal-Buchungs-Formular.
	IVb.			
		1.		
Zu Pos. 12. a) Durch das Gesetz vom 12. Mai 1873, betreff. die Gewährung von Wohnungsgeld-Zuschüssen ist in Bezug auf die Verpflichtung der Inhaber von Dienstwohnungen zur Unterhaltung der letzteren nichts geändert worden und die betreffenden Beamten daher zur Tragung der Unterhaltungskosten nach Maßgabe des Regulativs vom 18. Oktbr. 1822, insbesondere auch zur Erstattung der Kosten für das Reinigen der zu den Dienstwohnungen gehörigen Schornsteine nach wie vor verpflichtet geblieben. (Erlaß v. 2. Mai 1879. II. 4498.)		2.		Unterhaltung der Gebäude mit Ausschluß der zu Tit. IVa Pos. 8 und Tit. IVb Pos. 3 und 5 aufgeführten.
		3.		
b) Der Gehaltssatz, bis zu welchem einschließlich aufwärts die Inhaber von Dienstwohnungen im Bereiche der Eisenbahnen von der Verpflichtung zur Unterhaltung derselben befreit sind, wird von jetzt ab von 300 Thlr. (900 *M.*) auf 350 Thlr. (1050 *M.*) erhöht. (Erlaß v. 22. Juli 1872. II. 12949.)		4.	1. 2.	
c) Bei Ermittelung der Besoldung der Dienstwohnungs-Inhaber zu obigem Zwecke ist der Wohnungsgeld-Zuschuß nicht in Betracht zu ziehen. (Erlaß v. 15. Januar 1875. II. 25253.)			3.	
d) Bei Berechnung der Miethen für Dienstwohnungen sind Bau- und Functions-Zulagen zum Diensteinkommen zu zählen. (Erlaß vom 16. Dezbr. 1873. II. 27128.)		5.		
e) Die Wasserleitungen sind als Pertinenzstücke der Dienstwohnungen anzusehen und diesen gleich zu behandeln, so daß dem Nutznießer nur die Kosten für die Reparatur solcher Beschädigungen, welche durch seine eigene oder seiner Angehörigen und Leute Fahrlässigkeit veranlaßt worden, zur Last fallen, während alle übrigen Reparaturkosten auf Betriebs-Fonds zu übernehmen sind. (Erlaß vom 26. Juli 1873. II. 14328.)		6.		
Unterhaltung der Werkstatts-Gebäude. (Anmerkung nach dem Etats-Schema.)		7.		Insgemein.

Titel.	Position.	Unter-Position.	(Etats-Schema.) Betriebs-Ausgabe.	A. Allgemeine Verwaltung.	B. Bahn-Verwaltung.	C. Transport-Verwaltung. a. Aeußerer Bahnhofsdienst.	b. Expeditions-dienst.	c. Zugbegleitungs-dienst.	d. Zugförderungs-dienst.	Betrag für 1. April 188./8.	
				M.	M.	M.	M.	M.	M.	M.	₰
7.			c) **Telegraphen, Signalvorrichtungen und Zubehör.**								
	18.		Unterhaltung der optischen Telegraphen, einschließl. der beweglichen und Reservetheile, sowie der Bahnhofssignale (Haltesignale, Korbscheiben, Laternen 2c.)	—	00	—	—	—	—	00	—
	19.		Unterhaltung der electromagnetischen Telegraphen, der Leitungen, Sprechapparate, Läutewerke, Batterien und tragbaren Apparate 2c., sowie für Unterhaltung der zur Reparatur der Apparate und Leitungen erforderlichen Utensilien und Werkzeuge .	—	00	—	—	—	—	00	—
	20.		Insgemein. Für Anstellung von Versuchen und für andere im Interesse der Unterhaltung der Telegraphen-Anlagen und Signalvorrichtungen zu machende Ausgaben	—	00	—	—	—	—	00	—
			Summa Tit. 7c	—	00	—	—	—	—	00	—
			Hierzu „ „ 7b	—	00	—	—	—	—	00	—
			„ „ 7a	—	00	—	—	—	—	00	—
			Summa Tit. 7	—	00	—	—	—	—	00	—
			Die Tit. 7 und 10 übertragen sich gegenseitig.								
			Kosten des Bahntransports (ausschließlich der in Tit. 11 verwiesenen Erneuerungen).								
8.			**Titel 8. Kosten der Züge.**								
	1.		Brennmaterial zur Locomotiv-Feuerung, einschl. der Transport- und Ladekosten.								
		1.	Holz zum Anheizen der Locomotiven . .	—	—	—	—	—	00	00	—
		2.	Kohlen, Coaks 2c.	—	—	—	—	—	00	00	—
	2.		Heizung der Wasserstationen und Feuerung der stehenden Dampfmaschinen zum Wasserpumpen, sowie sonstige Kosten der Beschaffung des Wassers der Locomotiven*)	—	—	—	—	—	00	00	—
	3.		Schmiermaterial für Locomotiven und Tender	—	—	—	—	—	00	00	—
	4.		Putz- und Verpackungsmaterial für dieselben	—	—	—	—	—	00	00	—
	5.	1.	Schmiermaterial für die Wagen	—	—	—	—	—	00	00	—
		2.	Putzmaterial für die Wagen	—	—	—	—	—	00	00	—
			Latus	—	—	—	—	—	00	00	—

*) Die Löhne der Wasserpumper kommen nicht bei Tit. 8 Pos. 2, sondern bei Tit. 5 Pos. 7[2] zum Nachweise. Erlaß vom 10. November 1879, II. 13426.

Anmerkungen zum Etats-Schema.	Des Normal-Buchungs-Formulars Titel.	Position.	Unter-Position.	Anmerkungen nach dem Normal-Buchungs-Formular.
	IVc.			
		1.		
		2.		
		3.		Insgemein.
	V.			Kosten des Bahntransports (ausschließlich der in Tit. VI verwiesenen Erneuerungen).
	Va.			
		1.		
		2.		
		3.		
		4.		
		5.	1.	
			2.	

Titel.	Position.	Unter-Position.	(Etats-Schema.) Betriebs-Ausgabe.	A. Allgemeine Verwaltung.	B. Bahn-Verwaltung.	C. Transport-Verwaltung. a. Aeußerer Bahnhofsdienst.	b. Expeditionsdienst.	c. Zugbegleitungsdienst.	d. Zugförderungsdienst.	Betrag für 1. April 188./8.	
				M.	M.	M.	M.	M.	M.	M.	₰
8.			Transport	—	—	—	—	—	00	00	—
		3.	Desinfectionsmaterial für die Wagen*) .	—	—	—	—	—	00	00	—
	6.		Material zur Beleuchtung der Züge . .	—	—	—	—	—	00	00	—
	7.		Material zur Erwärmung der Züge . .	—	—	—	—	—	00	00	—
	8.		Heizungs-, Beleuchtungs-, Schmier- und Putzmaterial für Hebethürme, Trajecte, Dampfboote, Fähren ꝛc.	—	—	—	—	—	00	00	—
	9.		Insgemein, z. B. Kosten des Rangirens mit Pferden**)	—	—	—	—	—	00	00	—
			Summa Tit. 8	—	—	—	—	—	00	00	—
9.			**Titel 9. Unterhaltung der Betriebsmittel, einschließlich der fremden, sofern sie der Verwaltung zur Last fallen.**								
	1.		Unterhaltung der Locomotiven und Tender nebst Zubehör	—	—	—	—	—	00	00	—
	2.		Unterhaltung der Personenwagen nebst Zubehör	—	—	—	—	—	00	00	—
	3.		Unterhaltung der Gepäck- und Güterwagen nebst Zubehör	—	—	—	—	—	00	00	—
	4.		Unterhaltung der Wagendecken nebst Zubehör	—	—	—	—	—	00	00	—
	5.		Unterhaltung von Hülfsanstalten (wie Dampfboote, Schalden, Ponten, Hebemaschinen), Drahtseilen, Rollen, Blockwagen und sonstigen Geräthen der Trajecte nebst Zubehör	—	—	—	—	—	00	00	—
	6.		Insgemein. (Instandsetzung und Ergänzung der zum Bahntransport erforderlichen Instrumente und Geräthschaften, soweit solche nicht Zubehör der Wagen sind, als: Handlaternen und Coursuhren des Fahrpersonals ꝛc.)	—	—	—	—	—	00	00	—
			Summa Tit. 9	—	—	—	—	—	00	00	—
			Die Tit. 9 und 11 übertragen sich gegenseitig.								
			Hierzu Summa Tit. 8	—	—	—	—	—	00	00	—
			Summa Tit 8 und 9	—	—	—	—	—	00	00	—
			Kosten der Erneuerung bestimmter Gegenstände.								

*) Bei Tit. 8 Pos. 5^3 sind nur die Kosten für das Desinfectionsmaterial, nicht auch die unter Tit. 5 Pos. 7^2 zu verrechnenden Löhne der die Desinfection wahrnehmenden Arbeiter zu verbuchen. Erlaß vom 10. November 1879, II. 13426.

**) Die Kosten des Rangirens mit Pferden sind in dem Etat der Direction — nicht in dem der Betriebsämter — zu veranschlagen und unter C^d zu verbuchen. (Derselbe Erlaß.)

Anmerkungen zum Etats-Schema.	Des Normal-Buchungs-Formulars: Titel.	Position.	Unter-Position.	Anmerkungen nach dem Normal-Buchungs-Formular.
	Vb.			
			3.	
		6.		
		7.		
		8.		
		9.		
Zu Titel IX. Die Bestimmungen über Reparatur beschädigter Eisenbahnwagen auf fremder Bahn, sowie über die Vergütung der Reparaturkosten, Ersatz für Verluste an losen Bestandtheilen und Utensilien, ferner über die Uebergabe der Wagen auf den Uebergangs-Stationen rc. sind in dem Regulativ für die gegenseitige Wagenbenutzung im Bereiche des Vereins deutscher Eisenbahn-Verwaltungen enthalten, auf welches hiermit verwiesen wird.		1.		
		2.		
		3.		
		4.		
		5.		
		6.		Insgemein.
	VI.			Zu Titel VI*). 1. Alle Erneuerungen, welche hier nicht

*) Nach dem Conferenz-Protocoll vom 25. bis 27. Februar 1879 war man bei Anregung der Frage, in welchem Umfange die Kosten für Ergänzungen von Betriebsmitteln bei diesem Titel zu buchen sein möchten, darin einverstanden, daß diese Frage nach Ziffer IV der „Allgemeinen Vorschriften" zu beantworten sei.

Titel.	Position.	Unter-Position.	(Etats-Schema.) Betriebs-Ausgabe.	A. Allgemeine Verwaltung.	B. Bahn-Verwaltung.	C. Transport-Verwaltung. a. Aeußerer Bahnhofsdienst.	b. Expeditions-dienst.	c. Zugbegleitungs-dienst.	d. Zugförderungs-dienst.	Betrag für 1. April 188./8.	
				M.	M.	M.	M.	M.	M.	M.	₰
10.			**Titel 10. Für Erneuerung des Oberbaues.**								
	1.		Schienen und Kleineisenzeug (in Haupt- und Nebengeleisen)	—	00	—	—	—	—	00	—
	2.		Weichen (in Haupt- und Nebengeleisen) .	—	00	—	—	—	—	00	—
	3.		Schwellen (desgl.)	—	00	—	—	—	—	00	—
			Summa Tit. 10	—	00	—	—	—	—	00	—
			Die Tit. 10 und 7 übertragen sich gegenseitig.								
11.			**Titel 11. Für Erneuerung der Betriebsmittel.**								
	1.		Locomotiven und Tender	—	—	—	—	—	00	00	—
	2.		Personenwagen	—	—	—	—	—	00	00	—
	3.		Gepäck- und Güterwagen	—	—	—	—	—	00	00	—
			Summa Tit. 11	—	—	—	—	—	00	00	—
			Die Tit. 11 und 9 übertragen sich gegenseitig.								
			Hierzu Summa Tit. 10	—	00	—	—	—	—	00	—
			Summa Tit. 10 und 11	—	00	—	—	—	00	00	—
00			Titel 00. Kosten erheblicher Ergänzungen, Erweiterungen und Verbesserungen.								
			Summa Tit. 00								
12.			**Titel 12. Kosten der Benutzung fremder Bahnanlagen, bzw. Beamten*).**								
	1.	1pp.	Vergütung für gepachtete Strecken . . .	—	00	—	—	—	—	00	—
	2.	1pp.	Vergütung für Mitbenutzung von Bahnhöfen und sonstigen Anlagen, sowie von Bediensteten anderer Verwaltungen oder der Besitzer von Anschlußgeleisen . . .	00	00	00	00	00	00	00	—
	3.	1pp.	Vergütung für Wahrnehmung des Betriebsdienstes auf der eigenen Strecke oder in gemeinsamen Verkehren durch andere Verwaltungen	—	—	—	—	00	00	00	—
	4.		Vergütung für Verwaltungskosten von Eisenbahn-Verbänden u. Abrechnungs-Büreaus	00	—	—	—	—	—	00	—
			Summa Tit. 12	00	00	00	00	00	00	00	—

*) Nach dem Erlaß vom 29. Juli 1879. II 8873 steht Nichts entgegen, bei Titel 12 der Ausgabe zum Zwecke des speciellen Nachweises der bestehenden Gemeinschafts-Verhältnisse, Unterpositionen einzufügen.

Bezüglich der Vertheilung der bei Tit. 12 zum Nachweise kommenden Ausgaben auf die betreffenden Abtheilungen und Unterabtheilungen ist durch Erlaß vom 10. November 1879, II. 13426 bestimmt, daß, sofern besondere Entschädigungen für Bahngeleise, Stationsgebäude, Güterschuppen, Stationsbeamte, Expeditionsbeamte u. s. w. vereinbart sind, diese entsprechend auf B oder C verbucht werden müssen, bei Vereinbarung von Pauschsummen aber eine überschlägliche Vertheilung derselben zu geschehen hat. Event. genügt es, diese Vertheilung nur für die Statistik vorzunehmen.

Anmerkungen zum Etats-Schema.	Des Normal-Buchungs-Formulars Titel.	Position.	Unter-Position.	Anmerkungen nach dem Normal-Buchungs-Formular.
	VI.	1.		ausdrücklich aufgeführt sind, haben, je nach ihrer Beschaffenheit, unter Titel III Pos. 11, Titel IV oder Titel V zu erscheinen.
			1.	
			2.	2. Soweit Erneuerungen der hier aufgeführten Gegenstände aus dem Erneuerungs- oder Reservefonds, oder einem sonstigen, ähnlichen Zwecken dienenden Fonds bestritten werden, sind sie bei den Ausgaben des betreffenden Fonds unter Zugrundelegung der für den Erneuerungsfonds vorgeschriebenen bezüglichen Positionen speziell, im gegenwärtigen Titel VI aber summarisch zu buchen. Wegen der Ausgleichung s. Anm. zu Pos. 1 des „Abschlusses II" der Betriebsrechnung.
			3.	
		2.		
			1.	
			2.	
			3.	
(In den Etats der Staats-Eisenbahnen kommt dieser Titel nicht vor.)*)	VII.			Zu Titel VII vergl. Ziffer IV Absatz 1 der „Allgemeinen Vorschriften".
	VIII.			Zu Titel VIII und IX. Hier findet das zu den entsprechenden Einnahme-Titeln III und IV Bemerkte analoge Anwendung.
		1.		
		2.		
		3.		
Cfr. die Anmerkung über Reste bei den Verkehrs-Einnahmen Seite 29.		4.		

*) Anmerkung nach dem Etats-Schema.

Titel.	Position.	Unter-Position.	(Etats-Schema.) Betriebs-Ausgabe.	A. Allgemeine Verwaltung.	B. Bahn-Verwaltung.	C. Transport-Verwaltung. a. Aeußerer Bahnhofsdienst.	b. Expeditionsdienst.	c. Zugbegleitungsdienst.	d. Zugförderungsdienst.	Betrag für 1. April 188./8.	
				M.	M.	M.	M.	M.	M.	M.	₰
13.			**Titel 13. Kosten der Benutzung fremder Betriebsmittel.**								
	1.		Miethe (einschließlich der Conventionalstrafe) für								
		1.	Locomotiven	—	—	—	—	—	00	00	—
		2.	Wagen	—	—	—	—	—	00	00	—
	2.		Leihgeld für entliehene Betriebsmittel								
		1.	Locomotiven	—	—	—	—	—	00	00	—
		2.	Wagen	—	—	—	—	—	00	00	—
			Summa Tit. 13	—	—	—	—	—	00	00	—

Recapitulation
der Betriebs-Ausgaben.

Gegenüberstellung der Titel nach dem früheren bis ult. März 1880 giltigen Etatsschema.		A.	B.	C. a.	b.	c.	d.	M.	₰
I—IV.	Tit. 1—4. Besoldungen	00	00	00	00	00	00	00	—
IVa.	„ 4a. Wohnungsgeldzuschüsse für die Beamten	00	00	00	00	00	00	00	—
V—IX.	„ 5. Andere persönliche Ausgaben . .	00	00	00	00	00	00	00	—
Zum Theil IX, XVII u. XIX.	„ 6. Allgemeine sächliche Kosten . . .	00	00	00	00	00	00	00	—
X.	„ 7. Kosten der Unterhaltung der Bahnanlagen ꝛc.	—	00	—	—	—	—	00	—
XII. XIII.	„ 8 und 9. Kosten des Bahntransports ꝛc.	—	—	—	—	—	00	00	—
XI. XIV.	„ 10 und 11. Kosten der Erneuerung bestimmter Gegenstände	—	00	—	—	—	00	00	—
XVIII und zum Theil XIX.	„ 12. Kosten der Benutzung fremder Bahnanlagen ꝛc.	00	00	00	00	00	00	00	—
XV.	„ 13. Kosten der Benutzung fremder Betriebsmittel	—	—	—	—	—	00	00	—
	Summa der Ausgaben	00	00	00	00	00	00	00	—

Anmerkungen zum Etats-Schema.	Des Normal-Buchungs-Formulars: Titel.	Position.	Unter-Position.	Anmerkungen nach dem Normal-Buchungs-Formular.
	IX.			
		1.		
			1.	
Cfr. die Anmerkung über Reste bei den Verkehrs-Einnahmen Seite 29. Für die Benutzung fremder Wagen werden nach den Bestimmungen des Regulativs für die gegenseitige Wagenbenutzung im Bereiche des Vereins Deutscher Eisenbahn-Verwaltungen Vergütungen an die Eigenthumsbahn geleistet. Diese Vergütungen werden auch von den preußischen Staatsbahnen unter einander geleistet, da jede dieser Bahnen z. Z. noch ihren eigenen Fuhrpark hat. Die Vergütung wird gewährt in der Eigenschaft einer Wagenmiethe für die regulativmäßige Benutzung und in der Eigenschaft einer Verzögerungsgebühr für verspätete Rücklieferung. Die Wagenmiethe ist zusammengesetzt aus Lauf- und Zeitmiethe. Erstere wird nach den durchlaufenen Kilometern, die Zeitmiethe nach der Anzahl der Tage und Stunden, welche der Wagen auf der benutzenden Bahn zugebracht hat, berechnet. Außerdem wird bei Ueberschreitung der zulässigen Benutzungsfristen noch eine Verzögerungs-Gebühr berechnet. Die Wagen-Benutzungsfristen sind wiederum zusammengesetzt aus Lauf- und Ladefristen. Die Lauffristen werden nach der vom Wagen zurückgelegten Kilometerzahl bemessen, die Ladefrist wird für Entladung oder Beladung, bezw. für Ent- und Beladung des Wagens auf der Bestimmungs-Station bewilligt. Im Falle der Weitersendung beladener Wagen mit neuem Frachtbrief wird die Ladefrist nur für die Entladungs-Station bewilligt. Im Falle der Weitersendung oder Absenkung leerer Wagen zum Zwecke der Wiederbeladung, wird für die weitere Benutzung des Wagens die Lauffrist nach der vorstehenden Bestimmung berechnet, eine besondere Ladefrist aber nicht gewährt. Im Uebrigen wird auf die Bestimmungen des Eingangs erwähnten Regulativs verwiesen.			2.	
		2.		
	I.			(cfr. umstehende Ueberſicht.)
	II.			
	III.			
	IV.			
	V.			
	VI.			
				(Titel VII. Kosten erheblicher Ergänzungen, Erweiterungen und Verbesserungen.)
	VIII.			
	IX.			

Titel.	Position.	Unter-Position.	Betriebs-Ausgabe.	Betrag in Mark. A. Allgemeine Verwaltung.	B. Bahn-Verwaltung.	C. Transport-Verwaltung. a. Aeußerer Bahnhofsdienst.	b. Expeditions-dienst.	c. Zugbegleitungs-dienst.	d. Zugförderungs-dienst.	Gesammt-Betrag.
			Uebersicht*) der Betriebs-Ausgaben.							
			Abtheilung I. Persönliche Ausgaben.							
			Titel I. Besoldungen	—	—	—	—	—	—	—
			" II. Andere persönliche Ausgaben	—	—	—	—	—	—	—
			Abtheilung II. Sachliche Ausgaben.							
			" III. Allgemeine Kosten	—	—	—	—	—	—	—
			" IV. Kosten der Unterhaltung und Erneuerung der Bahn-anlagen 2c.	—	—	—	—	—	—	—
			" V. Kosten des Bahntransports 2c.	—	—	—	—	—	—	—
			" VI. Kosten der Erneuerung bestimmter Gegenstände . .	—	—	—	—	—	—	—
			" VII. Kosten erheblicher Ergänzungen, Erweiterungen und Verbesserungen	—	—	—	—	—	—	—
			" VIII. Kosten der Benutzung fremder Bahn-Anlagen 2c. . . .	—	—	—	—	—	—	—
			" IX. Kosten der Benutzung fremder Betriebsmittel	—	—	—	—	—	—	—
			Summa der Ausgaben	—	—	—	—	—	—	—

*) Hier beginnt der Wortlaut des Normal-Buchungs-Formulars, sowie des Schemas. Die Uebersicht entspricht der vorangehenden Recapitulation.

Titel.	Position.	Unter-Position.	Betriebs-Rechnung.	Betrag (in Mark).
			Abschluß.	
I[1]).			I.	
	1.		**Summa der Betriebs-Einnahmen**	—[2])
	2.		**Summa der Betriebs-Ausgaben**	—
	3.		**Ueberschuß** . . .	—
II.			II.	
			Für diejenigen Bahnen, welche einen Erneuerungs-Reserve rc. Fonds besitzen,	
	1.		**geht ab:**	
			Zu concessions- und statutenmäßigen Rücklagen:	
		1.	In den Erneuerungsfonds:	
			a. Regelmäßige Rücklagen . . . . . . — *M.*	
			b. Erlös für das ausrangirte betreffende Betriebs-Material . . . . — *M.*	
			Sa. . . . . — *M.*	
			Hiervon ist in Ausgabe-Titel VI verrechnet — *M.*	
			desgl. " " " " V " — "	
			desgl. " " " " IV " — "	
			Sa. . . . . — *M.*	
			Somit kommt hier noch zur Verrechnung	—
		2.	In den Reservefonds (Reserve-Baufonds, Ergänzungs- rc. Fonds) . . . . — *M.*	
			Hiervon ist in Ausgabe-Titel ... verrechnet — *M.*	
			desgl. " " " " ... " — "	
			desgl. " " " " ... " — "	
			Sa. . . . . — *M.*	
			Somit kommt hier noch zur Verrechnung	—
	2.		**tritt hinzu:**	
			Der etwaige Zuschuß aus dem Erneuerungs-Fonds . .	—
			" " " " " Reserve rc. " . .	—
			Hiernach **Ueberschuß** . . .	—
III.			III.	
			Hierzu kommen:	
	1.		Subventionen, Garantie-Vorschüsse, Zuschüsse von Seiten der Staatskassen, Betrag einer aufgenommenen schwebenden Schuld zu Betriebszwecken	—
	2.		Erträgnisse aus dem Betriebe von fremden Bahnen, Bergwerken, industriellen Unternehmungen, Dampfschiff-Verbindungen rc.	—
			Hiernach **verfügbarer Ueberschuß** in Summa	—

Anmerkungen.

Zu Tit. II Pos. 1. Vergl. Ziffer IV Abs. 2 der „Allgemeinen Vorschriften". Insoweit dem Reservefonds (Unterpos. 2) ausnahmsweise durch Bestimmung der Statuten auch der Erlös gewisser ausrangirter Materialien zufließt, kommen die Unterpositionen 1a und b auch hier zur Anwendung.

Zu Tit. II Pos. 2. Als Zuschuß ist derjenige Betrag zu verrechnen, um welchen die aus dem Erneuerungs- oder Reserve- rc. Fonds bestrittenen Betriebs-Ausgaben die Rücklage des laufenden Jahres in diesen Fonds etwa übersteigen.

[1]) Die Titel-Bezeichnung bezieht sich auf das Normal-Buchungs-Formular, nicht auf das Etats-Schema.

[2]) An Stelle der Punkte im Normal-Buchungs-Formular, sind hier und im Weiteren Striche gewählt, was mit Bezug auf die Anmerk. auf S. 45 zu beachten sein wird.

Titel.	Position.	Unter-Position.	Betriebs-Rechnung.	Betrag (in Mark).
			Verwendung des Ueberschusses.	
	1.		Zur Verzinsung der Prioritäts-Obligationen und sonstiger Darlehen	—
	2.		Zur Tilgung der Prioritäts-Obligationen und sonstiger Darlehen	—
	3.		Zur Deckung von Verlusten beim Betriebe von fremden Bahnen, Bergwerken, industriellen Unternehmungen, Dampfschiff-Verbindungen 2c. . . .	—
	4.		Zur Zahlung nicht fixirter Tantièmen	—
	5.		Zur Zahlung der Staats-Eisenbahn-Steuer resp. Staats-Gewerbesteuer	—
	6.		Zur Tilgung bezw. zum Rückkaufe eigener Aktien sowie zu sonstiger Amortisation des Anlage-Capitals .	—
	7.		Zur Zahlung der Dividende:	
		1.	Superdividende an den Staat oder außer den Actionairen statutenmäßig Berechtigte . . .	—
		2.	Prioritäts-Stamm-Actien-Dividende .	—
		3.	Stamm-Actien-Dividende	—
	8.		Zu außergewöhnlichen Rücklagen (Extra-Reserve) . .	—
	9.		Zu sonstigen Zwecken	—
	10.		Ablieferung an die Staatskassen seitens der Staatsbahnen .	—
	11.		Vortrag auf das folgende Jahr	—
			Summa	—

Anmerkung des Verfassers.

A. Zu Pos. 1. Bei Feststellung des zur Verzinsung der Prioritäts-Obligationen erforderlichen Betrages wird das Anlage-Kapital zu Grunde gelegt und davon der Betrag der bereits amortisirten bezw. noch zu amortisirenden Obligationen gekürzt.

Der verbleibende Betrag bildet den zu verzinsenden Betrag des Anlage-Kapitals.

B. Zu Pos. 2. Die Höhe des zu tilgenden Betrages der Prioritäts-Obligationen wird durch die Statuten der betreffenden Bahnen festgesetzt.

In der Regel wird zur Amortisation ½ Procent des Kapitals unter Zuschlag der durch die bereits getilgten Beträge ersparten Zinsen verwendet.

Ueber die zur Verzinsung und zur Amortisation (ad A und B) bis zur vollständigen Tilgung der Prioritäts-Obligationen erforderlichen Beträge wird — für jede Emission besonders — je ein Plan aufgestellt, aus welchem die Kapitalbeträge, die jährlich zu zahlenden Zinsen bezw. die ersparten Zinsen und die zur Amortisation zu verwendenden Beträge genau hervorgehen.

C. Zu Pos. 5. Nach §. 3 des Gesetzes vom 30. Mai 1853, betreffend die von den Eisenbahnen zu entrichtende Abgabe — Staatssteuer — (Ges.-S. S. 449) ist diese für jede Eisenbahn nach dem in jedem einzelnen Jahre aufkommenden Reinertrage*) zu berechnen

*) Als Reinertrag der Eisenbahn-Unternehmungen ist nach §. 2 des allegirten Gesetzes derjenige Ertrag anzusehen, welcher nach Abzug der Verwaltungs-, Unterhaltungs- und Betriebskosten, ferner des erforderlichen Beitrages zum Reservefonds (Anmerkung des Verf.: als solcher gilt auch der Erneuerungsfonds), sowie der zur planmäßigen Verzinsung und Tilgung der etwa gemachten Anleihen erforderlichen Beträge auf das verwendete Actien-Kapital zur Vertheilung kommt.

und stuft sich nach der Höhe desselben dergestalt ab, daß von einem Reinertrage bis zu einschließlich vier Procent des Actienkapitals $^{1}/_{40}$ dieses Ertrages;

bei einem höheren Reinertrage aber außerdem, und zwar:

von dem Mehrbetrage über vier bis zu fünf Procent einschließlich $^{1}/_{20}$ dieser Ertragsquote;

von dem Mehrbetrage über fünf bis zu sechs Procent einschließlich $^{1}/_{10}$ dieser Ertragsquote;

von dem Mehrbetrage über sechs Procent $^{2}/_{10}$ dieser Ertragsquote

zu entrichten sind.

Der Betrag der zu entrichtenden Abgabe wird nach §. 5 des gedachten Gesetzes nach Ablauf eines jeden Betriebsjahres für jede Eisenbahn-Gesellschaft mit Berücksichtigung des von dem betreffenden Eisenbahn-Commissariate, für die unter Staatsverwaltung stehenden Eisenbahnen mit Berücksichtigung des von der betreffenden Verwaltungsbehörde einzureichenden Abschlusses, nach welchem die Berechnung der auf die Actien zu vertheilenden Zinsen und Dividenden erfolgt, von derjenigen Regierung, in deren Bezirk die Direction der bezüglichen Eisenbahngesellschaft ihren Sitz hat, — für diejenigen Eisenbahngesellschaften aber, deren Directionen ihren Sitz in Berlin haben, von dem Generaldirector der Steuern festgesetzt. Außer den anderweiten diesbezüglichen Bestimmungen des Gesetzes vom 30. Mai 1853 kommen noch in Betracht:

a) das Gesetz wegen Abänderung des Gesetzes vom 30. Mai 1853, betreffend die von den Eisenbahnen zu entrichtende Abgabe, und wegen Verwendung der Zinsen von den Amts- und Zeitungs-Cautionskapitalien vom 21. Mai 1859 (Ges.-S. S. 243);

b) das Gesetz, betreffend die Abgabe von allen nicht im Besitze des Staates oder inländischer Eisenbahn-Actiengesellschaften befindlichen Eisenbahnen, vom 16. März 1867 (Ges.-S. S. 465—468);

c) die Verordnung vom 22. September 1867 (Ges.-S. S. 1639 und 1640), betreffend die Einführung der auf die Besteuerung der Eisenbahnen bezüglichen Gesetze vom 30. Mai 1853, 21. Mai 1859 und 16. März 1867 in den neuen Landestheilen.

D. Zu Pos. 7, Unterpos. 1. Unter Superdividende ist der Antheil des Staats an dem über einen bestimmten Procentsatz des Actien-Kapitals hinausgehenden Reinertrage einer Eisenbahn-Gesellschaft zu verstehen.

Diese Abgabe kommt bei Berechnung der nach dem Gesetz vom 30. Mai 1853 zu entrichtenden weiteren Abgabe (Staatssteuer — siehe die Anmerkung unter C.) nach §. 4 dieses Gesetzes in Abzug.

Die Höhe der Superdividende wird nach den Bestimmungen der Statuten der betreffenden Bahnen festgesetzt und beträgt z. B. bei der Oberschlesischen Eisenbahn $^{1}/_{4}$ von dem in einem Jahre 5 Procent des Stamm-Actien-Kapitals übersteigenden Reinertrage.

Unterposition 2 und 3. Die Vertheilung der Zinsen bezw. der Dividende an die Inhaber der Prioritäts-Stamm-Actien und der Stamm-Actien erfolgt nach Maßgabe der statutarischen Bestimmungen der betreffenden Bahnen.

Dabei kann selbstredend nur der Ueberschuß, abzüglich des Geldbedarfs zur Verzinsung der Prioritäts-Actien, zur Amortisation derselben, zur Rücklage für den Reserve- und Erneuerungs-Fonds, zur Extradividende für den Staat und zur Berichtigung der Eisenbahn-Abgabe in Betracht kommen.

Kapitalien, für welche ein fester Zinssatz ohne Theilnahme an der Dividende angeordnet ist, werden hierbei, auch wenn sie durch Ausgabe sogenannter Prioritäts-Actien aufgebracht worden sind, zum Actien-Kapitale nicht gerechnet, sondern den Anleihen gleich geachtet.

Ia. Rechnung des Erneuerungs-Fonds.

A. Rechnung der Einnahmen und Ausgaben des laufenden Jahres.

Laufende Nummer.	Einnahme.		Betrag (in Mark).
1	Regelmäßige Rücklagen aus den Betriebs-Einnahmen des laufenden Jahres:		
	a) für Erneuerung des Oberbaues:		
	1. Schienen und Kleineisenzeug	— M.	
	2. Weichen	— "	
	3. Schwellen	— "	
	b) für Erneuerung der Betriebsmittel und der namentlich aufzuführende Theil derselben:		
	1. Locomotiven und Tender	— "	
	2. Personenwagen	— "	
	3. Gepäck- und Güterwagen	— "	
	c) für Erneuerung etwaiger sonstiger (speciell aufzuführender) Gegenstände:	— "	
	Summa		—
2	Erlös für das aus diesem Fonds zu erneuernde ausrangirte Material:		
	1. für Schienen und Kleineisenzeug	— M.	
	2. " Weichen	— "	
	3. " Schwellen	— "	
	4. " Locomotiven und Tender	— "	
	5. " Personenwagen	— "	
	6. " Gepäck- und Güterwagen	— "	
	7. etwaige sonstige zu erneuernde Gegenstände	— "	
	Summa		—
3	An Zinsen	— "	—
	Summa der Einnahme		—

Anmerkungen.

Zu Nr. 1 und 2. Hier ist die ganze (Brutto-) Einlage zu buchen; vergl. Ziffer IV der „Allgemeinen Vorschriften“ und Pos. 1 des „Abschlusses II“ der Betriebsrechnung.
Zu Nr. 1 sind die angegebenen Unterabtheilungen zum Ausdruck zu bringen, sofern dies die vorgeschriebene Ermittelung des zurückzulegenden Betrages gestattet.

Ia. Rechnung des Erneuerungs-Fonds.

A. Rechnung der Einnahmen und Ausgaben des laufenden Jahres.

Laufende Nummer.	Ausgabe.	Betrag (in Mark).
1	Für Erneuerung des Oberbaues:	
	1. Schienen u. Kleineisenzeug } in Haupt- und Nebengeleisen	—
	2. Weichen . . . . . . } in Haupt- und Nebengeleisen	—
	3. Schwellen . . . . . . } in Haupt- und Nebengeleisen	—
	Summa 1	—
2	Für Erneuerung der Betriebsmittel und der namentlich aufzuführende Theil:	
	1. Locomotiven und Tender	—
	2. Personenwagen	—
	3. Gepäck- und Güterwagen	—
	Summa 2	—
3	Für Erneuerung etwaiger sonstiger einzeln aufzuführender Gegenstände, falls dafür Mittel im Erneuerungs-Fonds vorgesehen sind:	—
	Summa 3	—
	hierzu " 2	—
	" " 1	—
	Summa der Ausgabe	—
	Abschluß:	
	Einnahme . . . . — ℳ	
	Ausgabe . . . . — "	
	Ueberschuß . . . . — "	
	Deficit . . . . — "	

Anmerkung.

Die Ausgaben haben auch in der Betriebsrechnung (I), und zwar diejenigen unter Nr. 1 u. 2 summarisch in Titel VI, diejenigen unter Nr. 3 je nach deren Beschaffenheit in Titel III Pos. 11, Titel IV, V oder VII zu erscheinen. Vgl. Pos. 1 des „Abschlusses II" der Betriebsrechnung.

Ia. Rechnung des Erneuerungs-Fonds.

B. Abschluß des Capital-Contos.

Laufende Nummer.	Einnahme.	Effekten-Nominal-Betrag.	Baar.
1	Bestand aus der Rechnung des Vorjahres	—	—
2	Ueberschuß aus der Rechnung des laufenden Jahres . .	—	—
3	Erlös aus verkauften und verlooften Effecten	—	—
4	Angekaufte Effecten	—	—
5	Agio-Gewinn	—	—
	Summa	—	—

Ia. Rechnung des Erneuerungs-Fonds.

B. Abschluß des Capital-Contos.

Laufende Nummer.	Ausgabe.	Effekten-Nominal-Betrag.	Baar.
1	Deficit des laufenden Jahres	—	—
2	Preis der angekauften Effecten	—	—
3	Verkaufte und verloofte Effecten	—	—
4	Cours-Verluste	—	—
5	Abschreibung an Material-Vorräthen	—	—
6	Sonstige Ausgaben	—	—
	Summa	—	—

Einnahme . . . . — *M.*
Ausgabe . . . . — „

Bestand . . . . — „

Anmerkung

bezüglich

der Unterhaltung und Erneuerung der Bahn-Anlagen.

In einem Specialfalle ist von dem Herrn Hand.-Min. unterm 3. Juli 1878, II. 4758 in Betreff der Kosten für Unterhaltung und Erneuerung der Bahn-Anlagen folgender Grundsatz ausgesprochen:

Der Etatsabschnitt

„Unterhaltung und Erneuerung der Bahn-Anlagen"

bildete bekanntlich früher nur Einen Ausgabetitel und ist erst anläßlich der Berathungen des Hauses der Abgeordneten über den Staatshaushaltsetat für 1874 vom Jahre 1875 ab in die zwei sich einander übertragenden Titel

„Unterhaltung der Bahn-Anlagen"

und

„Erneuerung der Bahn-Anlagen"

zerlegt worden. Der Zweck dieser Trennung war wesentlich der, eine Vergleichung zwischen den Staatsbahnen und den Privatbahnen bezüglich derjenigen Ausgaben zu ermöglichen, welche bei den letzteren aus dem Erneuerungs-Fonds bestritten werden. Dementsprechend sind auf den Titel „Erneuerung der Bahn-Anlagen" nicht die Kosten für die Erneuerung der Bahn-Anlagen überhaupt, sondern nur die Ausgaben für das zur Erneuerung des Oberbaues erforderliche Material an Schienen, Schwellen, Kleineisenzeug und Weichen verwiesen, während unter dem Titel „Unterhaltung der Bahn-Anlagen" außer den gewöhnlichen laufenden Unterhaltungskosten und den Kosten für Reparatur- und Umbauten auch die Kosten für kleinere Neu- und für Ergänzungsbauten gerechnet, und die Reparatur- und Umbauten auf das Extraordinarium, d. h. auf das die „einmaligen und außerordentlichen Ausgaben" betreffende Etatskapitel, ausnahmsweise nur in so weit übernommen werden, als die Ausführung größerer Erweiterungsbauten zugleich auch den Umbau vorhandener Anlagen in sich begreift.

Ob zur Deckung der Kosten für Neu- und Ergänzungsbauten die Mittel aus dem Unterhaltungsfonds zu entnehmen, oder unter den einmaligen und außerordentlichen Ausgaben des

Etats der Eisenbahn-Verwaltung vorzusehen sind, wird dabei nach der Bedeutung und Art der Bauten im einzelnen Falle erwogen.

Hierbei ist es gelegentlich der auf Anregung des Hauses der Abgeordneten im Jahre 1876 stattgefundenen Erörterung der Frage einer generellen anderweiten Bezeichnung der Baufonds belassen worden, und wird es auch ferner bis auf Weiteres um so mehr bewenden können, als dieselben Grundsätze auch auf der im April d. J. im Reichseisenbahnamte behufs der Berathung über ein gemeinsames Buchungs-Formular abgehaltenen Conferenz von Delegirten der Deutschen Staats- und Privateisenbahnen adoptirt worden sind.

Die allgemein vorgeschlagene Uebernahme der Kosten für Erweiterungs- und Ergänzungsbauten auf den Dispositions-Fonds ist schon deshalb nicht angängig, weil den Verwendungen aus diesem Fonds die Voraussetzung zum Grunde liegt, daß dieselben unvorhergesehen nöthig geworden sind und darum im Etat nicht haben berücksichtigt werden können. Eben so wenig würde es, wie dies auch auf der vorerwähnten Conferenz anerkannt worden, thunlich sein, näher zu fixiren, welche Erneuerungs-, Ergänzungs- und Erweiterungsbauten zu den kleineren zu rechnen sind, da sich dies, wie bereits angeführt worden, nach der Bedeutung und Art der Bauten in jedem einzelnen Falle richtet.

Zur Behebung jedes Zweifels über die Zulässigkeit der Verwendung des Titels 10*) zu den bezeichneten Bauausführungen wird jedoch Sorge getragen werden, daß die Zweckbestimmung desselben im Etat entsprechend erweitert werde. (In Ausführung ist bestimmt, daß der Bezeichnung des Betriebs-Ausgabe-Titel 10 (jetzt 7) „zur Unterhaltung der Bahn-Anlagen“ hinzuzufügen ist: „mit Ausschluß größerer Erweiterungs- und Ergänzungsbauten“.)

---

*) Nach dem neuen Etats-Schema Titel 7.

Ib. Rechnung des Reservefonds (bezw. des Reservebau-, Ergänzungs- rc. Fonds).

Laufende Nummer	Einnahme.	Betrag (in Mark).
1	Regelmäßige Rücklagen aus den Betriebs-Einnahmen des laufenden Jahres	—
2	Sonstige Einnahmen (welche zu specificiren sind)	—
	Summa der Einnahme . . .	

Anmerkung.

Hier ist die ganze (Brutto-) Rücklage zu vereinnahmen. Vergl. Ziffer IV Absatz 2 der „Allgemeinen Vorschriften“ und Position 1 des „Abschlusses II“ der Betriebsrechnung.

Ib. Rechnung des Reservefonds (bezw. des Reservebau-, Ergänzungs- 2c. Fonds).

Laufende Nummer.	Ausgabe.	Betrag (in Mark).
	Hier sind alle diejenigen Ausgaben zu buchen, welche statuten- oder concessionsmäßig aus dem Reserve-Fonds gedeckt werden, und zwar unter Angabe derjenigen Titel und Positionen der Betriebs- bezw. Baurechnung, unter welche die betreffende Verwendung ohne Zuhülfenahme dieses Fonds fallen würde.	
	Summa der Ausgabe . .	—

Abschluß:

Einnahme	—	M.
Ausgabe	—	„
Ueberschuß	—	M.
Deficit	—	„

Abschluß des Capital-Contos:

(wie beim Erneuerungsfonds)

Ic. Rechnung des Werkstätten-Betriebes.

Laufende Nummer.	Einnahme.	Betrag (in Mark).

Anmerkung.

1) Bei Führung dieser Specialrechnung ist davon auszugehen, daß der Werkstätten-Betrieb dem Bahnbetrieb sowie dem Bahnbau gegenüber als ein gesondertes Unternehmen erscheint. Hiernach sind sämmtliche persönliche und sachliche Ausgaben, erstere einschließlich der Besoldung der Beamten und der Löhne der Arbeiter, letztere einschließlich der Unterhaltung sämmtlicher Werkstattsanlagen nebst zugehörigen Geleisen ꝛc. im gegenwärtigen Specialconto zu buchen. Die Leistungen für den Eisenbahn-Betrieb bezw. Eisenbahnbau sind diesen mit den ungefähren Selbstkosten für Material und Arbeitslohn anzurechnen, und ist demzufolge der entsprechende gleiche Betrag in der Werkstättenrechnung zu vereinnahmen und in der Betriebs- bezw. Bau-Rechnung zu verausgaben. Hierbei sind Kosten für Zinsen und Amortisation der Werkstätten-Anlagen nicht anzusetzen. Die Feststellung der Vergütung für Leistungen an Dritte sind gleichfalls im Werkstattenconto zu verrechnen und bleibt die Bestimmung über die Höhe der Vergütung der Entschließung der Verwaltung vorbehalten.

Der Erlös des bei der Reparatur gewonnenen alten Materials ist von den Ausgaben der Werkstätten-Rechnung abzusetzen bezw. in Einnahme zu setzen.

Etwaige Differenzen (Ueberschüsse oder Mancos) sind nicht in den Betriebsfonds zu übernehmen, sondern im Werkstätten-Conto durch Ab- resp. Zusätze im laufenden oder nächstfolgenden Jahre auszugleichen.

2) Die Werkstätten-Materialien-Verwaltung ist als Zubehör der Werkstätten-Verwaltung zu behandeln.

I c. Rechnung des Werkstätten-Betriebes.

Laufende Nummer.	Ausgabe.	Betrag (in Mark).

Id. Rechnung der Betriebs-Materialien-Verwaltung.

Laufende Nummer.	Einnahme.	Betrag (in Mark).

Anmerkung.

Hier findet das zur Werkstätten-Rechnung Bemerkte mit der Maßgabe analoge Anwendung, daß Beamte und Arbeiter sowie die Unterhaltung der Lokale, Geleise ꝛc. unmittelbar auf den Betrieb zu buchen sind.

Ie. Rechnung der Hülfskassen für Beamte und Arbeiter.

Laufende Nummer.	Titel.	Position.	Einnahme.	Betrag (in Mark).

Anmerkung.

Wo derartige Kassen bestehen, sind die Rechnungen womöglich getrennt für Beamte und für Arbeiter zu führen.

Die Einnahmen und Ausgaben sind thunlichst zu spezialisiren.

Id. Rechnung der Betriebs-Materialien-Verwaltung.

Laufende Nummer.	Ausgabe.	Betrag (in Mark).

Ie. Rechnung der Hülfskassen für Beamte und Arbeiter.

Laufende Nummer.	Titel.	Position.	Ausgabe.	Betrag (in Mark).

II.

Rechnung

des

Eisenbahn-Baues.

Anmerkung des Verfassers.

In dem Conferenz-Protokoll vom 3. bis 9. April 1878 ist constatirt, daß die ausführliche Angabe des Inhalts der Titel des Baufonds nicht die Bedeutung von speciell zu verzeichnenden Positionen habe. Ferner soll das Formular für diesen Fonds als Normalschema lediglich für diejenigen Strecken gelten, deren Bau bei der allgemeinen Einführung des Formulars noch nicht begonnen hat. Im Uebrigen ist man bei der Fassung des Schemas von dem Gesichtspunkte ausgegangen, daß dasselbe auch zur Vergleichung und Hinzurechnung der Rechnungsergebnisse früherer Jahre möglichst geeignet sein soll.

Bezeichnung des Titels.	Titel.	Position.	Unter-Position.	Bau-Einnahme. Nähere Angabe des Inhalts der Titel.	Betrag (in Mark).
				Abtheilung A. Eigentliche Einnahmen.	
Verwerthung von Effecten.	I.	*)		Nominalbetrag ausgegebener Stammactien Prioritäts-Stammactien Prioritäts-Obligationen etc.	
Beiträge.	II.			Beiträge aus Staatsmitteln, von Provinzen, Kreisen, Gemeinden und Privaten zum Bau der Bahn. Anmerkung. Bei unentgeltlicher Ueberweisung von Grund und Boden Seitens einer Gemeinde etc. ist der Betrag schätzungsweise aufzunehmen.	
Etwaiger Ueberschuß aus dem Betriebe einer Bahnstrecke auf Kosten des Baufonds.	III.			(siehe Col. 1.)	
Sonstige Einnahmen.	IV.			Pächte und Miethen während der Bauzeit, soweit solche nicht zu den Rückeinnahmen gehören, Coursgewinn aus verkauften Effecten, Zinsen für angelegte Geldbestände und verspätete Einzahlungen etc., Conventionalstrafen für solche, Agio-Gewinne, Einzahlungen, welche der Gesellschaft verfallen etc.	
				Abtheilung B. Rück-Einnahmen.	
Grund-Erwerb und Nutzungs-Entschädigung.	I.			Rück-Einnahmen beim Grund-Erwerb etc.	
Erd- und Böschungs-Arbeiten.	II.			desgl. bei den Erd- und Böschungs-Arbeiten.	
Einfriedigungen.	III.			desgl. bei Einfriedigungen etc.	
etc.	etc.			etc.	
etc.	etc.			etc. (entsprechend den einzelnen Ausgabe-Titeln).	

*) Die Positionen und Unterpositionen sind durch das Normal-Formular nicht bestimmt. Dieselben werden nach ergangener Bestimmung darüber, in die dafür vorgesehenen Rubriken einzuschreiben sein.

Bezeichnung des Titels.	Titel.	Position.	Unter-Position.	Bau-Ausgabe. Nähere Angabe des Inhalts der Titel.	Betrag (in Mark).
Grund-Erwerb und Nutzungs-Entschädigung, einschließlich der dadurch entstehenden Kosten.	I.			Kosten der Erwerbung des Grundes und Bodens zur Herstellung der Bahn und deren Nebenanlagen, sowie derjenigen Ländereien, welche zur Entnahme oder zur Ablagerung von Boden dienen oder wegen Zerstückelung oder Unzulänglichkeit mitübernommen werden müssen und zur Disposition bleiben, einschließlich der Entschädigungen für Wirthschafts-Erschwerungen, Wasser-Entziehungen und andere Durchschneidungs-Nachtheile, sowie für Benachtheiligungen der Adjacenten. Kosten für zu erwerbende, zu versetzende und umzubauende Gebäude und sonstige bauliche Anlagen. Cultur-, Nutzungs- und Deteriorations-Entschädigungen, insbesondere auch für vorübergehende Benutzung, für Zerstörung von Bäumen und Feldfrüchten, sofern sie nicht Vorarbeiten betreffen (Tit. XIII.), für Pächte, Miethen u. s. w., für Bauplätze, Lagerplätze, Abgrabungen. Kosten für Leitung und Regelung des Grunderwerbs, Kosten für Vermessungen, soweit sie nicht die Vorarbeiten betreffen (Tit. XIII.), Diäten und Reisekosten von Commissarien, Taxatoren, Richtern rc., Proceßkosten und sonstige gerichtliche Ausgaben, Kosten für die Abgrenzungen und die dazu erforderlichen Grenzsteine. rc.	
Erd-, Fels- u. Böschungs-Arbeiten, sowie Futtermauern rc. zur Herstellung des Bahnkörpers, einschl. derjenigen zu den Wegeübergängen rc. nebst den	II.			Einrichtungsarbeiten für Passirbarmachung der Linie, Interimsbrücken rc., Rodungs- und Abräumungsarbeiten. Erd- und Felsbewegung: Bildung des Planums der Bahn und der Bahnhöfe, einschließlich der Neben-	

Bezeichnung des Titels.	Titel.	Position.	Unter-Position.	Bau-Ausgabe. Nähere Angabe des Inhalts der Titel.	Betrag (in Mark).
zur Ausführung erforderlichen Geräthschaften.	II.			anlagen, als: Wegeübergänge, Parallelwege 2c., Ankauf von Schüttungsboden, Anlage von Schutz- und Entwässerungsgräben, Verlegung von kleinen Wasserläufen und Deichen, Beschaffung von Vorfluth- und Uferdeckungsanlagen, Drainirungen im Planum.	
				Specielle Bau-Aufsicht und Schachtmeistergeld.	
				Herstellung der Böschungen: Planiren der Böschungen in den Auf- und Abträgen, Gräben 2c., Befestigung derselben durch Mutterboden, Besaamung und Rasenbekleidung incl. Gewinnung des Mutterbodens, Rasenabstiche und Unterhaltung bis zum Begrünen und Anwachsen.	
				Besondere Befestigungen der Böschungen: event. Pflasterung derselben und Aufführen von Futtermauern (soweit sie nicht mit Brücken und anderen Bauwerken in Verbindung stehen, bei denen sie mitberechnet werden), Stein- und Faschinenpackungen, Einlegung von Drainröhren und Sickercanälen, Rigolen, von Flechtzäunen, Pflanzungen, Schutzdämmen gegen Wasserbeschädigungen, Deckungen durch Buschwerk und Zweige gegen Sandverwehungen 2c., incl. Schachtmeistergeld.	
				Geräthe und Transportmittel, Baulichkeiten: Beschaffung, Unterhaltung und Transport der Geräthe, Locomotiv- und Erdwagen- 2c. Miethe, Feuerungs- u. Schmiermaterialien, Reparaturkosten der Transportmittel und sonstige Nebenausgaben.	
				Wächterhütten, Buden, Baracken, einschließlich der Miethe für derartige Räume.	
				Unterhaltung des Bahnkörpers, der Böschungen und Banketts, Revêtements, Futtermauern 2c. bis zur Uebernahme durch den Betrieb.	

Bezeichnung des Titels.	Titel.	Position.	Unter-Position.	Bau-Ausgabe. Nähere Angabe des Inhalts der Titel.	Betrag (in Mark).
	II.			Extraordinäre Ausgaben als: Ausmauern von Seitengräben, Aushebung von quelligen Bodenstellen und Ergänzung durch trockenen Boden, Verlegung und Reparatur der Chausseen, Wegeinstandsetzungen, Wächter- und Botenlohn, Beseitigung von Rutschungen in den Auf- und Abträgen, Ausfüllung verlassener Wasserläufe und Schluchten; Ableitung wilder Gewässer, Wiederherstellungsarbeiten bei Zerstörungen durch höhere Gewalt, Handdienste und sonstige Leistungen bei Absteckungen und Nivellements Behufs Anlage des Bahnkörpers, sonstige unvorhergesehene Vorkommnisse.	
Einfriedigungen, jedoch ausschließlich derjenigen der Bahnhöfe.	III.			Interimistische Einfriedigungen zum Schutze während der Bauzeit, bleibende Einfriedigungen, massive Mauern, Zäune rc. Schutzanlagen gegen Schneeverwehungen (Pflanzungen, Flechtzäune, Hecken und Dämme rc.) Anpflanzungen neben der Bahn in Schachtgruben rc. Unterhaltung dieser Gegenstände bis zur Uebernahme durch den Betrieb.	
Wege-Uebergänge (einschließlich der Unter- und Ueberführungen von Wegen und Eisenbahnen nebst allem Zubehör).	IV.			Befestigung der Uebergänge, Rampen, Parallelwege durch Pflasterung, Chaussirung oder Bekiesung, Einebnen oder Planiren der letzteren rc., Bebohlung an und zwischen den Schienen, desgl. Schutzschienen und Schwellen. Schlußbarrièren: Barrièren zur Absperrung der Uebergänge mit den nöthigen Geländern, Zugvorrichtungen und Draht-Leitungen, Glocken, Laternen, Gerüsten, Warnungstafeln, Prellsteinen, Haltepfählen rc.	

Bezeichnung des Titels.	Titel.	Position.	Unter-Position.	Bau-Ausgabe. Nähere Angabe des Inhalts der Titel.	Betrag (in Mark).
	IV.			Wege- und Bahnüberführungen. Wege- und Bahnunterführungen. Parallelwegsbrücken, Seitendurchlässe 2c. Für unvorhergesehene Fälle. Unterhaltung vorgenannter Objekte bis zur Uebernahme durch den Betrieb.	
Durchläße und Brücken.	V.			(einschließlich der Unterhaltung bis zur Uebernahme durch den Betrieb.)	
Tunnels.	VI.			Erd- und Felsarbeiten incl. des nothwendigen Transports des Ausbruchs. Ausmauerungen u. Wölbungen incl. Gerüste. Abteufung von Arbeitsschächten. Geräthe, Utensilien und Rüstungen. Anlage der Tunnel-Portale. Verschiedene Anlagen und Arbeiten: Anlage kleiner Schienenbahnen, Entwässerungs- und Wasserhaltungsarbeiten 2c. Unterhaltung der Tunnels bis zur Uebernahme durch den Betrieb.	
Oberbau (nebst allen Nebensträngen und zugehörigen Ausweichen).	VII.			Bettungsmaterial: Gewinnung resp. Beschaffung des Bettungsmaterials, dessen Transport bis an oder auf das Planum 2c. Schwellen: Beschaffung der Schwellen, Transport derselben bis an resp. auf das Planum, Zubereitung und Vertheilung derselben auf der Bahn (Beschaffung der erforderlichen Lagerplätze, Apparate u. Geräthe) 2c.	

Anmerkung zu Titel IV und V.

1. Bei einem Bauwerke, welches zugleich den Zwecken der Titel IV oder V dient (z. B. Wegeunterführung mit Wasserdurchlaß 2c.), entscheidet der Hauptzweck der betreffenden Anlage.
2. Die Kosten jedes größeren Bauwerkes sind gesondert zu verrechnen.

Bezeichnung des Titels.	Titel.	Position.	Unter-Position.	Bau-Ausgabe. Nähere Angabe des Inhalts der Titel.	Betrag (in Mark).
	VII.			Schienen: Beschaffung und Transport der Schienen incl. Kosten der Aufsicht bei der Fabrikation, der Abnahme, des Verwiegens, Diäten, Reisekosten, Vertheilung auf der Bahn 2c. Kleineisenzeug: Beschaffung der Laschen, Laschenbolzen, Unterlagsplatten, Hakennägel 2c., Kosten der Abnahme, des Sortirens, Verwiegens, Vertheilens und Transportes bis an die Depots 2c. Fertigstellung des Oberbaues: Regulirung des Planums, Hobeln, Bohren und Zurichten der Schwellen, Nacharbeiten an den Schienen und dem Kleineisenzeuge, Biegen der Schienen, Legen und Richten des Bahngestänges, Stopfen und Hinterfüllen der Schwellen, Anlage von Sickercanälen, Schlußregulirung 2c. Anlage der Weichen und Kreuzungen: Anfertigung der Ausweichungen, Kreuzungen, Herzstücke, Excentriks, Lage der Weichen 2c. Arbeits-Geräthe: Beschaffung, Unterhaltung und Transport der Utensilien. Instandhaltung des Oberbaues bis zur Uebernahme durch den Betrieb. Verschiedene Ausgaben.	
Signale nebst dazu gehörigen Buden u. Wärterwohnungen.	VIII.			Elektrische Signale. Elektromagnetische Telegraphenleitung nebst Zubehör als: Telegraphenstangen, Draht, Isolatoren, Eisenwerk, Aufstellung und Fertigstellung der Leitung.	

Bezeichnung des Titels.	Titel.	Position.	Unter-Position.	Bau-Ausgabe. Nähere Angabe des Inhalts der Titel.	Betrag (in Mark).
	VIII.			Beschaffung und Aufstellung der Sprechapparate mit zugehörigen Einrichtungen in den Gebäuden, Hülfsapparate, Apparate zum Läuten, Glockenwerke, Wecker, Anbringung der Drahtverbindungen an der Streckenleitung, Batterien, Blitzableiter 2c. **Optische Signale.** Optische Zeichen aller Art, Laternen, Korbscheiben, Weichenlaternen, Bahnhofseinfahrtssignal 2c. **Akustische Signale.** Hörner, Knallkapseln 2c. **Wärterbuden und Wärterwohnungen incl. Ausrüstung.** **Abtheilungszeichen.** Kilometer- und Nummersteine, Gefäll- und Curvenzeiger, Revisionstafeln, Markirpfähle, Zeichen für Dienstgrenzen, Feldmarks- und Gemeinde-Grenzen. Unterhaltung vorstehender Objekte bis zur Uebernahme durch den Betrieb.	
Bahnhöfe und Haltestellen nebst allem Zubehör an Gebäuden, ausschließlich Werkstatts-Anlagen aller Art.	IX.			(Jeder Bahnhof erhält zunächst eine besondere Nummer. Im Einzelnen gehören hierher:) Personen-Station. Perrons und Treppen. Stations-Gebäude. Perron-Ueberdeckungen (bedeckte Personenhallen). Retiraden.	

Bezeichnung des Titels.	Titel.	Position.	Unter-Position.	Bau-Ausgabe. Nähere Angabe des Inhalts der Titel.	Betrag (in Mark).
	IX.			Aeußere und innere Ausstattung und Beleuchtung der Stations-Gebäude und Perrons, sonstige zum Betriebe nöthigen Einrichtungen und Geräthe, Uhren, Signalglocken, Ausmöblirung und Ausstattung der Wartesäle und Kommissionszimmer zc.	
				Büreau-Gebäude, Uebernachtungslokale des Betriebspersonals, Bade-Anstalten, Directions-Gebäude*).	
				Beamten- und Familien-Wohnhäuser nebst Zubehör (einschließlich Bahnmeisterwohnungen)*).	
				Wirthschaftsgebäude, Holzställe, Brunnen, Eiskeller, Backöfen, Waschhäuser zc.	
				Schuppen für die Transportmittel:	
				Locomotivschuppen einschließlich der Geleise in denselben sowie der Löschgruben in und vor den Schuppen.	
				Wagenschuppen einschließlich der Geleise in denselben sowie der Löschgruben in und vor den Schuppen.	
				Güterstation:	
				Güterschuppen, Steuerschuppen, Güter-, Vieh- und Kutschen-Rampen, Viehbansen, feststehende Hebegerüste und Krahne, Centesimalwaagen und innere Einrichtung der Schuppen, Expeditionen, Magazine, Lademesser.	
				Wasserstation:	
				Wasserstationsgebäude mit Ausrüstung und Zubehör, Brunnen, Wasserleitung und Wasserkrahne, Coaks- und Kohlenschuppen, Kohlenbühnen.	
				Anlagen zum Drehen, Verschieben, Reinigen der Betriebsmittel	
				(Drehscheiben, Schiebebühnen, Feuergruben zc. mit Ausnahme der zu den Locomotivschuppen gehörigen, Prellböcke, Distancepfähle zc.)	
				Weichensteller- und Portierbuden.	

*) Die Kosten für Directionsgebäude sind der Gleichmäßigkeit wegen stets hier zu buchen, auch wenn dieselben nicht auf dem Bahnhofs-Terrain liegen. Desgleichen sonstige Beamtenwohnungen zc.

Bezeichnung des Titels.	Titel.	Position.	Unter-Position.	Bau-Ausgabe. Nähere Angabe des Inhalts der Titel.	Betrag (in Mark).
	IX.			Befestigung, Einfriedigung, Entwässerung und äußere Ausrüstung der Bahnhöfe: Pflasterungen, Chaussirungen, Einfriedigungen und Thore, Entwässerungen, Abzugs-Kanäle, Drainirungen, Pflanzungen und Gartenanlagen, Beleuchtung des Bahnhofes außerhalb der Gebäude, Wasserleitung, Candelaber und Laternen, Gasometer, Petroleumgasanstalten, Heizungs- und Reinigungs-Utensilien, Feuerlöschgeräthschaften ꝛc. (Eimer, Leitern ꝛc.) und sonstige Gegenstände für den äußern Dienst. Sonstige Ausrüstung der Bahnhöfe. Unterhaltung der Bahnhöfe ꝛc. bis zur Uebernahme durch den Betrieb. Insgemein. Zur Beschaffung des Stations-Inventars, Baubuden und sonstige provisorische Anlagen für die Bauausführung als: Bauschuppen, Appartements für die Arbeiter, Einzäunung des Bauplatzes, Zufuhrwege, Geräthe und deren Transport, Aufräumung des Bauplatzes und Kosten für unvorhergesehene Fälle.	
Werkstatts-Anlagen.	X.			Werkstatts-Anlagen: Werkstattsgebäude nebst dazu gehörigen Geleisen, Ausrüstung der Werkstätten, Werkstatts-Materialien-Depots, die dazu erforderlichen Büreaus nebst deren Ausstattung. Unterhaltung der Werkstatts-Anlagen bis zur Uebernahme durch den Betrieb.	
Außerordentliche Anlagen, als Flußverlegungen, Durchführung durch Festungswerke.	XI.			Fluß- und Stromverlegungen, Flußregulirungen. Außerordentliche Chaussee- und Wege-Anlagen.	

Bezeichnung des Titels.	Titel.	Position.	Unter-Position.	Bau-Ausgabe. Nähere Angabe des Inhalts der Titel.	Betrag (in Mark).
	XI.			Führung der Bahn durch Festungswerke und sonstige fortificatorische Anlagen. Anlage von Häfen, Cokes- und Gasanstalten, Imprägnirungsanstalten nebst deren Verbindungsbahnen. Anderweite außerordentliche Anlagen als Rampen, schiefe Ebenen, Eisenbahnschiffbrücken, Trajecte und Fähranstalten nebst Fähren, Schiffen und dergl. Unterhaltung bis zur Uebernahme durch den Betrieb.	
Betriebsmittel.	XII.			Locomotiven und Tender mit allem Zubehör, Reservestücke und Alles, was auf den Locomotiven an Utensilien gebraucht wird. Personenwagen incl. Bremsen und Reservestücke. Gepäck- und Güter-, Vieh-, Langholz-, Kohlen- und Arbeitswagen incl. Bremsen und Reservestücke. Draisinen und Bahnmeisterwagen, Schneepflüge, Bahnrevisionswagen. Alle Utensilien und Betriebs-Geräthe, welche für die Züge erforderlich sind, als Wagenwinden, Brechstangen, Schraubenschlüssel, Zugleinen, Wagenlaternen, Schmierutensilien, Signaleinrichtungen, transportable Telegraphen-Apparate, Ausrüstung der Gepäckwagen, Apparate bei Unglücksfällen incl. der chirurgischen Instrumente 2c. Sonstige Ausgaben als: Kosten für Versuche und Einübung der Beamten, Probefahrten, Diäten, Tagelöhne, Transportkosten, welche bei Beschaffung der Betriebsmittel erwachsen 2c.	

Bezeichnung des Titels.	Titel.	Position.	Unter-Position.	Bau-Ausgabe. Nähere Angabe des Inhalts der Titel.	Betrag (in Mark).
Verwaltungskosten.	XIII.			Gehälter, Diäten und Reisekosten, Miethsentschädigung bezw. etwaige Uniformirung: der Mitglieder der Centralverwaltung (Directorium), sowie aller Baubeamten, Feldmesser, Zeichner, Büreau- und Kassen-Beamten, der Bau-Aufseher, überhaupt des gesammten Verwaltungs-, Aufsichts- und Kassen-Personals, welches nicht etwa in den wöchentlichen Lohnlisten als Unteraufseher, Polirer ꝛc. bei den einzelnen Arbeiten mit aufgenommen wird und mit Ausnahme der im Titel I aufgeführten Kosten beim Grunderwerb. Erstmalige Uniformirung der Betriebsbeamten. Büreaukosten: Anschaffung von Büreau-Utensilien aller Art, Einrichtung des Verwaltungs- und Bau-Büreau, außer den Titel IX erwähnten, Büreau-Miethen, Heizung, Reinigung und Erleuchtung, Insertionskosten, Porto, Botenlöhne ꝛc. Instrumente und Materialien für die geometrischen Arbeiten: Anschaffung von mechanischen Instrumenten, Meß-Apparaten, Zeichen-Geräthen und sonstigen Utensilien für die Vorarbeiten. Zeitungs-Abonnements und Auctionsgebühren ꝛc., Beschaffung von Büchern, Karten, Plänen, Zeichnungen, Zeitschriften für die Bibliothek, Modellen ꝛc. Pfähle, Signalstangen, Fixpunkte ꝛc. Schreib- und Zeichen-Materialien aller Art. Vorarbeiten: Tagelohn für Kettenzieher, Ruthenleger, Arbeiter bei Bohrungen und Bodenuntersuchungen, Schiffer, desgl. Miethe für Nachen und sonst bei den Vorarbeiten vorkommenden Auslagen. Verschiedene vorstehend nicht aufgeführte Gegenstände, als: Fracht- und sonstige Entschädigungen bei den Vorarbeiten, Wächterhütten ꝛc.	

Bezeichnung des Titels.	Titel.	Position.	Unter-Position.	Bau-Ausgabe. Nähere Angabe des Inhalts der Titel.	Betrag (in Mark).
Insgemein.	XIV.			Für provisorische Anlagen zum Beginne des Betriebes vor der gänzlichen Vollendung. Für Project-Veränderungen während des Baues, Wiederherstellung einzelner Bauwerke bei Zerstörung oder Beschädigung durch höhere Gewalt, für nicht zu deckende Verluste an Baumaterialien ꝛc. Polizei- und Kranken-Verwaltung: Bau-Polizei-Verwaltung, Kranken-Verwaltung, z. B. Einrichtung von Lazarethen, Remuneration der Bahnärzte, Abfindungs-Gelder an verunglückte Arbeiter und Beamte nebst deren Familien ꝛc. Für Eröffnungs- und andere Festlichkeiten, Ausschmückung der Bahnhöfe, Wärterhäuser ꝛc. Extraordinäre Gratifikationen und Remunerationen für Beamte, Prämien für Kiesauffindung ꝛc. Anderweite unvorhergesehene Kosten.	
Etwaige Ausfälle beim Betriebe einer Strecke auf Kosten des Baufonds.	XV.				
Zinsen während der Bauzeit.	XVI.				
Cours-Verluste.	XVII.				
Erste Dotirung des Reserve- ꝛc. Fonds.	XVIII.			(Der betreffende Fonds ist hier anzugeben.)	

General-Instruction

für den Geschäftsverkehr und die Buchführung bei den Haupt-Kassen der Staats-Eisenbahnen und der unter Staats-Verwaltung stehenden Privatbahnen vom 11. Mai 1858 nebst abändernden und erläuternden Bestimmungen.

Um dem gesammten Kassen- und Rechnungswesen bei den Staats- und unter Staats-Verwaltung stehenden Eisenbahnen allmälig eine conforme Einrichtung zu geben, werden im Einverständniß mit dem Herrn Finanz-Minister und der Königlichen Ober-Rechnungs-Kammer zuvörderst in Bezug auf den Geschäftsverkehr und die Buchführung der Haupt-Kassen folgende Bestimmungen getroffen, nach welchen vom 1. Juli d. J. ab zu verfahren ist:

Anweisung der Ausgaben[1]. — Vorlage der Rechnungen und Liquidationen. — Vorbereitung ...ngen. — Einreichung in der Zwischenzeit. — Prüfung der Rechnungen durch das technische Directions-Mitglied, den Kassen-Curator und die Calculatur. — Erledigung d. Anstände der Calculatur. — Weitere Behandlung der Rechnungen u. Zahlungs-Anweisung.

1. Sämmtliche Ausgaben, mit Ausnahme der Arbeitslöhne, sind hinfort von den Königlichen Directionen selbst, und zwar ausschließlich auf die Haupt-Kassen zur Zahlung anzuweisen. Zu dem Ende haben die Ressort-Vorsteher halbmonatlich — nach dem 15. und nach dem Monatsschlusse — alle Rechnungen und Liquidationen ihres Ressorts für die abgelaufene Monatshälfte, gehörig justificirt, zur Prüfung und Anweisung den Königlichen Directionen vorzulegen. Damit die Vorlegung gleich nach Ablauf der Monatshälfte erfolgen kann, sind die Rechnungen und Liquidationen, welche, soweit es die Einrichtung der Etats zuläßt und es ohne Beeinträchtigung der Uebersichtlichkeit geschehen kann, zusammenzufassen sind, schon vorher soweit wie möglich vorzubereiten und die Lieferanten, Unternehmer ꝛc. anzuhalten, ihre Rechnungen unfehlbar zu bestimmten Terminen einzureichen. Die Einreichung von Rechnungen in der Zwischenzeit ist nur in besonders dringenden Fällen zu gestatten und darauf zu halten, daß alle Ausgaben prompt zur Liquidation gebracht und die Rechnungen nicht verschleppt werden. Sobald die Rechnungen von den Ressort-Vorstehern bei den Königlichen Directionen eingegangen sind, werden dieselben zunächst von dem technischen Directions-Mitgliede oder von dessen ein für allemal bestellten Vertreter und von dem Kassen-Curator einzeln sorgfältig geprüft und gelangen demnächst mit deren Revisions-Bemerkungen an die Calculatur. Diese stellt sämmtliche Rechnungen, soweit sie nicht vor Ertheilung der Zahlungs-Anweisung zur Erledigung von Revisions-Erinnerungen an die betreffenden Ressorts-Vorsteher zurückgehen müssen, in calculo fest, falls dies nicht bereits in den Büreaus der Ressort-Vorsteher geschehen ist, trägt die bei der calculatorischen Prüfung der Beläge sich etwa noch ergebenden Anstände dem Kassen-Curator, beziehungsweise dem technischen Directions-Mitgliede zur mündlichen Entscheidung vor und expedirt sodann die erforderlichen Verfügungen und Zahlungsanweisungen. Zu den letzteren sind die beiliegenden Formulare I. und II.[2]) in der Weise zu benutzen, daß sämmtliche, auf

[1]) Die Marginalien sind der Uebersichtlichkeit wegen von dem Verfasser beigefügt.

[2]) Die dieser Instruktion beigegebenen Formulare werden hier fortgelassen, da einmal dieses

einen bestimmten Etats-Titel, beziehungsweise auf ein bestimmtes Conto zu verrechnende Ausgaben in der, in den Formularen angedeuteten Ordnung in Eine Designation zusammengestellt und mittelst dieser Designation zur Zahlung angewiesen werden. Es bedarf dann selbstredend der Ertheilung einer Zahlungs-Anweisung auf den einzelnen Belägen nicht, jedoch ist auf jedem Belage oben rechts in der Ecke die laufende Nummer der Designation zu vermerken, mittelst welcher derselbe zur Zahlung angewiesen ist. Zusammenstellung d. Rechnungen in Designationen. Nummerirung der Rechnungen.

Nachdem sämmtliche Beläge in dieser Weise zur Zahlung angewiesen sind, werden dieselben mit den zugehörigen Designationen an die Haupt-Kasse abgegeben, welche damit nach den weiter unten (sub 8 d.) folgenden Vorschriften zu verfahren hat. Abgabe der Rechnungen an d. Haupt-Kasse.

Die halbmonatlichen Designationen und Zahlungs-Anweisungen sind am Jahresschlusse durch definitive, die Gesammtkosten einer bestimmten Etats-Position umfassende Ausgabe-Ordres zu setzen[1]), welche, ohne nochmalige Prüfung der einzelnen Beläge, auf den Grund der vorläufigen halbmonatlichen Anweisungen ausgefertigt und bei der Rechnungslegung den betreffenden Belägen vorgeheftet werden. Die Königliche Ober-Rechnungs-Kammer wird den Königlichen Directionen diejenigen Etats-Positionen speciell bezeichnen, für welche die Ausgabe des ganzen Jahres in der Rechnung summarisch nachgewiesen werden darf. In Betreff dieser Positionen muß den definitiven Ausgabe-Ordres ein, von der Haupt-Kasse aufzustellendes specielles Verzeichniß der Ausgabe-Beläge (Jahres-Designation) beigefügt werden. Wo dagegen die Beläge, wie bisher, in der Rechnung speciell zu verzeichnen sind, bedarf es eines solchen besonderen Verzeichnisses nicht. Ausgabe-Ordres über die Gesammtkosten der einzelnen Etatspositionen am Jahresschluſſe. Jahres-Designation.

Die Königlichen Directionen haben es Sich besonders angelegen sein zu lassen, daß das vorangegebene Verfahren allseitig mit der größten Pünktlichkeit, ohne welche, namentlich im Eisenbahndienste, auch die beste Einrichtung sich nicht bewähren kann, gehandhabt werde. Es ist zu dem Ende mit Strenge darauf zu halten, daß die Ressort-Vorsteher die Beläge halbmonatlich unfehlbar zu einem bestimmten Tage Pünktliche Einreichung der Rechnungen an dem dazu bestimmten Tage.

Werk durch deren Aufnahme zu umfangreich würde, andererseits aber die Haupt-Kassen-Instructionen der einzelnen Bahnen die Formulare, zum Theil in veränderter, den localen Verhältnissen xc. entsprechender Form enthalten werden. Es wird daher, soweit dies erforderlich, die Einsichtnahme der Haupt-Kassen-Instruction oder der zum Gebrauch stets fertigen Formulare empfohlen.

[1]) Durch Erlaß vom 21. December 1867, II. 14982 ist die Königliche Direction der Ostbahn ermächtigt, zur Erleichterung der Rechnungslegung die durch die Bestimmung unter Nr. 1 der General-Verfügung vom 11. Mai 1858 angeordneten Jahresdesignationen bei der Ostbahn nicht wie bisher in Stelle der halbmonatlichen Designationen, welche alsdann entbehrlich und den Rechnungsbelägen nicht weiter beizufügen sind, sondern unter Beibehaltung der halbmonatlichen Designationen einfach in der Art anfertigen zu lassen, daß letztere für jede der betreffenden Ordnungs-Nummern des Etats besonders zusammengestellt werden.

Den übrigen Königlichen Eisenbahn-Directionen ist hiervon Kenntniß gegeben. —

Durch den Erlaß v. 25. Februar 1868, II. 718 ist der Direction Saarbrücken eröffnet, daß, da die an die Direction der Ostbahn gerichtete Verfügung vom 21. Dezember 1867 den übrigen Eisenbahn-Directionen nur zur Kenntnißnahme zugefertigt worden ist, ihnen auch unbenommen bleiben sollte, die der Ostbahn verstattete Erleichterung ebenfalls einzuführen, oder es bei dem durch die Bestimmung unter Nr. 1 der Generalverfügung vom 11. Mai 1858 vorgeschriebenen Verfahren strikte zu belassen. —

einreichen und daß sowohl Seitens der betreffenden Directions-Mitglieder, als auch Seitens der Calculatur die Revision ohne Verzug erfolge, damit die Zeit, zu welcher die Zahlungen von der Haupt-Kasse resp. den Stations-Kassen geleistet werden können, sich mit ziemlicher Sicherheit vorher bestimmen läßt.

Zahlung der Löhne vor Ertheilung der Anweisung.

2. Um die sofortige Auslöhnung der Arbeiter bei Beendigung einer Lohnperiode zu ermöglichen, ist es zu gestatten, daß die Zahlung der Löhne vor Ertheilung der Anweisung durch die Königliche Direction auf Ersuchen des betreffenden Ressorts-Vorstehers resp. Belag-Ausstellers durch die Stations-Kassen erfolge.

Mittheilung des erforderlichen Gesammtbetrages an die Stations-Kasse vor d. Zahlung.

Damit diese sich zu dem Ende rechtzeitig mit den erforderlichen Geldmitteln versehen, ist ihnen Seitens derjenigen Beamten, auf deren Anweisungen sie Lohnzahlungen leisten sollen, schon einige Tage vor dem Zahltage der Gesammtbetrag der zu zahlenden Löhne annähernd anzugeben.

Verantwortlichkeit der Belag-Aussteller für deren Richtigkeit ꝛc.

Die Belag-Aussteller sind für die Richtigkeit der Lohnberechnungen und insbesondere des Calcüls, falls dieser nicht vor der Zahlung festgestellt wird, persönlich verantwortlich zu machen.

Weiterreichung der gezahlten Beläge.

Gleich nach erfolgter Zahlung sind die Beläge, mit den vorschriftsmäßigen Bescheinigungen versehen, an die Königliche Direction[1]) einzureichen, welche dieselben, sobald sie sämmtlich eingegangen sind, definitiv feststellen

Designationen und definitive Ausgabe-Ordres für Löhne.

und in der unter 1. vorgeschriebenen Weise mittelst vorläufiger, am Jahresschlusse durch definitive Ausgabe-Ordres zu ersetzenden Designationen und Anweisungen (Formular III.) der Haupt-Kasse zufertigen läßt. In die Designationen sind die Lohnbeträge voll aufzunehmen, wie auch darüber voll zu quittiren ist;

Einnahme-Ordres f. Kranken-Kassen-Beiträge.

zugleich aber sind der Haupt-Kasse die Nachweisungen der den Arbeitern gekürzten und in den Lohnberechnungen ersichtlich zu machenden Kranken-Kassen-Beiträge ꝛc. mit Einnahme-Ordre zuzustellen.

Wie die Haupt-Kasse und die Stations-Kassen sich in Betreff der Lohnzahlungen zu berechnen haben, wird weiter unten (sub. 8. b.) gesagt werden.

Das bisherige Verfahren bezügl. d. Lohnzahlungen kann event. bestehen bleiben.

Bei denjenigen Bahnen, bei welchen auch die Lohnzahlungen seither nur auf vorgängige Anweisung der Königlichen Direction geleistet sind, kann es bei dem bestehenden Verfahren verbleiben.

Zahlung der Gehälter.

3. Die Zahlung der Gehälter resp. Diäten[2]) sämmtlicher Angestellten ist hinfort nach den unten (sub. 8. e.) zu ertheilenden Vorschriften durch die Haupt-Kassen, beziehungsweise in deren Auftrage durch die ihnen untergeordneten Stations-Kassen

---

[1]) In Modificirung der Bestimmung ad 2 der Circular-Verfügung vom 11. Mai 1858 ist die Anordnung getroffen, daß die von den Stations-Kassen auf Ersuchen der betreffenden Ressort-Vorsteher gezahlten Lohnbeläge nicht direct an die Königliche Direction, sondern zunächst an die Haupt-Kasse einzusenden und von dieser erst nach Ordnung der Vorschuß-Conti der Stations-Kassen der Königlichen Direction zur Ertheilung der Verausgabungs-Anweisung vorzulegen sind.

Erlaß vom 22. März 1863, II. 1966.

Durch den weiteren Erlaß vom 7. Mai 1863, II. 3256 ist die Königl. Direction der Ostbahn ermächtigt worden, das bisherige Verfahren eventuell beizubehalten. Eine Verpflichtung zur Einführung der durch den Erlaß vom 22. März 1863 ausgesprochenen Modifikationen sei den Directionen überhaupt nicht auferlegt.

[2]) Ueber Gehalts- ꝛc. Zahlungen, Gnadencompetenzen ꝛc. cfr. die besonderen, diesem Abschnitt folgenden Bestimmungen.

zu leisten. Alle Anweisungen zu Gehaltszahlungen sind von den Königlichen Directionen zu erlassen und nicht weiter an die Ressort-Vorsteher resp. an die Stationskassen, sondern in allen Fällen an die Haupt-Kasse zu richten, welche für die richtige und prompte Zahlung zu sorgen hat und dafür verantwortlich ist. Auch haben die Königlichen Directionen die Haupt-Kassen von den, in Bezug auf die Gehaltszahlungen eintretenden Aenderungen rechtzeitig in Kenntniß zu setzen. In Fällen, wo dies wegen Kürze der Zeit nicht mehr angehen möchte, ist Seitens der betreffenden Ressort-Vorsteher der Haupt-Kasse, beziehungsweise derjenigen Stationskasse, durch welche die Haupt-Kasse die Zahlung leisten läßt, unmittelbar von der eintretenden Aenderung vorläufige Mittheilung zu machen.

Anweisung der Gehälter.

Aenderungen in den Gehaltszahlungen Benachrichtigung darüber an die zahlende Kasse.

Diejenigen Besoldungen und Diäten, deren Empfänger nicht von den Königlichen Directionen, sondern von den betreffenden Ressort-Vorstehern angestellt werden, können wie die Arbeitslöhne behandelt und wie diese, unter Berücksichtigung der den Empfängern zu machenden Abzüge, in Zahlungsberechnungen zusammengestellt werden.

Besoldungen und Diäten der von d. Ressort-Vorstehern anzustellenden Beamten.

4. Gleicherweise sind hinfort sämmtliche Einnahme-Ordres von den Königlichen Directionen den Haupt-Kassen zu ertheilen, welche für die rechtzeitige Einziehung aller Einnahmen zu sorgen und sich dabei der Mitwirkung der Stations-Kassen zu bedienen haben.

Einnahme-Ordres, u. Einziehung d. Einnahmen.

Von den Ressort-Vorstehern ist in bestimmten Terminen, etwa am Monatsschlusse, über alle zufälligen extraordinären Einnahmen, welche einen bestimmten Betrag nicht überschreiten, an die Königliche Direction Bericht zu erstatten und von dieser nach Eingang sämmtlicher Berichte die Haupt-Kasse mit Einnahme-Ordre zu versehen. Bedeutendere Einnahme-Beträge, hinsichtlich deren Höhe den Königlichen Directionen die nähere Bestimmung überlassen wird, sind der Haupt-Kasse sofort zur Einziehung zu überweisen.

Extraordinäre Einnahmen.

Ueber sämmtliche Einnahmen ist nach dem anliegenden Formular IV. desgleichen über Depositen und Vorschüsse nach den unten für die Haupt-Kasse vorzuschreibenden Formularen von der Calculatur eine Controle zu führen und Pagina sowie Nr. dieser Controle auf den Concepten und Reinschriften der Anweisungen an die Hauptkasse zu vermerken[1]). Die letztere hat Anweisungen, auf welchen der diesfällige Vermerk fehlt, zur Vervollständigung zurückzugeben. Die Controlen sind bei den Kassen-Revisionen mit den Kassenbüchern zu vergleichen und ist hierbei darauf zu achten, daß die Haupt-Kasse sämmtliche Einnahme-Beträge rechtzeitig zur Einziehung bringt. Die entsprechenden Columnen der Controle über die etatsmäßigen Einnahmen sind bei den Kassen-Revisionen von dem betreffenden Calculatur-Beamten auszufüllen und von demselben am Jahresschlusse diejenigen Beträge an Pächten, Miethen rc. in die neu anzulegende Controle zu übertragen, welche auch im folgenden Jahre zur Einziehung gelangen.

Einnahme-Controle, Führung derselben

Vergleichung der Einnahme-Controlen mit den Kassenbüchern bei den Kassen-Revisionen.

Uebertrag am Jahresschluß.

5. Der Führung einer Controle über die etatsmäßigen Ausgaben bedarf es

Der Führung

[1]) Die Controle wird sich auch auf die aus den Abschlüssen der General-Saldirungsstelle zufließenden Beträge, ferner auf die Absetzungen bei den Ausgaben, welche auf Grund von Baarzahlungen zu erfolgen haben, erstrecken müssen.

…iner Ausgabe-Controle bedarf es nicht.

nicht, da die Haupt-Kasse sich über jede einzelne Ausgabepost durch die Zahlungsanweisung und die Quittung des Empfängers ausweisen muß. Auch zu dem Zwecke, um controliren zu können, daß bei den einzelnen Ausgabe-Positionen eine Etats-Ueberschreitung nicht stattfinde, braucht eine besondere Controle von der Calculatur nicht geführt zu werden, da in dieser Beziehung die Ausgabe-Manuale und die Quartal-Extracte der Haupt-Kasse den nöthigen Anhalt gewähren. Es ist daher überall, wo solche Controlen eingerichtet sind, deren Führung einzustellen.

Einnahme- und Ausgabe-Reste.

6. In Bezug auf die Behandlung der Einnahme und Ausgabe-Reste[1]) ist für die Verwaltung der Staats-Eisenbahnen schon früher die Anordnung getroffen, daß alle für die Vergangenheit zu leistenden Ausgaben, sofern solche nicht aus vorhergehenden Rechnungen zum Soll stehen, bei der laufenden Verwaltung, und zwar nicht lediglich bei den im Etat für extraordinäre Ausgaben vorgesehenen Fonds, sondern bei denjenigen Etats-Positionen, auf welche sie ihrer Natur nach gehören und bei denen auch die gleichartigen Ausgaben aus dem laufenden Jahre gebucht werden, zum Nachweise zu bringen und daß die für die Vergangenheit aufkommenden, nicht aus vorhergehenden Rechnungen zum Soll stehenden Einnahmen in gleicher Weise zu behandeln sind. Da hiernach, die rechtzeitige Einziehung resp. Abwickelung der zum Soll stehenden Betriebs-Einnahmen und Ausgaben vorausgesetzt, in den Rechnungen in der Regel weder Einnahme- noch Ausgabe-Reste zur Verrechnung gelangen werden und dies zur Vereinfachung des Kassen- und Rechnungswesens mit beitragen wird, so haben auch die Königlichen Directionen der unter Staats-Verwaltung stehenden Eisenbahnen jene Anordnung zu befolgen und außerdem in Hinsicht auf die aus den Vorjahren zur Einlösung gelangenden Zinskoupons und Dividendenscheine, sowie ausgelooseten Prioritäts-Obligationen Folgendes zu beachten:

Einlösung d. Zins-Coupons und Dividendenscheine aus den Vorjahren.

Von der Haupt-Kasse ist alljährlich zu einem bestimmten Termine eine, von der Calculatur als richtig zu bescheinigende Nachweisung aller, für das vergangene Jahr zur Einlösung gelangten Zinscoupons und Dividendenscheine, sowie ausgelooseten Prioritäts-Obligationen, welche auch die Stückzahl und den Werthbetrag der noch rückständigen Coupons und Obligationen ergiebt, an die Königliche Direction einzureichen. Diese ertheilt auf Grund der Nachweisung der Haupt-Kasse die Anweisung, den Gesammtbetrag a l l e r Zins- und Dividende-Coupons, sowie ausgelooseten Prioritäts-Obligationen für das vergangene Jahr, sowohl der bereits zur Einlösung gelangten, als der noch einzulösenden, bei den betreffenden Etats-Titeln definitiv zu

Anweisung d. Gesammtbetrages aller Zins- u. Dividende-Coupons, sowie ausgeloosten Prioritäts-Obligationen.

---

[1]) In Betreff der Behandlung der Reste aus den Verkehrs-Einnahmen und Ausgaben wird auf die Anmerkungen zum Etatsschema, Seite 29, im Uebrigen aber auf §. 8 der Instruction für die Ober-Rechnungs-Kammer, betreffend die Einnahme-Reste und auf §. 24 derselben Instruction, betreffend die Ausgabe-Reste, sowie auf die erläuternden Bestimmungen dazu verwiesen.

Die abgesonderte Rest-Verwaltung ist im Einverständniß mit dem Herrn Finanz-Minister und der Königlichen Ober-Rechnungs-Kammer aufgehoben und mit der laufenden Verwaltung vereinigt. (Erlaß an die Königlichen Eisenbahn-Directionen vom 17. August 1869, II. 10176 und an die General-Staats-Kasse vom 30. November 1869, II. 19199).

Rückständige Coupons und Obligationen; Conto über dieselben.

Nachweisung über die eingelösten Coupons u. Obligationen

verausgaben, dagegen aber den Betrag der noch nicht eingelöseten Coupons und Obligationen einstweilen bei den Depositen in Einnahme nachzuweisen. Bei den letztern sind für die rückständigen Coupons und Obligationen, nach den verschiedenen Arten und Fälligkeitsterminen getrennt, Conti zu führen, auf welchen dieselben bei ihrer demnächst erfolgenden Einlösung in Ausgabe gestellt werden. Die Haupt-Kasse hat Behufs Ertheilung der desfallsigen Ausgabe-Ordre gleichfalls alljährlich eine von der Calculatur bescheinigte Nachweisung aller aus den Vorjahren zur Einlösung gelangten Coupons und Obligationen an die Königliche Direction einzureichen. Die hiernach zu führenden Depositen-Conti müssen jederzeit eine vollständige Uebersicht über alle noch rückständigen Coupons und Obligationen nach den verschiedenen Arten und Fälligkeits-Terminen gewähren und sind nicht eher zu schließen, bis sämmtliche rückständige Coupons rc. eingelöst resp. bis die nicht eingelösten Coupons rc. verfallen sind und über den Betrag derselben anderweit disponirt ist.

Berrechnung d. Coupons von verlooster Obligationen, welche gleichwohl zur Auszahlung gelangt sind.

Coupons von verlooseten Obligationen, welche gleichwohl zur Auszahlung gelangen, sind nicht zur Verausgabung auf das etatsmäßige Zinsen-Soll anzuweisen, sondern auf den betreffenden Depositen-Conti in **Ausgabe** und nach erfolgter Einziehung bei der Kapital-Erhebung wieder in **Einnahme** zu stellen. Es ist also damit umgekehrt zu verfahren, wie mit den aus den Vorjahren noch nicht eingelöseten Coupons, welche auf den Depositen-Conti in **Einnahme** und nach erfolgter Einlösung in **Ausgabe** nachzuweisen sind.

Abstempeln oder Durchlochung eingelöster Coupons rc. Ablieferung derselben an di Calculatur (Zinsen-Controle).

Die Haupt-Kasse hat die zur Einlösung gelangten Coupons rc. in bestimmten Terminen, etwa alle 8 Tage, abzustempeln oder zu durchlochen und dadurch werthlos zu machen, dieselben hierauf sofort an die Calculatur abzuliefern und sich von dieser über den Empfang der Coupons rc. unter einem, von der Haupt-Kasse anzufertigenden geordneten Verzeichnisse derselben Quittung ertheilen zu lassen. Auf Grund dieser Quittung wird der Betrag der eingelöseten Coupons rc. bei der Betriebs-Verwaltung, beziehungsweise bei den Depositen in Ausgabe gestellt und dienen die Quittungen der Calculatur so lange zur Justification der Ausgabe, bis die Königliche Direction die generelle Ausgabe-Ordre für das ganze Jahr ertheilt hat.

Quittungsleistung d. Calculatur u. Ertheilung d. Ausgabe-Ordre.

Diejenigen eingelöseten Coupons rc., welche noch nicht an die Calculatur abgeliefert und daher auch noch nicht abgestempelt oder durchlocht sind, können bis zur Ablieferung als Baar in der Kasse geführt werden.

Anrechnung eingelöster Coupons rc. als Baar.

Aufbewahrung und Ordnung der eingelösten Coupons u. s. w.

Die Calculatur hat die an sie abgelieferten Coupons rc. bis dahin, wo deren gänzliche Vernichtung erfolgen kann, unter Verschluß aufzubewahren und dieselben nach den verschiedenen Arten, Fälligkeitsterminen und nach den Nummern dergestalt geordnet zu halten, daß sie jederzeit sogleich anzugeben im Stande ist, ob ein bestimmter Coupon schon zur Einlösung gelangt ist oder nicht. Zu dem Ende sind die nach der Nummerfolge zusammengelegten Coupons, nach Tausenden getrennt, also von Nr. 1 bis 1000, von Nr. 1001 bis 2000 u. s. w. in Enveloppen zu bringen und auf diesen die noch nicht zur Einlösung gelangten Nummern deutlich zu vermerken. Sowie die Letztern eingehen, sind die Nummern auf der Enveloppe zu durchstreichen und die Coupons gehörigen Orts einzufügen.

Der Führung einer Controle über die eingelösten Coupons 2c. bedarf es nicht.

Der Führung einer Controle, worin jeder einzelne Coupon bei seiner Einlösung nach Serie, Nummer, Fälligkeitstermin und Tag der Einlösung eingetragen wird, bedarf es nicht und ist solche, wo sie eingeführt ist, einzustellen. Dagegen ist darauf zu halten, daß bei dem Ordnen der Coupons mit besonderer Aufmerksamkeit und Sorgfalt verfahren werde, und dasselbe daher nur solchen Beamten anzuvertrauen, welche als zuverlässig erprobt sind. Ueber die zur Tilgung und Verzinsung der Actien und Obligationen ausgesetzten Etatsfonds, welche nach Vorstehendem in den Betriebs-Rechnungen jährlich in einer Summe — ohne Belag — zu verausgaben und als Nebenfonds zu behandeln, sind besondere Jahres-Rechnungen zu legen, die mit den von der Calculatur zu prüfenden und zu bescheinigenden, mit den Ausgabe-Ordres der Königlichen Direction zu versehenden Nachweisungen der eingelöseten Werthpapiere zu belegen und in derselben Weise, wie die Betriebs- oder Haupt-Rechnungen, zur Revision vorzulegen sind.

Rechnungslegung über die Etatsfonds zur Tilgung u. Verzinsung der Actien und Obligationen.

Die bei der Haupt-Kasse zu führenden Bücher.

7. Bei den Haupt-Kassen sind für die bereits im Betriebe befindlichen Bahnen folgende Bücher zu führen[1]):

a) Das Haupt-Einnahme-Journal und das Haupt-Ausgabe-Journal des Rendanten (Formular V und VI).

Die besonderen Buchhalterei-Journale fallen als entbehrlich für die Folge weg[2]).

b) Das Kassenbuch des Kassirers, falls ein solcher bei der Kasse angestellt ist (Formular VII).

c) Die Nachweisung der Brutto-Ablieferungen aus dem Personen- und Güter-Verkehr (Formular VIII).

d) Das Einnahme-Manual und das Ausgabe-Manual für die Betriebs-Verwaltung (Formular IX).

e) Das Einnahme-Manual und das Ausgabe-Manual für die Beamten-Pensions- und Unterstützungskasse nach dem Formular IX. Jedoch sind die Beiträge der Beamten in einem besondern Manual nach dem Formular X nachzuweisen.

f) Das Manual für die Arbeiter- 2c. Krankenkasse.

---

[1]) Wegen der hier vorgeschriebenen Formulare wird auf die Anmerkung auf Seite 94/95 Bezug genommen.

[2]) In Rücksicht auf die Leichtigkeit und Sicherheit, womit die Uebereinstimmung des Haupt-Journals mit den einzelnen Manualen vermöge der Buchhalterei-Journale zu kontroliren ist, sind die Königlichen Eisenbahn-Directionen ermächtigt, diese sowie außer denselben und den im Circular-Erlaß vom 11. Mai 1858 bezeichneten Kassenbüchern noch andere, z. B. Bahn-, Betriebs- resp. Werkstätten-Materialien Conti 2c. einzuführen, sofern die Führung solcher Bücher mit Rücksicht auf die besonderen Verhältnisse der Verwaltung wünschenswerth erscheinen sollte. (Erlaß vom 22. März 1863, II. 1966.)

Durch den weiteren Erlaß vom 10. November 1879, II. 13426 ist bestimmt, daß bezüglich der neuen Materialien nur je ein Werkstatts-Materialien-Conto mit Materialwerth für den ganzen Bahnbezirk einzurichten ist. Die Materialien-Conten der einzelnen, zur Führung eines Werkstätten-Contos verpflichteten Stellen haben sich nur auf die in den Werkstätten gewonnenen alten Materialien und Material-Abfälle sowie auf selbstgefertigte Vorrathsstücke zu erstrecken.

Gesonderte Specialbaumaterialien-Conten sollen nur für jedes Betriebsamt eingerichtet werden.

In demselben sind
die Beiträge der Arbeiter und die denselben aus der Kasse gewährten Unterstützungen 2c.
unter, den bestehenden Verhältnissen und Einrichtungen entsprechenden Abschnitten in chronologischer Aufeinanderfolge in Einnahme resp. Ausgabe zu buchen.

g) Das Depositen-Manual und Effecten-Nachweisung nach den Formularen XI und XII.

h) Das Vorschuß-Manual in ähnlicher Weise wie das Depositen-Manual mit Weglassung der Effecten-Colonne.

i) Das Manual für den Erneuerungs- (Reserve-) Fonds falls ein solcher vorhanden ist.

In demselben sind die Einnahmen und Ausgaben des Fonds, mit Rücksicht auf die bestehenden Etats resp. Anschläge getrennt in chronologischer Ordnung nachzuweisen.

k) Das Einnahme- und Ausgabe-Manual für die Bau-Verwaltung, welche bis zur gänzlichen Abwickelung der letzteren in der bisherigen Weise fortzuführen sind.

Zur Erläuterung der Formulare wird bemerkt:

Führung des Haupt-Einnahme- und des Hauptausgabe-Journals.

ad a. In dem Haupt-Einnahme und in dem Haupt-Ausgabe-Journal des Rendanten, Formular V und VI, sind in der Kolumne 5a „Betrag der Einnahme (Ausgabe) in Gelde" nicht blos die in Baar, sondern auch die durch Anrechnung zur Vereinnahmung resp. Verausgabung gelangenden Beträge zu buchen. Da die letztern stets in Einnahme und zugleich in Ausgabe erscheinen, das Baar also nicht alteriren, so muß die Summe der Kolumne „in Gelde" in dem Einnahme-Journal nach Abzug der Summe derselben Kolumne in dem Ausgabe-Journal den baaren Bestand ergeben, welcher mit dem, den baaren Kassenverkehr darstellenden Kassenbuche des Kassirers, wo ein solcher angestellt ist, übereinstimmen muß.

Uebereinstimmung mit dem Kassenbuche des Kassirers.

Buchung der Effecten.

Bei welchen Fonds die in Kolumne 5b in Einnahme resp. Ausgabe zu stellenden Effecten[1]) nachgewiesen werden, ist in den betreffenden Kolumnen unter 6 in der Weise ersichtlich zu machen, daß in diesen Kolumnen bei denjenigen Summen, welche Effecten enthalten, die Summe derselben stets unter der Linie mitangegeben wird. Gelangt z. B. die Caution eines Lieferanten im Betrage von 300 Thalern mit 100 Thaler Baar und 200 Thaler in einem Staatsschuldscheine zur Vereinnahmung, so kommen in die Kolumne 5a 100 Thaler,
5b 200 „
und 6e 300 „ incl. 200 Thaler Effekten.

---

[1]) Außerkurssetzung ausländischer (nicht preußischer) Werthpapiere. Durch Erlaß vom 3. Dezember 1877, II. 24504 ist unter Hinweis auf die Erlasse des Herrn Justiz-Ministers und des Herrn Ministers des Innern vom 19. Januar und vom 27. Mai 1872 (Justiz-Min.-Bl. und Min.-Bl. f. d. innere Verwaltung von 1872, S. 22 bezw. 129), nach welchen die in den Geschäfts-Anweisungen für die Eisenbahn-Haupt- und Commissions-Kassen enthaltenen Vorschriften über die Außerkurssetzung der zur Deposition gelangenden Inhaber-Papiere sich auf ausländische (nicht preußische) Papiere nicht beziehen, bestimmt, daß demgemäß von der Außerkurssetzung dieser Papiere Abstand zu nehmen ist.

Wird die Caution ganz in Effecten bestellt, so erscheinen die in den Kolumnen
5b 300 Thaler und
6e ebenfalls 300 Thaler mit dem Zusatze „Effecten“.

Summiren d. Bücher.

Beim Summiren der Bücher werden in den betreffenden Kolumnen die Beträge der Effecten mit aufgerechnet und die Summen ebenfalls unter der Linie angegeben und mittransportirt.

Nachweisung der Einnahmen und Ausgaben der einzelnen, von einer Direction verwalteten Bahnen.

In dem Haupt-Einnahme- und in dem Haupt-Ausgabe-Journal des Rendanten wie in dem Kassenbuch des Kassirers, werden bei denjenigen Königlichen Directionen, welche mehrere Bahnen verwalten, die Einnahmen und Ausgaben der einzelnen Bahnen nicht getrennt nachgewiesen. Diese getrennte Nachweisung erfolgt vielmehr, wo sie erforderlich ist, durch die Buchhalterei, welche für jede Bahn besondere Manuale zu führen oder, wo dies ausreicht, in den Manualen besondere Abschnitte anzulegen hat[1]).

Uebereinstimmung der Manuale ꝛc. mit d. Journalen des Rendanten.

Die Summen der Manuale resp. Abschnitte der einzelnen Bahnen müssen jedoch stets mit der Gesammtsumme der betreffenden Kolumnen in den Journalen des Rendanten übereinstimmen.

Brutto-Ablieferungen.

Soll-Einnahme-Nachweisung.

Anweisung der definitiven Berechnung der Gesammt-Einnahmen aus dem Personen- und Güterverkehr.

Transferirung der definitiv berechneten Transport-Einnahmen in Haupt-Einnahme-Journal.

Verbuchung der auf Ordres noch einzuziehenden Einnahmen.

In der Kolumne 6a des Haupt-Einnahme-Journals werden sämmtliche Ablieferungen aus dem Personen- und Güter-Verkehr so lange nachgewiesen, bis die Hauptkasse Seitens der Königlichen Direction mit Anweisung zur definitiven Vereinnahmung versehen wird. Eine solche, durch die Soll-Einnahme-Nachweisungen der betreffenden Controle-Büreaus zu belegende Anweisung ist der Hauptkasse für jeden Monat zu ertheilen. Dieselbe muß ergeben, wieviel überhaupt für den betreffenden Monat von jeder einzelnen Stationskasse ꝛc. abzuliefern gewesen, wieviel davon etwa an fremde Verwaltungen herauszuzahlen ist, auf wie hoch sich demnach die der eigenen Verwaltung verbleibende Einnahme im Ganzen beläuft und bei welchen der verschiedenen Etats-Positionen für die Einnahmen aus dem Personen- und Güter-Verkehr der Gesammt-Monats-Ertrag zu vereinnahmen ist. Der Letztere wird alsdann, soweit er bereits zur Ablieferung gelangt ist, in dem Haupt-Einnahme-Journal in der Kolumne 6a abgesetzt und dagegen in der Kolumne 6b in Einnahme gestellt. Beträge, welche auf Grund der Einnahme-Ordre der Königlichen Direction von den Stationskassen ꝛc. noch einzuziehen sind, werden, sobald sie eingehen, nicht in Kolumne 6a, sondern gleich in Kolumne 6b in Einnahme gebucht. Die Kolumne 6a wickelt sich hiernach allmälig von selbst ab.

Einnahme- u. Ausgabe-Reste aus dem vergangenen Jahre.

Einnahme und Ausgabe-Reste[2]) aus dem vergangenen Jahre werden, sofern solche überhaupt noch vorkommen, von dem Rendanten unter 6b des Einnahme- resp. unter 6a des Ausgabe-Journals (Formular V resp. VI) gebucht. Dagegen müssen dieselben von der Buchhalterei in dem Einnahme- resp. Ausgabe-Manual für die Betriebs-Verwaltung unter einem besonderen Abschnitte nachgewiesen werden.

Nachweisung der Brutto-Ablieferungen.

ad c. Die Nachweisung der Brutto-Ablieferungen aus dem Personen- und Güter-Verkehr zerfällt in 12 Abschnitte, deren jeder für die Ablieferungen eines

---

[1]) Hiernach werden auch die Buchhalterei-Journale, wo dieselben bestehen, einzurichten sein, so daß schon aus diesen die auf die einzelnen Bahnstrecken entfallenden Beträge hervorgehen.

[2]) cfr. die Anmerkungen zu 6.

Monats bestimmt ist. In derselben erhält jede Stations-Kasse, und wer sonst etwa Einnahmen aus dem Personen- oder Güter-Verkehr an die Hauptkasse abliefert, eine Kolumne. Reicht der in dem Formular vorgesehene Raum nicht aus, so sind für jeden Monat so viele Einlagebogen hinzuzufügen, als das Bedürfniß erfordert. Die nach dem Monatsschlusse noch stattfindenden Ablieferungen für den vergangenen Monat sind auf den hinter dem 31sten freigelassenen Linien zu buchen. Sobald die Hauptkasse die Einnahme-Ordre der Königlichen Direction für den betreffenden Monat erhält, ist die Nachweisung zu summiren, unter den Summen das sich aus der Einnahme-Ordre ergebende Soll zu vermerken und zu ermitteln, welchen Betrag etwa die einzelnen Stationskassen 2c. zu viel oder zu wenig abgeliefert haben. Das „zu Viel“ wird denselben für den nächsten Monat unter entsprechender Mittheilung gutgeschrieben, das „zu Wenig“ nächträglich eingezogen und daß und wie das Eine oder Andere geschehen, in der betreffenden Kolumne vermerkt.

Vergleichung der Einnahme-Ordre mit der Nachweisung u. Ausgleichung d. Differenzen.

ad d. In dem Einnahme- und in dem Ausgabe-Manual, für die Betriebs-Verwaltung erhält jeder Titel des Etats resp. soweit es nöthig, jede Littera und Position des Titels einen eigenen Abschnitt.

Einnahme u. Ausgabe, Manuale; Führung derselben.

Wie die Manuale zu führen, ist aus der beispielsweisen Ausfüllung des Formulars zu entnehmen.

Die Haupt-Kasse hat sämmtliche Einnahme-Beträge, sobald sie Anweisung zu deren Einziehung erhält, sofort im Einnahme-Manual zum Soll zu stellen und in Kolumne „Bemerkungen“ davon Notiz zu nehmen, in welchen Terminen und auf wie lange die Einziehung erfolgen und ob dieselbe pränumerando oder postnumerando bewirkt werden soll.

Stellung der angewiesenen Einnahme-Beträge z. Soll 2c.

Am Jahresschlusse sind diejenigen Einnahme-Positionen, welche in das folgende Jahr übergehen, in das neue Einnahme-Manual zu übertragen.

Uebertragung der Einnahmen am Jahresschluß.

ad g. Die Effecten-Nachweisung ist nur bei denjenigen Verwaltungen zu führen, bei welchen das Depositen-Manual wegen der großen Anzahl der Effecten keine hinreichende Uebersicht über dieselben gewährt. Jeder Deponent 2c. erhält darin sein eigenes Conto, deren in der Regel mehrere auf eine Seite gehen werden.

Effecten-Nach-Nachweisung.

Beträge, welche bei der Haupt-Kasse eingezahlt werden, bevor diese mit Einnahme-Ordre versehen ist, oder sonst Kenntniß davon erlangt hat, bei welchen Fonds die Vereinnahmung erfolgen muß, sind einstweilen bei den Depositen auf einem besonderen Conto in Einnahme nachzuweisen.

Vereinnahmung von Beträgen bei den Depositen.

Hinsichtlich der Amts-Cautionen der Staats-Eisenbahn-Beamten und der davon zu zahlenden Zinsen verbleibt es bei dem, den Directionen der Staats-Eisenbahnen durch die Verfügung vom 10. December 1856 vorgeschriebenen Verfahren.[1])

Amts-Cautionen.

8. Der Verkehr zwischen den Haupt-Kassen und den Stations-Kassen ist in folgender Weise zu regeln:

Verkehr zwischen d. Haupt-Kasse und den Stationskassen.

[1]) Nach §. 5 des Gesetzes vom 25. März 1873 (G.S. S. 125), betreffend die Cautionen der Staats-Beamten — cfr dieses —, sind die Amts-Cautionen nunmehr ausschließlich durch Verpfändung von auf den Inhaber lautenden Obligationen über Schulden des Staats oder des Deutschen Reichs zu leisten. Die Zinsscheine werden nach §. 6 a. a. O. dem Cautionsbesteller event. belassen.

Ablieferung der Einnahmen an die Haupt-Kasse.

a) Die Stations-Kassen haben ihre Einnahmen aus dem Personen- und Güter-Verkehr in bestimmten, von den Königlichen Directionen für jede einzelne Kasse festzusetzenden Terminen — die größeren Kassen täglich, die kleineren alle 2 oder 3 Tage — an die Haupt-Kasse abzuliefern[1]) und dieselben jedesmal genau zu declariren. Die Ablieferung der declarirten, niemals abzurundenden Beträge erfolgt in voller Summe mittelst eines in duplo beizufügenden Ablieferungsscheines nach dem beigefügten Formular XIII. und erhält die Stations-Kasse das Duplicat mit der Quittung der Haupt-Kasse versehen zurück. Die letztere fertigt täglich eine Zusammenstellung der Ablieferungen der Stations-Kassen nach dem Formular XIV., welcher die Ablieferungsscheine als Beläge beigefügt werden. Auf Grund dieser Zusammenstellung, welche von der Controle zu revidiren und zu bescheinigen, erfolgt die Eintragung in das Haupt-Einnahme-Journal des Rendanten (Kolumnen 5a und 6a), in welchem nur die Gesammtsumme der Zusammenstellung zu buchen und die Eintragung in die Nachweisung der Brutto-Ablieferungen aus dem Personen- und Güter-Verkehr.

Zusammenstellung der Ablieferungen der Stationskassen und Buchung derselben.

Die Zusammenstellung kann event. unterbleiben.

Bei denjenigen Bahnen, welche nur wenige Stationen haben, kann die Anfertigung der Zusammenstellung der Tages-Ablieferungen unterbleiben.

Auslöhnung der Arbeiter aus den Einnahmen, event. rechtzeitige Beschaffung des Geldes zur Löhnung.

b) Den Stations-Kassen kann (cfr. oben unter 2) die Ermächtigung ertheilt werden, die Auslöhnung der Arbeiter aus ihren Einnahmen zu bewirken und, falls sich nicht mit Bestimmtheit darauf rechnen läßt, daß dazu die an dem Zahlungstage zu erwartenden Einnahmen ausreichen, schon an den vorhergehenden Tagen von ihren Ablieferungen an die Haupt-Kasse angemessene Beträge zurückbehalten. Unter allen Umständen haben sie, sobald ihnen der ungefähre Betrag der an einem bestimmten Tage zu zahlenden Löhne mitgetheilt ist, für die rechtzeitige Beschaffung des Geldes zu sorgen und nöthigenfalls die Ueberweisung eines Vorschusses bei der Haupt-Kasse zu beantragen. Die zu den Auslöhnungen zurückbehaltenen Beträge sind in den Ablieferungsscheinen in der, in dem Formular XIII. angedeuteten Weise anzugeben, die Einnahmen aber stets voll zu declariren. Die Letzteren werden den Stations-Kassen von der Haupt-Kasse ebenso, d. h. mit dem vollen Betrage gutgeschrieben; dagegen sind sie für die zurückbehaltenen Beträge, wie für die etwa überwiesenen Vorschüsse zu belasten und ist zu dem Ende in dem Vorschuß-Manual für jede Stations-Kasse ein Conto anzulegen. Die Entlastung erfolgt, sobald die Löhne von der Königlichen Direction zur definitiven Verrechnung angewiesen sind, beziehungsweise, falls die Stations-Kasse einen höheren Betrag zurückbehalten

Declarirung der zur Löhnung zurückbehaltenen Beträge.

Gutschrift d. zurückbehaltenen Beträge im Vorschuß-Manual.

Ausgleichung der Vorschüsse.

[1]) Durch Erlaß vom 22. März 1863, II. 1966 sind die Königl. Eisenbahn-Directionen ermächtigt, im Falle sie es zur Erleichterung des Verkehrs zwischen der Haupt-Kasse und den Stations-Kassen, sowie zur Verminderung der Geldsendungen für angemessen erachten sollten, den letztgenannten Kassen zu gestatten, die derselben von der Hauptkasse aufgetragenen Zahlungen aus der Tageseinnahme zu bestreiten, und die quittirten Beläge bei der Ablieferung der erstern — hinsichtlich deren es bei der bisherigen Bestimmung sein Bewenden behält — als baar anzurechnen.

oder überwiesen erhalten hat als die Lohnrechnungen ergeben, sobald der überschießende Betrag an die Haupt-Kasse abgeliefert ist.

c) Pächte, Miethen, überhaupt alle Beträge, welche die Stations-Kassen im Auftrage der Haupt-Kasse einziehen, werden an die letztere mittelst besonderen Ablieferungsscheins (Formular XV.) abgeführt. Ablieferung d. Pächte, Miethen ꝛc. mittelst Lieferscheins.

d) Sobald die gemäß der Bestimmung unter 1 nach dem 1. und dem 15. jedes Monats zur Zahlung anzuweisenden Beläge zur Haupt-Kasse gelangen, werden die Designationen einstweilen von den Belägen getrennt, und die letzteren nach den Stations-Kassen sortirt, soweit die Zahlungen durch diese zu bewirken sind. Für jede Stations-Kasse wird eine Zusammenstellung sämmtlicher, durch dieselbe zu zahlenden Beträge nach dem Formulare XVI. angefertigt und diese Zusammenstellung unter Beifügung der Beläge und des Gesammtbetrages derselben zur Realisirung der Stations-Kasse überwiesen. Das Geld ist in gehörig zu verschließenden und zu versiegelnden ledernen Beuteln, zu welchen sowohl die Haupt-Kasse als die Stations-Kasse einen Schlüssel besitzt, abzusenden. Die den Stations-Kassen überwiesenen Beträge werden bis zum Wiedereingange der Beläge unter den Vorschüssen — in dem Vorschuß-Manual auf den Conti der betreffenden Stations-Kassen — in Ausgabe gestellt. Die Letzteren haben die Beläge sobald wie möglich zu realisiren, das dazu bestimmte Geld, welches von anderen Geldern getrennt zu halten[1]), bis zur vollständigen Verausgabung in dem Beutel, worin sie dasselbe empfangen, aufzubewahren und die Beläge — auch die etwa nicht realisirten, für welche das Geld wieder beizufügen — in einer bestimmten Frist an die Haupt-Kasse zurückzusenden. Sind die Beläge von sämmtlichen Stations-Kassen zurückgekommen und die Quittungen ꝛc. in Ordnung gefunden, so fügt die Haupt-Kasse dieselben den betreffenden Designationen wieder bei, entlastet die Stations-Kassen und verausgabt dagegen die gezahlten Beträge nach der von der Königlichen Direction ertheilten Anweisung. In dem Haupt-Ausgabe-Journal des Rendanten und in dem Vorschuß-Manual (auf den Material-Werkstätten ꝛc. Conti) ist nur die Gesammtsumme jeder Designation, in dem Ausgabe-Manual für die Betriebs-Verwaltung nur die Summe jeder Etats-Position, nicht jeder einzelne Belag zu buchen. Die nicht zur Zahlung gelangten Beträge sind unter der betreffenden Designation von der Gesammtsumme derselben abzusetzen und diejenigen Beläge, welche gar nicht haben realisirt werden können, an die Königliche Direction zurückzureichen, damit dieselben eventuell in die nächste Designation wieder aufgenommen werden.

Delegirung der zu zahlenden Beläge.

Uebersendung des Geldes an die Stations-Kassen zur Zahlung von Belägen. Buchung dieser Beträge.

Realisirung der Beläge.

Getrennte Aufbewahrung des Geldes für Zahlungen à Conto der Haupt-Kasse. Rücksendung d. Beläge an diese Kasse und Buchung derselben.

Absetzung der nicht gezahlten Beträge in den Designationen.

e) Hinsichtlich der durch die Stations-Kassen zu zahlenden Gehälter ꝛc. ist in ähnlicher Weise zu verfahren und zu der anzufertigenden Zusammenstellung das Formular XVII. zu benutzen. Zahlung der Gehälter ꝛc. durch d. Haupt-Kasse.

[1]) Von der angeordneten getrennten Aufbewahrung der den Stations-Kassen von der Haupt-Kasse zugehenden Gelder ist im Falle der Einführung der zu 8a durch Erlaß vom 22. März 1863 ausgesprochenen Maßregel, nach demselben Erlaß Abstand zu nehmen.

Quittungsleistung. — Generalquittung.

Die Empfänger haben in der Zusammenstellung in der in dem Formular angedeuteten Weise zu quittiren und bloß am Jahresschlusse, beziehungsweise bei ihrem Ausscheiden aus dem Dienste eine besonders auszustellende, auf das ganze Jahr lautende General-Quittung zu ertheilen. Ist eine solche in einzelnen Fällen nicht zu erlangen, so sind die gezahlten Beträge in der Jahresrechnung mit den in den betreffenden Zusammenstellungen enthaltenen Quittungen zu belegen.

Das Formular XVII. kann, nachdem dasselbe entsprechend geändert, auch bei den Gehaltszahlungen an die Beamten des Central-Büreaus benutzt werden.

Buchführung bei den Stations-Kassen.

f) Mit Einführung des vorstehend unter a bis e vorgeschriebenen Verfahrens ist bei den Stations-Kassen die Führung aller Bücher — mit Ausnahme derjenigen über die Einnahmen aus dem Personen- und Güter-Verkehr und eines den gesammten Geldverkehr der Stations-Kassen nachweisenden Journals, in welchem die Buchung, soweit thunlich, summarisch erfolgen kann — einzustellen.

Monats-Abschlüsse der Haupt-Kasse.

9. Bei den Monatsabschlüssen der Haupt-Kassen ist Folgendes zu beachten:

Der Rendant schließt sein Einnahme- und sein Ausgabe-Haupt-Journal acht Tage vor der gewöhnlichen monatlichen Kassen-Revision, also, wo die letztere am 18. erfolgt, am 10. ab. Es ist hierbei in der Weise zu verfahren, daß zunächst die Einnahme und die Ausgabe seit dem letzten Monatsabschlusse für sich summirt, sodann die Einnahme und die Ausgabe seit dem 1. Januar bis zum letzten Monatsabschlusse hinzugerechnet und hierauf im Einnahme-Journal durch Abrechnung der Gesammt-Ausgabe von der Gesammt-Einnahme der Bestand festgestellt wird.

Die von dem Rendanten bis zum Monatsabschluß, d. h. beispielsweise bis zum 10. gebuchten Beträge werden, damit die Bücher des Rendanten mit denen der Buchhalterei übereinstimmen, von der Letzteren, soweit diese die Einnahmen und Ausgaben, nach Monaten getrennt, nachzuweisen hat, stets für den vorhergehenden Monat, also z. B. die von dem Rendanten in der Zeit vom 10. Februar bis zum 10. März eingetragenen Beträge für den Monat Februar gebucht.

Vergleichung der Manuale — event. Journale — mit dem Hauptjournal. Ausgleichung v. Differenzen.

Nachdem die Buchhalterei alle von dem Rendanten bis zum Monatsabschlusse eingetragenen Beträge zu Buche gebracht hat, sind die Haupt-Journale mit den Manualen zu vergleichen und etwaige Differenzen aufzuklären und auszugleichen. Zu dem Ende sind die Manuale aufzurechnen und in denjenigen, in welchen die Einnahmen und Ausgaben nach Monaten getrennt sind, die Summen mit Tinte zu ziehen. In dem Einnahme- und in dem Ausgabe-Manual für die Betriebs-Verwaltung ist am Ende eine Recapitulation anzulegen, in welche nach jedem Monatsabschlusse die Summe jedes einzelnen Titels resp. jeder einzelnen Littera und Position einzutragen und die Gesammtsumme zu ziehen ist.

Recapitulation der Einnahmen u. Ausgaben.

Prüfung der Uebereinstimmung d. Kassenbücher.

Die Uebereinstimmung der Kassenbücher unter einander ist demnächst auch bei der monatlichen Kassen-Revision von dem, zu derselben zuzuziehenden Calculatur-Beamten zu prüfen.

Kassenabschluß.

Dem monatlichen Kassenabschluß sind dieselben Kolumnen zu geben, welche das Haupt-Einnahme-Journal des Rendanten unter 5a und b und unter 6a bis h enthält. Es wird in demselben einfach sowohl die Einnahme, wie die Ausgabe:

a) für die Zeit vom 1. Januar bis zum Monatsabschlusse,
b) vom Tage des Monatsabschlusses bis zum Tage der Kassen-Revision zusammengestellt und danach der Bestand gezogen.

10. Die Quartal-Abschlüsse resp. der Final-Abschluß der Haupt-Kassen sind, wie den Directionen der Staats-Eisenbahnen bereits durch die Verfügung vom 31. October 1853 aufgegeben ist, nach dem anliegenden Schema (Formular XVIII.) aufzustellen, die Einnahmen und Ausgaben darin summarisch nach den einzelnen Titeln und Abschnitten zum Nachweise zu bringen und am Schlusse dem sich bei der Balance der Ausgabe gegen die Einnahme ergebenden Bestande die Bestände bei den sonstigen Fonds, die Depositen, sowie die während des Abschlusses aufgekommenen Einnahmen zuzusetzen, die noch offen stehenden Vorschüsse, sowie die während des Abschlusses stattgefundenen Ausgaben dagegen abzusetzen so daß der alsdann verbleibende Rest den wirklich vorhandenen Kassenbestand bildet. Quartals- resp. Finalabschlüsse.

11. Sämmtliche Verfügungen an die Haupt-Kasse sind von dem Vorsitzenden der Königlichen Direction und, sofern dieser nicht zugleich Kassen-Curator ist, auch von dem letzteren zu zeichnen. Vollziehung d. Kassenordres.

12. Falls die bei einzelnen Bahnen obwaltenden besonderen Verhältnisse eine Aenderung der in dieser Verfügung gegebenen Vorschriften oder der beigefügten Formulare nothwendig oder doch wünschenswerth erscheinen lassen, so haben die Königlichen Directionen, bevor sie solche eintreten lassen, die Genehmigung dazu nachzusuchen. Es kann jedoch bei denjenigen Bahnen, bei welchen die Erträge aus dem Personen- und Güter-Verkehr zum großen Theile in ausländischen Geldsorten eingehen, die Aufnahme einer oder mehrerer Kolumnen für diese Geldsorten in die Haupt-Journale des Rendanten ohne Weiteres erfolgen. Aenderung der durch diese Verfügung gegebenen Vorschriften u. Formulare.

Berlin, den 11. Mai 1858.

Der Minister für Handel, Gewerbe und öffentliche Arbeiten.

In Vertretung

II. 3593. (gez.) von Pommer-Esche.

Ergänzungen

zu der General-Instruction über das gesammte Kassen- und Rechnungswesen bei den Staats- und unter Staats-Verwaltung stehenden Eisenbahnen,

(mitgetheilt durch Erlaß vom 19. September 1873, II. 19200).

Die Bestimmungen der das gesammte Kassen- und Rechnungswesen bei den Staats- und unter Staats-Verwaltung stehenden Eisenbahnen regelnden General-Verfügung vom 11. Mai 1858, finden auf das Kassen- und Rechnungswesen der Königlichen Eisenbahn-Commissionen gleichmäßige Anwendung, soweit nicht die nachstehenden Vorschriften eine Abänderung enthalten. [1]) Anwendung der General-Instruction vom 11. Mai 1858 bei den Commissionen.

---

[1]) Die Marginalien sind der Uebersicht wegen von dem Verfasser beigefügt.

Anweisung d. Betriebs-Ausgaben durch die Commissionen.

1. ad 1—3 incl.[1]). Die Betriebsausgaben der für die Verwaltung der Staats-Eisenbahnen eingerichteten Königlichen Eisenbahn-Commissionen werden durch diese Behörden nach Maßgabe der jährlich festgestellten Special-Etats auf die Commissions-Kassen zur Zahlung angewiesen.

Bau- u. sonstige Fonds.

Bezüglich der Bau- und sonstigen Fonds richtet sich die Befugniß der Eisenbahn-Commissionen zur Zahlungsanweisung nach den von dem Minister für Handel, xc. getroffenen besonderen Bestimmungen.

Aufstellung, Revision u. Anweisung d. Ausgabe-Beläge.

Insoweit den Eisenbahn-Commissionen hiernach die Befugniß zur Zahlungsanweisung auf die Commissionskasse übertragen ist, gelten für die Aufstellung, Revision und Anweisung der Ausgabe-Beläge, desgleichen für die Zahlung der Löhne, wie der Gehälter und Diäten der bei der Commission angestellten Beamten die vorstehend sub 1—3 erlassenen Bestimmungen.

Einnahme-Ordres.

2. ad 4. Die Einnahme-Ordre über die innerhalb eines Commissionsbezirkes zur Erhebung kommenden Betriebs-Einnahmen werden in vorgeschriebener Weise von der Königlichen Direction der Eisenbahn-Hauptkasse ertheilt, welche die Einziehung derselben durch die Commissionskasse besorgt. Letztere bildet eine Sammelstelle (Receptur) für alle innerhalb des Bezirkes der Commission zur Erhebung kommenden Betriebs-Einnahmen[2]).

Nachweisung über die Soll-Einnahmen, Eintragung in die Einnahme-Controle.

Die Commissionskassen erhalten monatlich von der Betriebs-Controle der Direction eine zunächst an die Calculatur der Commission Behufs Eintragung in die Einnahme-Controle gelangende Nachweisung der Soll-Beträge der für den abgelaufenen Monat bei den einzelnen Stations-Kassen des Bezirkes zur Erhebung kommenden Transporteinnahmen, während der Haupt-Kasse gleichzeitig eine Recapitulation der für jede Commissionskasse sich ergebenden Gesammtbeträge dieser Sollnachweisungen zugefertigt wird. Auf Grund dieser Nachweisungen und Recapitulationen erfolgt die Ablieferung und Abrechnung der Transport-Einnahmen Seitens der Stations-Kassen bei der Commissions-Kasse des Bezirks und Seitens der Commissions-Kassen bei der Eisenbahn-Haupt-Kasse.

Ablieferung der Transport-Einnahmen.

Verschiedene Einnahmen. Einnahme-Ordres.

Ueber die nicht aus dem Transport-Verkehr originirenden verschiedenen Einnahmen, sowie über die Einnahmen bei den sonstigen Fonds der Direction (Pensions-Kasse, Kranken-Kasse xc.) erhält die Commissions-Kasse vorläufige Einnahme-Ordres von der vorgesetzten Commission. Die von den Ressort-Vorstehern über die zufälligen extraordinären Einnahmen zu erstattenden Berichte sind daher in vorgeschriebener Weise an die vorgesetzte Commission, statt wie bisher an die Direction, zu richten.

Führung der Einnahme-Controle bei der Commission.

Sowohl über die monatlichen Nachweisungen der Transport-Einnahmen, als auch über die von der Commission ertheilten vorläufigen Einnahme-Ordres der verschiedenen Einnahmen wird von der Calculatur der Commission nach Maßgabe der

---

[1]) Diese Zahlen beziehen sich auf die einzelnen Abschnitte der General-Instruktion vom 11. Mai 1858.

[2]) Es wird auf den Erlaß vom 31. Oktober 1876, II. 17446 (Seite 21), betreffend Verrechnung von Betriebs-Einnahmen bei den Commissionskassen verwiesen.

für die Einnahme-Controle der Direction bestehenden Vorschriften eine Controle geführt, in welche die Soll-Beträge der Einnahme eingetragen werden. In gleicher Weise wird auch über die Einnahmen der sonstigen Fonds, sowie über die Depositen und Vorschüsse der Commissionen Controle geführt.

Abrechnung d Commissions-kassen mit de Hauptkasse. Abrechnungs-Conto.

Von den Commissions-Kassen wird über alle für Rechnung des Betriebs-Fonds, wie der sonstigen Fonds erhobenen Einnahmen, sowie über die ihnen baar überwiesenen Beträge monatlich mit der Haupt-Kasse abgerechnet. Die Abrechnung erfolgt mit der Schlußablieferung auf Grund eines Auszuges aus dem von der Commissions-Kasse nach den Bestimmungen sub 7 zu führenden Abrechnungs-Conto, welcher nach dem anliegenden Formular[1]) in duplo aufgestellt und der Haupt-Kasse eingesandt wird. In demselben werden die Schlußsummen des vorgedachten Abrechnungs-Contos in Einnahme und Ausgabe recapitulirt und die etwa verbliebenen Einnahmereste in dem Resten-Verzeichniß nachgewiesen. Die verschiedenen Einnahmen, sowie die Einnahmen bei den sonstigen Fonds der Direction werden mit einer besonderen nach den Positionen der betreffenden Etats aufgestellten und nach der Einnahme-Controle zu bescheinigenden Nachweisung belegt, auf Grund welcher dieselben demnächst von der Königlichen Direction zur definitiven Verrechnung durch die Haupt-Kasse angewiesen werden.

Definitive Verrechnung b der Hauptkass

Die speciellen Einnahme-Beläge werden der jedesmaligen Abrechnung im Original, bei fortlaufenden Einnahme-Ordres der erstmaligen Abrechnung in beglaubigter Abschrift, beigefügt.

Justificirun der Einnahme und Ausgabe

Die Ausgaben werden durch Bezeichnung der Lieferscheine und soweit sie für Rechnung der Haupt-Kasse erfolgt sind, durch die gezahlten Beläge justificirt.

Anwendung der Vorschrifte unter 5 u. 6 de General-Instruction vo 11. Mai 1858.

3. ad 5 und 6. Die Vorschriften sub 5 und 6 finden auf die Buchführung der Commissions-Kassen über die für Rechnung des Betriebs-Fonds der Commission zu leistenden Ausgaben gleichmäßige Anwendung.

Conto der Hauptkasse übe Belastung un Entlastung de Commissions-Kassen.

4. ad 7. Bei der Eisenbahn-Haupt-Kasse wird außer den vorstehend sub a bis incl. k genannten Büchern ein monatlich abzuschließendes Conto über die Belastung und Entlastung der einzelnen Commissions-Kassen — Abrechnungs-Conto — geführt, wogegen die sub e vorgeschriebene Nachweisung der Bruttoablieferungen aus dem Personen- und Güterverkehr in Wegfall kommt. Dieses Conto, welches für die Haupt-Kasse lediglich zur Controle der Ablieferungen und der Belastung der Commissions-Kassen dient, mithin kein eigentliches Kassenbuch bildet, wird nach dem anliegenden Formular für jede Commissions-Kasse in der Weise geführt, daß darin die Beträge der monatlichen Sollnachweisungen der durch die Commissions-Kasse zu erhebenden Transport-Einnahmen, desgleichen die verschiedenen Einnahmen, die Einnahmen bei den sonstigen Fonds der Direction, sowie alle derselben baar überwiesenen Geldbeträge als Belastung — die Ablieferungen, die als baar angerechneten Beläge, sowie die auf Grund der monatlichen Abschlüsse von den Commissionen als definitiv verrechnet declarirten Ausgabe-Beträge dagegen als Entlastung der Commissions-

[1]) Die durch diese Ergänzungen vorgeschriebenen Formulare sind — wie bei der General-Instruction selbst — weggelassen. So weit deren Einsicht erforderlich, wird auf die bezüglichen bei den einzelnen Commissionen bestehenden Instructionen für die Commissionskassen, bezw. auf die zum Gebrauch vorhandenen Formulare verwiesen.

Bücher, welche bei den Commissions-Kassen zu führen sind.

Kassen nachgewiesen werden, so daß der monatliche Abschluß der Conti die Belastung der einzelnen Commissions-Kassen zu erkennen giebt. Bei den Commissions-Kassen werden folgende Bücher geführt:

a) Das Haupt-Einnahme- und Ausgabe-Journal des Rendanten nach den anliegenden Formularen.

b) Die Nachweisung der Bruttoablieferungen aus dem Personen- und Güterverkehr, sowie eine Nachweisung der verschiedenen Einnahmen und der für Rechnung der sonstigen Fonds der Direction erhobenen Einnahmen. Diese Nachweisungen werden monatlich nach empfangener Soll-Aufgabe abgeschlossen und die Soll-Beträge einschließlich der etwa verbliebenen Reste in das Abrechnungs-Conto (sub h) übernommen.

c) Das Ausgabe-Manual für die Betriebsverwaltung.

d) Die Einnahme- und Ausgabe-Manuale über die etwaigen Nebenfonds der Commissionen.

e) Das Depositen-Manual und die Effectennachweisung.

f) Das Vorschuß-Manual.

g) Das Einnahme- und Ausgabe-Manual für die Bauverwaltung, sofern der Commission bestimmte Baufonds zur selbstständigen Verwaltung und Verrechnung überwiesen sind. — Für die Führung dieser Bücher finden die Vorschriften sub 7 der General-Instruction gleichmäßige Anwendung. Außerdem führen die Commissions-Kassen

Conto d. Commissions-Kassen über die Be- und Entlastung der Kasse (Abrechnungs-Conto).

h) ein monatlich abzuschließendes Conto über die Be- und Entlastung der Kasse — Abrechnungs-Conto — nach dem anliegenden Formular. In dasselbe werden auf Grund der monatlichen Sollnachweisungen die Transport-Einnahmen der Commissionskasse, die zur vorläufigen Einziehung angewiesenen verschiedenen Einnahmen, die Einnahmen der sonstigen Fonds der Direction und die etwa von der Haupt-Kasse baar überwiesenen Geldbeträge in Einnahme, — die Ablieferungen, die der Haupt-Kasse als baar angerechneten Beläge, sowie die als definitiv verrechnet declarirten Ausgabe-Beträge dagegen in Ausgabe verrechnet, so daß der monatliche Abschluß des Contos die jeweilige Belastung der Commissions-Kasse gegenüber der Eisenbahn-Haupt-Kasse zu erkennen giebt.

Der Geldverkehr zwischen den Stations-Kassen und der Hauptkasse findet nach Einrichtung d. Commissions-Kassen nicht mehr statt.

5. ad 8. Nach Einrichtung von Commissions-Kassen findet ein Geldverkehr zwischen den Stations-Kassen und der Eisenbahn-Haupt-Kasse nicht mehr Statt, da alle Aufträge der Haupt-Kasse an die Commissions-Kassen und alle Ablieferungen der Stations-Kassen an die vorgesetzte Commissions-Kasse gehen. Nur in Ausnahmefällen wird Behufs beschleunigter Auszahlung eine directe Requisition der Stations-Kassen durch die Eisenbahn-Haupt-Kasse stattfinden. Die sub 8 über den Verkehr der Stations-Kassen mit der Eisenbahn-Haupt-Kasse gegebenen Bestimmungen gelten daher künftig für den Verkehr der ersteren mit der Commissions-Kasse.

Abführung d. disponiblen Bestände an die Haupt-Kasse.

Die Commissions-Kassen haben außer der monatlichen Schlußablieferung die disponiblen Bestände in den von der Königlichen Direction vorgeschriebenen Fristen an die Eisenbahn-Haupt-Kasse abzuführen. Die Ablieferungen der Commissions-Kassen erfolgen, je nachdem sie in baar (Lieferschein a), durch Declaration, (Lieferschein b), in gezahlten Belägen (Lieferschein c) oder auf Reste der Vormonate (Lieferschein d) geschehen, mittelst besonderer Ablieferungsscheine. Die monatliche Schlußablieferung erfolgt nach Feststellung des Monatssolls für die Transport-Einnahmen, die verschiedenen Einnahmen und die Einnahmen der sonstigen Fonds der Direction. Zu diesem Zwecke wird das Abrechnungs-Conto der Commissions-Kasse für den betreffenden Monat bis zur Schlußablieferung offen gehalten. Bei dem Abschluß werden Einnahme und Ausgabe balancirt und von dem Einnahme-Ueberschuß der Betrag der verbliebenen Einnahmereste, welcher durch ein Restenverzeichniß nach anliegendem Formular zu specificiren ist, abgesetzt Der Einnahme-Ueberschuß wird in dem Abrechnungs-Conto des folgenden Monats in der Weise in Einnahme vorgetragen, daß zunächst der baar erhobene Ueberschuß und hiernächst die verbliebenen Reste nach den verschiedeneu Monaten und Fonds, für welche sie einzuziehen sind, getrennt in der Colonne „Reste" aufgeführt werden. In gleicher Weise bewirkt die Eisenbahn-Haupt-Kasse bei Eingang der betreffenden Schlußablieferungen den Abschluß und die Uebertragung der saldi in den monatlichen Abrechnungs-Conten für die einzelnen Commissions-Kassen. Die Ablieferung der auf die verbliebenen Reste eingehenden Beträge erfolgt durch besondere Declaration und werden letztere in der Colonne „Reste" in Ausgabe nachgewiesen.

Ablieferungs scheine. Monat liche Schlußab lieferung.

Restenverzeichniß.

Uebertrag de Einnahmeüber schusses.

Abschluß un Buchung de Hauptkasse.

Die Ausgaben der Commission werden aus den Einnahmen bestritten. Die Ablieferung der dieserhalb zurückbehaltenen Einnahme-Beträge erfolgt, insoweit die Verrechnung der Ausgaben bei der Commissionskasse stattfindet, durch die Declaration der definitiv verrechneten Ausgaben, — insoweit die Verrechnung durch die Eisenbahn-Haupt-Kasse erfolgt, durch die Einsendung der gezahlten Beläge, welche der Haupt-Kasse als baar angerechnet werden. Die für Rechnung der sonstigen Fonds der Direction zu leistenden Ausgaben können nach näherer Bestimmung der Königlichen Direction durch die Commissionen vorläufig zur Zahlung auf die Commissions-Kassen angewiesen werden, in welchem Falle die Einsendung der gezahlten Beläge periodisch in den von der Direction festzusetzenden Fristen erfolgt.

Bestreitung der Ausgabe durch die Ein nahmen. Ab lieferung durc Einsendung de gezahlten Be läge.

Zahlung fü Rechnung de Direction.

6. ad 9. Die Monatsabschlüsse der Eisenbahn-Haupt-Kasse werden in bisheriger Weise aufgestellt. Die Commissions-Kassen schließen ihre Bücher am letzten Tage jedes Monats und, falls derselbe auf einen Sonntag oder Feiertag fällt, am vorhergehenden Tage ab. Der Abschluß der Journale und der Manuale erfolgt in gleicher Weise, wie bei der Haupt-Kasse. Auf Grund der Monatsabschlüsse der Commissions-Kassen erfolgt die Declaration der bei denselben definitiv verrechneten Ausgabe-Beträge und die summarische Uebernahme derselben in die Bücher der Eisenbahn-Haupt-Kasse. Die Uebereinstimmung der Kassenbücher wird bei der monatlich am 8. (eventuell am Tage vorher) stattfindenden Revision von dem dabei zuzuziehenden Calculaturbeamten der Commission bescheinigt. Befindet sich am Sitze der Eisenbahn-Haupt-Kasse zugleich eine Commissions-Kasse, so hat bei jeder ordentlichen oder außerordentlichen Revision einer dieser Kassen zugleich eine auf

Monatsabschlüsse.

Declaration d. Ausgabe-Be träge u. Ueber nahme derselbe in die Büche der Hauptkasse

Gleichzeitig Revision der Kassen.

Grund der Journal-Abschlüsse zu bewirkende summarische Revision der anderen Kasse Statt zu finden.

Quartal- u. inalabschlüsse.

7. ad 10. Bezüglich der Quartal- und Final-Abschlüsse der Eisenbahn-Haupt-Kasse behält es bei den über die Aufstellung und Einreichung derselben bestehenden Vorschriften sein Bewenden.

Dieselben Vorschriften gelten auch für die von den Commissions-Kassen aufzustellenden Quartal- und Final-Abschlüsse mit der Maßgabe, daß diese Abschlüsse am Revisionstage der Commission vorzulegen sind, welche dieselben sofort der Direction einzureichen hat.

Zeichnung d. erfügungen urch d. Kassen-urator.

8. ad 11. Sämmtliche Verfügungen an die Commissions-Kasse sind vom Kassen-Curator eventuell dessen Stellvertreter zu zeichnen.

Rechnungs-gung durch die ommissions-asse.

9. Die Commissions-Kasse hat über die jährliche Ausgabeverwaltung Specialrechnung zu legen, durch welche nach den Positionen des Special-Etats die bei dem Final-Abschluß sich ergebenden Ausgabe-Beträge nachgewiesen und belegt werden. Die Special-Rechnungen werden von den Commissionen abgenommen und vorschriftsmäßig der Ober-Rechnungs-Kammer eingereicht.

Buchung der aufonds und ufstellung der aurechnung.

Ueberweisung r Baufonds.

Verwaltung r Baufonds urch die Direction.

Ueberweisung r Geldmittel die Specialaukassen.

10. Insoweit den Eisenbahn-Commissionen bestimmte Baufonds zur selbstständigen Verwaltung überwiesen sind, obliegt den Commissions-Kassen zugleich die Buchung der Einnahmen und Ausgaben dieser Baufonds und die Aufstellung der Baurechnungen. Die Ueberweisung der zum Bau erforderlichen Geldmittel erfolgt durch die Direction[1]) an die Commissions-Kasse, weshalb die Commission die bezüglichen Anträge rechtzeitig an die vorgesetzte Direction zu richten hat. Insoweit dagegen den Commissionen nur der Bau bestimmter Strecken übertragen, die Leitung des ganzen Baues und dem entsprechend auch die Verwaltung des Baufonds aber der Direction vorbehalten ist, sind von den Special-Bau-Kassen die Ausgaben direct mit der Haupt-Kasse zu verrechnen. Die Ueberweisung der zum Bau erforderlichen Geldmittel an die Special-Bau-Kassen erfolgt auch in diesem Falle durch die Commissionskasse, welche die überwiesenen Beträge durch die Quittungen der Special-Bau-Kassen zu belegen hat. —

Einführung eines abgekürzten Verfahrens bezüglich der Berechnung in den Kosten-Anschlägen und Bau-Abrechnungen.

Erlaß vom 25. August 1879. $\frac{\text{II. 10180.}}{\text{III. 12651.}}$

Zum Zwecke der Einführung eines einheitlichen und abgekürzten Verfahrens bezüglich der Berechnungen in den Kosten-Anschlägen und Bau-Abrechnungen werden die nachstehenden Bestimmungen getroffen:

---

[1]) Wegen Abhebung der für Eisenbahnzwecke extraordinär bewilligten Geldmittel wird auf den Erlaß vom 8. November 1879, II. 13284, welcher in einem besonderen Abschnitt folgt, Bezug genommen.

1. Mit Rücksicht auf die den vorgängigen oder späteren Aufmessungen ohnehin anhaftenden Fehler genügt es, wenn für jede der Raum-Abmessungen (Länge, Breite, Stärke) bei Berechnung von Arbeiten resp. Materialien in Bau-Anschlägen und Abrechnungen durchweg das Meter mit zwei Decimalstellen als Einheit zu Grunde gelegt wird. Bei Metall-Arbeiten ist jedoch die Stärken-Dimension mit drei Decimalstellen in Rechnung zu stellen. Wenn es sich um die Ermittelung von Gewichtszahlen handelt, wie solche namentlich bei Eisenarbeiten vorkommen, so ist die Kilogramm-Zahl als Gewichtseinheit im Allgemeinen mit einer Decimalstelle einzusetzen; die Einschaltung einer zweiten ist nur bei einer Bezugnahme auf kleine Einheitsmaße z. B. qcm. gerechtfertigt.

2. Sind drei oder mehr Factoren zu multipliciren, so sind der Regel nach zunächst die beiden größten miteinander zu multipliciren; alsdann ist der dritte Factor heranzuziehen. Sofern die Anschlags-Formulare eine bestimmte Reihenfolge der Multiplication bereits vorschreiben, ist diese abweichend von dem vorstehend aufgestellten Grundsatze beizubehalten.

Bei Ausführung der Multiplication ist zunächst das aus der Multiplication der beiden ersten Factoren sich ergebende Product auf vier Decimalstellen zu ermitteln. Die beiden letzten Decimalstellen werden sodann abgestrichen und die verbleibende letzte Stelle in dem Falle um 1 erhöht, daß die weggestrichene dritte Decimalstelle $= 5$ oder größer als 5 ist. Demnächst wird das so ermittelte zweistellige Resultat mit dem dritten Factor multiplicirt, das Product auf zwei Decimalstellen wie vor gekürzt und in dieser Form in die Massenberechnung eingestellt.

Ist der dritte Factor (Metall-Stärken) dreistellig, so wird das Product zunächst mit fünf Decimalstellen ermittelt, jedoch ebenfalls auf zwei Decimalstellen gekürzt.

3. Bei Kosten-Anschlägen ist das aus den Massenberechnungen zu entnehmende Resultat auf eine Decimalstelle in der Weise, wie oben angegeben, zu kürzen und als Vordersatz in die Kostenberechnung zu übertragen. Bei Bau-Abrechnungen sind jedoch die in den Massenberechnungen ermittelten zwei Decimalstellen auch für die Vordersätze der Kostenberechnung beizubehalten.

4. Die Pfennig-Rubriken in den Spalten für die Kosten-Einzelbeträge (nicht Einheitspreise) der Anschläge sind fortzulassen; dagegen ist bei Abrechnungen von dieser Kürzung abzusehen.

Der Minister der öffentlichen Arbeiten.
gez. **Maybach.**

An
1. die sämmtlichen Königlichen Eisenbahn-Directionen,
2. die sämmtlichen Königlichen Regierungen und Landdrosteien und an die Königliche Ministerial-Bau-Commission,
3. die Herren Oberpräsidenten zu Coblenz, Magdeburg und Breslau.

Bescheinigung der Geld-Ausgabe-Beläge, Quittungen.

Erlaß der unten gezeichneten Herren Minister vom 16. August 1876, betreffend die abgekürzte Form des Attestes auf den Geld-Ausgabe-Belägen.

(Der Erlaß ist an alle betheiligten Behörden der einzelnen Ministerien gerichtet, einschließlich der Königlichen Eisenbahn-Directionen und Commissariate.)

Die Königliche Ober-Rechnungskammer hat sich damit einverstanden erklärt, daß dem auf den Geld-Ausgabe-Belägen auszustellenden Atteste, anstatt der bisherigen ausführlichen Fassung, fortan die bereits bei der Militärverwaltung eingeführte abgekürzte Form: „Die Richtigkeit bescheinigt" gegeben werde. Die Anwendung dieser Form ist jedoch auf die gewöhnlichen Geld-Ausgabe-Beläge (Liquidationen von Arbeitern, Handwerkern, Lieferanten, Unternehmern ꝛc.) zu beschränken, so daß also sonstige, zur Rechnungs-Justification noch erforderliche Schriftstücke, über deren Attestirung bei ihrer großen Verschiedenheit gleichmäßige Vorschriften nicht getroffen werden können, ausgeschlossen bleiben.

Mit der Vollziehung des Richtigkeits-Attestes übernimmt in jedem Falle der betreffende Beamte die Verantwortung dafür,

> daß die in dem Belage aufgeführten Arbeiten bezw. Lieferungen zu dem Zwecke, zu welchem sie geschehen, nothwendig gewesen, daß sie gut und zweckentsprechend ausgeführt, daß von den Liquidanten alle ihnen dabei auferlegten Verpflichtungen vollständig erfüllt und daß die in Ansatz gebrachten Preise ortsüblich sind bezw. nicht billiger haben bedungen werden können.

Auch sind dem Atteste jedesmal Ort und Datum der Ausstellung und bei der Namens-Unterschrift des vollziehenden Beamten auch der Amts-Character desselben beizufügen.

Der Finanz-Minister.	Der Minister für Handel, Gewerbe und öffentliche Arbeiten.	Der Minister des Innern.
Im Auftrage: gez. **Scholz.**	gez. **Dr. Achenbach.**	Im Auftrage: gez. **v. Klützow.**
Der Justiz-Minister.	Der Minister der geistlichen, Unterrichts- und Medicinal-Angelegenheiten.	Der Minister für die landwirthschaftlichen Angelegenheiten.
Im Auftrage: gez. **Wentzel.**	Im Auftrage: gez. **Greiff.**	Im Auftrage: gez. **Marcard.**

M. f. H. III. 8687. I. 3326. II. 10099. V. 5136. IV. 9490.
F.-M. I. 9357. II. 11131. III. 8019. IV. 7671.
M. d. J. I. A. 5371.
J.-M. I. 2676.
M. d. g. A. G. III. U. 5041. M. 3913.
M. f. d. l. A. 9872.

Zu denjenigen Belägen, welche nach dem obigen Erlaß einer besonderen Bescheinigung bedürfen, gehören z. B.

Die Liquidationen über Reisekosten und Tagegelder, über Umzugskosten, über Porto und Insertions-Gebühren ꝛc.

Die üblichen Formen der Bescheinigung sind:

a) bei Reisekosten und Tagegeldern:

„Die Nothwendigkeit der vorbezeichneten Reise (bezw. Reisen), die geschehene Ausführung der diesfälligen Geschäfte und die Richtigkeit der angegebenen Dauer wird bescheinigt;“

ferner von dem Calculatur-Beamten:

„Nach den Entfernungen[1]), den Sätzen und in calculo geprüft und richtig befunden (oder berichtigt):“

b) bei Umzugskosten. Erfolgt die Anweisung der Zahlung von Umzugskosten mittelst besonderer Ordre von der Behörde, welche die Liquidation zu bescheinigen haben würde, so kann in der Ordre selbst ausgedrückt werden, daß der Umzug mit oder ohne Familie bewirkt worden ist, andernfalls ist die Liquidation wie folgt zu bescheinigen:

„Die Richtigkeit attestirt mit dem Bemerken, daß der Umzug von dem Liquidanten mit (ohne) Familie bewirkt worden ist;

ferner von dem Calculatur-Beamten:

„Nach den Sätzen, den kürzesten fahrbaren Straßen-Entfernungen und in calculo richtig (oder berichtigt).“ (Cfr. die Bestimmung im §. 2 des Umzugskosten-Gesetzes vom 24. Februar 1877.)

c) Porto-Auslagen:

„Daß das Porto in Angelegenheiten welche den Königlichen Dienst und nicht das einseitige Interesse von Privatpersonen betroffen haben, verausgabt worden ist“ — bezw. „daß die Porto-Beträge mit dem Postbuche und den Couverts der Briefe, welche den Königl. Dienst (u. s. w. wie oben) betroffen haben, verglichen und übereinstimmend befunden worden sind,“ oder „daß das in dem (vorgelegten) Post-Contobuche nachgewiesene Bestellgeld (bezw. daß die in demselben aufgeführten Briefe ꝛc.) durch solche Sendungen verursacht worden sind, welche lediglich den Dienst und nicht (u. s. w. wie oben) betroffen haben, wird hiermit bescheinigt.“

d) Insertions-Gebühren, von den Calculatur-Beamten:

„Nach den als Publikations-Documente beigebrachten öffentlichen Blättern und den ortsüblichen (oder vereinbarten ꝛc.) Insertions-Gebührensätzen revidirt und richtig befunden (berichtigt).“

---

[1]) Bei Feststellung der Reisekosten-Liquidationen sind die Ortsentfernungen zu Grunde zu legen, welche das von Zeit zu Zeit erscheinende, im Post-Cours-Büreau bearbeitete Eisenbahn-, Post- und Dampfschiff-Cours-Buch angiebt. (Rescr. der Min. für Handel ꝛc., des Innern u. der Finanzen v. 24. Mai 1856, St. A. S. 481.)

Die Quittungen über Pensionen, Wittwenpensionen und Erziehungsgelder ꝛc. bedürfen einer **entsprechenden** Bescheinigung, daß die Pensions-Empfänger das deutsche Indigenat nicht verloren haben, sich noch am Leben befinden, bezw. die Quittung eigenhändig unterschrieben haben; bei Frauenspersonen ist ferner der ledige- oder Wittwenstand zu bescheinigen. Zu diesen und anderen Competenzen (Copialien, Diäten der Hülfsarbeiter ꝛc.) werden übrigens bei den Behörden die üblichen Formulare mit vorgedrucktem Attest vorräthig gehalten.

Die Quittungen über Gnaden-Competenzen (Gehalt, Pension) müssen bezüglich der Richtigkeit der Unterschrift ebenfalls beglaubigt sein, auch muß betreffs des Sterbemonatgehalts festgestellt, und bescheinigt werden, daß die Empfänger die einzigen Erben des Verstorbenen und zur Empfangnahme berechtigt sind. Im Uebrigen cfr. den Abschnitt über Gnadencompetenzen.

Liquidationen über Ersatz von Büreau-Utensilien, Gläsern, Fensterscheiben ꝛc. sind dahin zu bescheinigen, daß Niemanden eine vertretbare Schuld trifft.

Bei Beschaffung von Materialien ist — soweit dieselben nicht magazinirt werden — deren Verbrauch entweder bald zu bescheinigen oder über deren Verwendung eine Bescheinigung nachträglich beizubringen.

Im Falle der Einberufung von Beamten zum Kriegsdienst bei einer Mobilmachung muß auf den Belägen über die aus Civilfonds zahlbaren Competenzen bescheinigt werden, ob der Beamte einen eigenen Hausstand hat und durch Attest des Truppentheils nachzuweisen, welche Charge der Eingezogene bekleidet hat, welche Competenzen demselben gezahlt worden sind, seit wann und für welche Zeit bezw. daß derselbe noch zum Truppentheil eingezogen ist.

Giltigkeit der Postscheine als Rechnungsbeläge.

Nachdem die Versendung von Geldern bis 400 Mark einschließlich durch Postanweisung zufolge der in Nr. 72 des „Deutschen Reichs- und Preußischen Staats-Anzeigers“ vom 25. März d. J. enthaltenen Bekanntmachung des General-Postmeisters vom 16. desselben Monats gestattet ist, hat das Königl. Staats-Ministerium beschlossen, daß die durch den Beschluß vom 3. September 1875 allgemein für alle Staats-Verwaltungszweige vorgeschriebene Einrichtung, nach welcher über Zahlungen an auswärtige Privatempfänger bis 300 Mk. einschließlich die Postscheine als giltige Rechnungsbeläge angesehen und die desfallsigen Geldsendungen durch Postanweisungen bewirkt werden können, dahin erweitert werde, daß dieselbe fortan auch auf alle Zahlungen der gedachten Art bis zum Betrage von 400 Mark einschließlich Anwendung finden kann.

Berlin, den 1. October 1879.

Königliches Staats-Ministerium.

Otto Graf zu Stolberg. Leonhardt. von Kameke. von Bülow.
Hofmann. Graf zu Eulenburg. Maybach. Bitter.
von Puttkamer. Lucius.

Anmerkung. Nach dem Erlaß vom 1. December 1868, II. 13945. dient über Zahlungen an Privat-Empfänger — soweit die Uebermittelung des Betrages nicht etwa unentgeltlich erfolgen muß — in solchen Fällen der Postschein derart als Rechnungsbelag, daß der an die Post baar eingezahlte Betrag und das Porto zusammen die zu justificirende Zahlung darstellt. Den Empfangsberechtigten ist jedoch durch besonderes Schreiben von der Absendung des Geldes Nachricht zu geben, um dieselben in den Stand zu setzen bei etwa eintretendem Verlust der Sendung ꝛc. ihre Ansprüche rechtzeitig zur Geltung zu bringen.

Soweit hiernach besondere Quittungen erforderlich sind, müssen dieselben möglichst auf den Rechnungen, Anweisungen ꝛc. selbst ausgefertigt werden. Ist dies nicht angängig, und die Quittungen separat ausgestellt worden, so sind dieselben unmittelbar hinter den bezüglichen Rechnungsbelägen einzuheften.

Ueber die Eisenbahnfracht-Beträge wird nach §. 84 der Allgemeinen Dienst-Vorschriften für die Beförderung von Personen, Reisegepäck, Leichen, Fahrzeugen und Thieren, sowie von Gütern — genehmigt durch Rescript vom 21. December 1878. — von dem zuständigen Beamten auf dem eingelösten Frachtbriefe Quittung geleistet. Dabei wird zwar für Communal-, Militär- und andere Behörden in der Quittung der gezahlte Betrag in Worten ausgedrückt, im Uebrigen aber eine besondere Quittung nicht ertheilt.

Dem Antrage auf Ausstellung von Separat-Quittungen soll nur dann stattgegeben werden, wenn etwa der Frachtbrief nicht mehr vorhanden sein sollte.

Hiernach wird über Frachtbeträge event. der quittirte Frachtbrief als Quittung dienen und nur, so weit nach den bestehenden besonderen Bestimmungen Frachten bei der eigenen Verwaltung auf Grund vorher zu ertheilender Ordres zur Zahlung kommen, wird eine förmliche Quittung beigebracht werden können.

Telegraphische Zahlungs-Anweisungen an Königliche Kassen sind nicht gestattet.

Mittelst Circular-Verfügung des Königl. Finanz-Ministeriums an sämmtliche Königl. Regierungen vom 12. Juli 1875 ist angeordnet,

> daß telegraphische Zahlungs-Anweisungen an Königliche Kassen zur Verhütung von Mißbräuchen und zur Vorbeugung von Irrungen oder Unterschleifen grundsätzlich niemals zu erlassen sind.

Diese Bestimmung ist sämmtlichen Königl. Eisenbahn-Directionen und Commissionen unterm 3. August 1875, II. 14094 zur Kenntniß und Beachtung mitgetheilt.

Die Monatsabschlüsse für die Haupt-Buchhalterei des Finanz-Ministeriums.

I. Zur Gewinnung einer fortdauernden zuverlässigen Uebersicht von den Staats-Einnahmen und Staats-Ausgaben sind vom Jahre 1859 ab von den Staats-Kassen Monats-Abschlüsse aufzustellen und an ein bei dem Königlichen Finanz-Ministerium unter der Benennung

„Haupt-Buchhalterei des Königlichen Finanz-Ministeriums"

errichtetes Rechnungs-Büreau einzusenden. Zur Ausführung dieser Anordnung hat der Herr Finanz-Minister im Einverständniß mit den betheiligten Verwaltungs-Chefs unterm 15. Januar 1859 eine Instruction erlassen, von welcher den Königlichen Eisenbahn-Directionen mittelst Erlaß vom 25. Januar 1859, II. 591 Exemplare mit dem Auftrage zugefertigt worden sind, danach ihre Haupt-Kasse mit der erforderlichen Anweisung zu versehen.

Die Aufstellung der Monats-Abschlüsse ist nach gegebenem Formular[1]) zu bewirken und sind darin bei denjenigen Bahnen, deren Etat mehrere Bahn-Unternehmungen umfaßt, die Einnahmen und Ausgaben nicht blos für die betreffenden Bahn-Unternehmungen zusammengenommen, sondern auch für jede besonders summarisch nachzuweisen.

Für jede einzelne Strecke ist die Einnahme und Ausgabe nach den vorgeschriebenen Colonnen mit den Ist- und den Restbeträgen nachzuweisen.

Die durch die Abschlüsse declarirten Beträge müssen mit den Kassenbüchern und demgemäß auch mit den in den Quartal- und Final-Abschlüssen nachzuweisenden Resultaten genau übereinstimmen.

Der Einsendungstermin für die Monats-Abschlüsse ist auf den 20.[2]) jeden Monats festgesetzt dergestalt, daß spätestens bis zu diesem Tage die Abschlüsse an die Haupt-Buchhalterei gelangt sein müssen.

Ein zweites Exemplar der Abschlüsse ist gleichzeitig an den Herrn Minister der öffentlichen Arbeiten unter Couvert einzureichen[3]).

II. Zur Behebung von Zweifeln ist durch den Erlaß vom 15. März 1860, II. 10368 bestimmt, daß als

„fällig gewesene etatsmäßige Einnahmen und Ausgaben",

gegen welche nach der Bemerkung 2 auf dem Abschluß-Formulare behufs Ermittelung der Reste zu balanciren ist, lediglich diejenigen Beträge, welche bis zum Schlusse des betreffenden Monats rechnungsmäßig wirklich einkommen resp. ausgegeben werden sollen und ihrer Natur nach auf eine der Etatspositionen gehören, anzusehen, mithin nicht etwa auch solche dem Betriebe nicht angehörige extraordinäre Einnahmen und Ausgaben zu verstehen sind, über welche besonders Rechnung zu legen ist. Das Etatssoll ist daher künftig, soweit es nicht feststehende Einnahmen und Ausgaben (Miethen, Pächte, Abgaben 2c.) betrifft, welche als wirkliches Soll allerdings zu berücksichtigen sind, ganz außer Betracht zu lassen.

Ferner wird darauf hingewiesen, daß es sich im Interesse eines geregelten Kassenzustandes empfiehlt, die für Materialien geleisteten Vorschüsse so wenig als möglich

[1]) Das ursprünglich durch die Verfügung vom 25. Januar 1859 gegebene Schema ist inzwischen abgeändert worden.

[2]) Durch Erlaß vom 18. November 1870, II. 20819 ist der Einreichungstermin auf den 13. jeden Monats festgesetzt worden, bezw. sind die Abschlüsse bis spätestens dahin einzureichen.

[3]) Die Bestimmung, daß von den an die Haupt-Buchhalterei des Königl. Finanz-Ministeriums allmonatlich einzureichenden Kassen-Abschlüssen ein zweites Exemplar dem Herrn Minister für Handel, Gewerbe und öffentliche Arbeiten vorzulegen ist, ist durch Erlaß vom 12. Mai 1878, II. 8777 aufgehoben. Dagegen ist die durch die General-Verfügung vom 7. Januar 1878, II. 38 angeordnete Anzeige über das voraussichtliche Resultat der Gesammt-Einnahme und Ausgabe des abgelaufenen Etatsjahres auch ferner, und zwar spätestens zum 15. April jeden Jahres zu erstatten.

anwachsen zu lassen, und es sonach nöthig ist, die definitive Verrechnung der in Verbrauch genommenen Materialien, ingleichen die Ausgaben für geleistete Werkstatts-Arbeiten so viel als thunlich zu beschleunigen. Die diesfälligen Abrechnungen sollen daher künftig nicht mehr halbjährlich oder vierteljährlich, **sondern allmonatlich bewirkt werden.**

In Betreff der Einnahmen aus dem Verkehr, deren Feststellung in jeder thunlichen Weise betrieben werden soll, wird im Uebrigen auf die bezüglichen Anmerkungen im Etatsschema Bezug genommen.

III. In dem Erlaß vom 5. Juli 1860, II. 4326 ist hervorgehoben, daß in den **Quartal-Abschlüssen**, welche im Ist und Rest mit den für die Haupt-Buchhalterei des Finanz-Ministeriums aufzustellenden Monatsabschlüssen übereinstimmen müssen, nicht alle gegen das etatsmäßige Fälligkeitssoll weniger eingekommenen resp. ausgegebenen Beträge als Reste aufzuführen sind, sondern vielmehr die sich bei der Balance als Ist gegen das etatsmäßige Fälligkeitssoll ergebenden Abweichungen in besonderen Colonnen als mehr und weniger und das Minus nur in so weit, als es wirklich als rückständig anzusehen ist, zugleich auch in der Rest-Colonne nachzuweisen sind, in der Art, wie es von einem hierzu beigegebenen Formular anschaulich gemacht ist. Das Etatssoll ist hiernach, soweit es nicht feststehende Einnahmen und Ausgaben (Miethen, Pächte, Abgaben ꝛc.) betrifft, bezüglich der Reste künftig in den Quartal-Abschlüssen eben so, wie in den monatlichen Abschlüssen, außer Betracht zu lassen, so daß mithin jene Abschlüsse im Ist und Rest mit diesen genau übereinstimmen und, da die wirklichen Einnahmen bis zu ihrer definitiven Feststellung bei den Brutto-Ablieferungen nachzuweisen sind, in beiderlei Abschlüssen Reste bei der kurrenten Verwaltung in der Regel nicht vorkommen werden.

IV. Durch Erlaß vom 22. April 1876, II. 4613. sind die Königlichen Eisenbahn-Directionen unter Hinweis auf die Circular-Verfügungen vom 15. März und 5. Juli 1860 beauftragt worden, darauf zu halten, daß die Hauptkassen in den monatlichen Kassen-Abschlüssen als Reste diejenigen Beträge zum Nachweise bringen, welche gegen das wirklich fällige Soll der bereits feststehenden Einnahmen und Ausgaben — einschließlich der Restbeträge aus dem Vorjahre — rückständig geblieben sind.

Zinszuschüsse für garantirte Privat-Eisenbahnen.

In der Angelegenheit, betreffend die Controle des Staates hinsichtlich der von ihm geleisteten Zinszuschüsse für garantirte Privat-Eisenbahnen, ist durch den Erlaß vom 25. August 1863, II. 6345. an sämmtliche Eisenbahn-Commissariate und die Königlichen Eisenbahn-Directionen im Einverständniß mit dem Herrn Finanz-Minister und der Königlichen Ober-Rechnungskammer Folgendes bestimmt:

1. Die Zuschüsse zur Deckung garantirter Zinsen für Privat-Eisenbahnen werden fortan auf Grund der an den Herrn Minister eingereichten Rechnungs-Abschlüsse nicht mehr in der bisherigen Weise definitiv geleistet, sondern mit

dem ausdrücklichen Vorbehalten zur Zahlung angewiesen, beziehungsweise zur Anrechnung verstattet werden, daß die Gesellschaft die Nothwendigkeit und Richtigkeit des Zuschusses durch Vorlegung der Verwaltungs- und Betriebs-Rechnung darlegen und, soweit dieses nicht geschehen, den Betrag herauszahlen werde.

2. Eine Uebersicht der solchergestalt geleisteten Zinszuschüsse wird der Königlichen Ober-Rechnungskammer nach Ablauf des bezüglichen Kalenderjahres unter Beifügung der Jahresberichte der betreffenden Bahnen alljährlich zum 1. October von dem Königlichen Ministerium mitgetheilt werden.

3. Demnächst haben bei den vom Staate verwalteten garantirten Privatbahnen die Königlichen Directionen, bei den übrigen dergleichen Privatbahnen die Königlichen Eisenbahn-Commissarien für diejenigen Betriebsjahre, für welche Zinszuschüsse des Staates in Anspruch genommen sind, die bezüglichen Verwaltungs- und Betriebs-Rechnungen, jedoch ohne Beläge, an die Königliche Ober-Rechnungskammer jedesmal zum 1. December des auf das betreffende Betriebsjahr folgenden Jahres, als dem Termine, bis wohin auch die auf die Eisenbahn-Verwaltung bezüglichen Jahres-Rechnungen der General-Staatskasse an die gedachte Revisionsbehörde gelangen müssen, pünktlich einzureichen, den etwaigen Requisitionen der Königlichen Ober-Rechnungskammer um Aufklärung und Erläuterung von Einnahme- und Ausgabe-Positionen bereitwilligst Folge zu leisten, auch ihr auf Verlangen sämmtliche oder einzelne Beläge zu den Rechnungen unweigerlich vorzulegen.

4. Befindet die Königliche Ober-Rechnungskammer die geleistete Ausgabe der Staatskasse richtig, so wird sie den bei der Anweisung gemachten Vorbehalt (1.) für erledigt erklären und hiervon sowohl den Herrn Ressort-Minister benachrichtigen, als auch die betreffende Königliche Direction, beziehungsweise das Königliche Eisenbahn-Commissariat unter Rücksendung der Rechnung in Kenntniß setzen.

5. Hält dagegen die Königliche Ober-Rechnungskammer dafür, daß die geleistete Ausgabe ganz oder theilweise abzusetzen, so wird sie hierüber mit dem Herrn Minister in Schriftwechsel treten und Seitens des letzteren wird sodann eventuell die Wiedereinziehung des zuvielgezahlten Betrages in der geeigneten Weise herbeigeführt werden.

Bestimmungen über Gehalt und Diäten.

I. Allerhöchste Ordre vom 10. Mai 1828, betreffend die Vorausbezahlung der Besoldungen.

Damit bei den verschiedenen Verwaltungszweigen eine gleichförmige Einrichtung in Vorausbezahlung der Besoldungen ihrer Beamten stattfinde, setze Ich auf den Antrag des Staats-Ministeriums vom 21. v. M. hierdurch fest:

1. daß die Besoldungen der Beamten, welche, es sei als Mitglieder, oder als Subalternen zu einem Collegium gehören, oder bei demselben arbeiten[1]), vierteljährlich; derjenigen aber, welche nicht in collegialischen Verhältnissen stehen, monatlich voraus zu bezahlen sind;
2. daß den Verwaltungs-Chefs frei stehe, auch da, wo eine vierteljährliche Vorausbezahlung zulässig ist, für einzelne Beamten oder Klassen derselben, unter Berücksichtigung der persönlichen Verhältnisse, eine monatliche Vorausbezahlung festzusetzen; und
3. daß die einzeln stehenden Beamten, welche nach der Verfassung ihrer Verwaltung bisher die Besoldung vierteljährlich im Voraus zu erhalten berechtigt gewesen sind, hierbei ferner zu lassen, und in solchen Fällen die gegenwärtigen Bestimmungen nur auf diejenigen Beamten dieser Klasse anzuwenden, die nach Bekanntmachung meines Befehls erst angestellt worden.

Das Staats-Ministerium hat gegenwärtige Bestimmungen zur Kenntniß der Behörden und besonders der Ober-Rechnungs-Kammer zu bringen und auf deren pünktliche Befolgung zu halten.

Berlin, den 10. Mai 1828.

gez. Friedrich Wilhelm.

An
das Staats-Ministerium.

II. Die Besoldungen können nur auf Grund der Special-Etats oder besonderer Gesetze verliehen werden, und es darf dem zuletzt angestellten oder jüngsten Beamten nie mehr als das geringste Gehalt der Categorie, wozu derselbe gehört, zu Theil werden (Cab.-Ordre v. 22. October 1825; Annalen Bd. XVII. S. 256). Ebenso wenig darf andererseits einem Beamten ein geringeres Gehalt als der im gedruckten Special-Etat bestimmte Minimal-Besoldungssatz gewährt werden. (Bemerkungen der Ober-Rechnungs-Kammer zur Allgem. Rechnung über den Staatshaushalt des Jahres 1874 und Nr. 348 der Drucksachen des Hauses der Abgeordn., 12. Legisl.-Per. III. Session. 1876. S. 18. Nr. 30.

III. Für die Einreihung der einzelnen Beamten in die Besoldungsstufen und die allmälige Ascension in die höheren Gehaltsstufen bildet die Anciennetät die Regel, von welcher nur in triftigen Fällen — Suspension, Disciplinar-Untersuchung ꝛc. — abgewichen werden darf. (Cab.-Ordre vom 27. Mai 1829, Circ.-Erl. des Handels-Min. v. 22. December 1863, Min.-Bl. pro 1864 S. 18).

IV. Bei eintretender Stellenverminderung kann die sich ergebende Gehaltsersparniß nach den z. Z. bestehenden Grundsätzen nur insoweit zur Erhöhung von Gehältern gleichartiger Stellen benutzt werden, als das Gehalt der eingehenden Stelle den Gehaltsdurchschnittsbetrag für die betreffende Beamtenklasse übersteigt. Sofern das Gehalt der eingehenden Stelle geringer ist, als der Durchschnittssatz dafür, so wird der an dem Durchschnittsgehalte fehlende und als „künftig wegfallend“ zu be-

[1]) z. B. auf Kündigung angestellte Beamte. (Rescr. d. Fin.-M. und des Min. des Innern v. 26. Juni 1831, Annalen, Band XV S. 263.)

handelnde Betrag bei der nächst darbietenden Gelegenheit bei einer anderen Stelle gleicher Categorie gekürzt.

V. Beschluß.

Zur Erledigung der entstandenen Zweifel hinsichtlich der Verrechnung der von dem Diensteinkommen der Beamten, welche sich ohne Urlaub entfernen oder den Urlaub überschreiten, nach §. 7 des Gesetzes vom 7. Mai 1851, betreffend die Dienstvergehen der Richter (Ges.S. S. 218), und nach §. 8 des Gesetzes vom 21. Juli 1852, betreffend die Dienstvergehen der nicht richterlichen Beamten (Ges.S. S. 465) einzubehaltenden Gehaltsbeträge beschließt das Staats-Ministerium in Erwägung, daß die obengenannten gesetzlichen Bestimmungen als Straffestsetzungen zu betrachten sind, daß die Verrechnung der fraglichen Gehaltsbeträge, soweit diese nicht zu den Kosten der Stellvertretung verwendet werden müssen, für die Folge unter den Ordnungsstrafen zu bewirken ist.

Abschrift dieses Beschlusses ist sämmtlichen Verwaltungschefs zur weiteren Veranlassung zuzufertigen.

Berlin, den 14. April 1860.

Königliches Staats-Ministerium.

Den Staatseisenbahn-Directionen mitgetheilt durch Erlaß vom 1. Mai 1860, II. 3335.

VI. Erlaß vom 20. December 1869, II. 18889:

Zur Vermeidung von Doppelzahlungen an Gehalt und sonstigen Competenzen bei Versetzungen von Staats-Eisenbahnbeamten von einer Bahn zur andern soll der Tag, an welchem der zuerst abgehende Beamte die alte Stelle behufs Antritts der neuen verläßt, als Termin für die Zahlungseinstellung resp. Gewährung der Besoldung 2c. hinsichtlich aller mit einander correspondirenden Versetzungen gelten.

Die betheiligten Directionen haben sich daher von dem Ausscheiden resp. Dienstantritt der betreffenden Beamten gegenseitig ungesäumt Mittheilung zu machen und demnächst die erforderliche Ausgleichung unter sich zu bewirken.

VII. Erlaß vom 22. October 1859, II. 8678:

Denjenigen Beamten und dauernd im Staats-Eisenbahndienst beschäftigten Hülfsarbeitern, deren Stellen und Besoldungen in den Etats vorgesehen sind, können die Gehälter pränumerando gezahlt werden, dagegen sind die Remunerationen der noch im Probeverhältniß befindlichen Diätarien stets postnumerando zu gewähren.

VIII. Erlaß vom 16. Februar 1865, II. 9070:

Diejenigen Beamten, welche als Mitglieder oder Subalternen zu einem Collegium gehören, oder bei demselben arbeiten, haben die Besoldungen vierteljährlich, die nicht in collegialischen Verhältnissen stehenden dagegen monatlich pränumerando zu erhalten.

IX. Erlaß vom 15. November 1873, II. 23589:

Den definitiv angestellten Beamten bei den Eisenbahn-Commissionen ist das Gehalt in Quartalsraten zu zahlen.

Anmerkung. Diese Bestimmung wird nur bezüglich derjenigen Beamten Anwendung finden können, welchen eine für die Commission im Etat vorgesehene Stelle verliehen ist.

X. In Folge eines Monitums der Königlichen Ober-Rechnungskammer ist durch Erlaß vom 9. Juli 1875, II. 11082. bestimmt, daß der in der Verfügung an die Königliche Direction der Niederschlesisch-Märkischen Eisenbahn vom 22. April 1872 ausgesprochene Grundsatz, nach welchem die Vertheilung der Gehälter innerhalb einer und derselben Beamten-Categorie in der Art stattzufinden hat, daß auf jede Gehaltsklasse eine möglichst gleiche Anzahl von Beamten trifft, was der gleichmäßigen Wahrung der Interessen der Beamten entspricht, auch in andern Ressorts Anwendung finden soll, so weit dies nicht schon befolgt wird.

XI. Erlaß vom 28. Januar 1874, II. 1685. an sämmtliche Königliche Eisenbahn-Directionen und Commissariate.

Behufs Herbeiführung eines gleichmäßigen Verfahrens in Bezug auf die Berechnung von Gehältern, Diäten, Dienstaufwands-Entschädigungen und ähnlichen Competenzen für Theile eines Monats bestimme ich, daß fortab auch innerhalb der Eisenbahn-Verwaltung die durch den in Abschrift anliegenden Erlaß der Herren Minister des Innern und der Finanzen vom 29. October 1871 getroffene Anordnung befolgt werde, wonach bei derartigen Zahlungen die Vertheilung von Monats-Raten nach dem Verhältniß der zu vergütigenden Zahl von Tagen zu der wirklichen Tageszahl des betreffenden Monats stattzufinden hat.

Ich veranlasse die Königliche Direction, die betreffenden Dienststellen und Beamten hiernach ungesäumt mit entsprechender Anweisung zu versehen.

Der Minister für Handel, Gewerbe und öffentliche Arbeiten.

Berlin, den 29. October 1871.

In Bezug auf die Berechnung von Gehältern, Diäten, Dienstaufwands-Entschädigungen und ähnlichen Competenzen für Theile eines Monats ist bisher nicht gleichmäßig verfahren worden.

Als Monatsrate ist ohne Rücksicht auf die verschiedene Länge der verschiedenen Monate allgemein der zwölfte Theil des Jahresbetrages angenommen. Bei Berechnung der Beträge für einzelne Tage aber sind verschiedene Grundsätze zur Anwendung gebracht. Bei Zahlungen aus Dispositionsfonds ist der Monatsbetrag ohne Rücksicht auf die wirkliche Zahl der Tage des betreffenden Monats durch 30 dividirt, der so sich ergebende Betrag als der Betrag für einen Tag angesehen und danach die Competenz für mehrere Tage festgestellt worden, so daß z. B. wenn der Monatsbetrag für einen Monat von 31 Tagen sich an zwei Beamte vertheilte, und der Eine etwa für 15 Tage $^{15}/_{30}$, der Andere für 16 Tage $^{16}/_{30}$ erhielt, im Ganzen $^{31}/_{30}$ des Monatsbetrages, also $^{1}/_{30}$ zu viel verausgabt wurde. Dagegen ist bei Zahlungen für Rechnung von Ausgabe-Positionen, welche etatsmäßig für einzelne Stellen zu Besoldungen, Dienstaufwandsentschädigungen 2c. ausgesetzt worden, zur Vermeidung von Etatsüberschreitungen die Vertheilung von Monatsraten nach dem Verhältniß der zu vergütigenden Zahl von Tagen zu der wirklichen Tageszahl des betreffenden Monats erfolgt.

In Uebereinstimmung mit der Königlichen Ober-Rechnungskammer ist beschlossen worden, das letztere Verfahren unter Festhaltung der Eingangs bezeichneten Art der Berechnung von Monatsraten überall, also auch bei der Zahlung von Diäten ꝛc. aus Dispositionsfonds, zur Anwendung zu bringen, wonach die Königliche Regierung das Nöthige verfügen wolle.

Der Minister des Innern. Der Finanz-Minister.

An sämmtliche Königliche Regierungen und die Königliche Ministerial-Bau-Commission in Berlin.

XII. Durch Allerh. Ordre vom 15. Juni 1863 ist Folgendes bestimmt:

1. Bei der Beurlaubung eines Beamten wird auf die ersten $1\frac{1}{2}$ Monate des Urlaubs das Gehalt unverkürzt gezahlt, für weitere $4\frac{1}{2}$ Monate tritt ein Gehalts-Abzug zum Betrage der Hälfte des Gehalts des betreffenden Beamten ein, während bei fernerem Urlaub kein Gehalt zu gewähren ist.
2. Bei Beurlaubungen wegen Krankheit und zur Herstellung der Gesundheit findet auch für die über $1\frac{1}{2}$ Monate hinausgehende Zeit der unumgänglich nothwendigen Abwesenheit des Beamten kein Abzug vom Gehalte statt. (II. 6164 pro 63.)

XIII. Erlaß vom 17. Februar 1875, II. 1019 an sämmtliche Königl. Eisenbahn-Directionen:

Bezüglich der Uebernahme eines Beamten von der einen in die andere Königliche Eisenbahn-Verwaltung ist Folgendes bestimmt: Diejenige Königliche Eisenbahn-Verwaltung, in deren Dienst ein bei einer anderen derartigen Verwaltung angestellter Beamter überzutreten wünscht — hat, vorausgesetzt, daß dieselbe dem Gesuche überhaupt näher zu treten beabsichtigt — sich mit der derzeitig dem Beamten vorgesetzten Verwaltung in Benehmen zu setzen und, wenn im weiteren Verfolg das Gesuch zur Genehmigung geeignet erscheint, deren Einverständniß zum Uebertritt des Beamten nachzusuchen. Dies Einverständniß wird überall dann abzugeben sein, sofern und so lange nicht gewichtige, eventuell der Entscheidung des Herrn Ministers zu unterbreitende Bedenken dagegen geltend zu machen sind.

Aus dem Umstande ferner, daß ein versorgungsberechtigter Militär bei einer Privat-Eisenbahn bereits eine Beschäftigung oder Anstellung erlangt hat, kann ein Grund dafür, dessen Gesuch um Annahme bei einer unter Staatsverwaltung stehenden Eisenbahn zurückzuweisen, nicht hergeleitet werden.

XIV. Erlaß vom 16. Juni 1875, II. 9086 an die Königl. Direction der Ostbahn und an die übrigen Eisenbahn-Directionen bestimmt, daß bezüglich der Fortgewährung der Diäten an die nicht etatsmäßigen Beamten in Krankheits-, Beurlaubungs- oder sonstigen nicht durch ihren Willen oder ihre Schuld herbeigeführten Behinderungsfällen an dem Grundsatze festzuhalten ist, daß nur den mit fixirten Diäten beschäftigten Hülfsarbeitern die Diäten in den gedachten Fällen innerhalb der bestimmungsmäßigen Grenzen fortzugewähren und daß somit diejenigen Hülfsarbeiter, welche einen pro Tag festgesetzten Diätensatz nur auf jedesmalige bescheinigte Liquidation gezahlt erhalten, von dieser Begünstigung in der Regel auszuschließen sind. Demgemäß kann auch den engagirten Bau-Beamten (Baumeistern, Bauführern, Bauassistenten, Ingenieuren, Feldmessern, Feldmessergehülfen, Geometern, Ingenieur-Assistenten und

Zeichnern[1]), deren Einberufung nach den vorgelegten Formularen A und B erfolgt, der Fortbezug der Diäten nicht zugestanden werden, da die betreffenden Beamten nur gegen **monatlich** postnumerando **auf bescheinigte Liquidation zahlbare pro Tag bemessene Diäten** angenommen werden, gleichviel ob bei der Engagirung des Beamten eine Kündigungsfrist vorbehalten wird oder nicht.

Mit Rücksicht auf die durch den Erlaß vom 15. April 1873, II. 6857 getroffenen Anordnungen, nach welchen die Baumeister und Bauführer in der Regel bei Verlust des Anspruchs auf eine künftige Anstellung im Staatsdienste bezw. bei Bauführern auf Zulassung zur Baumeister-Prüfung zur freien Verfügung der Staats-Behörden behufs Zuweisung von Beschäftigung für die Staatsbauverwaltung stehen, wird jedoch genehmigt, daß in allen Fällen, in welchen die Beschäftigung des betreffenden Beamten sich nicht, wie in dem im Al. 2 des Erlasses vom 15. April 1873 gedachten Falle, schon bei dem Engagement als eine nur vorübergehende kennzeichnet, sondern die Annahme in der Absicht der dauernden Beibehaltung nach Maßgabe der Bestimmung in Al. 1. a. a. O. erfolgt, dem betreffenden Beamten eine dem festgesetzten Tages-Diätensatze entsprechende Monatsremuneration bewilligt werde. Dasselbe gilt von den übrigen Beamten, welche nicht nur für die Dauer des betreffendes Baues, sondern in der Absicht der dauernden Beschäftigung angenommen werden.

Die Fixirung der Diäten hat indessen nicht sofort bei der Annahme, sondern stets erst dann einzutreten, wenn die Königliche Direction nach einer mehrmonatlichen Beschäftigung in die Lage gekommen ist, darüber befinden zu können, ob die dauernde Beschäftigung des betreffenden Beamten in Aussicht genommen werden kann.

Anmerkung. In Betreff der Bauzulagen ist durch den Erlaß vom 31. Januar 1877, II. 943 bestimmt, daß, wenn ein Beamter die Geschäfte, für welche ihm eine solche gewährt ist, wegen Krankheit oder aus sonstiger Veranlassung nicht wahrnehmen kann, die Zahlung der Bauzulage spätestens 6 Wochen nach dem Eintritte der Behinderung ohne weitere Anweisung des Herrn Ministers zu sistiren ist.

Die Bauzulage darf dann erst weiter gezahlt werden, wenn der Beamte die bezüglichen Geschäfte unter sonst unveränderten Verhältnissen wieder versieht; eventuell ist die Entscheidung des Herrn Ministers einzuholen.

XV. In einem Specialfalle ist durch Erlaß vom 16. Juni 1876, II. 9350. darauf hingewiesen, daß nach den bestehenden Grundsätzen und Etatsbestimmungen aus den Besoldungsfonds außer der Zahlung der normalmäßigen Besoldungen an die Inhaber der betreffenden Amtsstellen nur folgende Verwendungen stattfinden dürfen:

1. zur Zahlung der den Hinterbliebenen verstorbener Beamten nach Ablauf des Sterbemonats noch zu gewährenden Gnadencompetenzen,
2. in den Fällen, in welchen die einstweilige Verwaltung einer vacanten Stelle einem bestimmten Bediensteten (Beamten, Arbeiter ꝛc.) übertragen worden,

[1]) Wegen Remunerirung ꝛc. der technischen Hülfsarbeiter für Staatseisenbahnbauten, auch in Urlaubs- ꝛc. Fällen, cfr. den weiteren Erlaß vom 16. October 1877, II. 20509 im Abschnitt über Reisekosten und Tagegelder derselben. —

zur Bestreitung der durch die Wahrnehmung des Dienstes der vacanten Stelle erwachsenden Kosten, selbstverständlich soweit das Gehalt der betreffenden Stelle dazu hinreicht[1]).

XVI. Erlaß vom 11. October 1876, II. 15337. bestimmt, daß die Bestimmung in dem Erlasse vom 9. Mai v. J. — II. 7269 —, nach welcher den neu anzustellenden Beamten das Gehalt der Stelle nicht vom 1. Januar, sondern erst vom Tage der Ernennung bezw. dem darauf folgenden 16. oder 1. des betreffenden Monats ab zu gewähren ist, nicht blos für das Jahr 1875 ergangen, sondern allgemein in Anwendung zu bringen und darnach künftighin zu verfahren ist.

In gleicher Weise sind Gehaltszulagen nicht mit rückwirkender Kraft zu bewilligen, sofern dies nicht von dem Herrn Minister ausdrücklich, sei es für einen speciellen Fall, sei es generell, genehmigt worden ist.

XVII. Erlaß vom 24. Mai 1877, II. 8555. bestimmt, daß, wenn einem der Eisenbahn-Verwaltung angehörigen Beamten eine etatsmäßige Stelle bei einer anderen Bahn, als derjenigen, bei welcher er beschäftigt ist, verliehen und zugleich im Interesse der Verwaltung bestimmt wird, daß er einstweilen noch in seiner bisherigen Beschäftigung verbleibe, es den thatsächlichen Verhältnissen entspricht, die Besoldungscompetenzen desselben bei derjenigen Bahn, bei welcher er vorläufig weiter beschäftigt wird, zu gewähren und dieselben dort, sofern er nicht etwa eine etatsmäßige Stelle versieht, deren disponible Mittel event. zunächst zur Deckung zu verwenden wären, bei dem Fonds für Arbeitshülfe zu verrechnen; dagegen die Kosten, welche durch Wahrnehmung seiner etatsmäßigen Stelle bei der andern Bahn entstehen, bei der letzteren, und zwar, soweit das Gehalt der Stelle reicht, bei dieser, und mit dem etwaigen Mehrbetrage bei dem Fonds für Arbeitshülfe zu verausgaben. Es empfiehlt sich um so mehr, in dieser Art zu verfahren, als dadurch die mit den sonst nöthigen Zahlungsausgleichungen der verschiedenen Kassen unter einander verbundenen Weiterungen vermieden werden.

XVIII. Durch Erlaß vom 28. December 1877, II. $\frac{24477}{\text{V. } 10932}$ wird es im Allgemeinen für angemessen erachtet, wenn die durch gerichtliche Vernehmung von Beamten als Zeugen entstehenden Stellvertretungskosten auf Betriebsfonds übernommen werden. Es wird von dem Grundsatze auszugehen sein, daß dem Justizfiscus die Erstattung der fraglichen Kosten um deshalb nicht obliege, weil dieselben unter keine der im Gesetze vom 11. Juli 1875 (Ges.S. S. 545) erwähnten Categorien fallen, daß vielmehr der Urlaub, welcher dem Beamten unter allen Umständen zur Wahrnehmung des gerichtlichen Termins ertheilt werden muß, nach Analogie des Staatsministerial-Beschlusses vom 15. März 1843 als ein gerechtfertigter und damit die Verpflichtung der betreffenden ressortmäßigen Fonds zur Uebernahme der etwa entstehenden Stellvertretungskosten als begründet erscheint.

[1]) Zu 2 wird bemerkt, daß wegen anderweiter Verrechnung der Löhne für Vertretungen in vacanten Stellen zur Zeit Verhandlungen schweben.

Gnaden-Competenzen an Hinterbliebene verstorbener Beamten.

I. Durch Allerhöchste Ordre vom 27. April 1816 (Ges.S. S. 134) ist genehmigt, daß

1. den Hinterbliebenen der Beamten, welche als Mitglieder und Subalternen resp. zu einem Collegium gehören, oder bei demselben arbeiten, außer dem Sterbemonat jedesmal noch die volle Besoldung für die zunächst folgenden drei Monate,
2. den Hinterbliebenen derjenigen Officianten, welche nicht in collegialischen Verhältnissen stehen, außer dem Sterbemonat noch die Besoldung für den nächsten Monat gezahlt werden kann, auch gestattet, daß im letzteren Falle auch dann ein zwei- oder dreimonatliches Gnadengehalt gezahlt werden darf, wenn die Uebertragung der Stelle des Verstorbenen ohne besonderen Kostenaufwand für die Staatskasse erfolgen kann.

   Wegen der Dienstwohnung ist bestimmt

3. daß nach dem Ableben eines Officianten die Sessions- und Arbeitsstube ohne Verzug geräumt, insofern die letztere aber so belegen ist, daß sie nicht füglich von der Familien-Wohnung abgesondert werden kann, eine andere Stube zum Arbeitszimmer eingeräumt werden soll, und daß die Familie des Verstorbenen demnächst auch für die Dauer der Gnadenmonate in der Dienstwohnung bleiben darf. Sollte bei Ablauf des letzten Monats, wegen des damit nicht übereintreffenden Miethsquartals, das anderweite Unterkommen der Familie Schwierigkeiten finden, so soll solche entweder mit dem früher eintretenden Miethsquartal die Wohnung räumen und durch den Dienstnachfolger für die Monate entschädigt werden, für welche ihr eigentlich die freie Wohnung noch zukommt, oder die Familie soll bis zum nächstfolgenden Miethsquartal darin belassen werden und nur verpflichtet sein, dem Nachfolger im Dienst ein gewöhnliches Absteige-Quartier für seine Person und einen oder mehrere Domestiken einzuräumen.

Hiernach soll ohne Rücksicht auf das bisherige Verfahren bei allen landesherrlichen Collegien und Civilstellen verfahren werden.

II. Durch Allerhöchste Ordre vom 27. März 1816 ist genehmigt, daß den Hinterbliebenen der Pensionärs ohne Ausnahme außer dem Sterbemonate noch ein Gnadenmonat zu Theil werden soll.

III. Allerhöchste Ordre vom 15. November 1819 (Ges.S. pro 1820. S. 45).

Auf den Bericht des Staats-Ministerii vom 3. d. M. setze Ich zur Declaration Meiner Kabinets-Ordre vom 27. April 1816 hierdurch fest, daß nur dasjenige, was die Hinterbliebenen eines Beamten, der bemerkten Kabinets-Ordre gemäß, an Besoldung außer dem Sterbe-Quartal erhalten, für dieselbe Gnadenbewilligung ist, — daß auf letztere kein Gläubiger des Verstorbenen Anspruch hat — daß solche der Regel nach nur der Wittwe, den Kindern und Enkeln des Verstorbenen, ohne Rücksicht, ob sie dessen Erben sind oder nicht, zusteht, daß aber den Ministern als

Departements-Chef freizulassen ist, im Falle der Erblasser der Ernährer armer Eltern, Geschwister, Geschwister-Kinder oder Pflege-Kinder gewesen ist, ausnahmsweise denselben das Gnaden-Gehalt anzuweisen und die Minister jedenfalls befugt sein sollen, die Vertheilung desselben unter die Hinterbliebenen zu reguliren und dessen Verwendung zu bestimmen.

Zugleich genehmige Ich, daß diese Bestimmungen wegen des Gnadengehalts auch auf den Gnadenmonat, welcher den Hinterbliebenen der Pensionärs außer dem Sterbemonate bewilligt ist, angewendet werden.

IV. Nach dem Erlaß der Herren Minister des Innern und der Finanzen vom 30. Januar 1822. $\frac{\text{3090. M. d. J.}}{\text{18. I. F.-M.}}$ unterliegt es keinem Bedenken, daß den Hinterbliebenen eines ab officio suspendirten Beamten der Gnadenmonat unverkürzt zu verabfolgen ist, indem außer den (von der Königl. Regierung zu Bromberg) angeführten Gründen auch noch der Umstand in Betracht zu ziehen, daß dieses Beneficium lediglich als eine Beihülfe zu den Begräbniß-, Curkosten 2c. des verstorbenen Beamten zu betrachten ist, weshalb auch etwaige Gläubiger gesetzlich keinen Anspruch darauf machen können.

V. Die Allerhöchste Kabinets-Ordre vom 27. April 1816, betreffend die Bewilligung des Gnaden-Monats und resp. Gnaden-Quartals für die Hinterbliebenen verstorbener Beamten schließt die Hinterbliebenen solcher Officianten, welche durch Selbstentleibung ihren Tod herbeiführen, von dieser Vergünstigung nicht aus. Solchem nach ist hierunter bei der Ausführung keine Beschränkung zulässig.

Erlaß der Herren Minister des Innern und der Finanzen vom 27. Mai 1822. $\frac{\text{III. 10640. F.-M.}}{\text{1335. M. d. J.}}$

VI. Erlaß vom 30. Mai 1855, II. 3965:

Gnadengehalt kann auch an die Hinterbliebenen von nicht etatsmäßigen, jedoch zur dauernden Beschäftigung angenommenen Hülfsarbeitern bewilligt werden.

VII. Erlaß vom 10. Juli 1858, II. 4540:

Die Bewilligung des Gnaden-Quartalsgehalts an Hinterbliebene, nicht in collegialischem Verhältniß gestandener Beamten kann nur mit Genehmigung des Herrn Ministers erfolgen.

Competenzen der Civilbeamten bei einer Mobilmachung.

Zusammenstellung

der Bestimmungen über die Behandlung der militärpflichtigen Civilbeamten im Falle ihrer Einberufung zum Kriegsdienste bei einer Mobilmachung der Armee.

1.

Staats-Ministr.-Beschl. vom 22. Jan. 1831. Jedem Civilbeamten, welcher im Falle einer Mobilmachung der Armee seiner militärdienstlichen Bestimmung folgt, verbleibt sein Civilposten, und er kehrt nach beendigtem Kriegsdienste in denselben zurück.

2.

War der Civilbeamte nur gegen Diäten oder unentgeltlich beschäftigt, so soll nach vollendetem Kriegsdienste für seine anderweit mit Diäten zu bewirkende oder fixirte Anstellung möglichst gesorgt werden. Ebendaselbst §. 13.

3.

Jeder Civilbeamte, welcher bei einer Mobilmachung zum Militärdienst eintritt, behält seine fixirte Besoldung. Zu seiner Equipirung soll ihm ein zwei- bis dreimonatlicher Besoldungsvorschuß bewilligt werden. Ebendaselbst §. 14.

Ueber die fortlaufende Besoldung kann er selbst verfügen[1]).

4.

Erhält er aber Offizier-Besoldung, so wird ihm der Betrag derselben auf seine Civilbesoldung abgerechnet. Ebendaselbst §. 15.

Ist die Offizier-Besoldung höher als die Civil-Besoldung, so hört die Zahlung der letzteren während der Dauer der ersteren ganz auf. Hierbei wird die Vergütigung, Staats-Ministr.-Beschl. v. 28. Sept. 1831

---

[1]) Zu 3. Das Kriegsministerium, Militär-Oeconomie-Departement hat sich in einem Specialfalle unterm 30. November 1850 — 1329/11 M. Ö. D. II — dahin ausgesprochen, daß die Bestimmung, wonach einem Offizier oder Militär-Beamten des mobilen Zustandes keine Abzüge von seinem Gehalte zur Berichtigung von Schulden gemacht werden dürfen (Allerhöchste Kabinets-Ordre vom 22. December 1817, Gesetzsammlung für 1818, Seite 8), nicht auch auf die Abzüge zur Berichtigung der hier in Rede stehenden Vorschüsse Anwendung findet, diese Abzüge vielmehr auch schon während des mobilen Zustandes eintreten müssen.

Dagegen ist es der Ansicht, daß die fraglichen Vorschüsse nicht aus dem Militär-, sondern aus dem Civilfonds zu verabreichen sind. Einer Seits möchte dies schon aus dem Umstande zu folgern sein, daß dieselben auf das Civilgehalt gewährt werden sollen; anderer Seits vermögen aber auch die mit den persönlichen Verhältnissen der einzelnen Beamten vertrauten Civilbehörden weit eher zu beurtheilen, ob und in wie weit dieselben eines Vorschusses bedürfen, als die diesen Beamten weit ferner stehenden Militär-Behörden.

In welchen Raten und auf welchem Wege die Wiedereinziehung der erhobenen Vorschüsse zu geschehen hat, dürfte zwischen den betreffenden Civil- und Militärbehörden und im Besonderen wegen der zum Feld-Postdienste einberufenen Postbeamten zwischen der betreffenden Ober-Post-Direction und derjenigen Feld-Intendantur zu vereinbaren sein, welcher der Beamte zugetheilt ist.

Von dem Inhalte dieses Schreibens sind sämmtliche Königliche Feld-Intendanturen in Kenntniß gesetzt.

Im Einverständniß mit den Herren Ministern der Finanzen, des Krieges und des Innern hat der Herr Minister für Handel, Gewerbe und öffentliche Arbeiten die Königlichen Eisenbahn-Directionen unterm 11. October 1867 (II. 14122) davon in Kenntniß gesetzt, daß die Bestimmungen der Staats-Ministerial-Beschlüsse vom 22. Januar 1831, 19. Juli 1850 und 9. März 1864 auch auf die freiwillig resp. in Folge eigenen Antrages im Falle einer Mobilmachung bei der Armee oder der Militär-Administration eintretenden Civilbeamten für anwendbar erachtet werden und dementsprechend fortan auch den in Rede stehenden Beamten seines Ressorts der Fortbezug ihres Gehaltes resp. ihrer Diäten nicht vorzuenthalten ist. Die betreffenden Beamten sind von den Königl. Eisenbahn-Directionen jedoch nur dann von ihren Dienstfunctionen zu entbinden, wenn dieselben ohne Schädigung wichtiger Interessen der eigenen Verwaltung entbehrt werden können, resp. wenn der Beamte für eine ausreichende Stellvertretung gesorgt haben wird.

(cfr. den diese Bestimmung abändernden nachfolgend. Staats-Min.-Beschl. v. . März 1864.[1])

welche ein Landwehr-Offizier für die Verwaltung der Stelle als interimistischer Compagnieführer erhält, auf die Civilbesoldung nicht in Anrechnung gebracht.

5.

Staats-Ministr.-Beschl. v. 22. Jan. 1831. . 16.

Auf die Entschädigungsgelder, welche ein Civilbeamter zur Bestreitung dienstlicher Bedürfnisse erhält, hat er von dem Eintritte in den Militärdienst ab keinen weiteren Anspruch.

Dagegen verbleibt ihm aber auch die seiner Militär-Charge etwa zustehende Feldzulage neben seiner Civilbesoldungsquote.

6.

Staats-Ministr.-Beschl. v. 23. Jan. 1850.

(cfr. den nachfolgend. Staats-Ministr.-Beschl. 25. Febr. 1860.)

Erhält ein Civilbeamter, welcher als Offizier zur Landwehr einberufen wird, keine Feldzulage, so wird ihm, außer der nach Abrechnung der Offizierbesoldung verbleibenden Civilbesoldungsquote, von seiner Civilbesoldung so viel belassen, als die im Falle der vollständigen Mobilmachung ihm reglementsmäßig zu gewährende Feldzulage betragen würde.

7.

Staats-Ministr.-Beschl. v. 22. Jan. 1831. . 17 — u. 22. Januar 1850.

Die Bestimmungen zu 3, 4, 5 und 6 finden auch auf solche Beamten Anwendung, die mit fixirten Diäten angestellt sind[2]). Den blos vorübergehend gegen Diäten beschäftigten Individuen können aber diese Ansprüche nicht zugestanden werden.

---

[1]) Die eingeklammerten Stellen in den Marginalien dieser Zusammenstellung sind Anmerkungen des Verfassers.

[2]) Zu 7. In einem Specialfalle ist von dem Herrn Minister für Handel, Gewerbe und öffentliche Arbeiten unterm 17. November 1850 darauf hingewiesen worden, daß es mit Rücksicht auf diese Bestimmung nicht darauf ankommt, ob die Beamten auf Kündigung angestellt sind, sondern daß nach der Bestimmung des Königl. Staats-Ministeriums (Staats-Min.-Beschl. vom 17. August 1848) in dieser Beziehung zunächst die in Kamptz Annalen Bd. 23 Seite 816 abgedruckte Entscheidung des Königl. Finanz-Ministeriums vom 18. October 1839 maßgebend sein soll. Hiernach sind unter unfixirten Diäten solche zu verstehen, die auf Grund einer Liquidation der Arbeits- und Reisetage in einem kommissarischen Geschäfte nach allgemeinen Diäten-Reglements zur Anweisung gelangen; dagegen unter fixirten Diäten solche, die nach Maßgabe einer vorherigen speciellen Bewilligung für dergleichen Geschäfte von längerer Dauer gegen monatliche, viertel- oder ganzjährige Quittungen gezahlt werden.

Ferner ist in Bezug hierauf von dem Herrn Handels-Minister Folgendes bestimmt:

a) unterm 30. Mai 1866, II. 5411: daß es keinem Bedenken unterliegt, auch den auf Probe beschäftigten Diätarien bei einer Einberufung zur Fahne im Falle einer Mobilmachung mit Rücksicht darauf, daß das Bedürfniß zur Beschäftigung derartiger Hülfsarbeiter kein vorübergehendes ist, auf Grund des §. 7 des Staats-Ministerial-Beschlusses v. 19. Juli 1850 die bisher bezogenen Diäten für die Zeitdauer ihrer Einberufung zu belassen.

b) unterm 18. Juni 1866, II. 5971 (an die Eisenbahn-Direction Saarbrücken): daß der Erlaß vom 30. Mai 1866 allerdings zunächst nur die in etatsmäßigen Stellen fungirenden, auf Probe angestellten Diätarien im Auge hat, wogegen bei den nicht in etatsmäßigen Stellen probeweise beschäftigten Beamten in jedem einzelnen Falle zu untersuchen sein wird, ob der betreffende Beamte gegen fixirte Diäten angestellt und bei seiner Annahme die Absicht nicht auf eine nur vorübergehende Beschäftigung gerichtet gewesen, oder ob derselbe nur für ein, seiner Natur nach vorübergehendes Geschäft von kürzerer Dauer gegen unfixirte Diäten engagirt worden ist. Während den letztgenannten Beamten bei einer Einberufung zur Fahne im Falle einer Mobilmachung ein Anspruch auf Fortbezug der Diäten nicht zusteht, dürfen dieselben den ersteren nach §. 7 des Staats-Ministerial-Beschlusses vom 19. Juli 1850 nicht vorenthalten werden.

8.

Pensionirte oder auf Wartegeld stehende Civilbeamte sind, wenn sie bei einer Mobilmachung in den Kriegsdienst eintreten möchten, hinsichtlich ihrer Pensionen oder Wartegelder ebenfalls nach den Bestimmungen zu 3, 4, 5 und 6 zu behandeln. Staats-Ministr.-Beschl. v. 22. Jan. 1831. §. 18.

Nach beendigtem Kriegsdienste treten sie in den vollen Genuß ihrer früheren Pension oder ihres früheren Wartegeldes wieder ein. (cfr. den nachfolgend. Staats-Ministr.-Beschl. vom 25. Februar 1860.)

9.

Beamte, die in einem Verwaltungszweige zwar etatsmäßig besoldet werden, diese Besoldung aber nicht aus der Staatskasse beziehen, sollen eben so behandelt werden, wie diejenigen Beamten, welche ihre Besoldungen aus der Staatskasse zu erheben haben. Ebendaselbst §. 11[1]).

10.

Communal- und Patrimonialbeamte sind wie die Staatsdiener zu behandeln. Ebendaselbst §. 19.

Keine Commune wird sich bei der Wichtigkeit des Zweckes entziehen, die etwa erforderlichen Zuschüsse aufzubringen.

Insofern dabei die Unmöglichkeit eintritt, wird die Staats-Kasse zu Hülfe kommen. Wo Privatbehörden interessiren, soll nur freie Entschließung zu etwaiger Unterstützung stattfinden.

11.

Die Beamten, welche bei einer Mobilmachung durch die Provinzial-Verwaltungs-Behörden den Militär-Intendanturen zur Anstellung überwiesen werden, oder auch sonst bei letzteren eine Anstellung erhalten, desgleichen diejenigen, welche als Militär-Justizbeamte, Geistliche, Aerzte und Postbeamte für den Felddienst eintreten, sind ebenso zu behandeln, wie diejenigen Beamten, welche in den activen Dienst bei dem stehenden Heere oder der Landwehr eintreten. Ebendaselbst §. 20. (cfr. den nachfolgend. Staats-Ministr.-Beschl. vom 9. März 1864.)

Das Beamten-Personal der Armee kann auch aus den schon in der Landwehr stehenden Civilbeamten entnommen werden.

12.

Den Civilbeamten, welche bei einer Mobilmachung in die Armee oder in das Beamten-Personal der Armee eintreten, soll dieser Eintritt hinsichts ihres Verhältnisses im Civildienst in keiner Beziehung zum Nachtheil gereichen, ihnen mithin auch die höhere Besoldung, welche im Wege der Ascension, der Stelle ihrer Dienstcategorie, in welcher sie sich befinden, zufallen möchte, gewährt werden. Ebendaselbst §. 21.

13.

Demzufolge sollen auch die Assessoren bei den Landes-Collegien während der Zeit, wo sie bei der Armee oder bei der Armee-Verwaltung dienen, ebenso nach ihrer Reihefolge ascendiren, als wenn sie noch in ihrem Civil-Verhältnisse sich befänden. Ebendaselbst §. 22.

Dasselbe gilt von allen andern nach Ableistung der Staatsprüfungen ohne Gehalt angestellten Civilbeamten. Staats-Minist.-Beschl. v. 19. Juli 1850.

[1]) Mit „Ebendaselbst" ist auf dieser Seite der Staats-Min.-Beschl. v. 22. Jan. 1831 gemeint.

14.

Staats-Ministr.-Beschl. v. 12. Jan. 1831. 3. 23.

Den Referendarien, welche im Militär-Verbande stehen und bei einer Mobilmachung bereits die nöthigen Präsidial-Atteste der Reife zur höheren Prüfung erhalten haben, soll die nöthige Frist bewilligt werden, um vor ihrem Eintritt zum Militärdienst noch die Prüfung bestehen zu können, insofern die Umstände die Bewilligung einer solchen Frist gestatten.

15.

Ebendaselbst 3. 24.

Diejenigen Referendarien, welche mit den gedachten Attesten noch nicht versehen sind, müssen zwar gleich allen anderen einberufenen Mannschaften zum Militärdienst eintreten, sollen aber nach beendigtem Kriege und sobald sie die höhere Prüfung bestanden haben, in die Reihenfolge der Assessoren dergestalt einrücken, daß sie denjenigen, welche später als sie Referendarien und erst während ihrer Militärdienstzeit Assessoren geworden sind, vortreten.

16.

Nach den unter Nr. 14 und 15 ausgesprochenen Grundsätzen werden außer den Referendarien alle anderen Beamten und Aspiranten, welche durch die Einberufung zum Kriegsdienst zur Verzögerung der ihnen noch obliegenden Prüfungen und Vorbereitungs-Arbeiten genöthigt werden, behandelt.

Demgemäß soll

Staats-Ministr.-Beschl. v. 19. Juli 1850.

a) wenn zur Zeit ihrer Einberufung ein Termin zu ihrer Prüfung bereits anberaumt ist, ihnen noch, sofern die Militär-Verhältnisse es gestatten, die hierzu erforderliche Frist bewilligt,

b) anderen Falls aber ihnen nach später abgelegter Prüfung vor denjenigen, welche später als sie in das betreffende Verhältniß eingetreten, ihnen aber während des Kriegsdienstes durch Ablegung der Prüfung zuvorgekommen sind, die Anciennetät beigelegt werden.

17.

Ebendaselbst.

Ob und in wie weit die vorstehenden Bestimmungen bei einer außerordentlichen Zusammenziehung der Landwehr auf die zum Dienst bei der Landwehr eingezogenen Civilbeamten anzuwenden sind, bleibt in jedem derartigen Falle besonderer Anordnung vorbehalten.

Abändernde bezw. erläuternde Bestimmungen.

I. Staats-Ministerial-Beschluß, betreffend die Behandlung der bei einer Mobilmachung der Armee zum Kriegsdienste einberufenen Civilbeamten[1]).

Auf den Antrag des Kriegs-Ministers vom 16. October 1849, beschließt das Staats-Ministerium:

---

[1]) Den Eisenbahn-Directionen, Commissariaten 2c. mittelst Verfügung des Herrn Ministers für Handel 2c. vom 27. September 1850 $\frac{\text{II. 3672.}}{\text{V. 9138.}}$ mit dem Auftrage zur Kenntnißnahme mitgetheilt, die betreffenden Bestimmungen den betheiligten Beamten bekannt zu machen.

1. daß die Bestimmungen des §. 22 des Staats-Ministerial-Beschlusses über die Behandlung der militairpflichtigen Civilbeamten bei einer Mobilmachung der Armee vom 22. Januar 1831 auf alle nach Ableistung der Staatsprüfungen ohne Gehalt angestellten Beamten gleichmäßig anzuwenden;
2. daß nach den, in den §§. 23, 24 jenes Beschlusses enthaltenen Grundsätzen nicht blos die Referendarien, sondern auch alle andern Beamten und Aspiranten, welche durch die Einberufung zum Kriegsdienst zur Verzögerung der ihnen noch obliegenden Prüfungen und Vorbereitungs-Arbeiten genöthigt werden, zu behandeln, und demgemäß
   a) wenn zur Zeit ihrer Einberufung ein Termin zu ihrer Prüfung bereits anberaumt ist, ihnen noch, sofern die Militär-Verhältnisse es gestatten, die hierzu erforderliche Frist zu bewilligen.
   b) andern Falls aber ihnen nach später abgelegter Prüfung vor denjenigen, welche später, als sie in das betreffende Verhältniß eingetreten, ihnen aber während des Kriegsdienstes durch Ablegung der Prüfung zuvorgekommen sind, die Anciennetät beizulegen;
3. daß die Bestimmungen der §§. 11 bis 24 des Staats-Ministerial-Beschlusses vom 22. Januar 1831 und die Ergänzungen derselben zur Beruhigung der Beamten, welche von der Einberufung zum Kriegsdienst betroffen werden können, in geeigneter Weise bekannt zu machen, und
4. daß bei außerordentlicher Zusammenziehung der Landwehr ohne eigentliche Mobilmachung dem Kriegsminister die Beantragung der Ausdehnung jener Bestimmungen auf diese Fälle zu überlassen sei.

Von diesem Beschlusse und der demselben beigefügten Zusammenstellung der zu 3 erwähnten Bestimmungen erhält jeder Minister eine beglaubigte Abschrift, um danach für sein Ressort das Erforderliche zu veranlassen.

Berlin, den 19. Juli 1850.

Das Staats-Ministerium.

gez. Graf von Brandenburg. von Ladenberg. Frhrr. von Manteuffel. v. d. Heydt. von Rabe. Simons. Frhrr. von Schleinitz. von Stockhausen.

II. Auf den Bericht des Staats-Ministeriums vom 25. Februar dieses Jahres will Ich dem anliegenden Staats-Ministerial-Beschlusse von demselben Tage Meine Genehmigung hierdurch ertheilen.

Berlin, den 10. März 1860.

Im Namen Seiner Majestät des Königs:

gez. Wilhelm, Prinz von Preußen, Regent.

ggez. Fürst zu Hohenzollern-Sigmaringen. von Auerswald. von der Heydt. Simons. von Schleinitz. von Patow. Graf von Pückler. von Bethmann-Hollweg. Graf von Schwerin. von Roon.

An
das Staats-Ministerium.

Beschluß.

Auf den Antrag der Minister der Finanzen und des Krieges vom 6. December v. J. beschließt das Staats-Ministerium, unter Vorbehalt der Einholung der Allerh. Genehmigung,

die §§. 18. des Staats-Ministerial-Beschlusses vom 22. Januar 1831 und 8 der Beilage des Staats-Ministerial-Beschlusses vom 19. Juli 1850, sowie den Staats-Minist.-Beschluß vom 23. Januar 1850 dahin abzuändern:

daß den bei einer Mobilmachung der Armee als Offiziere, oder als Militär-Administrationsbeamte eingezogenen pensionirten oder auf Wartegeld stehenden Civilbeamten in den Fällen, wo ihr Militär-Gehalt geringer, als das vor ihrer Pensionirung oder Stellung auf Wartegeld bezogene letzte Friedens-Gehalt ist, ein Zuschuß zu dem Ersteren, bis zur Höhe des Letzteren aus ihrer Pension oder ihrem Wartegelde, soweit diese Competenzen reichen, gewährt und hienach auch schon in Betreff der bei der vorjährigen Mobilmachung zum Kriegsdienste eingezogenen derartigen Beamten verfahren werden darf.

Von diesem Beschlusse erhält, sobald derselbe die Allerhöchste Genehmigung erlangt haben wird, ein jeder Minister eine beglaubigte Abschrift, um danach für seinen Bereich das Erforderliche zu veranlassen.

Berlin, den 25. Februar 1860.

Das Staats-Ministerium.

gez. Fürst zu Hohenzollern-Sigmaringen. von Auerswald. von der Heydt. Simons. von Schleinitz. von Patow. Graf von Pückler. von Beth.-Hollweg. Graf von Schwerin. von Roon.

III. Auf den Bericht des Staats-Ministeriums vom 9. März 1864 genehmige Ich den anliegenden Beschluß desselben von demselben Tage, betreffend die Gehalts-abzüge der bei einer Mobilmachung in die Armee eintretenden Cvilbeamten, und will gleichzeitig in Folge davon die §§. 112 und 452 des Reglements des Kriegs-Ministeriums über die Geldverpflegung der Armee im Kriege vom 8. Juni 1854, insoweit dieselben die Ermächtigung zu Bewilligungen aus dem Civil-Diensteinkommen der Beamten enthalten, hiermit aufheben.

Berlin, den 18. April 1864.

gez. **Wilhelm.**

ggez. von Bismarck. von Bodelschwingh. von Roon. Graf von Itzenplitz. von Mühler. Graf zur Lippe. von Selchow. Graf zu Eulenburg.

An
das Staats-Ministerium.

Das Königliche Staats-Ministerium beschließt:

1. zu den §§. 15 und 20 des Staats-Ministerial-Beschlusses vom 22. Januar 1831 über die Gehaltsbezüge der bei einer Mobilmachung in die Armee eintretenden Civilbeamten (Nr. 4 und 11 der Zusammenstellung in der Anlage des Staats-Ministerial-Beschlusses vom 19. Juli 1850) folgende Zusatzbestimmung:

   die durch jene Vorschriften angeordnete Kürzung der Civilbesoldung findet bei denjenigen Beamten, welche einen eigenen Hausstand mit Frau oder Kind haben, von dem Beginne desjenigen Monats an, in welchem sie ihren Wohnort zu verlassen genöthigt sind, nur insoweit statt, als das reine Civileinkommen und das Militärgehalt zusammen den Betrag von Achthundert Thalern[1]) jährlich übersteigen.

2. In der Vorschrift unter Nr. 6 der allegirten Zusammenstellung wegen Gewährung der Feldzulage wird hierdurch nichts geändert.

3. Nach Maaßgabe dieses Beschlusses ist auch hinsichtlich der unter den Staats-Ministerial-Beschluß vom 3. Februar d. J. fallenden Civilbeamten zu verfahren.

Von diesem Beschlusse erhält jeder Minister eine beglaubigte Abschrift, um danach für sein Ressort das Erforderliche zu veranlassen.

Berlin, den 9. März 1864.

Königliches Staats-Ministerium.

gez. von Bismarck. von Bodelschwingh. von Roon.
Graf von Itzenplitz. von Mühler. Graf zur Lippe. von Selchow.
Graf zu Eulenburg.

Beschluß.
St. M. No. 488.

IV. Nach Mittheilung des Herrn Justiz-Ministers hat sich der Herr Finanz-Minister unterm 29. September 1870 damit einverstanden erklärt,

daß die in Folge der Mobilmachung der Armee aus dem Ersatz-Reserve-Verhältniß zum Heere einberufenen Civilbeamten in Ansehung ihrer Competenzen aus Civilfonds während der Dauer ihrer Dienstleistung bei dem Militär in gleicher Weise zu behandeln sind, wie es für die Fälle der Mobilmachung bezüglich derjenigen Civilbeamten vorgeschrieben ist, welche ihrer Militärpflicht bereits genügt haben und aus dem Reserve- resp. Landwehr-Verhältniß zu den Fahnen eingezogen sind.

In diesem Sinne hat sich der Herr Finanzminister auch gegen den Herrn Bundeskanzler ausgesprochen.

---

[1]) gleich 2400 Mark.

V. Erlaß des Herrn Ministers für Handel, Gewerbe und öffentliche Arbeiten vom 14. September 1871, II. 17186 an sämmtliche Königl. Eisenbahn-Directionen, Commissariate und Commissionen.

Den zur Militär-Administration einberufenen Civilbeamten ist in vielen Fällen aus Militärfonds vorübergehend ein Zuschuß zu der Offizierbesoldung gewährt worden, welcher die Bedeutung einer Remuneration für außergewöhnliche, durch den Mangel an Beamten und durch den großen Geschäftsandrang nothwendig gewordene Anstrengungen im Dienste haben soll.

Diese durchgehends nach der Hälfte der tarifmäßigen Feldzulage bemessene Remuneration hat sonach weder die Natur einer Feldzulage, noch diejenige einer Besoldung, und kann deshalb auf die Feldzulage, welche aus der nach Abrechnung der Offizierbesoldung verbleibenden Civilbesoldungsquote bestimmungsmäßig zu gewähren ist (cf. die durch Staatsministerialbeschluß vom 19. Juli 1850 bezw. durch meinen Erlaß vom 27. September 1850 mitgetheilten Bestimmungen über die Behandlung der militärpflichtigen Civilbeamten im Falle ihrer Einberufung zum Kriegsdienste sub Nr. 6), nicht in Abrechnung gebracht werden.

Die Königliche Direction hat bei Auszahlung der Gehalts-Competenzen an die seiner Zeit zur Militär-Administration einberufenen Beamten Ihrer Verwaltung hiernach zu verfahren.

Der Minister für Handel, Gewerbe und öffentliche Arbeiten.

VI. Erlaß vom 31. Juli 1876. $\frac{\text{II. 10015}}{\text{V. 5092}}$ an die Königlichen Eisenbahn-Directionen und Commissariate.

Bezüglich der Bewilligung der Feldzulage aus dem Civilgehalte an solche Civilbeamte, welche bei einer Mobilmachung einberufen und über die Dauer des mobilen Verhältnisses hinaus von der Militär-Behörde zurückbehalten werden, ist in Zukunft nach folgenden Grundsätzen zu verfahren:

1. Geschieht die Zurückbehaltung wegen Erkrankung oder behufs der Rechnungslegung, so wird dem Beamten, so lange er noch nach §§. 77, 78 Theil I. und §§. 16, 10 Theil II. des Geldverpflegungs-Reglements vom 29. August 1868 das Gehalt aus Mitteln der Militär-Verwaltung bezieht, anstatt der Feldzulage das Aequivalent derselben bis zum Tage der definitiven Entlassung tageweise aus dem Civilgehalte gewährt.
2. Wird die Zurückbehaltung behufs Abwickelung der mit der Demobilmachung im Zusammenhange stehenden Geschäfte angeordnet, so werden die Tagegelder, welche dem Beamten nach dem Aufhören des Gehaltes in Gemäßheit des §. 81, I und §. 16. II a. a. O. noch aus Mitteln der Militär-Verwaltung zu zahlen sind, auf das Civilgehalt nicht[1]) in Anrechnung gebracht.

[1]) Die Berichtigung durch den Zusatz des Wortes „nicht" ist durch den Erlaß des Herrn Ministers für Handel ꝛc. vom 2. October 1876, $\frac{\text{II. 16959.}}{\text{V. 8583.}}$ angeordnet.

3. Erfolgt die Zurückbehaltung zur Erledigung der bei der Demobilmachung sich ergebenden Rechnungsrückstände, so ist der Beamte als Hülfs-Arbeiter der Militair-Verwaltung zu beurtheilen; er kann neben der Remuneration, die ihm nach §. 82, I a. a. O. aus Mitteln der Militär-Verwaltung anzuweisen ist, sein Civilgehalt weder ganz noch theilweise beanspruchen.

4. Ist die Zurückbehaltung ohne innern Zusammenhang mit dem vorangegangenen mobilen Zustande lediglich im zeitlichen Anschlusse an denselben im dienstlichen Interesse bei den Fahnen erfolgt, so liegt eine gewöhnliche vorübergehende Dienstleistung in Friedenszeiten vor, welche nach den hierfür geltenden Vorschriften zu beurtheilen ist.

Fortgewährung der Diäten an die zu Militär-Uebungen einberufenen diätarischen Hülfs-Arbeiter.

Erlaß vom 25. März 1878, $\frac{\text{II. 25276}}{\text{V. 1337}}$.

I. Unter theilweiser Abänderung der Verfügung vom 17. November 1873, II. 16578, betreffend die Fortgewährung der Diäten an die zu Militär-Uebungen einberufenen diätarischen Hülfs-Arbeiter wird Folgendes bestimmt:

1. Den mit fixirten Diäten beschäftigten Hülfs-Arbeitern ist die bewilligte Remuneration für die Dauer der militärischen Uebung fort zu gewähren und zwar ohne Anrechnung der Militär-Competenzen, sofern die betreffenden Hülfs-Arbeiter zu den Mannschaften des Beurlaubtenstandes gehören.

2. Bezüglich der als Offiziere zu den Militär-Uebungen einberufenen, mit fixirten Diäten beschäftigten Hülfs-Arbeiter hat die vorgesetzte Königl. Eisenbahn-Direction bezw. Commission in jedem einzelnen Falle nach Lage der persönlichen Verhältnisse der betreffenden Diätarien darüber Entscheidung zu treffen, ob und inwieweit denselben die ihnen aus Militär-Fonds (nach §. 67 des Geldverpflegungsreglements für das preußische Heer im Frieden) zustehenden Tages-Diäten auf ihr Civil-Diensteinkommen anzurechnen sind, oder ob ihnen letzteres ungeschmälert zu belassen ist.

3. Hinsichtlich der nur vorübergehend gegen nichtfixirte (Tages-) Diäten beschäftigten Hülfs-Arbeiter verbleibt es bei der Bestimmung der Verfügung vom 17. November 1873 wonach denselben der Fortgenuß der Diäten für die Dauer der militärischen Uebungen in der Regel zu entziehen, und derselbe nur, sofern besondere Gründe dafür sprechen, unter Darlegung derselben in Beachtung der Allerhöchsten Ordre vom 24. Juli 1837 bei mir zu beantragen ist. Bei der Einrichtung derartiger Anträge ist zugleich zu erörtern, ob und in wieweit die militärischen Competenzen in Anrechnung gebracht werden sollen.

In allen Fällen, wo die Bewilligung der Diäten für die Dauer militärischer Uebungen erfolgt, ist das den betreffenden Hülfs-Arbeitern etwa zugebilligte Reisekosten-Pauschquantum für diese Zeit in Wegfall zu bringen.

Um übersehen zu können, in welchem Umfange nach der Bestimmung sub 2 den mit fixirten Diäten beschäftigten, als Offiziere einberufenen Diätarien das Civil-Diensteinkommen ganz oder theilweise fortgewährt ist, veranlasse ich die Königl. Directionen und Commissionen, bis auf Weiteres am 1. Mai jeden Jahres für das angelaufene Etatsjahr — zuerst am 1. Mai 1879 — eine bezügliche Nachweisung nach untenstehendem Schema hierher einzureichen.

An
sämmtliche Königliche Eisenbahn-Directionen und Commissionen, sowie zur Nachachtung an sämmtliche Königl. Eisenbahn-Commissariate.

Schema.

Laufende No.	Name.	Amts-Charakter.	Höhe der Civildiäten. M	Dauer der Uebungen.	Betrag der auf die Uebungszeit entfallenden Civildiäten. M	Etwa in Abzug gebrachte Diäten aus Militärfonds. M	Bemerkungen.

II. Ich bin mit der in dem Berichte des Staats-Ministeriums vom 1. d. Mts. entwickelten Ansicht einverstanden, daß es angemessen sei, die Entscheidung auf die Frage, ob und inwieweit den auf unbestimmte Zeit angenommenen Diätarien während ihrer Landwehr-Uebungen die Diäten zu belassen seien, für jeden concreten Fall dem vernünftigen Ermessen der Behörden und resp. der Bestimmung des Departements-Chefs vorzubehalten. Bei dieser Entscheidung muß jedoch der Gesichtspunkt der Billigkeit vorwalten, um denjenigen, welche sich dem Civil-Dienst gewidmet haben die Erfüllung ihrer Verpflichtung zum Landwehr-Dienste nicht zu erschweren und der für das Landwehr-Institut bestehenden günstigen Stimmung keinen Eintrag zu thun.

Teplitz, den 24. Juli 1837.

gez. Friedrich Wilhelm.

An
das Staats-Ministerium St. M. Nr. 833.

Remunerationen der Hülfsarbeiter. Remunerationen und Unterstützungen.

I. Staats-Ministerial-Beschluß, betreffend die Zahlung der Remunerationen an die im Staatsdienste beschäftigten Hülfsarbeiter, vom 2. Juli 1859.

(Min.-Bl. S. 166.)

Den im Staatsdienste beschäftigten Hülfsarbeitern sind die ihnen bewilligten, nach Monats- oder Jahres-Perioden fixirten Remunerationen[1]) monatlich pränumerando zu zahlen, wenn die Empfangsberechtigten zu denjenigen dauernd beschäftigten Hülfsarbeitern gehören, auf deren Arbeitskraft bei Bemessung des Personalbedarfs der betreffenden Behörde oder Stelle in der Art gerechnet ist, daß die ihnen zu zahlenden Remunerationen bei Aufstellung der bezüglichen Etats vorgesehen worden sind, und demzufolge aus den in letzteren dazu ausgesetzten Fonds bestritten werden. In jedem andern Falle sind Remunerationen und beziehentlich Diäten, mögen sie nach Stücken, Tagen oder Monaten bewilligt sein, nur postnumerando zu zahlen. Ausnahmsweise kann auch dauernd beschäftigten Hülfsarbeitern ihre diätarische Remuneration nach Bestimmung des Vorgesetzten postnumerando gezahlt werden, wenn solches aus besonderen Gründen dem dienstlichen Interesse entspricht.

Berlin, den 2. Juli 1859.

Königliches Staats-Ministerium.

II. Erlaß des Herrn Ministers für Handel etc. vom 22. April 1874, II. 9401. an die Königlichen Eisenbahn-Directionen.

Nach einem Staatsministerial-Beschlusse vom 10. Juli 1852 sind die in den Etats ausgebrachten Unterstützungs-Fonds für bedürftige Beamte bestimmt, deren jährliches Diensteinkommen den Betrag von 1000 Thlrn. (= 3000 M.) nicht übersteigt, während höher besoldeten Beamten Unterstützungen aus diesen Fonds nur ausnahmsweise in außergewöhnlichen Bedarfsfällen gewährt werden sollen. Diese Bestimmung ist durch Staatsministerial-Beschluß vom 1. d. M. dahin abgeändert, daß die darin festgesetzte Diensteinkommensgrenze fortan durch die Summe von 1500 Thlr. (= 4500 M.) gebildet werden soll.

Die Königliche Direction setze ich hiervon mit dem Bemerken in Kenntniß daß ich die Entscheidung darüber, ob einem höher besoldeten Beamten unter der vorgedachten Voraussetzung ausnahmsweise eine Unterstützung zu gewähren sein möchte, für jeden einzelnen Fall, auch wenn die Bewilligung einer Unterstützung nur in einem, die Competenz der Königlichen Direction an sich nicht übersteigenden Betrage in Frage kommt, mir vorbehalten muß.

III. Durch die Verlegung des Etatsjahres hat die übliche Vertheilung von Remunerationen und Unterstützungen in größerem Umfange zu Weihnachten jeden Jahres eine Aenderung nicht erfahren. Dagegen ist angeordnet, daß ein angemessener Be-

[1]) In Betreff des Begriffs von fixirten und unfixirten Diäten wird auf den Abschnitt über die Competenzen bei Mobilmachungen verwiesen.

trag zur Bewilligung außerordentlicher Remunerationen und Unterstützungen für das letzte Quartal vom 1. Januar bis 31. März verfügbar bleibt. Hierdurch wird Gelegenheit geboten, einzelnen Beamten noch vor dem Finalabschlusse Remunerationen und Unterstützungen zu gewähren. Eine Uebertragung bezw. Inreststellung der bei dem Titel 7 vorgesehenen Beträge ist jedoch nicht angängig.

IV. Nach dem Erlaß vom 24. Juli 1877, II. 11556. V. 5338. hat der Herr Finanz=Minister den Königlichen Regierungen das nachfolgende Schema zugefertigt, in dem diejenigen Punkte bezeichnet sind, auf deren Feststellung bei beabsichtigten Anträgen auf Gewährung laufender Unterstützungen für Hinterbliebene von Beamten seines Ressorts Gewicht zu legen ist.

Zur Sicherung eines gleichmäßigen Verfahrens bei Bewilligung solcher Benefizien sind die Königlichen Staatsbahn=Directionen veranlaßt worden, künftig bei Anträgen auf Gewährung laufender Unterstützungen an Hinterbliebene ihrer Beamten aus Staatsfonds das gedachte Schema gleichfalls anzuwenden und für den Fall, daß es sich um Hinterbliebene von pensionirten Beamten handelt, in den desfallsigen Berichten ausdrücklich hervorzuheben, ob die Ehe, welcher die betreffenden Hinterbliebenen entstammen, vor oder erst nach eingetretener Pensionirung des Verstorbenen geschlossen worden ist.

In denjenigen Fällen, in welchen die Bewilligung außerordentlicher Unterstützungen aus der Beamten=Pensions= und Unterstützungskasse an pensionirte Beamte, sowie an Hinterbliebene von Beamten nach den reglementsmäßigen Bestimmungen der Genehmigung des Herrn Ministers vorbehalten ist, sind die in Betracht kommenden Momente gleichfalls in einer Nachweisung nach dem nachfolgenden Schema B. zu vermerken.

Dieser Erlaß ist den Königlichen Eisenbahn=Commissariaten ebenfalls zugegangen.

A. Vorschlags-

behufs Bewilligung laufender Unter

für ....

No.	Der Wittwe: Vor-, Zu- und Elternnamen.	Der Wittwe: Ehemann war	Der Wittwe: Wohnort.	Der Wittwe: Alter. (Jahre.)	Dauer der Verheirathung. (Jahre.)	Der Wittwe und resp. des Ehemannes bei der Eheschließung. (Jahre.)	No.	Namen der hinterbliebenen Kinder.	Deren Alter: Tag der Geburt.	Deren Alter: Jahr der Geburt.	Deren Alter: laut beiliegenden Attestes No.
1.	2.	3.	4.	5.	6.	7.		8.	9.	10.	11.

V. Erlaß des Herrn Ministers für Handel etc. vom 15. September 1877, II. 20189, an sämmtliche Königl. Eisenbahn-Directionen.

Zur Beseitigung von Zweifeln, welche hinsichtlich der Bewilligung von Remunerationen und Unterstützungen an Beamte und Arbeiter der Eisenbahn-Verwaltung entstanden sind, werden hierdurch die nachfolgenden Bestimmungen getroffen:

I. Bei der Betriebs-Verwaltung können aus dem unter Titel 7 vorgesehenen Fonds Remunerationen und Unterstützungen an etatsmäßig angestellte und außeretatsmäßig beschäftigte, im activen Dienst befindliche Beamte, einschließlich der Civil-Supernumerarien, gewährt werden. Beamten, welche ein 4500 M. übersteigendes Diensteinkommen beziehen, können Unterstützungen aus dem bezeichneten Fonds nur mit meiner Genehmigung bewilligt werden.

Für die Bewilligung von Unterstützungen an ausgeschiedene Beamte oder an Wittwen und Waisen von Beamten werden in der Regel die Beamten-Pensions- und Unterstützungs-Kassen die erforderlichen Mittel bieten. Sollte in einzelnen Fällen die Gewährung außerordentlicher Beihülfen als dringlich erscheinen, auf die Fonds der gedachten Kassen aber aus formellen Gründen oder wegen Unzulänglichkeit derselben nicht zurückgegriffen werden können, so ist unter Darlegung des Sachverhältnisses an mich zu berichten. Desgleichen ist Bericht zu erstatten, wenn es sich um die Gewährung von Unterstützungen an Beamte handelt, welche vor der in den Jahren 1872 und 1873 eingetretenen anderweiten Regulirung der vermögensrechtlichen Ansprüche der betreffenden Beamten-Categorie oder vor Erlaß des Pensionsgesetzes vom 27. März 1872 pensionirt worden sind.

Die unter Titel 6 des Etats vorgesehenen Mittel sollen, soweit dieselben zu Unterstützungszwecken Verwendung finden können, lediglich den bei der Eisenbahn-Verwaltung beschäftigten, erkrankten oder invalide gewordenen Arbeitern zu Gute

...achweisung
...ützung resp. von Erziehungsgeldern

...n Kindern befinden sich	Die Mutter bezieht aus der Wittwenkasse resp. aus sonstigen Fonds. M.	Des Ehemannes: Dienstzeit und Führung unter Sonderung der Militär- und Civildienstzeit.	Des Ehemannes: letztes Diensteinkommen jährlich event. auch Betrag der Pension. M.	Betrag der in Vorschlag gebrachten Unterstützung. M.	Auf wie lange.	Gründe für die Bewilligung unter Darlegung der eigenen Hülfsquellen der Wittwe zc., insbesondere auch des Vermögens und Einkommens der Wittwe, der Kinder, etwa vorhandener Eltern oder sonstiger alimentationspflichtiger Verwandten.
12.	13.	14.	15.	16.	17.	18.

B. Nach

betreffend die Bewilligung von außerordentlichen Unterstützunge

der ....

No.	Name und Wohnort der Wittwe oder des Pensionairs, sowie der Stand des verstorbenen eventuell pensionirten Beamten.	Tag und Jahr des Ablebens, event. der Pensionirung des betreffenden Beamten.	Dienstzeit und Führung des verstorbenen event. pensionirten Beamten unter Sonderung der Militär- und Civil-Dienstzeit.	Alter der Wittwe eventuell des Pensionairs und dessen Ehefrau, sowie Anzahl und Alter der Kinder.	Betrag der Wittwenpension und der Kindererziehungsgelder, event. der Beamtenpension und des Pensionszuschusses.	Bereits bewilligte außerordentliche Unterstützungen nach Zeit und Betrag eventuell auch Angabe der betreffenden Ministerial-Erlasse.

kommen. Die Bewilligung von Unterstützungen an die bezeichneten Arbeiter ist von der Voraussetzung abhängig, daß die Erkrankung oder Invalidität während der Dauer des Arbeitsverhältnisses eingetreten ist. Den Hinterbliebenen von Arbeitern können Unterstützungen aus dem gedachten Fonds gewährt werden, wenn die Krankheit, in deren Verlauf der Tod des betreffenden Arbeiters erfolgt ist, während der Dauer des Arbeitsverhältnisses eingetreten ist. Unterstützungen an andere Hinterbliebene als Wittwen und Descendenten können jedoch nur mit meiner Genehmigung bewilligt werden.

Zahlungen, welche auf Grund rechtlicher Verpflichtung nach vorangegangenem Vergleiche oder ohne solchen aus Betriebs-Fonds geleistet werden, sind aus den für Entschädigungen pp. bestimmten etatsmäßigen Fonds zu entnehmen, auch wenn die Existenz einer rechtlichen Verbindlichkeit gegenüber denjenigen, an welche die Zahlungen stattfinden, nicht anerkannt wird.

Ueber die Bewilligung von Remunerationen an Beamte, sowie von Unterstützungen an Beamte nnd Arbeiter beziehungsweise deren Hinterbliebene nach den vorstehenden Voraussetzungen sind die Directionen und Commissionen bis zum Betrage von 150 M. für jedes Etatsjahr selbstständig Entscheidung zu treffen befugt. Die im Etat festgestellten Fonds dürfen jedoch nicht überschritten werden.

II. Bei der Bauverwaltung können ans den in den Betriebs-Etats unter Titel 7 vorgesehenen, vor der Linie abgesetzten Mitteln in den Grenzen der etatsmäßigen Beträge Remunerationen und Unterstützungen unter denselben Voraussetzungen wie bei der Betriebs-Verwaltung an diejenigen Beamten gewährt werden, welche bei der Veranschlagung der betreffenden Fonds in Betracht zu ziehen sind. Zur Bewilligung von Remunerationen bedarf es indessen in jedem Falle meiner Genehmigung.

eisung

s der Beamten-Pensions- und Unterstützungs-Kasse

. . . . Bahn.

Betrag der		Kurze Angabe der festgestellten thatsächlichen Momente und anderweiten Umstände zur Begründung des Antrages auf Unterstützung.
m Curatorium beantragten	von der Direction (Kommission) befürworteten	
Unterstützung.		
M.	M.	

Den vorbezeichneten Beamten sowie auch allen übrigen bei der Bau-Verwaltung beschäftigten Beamten und Arbeitern können ferner Unterstützungen nach Maßgabe der Allerhöchsten Ordre vom 16. November 1850 in Fällen unverschuldeter Erkrankung oder körperlicher Beschädigung, welche sie sich durch ihre Beschäftigung bei den Bauten zuziehen möchten, aus den beim Bau-Fonds vorgesehenen Mitteln gewährt werden. Eine Erkrankung ist als durch die Beschäftigung bei den Bauten zugezogen zu betrachten, wenn dieselbe mit dienstlichen Verrichtungen oder Anstrengungen in unmittelbarem Zusammenhange steht, oder auf solche gesundheitsschädliche Einflüsse zurückgeführt werden muß, denen der betreffende Beamte beziehungsweise Arbeiter in Folge der ihm obliegenden Dienstverrichtungen ausgesetzt war. Unterstützungen aus Bau-Fonds können nach Umständen auch den Hinterbliebenen der bei den Bauausführungen oder in Folge derselben verunglückten Personen (Beamten und Arbeiter) gewährt werden. Zur Bewilligung von Unterstützungen an andere Hinterbliebene als Wittwen und Descendenten ist jedoch in jedem Falle meine Genehmigung einzuholen.

Endlich können gemäß der Allerhöchsten Ordre vom 21. October 1850 den beim Bau der Staats-Eisenbahnen ohne etatsmäßige Anstellung beschäftigten Beamten, wenn deren persönliche Verhältnisse dafür sprechen, ausnahmsweise für die im Fortgange des Baues nöthig gewordenen Umzüge mäßige Entschädigungen mit meiner Genehmigung nach den in dem Erlaß vom 12. Mai d. J. II. 8604 näher angegebenen Grundsätzen bewilligt werden.

Ueber die Gewährung von Unterstützungen an Beamte und Arbeiter nach den vorstehenden Voraussetzungen sind die Directionen bis zur Höhe von 150 M., die Commissionen bis zur Höhe von 90 M. selbstständig Entscheidung zu treffen befugt.

VI. Wegen Bewilligung von Unterstützungen an solche beim Bau verunglückte Personen, welche nicht von der Verwaltung, sondern von Bau-Unternehmern angenommen sind, bezw. an die Hinterbliebenen derselben aus Bau-Fonds, hat sich der Herr Minister durch Erlaß vom 11. April 1878, II. 5209 bis auf Weiteres die Entscheidung für den einzelnen Fall vorbehalten. Der Natur der Sache nach werden indessen Bewilligungen an diese, zu der Verwaltung nicht in unmittelbarer Beziehung stehenden Personen nur ausnahmsweise erfolgen können.

VII. Nach dem Erlasse vom 20. Juli 1879, II. P. 5002 steht nichts entgegen, den nach Maßgabe des Erlasses vom 25. Februar 1876, II. 2329 bei der Veranschlagung des etatsmäßigen Remunerations- und Unterstützungs-Fonds berücksichtigten Beamten, welche beim Bau beschäftigt werden, Remunerationen und Unterstützungen nach den für die Betriebs-Verwaltung geltenden Grundsätzen und ohne Rücksicht auf die für diese Beamten berechneten Durchschnittssummen zu gewähren. Es darf jedoch der Gesammtbetrag des genannten Fonds nicht überschritten werden.

Die hiernach den in Frage stehenden Beamten zu bewilligenden Remunerationen und Unterstützungen sind zu den vollen Beträgen aus den betreffenden Bau-Fonds zu erstatten und beim Titel 7, pos. 2 des Etats in Einnahme zu stellen.

Remunerationen an etatsmäßig angestellte Bau-Beamte.

VIII. Die Vorschrift, nach welcher Remunerationen für besoldete Bau-Beamte aus den Bau-Fonds nicht bewilligt werden dürfen, steht nicht entgegen, an etatsmäßig angestellte Bau-Beamte, wenn sie neben ihren sonstigen Berufspflichten die specielle Leitung und Controle vorkommender größerer Neu-Bauten ohne besonderen Aufwand nicht durchführen können, solche ihnen aber gleichwohl aus dienstlichen Rücksichten in Stelle der in den Bauanschlägen dazu in Aussicht genommenen, besonders zu engagirenden Baumeister oder Bauführer übertragen wird, Entschädigungen für die dadurch verursachten Mehrkosten an Dienstaufwand aus den dadurch ersparten anschlagsmäßigen Aufsichtskosten zu gewähren und bei den betreffenden Bau-Fonds zu verrechnen. Derartige Entschädigungen, welche indeß das wirkliche Bedürfniß für vermehrten Dienstaufwand nicht übersteigen dürfen, können auch in den Anschlägen bei den Aufsichtskosten zum Ansatz gebracht werden.

Allerh. Cabin.-Ordre an den Minister für Handel ꝛc.
vom 26. Februar 1853.

Verwendung der von den Verbänden gewährten Vergütungen.

IX. Durch Erlaß vom 28. Januar 1879, II. 20817 an die Königl. Eisenbahn-Directionen ist bestimmt, daß alle von den Verbänden gewährten Vergütungen, mögen sich dieselben auf die Gestellung des Fahrpersonals zur Begleitung der durchgehenden Züge oder auf die Gestellung des Personals in den bestehenden besonderen Abrechnungs-Büreaus, oder auch auf die Mitbesorgung der Abrechnungs- und sonstigen Geschäfte der Verbände, in den Büreaus der eigenen Verwaltung, beziehen, zu Gunsten des Betriebs-Fonds zu verrechnen sind und daß daraus den betreffenden

Beamten, welche ohne Rücksicht auf die Art ihrer Beschäftigung nur auf ihr mit der etatsmäßigen Stelle verbundenes Einkommen Anspruch haben, Remunerationen oder besondere Vergütungen — sofern solche nicht als Neben-Emolumente durch die jährlichen Betriebs-Etats speciell genehmigt sind, — Seitens der Königl. Eisenbahn-Directionen nicht gewährt werden dürfen.

Schreibmaterialien und sonstige Büreau-Bedürfnisse.

Für die Beschaffung der Schreibmaterialien, soweit dieselben gemäß der nachfolgenden Bestimmungen in natura zu liefern sind, und der sonstigen Büreau-Bedürfnisse einschließlich der Drucksachen, besteht bei den einzelnen Eisenbahn-Verwaltungen ein besonderes Büreau unter der Bezeichnung „Formular"-, oder „Drucksachen-Verwaltung." Bei diesem Büreau erfolgt auf Grund der abzuschließenden Verträge die Beschaffung des Bedarfs nach Maßgabe der von den einzelnen Dienststellen in gewissen Zeitabschnitten — in der Regel quartaliter — einzusendenden Bedarfs-Nachweisungen.

Der Nachweis der Verabfolgung des requirirten Bedarfs wird Seitens der Drucksachen-Verwaltung durch die von den Requisitionsstellen mit Empfangs-Bescheinigung zu versehenden Bedarfs-Nachweisungen geführt. Die definitive Verrechnung des Werthes der Formulare und der sonstigen Büreau-Bedürfnisse erfolgt durch die Drucksachen-Verwaltung; doch ist der Modus der Vorrechnung z. Z. noch ein verschiedener, indem bei einzelnen Verwaltungen die Werthe zunächst auf ein Vorschuß-Conto gebucht und nur nach Maßgabe der Verwendungen periodisch auf die betreffenden Fonds und Etats-Positionen verrechnet werden, während bei anderen Verwaltungen die definitive Werthsverrechnung gleich bei der Beschaffung erfolgt.

Es bestehen darüber bei jeder einzelnen Verwaltung besondere Instructionen. Die Regelung dieses Verwaltungszweiges nach gleichen, für alle Verwaltungen bindenden Normen schwebt zur Zeit noch. Nur in Betreff der anzuwendenden Formate für Formulare ist nach stattgehabten Berathungen von Vertretern sämmtlicher Directionen der Staats- und unter Staatsverwaltung stehenden Eisenbahnen bereits eine Einheit geschaffen, indem die Seitens der Kgl. Direction der Oberschlesischen Eisenbahn in Vorschlag gebrachten 4 Grund-Formate — von denen zwei Doppelformate — für sämmtliche Bahnen angenommen worden sind.

Die Dimensionen dieser 6 Formate, in welche sämmtliche Formulare einzufügen, sind folgende:

Format	I:	33/42 cm.	
"	II:	37/50 "	
"	III:	42/55 "	
"	IV:	47/63 "	
"	V:	42/66 "	(Duplum von Format I.)
"	VI:	50/74 "	(Duplum von Format II.)

Format I ist das für sämmtliche Staatsbehörden eingeführte Schreibformat.

Der Vortheil der Einrichtung von Grundformaten liegt in der billigeren Papierbeschaffung und der Möglichkeit, daß gleichartige Formulare bei Einer Stelle für sämmtliche Bahnen beschafft werden können.

Staats-Ministerial-Beschluß vom 11. Mai 1863, betr. die Gewährung von Schreibmaterialien-Vergütigung.

(Min.-Bl. S. 189.)

Um für die Gewährung der Schreibmaterialien-Vergütigung, welche nach Maßgabe der Allerhöchsten Kabinets-Ordre vom 31. August 1824 und des Staats-Ministerial-Beschlusses vom 17. Juni 1851 gewissen Categorien von Beamten gezahlt wird, sowie für die an Stelle und neben dieser Vergütigung stattfindende Verabreichung von Schreibmaterialien in natura in allen Ressorts ein möglichst gleichmäßiges Verfahren herbeizuführen, beschließt das Königliche Staats-Ministerium Folgendes:

I. Die Schreibmaterialien-Vergütigung beträgt fortan jährlich:

1. für die höheren Beamten acht Thaler (= 24 M.)[1]),
2. für die Subaltern-Beamten, mit Ausnahme der unter 3 aufgeführten, vier Thaler (= 12 M.),
3. für die Kanzlei-Beamten und alle sonstigen Beamten, welche ausschließlich oder vorzugsweise mit der Fertigung von Reinschriften beschäftigt sind, sechs Thaler (= 18 M.)[2]). Copialienschreiber erhalten diese Vergütigung nicht.

II. Der Bedarf an Papier wird den unter 2 und 3 genannten Beamten (auch den Copialienschreibern) in natura verabfolgt. Ebenso wird für alle Dienstlocale der Bedarf an Tinte, Streusand, Siegellack, Mundlack, Bindfaden und Heftmaterial, sowie für die Sessions- und die Termins-Zimmer das gesammte Schreibmaterial in natura geliefert. Außerdem findet eine Verabreichung von Schreibmaterialien und ähnlichen Büreau-Bedürfnissen (Messern, Scheeren, Linealen u. dergl.) neben der Geldvergütigung an die Beamten nicht Statt.

III. Beamte, welche eine nicht voll besoldete Stelle bekleiden, erhalten in derselben an Schreibmaterialien-Vergütigung nur eine von dem Departements-Chef nach dem Umfange der Dienstgeschäfte festzusetzende, höchstens zwei Drittel betragende Quote der unter I. bestimmten Sätze. Dieselbe darf sich nur bis auf die Hälfte dieser Sätze belaufen, wenn der Beamte außerdem in einem anderen Amte die volle, unter I. festgesetzte Vergütigung aus der Staatskasse erhält.

IV. Die Geldvergütigung für Schreibmaterialien wird vierteljährlich im Voraus bezahlt. Ist ein Beamter ein ganzes Kalenderquartal hindurch außer Dienstthätigkeit, so wird für dieses Quartal die Vergütigung nicht gewährt. Außerdem tritt

---

[1]) Die Umrechnung in Mark ist durch den Verfasser erfolgt.

[2]) Kanzlei-Vorsteher, welche nicht „vorzugsweise" mit der Fertigung von Reinschriften beschäftigt werden, können sonach nur die Entschädigung sub I. 2 erhalten.

wegen zeitweiliger Unterbrechung der amtlichen Thätigkeit eine Kürzung der Geldvergütigung nicht ein.

V. Wo bisher nach den bestehenden Einrichtungen eine Geldvergütigung nicht gewährt, vielmehr der ganze Schreibmaterialien-Bedarf in natura geliefert worden ist, kann es dabei auch für die Folge verbleiben. An Unterbeamte ist das, was sie zur Verrichtung ihrer Dienstgeschäfte etwa an Schreibmaterialien gebrauchen, unter Ausschluß jeder Geldvergütigung stets in natura zu verabfolgen.

VI. In den Sätzen der den technischen Baubeamten zu gewährenden Geldvergütigung für Schreib- und Zeichnen-Materialien wird durch vorstehende Bestimmungen nichts geändert.

VII. Diese Bestimmungen treten mit dem 1. Januar 1864 in Kraft.

Berlin, den 11. Mai 1863.

Königliches Staats-Ministerium.

gez. **v. Bismarck. v. Bodelschwingh. v. Roon. Gr. v. Itzenplitz. v. Mühler. Gr. zur Lippe. v. Selchow. Gr. zu Eulenburg.**

Erlaß vom 15. Juni 1877, II. 11206.

Die in dem Bericht der Königlichen Direction vom 3. November v. J. unter Titel 9, Position 1 (Büreau-Bedürfnisse) angeregte Frage wegen anderweiter Regulirung der den Subaltern- und Kanzlei-Beamten nach dem Staats-Ministerial-Beschlusse vom 11. Mai 1863 zu zahlenden Vergütungen für Schreibmaterialien hat mir Veranlassung gegeben, die übrigen Königlichen Eisenbahn-Directionen über das von denselben angewendete Verfahren zu hören. Nach den diesbezüglichen Berichten werden bei sämmtlichen Eisenbahnen, mit Ausnahme der Main-Weser-Bahn, den dazu berechtigten Beamten die Schreibmaterialien in natura geliefert und wird die Beibehaltung dieses Verfahrens befürwortet, weil dasselbe nach den darüber angestellten Ermittelungen in finanzieller Beziehung durchweg den Vorzug vor der Gewährung von Schreibmaterialiengeldern verdiene. Mit Rücksicht hierauf und auf den Umstand, daß die mit der Naturallieferung verbundenen Weitläufigkeiten bei Gewährung der Geldentschädigungen nur zum Theil und nicht einmal erheblich vermindert werden würden, da die Beschaffung und Vertheilung eines Theiles der Schreibmaterialien in den Büreaus auch fernerhin bestehen bleibt, erachte ich es für zweckmäßig, es bei der bisherigen Naturallieferung auch im Ressort der Königlichen Direction zu belassen und von der Einführung der Baarvergütungen bis auf Weiteres Abstand zu nehmen.

Der Minister für Handel, Gewerbe und öffentliche Arbeiten.

An
die Königliche Direction der Niederschlesisch-Märkischen Eisenbahn hier.

Abschrift in Verfolg der auf den Erlaß vom 31. März d. J. II. 3554 erstatteten Berichte zur Kenntnißnahme.

Zusatz für Cassel. Im Ressort der Königlichen Direction kann es bei dem bisherigen Verfahren der Gewährung von Baarvergütungen vorläufig bewenden.

Der Minister für Handel, Gewerbe und öffentliche Arbeiten.

Im Auftrage:
gez. **Weishaupt.**

An
die übrigen Königlichen Eisenbahn-Directionen.

Manquements-Entschädigung an die mit der Führung von Kassen betrauten Beamten.

Erlaß des Herrn Ministers für Handel etc. an die Königl. Direction der Ostbahn und an sämmtliche übrige Staats-Eisenbahn-Directionen vom 21. Februar 1872, II. 2043.

Einverstanden mit den in dem Berichte vom 24. v. Mts. gemachten Vorschlägen, genehmige ich, daß in dem Entwurf zum Etat der Ostbahn für 1873, an Manquements-Entschädigungen für die mit der Führung der Expeditions- und Stations-Kassen betrauten Beamten [1]),

10 Thlr. bei einer durchschnittlichen Jahreseinnahme von 50 000 Thlr. bis 150 000 Thlr. incl.

15 Thlr. desgleichen von mehr als 150 000 Thlr. bis incl. 300 000 Thlr.

und 20 Thlr. desgleichen von mehr als 300 000 Thlr.,

angesetzt, für den Rendanten der Hauptkasse dagegen 50 Thlr. anstatt der bisherigen 40 Thlr. zum Ansatz gebracht werden.

Hinsichtlich der, bei einer Jahres-Einnahme von weniger als 50 000 Thlr. den betreffenden Beamten zu gewährenden Manquements-Entschädigungen behält es bei den bisherigen Sätzen, nämlich:

von $7\frac{1}{2}$ Thlr. bei einer durchschnittlichen Einnahme von weniger als 50 000 Thlr. bis incl. 25 000 Thlr.,

von 5 Thlr. desgleichen von weniger als 25 000 Thlr. bis incl. 10 000 Thlr.,

und von $2\frac{1}{2}$ Thlr. desgleichen von weniger als 10 000 Thlr.

sein Bewenden.

Der Durchschnitt der Jahreseinnahmen ist nach den der Etats-Aufstellung vorangegangenen letzten drei Jahren zu ermitteln und in den Anlagen des Etats-Entwurfs pro 1873 näher nachzuweisen.

---

[1]) Für die Stations- und Expeditions-Beamten sind die Sätze vom 1. April 1880 ab durch den nachfolgenden Erlaß anderweit normirt. Für die Commissions-Kassen-Rendanten gelten bis auf Weiteres die in den Etats der einzelnen Bahnen normirten Manquements-Entschädigungen.

Erlaß des Herrn Ministers der öffentlichen Arbeiten, vom 27. August 1879, II. 9039 an sämmtliche Königlichen Eisenbahn-Directionen und Commissionen.

Manquements-Entschädigungen sind den mit der Kassen-Verwaltung betrauten Stations- und Expeditions-Beamten vom 1. April 1880 ab unter Zugrundelegung aller baaren Einnahmen der betreffenden Kasse einschließlich der ihr zufließenden baaren Ablieferungen anderer Kassen — nach dem Durchschnitt der drei letzten Jahre — nach folgenden Sätzen zu gewähren:

bei einer durchschnittlichen Jahres-Einnahme

bis	50 000	Mark	=	10	Mark
„	100 000	„	=	15	„
„	200 000	„	=	20	„
„	500 000	„	=	30	„
„	1 000 000	„	=	50	„
über	1 000 000	„	=	60	„

Vergütigung für Ueberlassung von Dienst-Wohnungen an Staats-Beamte.

Allerh. Erlaß vom 6. Juni 1868.

Minist.-Bl. S. 200.

Auf den Bericht des Staats-Ministeriums vom 3. d. M. bestimme Ich, daß für die Ueberlassung von Dienst-Wohnungen an Beamte in den Fällen, wo dieselbe nicht ohne Entgelt stattzufinden hat, in Städten mit mehr als 50 000 Einwohnern 10 Prozent, in Städten mit 10 000 bis 50 000 Einwohnern $7\frac{1}{2}$ Prozent, in anderen Ortschaften[1]) 5 Prozent des Dienst-Einkommens der Wohnungs-Inhaber als Vergütung in Abzug gebracht werden. Bei einer Vermehrung oder Verminderung der Einwohnerzahl treten die davon abhängenden Veränderungen erst dann ein, wenn die Wohnung an einen anderen Beamten übergeht. Auf diejenigen Beamten, welchen zur Zeit bereits Dienst-Wohnungen überlassen sind, findet ein höherer Abzug nach Maßgabe der gegenwärtigen Bestimmungen erst in dem Falle, wenn dem Wohnungs-Inhaber eine Vermehrung seines Dienst-Einkommens zu Theil wird, und nur insoweit Anwendung, daß die dem Wohnungs-Inhaber obliegende Mehrleistung den Betrag der Erhöhung seines Dienst-Einkommens nicht übersteigen darf.

Schloß Babelsberg, den 6. Juni 1868.

gez. **Wilhelm.**

v. d. Heydt. v. Roon. Itzenplitz. Mühler. v. Selchow. Gr. Eulenburg. Dr. Leonhardt.

An
das Staats-Ministerium.

---

[1]) Bei der Berechnung der Einwohnerzahl ist die Militair-Bevölkerung auszuschließen. Verf. der Minister der Finanzen und des Innern v. 25. April 1869, Min.-Bl. S. 118. Die auf der Zählung vom 1. December 1875 beruhende Uebersicht der Bevölkerung im Preußischen Staate ist als Beilage beim 11. Stück des Central-Blattes der Abgaben- ꝛc. Verwaltung pro 1877. S. 118.

Die Amts-Cautionen der Beamten der Staats- und unter Staats-Verwaltung stehenden Eisenbahnen.

Gesetz, betreffend die Cautionen der Staats-Beamten.

Vom 25. März 1873. Ges.-S. S. 125.

Wir Wilhelm, von Gottes Gnaden König von Preußen ꝛc. verordnen, mit Zustimmung beider Häuser des Landtages der Monarchie, was folgt:

§ 1. Beamte, welchen die Verwaltung einer dem Staate gehörigen Kasse oder eines dem Staate gehörigen Magazins, oder die Annahme, die Aufbewahrung oder der Transport von, dem Staate gehörigen oder ihm anvertrauten Geldern oder geldwerthen Gegenständen obliegt, haben dem Staate für ihr Dienstverhältniß Caution zu leisten.

Dasselbe gilt von solchen Beamten, welchen vermöge ihres Amtes anderweitig die Annahme, die Aufbewahrung oder der Transport fremder Gelder oder geldwerther Gegenstände obliegt.

§. 2. Sofern nach bisherigem Rechte gewisse Klassen von Staats-Beamten noch aus anderen, als den im §. 1 bezeichneten Gründen zur Stellung einer Amts-Caution verpflichtet sind, können dieselben auch ferner dazu herangezogen werden.

§. 3. Die Klassen der zur Cautionsleistung zu verpflichtenden Beamten und die nach Maßgabe der verschiedenen Dienststellungen zu regelnde Höhe der von ihnen zu leistenden Amts-Cautionen werden durch Königliche Verordnung bestimmt.

§. 4. Die Amts-Caution ist durch den cautionspflichtigen Beamten zu bestellen. Die Bestellung derselben durch eine andere Person ist zulässig, sofern dem Staate an der Caution dieselben Rechte gesichert werden, welche ihm an einer durch den Beamten selbst gestellten Caution zugestanden haben würden.

§. 5. Die Amts-Cautionen sind durch Verpfändung von auf den Inhaber lautenden Obligationen über Schulden des Staats oder des Deutschen Reichs nach deren Nennwerthe zu leisten.

Die Verpfändung erfolgt durch Uebergabe zum Faustpfande.

§. 6. Die Cautionen sind bei denjenigen Kassen, welche zur Aufbewahrung derselben von den Verwaltungs-Chefs im Einverständniß mit dem Finanz-Minister werden bestimmt werden, niederzulegen. Die Niederlegung der Werthpapiere erfolgt einschließlich des dazu gehörigen Talons, beziehungsweise desjenigen Zinsscheins, an dessen Inhaber die neue Zinsscheins-Serie ausgereicht wird. Die faustpfandlichen Rechte an den niedergelegten Werthpapieren sind mit voller rechtlicher Wirkung erworben, sobald der Empfangsschein über die Niederlegung ertheilt ist.

Die Zinsscheine für einen vier Jahre nicht übersteigenden Zeitraum werden dem Cautions-Besteller belassen, beziehungsweise nach Ablauf dieses Zeitraums oder nach Ausreichung neuer Zinsscheine verabfolgt. Die Einziehung der neuen Zinsscheine erfolgt durch die Kasse. Letztere hat nicht die Verpflichtung, die Ausloosung der niedergelegten Werthpapiere zu überwachen.

§. 7. Die Bestellung der Amts-Caution ist vor der Einführung des Beamten in das cautionspflichtige Amt zu bewirken.

In welchen Fällen die vorgesetzte Dienstbehörde ermächtigt ist, den Beamten die nachträgliche, durch Ansammlung von Gehaltsabzügen zu bewirkende Beschaffung der Caution ausnahmsweise zu gestatten und in welcher Art dann die Ansammlung zu erfolgen hat, wird im Wege der Verordnung (§. 3.) bestimmt.

§. 8. Im Wege der Verordnung (§. 3.) wird die Höhe der Caution auch für den Fall bestimmt, daß ein Beamter gleichzeitig mehrere cautionspflichtige Aemter verwaltet. Soweit danach die Bestellung einer Amts-Caution und deren Vertheilung auf die einzelnen Aemter zu erfolgen hat, haftet die ganze Caution für jedes einzelne Amt aushülfsweise.

§. 9. Die für den Fall der Vereinigung mehrerer cautionspflichtigen Aemter in einer Person maßgebenden Vorschriften sind auch in dem Falle anwendbar, wenn ein cautionspflichtiger Beamter gleichzeitig ein cautionspflichtiges Amt im Dienste des Deutschen Reichs verwaltet.

§. 10. Die Amts-Caution haftet für alle von dem cautionspflichtigen Beamten aus seiner Amtsführung zu vertretenden Schäden und Mängel an Kapital und Zinsen, sowie an gerichtlichen und außergerichtlichen Kosten der Ermittelung des Schadens.

§. 11. Steht eine der nach §. 10. aus der Caution zu deckenden Forderungen zur Execution, so ist die dem cautionspflichtigen Beamten vorgesetzte Dienstbehörde ohne Weiteres berechtigt, die verpfändeten Werthpapiere bis auf Höhe der Forderung an einer innerhalb des Deutschen Reichs belegenen, von ihr zu bestimmenden Börse außergerichtlich verkaufen zu lassen. Der Cautions-Besteller ist in solchem Falle zur Ausantwortung der ihm belassenen noch nicht fälligen Zinsscheine (§. 6.) verpflichtet. Ist diese Ausantwortung von ihm nicht zu erlangen, so kann er zur Erlegung des Geldwerths der von ihm zurückbehaltenen Zinsscheine in dem für die Beitreibung öffentlicher Abgaben vorgeschriebenen Verfahren zwangsweise angehalten werden.

Der Staat ist nicht verpflichtet, im Falle des Concurses die verpfändeten Werthpapiere in die Concursmasse einzuliefern.

§. 12. Nach Beendigung des cautionspflichtigen Dienstverhältnisses wird, sobald amtlich festgestellt ist, daß aus demselben Vertretungen nicht mehr zu leisten sind, die Caution gegen Aushändigung des quittirten Empfangscheines oder, im Falle des Verlustes desselben, des gerichtlichen Amortisations-Documents zurückgegeben.

Von der Beibringung des gerichtlichen Amortisations-Documents kann nach dem Ermessen der dem cautionspflichtigen Beamten vorgesetzten Dienstbehörde abgesehen werden.

§. 13. Die dem Staate gestellten Amtscautionen solcher Beamten, welche nach Inhalt der im §. 3. erwähnten Verordnung zur Cautionsleistung entweder überhaupt nicht, oder nur bis zu einer geringeren Höhe verpflichtet sind, werden zurückgegeben, beziehungsweise auf den in der Verordnung bestimmten Betrag ermäßigt.

§. 14. Beamte, welche zur Zeit des Erlasses der im §. 3. erwähnten Verordnung in einem Dienstverhältnisse stehen, für welches nach den bis dahin geltenden Vorschriften es der Cautionsleistung entweder überhaupt nicht, oder nur in einer geringeren Höhe, oder in einer anderen als der in diesem Gesetze vorgeschriebenen Art bedurfte, können, so lange sie in derselben dienstlichen Stellung ohne Gehaltserhöhung verbleiben, wider ihren Willen nicht dazu angehalten werden, nach Maßgabe der Bestimmungen dieses Gesetzes und der Verordnung (§. 3.) eine Caution zu stellen oder die gestellte Caution zu erhöhen, beziehungsweise dieselbe durch eine den Vorschriften dieses Gesetzes entsprechende Caution zu ersetzen.

Inwieweit ein solcher Beamter bei eintretender Gehaltserhöhung verpflichtet ist, den Mehrbetrag des Gehalts ganz oder zum Theil zur Ansammlung der Caution zu verwenden, wird im Wege der Verordnung bestimmt.

§. 15. Bis zu einer gemäß den §§. 3, 7, 8 erfolgenden Abänderung im Wege der Verordnung behält es bezüglich der durch dieselbe zu regelnden Verhältnisse bei den bisherigen Vorschriften sein Bewenden, jedoch können Cautionserhöhungen, welche in Folge von Gehaltserhöhungen nothwendig geworden sind, nach näherer von dem Ressort-Chef in Gemeinschaft mit dem Finanz-Minister zu treffender Bestimmung durch Ansammlung angemessener Gehaltsabzüge beschafft werden.

§. 16. Die Bestimmungen in den §§. 52. bis 58. der Notariatsordnung für das vormalige Königreich Hannover vom 18. September 1853. (Hannoversche Ges. Samml. 1853, I. S. 345.) werden aufgehoben.

Die Rückgabe der von den dortigen Notaren gestellten Cautionen erfolgt nach Maßgabe der Vorschrift im zweiten Absatze des §. 58. des angezogenen Gesetzes.

Urkundlich unter Unserer Höchsteigenhändigen Unterschrift und beigedrucktem Königlichen Insiegel.

Gegeben Berlin, den 25. März 1873.

(L. S.) gez. **Wilhelm.**

gez. Graf von Roon. Fürst von Bismarck. Graf von Itzenplitz. Graf zu Eulenburg. Leonhardt. Camphausen. Falk. von Kameke. Graf von Königsmarck.

Verordnung, betreffend die Cautionen der Beamten aus dem Bereiche des Ministeriums für Handel, Gewerbe und öffentliche Arbeiten.

Vom 8. August 1874. (Ges.-Samml. S. 288.)

Wir Wilhelm, von Gottes Gnaden König von Preußen &c. verordnen auf Grund der §§. 3, 7, 8 und 14 des Gesetzes, betreffend die Cautionen der Staatsbeamten, vom 25. März 1873 (Ges.-Samml. S. 125) was folgt:

Einziger Paragraph.

Die zur Cautionsleistung verpflichteten Beamtenklassen und die Höhe der von denselben zu leistenden Amtscautionen ergeben sich aus der Anlage[1]).

[1]) Ein Auszug aus dem Verzeichnisse, die Eisenbahnverwaltung betreffend, folgt.

Im Uebrigen finden die Vorschriften der Verordnung vom 10. Juli d. J. betreffend die Cautionen der Beamten aus dem Bereiche des Staats-Ministeriums und des Finanz-Ministeriums (Ges. Samml S. 260), Anwendung [1]).

Urkundlich unter Unserer Höchsteigenhändigen Unterschrift und beigedrucktem Königlichen Insiegel.

Gegeben Eger, den 8. August 1874.

(L. S.) gez. Wilhelm.

Für den Finanz-Minister:
gez. Gr. zu Eulenburg.

Für den Minister für Handel, Gewerbe und öffentl. Arbeiten:
gez. Falk.

Auszug aus dem Verzeichniß der cautionspflichtigen Beamtenklassen aus dem Bereiche des Ministeriums für Handel, Gewerbe und öffentliche Arbeiten und der Cautionsbeträge.

I. Eisenbahn-Verwaltungen.

A. Zur Cautionsleistung verpflichtet sind nachfolgende Beamtenklassen:

1. Rendanten der Haupt-Kassen,
2. Rendanten der Commissions-Kassen,
3. Kassirer und ständige Vertreter der Rendanten der Haupt-Kassen und der Commissions-Kassen,
4. Verwalter der Stations-, Billet-, Telegraphen-, Güter- oder Gepäckexpeditions-Kassen,
5. Verwalter von Magazinen und Materialienbeständen,
6. ständige Assistenten der Beamten zu 4 und 5, sofern sich dieselben instructionsmäßig an der Vereinnahmung und Verausgabung von Geldern bezw. Materialien zu betheiligen haben,
7. Boden- und Lademeister,
8. Packmeister,
9. Kassendiener.

B. Die Höhe der Caution für die Beamtenklassen unter A. beträgt für:

1. Rendanten der Haupt-Kassen	3000	Thlr.	=	9000 M. [2])
2. Rendanten der Commissions-Kassen . . .	2000	=	=	6000 =
3. Kassirer und ständige Vertreter der Rendanten der Haupt-Kassen und der Commissions-Kassen	1000	=	=	3000 =
4. Verwalter der Stations-, Billet-, Telegraphen-, Güter- oder Gepäckexpeditions-Kassen von				
größerem Umfange . . .	1200	=	=	3600 =
mittlerem	600	=	=	1800 =
geringerem . . . . bis	300	=	=	900 =

---

[1]) Die Verordnung vom 10. Juli 1874 folgt.

[2]) Die Umrechnung in Mark ist durch den Verfasser erfolgt.

5.	Verwalter von Magazinen und Materialien-Beständen von größerem Umfange . . .	1200	Thlr.	=	3600 M.
	mittlerem " . . .	600	"	=	1800 "
	geringerem " . . . bis	300	"	=	900 "
6.	Beamte unter A. 6 die Hälfte der zu 4 und 5 bezeichneten Beträge, jedoch nicht mehr als	300	"	=	900 "
7.	Boden- und Lademeister.	150	"	=	450 "
8.	Packmeister	150	"	=	450 "
9.	Kassendiener	150	"	=	450 "

Verordnung, betreffend die Cautionen der Beamten aus dem Bereiche des Staats-Ministeriums und des Finanz-Ministeriums.

Vom 10. Juli 1874 (Ges.-Samml. S. 260/1).

Wir Wilhelm, von Gottes Gnaden König von Preußen ꝛc. verordnen auf Grund der §§. 3, 7, 8 und 14 des Gesetzes, betreffend die Cautionen der Staats-Beamten, vom 25. März 1873 (Ges.-S. S. 125) was folgt:

§. 1. Die zur Cautionsleistung verpflichteten Beamten-Klassen und die Höhe der von denselben zu leistenden Amts-Cautionen ergeben sich aus der Anlage[1]). Wo danach die Höhe der Caution mit Rücksicht auf den Umfang oder die Bedeutung des Amtes verschieden bemessen oder wo dieselbe innerhalb gewisser Grenzen festzusetzen ist, wird die nähere Bestimmung durch den Verwaltungs-Chef getroffen. Der Mindestbetrag der Caution ist 50 Thlr., höhere Beträge müssen durch 50 theilbar sein.

§. 2. Soweit für Beamte, denen die Verwaltung, die Annahme, die Aufbewahrung oder der Transport von Geldern oder geldwerthen Gegenständen nur im Nebenamt obliegt, besondere Bestimmungen über die Cautionsleistung nicht gegeben sind, entscheidet der Verwaltungs-Chef, ob und welche Caution von denselben nach Maßgabe des Gesetzes zu leisten ist. Die Höhe der Caution darf in diesem Falle das Doppelte der für das Nebenamt gewährten Vergütung nicht übersteigen.

§. 3. Beamten, welche eine Caution von 500 Thlr. oder weniger zu leisten haben, bei Uebertragung des cautionspflichtigen Amtes aber zur Beschaffung der Caution nicht im Stande sind, kann von dem Verwaltungs-Chef oder der von demselben zu beauftragenden Behörde ausnahmsweise gestattet werden, die Bestellung der Caution nachträglich durch Ansammlung von Gehalts-Abzügen zu bewirken. Diese Abzüge müssen jährlich mindestens den zehnten Theil der Caution und dürfen in keinem Falle jährlich weniger als 25 Thlr. betragen.

Die gleiche Befugniß steht dem Verwaltungs-Chef beziehungsweise der von demselben zu beauftragenden Behörde hinsichtlich solcher cautionspflichtigen Beamten zu,

[1]) Das Verzeichniß der cautionspflichtigen Beamtenklassen aus dem Bereiche des Staatsministeriums und des Finanzministeriums folgt hier nicht, da dieses für die Eisenbahn-Verwaltung keine Anwendung findet.

welche nach vollständiger Bestellung der für ihr bisheriges Amt zu leistenden Caution in ein Amt mit höherer Cautionspflicht versetzt werden. Die jährlichen Abzüge müssen in diesem Falle mindestens den zehnten Theil der Cautionserhöhung betragen.

§. 4. Soweit einzelnen Beamten vor dem Erlaß dieser Verordnung die Beschaffung der für ihr Dienstverhältniß erforderlichen Caution durch Ansammlung von Gehalts-Abzügen gestattet worden ist, bewendet es bei der getroffenen Festsetzung.

§. 5. Verwaltet ein Beamter gleichzeitig mehrere cautionspflichtige Staats-Aemter, so genügt die Bestellung einer Caution zu dem für eines dieser Aemter vorgeschriebenen Betrage. Sind die für die einzelnen Aemter vorgeschriebenen Cautionssätze verschieden, so ist die Caution nach dem höchsten Satze zu leisten.

§. 6. Wird nach Maßgabe des §. 5 eine Gesammt-Caution für mehrere Aemter bestellt, so kann durch den Verwaltungs-Chef bestimmt werden, wie viel von dem Gesammtbetrage der Caution auf jedes einzelne Amt zu rechnen ist. Diese Vertheilung muß in allen Fällen erfolgen, wenn ein cautionspflichtiger Beamter gleichzeitig ein cautionspflichtiges Amt im Dienst des Deutschen Reichs verwaltet.

§. 7. Beamte, welche in dem im §. 14. des Gesetzes bezeichneten Falle sich befinden, haben den durch die Gehaltserhöhung ihnen zufließenden Mehrbetrag des Gehalts ganz zur Ansammlung der Caution zu verwenden. Der Verwaltungs-Chef oder die von demselben zu beauftragende Behörde ist jedoch ermächtigt, die Ermäßigung der Gehaltsabzüge bis auf die Hälfte des Betrages der Gehaltserhöhung zu gestatten.

§. 8. Die Ansammlung und Aufbewahrung der Gehaltsabzüge (§§. 3, 4 und 7) erfolgt bei derjenigen Kasse, welcher die Aufbewahrung der vollen Caution obliegt. Der Verwaltungs-Chef kann jedoch im Einvernehmen mit dem Finanz-Minister bestimmen, daß die Gehaltsabzüge bis dahin, daß aus den angesammelten Beträgen eine cautionsfähige Obligation zu beschaffen ist, auch bei einer anderen Kasse aufbewahrt werden.

Urkundlich unter Unserer Höchsteigenhändigen Unterschrift und beigedrucktem Königlichen Insiegel.

Gegeben Insel Mainau, den 10. Juli 1874.

(L. S.) gez. **Wilhelm.**
gegengez. Camphausen.

Anmerkung. Die Bestimmungen in §. 2 u. 5 dieser Verordnung finden auch hinsichtlich des Cautionswesens der Special-Baukassen-Rendanten, soweit es sich um unmittelbare Staatsbeamten handelt, Anwendung.

In Betreff der nicht zu den Staatsbeamten gehörigen Personen sind dagegen wegen der Cautionsbestellung für die Special-Baukassen besondere Bestimmungen erforderlich.

Erläuternde und Ausführungs-Bestimmungen in Betreff der Amts-Cautionen.

I. Erlaß des Herrn Ministers für Handel etc. vom 11. Juni 1871, II. 11127. an die Königliche Eisenbahn-Direction zu Hannover und an die übrigen Staatseisenbahn-Directionen.

Auf den Bericht vom 22. v. M. eröffne ich der Königlichen Eisenbahn-Direction, wie ich mich auf den Vorschlag des Herrn Reichskanzlers damit einverstanden erklärt habe, daß bezüglich der mit Poststellen verbundenen Staatseisenbahnstellen die Amtscaution nach denselben Grundsätzen regulirt werde, für deren Anwendung der Herr Finanz-Minister sich ausgesprochen hat. Darnach soll bei Combinirung von Staats- und Bundes-Dienststellen die nach §. 9 des Gesetzes vom 2. Juni 1869 (Bundesgesetzblatt S. 161) zulässige Hinterlegung einer gemeinsamen Amtscaution für beide Aemter genügen, diese Caution nach dem höchsten der für die einzelnen Aemter vorgeschriebenen Cautionssätze geleistet werden und für beide Dienstverhältnisse solidarisch haften. Der Vereinbarung der beiderseitigen Dienstbehörden soll es demnächst überlassen bleiben, den Betrag, zu welchem die Verhaftung für jedes der combinirten Aemter stattfindet, zu bezeichnen und die beiderseitigen Ansprüche bei gleichzeitigem Rückgriff auf die Caution zu bestimmen.

Die Königliche Eisenbahn-Direction hat hiernach das an Sie gerichtete Schreiben der dortigen Ober-Post-Direction vom 17. v. M., welches den vorgedachten Grundsätzen entspricht, zu beantworten.

II. Erlaß vom 10. Juli 1873, II. 13513. an sämmtliche Staats-Eisenbahn-Directionen.

Im Hinblick auf die Bestimmung im Schlußsatze des §. 6 des Gesetzes vom 12. Mai d. J., betreffend die Gewährung von Wohnungsgeldzuschüssen an die unmittelbaren Staatsbeamten, ist die Frage angeregt worden, ob die Wohnungsgeldzuschüsse als cautionspflichtige Theile des Diensteinkommens der zur Bestellung von Amtscautionen verpflichteten Beamten anzusehen seien?

Zur Begegnung möglicher Zweifel bestimme ich, daß bis auf Weiteres davon abgesehen werden kann, diese Vergütigungen als einen cautionspflichtigen Theil des Diensteinkommens der betreffenden Beamten zu behandeln, und zwar schon aus dem Grunde, weil den sich im Genusse von Dienstwohnungen befindenden Beamten Wohnungsgeldzuschüsse nicht zu Theil werden, überdies aber diese Zuschüsse je nach dem Wohnsitze der cautionspflichtigen Beamten steigend und fallend sind.

Der Minister für Handel, Gewerbe und öffentliche Arbeiten.

III. Erlaß des Herrn Ministers für Handel, Gewerbe und öffentliche Arbeiten vom 12. November 1874, II. 25298. an sämmtliche Königliche Eisenbahn-Directionen.

Zur Ausführung der Allerhöchsten Verordnung vom 8. August d. J., betreffend die Cautionen der Beamten aus dem Bereiche des Ministeriums für Handel, Gewerbe und öffentliche Arbeiten (Ges.S. S. 288 ff.), beziehungsweise der darin in Bezug genommenen Vorschriften der Verordnung vom 10. Juli d. J., betreffend die Cautionen der Beamten aus dem Bereiche des Staats-Ministeriums und des Finanz-Ministeriums (Ges.S. S. 260), bestimme ich bezüglich der Beamten der Staatseisenbahn-Verwaltung Folgendes:

1. Die zu I. B. 4. 5. der Anlage der Verordnung vom 8. August d. J. Behufs Bemessung des Cautionsbetrags vorgeschriebene Eintheilung der Kassen rc. wird durch den Umfang der den betreffenden Beamten mit Rücksicht auf die Höhe der ihnen anvertrauten Summen und Materialien obliegende Verantwortlichkeit bedingt. Dieser bestimmt sich zwar im Wesentlichen nach dem Betrage der Einnahmen der Kassen und des Werthes der Materialienbestände, welcher deshalb im Allgemeinen den Maaßstab für die gedachte Eintheilung zu bilden hat. Für die Bedeutung der Stellen und die Verantwortlichkeit der Inhaber derselben sind indessen vielfach noch andere Momente von Erheblichkeit, wie beispielsweise bei den Kassen namentlich in Betracht zu ziehen ist, ob die Ablieferung der Einnahmen täglich oder in längeren Zwischenräumen stattzufinden hat. Ich veranlasse deshalb die Königliche Direction, eine Uebersicht der sämmtlichen nach I. A. 4. 5. a. a. O. cautionspflichtigen Stellen der dortigen Verwaltung aufzustellen, in derselben die jährlichen Durchschnittseinnahmen der Kassen beziehungsweise den Durchschnittswerth der Materialien unter Zugrundelegung der Jahre 1871, 1872 und 1873 ersichtlich zu machen, und Sich darüber zu äußern, nach welchem Maaßstabe im Allgemeinen die Eintheilung der Stellen in die verschiedenen Klassen zu bewirken, und bei welchen Stellen resp. aus welchem Grunde von diesem Maaßstabe abzuweichen sein möchte. Bezüglich der Stellen von geringem Umfange ist, da in der Verordnung vom 8. August d. J. nur die Maximalgrenze der zu bestellenden Caution bestimmt ist, anzugeben, welcher Cautionsbetrag für jede einzelne Stelle für angemessen erachtet wird.

2. Bei Anwendung der Bestimmung zu I. A. 6. a. a. O. ist davon auszugehen, daß Beamte, welche vermöge ihres Dienstes gelegentlich nur einmal und ohne daß solches zu ihren regelmäßigen Dienstverrichtungen gehört, Geld oder Geldeswerth in die Hände bekommen oder bekommen können, zur Cautionsleistung nicht heranzuziehen sind, als cautionspflichtig vielmehr nur diejenigen Beamten anzusehen sind, zu deren regelmäßigen Dienstgeschäften es gehört, die Verwalter von Kassen, Magazinen und Materialien zu unterstützen und zu vertreten.

3. Bezüglich derjenigen Beamten, denen die Verwaltung, die Annahme, die Aufbewahrung oder der Transport von Geldern oder geldwerthen Gegenständen nur

im Nebenamt obliegt, will ich eine Aeußerung darüber entgegensehen, ob event. in welchen Fällen und zu welchem Betrage in Gemäßheit des §. 2 der Verordnung vom 10. Juli d. J. von denselben eine Caution zu erfordern ist.

4. Auf Grund der §§. 3 und 7 a. a. O. ermächtige ich die Königliche Direction, innerhalb der dort angegebenen Grenzen einzelnen Beamten die Beschaffung bezw. Ergänzung der Caution durch Ansammlung von Gehaltsabzügen zu gestatten, sowie die im §. 7 gestattete Ermäßigung der Gehaltsabzüge zu bewilligen, mache derselben jedoch zur Pflicht, von dieser Ermächtigung nur in solchen Fällen Gebrauch zu machen, in welchen nach Lage der Verhältnisse die sofortige Bestellung der Caution im vollen Betrage beziehungsweise die Verwendung des vollen Betrages der Gehaltserhöhung zur Ansammlung der Caution für den cautionspflichtigen Beamten zu drückend sein würde, die Anstellung beziehungsweise Belassung desselben in einer cautionspflichtigen Stelle aber im Interesse des Dienstes liegt.

5. Die Bestimmung des §. 5 a. a. O. über die Cautionspflicht eines Beamten, welcher gleichzeitig mehrere cautionspflichtige Aemter verwaltet, findet selbstredend auf die Fälle keine Anwendung, in welchen mehrere in einer Stelle vereinigte cautionspflichtige Functionen in der Eisenbahnverwaltung Seitens eines Beamten wahrgenommen, vielmehr ist bei der Einrangirung der vorstehend zu 1. bezeichneten Stellen in die einzelnen Klassen auf eine solche Vereinigung zu rücksichtigen. Sofern jedoch ein Beamter der dortigen Verwaltung gleichzeitig ein cautionspflichtiges Amt im Dienste einer andern Verwaltung, insbesondere im Dienste des Deutschen Reiches verwaltet, ist anzugeben, ob die im §. 6 a. a. O. vorgeschriebene Vertheilung bereits erfolgt event. in welcher Weise dieselbe herbeizuführen ist. Der dem Cautionsbesteller zu ertheilende Empfangschein muß im Falle der gleichzeitigen Verwaltung mehrerer cautionspflichtiger Aemter die Bezeichnung sämmtlicher cautionspflichtiger Aemter enthalten. Wird einem Beamten nach bereits erfolgter Cautionsbestellung ein weiteres cautionspflichtiges Amt übertragen, so ist, wenn die Bestellung einer besonderen Caution für das letztere Amt nach Maaßgabe des §. 5 a. a. O. nicht erfolgt, von dem Cautionsbesteller die Erklärung zu erfordern, daß die Caution auch für das neue Amt bestellt werde, und dieses auf dem früher ertheilten Empfangschein zu vermerken.

6. Hinsichtlich der Aufbewahrung der Cautionen bewendet es bis auf Weiteres bei den bisherigen Bestimmungen.

7. Die Amtscautionen solcher Beamten, welche nach der Verordnung vom 8. August d. J. zur Cautionsleistung entweder überhaupt nicht oder nur bis zu einer geringeren Höhe verpflichtet sind, sind zurückzugeben beziehungsweise auf den geringeren Betrag zu ermäßigen, sobald auf dem bestimmungsmäßigen Wege festgestellt ist, daß der betreffende Beamte aus seiner Amtsführung Nichts zu vertreten hat.

IV. Erlaß des Herrn Ministers für Handel, Gewerbe und öffentliche Arbeiten vom 12. August 1875, II. 8678. an sämmtliche Königl. Eisenbahn-Directionen.

Nachdem in Folge des Circular-Erlasses vom 12. November pr. (II. 25298), betreffend die Amtscaution der Staatseisenbahn-Beamten, die Königlichen Eisenbahn-Directionen bezüglich des Maaßstabes, nach welchem im Allgemeinen die Eintheilung der Stellen in die verschiedenen Klassen (I. B. 4. 5. der Anlage zur Verordnung vom 8. August v. J.) zu bewirken sein möchte, sich geäußert haben, will ich die nachstehende Klasseneintheilung der cautionspflichtigen Stellen in der Staatseisenbahn-Verwaltung hiermit festsetzen.

Als Kassen größeren Umfanges sind anzusehen	die Kassen mit einer jährlichen Durchschnitts-Einnahme von 450 000 Mark und darüber,
„ „ mittleren „ „ „	60 000—450 000 Mark,
„ „ geringen „ „ „	bis zu 60 000 Mark.

Magazine und Materialien-Bestände werden nach demselben Grundsatze in Magazine und Bestände von größerem, mittlerem und geringem Umfange eingetheilt.

Sind mehrere cautionspflichtige Functionen der Staatseisenbahn-Verwaltung in einer Stelle vereinigt, insbesondere auch bei Vereinigung einer Kassen- und Materialien-Verwaltung, so bestimmt sich die Höhe der Caution nach dem durchschnittlichen Betrage der gesammten Einnahmen, welche der betreffende Beamte zu verwalten hat.

Der Berechnung der durchschnittlichen Einnahmen sind die Jahre 1871, 1872, 1873 zu Grunde zu legen.

Dem von einzelnen Königlichen Eisenbahn-Directionen gestellten Antrage, bei den Kassen geringen Umfanges mehrere Klassen zu bilden, vermag ich in Rücksicht auf die für den Fall von Versetzungen ꝛc. erwachsenden Erschwernisse nicht zu entsprechen. Dagegen will ich in der Absicht, namentlich die Weichensteller bezw. Bahnwärter, welchen auf Haltestellen die Billet- ꝛc. Expedition übertragen ist, Telegraphisten, welche Telegraphen-Kassen, sowie Stations-Vorsteher (Aufseher), welche, ohne gleichzeitig einer anderen Kasse vorzustehen, Verwalter von Materialien-Beständen sind, in einer dem Umfange ihrer Verantwortlichkeit entsprechenden und mäßigen Höhe zur Cautionsleistung heranzuziehen, einen Cautionssatz von 150 Mark für diejenigen der zu I. A. 4. 5. a. a. O. bezeichneten Stellen hierdurch festsetzen, deren jährliche durchschnittliche Einnahme den Betrag von 15 000 Mark nicht übersteigt.

Indem ich die Königliche Direction veranlasse, hiernach die cautionspflichtigen Stellen zu I. A. B. 4. 5. der Anlage zur Verordnung vom 8. August v. J. den einzelnen Klassen zuzutheilen und die Höhe der von den einzelnen Beamten zu bestellenden Amtscautionen festzusetzen, will ich für den Fall, daß für einzelne Stellen der dortigen Verwaltung eine Abweichung von der nach den vorstehenden Grundsätzen gebildeten Klasseneintheilung oder demnächst eine Aenderung derselben für geboten erachtet werden sollte, diesfälligem motivirten Bericht entgegensehen.

V. Muster für Cautions-Empfangsscheine.

Der Empfangsschein über die Niederlegung der Amtscaution (§. 6 des Gesetzes vom 25. März 1873) ist nach dem Circular-Erlaß des Herrn Finanzministers vom 23. Juni 1860 (Staatsanz. Nr. 157) festgestellten Schema auszustellen:

Nr.........

Cautions-Empfangsschein

über..............................

Der..

hat als...

im Ganzen über ꝛc. nebst Talons als Caution bei der unterzeichneten Kasse unterpfändlich niedergelegt. Im Falle der Auslosung dieser Papiere, worauf der Cautionsbesteller zu achten hat, sind dieselben durch andere, noch nicht gekündigte Staatspapiere von gleichem Nominalbetrage zu ersetzen.

Die Zurückgabe der hinterlegten Papiere erfolgt gegen Rücklieferung des gegenwärtigen, mit der Quittung des Cautionsbestellers oder seines legitimirten Besitz-Nachfolgers versehenen Empfangsscheins, auf Bescheinigung der zuständigen Behörde, daß die Cautionspflichtigkeit des Cautionsbestellers aufgehört habe und von ihm nichts zu vertreten sei, oder nach Abzug derjenigen Summe, welche von dem Cautionsbesteller zu vertreten ist.

den.....................

(L. S.) ꝛc. Kasse

Eingetragen

Haupt-Journal Nr.................

Manual-Seite.....

Gesehen

den.....................................

Der Kassen-Curator.

VI. Im Falle des §. 5 des alleg. Gesetzes müssen in dem dem Cautionsbesteller zu ertheilenden Cautions-Empfangsschein sämmtliche cautionspflichtigen Aemter bezeichnet sein und bei Hinzutritt eines weiteren cautionspflichtigen Amtes ist, wenn für dieses die ursprüngliche Caution mit haften soll, die Erklärung zu erfordern, daß die Caution auch für das neue Amt bestellt wird. Auf dem ertheilten Empfangsschein ist dieses zu vermerken. (Circ.-Erlaß des Finanz-Ministers vom $\frac{\text{31. Juli}}{\text{31. August}}$ 1874. Min.-Bl. S. 226.)

VII. Abänderung des Musters für die Cautions-Empfangsscheine etc.

(Aus dem Ministerial-Blatt für die innere Verwaltung Nr. 137 vom 2. September 1878.)

130. **Circular an den Königl. Provinzial-Steuer-Director zu N., und abschriftlich an die übrigen Herren Provinzial-Steuer-Directoren.**

Auf die in dem Berichte vom 5. Februar d. J. vorgetragenen Fragen wird Ew. Hochwohlgeboren Folgendes erwidert:

Wenn die Amtscaution nicht durch den cautionspflichtigen Beamten, sondern für denselben unmittelbar durch eine andere Person hinterlegt wird, so ist:

1. der Cautions-Empfangsschein demjenigen auszuhändigen, welcher die Obligationen bei der empfangsberechtigten Kasse unterpfändlich niederlegt;
2. diejenigen Zinsscheine, welche nach §. 6, Absatz 2 des Gesetzes vom 25. März 1873 dem Cautionsbesteller belassen beziehungsweise verabfolgt werden sollen, sind der unter Nr. 1 bezeichneten Person zu belassen oder zu verabfolgen und im Falle des §. 11 a. a. O. von derselben — eintretenden Falles in dem für die Beitreibung öffentlicher Abgaben vorgeschriebenen Verfahren — einzuziehen.

Bis zur Feststellung anderweiter Formulare für die Cautions-Empfangsscheine ist in dem Eingangs erwähnten Falle das durch die Anweisung zur Kassen- und Buchführung für die Hauptämter vom 10. December 1864 vorgeschriebene Muster in der Weise abzuändern, daß im Eingange der cautionspflichtige Beamte und die Person, welche die Obligationen unterpfändlich niedergelegt hat, etwa in folgender Weise bezeichnet werden:

> Der N. N. zu X. hat als Amtscaution für das gegenwärtige (die gegenwärtigen) und die zukünftigen Dienstverhältnisse des (Amtscharacter und Namen des Cautionspflichtigen) zu P. u. s. w.

und daß die Schlußworte folgendermaßen lauten:

> „daß die Cautionspflichtigkeit aufgehört habe, und von dem Cautionspflichtigen nichts zu vertreten sei, oder nach Abzug derjenigen Summe, welche von dem Cautionspflichtigen zu vertreten ist."

In der unter Nr. 1 der Verfügung vom 21. August 1874 angeordneten Cautionsverschreibung ist auch die Verpflichtung des Dritten aufzunehmen, an Stelle ausgelooster oder gekündigter Obligationen andere gleichwerthige Stücke zu hinterlegen, an welchen dem Cautionsnehmer dieselben Rechte zustehen sollen, wie an den ursprünglich hinterlegten.

Schließlich wird mit Bezug auf Nr. 3 (Schlußsatz) derselben Verfügung bemerkt, daß es sich empfiehlt, in allen Fällen, in welchen ohne die Bestimmung im §. 6, Absatz 1 des Gesetzes vom 25. März 1873 nach dem bürgerlichen Rechte die faustpfändlichen Rechte an den niedergelegten Obligationen für den Cautionsnehmer nicht erworben sein würden, über die Aushändigung des Empfangsscheins ein schriftliches oder protocollarisches Anerkenntniß des Cautionsbestellers zu den Acten zu bringen.

Uebrigens wollen Sie dahin wirken, daß die Bestellung der Caution durch den Beamten selbst, wie bisher, die Regel bildet.

Berlin, den 24. Juni 1878.

Der Finanz-Minister.

VIII. Staats-Papiere, welche zur Cautionsbestellung verwendet werden dürfen.

In den Ausführungs-Bestimmungen des Herrn Finanz-Ministers vom 31. Juli 1874 zur Verordnung vom 10. Juli 1874, betreffend die Cautionen der Staats-Beamten aus dem Bereiche des Staats-Ministeriums und des Finanz-Ministeriums ist unter 1 Folgendes bestimmt:

> Hinsichtlich der Staatspapiere, welche zur Cautionsbestellung verwendet werden dürfen, wird auf die früher ergangene Verfügung vom 23. Juni 1860 mit dem Bemerken Bezug genommen, daß die darin bezeichneten inländischen Staatspapiere, wozu noch die Schuldverschreibungen der consolidirten Staats-Anleihe vom Jahre 1870 und die etwa vom Deutschen Reiche emittirten Schuldverschreibungen treten, auch gegenwärtig noch die allein cautionsfähigen sind.

IX. In einem Specialfalle ist durch Erlaß vom 1. August 1874, II. 18327 der Bescheid ertheilt worden, daß die Stamm-Actien der Niederschlesisch-Märkischen Eisenbahn zu den nach §. 5 des Gesetzes vom 25. März 1873 zur Cautionsbestellung zulässigen Obligationen über Schulden des preußischen Staates zu rechnen sind.

X. Nach dem Erlaß des Herrn Finanz-Ministers vom 25. Februar 1876 an die Königl. Finanz-Direction zu Hannover — den Königl. Eisenbahn-Directionen mitgetheilt durch Erlaß vom 29. März 1876, II. 4998 — ist im Einverständniß mit der Königl. Ober-Rechnungs-Kammer beschlossen, fortan die Verwendung der Prioritäts-Actien bezw. Obligationen der Niederschl.-Märkischen Eisenbahn und der Prioritäts-Obligationen der Münster-Hammer-Eisenbahn zur Bestellung von Amts-Cautionen zuzulassen.

XI. Ferner ist durch Erlaß des Herrn Ministers für Handel ꝛc. vom 30. Juni 1876, II. 11530 die Königl. Eisenbahn-Direction zu Elberfeld nach Benehmen mit dem Herrn Finanz-Minister und nachdem die Deputation der Actionaire der Bergisch-Märkischen Eisenbahn-Gesellschaft die Beibehaltung des bisherigen Verfahrens befürwortet hat, ermächtigt worden, die Effecten des Bergisch-Märkischen Eisenbahn-Unternehmens in der bisherigen Weise zur Cautionsstellung zuzulassen.

Regulativ, betreffend die Remunerirung der Special-Baukassen-Rendanten bei öffentlichen Bauten der Civil-Verwaltung[1]).

Unter Aufhebung der im Betreff der Remuneration der Special-Baukassen-Rendanten bei öffentlichen Bauten der Civil-Verwaltung bisher bestandenen Vorschriften, werden hierüber folgende Bestimmungen ertheilt:

§. 1.

Durch Special-Rendanten dürfen überhaupt nur solche Zahlungen geleistet werden, welche ihrer Natur nach nicht füglich bei den Haupt-Kassen der den Bau leitenden Behörden geleistet werden können.

Die Entscheidung darüber, ob die Zahlung bei der Haupt-Kasse oder durch den Special-Rendanten erfolgen soll, ist in jedem einzelnen Falle von der, den Bau leitenden Behörde zu treffen, welche aus den Anschlägen diejenigen Posten vorher auszusondern hat, deren Zahlung bei ihr unmittelbar erfolgt, und deren Zahlung dem Special-Rendanten vorzubehalten ist.

§. 2.

Die zu gewährende Vergütigung findet ohne Ausnahme bei allen Zahlungen statt, welche von dem Special-Rendanten geleistet sind, so daß hiernach Grundentschädigungs-Beträge, Diäten- 2c. Zahlungen an Unternehmer aller Art, und an andere Kassen, sofern solche Zahlungen aus der Special-Baukasse erfolgen, von der Berechnung der Tantième nicht ausgeschlossen sind.

Den Domainen-Rent-Beamten und Forst-Kassen-Rendanten steht ein Anspruch auf Vergütigung für die Auszahlung und Verrechnung von Geldern, die von der Domainen- und Forst-Verwaltung zur Zahlung angewiesen werden, nicht zu.

§. 3.

Die Vergütigung des Special-Baukassen-Rendanten wird nach Procentsätzen der von ihm aus der Special-Baukasse geleisteten Zahlungen in der Art ermittelt, daß

a) bei Zahlungen von mehr als 200 Thlr. (= 600 M.[2]), über welche Eine Quittung ertheilt wird, $^{1}/_{10}$ Prozent von dem, die Summe von 200 Thlrn. (= 600 M.) übersteigenden Betrage besonders berechnet, dagegen

b) der Betrag von je 200 Thlrn. (= 600 M.) bei jeder dieser Zahlungen (ad a.) mit allen geringeren, von dem Special-Baukassen-Rendanten geleisteten, *in einer Rechnung nachzuweisenden* Zahlungen summirt und

---

[1]) Mitgetheilt den Königl. Regierungen 2c. mittelst Erlaß des Herrn Ministers für Handel 2c. vom 17. December 1853, III. 13220.

[2]) Den in der Thalerwährung ausgedrückten Zahlen sind die entsprechenden Zahlen in Mark der Ueberſichtlichkeit wegen durch den Verfasser beigefügt.

von dieser Summe, von den ersten 5000 Thlr. (= 15 000 M.) 1 %
von dem Betrage über 5000 Thlr. (= 15 000 M.) bis einschließlich 10 000 Thlr. (= 30 000 M.) . . . . ½ %
von dem Mehrbetrage über 10 000 Thlr. (= 30 000 M.) hinaus ¼ %
berechnet wird.

Von der Summe aller nach den Procentsätzen zu a und b berechneten Tantièmen erhält der Special-Rendant drei Viertheile als Vergütigung für die Auszahlung sowie für die ordnungsmäßige Führung der Bücher, das vierte Viertheil bleibt zur Entschädigung für die Rechnungslegung nach Maßgabe des §. 5 reservirt, und wird, wenn letztere Seitens der Haupt-Kasse erfolgt, als erspart berechnet.

§. 4.

(Der §. 4 ist durch die nachfolgende Allerhöchste Ordre vom 25. Juli 1873 geändert, bezw. hat derselbe die dort zu ersehende andere Fassung erhalten.)

§. 5.

Die dem Rendanten nach dem §. 3 aus dem vierten Viertheil zu gewährende Vergütigung für die Rechnungslegung ist unter Berücksichtigung der auf diese Arbeit zu verwendenden Zeit und Mühe, in jedem einzelnen Falle von der den Bau leitenden Behörde festzusetzen, doch darf ohne Genehmigung des Verwaltungs-Chefs nicht mehr als ein Viertheil der in dem §. 3 für das Zahlungsgeschäft bestimmten Vergütigung gewährt werden. Sollte aber der sich danach herausstellende Betrag die Summe von 50 Thlr. (= 150 M.) überschreiten, so ist zu dessen Bewilligung ebenfalls die Genehmigung des Verwaltungs-Chefs erforderlich.

§. 6.

In den vorstehenden Vergütigungen sind die baaren Auslagen für Schreibmaterial, Mancogeld, Verpackungs- und Transportkosten rc. mitbegriffen.

Potsdam, den 26. November 1853.

gez. **Friedrich Wilhelm.**

Regulativ. gegengez. von der Heydt.

Auf den Bericht vom 12. November d. J. genehmige Ich das mir vorgelegte Regulativ, betreffend die Remunerirung der Special-Baukassen-Rendanten bei öffentlichen Bauten der Civil-Verwaltung, und sende Ihnen solches von Mir vollzogen anbei zurück. Zugleich ermächtige Ich den Verwaltungs-Chef, innerhalb dessen Ressort oder für dessen Fonds ein Bau ausgeführt wird, für besondere Fälle, in denen den gedachten Rendanten durch die nach den Sätzen im §. 3 des Regulativs zu berechnende Tantième eine angemessene Vergütigung für ihre Mühwaltung nicht gewährt werden würde, jene Sätze bis auf den doppelten Betrag zu erhöhen.

Potsdam, den 26. November 1853.

gez. **Friedrich Wilhelm.**

gegengez. von der Heydt.

An den Minister für Handel, Gewerbe und öffentliche Arbeiten.

Abändernde und erläuternde Bestimmungen zu dem vorstehenden Regulativ.

I. Auf Ihren gemeinschaftlichen Bericht vom 21. Juli d. J. genehmige Ich, daß der §. 4 des Regulativs, betreffend die Remuneration der Special-Baukassen-Rendanten bei öffentlichen Bauten der Civil-Verwaltung vom 26. November 1853, welches im Uebrigen unverändert bleibt, die nachstehende Fassung erhält:

„Außerdem werden für Reisen nach der Baustelle bewilligt:

a) Fuhrkosten nach dem Gesetze vom 24. März 1873 (Ges.S. S. 122 ff.) 1 Thlr. (3 M.) für die Meile auf Landwegen, 7½ Sgr. (75 Pf.) für die Meile auf Eisenbahnen oder Dampfschiffen und 20 Sgr. (2 M.) für jeden Ab- und Zugang,

b) Diäten, wenn die Baustelle weiter als eine Meile von dem Wohnorte des Rendanten entfernt ist, von 2 Thlrn. (6 M.)

Die Liquidation des Rendanten über Reisen nach der Baustelle ist von dem betreffenden Baubeamten dahin zu bescheinigen, daß die Zahlung auf der Baustelle nothwendig gewesen und erfolgt ist.

Dem Verwaltungs-Chef, in dessen Ressort der Bau ausgeführt wird, bleibt überlassen, bei Entfernungen unter ½ Meile, wofür nach dem Gesetze vom 24. März 1873 Fuhrkosten nicht liquidirt werden dürfen, zur Erstattung der baaren Auslagen für den sicheren Transport des Geldes bis zur Baustelle angemessene Vergütigungen zu bewilligen."

Auf die vorstehend erhöhten Fuhrkosten- und Tagegelder-Sätze sollen die Specialbaukassen-Rendanten vom 1. April d. J. an Anspruch haben.

Bad Ems, den 25. Juli 1873.

gez. **Wilhelm.**

Für den Finanz-Minister und den Minister für Handel ꝛc.:

ggez. Dr. Falk.

An
den Finanz-Minister und den Minister für Handel,
Gewerbe und öffentliche Arbeiten.

(Dieser Allerhöchste Erlaß ist den Königlichen Regierungen ꝛc. mittelst Verfügung der Herren Minister der Finanzen und für Handel, Gewerbe und öffentliche Arbeiten vom 31. August 1873, $\frac{\text{III. 14095. M. f. H.}}{\text{I. 12081. F.-M.}}$ mitgetheilt worden.)

II. Erlaß des Herrn Ministers für Handel, Gewerbe und öffentliche Arbeiten vom 19. September 1858, III. 7417. an die Königliche Regierung zu Potsdam, an die übrigen Königlichen Regierungen und die Königl. Ministerial-Bau-Commission.

Auf die in dem Bericht vom 24. Juni c. angeregte Frage, wie es hinsichtlich der Berechnung und Auszahlung der den Special-Baukassen-Rendanten nach §. 3 des Regulativs vom 26. November 1853 zu zahlenden Vergütung in den Fällen zu halten sei, wo während der Ausführung eines größeren Baues in der Person der Rendanten Wechsel eintreten, gereicht der Königlichen Regierung zum Bescheide, daß das von Ihr hierunter bisher beobachtete Verfahren, wonach die ganze Tantième auf die mehreren Rendanten nach Verhältniß der überhaupt von jedem gezahlten Gelder, ohne Rücksicht darauf, ob dieselben die ersten und zweiten 5000 Thlr. (= 15 000 M.) oder den Rest bilden, vertheilt worden ist, dem Wortlaut und der Absicht des Regulativs nicht entspricht. Nach dem citirten §. 3 b. stuft sich die den Rendanten zu zahlende Tantième in der Art nach der Folge der Zahlungen ab, daß von den ersten 5000 Thlr. (= 15 000 M.) 1 %, von dem Betrage über 5000 Thlr. (= 15 000 M.) bis einschließlich 10 000 Thlr. (= 30 000 M.) ½ %, von dem Mehrbetrage über 10 000 Thlr. (= 30 000 M.) hinaus ¼ % berechnet wird. Es macht dabei keinen Unterschied, ob in der Person der Rendanten ein Wechsel eintritt oder nicht; den höchsten Procentsatz nach Abzug des Viertels für die Rechnungslegung erhalten eventuell die Rendanten, welche die ersten Zahlungen bis zur Höhe von 5000 Thlr. (= 15 000 M.) leisten, den mittleren Satz diejenigen, welche die folgenden Zahlungen bis auf Höhe von 10 000 Thlr. (30 000 M.) erreichen, den geringsten Satz diejenigen, welche den Rest zahlen.

Bei dieser Bestimmung ist von dem Gesichtspunkt ausgegangen worden, daß der erste Rendant im Anfange der Geschäftsführung die Bücher einzurichten hat, welche der folgende Rendant nur fortführt, während der erste Rendant wiederum seinen Antheil an dem ¼ für die Rechnungslegung aufgeben muß.

Da demnach von Anfang mit Sicherheit zu übersehen ist, was einem jeden Rendanten nach Maaßgabe der von ihm geschehenen Zahlungen an Tantièmen gebührt, das zur Remuneration für die Rechnungslegung bestimmte ¼ der Tantième aber bis nach wirklich erfolgter Rechnungslegung und erfolgter Zubilligung der Remuneration zurückzubehalten ist, so kann der von der Königlichen Regierung vorausgesetzte Fall, daß einem Rendanten vor Abschluß der Rechnung auf seine Tantième-Forderung mehr ausgezahlt werde, als ihm wirklich zukommt, und was er daher hinterher zurückzuerstatten hätte, nicht füglich vorkommen. Wenn dagegen ein Rendant vorschriftswidrig vor bewirkter Rechnungslegung und Festsetzung der dafür zu bewilligenden Remuneration den für diese zu reservirenden Tantièmetheil erhoben hat, ist es unbedenklich, denselben zur Rückzahlung des Ueberhobenen anzuhalten.

III. Erlaß des Herrn Ministers für Handel, Gewerbe und öffentliche Arbeiten vom 13. November 1862, II. 9797 an die Königl. Eisenbahn-Directionen.

Die Königliche Direction erhält im Anschlusse ein Exemplar der an die Regierungen und an die Ministerial-Bau-Commission hieselbst erlassenen Generalverfügung vom 15. October c.[1]) und der darin allegirten Grundsätze, nach welchen bei

[1]) Mit der Verfügung vom 15. October 1862, III. 10198 werden den bezeichneten Behörden die „Grundsätze zur Erläuterung bei Anwendung des Regulativs vom 26. November 1853", mitgetheilt, nach welchen im Einverständniß mit der Königlichen Ober-Rechnungs-Kammer in Beziehung auf die Fragen:

1. inwiefern die Special-Baukassen-Rendanten befugt sind, Bauten, welche in einem gewissen Zusammenhange untereinander stehen, über welche aber gesonderte Kostenanschläge oder Re-

Anwendung des Regulativs vom 26. November 1853, betreffend die Remuneration der Special-Baukassen-Rendanten bei öffentlichen Bauten der Civilverwaltung, zu verfahren ist, zur Kenntnißnahme und gleichmäßigen Befolgung.

Da übrigens das erwähnte Regulativ den Königlichen Eisenbahn-Directionen seiner Zeit nicht zugefertigt worden ist, so erhält Dieselbe zugleich nachträglich ein Exemplar desselben nebst der dazu gehörigen, an die Regierungen und die hiesige Ministerial-Bau-Commission erlassenen Generalverfügung vom 17. December 1853[1]) zur Kenntnißnahme und Nachachtung.

Grundsätze

zur Erläuterung bei Anwendung des Regulativs vom 26. November 1853 in Beziehung auf die beiden Fragen:

1. inwiefern die Special-Baukassen-Rendanten befugt sind, Bauten, welche in einem gewissen Zusammenhange unter einander stehen, über welche aber gesonderte Kostenanschläge oder Revisionsnachweise aufgestellt sind, in Beziehung auf die Rechnungslegung und Tantième-Berechnung als verschiedene besondere Bauausführungen zu behandeln,
2. inwiefern die Special-Baukassen-Rendanten die Tantième auch von solchen Zahlungen berechnen dürfen, welche sie im Auftrage der Regierungs-Haupt-Kassen leisten.

ad 1. Es kommt bei größeren Bauausführungen öfters der Fall vor, daß Bauwerke, welche an sich ein Ganzes bilden, in verschiedene Theile der Art zerlegt werden, daß nicht allein für jeden derselben besondere Anschläge angefertigt, sondern auch die Aufstellung besonderer Rechnungen über die Kosten der einzelnen Theile an-

---

visionsnachweise aufgestellt sind, in Beziehung auf die Rechnungslegung und Tantièmeberechnung als verschiedene besondere Bauausführungen zu behandeln und

2. inwiefern die Special-Baukassen-Rendanten die Tantièmen auch von solchen Zahlungen berechnen dürfen, welche sie im Auftrage der Regierungs-Haupt-Kasse leisten,

vorkommenden Falls zu verfahren ist.

[1]) Mit der Verfügung vom 17. December 1853, III. 13220 ist den Königlichen Regierungen und der Ministerial-Baucommission das Regulativ vom 26. November 1853, nach welchem die Entschädigung und Remuneration der Special-Baukassen-Rendanten fortan bei allen Königlichen Bauten im Ressort der verschiedenen Civil-Verwaltungszweige bemessen werden soll, mit der Anweisung zugestellt, dasselbe bei allen neu einzuleitenden Bauten, bei welchen die Bestellung eines Special-Baukassen-Rendanten für nöthig befunden wird, zur Anwendung zu bringen und die bestellten Special-Baukassen-Rendanten von vorn herein auf diese Bestimmungen hinzuweisen.

Den Königlichen Regierungen wird es zur Pflicht gemacht, die dem Rendanten zu gewährende Vergütung für die Rechnungslegung in den §. 5 bestimmten Grenzen, jedesmal mit sorgfältiger Erwägung der besonderen Verhältnisse abzumessen und wo nach ihrer Ansicht eine höhere Remuneration zu bewilligen ist, darüber an den Verwaltungschef, innerhalb dessen Ressort oder für dessen Fonds der Bau ausgeführt wird, motivirt zu berichten. In gleicher Weise wird die Königliche Regierung ermächtigt, in solchen Fällen zu berichten, in welchen die nach den Sätzen im §. 3 des Regulativs zu berechnende Tantième eine angemessene Vergütung für die Mühwaltung ausnahmsweise etwa nicht gewähren möchte und die Bestimmung des Verwaltungschefs wegen etwaiger Erhöhung dieser Sätze dann zu gewärtigen.

geordnet werden. Dies geschieht namentlich bei Chaussee- und Canalbauten von einiger Ausdehnung und bei Stromregulirungen, welche in bestimmte Längensectionen zerlegt werden, oder es werden bei solchen Bauten von geringerer Längenausdehnung resp. in den einzelnen Sectionen gewisse Bauwerke von größerer Bedeutung — wie große Brücken, Schleusen rc. — von den übrigen Bauausführungen — Erdarbeiten rc. — ausgesonderte und als selbstständige Bauwerke in Beziehung auf Veranschlagung und Verrechnung behandelt. Maaßgebend für solche Anordnungen sind Rücksichten theils auf die technische Behandlung solcher Bauwerke, der gemäß dieselben in der Regel auch unter die specielle Leitung besonderer Baumeister oder Bauführer gestellt werden, welche mit den übrigen damit im Zusammenhange stehenden Bauausführungen nichts zu thun haben, theils auf eine thunliche Beschleunigung der Rechnungsabwickelung, um die Legung, Revision und Dechargirung der Rechnungen über die vollendeten Bauwerke nicht bis zur Vollendung der ganzen Bauausführung hinauszuschieben. In derartigen Fällen, in welchen die Legung getrennter Rechnungen dem Special-Baukassen-Rendanten ausdrücklich vorgeschrieben ist, unterliegt es keinem Bedenken, daß derselbe, auch wenn ein und dieselbe Special-Kasse die Zahlungen für die verschiedenen so getrennten, aber in einem gegenständlichen Zusammenhange stehenden Bauten zu leisten hat, die Tantième bei jedem derselben besonders, nach den in §. 3 des Regulativs normirten Sätzen, berechne.

Eine solche Berechtigung erwächst ihm dagegen daraus allein nicht, daß über verschiedene Gebäude, welche zu einem Complexus gehören — wie Wohn- und Stallgebäude, Umwährungen, oder Gerichtshaus, Gefängniß rc. — getrennte Anschläge aufgestellt worden. Daß dies geschieht, ist der Uebersichtlichkeit wegen die Regel. Daraus folgt aber nicht, daß auch eine getrennte Buch- und Rechnungsführung eintrete. Wenn die einzelnen Anschläge gleichzeitig zur Feststellung gelangen, so wird ihre Zusammengehörigkeit durch eine Zusammenstellung, in welche sie der Reihe nach mit ihren Schlußsummen aufzunehmen sind, und durch deren Addition der Gesammtbedarf herauszustellen ist, noch besonders documentirt. Werden einzelne dazu gehörige Bauwerke — Nebengebäude rc. — später besonders veranschlagt, so werden solche Anschläge in der Regel als N a c h a n s c h l ä g e bezeichnet. Sind diese Formen — eine Zusammenstellung der verschiedenen zusammengehörigen Anschläge und die Bezeichnung der später dazu kommenden als Nachanschläge — in einzelnen Fällen nicht beobachtet, so wird der Rendant der Bau-Kasse dadurch nicht befugt, die einzelnen Bautheile willkürlich als selbstständige Bauausführungen zu behandeln. Er kann über das von ihm zu beobachtende Verfahren nicht füglich in Zweifel sein, so lange ihm nur e i n m a l der Auftrag ertheilt ist, für gewisse Bauten eine Special-Baukasse einzurichten und auf Anweisung der Bau-Beamten Zahlungen aus dieser Kasse zu leisten, ohne daß ihm für das eine oder andere Bauwerk eine abgesonderte Buchführung vorgeschrieben wird. Er hat dann die angewiesenen Zahlungen, welche häufig gleichartige Positionen aus den verschiedenen Anschlägen auf Einen Belag umfassen, z. B. für angelieferte Mauersteine, Arbeitslöhne, Aufsichtskosten — in ein und dasselbe Kassenbuch fortlaufend einzutragen. Das Geschäft der Auszahlung und der Buchführung wird dadurch nicht erschwert, daß getrennte Anschläge aufgestellt sind, es ist daher auch kein Grund, deshalb höhere Procentsätze für die Zahlungen — durch Sonderung der in §. 3 des Regulativs vorgeschriebenen Abstufungen nach den einzelnen Anschlägen — zu bewilligen.

Der Umstand, daß beim Wechsel in der Person des Rendanten dem ersten die höheren Procentsätze zu Gute kommen und der spätere sich mit den geringeren begnügen muß, berührt dies Verhältniß nicht wesentlich. Es motivirt sich dies überall dadurch, daß der erste Rendant die Kosten und die größere Mühwaltung der Anschaffung und Einrichtung der Bücher zu tragen hat, während sein Nachfolger das Geschäft nur fortführt. Dagegen kann allerdings die Rechnungslegung mit größerer Mühwaltung verbunden sein, wenn die ganze Bauausführung, für welche die Special-Bau-Kasse eingerichtet ist, verschiedene Baulichkeiten umfaßt, für welche besondere Anschläge aufgestellt worden. Die Zahlungsnachweise (Unter-Abtheilungen der Special-Baukassen-Rechnung) müssen den einzelnen Anschlägen, den Titeln und Positionen derselben sich anschließen, es ist daher öfters eine — von den Bau-Beamten spätestens bei Beendigung des Baues vorzunehmende — Repartition der auf Einen Belag geleisteten Zahlungen nach den Positionen der verschiedenen Anschläge, auf welche sie sich beziehen resp. eine Hinweisung bei der zu einem Anschlage gehörigen Ausgabe-Position der Rechnung auf den bei der Zahlungsnachweisung für einen anderen Anschlag befindlichen Hauptbelag nothwendig. Diese verschiedenen, den einzelnen zusammengehörigen Anschlägen entsprechenden Zahlungsnachweise sind jedoch, wie die Anschläge selbst, als Theile Eines, in ihrer Zusammenstellung als ein Ganzes hervortretenden Bauwerks (Einer baulichen Anlage) — als Unter-Abtheilungen Einer Rechnung zu behandeln und die größere Mühwaltung des Rechnungslegers hat ihre Berücksichtigung zu finden bei dem Arbitrium, welches der §. 5 des Regulativs in der Verwendung des von der Tantième reservirten Viertels zur Remuneration für die Rechnungslegung gestattet. Dadurch, daß der Rendant getrennte Rechnungen über einzelne zu einem Ganzen gehörige Bauten gelegt hat, kann die von den Zahlungen zu berechnende Tantième nicht gesteigert werden.

Was die Frage

ad 2. betrifft, in wiefern die Special-Baukassen-Rendanten die Tantième auch von solchen Zahlungen berechnen dürfen, welche sie im Auftrage der Regierungs-Haupt-Kasse leisten, so liegt es in der Natur der Sache, daß die Special-Baukasse, als solche, nur über diejenigen Zahlungen Rechnung legen kann, welche sie geleistet hat. Werden bei Einrichtung einer Special-Baukasse — nach §. 1 des Regulativs — aus den Anschlägen gewisse Positionen ausgesondert, welche nicht durch die Special-Baukasse gezahlt werden sollen, so können diese auch nicht von dieser Kasse verrechnet werden. Dies wird dadurch nicht geändert, wenn die Haupt-Kasse solche ausgesonderte Zahlungen durch denselben Beamten, welcher Rendant der Special-Baukasse ist, in seiner Eigenschaft als Rendant einer ständigen Unter-Kasse leisten läßt. Er leistet die Zahlung dann eben nicht als Special-Baukassen-Rendant, hat nach Abschnitt 2 des §. 2 auf eine Tantième dafür keinen Anspruch, aber auch nur die Zahlung der Haupt-Kasse, unter Einsendung der Quittung Statt baar, aufzurechnen, ohne in dem Kassenbuche der Special-Baukasse und bei Aufstellung der Rechnung derselben von solchen Zahlungen weiter Notiz zu nehmen.

Die Special-Baukasse kann in solchen Fällen keine vollständige Rechnung über die gesammten Kosten des Baues legen, sondern nur eine Nachweisung mit Belägen über die in ihrer begrenzten Geschäftsführung geleisteten Zahlungen der Regierungs-Haupt-Kasse einreichen, welche ihrer Seits direct — oder durch Vermittelung ihrer ständigen Unter-Kassen einen anderen Theil der auf denselben Bau bezüglichen Ausgaben geleistet und darüber Rechnung zu legen hat. Wird von diesem am Schluß des §. 3 vorgesehenen Falle abweichend, der Special-Baukasse gleichwohl die Legung der Rechnung angesonnen und soll der Rendant derselben deshalb Zahlungen, welche er als Verwalter einer Unter-Kasse im Auftrag der Regierungs-Haupt-Kasse geleistet hat, gleichwohl bei der Special-Baukasse buchen und belegen, so entspricht dies nicht der Intention des Regulativs vom 26. November 1853. Die Aussonderung einzelner Anschlagspositionen ist dann in der That nur eine Fiction, um dem Zahlenden die nach dem ersten Abschnitte des §. 2 sonst ihm zustehende Tantième zu entziehen, während ihm die Mühwaltung in eben dem Umfange bleibt, als ob eine solche Aussonderung nicht Statt gefunden hätte.

IV. Erlaß des Herrn Ministers für Handel, Gewerbe und öffentliche Arbeiten vom 23. Juni 1864, II. 5557.

theilt den Königlichen Eisenbahn-Directionen mit Bezugnahme auf den Erlaß vom 13. November 1862 die nachfolgende, an die Königlichen Regierungen und an die Ministerial-Baucommission erlassene anderweite General-Verfügung vom 14. Juni 1864, betreffend die Berechnung der den Special-Baukassen-Rendanten zustehenden Tantièmen, zur Kenntnißnahme und Beachtung mit.

Erlaß des Herrn Ministers für Handel, Gewerbe und öffentliche Arbeiten vom 14. Juni 1864, III. 6225 an sämmtliche Königliche Regierungen und die Königliche Ministerial-Baucommission.

Die in den Grundsätzen zur Circular-Verfügung vom 15. October 1862. III. 10198. über die dort behandelte zweite Frage:

> inwiefern die Special-Baukassen-Rendanten die Tantième auch von solchen Zahlungen berechnen dürfen, welche sie im Auftrage der Regierungs-Hauptkasse leisten,

enthaltenen Bestimmungen sind mit Rücksicht auf die Circular-Verfügungen der Königlichen Ober-Rechnungskammer vom 20. Januar 1857 einer wiederholten Erörterung unterzogen worden.

In Folge dessen wird der Königlichen Regierung Folgendes zur Nachachtung eröffnet:

Die Uebersichtlichkeit erfordert es, daß über jede zusammenhängende Bauausführung — den Fall ausgenommen, wenn wegen der mehrere Jahre sich hinziehenden Ausführung die Legung von Stückrechnungen nicht zu umgehen ist und von der Ober-Rechnungs-Kammer genehmigt wird — nur Eine Baurechnung gelegt werde, auch wenn die Zahlung der Baugelder aus verschiedenen Kassen erfolgt.

Wenn daher für einen Bau eine Special-Baukasse errichtet wird und dabei in Gemäßheit des §. 5 des Regulativs vom 26. November 1853 die Aussonderung von Posten aus den Anschlägen erfolgt, deren Zahlung durch die Regierungs-Hauptkasse geleistet werden soll, so hat die den Bau leitende Behörde (Regierung 2c.) zugleich Bestimmung darüber zu treffen, ob die vollständige Baurechnung demnächst von der Special-Baukasse oder von der Regierungs-Hauptkasse zu legen ist. Leitend muß dabei der Gesichtspunkt sein, daß diejenige Kasse die Baurechnung zu legen hat, welche vorzugsweise mit der Ausführung des Baues 2c., mit der Kassen- und Buchführung betraut gewesen und daher im Stande ist, mit dem verhältnißmäßig geringsten Aufwande an Zeit und Kräften die Rechnung zusammenzustellen.

Wird aus dieser Rücksicht die Special-Baukasse mit der Rechnungslegung beauftragt, so hat dieselbe, der Circular-Verfügung der Königlichen Ober-Rechnungs-Kammer vom 20. Januar 1857 gemäß auch die von der Regierungs-Hauptkasse unmittelbar geleisteten Zahlungen zu vereinnahmen und nach den ihr übermittelten Belägen in einer besonderen Kolonne der Special-Rechnung gehörigen Orts in Ausgabe zu verrechnen.

Da die Rendanten der Special-Baukassen eine besondere Vergütung für diese Mühwaltung nicht, und insbesondere eine Tantième auch in dem Fall für sich nicht zu berechnen haben, wenn sie in ihrer Eigenschaft als Rendanten einer Unterkasse solche Zahlungen im Auftrage und für Rechnung der Regierungs-Hauptkasse geleistet haben, so wird der Königlichen Regierung einerseits zur Pflicht gemacht, dem Sinne der Circular-Verfügung vom 15. October 1862 entsprechend, darauf zu achten, daß dergleichen eigentlich aus der Regierungs-Hauptkasse unmittelbar zu leistende Zahlungen vorher nicht lediglich deswegen ausgesondert werden, um dafür Tantième zu ersparen, andererseits ist auf die Mühwaltung, welche dem Rendanten bei dieser Rechnungslegung durch nicht tantièmepflichtige Zahlungen erwächst, bei Abmessung der Remuneration für die Rechnungslegung aus dem dazu reservirten $^1/_4$ der Tantième Rücksicht zu nehmen. Nach §. 5 des Regulativs vom 26. November 1853 ist das zu reservirende Viertheil der berechneten Tantième nicht als ein absolutes Maaß der Vergütung für die Rechnungslegung, sondern als ein Fonds bestimmt, aus welchem unter Berücksichtigung der auf die Rechnungslegung zu verwendenden Zeit und Mühe in jedem einzelnen Falle die Vergütung dafür zu arbitriren ist, so daß in der Regel dieses eine Viertheil das Maximum der Vergütung für die Rechnungslegung bildet. Es empfiehlt sich daher, die Vergütung für eine Rechnungslegung, welche sich auf lediglich tantièmepflichtige Zahlungen bezieht, nicht wie bisher unterschiedslos, sondern nur dann auf das volle $^1/_4$ der Tantième festzusetzen, wenn die Mühwaltung der vollen Vergütung wirklich entspricht. In dem Falle endlich, wenn ein Special-Baukassen-Rendant verpflichtet worden ist, größere nicht tantième-pflichtige Zahlungen und zumal solche, welche er selbst für Rechnung der Regierungs-Hauptkasse geleistet, in die Baurechnung mit aufzunehmen, bleibt der Königlichen Regierung überlassen, wenn auch das volle ¼ der Tantième der dadurch bedingten größeren Mühwaltung nicht entspricht, die höhere Genehmigung zur Bewilligung einer angemesseneren Vergütung nachzusuchen.

V. Erlaß des Herrn Ministers für Handel etc. vom 19. September 1877, II. 19822 an die Commission für die Berliner Stadteisenbahn und an die Königlichen Eisenbahn-Directionen, sowie an die übrigen Eisenbahn-Commissionen.

Auf den Bericht vom 30. v. M. A. 749. erwidere ich der Königlichen Eisenbahn-Commission, daß die Auffassung, als ob die Vergütung der Special-Baukassen-Rendanten von den aus den periodischen Abrechnungen mit denselben sich ergebenden Zahlungen jedesmal für sich besonders nach Maaßgabe der im §. 3 des Regulativs vom 26. November 1853 bestimmten Sätze zu berechnen sei, nicht zutreffend ist. Die bezügliche Bestimmung in dem allegirten §. ist vielmehr dahin zu verstehen, daß die Vergütung von der Gesammtsumme aller, vom Beginn des Baues bis zur gänzlichen Beendigung desselben bezw. bis zur Aufhebung der Special-Baukasse geleisteten Zahlungen nach den daselbst festgestellten Sätzen berechnet werden soll. Es ist daher richtig, wenn in den quartaliter oder für andere Zeitabschnitte aufzustellenden Liquidationen jeweilig die für die Vergangenheit bereits in Rechnung gestellten Zahlungen wieder hinzugerechnet, von der Gesammtsumme die Procente berechnet und an dem Hauptbetrage derselben die bisher gezahlten Vergütungen in Abzug gebracht werden.

Das hiernach bei Berechnung der fraglichen Vergütungen zu beobachtende Verfahren ist auch dann einer Aenderung nicht unterworfen, wenn im Laufe der Bauzeit in der Person des Rendanten ein Wechsel eintritt, vielmehr erhalten in diesem Falle nach einer schon früher an die Regierungen erlassenen Verfügung den höchsten Procentsatz die Rendanten, welche die ersten Zahlungen bis zur Höhe von 15 000 M. leisten, den mittleren Satz diejenigen, welche die folgenden Zahlungen bis auf Höhe von 30 000 M. verrichten, und den geringsten Satz diejenigen, welche den Rest zahlen. Bei dieser Bestimmung ist von dem Gesichtspunkte ausgegangen, daß der erste Rendant im Anfange der Geschäftsführung die Bücher einzurichten hat, welche der folgende Rendant nur fortführt, während der erste Rendant wiederum seinen Antheil an der aus dem Abzuge von ¼ zu bestreitenden Vergütung für die Rechnungslegung aufgeben muß.

Der Minister für Handel, Gewerbe und öffentliche Arbeiten.

Die Anlage-Capitalien der Eisenbahnen.

I. Behufs Feststellung der Rentabilität der Eisenbahnen ist erforderlich, die Höhe der Anlage-Capitalien derselben, d. h. derjenigen Aufwendungen festzustellen, welche zur ersten Anlage resp. zum Erwerb, zur Ergänzung, Vervollständigung oder Verbesserung der Bahn nebst allen Zubehörungen und zur Beschaffung und Vermehrung der Betriebsmittel gemacht worden sind. Bei den auf Actien gegründeten Bahnen ergiebt sich die Rentabilität durch Gegenüberstellung des Jahres-Reinertrages und des emittirten bezw. aufgewendeten Actien-Capitals bei Berücksichtigung der etwa sonst in Betracht kommenden Momente, z. B. Ermäßigung des aufgewendeten Capitals durch Verkauf abkömmlichen Grundeigenthums ꝛc. Auch manche andere aus dem Folgenden zu entnehmende Umstände werden bei den Privatbahnen event. ebenfalls berücksichtigt werden müssen.

Bei den Staats-Eisenbahnen ist eine genaue Ermittelung der Anlage-Capitalien erst seit einigen Jahren eingetreten und hat daher nicht unerhebliche Schwierigkeiten verursacht. Es kam nicht allein darauf an, die Aufwendungen aus Neubau-Fonds für Staats-Eisenbahnen vom Beginn des Baues jeder einzelnen Bahnstrecke und einzelner Bauwerke zu ermitteln, sondern es blieb auch festzustellen, welche Aufwendungen aus anderen fiskalischen Fonds, beispielsweise die von der Berg-Verwaltung bestrittenen Anlage-Kosten oder Beiträge zu denselben von in deren Interesse erbauten Strecken oder sonstigen Einrichtungen und Anlagen —, aus laufenden Betriebs-Fonds für Ergänzung oder Erweiterung der Bahn-Anlagen ꝛc. oder aus Beiträgen von Dritten, für welche die Anlage der Bahn von besonderem Interesse gewesen, herrühren.

Ferner mußten die aus dem Wiederverkauf von Grundstücken, welche über den Bedarf erworben worden und aus der, im Laufe der Zeit eingetretenen Veräußerung anderer, zu Bahnzwecken nicht mehr erforderlichen Annexe der Anlage folgenden Abgänge an dem Anlage-Capital, sowie diejenigen Beträge, welche an einzelnen Bau-Fonds erspart und an die General-Staats-Kasse zurückgeliefert worden, Berücksichtigung finden. Zuschüsse, welche nicht in Baar, sondern in Grund und Boden ꝛc. (auch bei unentgeltlicher Ueberlassung von Grundstücken aus anderen fiskalischen Ressorts) bestanden, waren besonders zu vermerken und schließlich auch die Kosten der Vorarbeiten zu ermitteln. Letztere wurden dem Anlage-Capital hinzugerechnet.

Das ursprüngliche Anlage-Capital der früher im Privatbesitze befindlich gewesenen Strecken wurde dem nachgewiesenen Erwerbspreise des Staates gegenübergestellt.

Die Nachweisung des Anlage-Capitals konnte sich schließlich nicht auf die bereits im Betriebe befindlichen Strecken beschränken, sondern dieselbe mußte auch in besonderen Abschnitten die zum Bau der dem Betriebe noch nicht übergebenen Strecken aufgewendeten Kosten enthalten. Ferner waren bei jedem Abschnitt — sowohl für die bereits im Betriebe, als auch die noch im Bau befindlichen Strecken — diejenigen, möglichst genau zu veranschlagenden Beträge aufzunehmen, welche aus den bewilligten einzelnen Fonds bis zum Schlusse jedes der folgenden beiden Jahre voraussichtlich zur Verwendung gelangen würden[1]).

Da die Erfahrung lehrt, daß die Baulichkeiten ganzer Bahnhöfe einschließlich des Oberbaues, Wegeüber- und Unterführungen ꝛc. abgebrochen werden müssen, um neuen Anlagen in durchaus anderer Gestaltung und Ausdehnung Platz zu machen, so ist es, um eine irrige Beurtheilung der Rentabilität der Staatsbahnen und der wirthschaftlichen Verwendung des darin enthaltenen National-Vermögens zu verhüten, erforderlich, auch den Preis der beseitigten Anlagen zu berücksichtigen und es soll daher nach dem Erlaß vom 14. März 1878, II. 4451 fortan bei Vorlage von Projecten und Kostenanschlägen zugleich eine näher zu motivirende Angabe über die Höhe der Kosten der betreffenden vorhandenen Anlagen gemacht werden, soweit letztere durch die beabsichtigten Neubauten in Wegfall kommen oder keine Wiederverwendung finden. Sind die Kosten in Bezug auf Lohn oder Material nicht mehr actenmäßig zu ermitteln, so soll unter thunlichster Berücksichtigung der entsprechenden früheren Preis-Verhältnisse eine überschlägliche Berechnung angestellt werden.

Die ermittelten Werthe für bestehende bauliche Anlagen, welche durch Neubauten in Wegfall kommen, oder keine Wiederverwendung finden, sind jedoch, wie an anderer Stelle bestimmt ist, bei Feststellung des Anlage-Capitals der betreffenden Bahnen von dem letzteren nicht in Abzug zu bringen, sondern — wie dies auch rücksichtlich des Werthes für die von dem Fiscus, Kreisen ꝛc. unentgeltlich abgetretenen Grundstücken zu geschehen hat, in den Nachweisungen über das Anlage-Capital der Staatsbahnen am Schlusse derselben in der Colonne „Bemerkungen" von Jahr zu Jahr unter specieller Bezeichnung der in Wegfall gekommenen baulichen Anlagen und des ermittelten Bauwerthes so auszuführen, daß die Höhe des letzteren jederzeit ersehen werden kann.

Nach dem Erlaß vom 16. April 1878, II. 6725 ist nach beendetem Final-Abschlusse des Etatsjahres 1877/78 zu der Nachweisung über das Anlage-Capital von den Staatsbahn-Directionen je ein Nachtrag über die stattgehabten Zu- und Abgänge bis ult. März 1878 aufzustellen gewesen, in welchen die Schlußsummen bis ult. 1876 gehörigen Orts vorzutragen und mit zu berechnen waren.

Der Nachtrag war nach den bisherigen Hauptabschnitten

I. im Betriebe befindliche Strecken,

II. dem Betriebe noch nicht übergebene Strecken aufzustellen.

(Folgen einige nähere Bestimmungen über Aufstellung dieses Nachtrages und über die Anwendung der Schemas dazu[2]). Die Zugänge aus Betriebs-Fonds sind zu specificiren, soweit nicht Schlußsummen von solchen Uebersichten aufgenommen

---

[1]) Diese Ausführungen entsprechen, so weit sie die Staatsbahnen betreffen, dem Erlaß vom 14. Juli 1876, II. 13090. Die weiteren Bestimmungen dieses Erlasses sind durch die nachfolgenden Verfügungen modificirt bezw. ergänzt.

[2]) Zum Nachtrage sind künftighin die dem nachfolgenden Erlasse vom 8. Juni 1879 beigegebenen Schemas zu verwenden.

werden können, welche mit den Final-Abschlußsachen zur Vorlage gelangen. Ebenso sind die Zu- und Abgänge an unentgeltlich abgetretenen Grundstücken entweder in besonderen Uebersichten, oder in der Colonne „Bemerkungen" des Nachtrages ersichtlich zu machen, wie auch die demzufolge sich berechnende Gesammtgröße dieser Grundstücke und deren Werth bei den Schlußsummen der Abschnitte I. und II., bezw. der einzelnen neuen Strecken anzugeben bleibt. Die Trennung der Grundstücke 2c., welche

a) fiskalische Ressorts,

b) Kreise 2c.

unentgeltlich abgetreten haben, ist beizubehalten).

II. Erlaß des Herrn Ministers der öffentlichen Arbeiten vom 8. Juni 1879, II. 3231 an die Königlichen Directionen der Staatsbahnen.

pp. Für die Aufstellung der fraglichen Nachträge vom Etatsjahre pro 1. April 1878/79 ab bleiben die Vorschriften der Erlasse vom 14. Juli 1876, II. 13090. und vom 16. April 1878, II. 6725. maaßgebend, insoweit sie nicht durch die nachfolgenden Bestimmungen ergänzt resp. modificirt werden.

1. Ueber die aus der laufenden Verwendung der Bau-Fonds 2c. dem Anlage-Capital hinzutretenden Beträge ist zunächst, wie für einzelne Verwaltungen bereits angeordnet, eine besondere Nachweisung aufzustellen. Für dieselbe ist in Zukunft das beifolgende Schema A maaßgebend. In dieser Nachweisung sind, wie in dem Schema beispielsweise bemerkt, die Geldbewilligungen 2c. nach den einzelnen Verwendungszwecken einzutragen und dementsprechend die folgenden Colonnen auszufüllen. Auf die Ausfüllung der beiden letzten Geld-Colonnen ist besondere Aufmerksamkeit und Sorgfalt zu verwenden, damit die als voraussichtliche Verwendung in den folgenden beiden Etatsjahren angenommenen Beträge demnächst mit der Wirklichkeit wenigstens annähernd übereinstimmen.

Die einzelnen Fonds müssen, auch wenn Ausgaben darauf nicht mehr zu leisten sind, so lange fortgeführt werden, bis die vollständige Abwickelung derselben stattgefunden hat, damit die durch nachträgliche Umbuchung von Ausgaben 2c. erforderlich werdenden Ausgleichungen mit Sicherheit vorgenommen werden können. In der Colonne „Bemerkungen" ist über die Abrechnung der einzelnen Fonds, über die Rücklieferung der ersparten Beträge 2c. unter Angabe der darauf bezüglichen diesseitigen Erlasse Auskunft zu geben.

In den Nachtrag zu der Nachweisung des Anlage-Capitals selbst sind die Zugänge, sowie auch die Abgänge, sofern solche in Folge von nachträglichen Umbuchungen 2c. sich ergeben sollten, aus jener Special-Nachweisung nach den verschiedenen Jahrgängen der etatsmäßigen Bewilligungen, nach Dispositions-Fonds aus den einzelnen Etatsjahren und nach den einzelnen Gesetzen 2c. summarisch zu übertragen, soweit sich dieselben auf die einzelnen Abschnitte resp. auf je eine für sich zum Abschluß kommende Unterabtheilung des Nachtrages beziehen. Dementsprechend ist auch die Special-Nachweisung in den einzelnen Abschnitten abzuschließen.

Nachdem durch den Erlaß vom 8. December 1877, II. 26003. angeordnet worden ist, daß die extraordinären Einnahmen, soweit dieselben zur Deckung der Ausgaben wieder verwendet werden, in den Verwendungs-Nachweisungen über die Bau-Fonds ꝛc. nicht mehr besonders zu führen, sondern auf die Ausgaben bei den betreffenden Fonds zu verbuchen sind, kommen als Absetzungen in den Nachträgen zu der Nachweisung des Anlage-Capitals nur noch solche Posten in Betracht, welche als Rückeinnahmen auf bereits früher abgerechnete und zum Ansatz gebrachte Fonds, wie beispielsweise die Erlöse für nachträglich verkaufte Grundstücke ꝛc., direct zur Ablieferung gelangen, oder solche, welche etwa überhaupt auf die Ausgaben nicht verrechnet werden sollen und gleichfalls an die General-Staatskasse abgeliefert werden.

Solche Rückeinnahmen können, wenn sie in zahlreichen Posten vorkommen, zunächst in einem besonderen Verzeichnisse, unter Angabe der darauf bezüglichen diesseitigen Erlasse, zusammengestellt und in einer Summe in dem Nachtrage zu der Nachweisung des Anlagecapitals abgesetzt werden.

2. Für den Nachtrag zu der Nachweisung des Anlage-Capitals selbst ist das beifolgende, den bisherigen Vorschriften entsprechende Schema B. zur Anwendung zu bringen. Die neu eingeschaltete Colonne 4. „Bauzinsen bis zur Betriebs-Eröffnung" ist bis auf weitere Verfügung unausgefüllt zu lassen.

Der Nachtrag zerfällt, wie bisher, zunächst in zwei Hauptabschnitte:

I. im Betriebe befindliche Strecken,

II. dem Betriebe noch nicht übergebene Strecken.

Die Grenze des Abschnitts I. fällt mit dem Schlusse des letztverflossenen Etatsjahres, für welches die Zu- und Abgänge durch den Nachtrag definitiv festgestellt werden sollen, dergestalt zusammen, daß, wie in dem Schema beispielsweise angedeutet, darin zunächst (unter a) die bis zum Schlusse des vorhergegangenen Etatsjahres bereits eröffnet gewesenen Strecken summarisch und sodann (unter b) die im Laufe des letztverflossenen Etatsjahres eröffneten Strecken einzeln, unter Angabe des Tages der Betriebseröffnung, zum Nachweise gelangen.

Im Abschnitt II. sind die neuen Strecken nach der Reihenfolge der Genehmigung des Baues derselben und, wenn die Betriebs-Eröffnung von Theilstrecken im Laufe der nächstfolgenden beiden Etatsjahre in Aussicht genommen ist, getrennt nach diesen, unter Angabe des Tages der voraussichtlichen Betriebs-Eröffnung, mit den auf jede derselben entfallenden Anlagekosten zum Nachweise zu bringen.

Der Nachweis der Anlagekosten erfolgt in derselben Weise, wie für den Abschnitt I. im Schema angedeutet, unter Vortrag der Summe bis zum Schlusse des vorhergegangenen Etatsjahres und für das letztverflossene Etatsjahr im Anschluß an die nach der Bestimmung unter 1. aufzustellende Special-Nachweisung über die Verwendung der Fonds.

In Bezug auf die Zugänge in Colonne 5. des Nachtrages „Aus Betriebs-Fonds" wird, unter Hinweis auf den Erlaß vom 16. April 1878, II. 6725. und mit Rücksicht auf die bisher bei Prüfung verschiedener Nachweisungen der Anlage-Capitalien erforderlich gewesene Ausscheidung einzelner Posten, zur künftigen genauen

Beachtung noch besonders bemerkt, daß als Ergänzungsbauten nur solche Anlagen zu betrachten sind, welche thatsächlich eine Erweiterung des Unternehmens resp. eine Vergrößerung oder Ausdehnung der vorhandenen Anlagen betreffen und daß hierauf schon bei Aufstellung der mit dem Final-Abschluß einzureichenden bezüglichen Nachweisung Rücksicht zu nehmen ist.

Unter dem Hauptabschluß des Abschnitts I. und unter jedem der Einzel-Abschlüsse des Abschnitts II. (eventuell für jede zu eröffnende Theilstrecke) erfolgt sodann der Nachweis der in den nächstfolgenden beiden Etatsjahren den Anlagekosten voraussichtlich hinzutretenden Beträge, gleichfalls im Anschluß an die Special-Nachweisung über die Verwendung der Fonds und in derselben Reihenfolge wie für das letztverflossene Etatsjahr. Neben den Summen für die einzelnen Etatsjahre sind noch die jedesmaligen Hauptsummen bis zum Schlusse resp. bis zu dem zuletzt in Betracht kommenden Etatsjahre zu ziehen.

Auf dieser Grundlage sind sodann in einem III. Hauptabschnitt des Nachtrages unter Ausfüllung der sämmtlichen gegenüber stehenden Colonnen Berechnungen darüber aufzustellen, wie hoch sich die Anlage-Capitalien in den in Betracht kommenden 3 Etatsjahren pro rata der Betriebszeit belaufen haben resp. belaufen werden.

Für den zunächst einzureichenden Nachtrag kommen hierbei die Etatsjahre 1878/79, 1879/80 und 1880/81 wie folgt in Betracht[1]).

a) für das Jahr 1878/79:

1. Vortrag der Summe unter I. a,
2. Hinzurechnung der auf die Betriebszeit im Jahre 1878/79 entfallenden Theilbeträge aus den Abtheilungen b. 1. 2. ꝛc. des Abschnitts I.;

b) für das Jahr 1879/80:

1. Vortrag der Summe in Abschnitt I. bis zum Schlusse des Jahres 1879/80,
2. Hinzurechnung der auf die angenommene Betriebszeit im Jahre 1879/80 entfallenden Theilbeträge aus den betreffenden Abtheilungen des Abschnitts II. bis zum Schlusse des Jahres 1879/80;

c) für das Jahr 1880/81:

1. Vortrag der Hauptsumme im Abschnitt I. bis zum Schlusse des Jahres 1880/81,
2. Hinzurechnung der auf die angenommene Betriebszeit im Jahre 1880/81 entfallenden Theilbeträge resp. der vollen Beträge der bereits unter b (für 1879/80 berücksichtigten Strecken aus den betreffenden Abtheilungen des Abschnitts II. bis zum Schlusse des Jahres 1880/81.

3. Die bisher von einzelnen Verwaltungen bewirkte Abrundung der Ansätze in den Nachweisungen des Anlage-Capitals auf volle Mark hat zu unterbleiben, vielmehr sind für die Folge in den Nachträgen die Beträge der Zu- und Abgänge

(cfr. S. 180.)

[1]) Es kommen sonach weiter in Betracht:
a) im Jahre 1880 die Etatsjahre 1879/80, 1880/81 und 1881/82,
b) " " 1881 " " 1880/81, 1881/82 " 1882/83
und so fort.

A. Nach…

der dem Anlage-Capital der . . . . . . Eisenbahn aus der Verwendung de…
hinzuzurechnenden Beträge, sowie der muthmaßlichen weiteren Aufwe…

Laufende No.	Bezeichnung der Bauten ꝛc. und der Geldbewilligungen.	Es sind bewilligt. ℳ	₰	überwiesen resp. abgehoben. ℳ	₰
	Extraordinarium des Etats pro 18 . .				
1.	Geleise-Erweiterung auf Bahnhof N.				
2.	Dienstwohngebäude auf Station B.				
	ꝛc. ꝛc.				
	Summa				
	Gesetz vom . . ten . . . . 18 . .				
6.	Neubau der Strecke von A . . . bis C . . .				
	ꝛc. ꝛc.				

B. Nach…

zu der Nachweisung des Anlage-Capitals der . . . Eisenbahn in Bezu…
die voraussichtlichen Aufwendunge…

1. Laufende No.	2. Nähere Bezeichnung der Fonds, aus welchen die Anlagekosten bestritten sind.	3. Aus durch Gesetz bewilligten Anleihen und Crediten, aus dem früheren Eisenbahnfonds, sowie aus Etats-Fonds der Eisenbahnverwaltung (einmalige und außerordentliche Ausgaben). ℳ	₰	4. Bauzinsen bis zur Betriebs-Eröffnung. ℳ	₰	5. Aus Betriebs-Fonds. ℳ	₰
	I. Im Betriebe befindliche Strecken.						
	a) am 1. April 18 . . bereits im Betriebe. (. . . . km.)						
1.	Das Anlage-Capital betrug ult. März 18 . . .						
	Hierzu per 1. April 18 . . bis ult. März 18 . . laut Spezial-Nachweisung:						
2.	aus dem Extraordinarium des Etats per 18 . .						
3.	aus dem Gesetze vom . . ten . . 18 . .						
	ꝛc.						
	Summa I. a.						
	b) im Laufe des Etatsjahres 18 . . eröffnet.						
	1. Strecke . . . . = ... km (eröffnet am . . . .)						
1.	ꝛc. ꝛc. (wie ad. a.)						

eisung

Bauten etc. extraordinär bewilligten Fonds für das Jahr vom 1. April 18
gen in den Jahren vom 1. April 18 und vom 1. April 18

rauf waren lt. März 18.. n Ganzen wendet resp. erausgabt.		Dem Anlage-Capital der Bahn waren bis ult. März 18.. in Zugang gebracht.		Für die Zeit vom 1. April 18.. bis ult. März 18.. kommen daher in Ansatz.		Es werden weiter verwendet werden				Bemerkungen.
						im Laufe des Etatsjahres p. 1. April 18..		im Laufe des Etatsjahres p. 1. April 18..		
ℳ	₰	ℳ	₰	ℳ	₰	ℳ	₰	ℳ	₰	

rag

f die im Etatsjahre vom 1. April 18 vorgekommenen Zu- und Abgänge und
den Jahren 18 und 18

6.		7.		8.		9.		10.
Aus ren fiskalischen Fonds.		Aus Beiträgen von Kreisen, Gemeinden, Privat-Gesellschaften und Personen ꝛc.		Summa.		Von den früher im Privatbesitz befindlich gewesenen und demnächst vom Staate erworbenen Strecken beträgt das ursprüngliche Anlagecapital.		Bemerkungen.
ℳ	₰	ℳ	₰	ℳ	₰	ℳ	₰	

resp. bei Neubauten die aufgewendeten Summen genau auszuwerfen und aufzurechnen. Die Abrundung der Schlußsummen für diesseitige Zwecke bleibt vorbehalten.

4. Zur Vermeidung der bisher in Bezug auf die Höhe der Anlage-Capitalien zwischen den Angaben in den Jahresberichten und den diesseitigen Angaben in den Etats der Eisenbahn-Verwaltung 2c. vorgekommenen Differenzen sind in Zukunft bei Zusammenstellung des Materials für den Jahresbericht diejenigen Summen in Betracht zu ziehen, welche sich bei der diesseitigen Revision und Feststellung der Nachträge zu den Nachweisungen der Anlage-Capitalien ergeben und demnächst mitgetheilt werden.

5. Die Aufstellung der Nachträge 2c. zu den Nachweisungen der Anlagecapitalien ist so viel irgend thunlich zu beschleunigen. Künftig hat die Einreichung derselben pünktlich zum 15. Juni jeden Jahres zu erfolgen. Auf die Einhaltung dieses Termins wird besonders Gewicht gelegt.

Im Uebrigen spreche ich die Erwartung aus, daß nunmehr nach vorstehenden Anleitungen die Aufstellung mit der nöthigen Sorgfalt und Genauigkeit erfolgt, damit bei der diesseitigen Revision Weiterungen und Rückfragen, wie solche seither in den meisten Fällen vorgekommen sind, in Zukunft vermieden werden.

Der Minister der öffentlichen Arbeiten.

Die Kassen-Revision [1]).

I. In Betreff der Abhaltung von Kassen-Revisionen finden die Bestimmungen der Allerhöchsten Ordre vom 19. August 1823, (Ges.S. S. 159) Anwendung.

Danach sollen die gewöhnlichen allmonatlichen Revisionen der Haupt-Kassen in Berlin wieder, wie ehemals, an einem und demselben Tage, und zwar stets am letzten Tage im Monat, wenn dieser aber auf einen Sonn- oder Festtag fällt, den Tag vorher revidirt werden und die Revisionen Vormittags 9 Uhr beginnen.

In den Provinzen ist es den Chefs der Provinzial-Collegien überlassen, wegen Revision der Provinzial-, Kreis- und Special-Kassen, ähnliche Einrichtungen dahin zu treffen, daß die allmonatlichen Revisionen an jedem Orte immer an demselben Tage und zur gleichen Stunde erfolgen. Die Art und Weise bleibt lediglich ihnen, jedoch unter ihrer eigenen Vertretung, überlassen.

Ebenso sollen die obersten Verwaltungen und Chefs der Provinzial-Collegien unter gleicher Verpflichtung in der Wahl der Kassen-Curatoren und Revisoren nicht beschränkt sein; sie dürfen jedoch nicht gestatten, daß das Curatorium der Reihe nach geführt, oder mit solchem in bestimmten Zwischenräumen gewechselt werde; es ist

---

[1]) Das Formelle bei den Kassen-Revisionen ist unter Beigabe von Beispielen zur Aufstellung von Kassen-Revisions-Verhandlungen in dem Handbuche: „Der Eisenbahn-Büreaudienst" von H. Kosub, Verlag von Maruschke und Berendt in Breslau, eingehend erläutert.

vielmehr nöthig, die zuverlässigsten, im Kassen- und Rechnungswesen am meisten geübten und mit den Eigenheiten der ihnen untergeordneten Kassen besonders betrauten Räthe dazu zu bestimmen und nur in dringenden Fällen mit ihnen zu wechseln.

In Betreff der außergewöhnlichen, nämlich derjenigen Kassen-Revisionen, die außer den allmonatlichen zu unbestimmten Zeiten und ohne daß die Kassen-Beamten davon unterrichtet sind, geschehen müssen, ist Folgendes bestimmt:

a) daß diesen Revisionen sämmtliche Staats-Kassen ohne alle Ausnahme unterzogen, und daß solche bei jeder Kasse jährlich nach Umständen einige-, wenigstens aber einmal vorgenommen werden sollen.

b) Die obersten Verwaltungs-Behörden und die Chefs der Provinzial-Collegien haben sich davon zu überzeugen:

daß die extraordinären Kassen-Revisionen wirklich, und daß sie auch in einer dem Zwecke entsprechenden Art und von solchen Beamten abgehalten worden, die sich als sachkundige und zuverlässige Männer schon bewährt haben.

c) Die obersten Verwaltungs-Behörden und die Chefs der Provinzial-Collegien bleiben für alle die Nachtheile mit verantwortlich, die durch die Unterlassung der außergewöhnlichen Revisionen entstehen sollten.

II. Durch Allerhöchsten Erlaß vom 7. März 1868 (Ges.S. S. 232) ist angeordnet, daß die Vorschriften der Allerhöchsten Cabinets-Ordre vom 19. August 1823, wegen der allmonatlich und außergewöhnlich vorzunehmenden Kassen-Revisionen, (Ges.S. S. 159) mit Ausschluß der darin unter Nr. 1a. getroffenen Anordnung, auch in den durch die Gesetze vom 20. September und 24. December 1866 (Ges.S. S. 555, 876) mit der Monarchie vereinigten Landestheilen zur Anwendung zu bringen sind. Die Befugnisse und Obliegenheiten, welche durch diese Vorschriften den Chefs der Provinzial-Collegien beigelegt sind, werden auf die Vorsteher derjenigen Provinzial-Behörden ausgedehnt, welche keine collegialische Einrichtung haben.

III. Nachdem durch das Gesetz vom 29. Juni 1876 (Ges.S. S. 177) ein Etatsjahr geschaffen ist, welches mit dem Kalenderjahre nicht mehr zusammenfällt, wird hierdurch bestimmt,

daß unter dem Zeitraum, in welchem nach Nr. 2a der Allerhöchsten Cabinets-Ordre vom 19. August 1823 (Ges.S. S. 159) jede Staats-Kasse nach Umständen einige-, wenigstens aber einmal unvermuthet revidirt werden soll, fortan nicht mehr das Kalenderjahr, sondern das Etatsjahr zu verstehen ist.

Berlin, den 21. März 1879.

Königliches Staats-Ministerium.

gez. Otto Graf zu Stolberg. Leonhardt. Falk. von Kameke.
Friedenthal. von Bülow. Hofmann. Graf zu Eulenburg.
Maybach. Hobrecht.

Beschluß.
ad St. M. Nr. 751/79.

IV. Nach dem Erlaß vom 8. Juli 1877, II. 5948 (an Elberfeld) ist die durch die Allerhöchste Ordre vom 19. August 1823 vorgeschriebene Gleichzeitigkeit der gewöhnlichen allmonatlichen Kassen-Revisionen an einem und demselben Orte nach Auskunft des Herrn Finanz-Ministers bisher aufrecht erhalten worden. Abweichungen sind nur in den Fällen gestattet worden, wo nach der Eigenthümlichkeit der in Frage kommenden Kassen-Einrichtungen die Gleichzeitigkeit der Revision sich überhaupt nicht, oder doch nur mit besonderen Schwierigkeiten bewirken läßt. Mit dieser Maaßgabe die Vorschrift auf ferner anzuwenden, empfiehlt sich, da, wenn dieselbe auch unter den jetzigen veränderten Verhältnissen wesentlich an Bedeutung verloren hat, und der Schwerpunkt für die Controle der Kassen-Verwaltung in der Vornahme der unvermutheten Revisionen zu finden ist, die Gleichzeitigkeit der gewöhnlichen allmonatlichen Revisionen, wie die Erfahrung bei der Eisenbahn-Verwaltung bestätigt hat, doch immerhin geeignet ist, in gewissen Fällen Malversationen ungetreuer Kassenbeamten vorzubeugen.

V. Ferner sind sämmtliche Königl. Eisenbahn-Directionen durch den Erlaß vom 30. November 1877, II. 22292 darauf hingewiesen, daß für den Fall, daß die für die Eisenbahn-Haupt- und Commissions-Kassen instructionsmäßig vorgeschriebenen allmonatlichen Revisionstermine mit dem für die gleichen Revisionen der übrigen an demselben Orte befindlichen Kassen bestimmten Termine nicht übereinstimmen sollten, ihre Kassen auch an den für die übrigen Kassen desselben Orts bestimmten Revisionstagen einer auf Grund der Journal-Abschlüsse zu bewirkenden summarischen Revision zu unterziehen sind.

Conventionalstrafen in Folge verspäteter Erfüllung von Verträgen.

I. Erlaß des Herrn Ministers für Handel etc. vom 11. Juni 1873, II. 10644. an die Staatseisenbahn-Directionen.

Durch die noch gültige Allerhöchste Ordre vom 22. Februar 1854 ist der Handels-Minister ermächtigt worden, Conventionalstrafen, welche nach den über die Ausführung von Verdings-Arbeiten oder über die Lieferung von Bau-Materialien oder sonstigen Gegenständen geschlossenen Verträgen wegen verspäteter Erfüllung Seitens der Unternehmer verwirkt worden sind, nach Befinden der Umstände zu ermäßigen oder zu erlassen. Behufs Durchführung dieser Befugniß der Verwaltungsbehörde erscheint es zweckmäßig, die auf die Zahlung von Conventionalstrafen bezüglichen Stipulationen dahin zu fassen,

> daß die contrahirende Behörde, falls von dem Unternehmer die vertragsmäßigen Lieferfristen überschritten werden, zur Erhebung der verabredeten Conventionalstrafe **berechtigt** sei, sowie daß, wenn der Unternehmer aus Billigkeits-Rücksichten die Ermäßigung oder Niederschlagung der Conventionalstrafe beanspruchen zu können glaube, die alleinige Entscheidung über

diesen Anspruch dem Minister für Handel, Gewerbe und öffentliche Arbeiten zustehen solle.

Indem ich die Aufnahme dieser Vertrags-Bestimmung hiermit vorschreibe, nehme ich im Uebrigen auf das diesen Gegenstand betreffende Rescript vom 16. Juli 1869 (II. 10195) Bezug. Die Direction hat, wenn sie die Ermäßigung oder Niederschlagung verwirkter Conventionalstrafen aus Billigkeits-Gründen für unzweifelhaft geboten erachtet, vor der Festsetzung der Strafe an mich zu berichten, im entgegengesetzten Falle aber die Strafe ohne Weiteres festzusetzen und den Seitens des Unternehmers bei mir etwa einzulegenden Recurs abzuwarten.

Bezüglich der Anberaumung ausreichender Erfüllungs-Fristen und der Stipulation angemessener Conventionalstrafen bewendet es bei den bezüglichen Erlassen vom 14. Mai 1869 (II. 6800) und 12. September 1872 (II. 17345).

II. Durch den Erlaß vom 17. November 1874, II. 25999. ist in Folge eines Specialfalles bestimmt, daß künftig in allen Berichten, welche die Niederschlagung oder Ermäßigung der durch Lieferfrist-Versäumniß verwirkten Conventionalstrafen zum Gegenstande haben, zur Erörterung zu bringen ist, ob und in wie weit die im Vertrage getroffene Fristbestimmung für die Normirung des Lieferpreises maßgebend gewesen ist und ob insbesondere nicht gerade mit Rücksicht auf den vereinbarten kurzen Lieferungstermin dem Lieferanten höhere Preise bewilligt worden sind, als bei längerer Befristung geschehen sein würde bezw. nach Lage der vorliegenden Offerte nöthig gewesen wäre.

III. Erlaß vom 15. Januar 1878, II. 138.

Den Königlichen Verwaltungen der Staatseisenbahnen wird hierdurch in Erinnerung gebracht, daß den Anträgen auf Niederschlagung oder Herabsetzung von Conventionalstrafen der betreffende Vertrag nebst Abrechnung beizufügen ist. Hierdurch wird zugleich für die Berichterstattung eine Auseinandersetzung über das Thatsächliche der Strafverwirkung entbehrlich, indem es genügt, daß auf die maßgebenden Paragraphen des Vertrages und auf die Abrechnung Bezug genommen wird. Nur wenn die Beifügung des Vertrages rc. nicht angängig ist, wird eine Darlegung der für die Beurtheilung des Sachverhältnisses wesentlichen Vertragsbedingungen gegenüber der Erfüllung desselben erforderlich.

IV. Das gemeinschaftliche Schreiben des Justiz-Ministers und des Ministers für Handel, Gewerbe und öffentliche Arbeiten vom 10. Februar 1877 (J.-M. I. 3574. Hand.-M. II. 18483 rc.) an die Königliche Ober-Rechnungs-Kammer führt aus, daß, was die rechtliche Natur der Conventionalstrafen und die danach als angemessen für die Folge sich ergebende Art ihrer Verrechnung betrifft, nach §§. 292, 295, Tit. 5, Thl. I. Allgemeinen Landrechts (Förster, Preuß. Privatrecht I. §. 107) die bei verzögerter Erfüllung von vertragsmäßigen Verpflichtungen zu entrichtenden Conventionalstrafen dazu bestimmt seien, in einer vorher vereinbarten Pauschsumme als Ersatz für den Schaden zu dienen, welchen der eine Contrahent von der nicht rechtzeitigen Leistung des andern zu erwarten hat. Die Conventionalstrafe hat also danach nicht die Natur der fiscalischen Strafen, welche Seitens der Staatsverwaltung verhängt werden und zu den allgemeinen Staatsfonds fließen; sie ist vielmehr eine contractlich bedungene Entschädigung, welche der verpflichtete Contrahent für den Fall der Nichterfüllung oder nicht rechtzeitigen Erfüllung der übernommenen Verbindlichkeiten dem Berechtigten zu leisten verspricht, um den letzteren für den ihm zugefügten Nachtheil schadlos zu halten, also in die Lage zu versetzen, den Schaden daraus decken zu können.

Bei Bauten ist die sparsame Ausführung regelmäßig von der pünktlichen Innehaltung der dafür in Aussicht genommenen Termine für die einzelnen Lieferungen und Leistungen abhängig. Die bei einem Bau vorkommenden einzelnen Arbeiten schließen sich derartig an einander an, daß die eine Klasse von Handwerkern nicht in Thätigkeit treten kann, bevor die vorangehende ihre Arbeiten vollendet oder bis zu einem gewissen Stadium gefördert hat. Die Verzögerung einzelner Lieferungen und Leistungen hat bei dem Ineinandergreifen aller Bauarbeiten in der Regel eine Verspätung der Fertigstellung des ganzen Bauwerks und dadurch, wenn nicht andere Nachtheile, wenigstens eine Vermehrung des Aufwandes an Bewachungs- und Bauleitungskosten zur Folge, öfters auch werden Entschädigungsforderungen nachfolgender Arbeiterklassen, welche dadurch Nachtheile erleiden, daß ihre Leistungen nicht zu der vorher bestimmten Zeit in Anspruch genommen werden können, oder wo eine Beschleunigung nöthig ist, die Bezahlung höherer Löhne bei Tag- und Nacht-Arbeiten xc. veranlaßt.

In allen solchen Fällen entstehen Mehrausgaben für den Baufonds, dessen Bedürfniß nur für einen ordnungsmäßigen Betrieb des gesammten Baues in den durch den Anschlag vorgesehenen Zeiträumen und nach den dabei zum Ansatz gekommenen Preisen bemessen ist.

Die für eine einzelne Lieferung oder Leistung contractlich stipulirte Vergütung repräsentirt daher den Werth derselben für die Bauausführung nur, wenn die Lieferung zu der bestimmten Zeit erfolgt, bei späterer Erfüllung hat sie einen Minderwerth. Wenn daher bei einer Lieferung zu einem bestimmten Termine eine Vergütung von 1000 M. und im Falle der Verzögerung für jede Woche eine Conventionalstrafe von 100 M. bedungen ist, so ist dies gleichbedeutend, als wenn für die Forderung des Unternehmers für den Fall der rechtzeitigen Lieferung eine Summe von 1000 M. und für den Fall der Verspätung der Lieferung um je 8 Tage eine um je 100 M. geringere Summe bestimmt worden wäre. Auch in dieser Hinsicht characterisirt sich die Conventionalstrafe als eine bei Abschluß des Contracts mit Rücksicht auf den Anschlag vorgesehene eventuelle Minderausgabe für einzelne Leistungen zur Verwendung für andere damit connexe Mehrbedürfnisse, nicht aber als eine außerordentliche Einnahme für die Staatskasse.

Es erscheint mithin gerechtfertigt, wenn etwaige Conventionalstrafen zu extraordinären Baufonds vereinnahmt werden und bei der Bauausführung zur Verwendung kommen.

Demzufolge sind auch die in meinem, des unterzeichneten Justiz-Ministers,

Ressort festgesetzten Conventionalstrafen in neuester Zeit stets zu den betreffenden Baufonds eingezogen worden.

In Betreff der Verrechnung von Conventionalstrafen bei Bauausführungen in meinem, des unterzeichneten Ministers für Handel, Gewerbe und öffentliche Arbeiten, Ressort ist Folgendes zu bemerken:

Im Ressort der Berg-Verwaltung (u. s. w.).

Bei der Verwaltung der Staatseisenbahnen sind die bei Bauten verwirkten Conventionalstrafen früher stets bei den betreffenden Baufonds verrechnet worden. In neuerer Zeit sind lediglich in Folge ergangener Monituren der Königlichen Ober-Rechnungs-Kammer die verwirkten Beträge bei der Mehrzahl der Verwaltungen den Betriebsfonds als extraordinäre Einnahmen zugeführt worden, während andere Verwaltungen sie noch jetzt bei den betreffenden Bau-Fonds verrechnen. In allen Fällen ist der Betrag der Conventionalstrafe danach zur Verfügung der Eisenbahn-Verwaltung, sei es in dem Bestande des Bau-Fonds, sei es in den Betriebs-Fonds, geblieben und nicht an die allgemeine Finanz-Verwaltung abgeführt worden.

Die Heranziehung der Eisenbahnen zu den Communal-Steuern.

Außer den von den Privat-Eisenbahnen zu leistenden Staats-Steuern, von denen am Schlusse des Etatsschemas (Seite 66/67) die Rede, sind dieselben, sowie die Staats-Eisenbahnen verpflichtet, zu den Communallasten beizusteuern. Die hauptsächlich in Betracht kommenden Erlasse hierüber sind nachfolgend zusammengefaßt.

I. Den Stadtgemeinden steht gemäß §. 4 alin. 3 der Städte-Ordnung vom 30. Mai 1853 die Befugniß zu, juristische Personen, also auch die Eisenbahn-Gesellschaften, in Folge des Grundbesitzes und thatsächlichen Gewerbe-Betriebes der letzteren zu denjenigen Gemeindelasten heranzuziehen, welche auf den Grundbesitz oder das Gewerbe, oder auf das aus jenen Quellen fließende Einkommen gelegt sind. Den Eisenbahn-Gesellschaften liegt demnach die Verpflichtung ob, zu den städtischen Communal-Einkommen-Steuern und den denselben beizuzählenden Communal-Abgaben beizutragen.

Da der Grundbesitz und Gewerbebetrieb der Eisenbahn-Gesellschaften auf der gesammten Länge der Bahn an jedem einzelnen Stationsorte ebenso gut stattfindet, wie an dem Sitze der Central-Verwaltung, so steht nicht allein derjenigen Commune, in deren Bereich die Direction der Gesellschaft ihr Domicil hat, sondern überhaupt allen Stadtgemeinden, in deren Bezirk eine Eisenbahn-Station vorhanden ist, das Recht der Besteuerung der Gesellschaft zu.

Das gesammte Einkommen der Eisenbahn-Gesellschaft, ohne Unterschied, ob dasselbe aus dem inneren oder dem Transit-Verkehr herrührt, wird, insoweit es nicht zur Bestreitung der gesammten Ausgaben des ganzen Eisenbahn-Unternehmens, bestehend in den allgemeinen Betriebs- und Unterhaltungskosten der Bahn, den Kosten der Central-Verwaltung ꝛc. verwendet wird, zur Besteuerung herangezogen. Der gesammte Reinertrag des Eisenbahn-Unternehmens bildet mithin das steuerbare Object.

Zur Feststellung des steuerpflichtigen Antheils jeder Station am gesammten Reinertrage der Bahn wird letzterer auf die einzelnen Stationen nach Maßgabe der bei denselben stattgehabten Brutto-Einnahmen aus dem innern Verkehr vertheilt[1]). Diese Brutto-Einnahme besteht aus der Gesammtsumme aller im eigenen Verkehr der betreffenden Eisenbahn in die Stations-Kassen fließenden Personen-Gelder, aller ebendahin gehörigen Frachtbeträge für Güter und der jeder Station eigenthümlichen Neben-Einnahmen an Pächten, Miethen u. s. w.

Bezeichnet man also beispielsweise den Gesammt-Reinertrag der Eisenbahn mit a, die Brutto-Einnahme aus dem innern Verkehr sämmtlicher Stationen resp. die Gesammt-Brutto-Einnahme aus dem innern Verkehr der Eisenbahn mit b, die Brutto-Einnahme aus dem innern Verkehr der Station N. dagegen mit c, so ist $\frac{a \times c}{b}$ das steuerpflichtige Object für die Station N.

In jedem einzelnen Falle, wo eine Eisenbahn-Gesellschaft zur Communal-Steuer herangezogen werden soll, tritt zur Vermeidung von Weiterungen bei der Ausführung die Mitwirkung des betreffenden Eisenbahn-Commissariats bei Berechnung und Feststellung des steuerpflichtigen Einkommens ein.

Rescript des Ministers des Innern und des Finanz-Ministers vom 29. September 1856.

$\frac{\text{M. d. J. 8354. I. B.}}{\text{F. M. III. 23819.}}$

II. Bei Berechnung des communalsteuerpflichtigen Einkommens der Eisenbahnen ist nach den Ausführungen des Rescripts vom 8. November 1857, II. 9118, der im Durchschnitt der drei letzten Jahre bezogene Reinertrag zu Grunde zu legen.

III. Bahnwärter-Wachtlocale sind nicht als steuerpflichtige Objecte anzusehen.

Erlaß des Herrn Finanz-Ministers vom 12. Januar 1865, IV. b. 10057.

IV. Die Rücklagen in den Erneuerungs-Fonds können nicht als Reinertrag einer Bahn betrachtet werden, sondern müssen in Rücksicht darauf, daß jene Rücklagen als zu den allgemeinen Betriebs- und Unterhaltungskosten der Bahn gehörig anzusehen sind, bei der Berechnung des steuerbaren Reinertrages, analog der Vorschrift der Circular-Verfügung vom 29. September 1856, von dem gesammten Einkommen der Eisenbahn in Abzug kommen.

Rescript vom 30. August 1867, II. 12164.

V. Der fiscalische Grundbesitz und das fiscalische Gewerbe kann nach den Ausführungen des Rescripts des Herrn Ministers des Innern vom 22. December 1869, I. B. 11768 auch in den Dorfgemeinden von einer communalen Grund- oder Gebäudesteuer betroffen werden, es erscheint dagegen die Heranziehung des Fiskus

---

[1]) Den einzelnen Stationen sind die bei denselben stattgehabten Brutto-Einnahmen, nach Abzug allein der darin enthaltenen, für den Verkehr auf anderen Eisenbahnen gezahlten Summen anzurechnen. Rescr. des Herrn Minister des Innern vom 6. October 1870, I. B. 6913.

(Kgl. Ostbahn) zu den Communallasten wegen des aus beiden Factoren fließenden Einkommens nicht gerechtfertigt.

VI. In einem Special-Falle wird entschieden, daß Forensen auf Grund des §. 4 al. 3. der Städte-Ordnung vom 30. Mai 1853 zur Communalsteuer nur in solchen Orten herangezogen werden können, in denen eine Communal-Einkommen-Steuer, deren regulativmäßige Grundsätze die Anwendung der gedachten gesetzlichen Bestimmungen ermöglichen, mit Genehmigung der zuständigen Regierung eingeführt ist. Besteht eine derartige Steuer nicht, so sind die Forensen auch von den in Form von Zuschlägen zur Staats-, Klassen und klassificirten Einkommen-Steuer zur Einziehung gelangenden Communal-Steuern befreit.

Rescript des Herrn Ministers des Innern vom 4. Mai 1871.

VII. Als wirkliche Baar-Einnahme der einzelnen Stations-Kassen, welche bei Ermittelung des communalsteuerpflichtigen Objects zur Berechnung gezogen werden, sind, außer den Einnahmen aus dem Binnenverkehr, auch die in die Stations-Kassen fließenden Einnahmen aus dem Verkehr mit Stationen anderer Bahnen in Ansatz zu bringen, während die Einnahmen aus dem Verkehr mit fremden Bahnen, welche im Wege der gegenseitigen Abrechnung direct der Haupt-Kasse zugeführt werden, sowie Einnahmen aus dem Durchgangs-Verkehr ganz außer Betracht gelassen werden.

Diese letzteren Einnahmen sind keiner Station anzurechnen, sondern verstärken mit ihrem Reinertrage den im Rescript vom 29. September 1856 erwähnten Factor a.

Rescript vom 8. August 1871, II. 14772.

VIII. In dem Erkenntniß vom 1. Februar 1869 hat das Königl. Ober-Tribunal ausgesprochen:

a) Forensen sind nicht verpflichtet, Beiträge zur Unterhaltung der Schulgebäude und Schulmeisterwohnungen zu leisten,
b) auch ist die Gemeinde nicht berechtigt, den Forensen einen Antheil an der Schul-Baulast aufzuerlegen.

IX. Den Landgemeinden in den 6 östlichen Provinzen steht gesetzlich die Befugniß zu, die Forensen nicht nur zu denjenigen Gemeinde-Abgaben heranzuziehen, welche unmittelbar auf den Grundbesitz oder das stehende Gewerbe gelegt werden, sondern auch zu denjenigen, deren Veranlagung nach dem aus jenen Quellen fließenden Einkommen erfolgt. Die Forensen sind demgemäß nicht allein zu den nach dem Maßstabe der Grund- und Gewerbe-Steuer, sondern auch zu den nach dem Maßstabe der Klassen und klassificirten Einkommen-Steuer umgelegten Gemeinde-Abgaben beitragspflichtig. Die Höhe der Steuern ist nach den gegebenen Grundsätzen zu ermitteln.

Erlaß des Herrn Ministers des Innern vom 23. November 1871.

Der Erlaß vom 23. November 1871 bezieht sich nicht auch auf juristische Personen, sondern nur auf diejenigen Forensen, welche physische Personen sind.

Rescript des Herrn Ministers des Innern vom 21. Mai 1872.

X. Erlaß des Herrn Ministers der öffentlichen Arbeiten vom 12. September 1879, IV. 3457.

(Eisenb.-Verordn.-Blatt pro 1879. S. 149.)

Die nachstehende, in Gemeinschaft mit den Herrn Ministern des Innern und der Finanzen unterm 5. Juni d. J. erlassene Verfügung, betreffend die Vertheilung des Gesammt-Rein-Einkommens eines Eisenbahn-Unternehmens auf die einzelnen Stationen zum Zwecke der Communalbesteuerung:

Berlin, den 5. Juni 1879.

Die Ansicht, welcher Ew. Excellenz in dem gefälligen Berichte vom 22. Januar dieses Jahres und der Entscheidung vom 4. Juni v. J., betreffend die Communalbesteuerung der B. Eisenbahn-Gesellschaft Seitens der Gemeinde O. Ausdruck gegeben haben:

> daß bei Vertheilung des Gesammt-Rein-Einkommens eines Eisenbahn-Unternehmens auf die einzelnen Stationen zum Zwecke der Communalbesteuerung die sogenannten contirten Frachten, d. h. diejenigen Frachtbeträge, welche von dem Absender nicht an die Kasse der absendenden Station, sondern direct an die Central-Kasse der Gesellschaft entrichtet werden, bei der Berechnung der Brutto-Einnahme der absendenden Station nicht zu Gunsten der letzteren in Ansatz zu bringen seien,

scheint zwar dem Wortlaute des Circular-Rescriptes vom 29. September 1856 zu entsprechen. Bisher ist auch in den diesseitigen Entscheidungen im Allgemeinen daran festgehalten worden, daß für die Feststellung des steuerpflichtigen Antheils der einzelnen Stationen einer Eisenbahn nur die wirkliche Baar-Einnahme der einzelnen Stations-Kassen — nach Abzug des auf andere Bahnen fallenden Antheils — in Betracht zu ziehen sei. In Fällen wie der vorliegende, führt jedoch die vorstehend angedeutete Auslegung der in dem Rescript vom 29. September 1856 enthaltenen Vorschriften über den Vertheilungsmaßstab der Einnahmen eines Eisenbahn-Unternehmens bezüglich dessen Steuerpflichtigkeit in den einzelnen Stationsgemeinden sichtlich zu einer erheblichen Benachtheiligung einzelner Gemeinden. Bei Erlaß des Circular-Rescripts vom 29. September 1856 ist es nicht die Absicht gewesen, den Bahn-Verwaltungen freie Hand zu lassen, in welchen Stationsgemeinden sie mit einem so beträchtlichen Theile ihres Einkommens wie der aus dem inneren Frachtverkehre herrührende Theil es ist, zu den Communal-Steuern herangezogen werden sollten. Wollte man dies annehmen, so wären die Eisenbahn-Unternehmungen in der Lage, durch Zahlungsmanöver ihre Gemeinde-Steuerlast nach Wunsch dahin zu verlegen, wo sie ihren finanziellen Interessen am vortheilhaftesten erschiene.

Mit Rücksicht hierauf und in Betracht, daß nach den angestellten Ermittelungen hinsichtlich der Auslegung der betreffenden Bestimmungen des Circular-Rescripts vom 29. September 1856 bei den Provinzial-Behörden abweichende Auffassungen obwalten, können wir uns nur der von der Königlichen Regierung zu S. diesem Erlasse gegebenen Interpretation dahin anschließen:

daß die contirten, aus dem inneren Frachtverkehre erwachsenden Frachtbeträge, welche nur in Folge einer — mit dem wirklichen Verkehr nicht in Zusammenhang stehenden — Rechnungsmanipulation bei der Haupt-Kasse zur Zahlung gelangen, denjenigen Stationen zur Anrechnung zu bringen seien, denen dieselben thatsächlich angehören und bei welchen die Frachten ohne die Ueberweisung an die Haupt-Kasse zu entrichten gewesen wären.

Ew. Excellenz ersuchen wir, bei Rückgabe der dorthin gehörigen Berichtsanlagen ganz ergebenst, diese Auslegung des Circular-Rescripts vom 29. September 1856 bei Entscheidung künftiger Fälle gefälligst zur Richtschnur zu nehmen, insbesondere auch die Gemeinde O., deren nebst Anlage anliegende Reclamation vom 22. Juli 1878, soweit dieselbe die Communalbesteuerung der B. Eisenbahn-Gesellschaft für das Jahr 1877 betrifft, übrigens mit Rücksicht auf die dortseitige endgültige Entscheidung vom 4. Juni v. Js. abzulehnen ist, in unserem Namen entsprechend zu bescheiden.

Der Minister des Innern. Der Minister der öffentlichen Arbeiten.
Der Finanz-Minister.

An
den Königlichen Ober-Präsidenten N. N. und sämmtliche übrige Königliche Ober-Präsidenten.

wird zur Kenntnißnahme und event. weiteren Veranlassung mitgetheilt.

An
sämmtliche Königl. Eisenbahn-Directionen und Commissariate, sowie an den Königl. Eisenbahn-Commissarius zu Erfurt.

Auszug aus der Instruction der Ober-Rechnungs-Kammer.

Vom 18. December 1824.

(v. Kamptz, Ann. Bd. IX. S. 2.)

Wir Friedrich Wilhelm, von Gottes Gnaden König von Preußen ꝛc. haben in Folge der zur Vereinfachung der Verwaltung und zur Verminderung der Kosten der Finanz-Administration und des Staatshaushalts getroffenen Anordnungen, sowie der den Verwaltungs-Behörden beizulegenden größeren Selbstständigkeit, auch beschlossen, der Ober-Rechnungs-Kammer eine den veränderten Verhältnissen angemessene Einrichtung zu geben, und mit Aufhebung der früheren Geschäfts-Anweisungen, derselben nachstehende Instruction zu ertheilen.

§. 1—4.

(In diesen Paragraphen war Zweck, Wirkungskreis, sowie die Obliegenheiten und Befugnisse der Ober-Rechnungs-Kammer erläutert. Die Bestimmungen derselben, ihre Stellung ꝛc. sind inzwischen durch das Gesetz, betreffend die Einrichtung und die Befugnisse der Ober-Rechnungs-Kammer vom 27. März 1872, sowie durch das Geschäfts-Regulativ für die Ober-Rechnungs-Kammer (Allerhöchster Erlaß vom 22. September 1873) anderweit normirt).

§. 5.

Einnahmen[1]).

Die Ober-Rechnungs-Kammer ist verpflichtet, dahin zu sehen, daß die Einnahmen des Staats ohne Ausnahme prompt und unverkürzt zu der betreffenden Kasse eingezogen, und in den Rechnungen derselben selbst, gehörigen Orts nachgewiesen werden.

Sie darf nicht dulden, daß davon Zahlungen vorweg in Abzug kommen, statt besonders in Ausgabe berechnet zu werden.

Die bei den einzelnen Titeln vorkommenden Mehr-Einnahmen gegen den Etat müssen unter diesen Titeln in Zugang, und dürfen nicht unter dem Titel an extraordinären Einnahmen berechnet werden.

Zu den Einnahmen des Staats gehören namentlich auch die Sporteln und Gebühren (u. s. w.)

§. 6.

Einnahmen aus dem Verkauf von Naturalien 2c.

Naturalien aller Art, welche zum Verkauf für Rechnung des Staats bestimmt sind, sowie andere bewegliche Sachen, müssen der Regel nach öffentlich an die Meistbietenden verkauft werden, wenn nicht zum Vortheil der Staats-Kassen der Verkauf aus freier Hand nach bestehenden Taxen oder im Privatverkehr gewöhnlich stattfindenden Preisen, von der obersten Verwaltungs-Behörde ausdrücklich nachgegeben, oder allgemein angeordnet ist.

Erfolgt die Verabreichung zu öffentlichen Zwecken an andere Behörden, so müssen aus deren Fonds die Etats-Preise dafür zu den Kassen vergütet werden, auf deren Etats der Erlös für die Naturalien steht.

Nur dann findet hiervon eine Ausnahme Statt:

wenn durch die Natural-Etats die unentgeltliche Verabfolgung ausdrücklich angeordnet ist.

§. 7.

Einnahmen aus dem Verkauf von Domänen und anderm Grundeigenthum des Staats.

Der Verkauf der Domänen darf nur nach Maßgabe der deshalb bestehenden gesetzlichen Vorschriften erfolgen, und ist darauf zu sehen, daß die aufkommenden Gelder prompt und unverkürzt zu den Staats-Kassen fließen, und bestimmungsmäßig

---

[1]) Die Einnahmen, bezw. Ueberschüsse der Staats-Eisenbahnen werden als Einnahmen des Staates an die General-Staats-Kasse abgeführt. Im Uebrigen wird auf die bezüglichen Geschäfts-Kassen-Instructionen verwiesen. In Betreff der Conventionalstrafen wird auf den besonderen Abschnitt hierüber verwiesen.

Die bei den Regierungen und anderen Provinzial-Behörden unter dem Namen „Ordnungsstraf-Kassen" bestandenen besonderen Nebenfonds, zu welchen die von Beamten aufkommenden Ordnungsstrafen angesammelt worden, um zu Unterstützungen und zu anderen im Etat nicht vorgesehenen Ausgaben Verwendung zu finden, sind laut Staats-Ministerial-Beschluß vom 26. October 1868 (St. M. 2503) mit dem 1. Januar 1869 allgemein in Wegfall gebracht. Die gedachten Ordnungsstrafen sind von diesem Zeitpunkte ab unter den übrigen Strafgeldern zu den allgemeinen Staatsfonds zu vereinnahmen. (Bei den Eisenbahnen also als extraordinäre Einnahmen.)

verwendet werden. Andere Immobilien dürfen nicht ohne Unsere allgemeine oder besondere Genehmigung veräußert werden[1]).

§. 8.

Einnahme-Reste[2]).

Die Einnahmen müssen in den bestehenden Terminen prompt erhoben werden.

Einnahme-Reste dürfen in den Rechnungen nur erscheinen, wenn nachgewiesen wird, daß deren Einziehung durch Umstände, welche außer der Gewalt des Rendanten und der Verwaltungsbehörde liegen, verhindert worden ist. Die Ober-Rechnungs-Kammer hat hierauf ihr Augenmerk ganz vorzüglich zu richten, und wenn wider Verhoffen Rechnungen Einnahme-Reste nachweisen, die nicht vollkommen gerechtfertigt sind, auf deren sofortige Einziehung mit Nachdruck zu halten. Stundungen dürfen nur von den Ministerien und obersten Verwaltungs-Behörden bewilligt, und es müssen in den desfallsigen Verfügungen die Ursachen, welche sie unvermeidlich gemacht haben und rechtfertigen, ausdrücklich angegeben werden.

Die während des Laufs des Etatsjahres etwa creditirten indirecten Abgaben müssen am Schlusse jeden Jahres vollständig berichtigt sein, und dürfen also bei diesem Verwaltungszweige nie Einnahme-Reste gestattet werden.

§. 9.

Einnahme-Erlasse.

Erlasse von Steuern, Domänen und andern Gefällen, sowie an Pacht-Geldern im Wege der Gnade, dürfen nur auf Unsere besondere Genehmigung Statt finden.

Ist solche erfolgt,

so wird der Betrag bei dem betreffenden Einnahme-Titel als Minder-Einnahme nachgewiesen.

---

[1]) 1. Es kommen hier in Betracht die Allerh. Kabinets-Ordre vom 17. Juni 1826 (Ges.S. S. 57) betreffs der den Staatsgläubigern durch die Verordnung vom 17. Januar 1820 (Ges.S. S. 10) — siehe auch diese — außer der allgemeinen Garantie durch das gesammte Staatsvermögen, zugesagten Specialgarantie ꝛc.; ferner die Allerh. Kabinets-Ordre vom 30. September 1836.

2. Durch Allerh. Ordre vom 7. März 1855 ist für den ganzen Geschäftsbereich des Ministeriums für Handel, Gewerbe und öffentliche Arbeiten genehmigt, daß Grundstücke, welche die Größe eines halben preußischen Morgens (= 12,766 Ar) nicht erreichen, sowie entbehrliche Grundstücke, welche bei Grunderwerbungen für neue Anlagen über den unmittelbaren Bedarf hinaus angekauft sind, ohne Unterschied ihrer Größe zur Veräußerung zu bringen, ohne daß es hierzu der Allerhöchsten Genehmigung bedarf. Hinsichtlich der Verwendung des Erlöses aus derartigen Veräußerungen behält es bei den bestehenden Bestimmungen sein Bewenden.

3. In jedem Veräußerungs-Falle der beim Bau von Staatseisenbahnen über den unmittelbaren Bedarf angekauften, entbehrlichen Grundstücke ist der Zuschlag von der ministeriellen Genehmigung abhängig und dieselbe einzuholen. (Erlaß v. 6. November 1854, II. 7854.)

4. Die für veräußerte Grundstücke ꝛc. aufkommenden Erlöse, welche früher dem Staatsschatze zuzuführen waren, sind jetzt an die General-Staats-Kasse abzuführen. Sobald es sich um die Ablieferung derartiger Gelder handelt, ist jedesmal an den Herrn Minister Anzeige zu machen, damit die General-Staats-Kasse mit der erforderlichen Annahme-Ordre versehen werden kann. Erlaß v. 17. Juni 1872, II. 11164.

[2]) Wegen der Einnahme-Reste aus dem Transport-Verkehr siehe die Anmerkungen zur „Einnahme" beim Etats-Schema. Im Uebrigen cfr. Anmerkung zu §. 24 der Instruction für die Ober-Rechn.-Kammer.

Eine gleiche Verrechnungs-Art tritt bei denjenigen Einnahme-Resten ein, welche ohne Verschulden der Verwaltungs-Behörden inexigible geworden sind.

Remissionen (rc.)[1]).

§. 10.

Ausgaben[2]).

Allgemeine Bestimmungen.

Bei allen Ausgaben, in sofern deren Betrag nicht durch die Etats unveränderlich und unwiderruflich feststeht, muß die größte mit dem Zweck der Bewilligung nur irgend vereinbare Sparsamkeit beobachtet, und jede Unwirthschaftlichkeit bei Vermeidung eigener Vertretung vermieden werden.

Denn die zu den verschiedenartigen Zwecken ausgesetzten Fonds sind nicht dazu bestimmt, um jedenfalls vollständig verwendet zu werden, sondern um deshalb bewilligt, damit es nirgends an Mitteln zur Bestreitung nothwendiger Verwaltungs-Kosten oder Erreichung der Regierungs-Zwecke fehle rc.

§. 11.

Gehalte[3]).

Gehalte an neu angestellte Beamte zur Verwaltung etatsmäßiger Stellen, und Gehalts-Zulagen dürfen von den obersten, sowie von den Provinzial-Verwaltungs-Chefs, so weit letztere dazu verfassungsmäßig berechtigt sind, innerhalb der Grenzen des Normal-Etats nur in dem Falle bewilligt werden, wenn die Summe der zahlbaren Gehalte des laufenden Etats dadurch nicht überstiegen wird.

Jeder Etat wird als ein für sich bestehendes Ganzes behandelt, dergestalt, daß Besoldungs-Ersparnisse bei einem Etat nicht zur Erhöhung der Gehalte eines anderen Etats benutzt werden dürfen. Keine Ueberschreitung der in den Normal-Etats bestimmten höchsten Gehalte jeder Klasse von Beamten, keine Vermehrung der nach den Normal-Etats vorhandenen Stellen und keine Anweisung über die zahlbare Gehalts-Summe des laufenden Etats hinaus, darf ohne Unsere Genehmigung bei der Rechnungs-Revision zugelassen werden, wenn auch im letzteren Falle der Normal-Etat nicht überschritten ist.

Gehalts-Zuschüsse und persönliche Zulagen vermindern sich bei dem Aufrücken eines Beamten in ein höheres Normal-Gehalt nach Maßgabe dieser Erhöhung, und fallen ganz weg, wenn der Beamte durch das erhöhte Gehalt völlig entschädigt ist.

§. 12.

Tantièmen.

(Zu den Tantièmen werden bei den Eisenbahnen die Remunerationen der Special-Baukassen-Rendanten zu zählen sein. Cfr. den besonderen Abschnitt hierüber.)

---

[1]) Die Remissions-Fonds sind seit 1872 beseitigt.

[2]) In Betreff der Ausgaben, bezw. deren prompte Zahlung rc. wird auf §. 12 des mehrerwähnten Kassenregulativs vom 17. März 1828, sowie auf die bezüglichen Instructionen der Eisenbahn-Kassen verwiesen. Cfr. auch den Abschnitt über die Bescheinigung der Ausgabe-Beläge und über Quittungen.

[3]) Es wird auf den besonderen Abschnitt über Gehalt und Diäten Bezug genommen.

§. 13.
Emolumente[1]).

Kein Staats-Beamter darf Emolumente beziehen, welche nicht in den Etats bestimmt sind; wegen der etatsmäßigen Emolumente soll aber darauf gehalten werden, daß solche, insoweit sie in baaren oder Natural-Hebungen bestehen, der im §. 5 gegebenen Bestimmung gemäß durch die Rechnung laufen.

§. 14.
Wartegelder[2]) und Pensionen.

[*)Bezüglich der Wartegelder wird bemerkt, daß Staats-Beamte, welche durch andere Ursachen, als in Folge einer Umbildung der Staats-Behörden entbehrlich werden, auf Wartegeld nicht gesetzt werden können und wenn ihre Pensionirung nicht zulässig ist, im Genusse des vollen Gehaltes belassen werden müssen. (Staats-Min. Beschl. vom 16. October 1848.) Die Zahlung der Wartegelder erfolgt nach Maßgabe der Circular-Verf. des Ministers des Innern und der Finanzen an sämmtliche Regierungen vom 21. October 1848 (Min. Bl. S. 337) in der Regel bis zum Schlusse desjenigen Etatsjahres, in welchem sie beginnt, aus dem Gehalte der betreffenden Stelle, vom Anfang des nächsten Etatsjahres ab aber für Rechnung des Wartegelder-Fonds (Etat der allgem. Finanz-Verwaltung), aus welchem auch die Gnadenbezüge an Hinterbliebene von Wartegeldempfängern bestritten werden. (Cabin. Ordres vom 27. Mai 1816 G.S. S. 201 und vom 15. November 1819. G.S. S. 45 pro 1820.)

Die Pensionen der Civilbeamten werden aus dem allgemeinen Pensions-Fonds, welcher unter die Verwaltung des Finanz-Ministeriums gestellt ist, gezahlt und von dem Ressort-Minister und dem Finanz-Minister angewiesen. Die aus dem Fonds zu Unterstützungen für pensionirte Staats-Eisenbahn-Beamte und zu Pensionen und Unterstützungen für Wittwen und Waisen von dergleichen Beamten zu leistenden Zahlungen werden in Gemäßheit des Erlasses des Herrn Ministers für Handel, 2c. vom 27. August 1864, II. 7654 nicht bei der General-Staats-Kasse, sondern nach wie vor bei den Regierungs-Haupt-Kassen speciell verrechnet und justificirt und von den letzteren der General-Staats-Kasse mittelst Kassen-Quittung angerechnet. Diese Zahlungen werden in den von den Regierungs-Haupt-Kassen zu legenden Extraordinarien-Rechnungen von der allgemeinen Verwaltung zum Nachweise gebracht.

---

[1]) Vergütungen, welche für Emolumente zu erheben — z. B. für die aus den Vorräthen der Behörden bewilligten Feuerungs- und Erleuchtungs-Materialien — werden nach ortsüblichen Preisen ermittelt und festgestellt. Für Dienstwohnungen kommen, soweit die Vergütung nicht in Gemäßheit des Gesetzes vom 12. Mai 1873, betr. die Gewährung von Wohnungsgeldzuschüssen, gegen den Wohnungsgeldzuschuß in Aufrechnung kommt, die Bestimmungen des Allerh. Erlasses vom 6. Juni 1868 — siehe den Abschnitt über Vergütung für Ueberlassung von Dienstwohnungen — in Betracht.

[2]) An Stelle der ursprünglichen Bestimmungen sind getreten: Die Allerhöchsten Erlasse vom 14. Juni 1848 (G.-S. S. 153) und vom 24. October 1848 (G.-S. S. 338) sowie die Verordnung vom 23. September 1867 (G.-S. S. 1619) §. 1 Nr. 4.

*) Anmerkungen des Verfassers.

Die vorberegten Zuwendungen an ausgeschiedene Beamte und an Wittwen und Waisen von dergleichen Beamten werden von dem Herrn Verwaltungs-Chef — hier dem Minister der öffentlichen Arbeiten — widerruflich bewilligt, wie dies durch den Allerhöchsten Erlaß vom 16. März 1874 festgesetzt ist. Erziehungsgelder können hiernach auch für erwachsene Kinder, welche in Folge von Krankheit ꝛc. dauernd erwerbsunfähig sind, bewilligt werden.

Die Allerhöchste Ermächtigung ist zu den genannten Bewilligungen nur erforderlich, wenn ausnahmsweise ein höherer Betrag, als der in dem Allerhöchsten Erlasse normirte für erforderlich erachtet wird.

Der Gnadenmonat wird sowohl den Hinterbliebenen der Pensionäre als auch derjenigen Wittwen ꝛc. ehemaliger Beamten, welche Gnadenpensionen ꝛc. beziehen, bewilligt. (Allerhöchste Cabinets-Ordre vom 27. Mai 1816. — G.S. S. 201 —, Circ.-Verf. vom 6. März 1857, Min.-Bl. S. 98, Bescheid vom 2. Mai 1874, Min.-Bl. S. 120). Im Uebrigen wird auf §. 31 des Staats-Pensions-Gesetzes vom 27. März 1872, ferner auf den Abschnitt über Gnaden-Competenzen — S. 127 — verwiesen].

§. 15.

Gratificationen und Unterstützungen[1]).

Gratificationen und Unterstützungen für Beamte dürfen nur aus denjenigen Fonds angewiesen werden, welche in den Etats ausdrücklich dazu bestimmt sind, oder die Wir beim Mangel etatsmäßiger Fonds, jedem Chef bei dem Abschluß eines Jahres aus den nachgewiesenen, bei der Rechnungs-Revision genau zu prüfenden Ersparungen zu diesem Behuf zu bewilligen für gut finden werden.

§. 16.

Diäten und Fuhrkosten.

Bei denjenigen Ministerien, Regierungen und sonstigen Behörden, bei welchen jährlich gewöhnliche Dienst-Reisen vorkommen, soll für diese jährlich ein Plan gemacht, und dabei darauf Rücksicht genommen werden, daß nicht im Laufe eines Jahres ohne Noth mehrmalige Reisen bei einem und demselben Verwaltungszweige nach der nämlichen Gegend Statt finden.

Den Zahlungs-Anweisungen müssen Liquidationen beigefügt werden,

> welche den Zweck und die Tage der Reise, sowie des Aufenthalts, nicht minder die zurückgelegte Meilen-Zahl[2]) enthalten.

In den dazu geeigneten Fällen sind die besorgten Geschäfte in den Liquidationen kurz zu bemerken.

Die Richtigkeit der Angaben in den Liquidationen muß stets von dem Vorgesetzten bescheinigt sein.

(Folgt Bestimmung über Einschränkung der Diätenzahlungen an Hülfsarbeiter.)

---

[1]) Cfr. den Abschnitt über Remunerationen und Unterstützungen.

[2]) Gemäß der Verordnung vom 15. April 1876 (G.-S. S. 107) ist statt der Meilenzahl die Kilometer-Zahl anzugeben. Im Uebrigen wird auf den besonderen Abschnitt über Reisekosten und Tagegelder verwiesen.

§. 17.

Schreibmaterialien, Feuerung und Licht.

Die auf Kosten des Staats angeschafften Schreib-Materialien, Feuerungs- und Erleuchtungs-Bedürfnisse dürfen nur zum öffentlichen Dienst verwandt, und es muß überall auf das wirthschaftlichste damit umgegangen werden.

Wo es die Verhältnisse rathsam machen, sollen Fixa ausgesetzt werden, womit ohne rechnungsmäßige Justification der daraus gezahlten Beträge der Bedarf bestritten werden muß[1]).

Wo dieses nicht zulässig ist, muß der Natural-Verbrauch streng controlirt werden.

Keinem Staats-Diener gebührt außer seiner Besoldung, selbst wenn ihm eine Dienst-Wohnung eingeräumt ist, freie Feuerung und Licht, es sei denn, daß ihm solche von Uns ausdrücklich angewiesen worden.

Mißbräuche, welche sich deshalb eingeschlichen haben, dürfen nicht ferner geduldet werden.

§. 18.

Bauten.

Die den Regierungen wegen Ausführung der Neu-Bauten und Reparaturen und wegen Verwendung der dazu bestimmten Fonds von Uns ertheilten Vorschriften finden auch auf die übrigen Verwaltungs-Behörden Anwendung, in sofern deshalb keine besonderen Bestimmungen von Uns erfolgt sind, und nicht eigenthümliche Verhältnisse eine Modification jener Vorschriften rechtfertigen.

Sollte hierüber ein Zweifel entstehen, so muß Unsere Entscheidung deshalb nachgesucht werden.

Es ist unerläßliche Pflicht der Verwaltungs-Behörden darauf zu sehen,

daß für die anschlagsmäßigen Summen auch dauerhaft gebaut, und so auf Verminderung der etatsmäßigen Baufonds hingewirkt werde.

Abweichungen von den genehmigten Bau-Anschlägen oder Abänderungen derselben dürfen in der Regel nicht geduldet werden. Der ausführende Baumeister, welcher sich dergleichen zu Schulden kommen läßt, soll die dadurch verursachten Mehr-Kosten selbst tragen. Wenn jedoch durch nicht vorher zu sehen gewesene Umstände Abweichungen nothwendig werden, so müssen diese, sowie die etwaigen Ueberschreitungen der Bau-Anschläge durch die Revisions-Protokolle und beizufügende höhere Genehmigung gerechtfertigt, auch die Mehr-Kosten durch einen besonderen approbirten Nach-Anschlag begründet werden.

In allen Fällen, wo der Haupt-Anschlag über einen Neu- oder Reparatur-Bau der Revision der oberen technischen Bau-Behörde unterworfen gewesen, muß auch der damit in Verbindung stehende Nach-Anschlag von derselben revidirt sein. In denjenigen Fällen, wo der Haupt-Anschlag von derselben nicht hat revidirt werden dürfen, die Beträge des Haupt-Anschlages und des Nach-Anschlages zusammen aber

[1]) Die den Beamten für Schreibmaterialien zu gewährende Vergütung ist durch den Staats-Ministerial-Beschluß vom 11. Mai 1863 (Min.-Bl. S. 189) festgesetzt. (Cfr. den besonderen Abschnitt über Schreibmaterialien S. 146,147.)

die Summe erreichen, welche die Revision eines Anschlages durch die obere technische Bau-Behörde erfordern, ist das Revisions-Protocoll über die Ausführung des Baues der Festsetzung derselben unterworfen.

Zu Domänen und anderen öffentlichen Gebäuden, sowie zu Brücken und anderen Bauten, soll in der Regel das benöthigte Bauholz aus Unseren Forsten gegen Entrichtung der Taxe entnommen werden.

Remuneration für besoldete Bau-Bedienten dürfen nicht aus den Baufonds bewilligt werden[1]).

Sind bei bedeutenden Bauten zu deren ununterbrochenen Leitung und Beaufsichtigung besondere Conducteure erforderlich, und können diese nicht aus dem besoldeten Personale genommen werden, so müssen die reglementsmäßigen Diäten für sie gleich in den Bauanschlägen mit zum Ansatz kommen.

§. 19.

Prüfung der Contracte[2]).

Die Ober-Rechnungs-Kammer ist verpflichtet, zu prüfen, ob bei den von den Behörden für Rechnung des Staats geschlossenen Contracten die bestehenden Vorschriften befolgt, von den Verwaltungs-Behörden weder ungewöhnliche, dem Staats-Interesse nachtheilige Bedingungen, noch bei Ankäufen, Lieferungen und Leistungen unangemessene Preise zugestanden worden sind.

Die Ministerien und übrigen obersten Staats-Behörden sollen der Ober-Rechnungs-Kammer auf Verlangen diejenigen Nachrichten und Materialien mittheilen, welche zur Beurtheilung der in den Contracten angenommenen Preise dienen.

Die für Rechnung des Staats geschlossenen Contracte müssen eben so, wie jeder Ankauf für Rechnung des Staats, in der Regel auf vorangegangene Lizitation gegründet sein, in sofern nicht in den Verwaltungs-Instructionen anderweite Bestimmungen enthalten sind, oder Ausnahmen durch die Natur des Geschäfts gerechtfertigt werden.

Mit Beamten, welche die Verwaltung selbst führen, oder dabei interessirt sind, darf nicht contrahirt werden. Eine Ausnahme hiervon machen die Domänen-Pächter und die Oberförster, die letztern in Bezug auf die Anfuhr des Holzes nach Maßgabe Unserer Ordre vom 28. Juli 1823.

Die von den Behörden rechtsgültig geschlossenen Contracte dürfen zum Vortheile der betheiligten Privat-Personen nicht wieder aufgehoben werden, und ebenso wenig darf eine nachträgliche Abänderung der Bedingungen zum Vortheil derselben Statt finden.

---

[1]) Wegen der Remunerationen an etatsmäßig angestellte Baubeamte cfr. den besonderen Abschnitt hierüber.

[2]) Die über Bauausführungen, Lieferungen und sonstige Leistungen abzuschließenden Verträge müssen dahin zielen, die rechtzeitigen Lieferungen rc. Seitens der Unternehmer sicher zu stellen, auch sonstige Nachtheile in Betreff der Qualität der Materialien, Bauausführungen rc. zu verhüten. Behufs Herbeiführung eines gleichmäßigen Verfahrens bei Abschluß von Verträgen sind Seitens des Herrn Ministers für alle unterstellten Bahnen generelle Bedingungen vorgeschrieben, welche den Verträgen beigeheftet werden. Nach Maßgabe der Erfüllung der Verträge werden Abschlagszahlungen bewilligt und der Schlußrechnung ein Abnahme-Attest beigefügt. In Betreff der durch verspätete Erfüllung von Verträgen verwirkten Conventional-Strafen cfr. S. 182—185.

§. 20.

Weiterer Nachweis angekaufter Gegenstände.

Alle für Rechnung des Staats angekauften Gegenstände müssen entweder bei Verausgabung des Geldbetrages als vollständig verwendet dargethan, oder in einer besonderen Natural-Rechnung in Einnahme oder aber, in sofern sie aus Utensilien, Geräthschaften und den zu Kunst und anderen Sammlungen, auch Bibliotheken gehörigen Gegenständen bestehen, in den betreffenden Inventarien in Zugang nachgewiesen werden.

In wie weit die Inventarien den Rechnungen beizufügen sind, oder bei letzteren nur deren regelmäßige Führung nachzuweisen ist, bleibt der Bestimmung der Ober-Rechnungs-Kammer nach Verschiedenheit der Kassen und Institute überlassen[1]).

§. 21.

Combination von Stellen.

In denjenigen Fällen, wo eine Combination von Stellen nach den bestehenden Vorschriften zulässig ist, muß bei eintretenden Vacanzen solche bewirkt werden. Die Ober-Rechnungs-Kammer hat darauf zu sehen, daß dieser Grundsatz befolgt, und die dadurch bezweckte Verminderung der Verwaltungs-Kosten und der Zahl der Beamten bewirkt werde.

§. 22.

Versorgungs-Berechtigte[2]).

Die Ober-Rechnungs-Kammer ist verpflichtet, auf die Befolgung der wegen vorzugsweiser Anstellung der Versorgungs-Berechtigten gegebenen Vorschriften zu

---

[1]) Die Bestimmung im letzten Absatz entspricht zugleich dem §. 10 des Ober-Rechnungs-Kammer-Gesetzes vom 27. März 1872. — Auf den Liquidationen oder Quittungen über den Geldbetrag für angeschaffte, den Inventarien hinzutretende Utensilien, Geräthe 2c. ist von dem mit der Führung der Inventarien Beauftragten zu bescheinigen, daß die angeschafften Gegenstände in das Inventarium und auf welcher Seite und unter welcher Nummer desselben eingetragen worden sind (v. Kamptz Ann. Bd. X S. 23).

[2]) Nach §. 25 der unterm 23. December 1872 Allerhöchst genehmigten Grundsätze über die Organisation der Verwaltung der Staats-Eisenbahnen und der vom Staate verwalteten Privatbahnen vom 16. December 1872 sind für die Besetzung derjenigen Dienststellen, welche für Militär-Anwärter überhaupt oder ausschließlich bestimmt sind, die über die Annahme der Militär-Anwärter des Heeres und der Marine erlassenen allgemeinen Vorschriften maßgebend.

Als solche kommen hauptsächlich in Betracht:

a) Das Reglement über die Civilversorgung und Civilanstellung der Militärpersonen des Heeres und der Marine vom $\frac{16.}{20.}$ Juni 1867 vom Feldwebel abwärts,

b) der Staats-Ministerial-Beschluß vom 27. Juni 1868 (St. M. Nr. 3870/67), betreffend die Anwendung der vorbezeichneten Reglements vom $\frac{16.}{20.}$ Juni 1867 in den neu erworbenen Landestheilen, (mitgetheilt durch Erlaß vom 17. August 1868, II. 13062),

c) der Staats-Ministerial-Beschluß vom 4. Januar 1869 (St. M. Nr. 3067), betreffend eine Abänderung des unter b) bezeichneten Beschlusses, bezüglich der Amts-Secretäre in der Provinz Hannover, (mitgetheilt durch Erlaß vom 28 Januar 1869, II. 1042),

d) Auslegung der Bestimmungen im §. 4 des Reglements über die Civilversorgung 2c. vom $\frac{16.}{20.}$ Juni 1867 Seitens des Herrn Justiz-Ministers (Erlaß desselben an den Präsidenten des

halten, und zu dem Ende bei Revision der Rechnungen den Versorgungs-Anspruch eines jeden neu Angestellten, welcher zum ersten Mal aus Staats-Kassen eine etatsmäßige Besoldung bezieht, ohne Unterschied, ob solcher bereits auf dem vollzogenen Etat steht oder nicht, genau zu prüfen, da die General-Controle bei der Revision der Etats, diesen Punkt unberücksichtigt läßt.

Bei entstehenden Vacanzen müssen diejenigen Beamten, welche als in ihren bisherigen Stellen entbehrlich, mit Beibehaltung ihres bisherigen Einkommens, zur anderweiten Unterbringung in den Etats aufgeführt werden, zunächst berücksichtigt, und wenn dergleichen nicht mehr vorhanden sind, die jeder Behörde zuzuweisenden Wartegelder-Beamten angestellt werden.

Königl. Stadt-Gerichts vom 28. März 1870), welcher der Herr Kriegs-Minister beigetreten ist (mitgetheilt durch Erlaß des Herrn Ministers für Handel, rc. vom 28. April 1870, II. 6517),

e) der Allerhöchste Erlaß vom 28. Mai 1870 betreffend die Ausführung des Reglements über die Civil-Versorgung rc. vom 20. Juni 1867 nebst Staats-Ministerial-Beschluß vom 22. Juni 1870 hierzu. In Betracht kommen hauptsächlich die in Folge dessen ergangenen Weisungen des Herrn Ministers für Handel, rc. vom 11. Juli 1870, II. 11143,

f) der Erlaß vom 17. Februar 1874, II. 28404, betreffend die Bemessung der den Büreau- und Expeditions-Assistenten zu gewährenden Diäten. (Dieselbe soll bei der ersten Einberufung in der Regel 25 Thl. (= 75 M.), bei sich zeigender Qualification nach 6 Monaten 30 Thl. (= 90 M.), nach 1 Jahr 32½ Thl. (= 97,50 M.), nach 2 Jahren 35 Thl. (= 105 M.) und nach 3 Jahren 37½ Thl. (= 112,50 M.) monatlich betragen, mit der Maßgabe jedoch, daß der bewilligte Betrag niemals mehr betragen darf, als der Minimalsatz des Gehalts derjenigen Beamten-Klasse, in welcher demnächst die erste etatsmäßige Anstellung des Betreffenden erfolgen soll. Der Wohnungsgeld-Zuschuß der betreffenden Beamten-Categorie ist dabei nicht in Betracht zu ziehen.

(Die letztere Bestimmung findet nach dem Erlaß vom 7. Juli 1874, II. 15358. auch auf die in den anderen Dienstzweigen beschäftigten Diätarien Anwendung),

g) durch Erlaß vom 10. Juni 1875, II. 11098 ist auf Grund Allerhöchster Ermächtigung die Frage wegen Besetzung der Subalternbeamtenstellen II. Klasse bei den Eisenbahn-Verwaltungen durch Militär- und Civil-Anwärter geregelt. Danach bilden die Militär- und Civilanwärter je eine besondere Klasse von Anwärtern für die Stellen der Subaltern-Beamten II. Klasse und es findet bei Besetzung dieser Stellen eine Concurrenz nach der Anciennetät nur innerhalb jeder der beiden Klassen statt, wogegen das Verhältniß der Anciennetät der Anwärter beider Klassen zu einander nicht in Betracht kommt. Folgen weitere Bestimmungen über das Verhältniß der Zahl der Militär- und Civil-Anwärter bei der Anstellung rc.),

h) der Erlaß vom 20. September 1875, II. 16579 führt aus, daß der durch die Bestimmungen des Civil-Versorgungs-Reglements den Militärpersonen zugesicherte Anspruch auf Anstellung im Civildienst nach §. 1 nur den eigentlichen „Militär-Anwärtern" d. h. den Inhabern eines Civil-Versorgungs- bezw. Civil-Anstellungs-Scheines zusteht.

Der erstere wird lediglich den dauernd, nicht den nur temporär ganz invaliden Militärs verliehen, welche letztere vielmehr nur nach Maßgabe der §§. 65—73 des Gesetzes vom 27. Juni 1871, betreffend die Pensionirung und Versorgung der Militärpersonen, versorgungsberechtigt sind; cfr. §. 86. a. a. O.,

i) die von den bayrischen und württembergischen Militärbehörden ausgestellten Civilversorgungsscheine haben nach Verfügung des Herrn Kriegsministers vom 22. November 1877 nur in dem betreffenden Bundesstaate Geltung (Reichs- und Staats-Anzeiger vom 15. December 1877 Nr. 296).

Keine Behörde darf sich eine Abweichung von diesen Vorschriften erlauben, es sei denn,

daß die Beamten, welche extraordinäres Gehalt oder Wartegeld beziehen, sich nach Maßgabe ihrer früheren Verhältnisse und Beschäftigungen nicht für die vacante Stelle eignen.

Bei allen übrigen Anstellungen, welche in der Folge Statt finden, und nicht auf Unserer besonderen Genehmigung beruhen, muß in Betreff der Invaliden deren Versorgungs-Schein und in Ansehung aller übrigen Individuen der Nachweis des Versorgungs-Anspruchs den Rechnungs-Belägen zur Justification der ersten Gehalts-Zahlung in Urschrift beigefügt werden.

§. 23.

Vorschüsse[1]).

Vorschüsse dürfen von keinem Rendanten ohne Autorisation der ihm vorgesetzten Behörde geleistet werden.

Ueberhaupt dürfen aus Staats-Kassen nur ganz unvermeidliche Vorschüsse und zwar innerhalb der bestehenden Vorschriften Statt finden, und wo angemessene Bestimmungen hierüber fehlen, sind solche auszuwirken.

Die geleisteten Vorschüsse sollen in den Rechnungen nicht verausgabt, sondern bei den Kassen unter den Beständen nachgewiesen werden.

In den Rechnungen sollen sie nur, in sofern die Kassen mit Beständen abschließen dürfen, unter diesen erscheinen, und müssen sie dann

in einer der Rechnung beizuheftenden Nachweisung specifizirt werden.

Diese muß ergeben,

auf welche Anweisung, wann und zu welchem Ende die Vorschüsse geleistet,
daß sie unvermeidlich gewesen, und wenn eher sie erstattet werden sollen.

Blos geleisteter Vorschüsse wegen, darf eine Kasse, welche grundsätzlich keine Bestände zurückbehalten soll, nicht mit Bestand abschließen, sondern der Ersatz muß nöthigenfalls aus denjenigen Provinzial-Kassen erfolgen, welche mit eisernen Beständen oder Betriebs-Capitalien versehen sind.

Rechnungs-Vorschüsse, die nur dadurch entstehen können,

daß der Rendant aus Einnahmen des neuen Jahres, oder aus andern seiner Verwaltung anvertrauten Fonds, oder aus eigenen Mitteln Zahlungen geleistet, und in Rechnungs-Ausgabe gestellt hat,

dürfen durchaus nicht Statt finden.

---

[1]) Als Vorschüsse gelten bei den Eisenbahn-Verwaltungen diejenigen Zahlungen, welche nicht sogleich bei den betreffenden Fonds zur definitiven Verrechnung gelangen können, oder von einem Dritten zu erstatten sind. Zu ersteren gehören die Ausgaben, welche z. B. das Werkstätten- oder Werkstatts-Materialien-Conto, das Bahnunterhaltungs-, das Betriebs-Materialien-, das Drucksachen- oder Formular-Conto ꝛc. betreffen und zunächst bei diesen gebucht werden. Eine specielle Erklärung dieser Conten ist in dem Handbuche über das Kassen- und Rechnungswesen von H. Kosub gegeben. Abschlagszahlungen auf Verträge werden auch als Vorschuß-Zahlungen gelten müssen und — je nach den geltenden Einrichtungen — entweder auf eines der genannten Conten oder — bis zum Final-Abschluß — auf das allgemeine Vorschuß-Conto zur Buchung kommen müssen.

§. 24.

Ausgabe-Reste und Ausgabe-Ersparnisse[1]).

Die aus den Ausgabe-Fonds zu bestreitenden Zahlungen müssen der Regel nach vor Abschluß der Rechnungen nicht nur angewiesen, sondern auch wirklich geleistet sein.

---

[1]) In Betreff der Ausgabe-Reste ist durch den Erlaß vom 5. April 1875, II. 4231 an sämmtliche Königl. Eisenbahn-Directionen Folgendes bestimmt:

Bezüglich der Ausgaben bestimme ich, daß, abgesehen von denjenigen Zahlungen, welche bereits fällig waren, bis zum Finalabschlusse aber aus irgend einem Grunde nicht mehr geleistet werden konnten, in der Regel nur solche Beträge als Ausgabe-Reste nachgewiesen werden dürfen, welche in den Etats zu speciell bezeichneten Zwecken (Ergänzungen und Erneuerungen) auf Grund besonderer Veranschlagung der Kosten bei Aufstellung der Etats bestimmt sind und zu diesen noch verwendet werden sollen. Dagegen dürfen von den nur allgemein zu Bauten und Anschaffungen bestimmten Summen (Unterhaltungsfonds) Beträge nur dann reservirt werden, wenn die betreffenden Bauten ꝛc. resp. die Projecte dazu diesseits bereits genehmigt worden sind. Insofern jedoch die für die bezüglichen Etatspositionen vorgesehenen Mittel bereits erreicht oder überschritten sein sollten, ist — abgesehen von bereits fälligen Beträgen — eine Inreststellung überhaupt zu vermeiden.

Zur Gewinnung eines Ueberblicks über den Fortgang der Abwickelung der jeweilig am Finalabschluß verbliebenen Einnahme- und Ausgabe-Reste ist durch Erlaß vom 27. Mai 1876, II. 7310 angeordnet, daß von den Staatsbahnen mit den Quartals-Abschlüssen über die Betriebs-Einnahmen und Ausgaben der drei ersten Quartale jedesmal eine Nachweisung über die noch bestehenden Reste eingereicht werde und zwar nach folgendem Schema:

Nachweisung

der bei der .... Eisenbahn am Schlusse des ... Quartals (des Etatsjahres) 188 ./.. unerledigt gebliebenen Einnahme- und Ausgabe-Reste aus den Vorjahren.

No.	Des Etats		Bezeichnung der Reste.	Betrag der Reste am Final-Abschluß 188 ./..		Davon sind am Schlusse des ... Quartals ..... unerledigt geblieben		Bemerkungen.
	Titel.	Pos.		ℳ	₰	ℳ	₰	

In der Colonne „Bemerkungen" ist die unterbliebene Aufräumung der einzelnen Reste zu erläutern und anzugeben, bis zu welchem Zeitpunkte die Erledigung derselben zu erwarten steht, ob die liquidirten Ausgabe-Reste überhaupt noch nöthig sind resp. zur Verwendung kommen, oder ob und in welcher Höhe dieselben erspart und demnächst in Abgang gestellt werden können.

Zu al. 6. Die Remissions-Fonds sind durch den Staatshaushalts-Etat pro 1872 beseitigt.

Diejenigen Fonds, bei welchen Ausgabe-Reste nicht zu vermeiden sind, bleiben bis zum Abschluß des folgenden Jahres, Behufs der zu berichtigenden Rest-Zahlungen, noch offen. Es dürfen aber in diesem Zeitraume keine laufenden Ausgaben auf diese Resten-Fonds, und eben so wenig die aus den Resten-Fonds zu bestreitenden Ausgaben auf die laufenden Fonds angewiesen werden.

Die hiernächst bei dem Abschlusse der Ausgabe-Fonds am Ende des zweiten (Etats-) Jahres sich ergebende Minder-Ausgabe ist als erspart zu berechnen, und darf nicht geduldet werden, daß irgend eine Zahlung in das dritte Jahr übergehe.

Kommen späterhin dennoch Ausgaben aus der Vorzeit vor, so müssen diese aus den etatsmäßigen Fonds der laufenden Verwaltung, ohne deren Ueberschreitung, bestritten werden.

Die neue Instruction für die General-Controle enthält die nöthigen Bestimmungen über die zum Staats-Schatze fließenden Ersparnisse bei den Ausgabe-Fonds, auf deren Befolgung die Ober-Rechnungs-Kammer mit zu wachen hat.

Die Bau- und Remissions-Fonds machen hiervon allein eine Ausnahme; die Ersparnisse bei denselben werden nicht abgeliefert, sondern fortlaufend auf das folgende Jahr übertragen.

Zu den Baufonds dürfen jedoch hierbei nur die laufenden etatsmäßigen, nicht aber die zu einzelnen Bauten extraordinär bewilligten Summen, und eben so wenig die Besoldungen der Bau-Bedienten und andere persönliche Ausgaben gerechnet werden.

Wachsen die (2c.)

§. 25.

Zahlungen durch andere Kassen und Rückeinnahme-Fonds.

Die Ausgaben müssen der Regel nach von derjenigen Kasse definitiv berechnet werden, auf deren Etat der dazu bestimmte Fonds steht.

Nur mit Zustimmung der Ober-Rechnungs-Kammer können die obersten Verwaltungs-Behörden verfügen, daß Zahlungen, welche von einer Kasse für Rechnung einer andern Kasse geleistet worden, von der ersten definitiv berechnet, und von letzterer nur gegen Quittung der ersteren verausgabt werden.

Die Ersparungen, welche bei den, einer andern Kasse zur weiteren Auszahlung und definitiven Berechnung überwiesenen Beträgen sich ergeben, müssen von derselben zurückgezahlt werden.

Bei den Rechnungs-Revisionen ist darauf zu halten, daß dergleichen Ersparnisse bei den Kassen, welche die erste Zahlung geleistet, in Rück-Einnahme kommen.

Der Betrag darf jedoch nach Abschluß des Rechnungs-Jahres nicht mehr verwendet werden, sondern er gehört zu denjenigen extraordinären Einnahmen, welche grundsätzlich dem Staats-Schatze zu Gute kommen.

Die zu einmaligen und außerordentlichen Ausgaben bestimmten Fonds sind zur Ausführung des im Etat angegebenen Zweckes offen zu halten. Welche unverwendeten Bestände außer dem in das folgende Etatsjahr übertragen werden können, wird in dem Staatshaushalts-Etat oder in den Special-Etats bestimmt.

§. 26.

Etats-Ueberschreitungen [1]).

Die Verwaltungs-Behörden sind verpflichtet, zu Anfange jeden Jahres die Mittel, welche die ihnen zur Disposition gestellten Ausgabe-Fonds gewähren, mit den Zwecken, welche dadurch erreicht werden sollen, zusammenzuhalten, und danach Pläne zu Benutzung jener Fonds zu entwerfen, damit die nothwendigen Bedürfnisse gesichert werden.

Die Etats-Titel der Ausgabe sind als gesetzliche Normen zu betrachten, welche nicht überschritten werden dürfen. Nur in dem Falle soll es den obersten Verwaltungs-Behörden frei stehen, im Laufe der Administration Erhöhungen der etatsmäßigen Ausgaben bis zur Höhe von 5 Procent des speciellen betreffenden Etats-Titels zu bewilligen, wenn die Mehr-Ausgaben durch Mehr-Einnahmen unvermeidlich herbeigeführt, und die Erstern aus den Letztern gedeckt werden können.

Es dürfen jedoch dadurch die bestehenden Normal-Gehalts-Sätze und die Zahl der Beamten nicht vermehrt werden.

Jede andere Mehr-Ausgabe eines Etats-Titels, sie mag durch Ersparungen bei andern Etats-Titeln gedeckt sein oder nicht, soll, wenn sie ohne Unsere Genehmigung erfolgt ist, zum Defect gestellt, und deren Betrag als Strafe von dem Rendanten, oder der Verwaltungs-Behörde, welche sie angeordnet hat, eingezogen werden.

Die Unter-Abtheilungen eines Etats-Titels bei den Provinzial- und Special-Kassen machen hiervon in dem Maaße eine Ausnahme (2c. 2c.).

§. 27.

Ausgabe-Extraordinaria.

Auf die etatsmäßig zu extraordinären Ausgaben bestimmten Summen darf nichts übernommen werden, was zu einem bestimmten Etats-Titel gehört.

Selbst wenn das Extraordinarium zur Deckung unvermeidlicher Mehr-Ausgaben bestimmt, und diese Bestimmung im Etat ausdrücklich bemerkt ist, müssen dergleichen Mehr-Ausgaben bei den betreffenden Etats-Titeln verrechnet, die Beträge derselben aber bei dem Extraordinario als Minder-Ausgabe und erspart nachgewiesen werden.

---

[1]) Nach §. 19 des Gesetzes, betr. Einrichtung und Befugnisse der Ober-Rechnungs-Kammer vom 27. März 1872 gelten als Etats-Ueberschreitungen alle Mehrausgaben, welche gegen die einzelnen Kapitel und Titel des festgestellten Staatshaushalts-Etats oder gegen die von der Landesvertretung genehmigten Titel der Special-Etats stattgefunden haben. Demgemäß müssen vom Jahre 1873 ab die letztgenannten Etats der Uebersicht von den Staatseinnahmen und Ausgaben und dem Nachweise der Etats-Ueberschreitungen zum Grunde gelegt werden.

Dies ist nach dem Schreiben des Herrn Finanzministers an den Herrn Minister für Handel 2c. vom 20. März 1874, I. 4839 bei Anfertigung sowohl der Uebersichten von den Einnahmen und Ausgaben der unterstellten Verwaltungen als der dazu erforderlichen Erläuterungen zu berücksichtigen.

Durch die Bestimmungen in §§. 18 und 19 des Ober-Rechnungs-Kammer-Gesetzes, mit welchem die Bestimmungen des Artikel 104 der Verfassungs-Urkunde in Verbindung stehen, ist das Verhältniß der Ressortchefs in Betreff der Etats-Ueberschreitungen sowie der außeretatsmäßigen Ausgaben dem Landtage gegenüber geordnet worden. Es bleibt zu denselben jedoch nach wie vor unter Mitwirkung des Finanzministers die Allerhöchste Genehmigung einzuholen.

Ausgaben, für welche kein passender Etats-Titel vorhanden ist, und die also aus dem Extraordinario erfolgen, müssen bei dem Letzteren in den Rechnungen nach Verschiedenheit der Gegenstände unter angemessenen Abtheilungen zusammengestellt werden.

§. 28.

Ueberschüsse.

Die Ueberschüsse müssen von den Special-Kassen an die Provinzial-Kassen, und die der letzteren an die General-Kassen prompt und vollständig abgeliefert, und es dürfen auch die in dem letzten Monat, oder kurz vor dem Rechnungsschluß sich ergebenden nicht zurückgehalten werden.

§. 29.

Betriebs-Capitalien und Bestände[1]).

Denjenigen Verwaltungen, welchen ein Betriebs-Fonds von Uns bewilligt ist, bleibt dessen Vertheilung unter die betreffenden Kassen zwar überlassen; sie sind aber verpflichtet, am Schlusse eines jeden Jahres eine Nachweisung von der Vertheilung des Betriebs-Fonds der Ober-Rechnungs-Kammer mitzutheilen. Diese hat darauf zu halten, daß die Betriebs-Capitalien nur zu dem Zwecke, zu welchem sie bewilligt worden, benutzt werden, und wenn sie hier und da in zu großem Umfange festgesetzt worden, ist deren Ermäßigung durch Schrift-Wechsel mit der obersten Verwaltungs-Behörde zu veranlassen.

Wo eiserne Bestände durchaus nöthig und noch nicht vorhanden sind, muß auf deren Sammlung Bedacht genommen werden.

Die bei dem Rechnungs-Abschluß vorhandenen Bestände der mit einem Betriebs-Fonds oder eisernen Bestande versehenen Kassen dürfen, mit Einschluß der etwa geleisteten Vorschüsse, den Betrag der eisernen Bestände oder des Betriebs-Fonds nicht übersteigen.

§. 30.

Defecte[2]).

Kein Kassen-Defect, solcher mag durch Untreue, Irrthum oder Dienst-Vernach-

[1]) Die bedeutende Höhe der Betriebs-Vorschüsse einzelner Staats-Eisenbahnen hat nach den angestellten Ermittelungen fast ausschließlich in der unverhältnißmäßig hohen Belastung der Material-Vorschuß-Conten ihren Grund gefunden.

Diese Wahrnehmung hat den Herrn Minister veranlaßt, die Directionen auf diese Mißstände aufmerksam zu machen und denselben anzuempfehlen, auch auf die rechtzeitige Aufräumung resp. Verwendung oder Verwerthung aller aus den einzelnen Beschaffungen ꝛc. resp. aus früherer Zeit herrührenden Materialien hinzuwirken.

Zugleich ist, in dem Erlaß vom 7. April 1876, II. 1008 bemerkt, daß die Beschaffungskosten der Materialien für Neubauten ꝛc., zu denen die erforderlichen Geldmittel außerhalb des jährlichen Betriebs-Etats extraordinär bewilligt sind, nicht, wie bei einzelnen Verwaltungen geschehen, dem Betriebs-Fonds zu belasten, sondern bis zur definitiven Verrechnung auf einem besonderen Vorschuß-Conto zu buchen und durch ratenweise Abhebung und Gegenbuchung der bewilligten Fonds wieder zu decken sind.

Im Uebrigen wird in Betreff der Betriebs-Capitalien der Eisenbahnen auf den Erlaß vom 31. Oktober 1853 — S. 5 dieses Werkes — verwiesen.

[2]) Die Verordnung über die Festsetzung und den Ersatz der bei den Kassen und anderen

lässigung entstanden sein, soll ohne Unsere Genehmigung oder vorhergegangenes rechtliches Erkenntniß gegen die Kassen-Beamten und diejenigen Aufsichts-Beamten, welchen eine Vertretung gesetzlich zur Last fällt, erlassen, und in den Rechnungen als Ausfall niedergeschlagen, oder in Ausgabe berechnet werden.

Die Gerichte sind verpflichtet, die Erkenntnisse gegen untreue Kassen-Beamten, deren Betrug nicht bei der Rechnungs-Revision entdeckt worden, der Ober-Rechnungs-Kammer in Abschrift mitzutheilen.

Kein Verwaltungs-Chef ist berechtigt, einen von der Ober-Rechnungs-Kammer festgestellten Rechnungs-Defect niederzuschlagen, oder dessen Einziehung zu verzögern.

Auch ist es verboten, den Rendanten und andern Beamten, welchen ein solcher Defect zur Last fällt, den Betrag desselben aus irgend einem Dispositions-Fonds sei es unter welcher Benennung es wolle, mittelbar zu vergüten.

§. 31.

Besondere Bestimmungen für einzelne Verwaltungs-Zweige.

a) Domänen-Verwaltung.

ꝛc.

§. 32.

b) Forst-Verwaltung.

ꝛc.

§. 33.

c) Steuer-Verwaltung.

ꝛc.

§. 34.

d) Communications-Abgaben.

ꝛc.

§. 35.

e) Bergwerke, Hütten und Salinen.

ꝛc.

§. 36.

f) Salz-Debit.

ꝛc.

§. 37.

g) Post-Verwaltung.

ꝛc.

§. 38.

h) Justiz-Verwaltung.

ꝛc.

§. 39.

i) Verwaltung des geistlichen und Unterrichts-Wesens.

ꝛc.

Verwaltungen vorkommenden Defecte, vom 24. Januar 1844, ist nebst einem Beispiele zu einem Defecten-Beschluß in dem Handbuche über den Eisenbahn-Büreaudienst von H. Kosub enthalten.

§. 40.

k) Verwaltung des Innern und der Polizei.

2c.

§. 41.

l) Militär-Verwaltung.

2c.

§. 42.

m) Staats-Schulden-Verwaltung.

§. 43.

Bestimmungen über die von den obersten Verwaltungs-Behörden der Ober-Rechnungs-Kammer zu machenden Mittheilungen.

a) Mittheilung der Veränderungen in der Verwaltung.

Die Ober-Rechnungs-Kammer soll Behufs der Revision der Rechnungen von allen Veränderungen in der Verwaltung, welche auf die Einnahmen und Ausgaben des Staats Bezug haben, solche mögen die Grundsätze oder die Behörden und die denselben untergeordneten Kassen betreffen, unverzüglich, nachdem solche eingetreten sind, durch die obersten Verwaltungs-Behörden in Kenntniß gesetzt, und es sollen derselben die deshalb erlassenen Verfügungen, wenn sie gedruckt worden, in mehrfachen Exemplaren, sonst aber einfach, mitgetheilt werden.

2c.

§. 44.

b) (Betrifft Mittheilung sämmtlicher Normal-Etats, sowie auch aller laufenden Etats an die Ober-Rechnungs-Kammer 2c.)

§. 45.

c) Jahres-Abschlüsse der Einnahme und Ausgabe.
(Mittheilung derselben an die Ober-Rechnungs-Kammer.)

§. 46.

Das Formelle des Rechnungswesens betreffend.

Jede Rechnung muß auf das Manual gegründet sein, und in ihren Resultaten sowohl mit dem Manual als mit dem Schluß-Extract genau übereinstimmen, auch dürfen weder Rasuren noch Abänderungen in den Zahlen darin vorkommen.

Die Rechnungen müssen ein volles Rechnungsjahr, welches mit dem Kalender-Jahre gleich läuft, umfassen[1]). Stückrechnungen für einzelne Zeit-Abschnitte dürfen nicht ohne Zustimmung der Ober-Rechnungs-Kammer gelegt werden.

Die Einnahmen, so wie die Ausgaben müssen der Regel nach einzeln, jedenfalls aber nie summarischer, als sie in den Etats ausgebracht worden, in den Rechnungen aufgeführt oder, wo die Ober-Rechnungs-Kammer es zulässig findet, in besonderen Nachweisungen verzeichnet werden, welche der Rechnung beizuheften sind.

---

[1]) Abgeändert durch das Gesetz, betreffend die Verlegung des Etatsjahres, vom 29. Juni 1876 (Ges.-S. S. 177). In Betreff der Jahres-Rechnungen der Staats-Eisenbahn-Verwaltungen wird im Uebrigen auf den Abschnitt über die Rechnungslegung verwiesen.

Die Rechnungen der in Verbindung stehenden Special-, Provinzial- und General-Kassen müssen in Ansehung der abgelieferten Ueberschüsse und sonstigen Zahlungen aus einer Kasse an die andere dergestalt genau übereinstimmen, daß diese Zahlungen in den für ein und dasselbe Jahr abgelegten Rechnungen beziehungsweise in Ausgabe und Einnahme nachgewiesen werden.

Eine gleiche Uebereinstimmung der Special-, Provinzial- und General-Rechnungen muß in Ansehung der Einnahme-Reste Statt finden, so daß diejenige Summe, welche in der Special-Rechnung als Rest bei den Ueberschüssen erscheint, in der Provinzial-Rechnung als Einnahme-Rest, und der Ueberschuß-Rest der Provinzial-Rechnung als Einnahme-Rest in der General-Rechnung nachzuweisen ist. Dies gilt auch von den Ueberschüssen, welche aus einer Central- oder General-Kasse an die andere abzuliefern sind.

Die den Rechnungen zur Justification beizufügenden Atteste, welche auf den Grund der Kassen-Bücher und Register, der bei den Verwaltungs-Behörden geführten Controlen, der Acten und Rechnungen ausgestellt werden, sollen jederzeit von dem Kassen-Curator oder dem betreffenden Departements-Rath vollzogen sein und Calculatur-Atteste nie deren Stelle vertreten können. Uebrigens bleibt in Ansehung des Formellen des Rechnungswesens das Weitere der Ober-Rechnungs-Kammer überlassen, welche dabei eine entscheidende Stimme haben soll. Sie hat die Formulare zu den Rechnungen auszuarbeiten, darüber mit den obersten Verwaltungs-Behörden zu communiziren, solche demnächst festzustellen und an die Behörden gelangen zu lassen. Die obersten Verwaltungs-Behörden sind dagegen verpflichtet, die den Behörden und Rendanten über die Kassen-Verwaltung und Buchführung zu ertheilenden Instructionen vor deren Erlaß der Ober-Rechnungs-Kammer zur Aeußerung mitzutheilen, damit die Schemata zu den Kassen-Büchern und Manualien, so wie der Geschäftsgang bei den Kassen mit den Bestimmungen wegen der Rechnungslegung in Einklang kommen.

Die Ober-Rechnungs-Kammer hat besondere Instructionen über die Anwendung der Rechnungs-Formularien und die den Rechnungen beizufügenden Justificatorien auszuarbeiten, und den Behörden zuzufertigen, in welchen auf die Nichtbeachtung vorgeschriebener Formen angemessene Ordnungs-Strafen ein für allemal zu bestimmen sind.

Bei dem Entwurfe sowohl der Formulare zu den Rechnungen als der Instructionen über die Justification derselben, muß auf Vereinfachung des Rechnungs-Wesens und auf Verminderung der Schreiberei möglichst Bedacht genommen werden.

In den Fällen, wo grundsätzlich zu einzelnen Einnahme- und Ausgabe-Positionen Unsere Genehmigung erforderlich ist, müssen die desfallsigen Cabinets-Ordres in vidimirten Abschriften den Rechnungs-Belägen beigefügt werden. Die Rechnungen eines und desselben Verwaltungszweiges müssen nach gleichen Formularen gelegt und in gleicher Art justificirt werden, es sei denn, daß Verschiedenheit der Verfassung, der Local- und anderer Verhältnisse Abweichungen rechtfertigen, welche alsdann von der Ober-Rechnungs-Kammer anzuordnen sind.

Zur Vermeidung jeder unnöthigen Schreiberei sollen auch die zur Ergänzung der Vorschriften über das Formelle nöthigen Bestimmungen nicht ferner in die Revisions-Protocolle über die einzelnen Rechnungen aufgenommen, sondern den Behörden durch Circularien oder besondere Verfügungen von Zeit zu Zeit bekannt gemacht werden.

§. 47.

a) Abnahme und Einsendung der Rechnungen.

Jede Rechnung muß vor deren Einsendung an die Ober-Rechnungs-Kammer bei der Verwaltungs-Behörde abgenommen werden, nachdem solche und die Beläge zuvor in calculo vollständig geprüft und attestirt worden. Bei der Abnahme ist die Rechnung in formeller und materieller Hinsicht mit aller Sorgfalt und Gründlichkeit zu prüfen, und mit den nöthigen Erläuterungen und Bemerkungen, auch den etwa noch fehlenden Bescheinigungen zu versehen. Das hierüber aufzunehmende Protocoll muß bei den Regierungen von dem betreffenden Abtheilungs-Dirigenten, bei andern collegialischen Behörden von einem Mitgliede derselben, und bei den obersten Verwaltungs-Behörden von dem betreffenden Departements-Rath, das Calculatur-Protocoll aber, welches sich auf die Erinnerungen in calculo beschränkt, von dem Calculator vollzogen werden.

Auch muß auf der ersten Seite der Rechnungen von dem Calculator ausdrücklich bescheinigt sein, daß die Rechnung und sämmtliche dazu gehörigen Beläge in calculo geprüft und richtig oder nur dasjenige dabei zu erinnern gefunden worden, was in dem Calculatur-Protocolle enthalten sei.

Finden sich gleichwohl bei der Revision der Rechnungen durch die Ober-Rechnungs-Kammer Fehler des Calculs, welche bei der Abnahme ungerügt geblieben, so soll der Calculator, welcher solche bei der Rechnungs-Abnahme übergangen hat, mit einer Strafe von Fünf bis Fünfzig Thalern belegt werden. Calculatoren der Verwaltungs-Behörden, welche wiederholt Calcul-Fehler nicht moniren, sollen im dritten Falle entlassen werden, wenn sie vorher zweimal, jedoch erfolglos, gewarnt und mit Geldstrafen belegt worden sind.

Die Termine zur Einsendung der Rechnungen mit den dazu gehörigen Belägen, Abnahme- und Calculatur-Protocollen sind von der Ober-Rechnungs-Kammer zu bestimmen. Sollten diese Termine von den Verwaltungs-Behörden und Kassen nicht inne gehalten, oder sollte von den ersteren bei der Prüfung der Rechnungen in formeller und materieller Hinsicht oberflächlich zu Werke gegangen werden, so ist dies gegen die Provinzial- und Unter-Behörden mit Nachdruck und nöthigenfalls mit Anwendung von Ordnungsstrafen zu rügen, und in Ansehung der oberen Verwaltungsbehörden Uns davon Anzeige zu machen.

§. 48.

b) Notaten-Beantwortung.

Bei dem Eingange des Revisions-Protocolls der Ober-Rechnungs-Kammer ist von der Verwaltungs-Behörde solches nebst dem Abnahme-Protocolle und dem dazu gehörigen Calculatur-Protocolle, letztere beide mit Ausschluß der bei der Revision aufgehobenen Notaten, dem Rendanten zur ungesäumten Erledigung zuzufertigen, und wegen derjenigen Gegenstände, welche der Rendant nicht selbst erledigen kann, oder wozu derselbe einer näheren Instruction bedarf, das Nöthige sofort zu veranlassen. Hiernächst hat dieselbe die Beantwortung des Revisions- und Abnahme-Protocolls, mit ihrem Gutachten und den nöthigen Belägen versehen, an die Ober-Rechnungs-Kammer einzusenden. Die Beantwortung des Rendanten muß gründlich und vollständig sein, und das Gutachten der Verwaltungs-Behörde die nöthigen Erläuterungen und Ergänzungen enthalten, auch detaillirt und bestimmt abgefaßt und von ihr selbst, bei den obersten Verwaltungs-Behörden aber von dem Chef oder den dazu beauftragten Mitgliedern vollzogen sein. Rendanten, Provinzial- und Unter-Behörden, welche sich bei Beantwortung und Begutachtung der Notaten unbescheidene Aeußerungen erlauben, verfallen in angemessene Ordnungs-Strafen.

Findet die Ober-Rechnungs-Kammer zur Aufklärung einer Sache es nöthig, einzelne Berichte der Verwaltungs-Behörden oder deren Acten selbst einzusehen, so müssen ihr solche eingereicht werden[1]).

In den Fällen, wo durch die Beantwortung des Revisions-Protocolls die Erinnerungen noch nicht vollständig erledigt worden sind, findet nach Maßgabe der deshalb von der Ober-Rechnungs-Kammer erfolgenden Verhandlung, Verfügung oder resp. Mittheilung eine zweite Beantwortung Statt, welche gleich der ersten in dem von der Ober-Rechnungs-Kammer zu bestimmenden Termine an dieselbe zu befördern ist.

Durch die zweite Beantwortung muß die Berichtigung der Rechnung dergestalt bewirkt werden, daß nur noch Erinnerungen, welche erst durch folgende Rechnungen ihre Erledigung erhalten können, offen bleiben dürfen. Die von der Ober-Rechnungs-Kammer auf den Grund der zweiten Beantwortung festgesetzten Defecte müssen sofort eingezogen werden[2]).

§. 49.

(Betrifft Verpflichtung der Ober-Rechnungs-Kammer, für die prompte Berichtigung der Rechnungen zu sorgen ꝛc.)

§. 50—54.

ꝛc.

§. 55.

Geschäfts-Betrieb.

[Ist durch das besondere Geschäfts-Regulativ der Ober-Rechnungs-Kammer (Allerhöchster Erlaß v. 22. September 1873) geregelt, cfr. auch §. 8 und 20 des nachfolgenden Gesetzes, betreffend die Einrichtung und die Befugnisse der Ober-Rechnungs-Kammer, vom 27. März 1872.]

Sämmtliche Staats-Behörden und Beamten haben ein jeder, so weit es ihn betrifft, sich nach gegenwärtiger Instruction zu achten.

Gegeben Berlin, den 18. December 1824.

gez. Friedrich Wilhelm.
v. Ladenberg.

---

[1]) Cfr. §. 13 des Ober-Rechnungs-Kammer-Gesetzes vom 27. März 1872.

[2]) In Betreff der Notaten-Beantwortung cfr. den Abschnitt über die Rechnungslegung ꝛc.

Auszug
aus dem
Gesetz, betreffend die Einrichtung und die Befugnisse der Ober-Rechnungs-Kammer. Vom 27. März 1872.

Wir Wilhelm, von Gottes Gnaden König von Preußen rc. verordnen, auf Grund des Artikels 104 der Verfassungs-Urkunde, mit Zustimmung beider Häuser des Landtages Unserer Monarchie, was folgt:

§. 1.

Die Ober-Rechnungskammer ist eine dem Könige unmittelbar untergeordnete, den Ministern gegenüber selbstständige Behörde, welche die Controle des gesammten Staatshaushalts durch Prüfung und Feststellung der Rechnungen über Einnahmen und Ausgaben von Staatsgeldern, über Zugang und Abgang von Staatseigenthum und über die Verwaltung der Staatsschulden zu führen hat.

§. 2.

Die Ober-Rechnungs-Kammer besteht aus einem Präsidenten und der erforderlichen Zahl von Directoren und Räthen.

Dieselben werden von dem Könige ernannt, der Präsident auf den Vorschlag des Staats-Ministeriums, die Directoren und Räthe auf den Vorschlag des Präsidenten der Ober-Rechnungs-Kammer unter Gegenzeichnung des Vorsitzenden des Staats-Ministeriums.

§. 3 bis 6.

(Betreffen im Weiteren die verwandtschaftlichen Verhältnisse, welche die Anstellung von Mitgliedern der Ober-Rechnungs-Kammer beschränken, Uebertragung bezw. Uebernahme von Nebenämtern derselben und Ernennung der Beamten der Ober-Rechnungs-Kammer, Disciplinar-Behörde für dieselben rc.)

§. 7.

Der Geschäftsgang bei der Ober-Rechnungs-Kammer wird durch ein Regulativ[1]) geregelt, welches auf Vorschlag der Ober-Rechnungs-Kammer und des Staats-Ministeriums durch Königliche Verordnung erlassen und dem Landtage zur Kenntnißnahme mitgetheilt wird. In dem Regulativ sollen besonders auch die Bestimmungen enthalten sein, welche zur Geschäftsleitung des Präsidenten erforderlich sind. Bis zum Erlaß dieses Regulativs bleiben die bisher ergangenen Instructionen über den Geschäftsgang insoweit in Kraft, als sie mit den in diesem Gesetz festgestellten Grundsätzen collegialischer Berathung und den übrigen Vorschriften dieses Gesetzes vereinbar sind.

§. 8.

Die Ober-Rechnungs-Kammer faßt ihre Beschlüsse nach Stimmenmehrheit der

---

[1]) Cfr. Allerhöchsten Erlaß vom 22. September 1873, betreffend das Regulativ über den Geschäftsgang bei der Ober-Rechnungs-Kammer. (Ges.-S. S. 458 ff.) Die Aufnahme des Regulativs ist unterblieben, da dasselbe kein allgemeines Interesse hat.

Mitglieder, einschließlich des Vorsitzenden, welcher bei gleicher Theilung der Stimmen den Ausschlag giebt.

Die collegialische Berathung und Beschlußfassung ist jedenfalls erforderlich, wenn (2c. 2c.)

§. 9.

Der Revision durch die Ober-Rechnungs-Kammer unterliegen zuvörderst alle diejenigen Rechnungen, durch welche die Ausführung des festgestellten Staatshaushalts-Etats (Art. 99 der Verfassungs-Urkunde) und der sämmtlichen Etats und sonstigen Unterlagen, auf welchen derselbe beruht, dargethan wird, insbesondere also:

1. die Rechnungen der Staats-Behörden, Staats-Betriebsanstalten und staatlichen Institute über Einnahmen und Ausgaben von Staatsgeldern;
2. soweit nicht in einzelnen Fällen statutarische oder vertragsmäßige Bestimmungen eine Ausnahme begründen, die Rechnungen aller derjenigen nichtstaatlichen Institute, welche aus Staatsmitteln unterhalten werden, oder veränderliche Zuschüsse nach Maßgabe des Bedürfnisses aus der Staatskasse erhalten, oder mit Gewährleistung des Staates verwaltet werden, sobald und so lange diese Garantie verwirklicht werden soll.

2c.

Ausgenommen von der Revision durch die Ober-Rechnungs-Kammer sind allein die Rechnungen über die in dem Etat für das Büreau des Staats-Ministeriums zu allgemeinen politischen Zwecken und in dem Etat des Ministeriums des Innern zu geheimen Ausgaben im Interesse der Polizei ausgesetzten Fonds.

§. 10.

Zur Revision der Ober-Rechnungs-Kammer gelangen ferner:

1. die Rechnungen der Staats-Behörden, Staats-Betriebsanstalten und staatlichen Institute über Naturalien, Vorräthe, Materialien und überhaupt das gesammte nicht in Gelde bestehende Eigenthum des Staates;
2. die Rechnungen derjenigen Institute, Anstalten, Stiftungen und Fonds, welche lediglich von Staats-Behörden oder durch von Staatswegen angestellte Beamte, ohne Concurrenz der Interessenten bei der Rechnungsabnahme und Quittirung, verwaltet werden, gleichviel ob sie Zuschüsse vom Staate erhalten oder nicht.

Inwieweit den zu 1 erwähnten Rechnungen die Inventarien beizufügen sind oder nur deren regelmäßige Führung nachzuweisen ist, bleibt der Bestimmung der Ober-Rechnungs-Kammer nach Verschiedenheit der Kassen und Institute überlassen.

§. 11.

Von den in den §§. 9 und 10 bezeichneten Rechnungen ist die Ober-Rechnungs-Kammer berechtigt, diejenigen, welche von untergeordneter Bedeutung sind, innerhalb der bisher bestandenen Grenzen von ihrer regelmäßigen Prüfung auszuschließen, und die Revision sowie die Dechargirung derselben den Verwaltungs-Behörden zu überlassen, bis darüber bei eintretendem Bedürfniß durch Königliche Verordnung anderweitige Verfügung getroffen wird; die Ober-Rechnungs-Kammer soll jedoch von Zeit zu Zeit dergleichen Rechnungen und Nachweisungen einfordern, um sich zu überzeugen, daß die Verwaltung der Fonds, worüber sie geführt werden, vorschriftsmäßig erfolge.

Etwaige Abänderungen in dem Verzeichniß der zur Zeit von der regelmäßigen Prüfung der Ober-Rechnungs-Kammer ausgeschlossenen Rechnungen sind dem Landtage jedesmal in kürzester Frist zur Kenntniß zu bringen.

§. 12.

Die Revision der Rechnungen ist außer der Rechnungs-Justification noch besonders darauf zu richten: (ꝛc. ꝛc.)

§. 13.

Die Ober-Rechnungs-Kammer ist berechtigt, von den Behörden jede, bei Prüfung der Rechnungen und Nachweisungen für erforderlich erachtete Auskunft, sowie die Einsendung der bezüglichen Bücher und Schriftstücke, auch von den Provinzial- und den denselben untergeordneten Behörden die Einsendung von Acten zu verlangen.

Der Präsident der Ober-Rechnungs-Kammer ist befugt, Bedenken und Erinnerungen gegen die Rechnungen an Ort und Stelle durch Commissarien erörtern zu lassen, auch zur Informations-Einziehung über die Einzelheiten der Verwaltung Commissarien abzuordnen.

Ebenso steht ihm das Recht zu, außerordentliche Kassen- und Magazin-Revisionen zu veranlassen. In diesem Falle, sowie in allen Fällen der Absendung eines Commissarius hat er jedoch dem betreffenden Verwaltungs-Chef davon vorherige Mittheilung zu machen, damit dieser sich an den Verhandlungen durch einen seinerseits abzuordnenden Commissarius betheiligen kann.

§. 14.

Alle Verfügungen der obersten Staats-Behörden, durch welche in Beziehung auf Einnahmen oder Ausgaben des Staats eine allgemeine Vorschrift gegeben, oder eine schon bestehende abgeändert oder erläutert wird, müssen sogleich bei ihrem Ergehen der Ober-Rechnungs-Kammer mitgetheilt werden.

Allgemeine Anordnungen der Behörden über die Kassen-Verwaltung und Buchführung sind schon vor ihrem Erlaß zur Kenntniß der Ober-Rechnungs-Kammer zu bringen, damit dieselbe auf etwaige Bedenken, welche sich aus ihrem Standpunkte ergeben, aufmerksam machen kann.

Die Vorschriften über die formelle Einrichtung der Jahres-Rechnungen und Justificatorien werden von der Ober-Rechnungs-Kammer erlassen. Dieselbe hat sich darüber zwar vorher mit den betheiligten Departements-Chefs in Verbindung zu setzen, bei obwaltender Meinungsverschiedenheit steht ihr aber die entscheidende Stimme zu.

Von allen auf die Rechnungslegung bezüglichen Beschlüssen eines der beiden Häuser des Landtages ist der Ober-Rechnungs-Kammer zur Kenntnißnahme Mittheilung zu machen.

§. 15.

Die Termine zur Einsendung der Rechnungen und die Fristen zur Erledigung der dagegen aufgestellten Erinnerungen werden von der Ober-Rechnungs-Kammer festgestellt.

§. 16.

Die Provinzial- und die ihnen gleichstehenden untergebenen Behörden sind der Ober-Rechnungs-Kammer in allen Angelegenheiten des Ressorts derselben untergeordnet. Die Ober-Rechnungs-Kammer ist befugt, ihren Verfügungen nöthigenfalls durch Strafbefehle, innerhalb der für die obersten Verwaltungs-Behörden gesetzlich bestimmten Grenzen, die schuldige Folgeleistung zu sichern, auch etwa vorkommende Unangemessenheiten in Erledigung ihrer Erlasse zu rügen.

§. 17.

Die Ober-Rechnungs-Kammer ertheilt den rechnungsführenden Beamten, wenn sie ihren Verbindlichkeiten vollständig genügt und die aufgestellten Erinnerungen erledigt haben, eine Decharge mit den in den §§. 146—153. Theil I. Tit. 14 des Allg. Landrechts einer Quittung beigelegten Wirkungen. Stellen sich Vertretungen des Rechnungsführers oder anderer Beamten bei der Rechnungsrevision heraus, deren Deckung durch die Notatenbeantwortung nicht nachgewiesen wird, so hat die Ober-Rechnungs-Kammer die weitere Verfolgung, welche von der vorgesetzten Behörde zu betreiben ist, nöthigen Falles durch Eintragung in das Soll der Einnahmen anzuordnen.

§. 18.

(Stellt fest, was die nach Vorschrift des Art. 104 der Verfassungs-Urkunde mit der allgemeinen Rechnung über den Staatshaushalt jeden Jahres von der Staatsregierung dem Landtage vorzulegenden, von der Ober-Rechnungskammer unter selbstständiger, unbedingter Verantwortlichkeit aufzustellenden Bemerkungen ergeben müssen.)

§. 19.

Etatsüberschreitungen im Sinne des Art. 104 der Verfassungs-Urkunde sind alle Mehrausgaben, welche gegen die einzelnen Kapitel und Titel des nach Art. 99 a. a. O. festgestellten Staatshaushalts-Etats oder gegen die von der Landesvertretung genehmigten Titel der Special-Etats stattgefunden haben, soweit nicht einzelne Titel in den Etats als übertragbar ausdrücklich bezeichnet sind und bei solchen die Mehrausgaben bei einem Titel durch Minderausgaben bei anderen ausgeglichen werden. Unter dem Titel eines Special-Etats ist im Sinne dieses Gesetzes zu verstehen, jede Position, welche einer selbstständigen Beschlußfassung der Landesvertretung unterlegen hat und als Gegenstand einer solchen im Etat erkennbar gemacht worden ist.

In die zur Vorlegung an den Landtag gelangenden Special-Etats sind fortan, zuerst in die Etats für das Jahr 1873, bei den Besoldungsfonds die Stellenzahl und die Gehaltssätze[1]), welche für die Disposition über diese Fonds maßgebend sind, aufzunehmen.

---

[1]) Unter den Gehaltssätzen sind nicht die Gehaltsklassen und die Zahl der in jeder Klasse enthaltenen Stellen zu verstehen, sondern nur die Gesammtzahl der Stellen, das Minimum, das Maximum und der Durchschnitt des Gehalts.

Eine Nachweisung der Etatsüberschreitungen und der außeretatsmäßigen Ausgaben ist jedesmal im nächsten Jahre, nachdem sie entstanden sind, den Häusern des Landtages zur nachträglichen Genehmigung vorzulegen. Die Erinnerungen der Rechnungslegung werden durch diese Genehmigung nicht berührt.

§. 20.

Nach Ablauf eines jeden Geschäftsjahres erstattet die Ober-Rechnungs-Kammer dem Könige einen Bericht über die Ergebnisse ihrer Geschäftsthätigkeit, welchem zugleich ihre gutachtlichen Vorschläge beizufügen sind, ob und inwieweit nach den aus den Rechnungen sich ergebenden Resultaten der Verwaltung zur Beförderung der Staatszwecke im Wege der Gesetzgebung oder der Verordnung zu treffende Bestimmungen nothwendig oder rathsam erscheinen.

§. 21.

Alle durch frühere Gesetze und Verordnungen erlassenen Bestimmungen, soweit sie dem gegenwärtigen Gesetze zuwiderlaufen, treten außer Kraft.

Urkundlich unter Unserer Höchsteigenhändigen Unterschrift und beigedrucktem Königlichen Insiegel.

Gegeben Berlin, den 27. März 1872.

(L.S.) gez. **Wilhelm.**

Fürst v. Bismarck. Gr. v. Roon. Gr. v. Itzenplitz. v. Selchow.
Gr. zu Eulenburg. Leonhardt. Camphausen. Falk.

Die Rechnungslegung, Abnahme der Rechnungen, Notaten und deren Erledigung.

Die Vorschriften über die formelle Einrichtung der Jahres-Rechnungen werden gemäß §. 14 des Ober-Rechnungs-Kammer-Gesetzes vom 27. März 1872 von der Ober-Rechnungs-Kammer im Einvernehmen mit den betheiligten Departements-Chefs, bei Meinungsverschiedenheit jedoch nach Entscheidung der ersteren erlassen. Auf Anordnung der Königlichen Ober-Rechnungs-Kammer sind bei den Staats-Eisenbahn-Verwaltungen die Betriebs-Einnahmen und Ausgaben des betreffenden Verwaltungsjahres nicht mehr wie früher in einer, sämmtliche Positionen des Etats umfassenden Rechnung, sondern in mehreren, nach Titeln getrennten Buchhalterei-(Stück-) Rechnungen nachzuweisen. Diese Aenderung in der bisherigen Form der Rechnung ist bei den meisten Staatsbahn-Directionen vom Jahre 1869, bei einzelnen erst vom Jahre 1871 ab zur Geltung gekommen. Zugleich ist zugegeben, daß die Stückrechnungen nach und nach zur Vorlage kommen. Die Königl. Ober-Rechnungs-Kammer ist dadurch in den Stand gesetzt, mit der Rechnungs-Revision zeitig zu beginnen und dieselbe successive zu erledigen.

Es sind demgemäß von den Haupt-, bezw. Commissions-Kassen der Staats-Eisenbahnen zur Zeit folgende Rechnungen zu legen[1]).

1. eine Buchhalterei-Rechnung über sämmtliche Betriebs-Einnahmen,
2. eine Buchhalterei-Rechnung über die Betriebs-Ausgaben „Besoldungen",
3. eine desgl. über die Ausgaben „andere persönliche Ausgaben",
4. eine desgl. " " " „Sächliche Verwaltungskosten",
5. eine desgl. " " " „Unterhaltung und Erneuerung der Bahnanlagen" und „Kosten des Bahn-Transports",
6. eine desgl. " " " „Sonstige Ausgaben",
7. eine Hauptrechnung, welche enthält:
   a) die gesammten Einnahmen und Ausgaben nach den Schlußsummen der einzelnen Titel,
   b) den Abschluß,
   c) die Nachweisung über den Geldbestand,
   d) " " " die Depositen und Asservaten,
   e) " " " " geleisteten Vorschüsse,
   f) das Inventarien-Attest,
   g) den Rechnungsabschluß der Beamten-Pensions- und Unterstützungs-Kasse,
   h) die Nachweisung über die von Privatpersonen (Lieferanten, Unternehmern ꝛc.) bestellten Cautionen,
   i) die Nachweisung von den Amts-Cautionen,
   k) die Nachweisung über die Einnahmen und Ausgaben, sowie über den Bestand an geldwerthen Drucksachen.

Außerdem sind mit der Haupt-Rechnung der Betriebs-Jahres-Bericht sowie die Nachweisung der Abweichungen von dem Etat vorzulegen.

8. die Extraordinarien-Rechnung,
9. " Betriebs-Materialien-Rechnung,
10. " Bahn-Materialien-Rechnung,
11. " Werkstätten-Rechnung,
12. " Werkstatts-Materialien-Rechnung,
13. " Betriebs-Vorschuß-Rechnung (diese anscheinend nur bei der N.-M.-Bahn).

Außerdem werden von besonderen Anlagen (z. B. Gas-Anstalten) noch Special-Rechnungen zu legen sein.

Die Termine für die Einreichung der Stückrechnungen ad 1 bis 6 sowie der Haupt-Rechnung an die Ober-Rechnungs-Kammer sind bei den einzelnen Bahnen verschieden und bewegen sich meist in der Zeit vom 1. September bis Anfang oder Mitte December; nur bei einigen Bahnen sind die ersten Stückrechnungen schon früher einzureichen. Die Nachweisungen zu 7. i und k sind jedoch, und zwar die

[1]) Nur die Main-Weser Eisenbahn blieb von der Legung der Stückrechnungen ausgeschlossen. Wie weit mit Einführung des neuen Etatsschemas bezw. des Normal-Buchungs-Formulars (1. April 1880) in der Eintheilung der Stückrechnungen eine Aenderung eintreten wird, ist z. Z. noch nicht bekannt.

erstere mit der Rechnung zu 2 über die Ausgaben Titel I. bis IV.a „Besoldungen" und die letztere mit der Rechnung zu 1 über die Einnahmen lose einzureichen, damit sie bei Revision dieser Rechnungen benutzt werden können. Nach dem Eingange der Haupt-Rechnung bei der Ober-Rechnungs-Kammer werden dieselben der letzteren dort beigefügt werden.

Die Einreichung der Rechnungen zu 8 bis 13 hat bei den einzelnen Bahnen meist zu einem Termin, welcher jedoch wiederum verschieden normirt ist (10. August, 15. August, 15. September, 1. October, 16. November) stattzufinden.

Jede der unter Nr. 1 bis 13 bezeichneten Rechnungen ist nach Maßgabe der darüber bestehenden Bestimmungen besonders abzunehmen und unter Beifügung der zugehörigen Beläge, sowie der zu einzelnen Rechnungen erforderlichen sonstigen Justificatorien (z. B. der für mehrere Jahre geschlossenen, in besonderen, nach den einzelnen Titel-Rechnungen getrennten Heften vorzulegenden Contracte, der Civil-Versorgungs- und Civil-Anstellungsscheine — wenn diese in den Originalen vorgelegt werden —, der Nachweisung über die Invaliden-Pensionen, Gebäude-Nachweisungen ꝛc.) in der vorgeschriebenen Weise der Königl. Ober-Rechnungs-Kammer zur Prüfung einzureichen.

Nach Erledigung der bei der Revision gezogenen Erinnerungen wird über jede Buchhalterei und Neben-Rechnung Seitens derselben eine Berichtigungs-Erklärung ertheilt und sobald sämmtliche Rechnungen für berichtigt angenommen worden, über die Haupt-Rechnung die Decharge ausgefertigt werden.

Die einzelnen Rechnungen, sowie die dazu gehörigen Beläge werden für sich paginirt, beziehungsweise nummerirt, so daß die Seiten- und Belags-Nummern jeder Rechnung mit Nr. 1 anfangen.

Jede Rechnung muß für sich in allen einzelnen Theilen vollständig justificirt sein; die Bezugnahme auf Beläge, welche zu anderen Rechnungen beigebracht worden, darf daher in der Regel nicht vorkommen. — Eine Ausnahme hiervon ist bei den im innern Zusammenhange stehenden Rechnungen über die Titel I. bis VII. der Ausgabe, welche voraussichtlich zu gleicher Zeit der Königl. Ober-Rechnungs-Kammer vorliegen werden, von dieser nachgelassen.

Soweit die bei einzelnen Positionen einer Rechnung erforderlichen Hinweisungen auf Positionen einer anderen Rechnung nicht durch specielle Angabe der betreffenden Seitenzahlen und Belags-Nummern erfolgen können, ist bei diesen Hinweisungen die Bezeichnung der bezüglichen Ordnungs-Nummer des anderen Titels ausreichend.

Hinsichtlich der Cautionen der zu deren Bestellung verpflichteten Kassen-Beamten ist auf dem Titelblatt jeder Buchhalterei-Rechnung zu vermerken, daß der diesfällige Nachweis durch die bei der Haupt-Rechnung befindliche Cautions-Zusammenstellung geführt werde.

Die für jeden einzelnen größeren Reparatur- oder Neubau entstehenden, beim Titel X. und XI. zur Verrechnung kommenden Kosten sind in der Rechnung im Zusammenhange unter Bezeichnung des betreffenden Baues nachzuweisen, so daß der Gesammtbetrag der in der betreffenden Jahres-Rechnung für jeden einzelnen Bau verausgabten Kosten ersichtlich wird. Zu diesem Zwecke sind auch die zur Anweisung kommenden diesfälligen Beträge von weniger als 150 M. nicht in der betreffenden Designation aufzunehmen, sondern in der Rechnung speciell zu verausgaben.

Behufs der technischen Justification der Bau-Ausgaben sind der Rechnung die zugehörigen Kosten-Anschläge, Revisionskosten, Berechnungen, Bau-Abnahme, Atteste rc. in besonderen, mit einem übersichtlichen Inhalts-Verzeichniß versehenen Hefte beizufügen.

Soweit die betreffenden Bauten nicht in einem Rechnungsjahre zu Ende geführt, die entstehenden Kosten also in mehreren Jahres-Rechnungen verausgabt werden, ist vor der Linie bei jedem einzelnen Bau der Gesammtbetrag der für letzteren verrechneten, noch technisch zu justificirenden Kosten anzugeben und solange in die folgenden Rechnungen zu übertragen, bis der betreffende Bau vollständig beendet und der verausgabte Kostenbetrag durch Vorlegung der Kostenanschläge rc. technisch justificirt ist[1]).

In Betreff der Calculirung und Bescheinigung der Rechnungsbeläge[2]), sowie in Bezug auf die Abnahme der Rechnungen hat sich die Königliche Ober-Rechnungs-Kammer mit folgenden Bestimmungen einverstanden erklärt:

1. In der Regel soll die einmalige Calculirung und Bescheinigung eines jeden Rechnungsbelages genügen, sofern dies von einem Rechnungsbeamten stattgefunden hat, welcher bei derjenigen Behörde, wo die Rechnung abgenommen wird, oder bei der derselben vorgesetzten Behörde als Rechnungsbeamter wirklich angestellt ist; wogegen alle diejenigen Beläge, die nur von Beamten der Unterbehörden, oder von bloßen Hülfsarbeitern pro calculo bescheinigt sind, bei Abnahme der Rechnung einer nochmaligen calculatorischen Prüfung unterliegen. Zu den Hülfsarbeitern sind im Allgemeinen auch die Civil-Supernumerare und Diätarien zu zählen. Die von diesen Beamten, sowie von den Militär-Anwärtern ausgestellten Atteste über die Richtigkeit des Calculs der Rechnungen und der dazu gehörigen Beläge sind nur unter der Bedingung für genügend zu erachten, daß diese Personen den etatsmäßigen Beamten in Beziehung auf die Bearbeitung des Rechnungswesens gleichgestellt werden können dergestalt, daß ihnen von dem Präsidenten der betreffenden Behörde ein ausdrückliches Attest darüber:

> „daß sie die Qualification zur selbständigen Bearbeitung von Rechnungssachen bereits vollständig erlangt und die Zuverlässigkeit für solche Geschäfte gehörig bewährt haben"

ausgestellt worden ist[3]).

---

[1]) Im Uebrigen cfr. den nachfolgenden Abschnitt „Justification der Ausgaben für extraordinäre Bauten."

[2]) Die Aufstellung der Rechnungen und Liquidationen über Lieferungen und Leistungen erfolgt bei den Eisenbahn-Verwaltungen nach Anleitung der bei denselben hierzu bestehenden Formulare. Im Uebrigen wird mit Bezug hierauf auf das „Kassen- und Rechnungswesen von H. Kosub" verwiesen.

[3]) Bei den Eisenbahn-Verwaltungen wird den bezeichneten Personen die Berechtigung, Rechnungssachen selbständig bearbeiten und pro calculo zeichnen zu dürfen, nur nach Ablegung

Denjenigen Belägen, welche hiernach einer nochmaligen Prüfung des Calculs zu unterziehen sind, hat der betreffende Calculatur-Beamte sein Revisionszeichen beizusetzen.

2. Auf dem Titelblatte der Jahres-Rechnungen ist das Calculatur-Attest dahin auszustellen:

> „daß die vorliegende Rechnung nebst allen dazu gehörenden Belägen, soweit letztere nicht bereits von einem wirklich angestellten Rechnungsbeamten oder von zur selbständigen Bearbeitung von Rechnungssachen qualificirt erklärten Hülfsarbeitern pro calculo geprüft und bescheinigt sind, von dem unterzeichneten abnehmenden Calculator geprüft und nur dasjenige dabei zu erinnern gefunden sei, was das Calculatur-Protocoll besagt."

Außerdem ist von der abnehmenden Behörde in dem Abnahme-Protocoll ausdrücklich zu bescheinigen, daß diejenigen Beläge, bei welchen eine einmalige calculatorische Prüfung für genügend angenommen worden, von einem wirklich angestellten Rechnungs-Beamten pro calculo bescheinigt seien. Einer speciellen Bezeichnung dieser Beläge in diesem Attest bedarf es jedoch nicht.

In dem Abnahme-Protocoll muß ferner bescheinigt werden, daß die Rechnung mit dem Final-Abschlusse (Schluß-Extracte) übereinstimmt. (Circ.-Verf. d. Finanz-Ministers v. 9. December 1852, Min.-Bl. pro 1853, S. 38.) Auch ist anzugeben, wann unvermuthete Revisionen der betreffenden Kasse, und durch welche Beamte, abgehalten worden sind. Sofern sich bei den Revisionen erhebliche Mängel oder Defecte ergeben haben sollten, ist dies im Protocolle kurz zu registriren.

Notaten und deren Erledigung.

Ueber die bei der Revision der Rechnungen gezogenen Erinnerungen werden von der Königlichen Ober-Rechnungs-Kammer zwei Revisions-Protocolle aufgestellt, und zwar:

1. das Protocoll A. mit den Erinnerungen gegen die rechnungslegende Kasse,
2. das Protocoll B. mit denen gegen die dieser Kasse vorgesetzte Behörde.

Das erstere wird von der Verwaltungsbehörde nebst dem Abnahme- und dem Calculatur-Protocolle dem Rendanten zur Erledigung zugefertigt. Die Beantwortung desselben, welche erschöpfend sein muß, ist von der Behörde mit einem Gutachten event. auch mit Erläuterungen zu versehen und mit dem von ihr selbst beantworteten Revisions-Protocolle B. nebst Belägen an die Ober-Rechnungs-Kammer innerhalb drei Monaten zurückzusenden.

Die Notaten-Beantwortungen müssen auf ganzer Bogenbreite folgende Colonnen enthalten:

1. Nummer, 2. Erinnerungen, 3. Beantwortungen, 4. Gutachten, 5. Nummer

---

des sogenannten „Calculatur-Examens" ertheilt, im Uebrigen können dieselben nur den etatsmäßigen Rechnungsbeamten als Hülfsarbeiter überwiesen werden, welche ihre Arbeiten zu beaufsichtigen und zu prüfen haben.

der beifolgenden Beläge, 6. Entscheidung. (Verf. der Ober-Rechnungs-Kammer vom 26. Mai 1826, v. Kamptz Annalen Bd. X. S. 655.)

Selbstverständlich ist, daß Beläge und sonstige Beweisstücke, auf welche in der Notaten-Beantwortung Bezug genommen wird, auch wenn sie den Gegenstand des Monitums selbst nicht bilden, derselben beigefügt werden müssen. Abschriften sind von anderen, bei der Rechnungslegung unbetheiligten Personen zu beglaubigen.

Abnahme- und Calculatur-Notate, welche Seitens der Ober-Rechnungs-Kammer lediglich zur künftigen Beachtung bestätigt worden sind, sind nicht wörtlich in die Notaten-Beantwortung aufzunehmen, vielmehr genügt die Anzeige dahin, „daß sie werden beachtet und respective die dadurch ertheilten Vorschriften werden befolgt werden." (Circ.-Verf. der Ober-Rechnungs-Kammer vom 12. März 1838 an sämmtliche Regierungen, v. Kamptz Ann. Bd. XXII. S. 34.)

Wenn nach Maßgabe der Verfügungen der Ober-Rechnungs-Kammer eine zweite Beantwortung der Revisions-Protocolle stattzufinden hat, so ist diese innerhalb sechs Wochen an dieselbe einzusenden. Im Uebrigen können von der Ober-Rechnungs-Kammer auch kürzere Fristen zur Notaten-Erledigung gestellt werden.

Die von derselben auf Grund der zweiten Beantwortung festgesetzten Defecte müssen sofort eingezogen werden.

Ist zur Erledigung von Monitas eine Berichterstattung an den Minister erforderlich, so sind dem Bericht die bezüglichen Revisions-Erinnerungen, Beantwortungen, Gutachten und Entscheidungen — event. abschriftlich in beglaubigtem Auszuge — nebst den Belägen beizufügen.

Justification der Ausgaben für extraordinäre Bauten[1]).

I. Verfügung der Königlichen Ober-Rechnungs-Kammer vom 25. Februar 1878. Nr. 33714.

Zur Herbeiführung eines gleichmäßigen Verfahrens in Bezug auf die Justification der Ausgaben für extraordinäre d. h. solche Bauten, zu deren Ausführung die erforderlichen Mittel durch besondere Gesetze, oder unter den einmaligen und außerordentlichen Ausgaben des Staatshaushalts-Etats bewilligt sind, wird Folgendes bestimmt:

1. Die von dem Herrn Minister für Handel ꝛc. aus der General-Staatskasse überwiesenen Baufonds kommen für die Folge **bis zur speciellen Rechnungslegung** in der von der Hauptkasse zu legenden Extraordinarien-Rechnung unter

---

[1]) Es wird auf die Bestimmungen wegen Abhebung der für Eisenbahnzwecke extraordinär bewilligten Geldmittel — cfr. den Nachtrag am Schlusse dieses Werkes — Bezug genommen.

einem besonderen Abschnitt „Extraordinäre Baufonds" derart zum Nachweise, daß die einzelnen Baufonds, soweit sie nicht gegenseitig übertragbar sind, von einander vollständig getrennt gehalten und nach den Gesetzen bezw. den Capiteln und Titeln des Staatshaushalts-Etats, durch welche dieselben zur Verfügung gestellt sind, genau bezeichnet werden. Die aus der General-Staatskasse überwiesenen Beträge werden in der Rechnung speciell, die in dem betreffenden Rechnungsjahr bei dem Baufonds vorgekommenen sonstigen Einnahmen dagegen ebenso, wie die Ausgaben, letztere den Einnahmen gegenüber, summarisch, unter Beifügung eines von dem Kassencurator hinsichtlich der Uebereinstimmung mit den Kassenbüchern auszustellenden Attestes, nachgewiesen. Werden den unterstellten Eisenbahn-Commissionen Baufonds zur entsprechenden Verwendung und zur selbstständigen Rechnungslegung überwiesen, so sind die betreffenden Beträge auf Grund der Quittungen der Commissions-Kassen in Ausgabe zu stellen und in den Extraordinarien-Rechnungen der letzteren ebenso zum Nachweise zu bringen, wie solches vorstehend für die Extraordinarien-Rechnung der Haupt-Kasse angeordnet ist.

2. Beträgt der für einen extraordinären Bau bewilligte Fonds nicht über 150 000 M., so ist künftig von der Einreichung von Stückrechnungen über diesen Fonds abzusehen, die rechnungsmäßige und technische Justification der Bau-Ausgaben vielmehr in der Regel und wenn für einen speciellen Bau diesseits keine andere Bestimmung getroffen werden sollte, bis zur Beendigung des Baues auszusetzen. In diesem Falle werden die Einnahmen und Ausgaben der Baufonds bis zur rechnungsmäßigen Justification in der Extraordinarien-Rechnung nach den Etatsjahren getrennt im Zusammenhange aufgeführt, so daß sich der Gesammtbetrag der unjustificirten Einnahmen und Ausgaben eines jeden Baufonds am Schluß des Etatsjahres ergiebt. Bei größeren Baufonds werden Stückrechnungen nur gelegt und zur diesseitigen Revision eingereicht, sobald sich die betreffenden, seither überhaupt definitiv verwendeten Ausgaben für den qu. Bau, über welche bis dahin noch keine Rechnung gelegt ist, am Schluß eines Etatsjahres auf mehr als 150 000 M. belaufen. Eine Ausnahme findet selbstverständlich bei Schlußrechnungen statt, welche ohne Rücksicht auf die Höhe der in denselben zum Nachweise kommenden Ausgaben aufzustellen und einzureichen sind. Während es bei der bisherigen Vorschrift bewendet, daß über Baufonds, welche 15 000 M. und darüber betragen, besondere Baurechnungen zu legen sind, werden über Baufonds im Gesammtbetrage von weniger als 15 000 M. sowie über die zur Vermehrung der Betriebsmittel zur Verfügung gestellten Beträge dergleichen besondere Rechnungen überhaupt nicht gelegt. Die bestimmungsmäßige Verwendung dieser Fonds ist vielmehr ordnungsmäßig durch die Extraordinarien-Rechnung zu justificiren, zu welchem Zweck sämmtliche Einnahmen und Ausgaben in der Rechnung unter einer besonderen Abtheilung, und zwar im Anschluß an den Abschnitt „Extraordinäre Baufonds" übersichtlich und speciell nachzuweisen sind.

3. Der Aufstellung der Baurechnungen ist der höheren Orts superrevidirte und stets mit der ersten Stückrechnung vorzulegende Kostenanschlag mit der Maßgabe zum

Grunde zu legen, daß die bei den einzelnen Titeln und Positionen veranschlagten Summen in der Rechnung bei der Ausgabe als Soll vorgetragen werden, so daß sich bei jedem Titel und jeder Position der noch zur Verfügung stehende Betrag ergiebt und eine etwaige Ueberschreitung aus der Rechnung ersichtlich ist. Das bisher von einzelnen Eisenbahn-Directionen beobachtete Verfahren, nach welchem sämmtliche Ausgaben à Conto der extraordinären Geldbewilligungen jeden Jahres in eine Rechnung (bezw. Stückrechnung) zusammengefaßt sind, ist nur bis zur vollständigen Abwickelung der in dem Staatshaushalts-Etat für das Jahr 1876 und früher unter den einmaligen und außerordentlichen Ausgaben bewilligten Baufonds beizubehalten, während die Rechnungen über die vom Jahre 1877 ab extraordinär zur Verfügung gestellten Bausummen nach Analogie der unter Nr. 1 getroffenen Bestimmungen nach den einzelnen, für sich bestehenden und nicht übertragbaren Fonds vollständig getrennt gelegt, abgenommen und zur diesseitigen Revision eingereicht werden müssen. Beispielsweise sind also über die in dem Etat für das Jahr 1877/78 bei den einmaligen und außerordentlichen Ausgaben unter Capitel 8, Tit. 2 bis 4 bewilligten drei Fonds, deren gegenseitige Uebertragbarkeit im Etat nicht ausgesprochen, nach Beendigung der Bauausführungen drei verschiedene Rechnungen aufzustellen. Auf dem Titelblatt und in den Abnahme-Protocollen sind die Rechnungen in genauester Uebereinstimmung mit den in Betracht kommenden, speciell zu allegirenden Gesetzen bezw. Etats zu bezeichnen, z. B. „Rechnung der Hauptkasse der Ostbahn zu Bromberg über die Herstellung von 23 Wachtbuden auf der Strecke Dirschau-Seepothen (Capitel 8, Titel 2 der einmaligen und außerordentlichen Ausgaben für das Jahr vom 1. April 1877/78)".

Werden die zu einem Bau erforderlichen Mittel ratenweise durch verschiedene Etats bewilligt, so sind die verschiedenen Raten, sowie die à Conto derselben geleisteten Ausgaben in eine Rechnung zusammenzufassen, auf dem Titelblatt der letzteren, sowie in dem zugehörigen Abnahme-Protocoll aber die verschiedenen Etats nach Jahrgang, Capitel und Titel genau zu bezeichnen.

Soweit die Eisenbahn-Commissionen mit der selbstständigen Ausführung extraordinärer Bauten betraut werden, sind die von den Commissions-Kassen zu legenden Rechnungen von den Eisenbahn-Commissionen abzunehmen und direct hierher einzureichen. Diese Bestimmung findet jedoch keine Anwendung, wenn den Commissionen nur der Bau bestimmter Strecken übertragen, die Leitung des ganzen Baues und die Verwaltung des Baufonds aber der Direction vorbehalten ist.

4. Die specielle Nachweisung der für das abgelaufene Rechnungsjahr zu legenden Special-Baurechnungen, welche bisher bis zum 15. März des auf das Rechnungsjahr folgenden Jahres einzureichen waren, ist künftig mit Rücksicht auf die Verlegung des Etatsjahres bis zum 1. August jeden Jahres von den Eisenbahn-Directionen und den Eisenbahn-Commissionen, von letzteren in Bezug auf die ihnen übertragenen Bauausführungen einzureichen. In derselben sind unter einem besonderen Abschnitt auch diejenigen Baufonds, hinsichtlich welcher nach den vorstehenden Bestimmungen die Rechnungslegung auszusetzen ist, unter Angabe der

bis zum Schluß des Rechnungsjahres verausgabten Beträge, nachrichtlich aufzuführen.

Die Königliche Direction wolle hiernach das Weitere veranlassen und die Ihr unterstellten Eisenbahn-Commissionen mit entsprechender Anweisung versehen.

Ober-Rechnungs-Kammer.

gez. (Unterschrift.)

II. Durch den Erlaß vom 29. Juli 1874, II. 14865 (ergänzt durch den Erlaß vom 5. September 1874, II. 14865) ist bestimmt, daß auf die den Eisenbahn-Haupt-Kassen bei der General-Staats-Kasse, sei es aus den durch besondere Gesetze bewilligten Crediten, oder aus den zu den einmaligen und außerordentlichen Ausgaben gehörigen Etatsfonds, im Laufe des Jahres zur Verfügung gestellten Summen bis zum jedesmaligen Final-Abschluß in keinem Falle mehr abgehoben wird, als bis dahin wirklich zur Verwendung gelangt, so daß die Rechnungen der General-Staats-Kasse mit den betreffenden Abschlüssen und Rechnungen der Eisenbahn-Haupt- resp. Commissions-Kassen fernerhin bezüglich der Ist-Ausgabe übereinstimmen.

III. Der Erlaß vom 12. Februar 1875, II. 2262 bestimmt, daß wenn aus verschiedenen Fonds Mittel zur Beschaffung von Betriebsmitteln zur Disposition gestellt worden, unter strenger Auseinanderhaltung der einzelnen Fonds bei der Beschaffung und Verrechnung genau nach den bezüglich der Verwendung der betreffenden Fonds ergangenen Bestimmungen event. soweit besondere Bestimmungen nicht getroffen worden sind, nach den Anschlägen, welche den Anträgen auf Bewilligung der Mittel zu Grunde gelegt worden sind, zu verfahren ist.

Sofern in einzelnen Fällen Abweichungen hiervon für geboten erachtet werden, ist dazu Genehmigung des Herrn Ministers einzuholen.

IV. Laut Schreiben der Königlichen Ober-Rechnungs-Kammer an den Herrn Minister der öffentl. Arbeiten vom 7. Juni 1879. Nr. 5001 sollen an Stelle der bei den einzelnen Eisenbahn-Verwaltungen von einander abweichenden Rechnungs-Formulare zu den bei denselben aufzustellenden Special-Bau-Rechnungen nach Inhalt und Form einheitliche Formulare für sämmtliche Staats-Eisenbahn-Verwaltungen eingeführt werden.

Hiermit hat sich der Herr Minister der öffentlichen Arbeiten unterm 5. August 1879, (II. 7187) mit der Maßgabe einverstanden erklärt, daß die Ausfüllung der nachfolgenden, von der Königlichen Ober-Rechnungs-Kammer für die Ausgabe und Einnahme vorgeschlagenen Schemas demnächst nach den Abtheilungen und Titeln des Normal-Buchungs-Formulars der deutschen Eisenbahnen zu erfolgen hat[1]).

[1]) Siehe Seite 82 ff.

Es soll ausgegeben werden						Mithin ist wirkliche Soll-Ausgabe		No.	Bezeichnung der
nach dem Anschlage		gegen den Anschlag							
		mehr		weniger					
M.	₰	M.	₰	M.	₰	M.	₰		

No.	No. der Beläge	Einnahme			Es ist eingekommen	
			M.	₰	M.	₰

Die Umzugskosten der Staats-Beamten, bezw. der Beamten der Staats- und der unter Staats-Verwaltung stehenden Eisenbahnen.

Gesetz, betreffend die Umzugskosten der Staatsbeamten.

Vom 24. Februar 1877.

Wir Wilhelm, von Gottes Gnaden König von Preußen ꝛc., verordnen, mit Zustimmung beider Häuser des Landtages der Monarchie, was folgt:

§. 1.

Die Staats-Beamten erhalten bei Versetzungen eine Vergütung für Umzugskosten nach folgenden Sätzen:

	auf allgemeine Kosten. M.	auf Transportkosten für je 10 Kilometer. M.
I. Beamte der ersten Rangklasse . . .	1800	24
II. " zweiten und dritten Rangklasse .	1000	20
III. " vierten Rangklasse	500	10
IV. " fünften "	300	8

Ausgabe.	Es ist ausgegeben worden										No. der Beläge	Bemerkungen
	von der Haupt- resp. Commissions-Kasse		von der Special-Bau-Kasse		in Summa		Unter den Zahlungen der Specialkasse sind an tantièmepflichtigen Beträgen					
							bis zu 600 M. einschließlich		Mehrbetrag über 600 M. bei einer Quittung			
	M.	₰	M.	₰	M.	₰	M.	₰	M.	₰		

No.	No. der Beläge	Einnahme			Es ist eingekommen	
			M.	₰	M.	₰

		auf allgemeine Kosten. M.	auf Transportkosten für je 10 Kilometer. M.
V.	Beamte, welche nicht zu den obigen Klassen gehören, soweit sie gesetzlich zu einem Tagegelderſatze von 9 M. berechtigt sind	240	7
VI.	Subaltern-Beamte der Provinzial-, Kreis- und Local-Behörden und andere Beamte gleichen Ranges, welche nicht zu den Beamten der Klasse V. gehören	180	6
VII.	Andere Beamte, welche nicht zu den Unter-Beamten zu zählen sind	150	5
VIII.	Unter-Beamte	100	4

§. 2.

Bei Berechnung der Entfernung ist die kürzeste fahrbare Straßenverbindung zu Grunde zu legen. Jede angefangene Strecke von 10 Kilometern wird für volle 10 Kilometer gerechnet.

§. 3.

Die nicht etatsmäßig angestellten Beamten erhalten bei Versetzungen nur Tagegelder und Reisekosten. Jedoch sind den im höheren Staatsdienste außeretatsmäßig beschäftigten Assessoren und Räthen Umzugskosten alsdann zu gewähren, wenn sie vor der Versetzung bereits gegen eine fixirte Remuneration dauernd beschäftigt waren. Ob diese Voraussetzungen zur Gewährung von Umzugskosten vorhanden sind, entscheidet der Ressortchef im Einvernehmen mit dem Finanz-Minister.

§. 4.

Die zu Umzugskosten berechtigten Beamten erhalten außer denselben für ihre Person Tagegelder und Reisekosten.

Auch ist diesen Beamten der Miethszins zu vergüten, welchen dieselben für die Wohnung an ihrem bisherigen Aufenthaltsorte auf die Zeit von dem Verlassen des letzteren bis zu dem Zeitpunkte haben aufwenden müssen, mit welchem die Auflösung des Miethsverhältnisses möglich war. Diese Vergütung darf längstens für einen neunmonatlichen Zeitraum gewährt werden. Hat der Beamte im eigenen Hause gewohnt, so kann demselben eine Entschädigung bis höchstens zum halbjährigen Betrage des ortsüblichen Miethswerthes der innegehabten Wohnung gewährt werden.

§. 5.

Beamte ohne Familie erhalten nur die Hälfte der im §. 1 festgesetzten Vergütung.

§. 6.

Von den Vergütungssätzen (§. 1) kommt derjenige in Anwendung, welchen die Stellung bedingt, aus welcher — nicht in welche — der Beamte versetzt wird.

§. 7.

Personen, welche, ohne vorher im Staatsdienste gestanden zu haben, in denselben übernommen werden, kann eine durch den Verwaltungs-Chef im Einvernehmen mit dem Finanz-Minister festzusetzende Vergütung für Umzugskosten gewährt werden.

§. 8.

Auf Wartegeldempfänger, welche wieder in den activen Staatsdienst aufgenommen werden, findet dieses Gesetz mit der Maßgabe Anwendung, daß für die Umzugskosten-Vergütung die Entfernung zwischen dem Wohnorte des Wartegeldempfängers und dem neuen Amtssitze desselben zu Grunde zu legen ist.

§. 9.

Die Bestimmungen im §. 10 des Gesetzes, betreffend die Tagegelder und Reisekosten der Staats-Beamten vom 24. März 1873 (Ges.-Samml. S. 122) finden bei Festsetzung der Vergütung für Umzugskosten entsprechende Anwendung.

§. 10.

Dieses Gesetz tritt mit dem 1. April 1877 in Kraft. Alle demselben entgegenstehenden Bestimmungen sind aufgehoben, insbesondere der Erlaß vom 26. März 1855, betreffend die Vergütung der den Beamten bei Versetzungen erwachsenen Umzugskosten (Gesetz-Samml. S. 190), und das Umzugskosten-Reglement für Steuer-

Beamte vom Ober-Inspector abwärts vom 11. April 1856. (Minist.-Blatt für die innere Verwaltung S. 154.) Wo in besonderen Vorschriften auf die hiernach aufgehobenen Bestimmungen Bezug genommen wird, treten die entsprechenden Bestimmungen dieses Gesetzes an deren Stelle.

§. 11.

Die besonderen Vorschriften, welche für einzelne Dienstzweige, bezüglich der den Beamten aus der Staats-Kasse zu gewährenden Umzugskosten ergangen sind, bleiben — mit Ausnahme der nach §. 10 aufgehobenen — vorläufig in Kraft. Eine Abänderung derselben kann im Wege königlicher Verordnung erfolgen. Die in diesem Gesetze bestimmten Sätze dürfen jedoch nicht überschritten werden.

Die Sätze für Gesandschaftsbeamte können jedoch nach Maßgabe derjenigen Beträge festgesetzt werden, welche für die entsprechenden Beamtenklassen in der auf Grund des §. 18 des Reichs-Gesetzes vom 31. März 1873 (Reichs-Gesetzbl. S. 61) zu erlassenden Kaiserlichen Verordnung bestimmt werden.

Urkundlich unter Unserer Höchsteigenhändigen Unterschrift und beigedrucktem Königlichen Insiegel.

Gegeben Berlin, den 24. Februar 1877.

(L. S.) **Wilhelm.**

Fürst v. Bismarck. Camphausen. Graf zu Eulenburg. Leonhardt.
Falk. v. Kameke. Achenbach. Friedenthal. Hofmann.

Ausführungs-Bestimmungen.

I. Erlaß des Herrn Finanz-Ministers und des Herrn Ministers des Innern vom 4. Mai 1877.

Nachdem das Gesetz vom 24. Februar d. J. betreffend die Umzugskosten der Staats-Beamten, durch die Gesetz-Sammlung Seite 15 publicirt worden ist, wird in Bezug auf die Anwendung dieses Gesetzes hierdurch Folgendes bestimmt.

1. Für die Feststellung des Dienstranges der Beamten behufs Zuzählung derselben in die im §. 1 des Gesetzes aufgeführten Klassen finden die für das Gesetz vom 12. Mai 1873, betreffend die Wohnungsgelder-Zuschüsse der Beamten (Ges.-S. S. 209), sowie die für das Gesetz vom 24. März 1873, betreffend die Tagegelder und die Reisekosten der Staats-Beamten (Ges.-S. S. 122.) getroffenen Festsetzungen entsprechende Anwendung. Es wird dabei bemerkt, daß die Klasse VI. im §. 1 des Umzugskosten-Gesetzes der Klasse IV. des Tarifs zum Gesetz vom 12. Mai 1873 entspricht, daß jedoch aus der letztgedachten Klasse diejenigen Beamten ausscheiden und zu der Klasse V. im §. 1 des Umzugskosten-Gesetzes zu rechnen sind, welche zu den im §. 1 Nr. V. des Tagegelder-Gesetzes bezeichneten Beamten gezählt werden.

Zu der Klasse VII. im §. 1 des Umzugskosten-Gesetzes gehören diejenigen Beamten, welche nach §. 1 ad VII. im Artikel I. des Gesetzes vom 28. Juni 1875, betreffend die Abänderung des Gesetzes vom 24. März 1873 über die Tagegelder und Reisekosten der Staatsbeamten (Ges.-S. S. 370) zu einem Tagegeldersatze von 4 M. 50 Pf. berechtigt sind. Es kommen dabei namentlich die Förster, sowie die Grenz- und Steuer-Aufseher in Betracht.

2. Der Anspruch auf Umzugskosten steht nur den etatsmäßig angestellten Beamten und den im höhern Staatsdienste außeretatsmäßig beschäftigten Assessoren und Räthen in dem Falle zu, wenn sie vor der Versetzung bereits gegen eine fixirte Remuneration dauernd beschäftigt waren (§. 3 des Gesetzes). Werden Beamte aus einem andern Ressort in die allgemeine Verwaltung als außeretatsmäßige Assessoren oder Räthe übernommen, so ist hinsichtlich der Gewährung von Umzugskosten in jedem Falle die diesseitige Entscheidung einzuholen.

3. Nachdem die bisherige Bestimmung aufgehoben ist, wonach eine Vergütigung für Umzugskosten nicht Statt fand, wenn die Versetzung lediglich auf den Antrag des Beamten erfolgte, ist es Pflicht, der über die Versetzung beschließenden Behörde, die hierauf gerichteten Anträge der Beamten vom allgemeinen dienstlichen Standpunkte einer sorgfältigen Prüfung zu unterziehen. Anträge auf Versetzung unter Bewilligung der Umzugskosten werden in der Regel nur alsdann zu berücksichtigen sein, wenn dadurch neben den persönlichen Wünschen der Antragsteller auch gleichzeitig dem dienstlichen Interesse entsprochen wird. Ob letzteres der Fall ist, bleibt jedesmal genau zu erwägen und ist im Zweifelsfalle die diesseitige Entscheidung einzuholen.

4. Die Erstattung der Miethe (§. 4), welche der versetzte Beamte für seine an dem bisherigen Aufenthaltsorte innegehabte Wohnung vom Tage des Verlassens der letzteren ab noch zu entrichten verpflichtet gewesen ist, hat erst nach vollständiger Auflösung des Miethsverhältnisses zu erfolgen. Die Erstattung erfolgt unter der Voraussetzung, daß der Beamte nach dem Contracte, bezw. nachweisbar zu einer früheren Vermiethung nicht in der Lage war, das Leerstehen der Wohnung obrigkeitlich bescheinigt und die Zahlung der Miethe glaubhaft nachgewiesen wird.

War der Beamte durch die vorliegenden Umstände gezwungen, seine Familie noch eine Zeit lang in der früheren Wohnung zurück zu lassen, so kann ihm die Miethsentschädigung gleichwohl gewährt werden.

Im Uebrigen bleiben alle seither in Bezug auf die Erstattung von Wohnungsmiethe ergangenen allgemeinen Verwaltungsvorschriften in Kraft.

5. Unter „Familie" im Sinne des §. 5 des Gesetzes sind nicht nur Ehefrau, Kinder oder Eltern, sondern auch andere nahe Verwandte und Pflegekinder zu verstehen, sofern der Beamte denselben in seinem Hausstande Wohnung und Unterhalt auf Grund einer gesetzlichen oder moralischen Unterstützungsverbindlichkeit gewährt. Jedenfalls muß ein eigener Hausstand von dem Beamten geführt werden.

6. Die den Beamten bei Versetzungen zustehenden persönlichen Tagegelder und Reisekosten werden nicht, wie die Umzugskosten, nach dem Dienstrange der Stelle aus welcher, sondern in welche die Versetzung erfolgt, liquidirt.

Die den außeretatsmäßigen verheiratheten Beamten bisher nachgelassene Begünstigung, die persönlichen Reisekosten und Tagegelder auch bei Benutzung von Eisenbahnen oder Dampfschiffen nach dem Landwege liquidiren zu dürfen, ist aufgehoben.

7. Der diesseitigen Ermächtigung zur Zahlung von Umzugskosten, Miethsentschädigungen, persönlichen Reisekosten und Tagegeldern bedarf es fortan nur noch in den vorstehend zu 2 und 3 bezeichneten Fällen. Die Königliche Regierung wird ermächtigt für die Folge derartige Zahlungen auf die hierzu bestimmten etatsmäßigen Fonds selbstständig anzuweisen. Sollten sich hierbei in dem einen oder anderen Punkte Zweifel ergeben, so mag dieselbe darüber berichten.

Der Finanz-Minister	Der Minister des Innern
gez. **Camphausen.**	**Grf. zu Eulenburg.**

An
sämmtliche Königl. Regierungen und die Königl. Finanz-Direction in Hannover.

Berlin, den 7. Juli 1877.

II. Zur Ausführung des Gesetzes, betreffend die Umzugskosten der Staatsbeamten vom 24. Februar d. J. (G.-S. S. 15) und der Allerhöchsten Verordnung, betreffend die Umzugskosten von Beamten der Staats-Eisenbahnen und der unter der Verwaltung des Staats stehenden Privat-Eisenbahnen vom 26. Mai d. J. (G.-S. S. 173) werden hierdurch die nachstehenden Bestimmungen getroffen:

Die allerhöchste Verordnung vom 26. Mai d. J. bezieht sich nicht auf diejenigen Beamten der Eisenbahn-Verwaltung, deren Ernennung und Anstellung nach der Organisation der Verwaltung der Staats-Eisenbahnen und der vom Staate verwalteten Privatbahnen vom 16. December 1872 mir vorbehalten ist. Diese Beamten erhalten bei Versetzungen eine Vergütung für Umzugskosten in Gemäßheit des Gesetzes vom 24. Februar d. J. und zwar nach folgenden im Einvernehmen mit dem Herrn Finanz-Minister festgestellten Sätzen:

	auf allgemeine Kosten. ℳ.	auf Transportkosten für je 10 Kilometer. ℳ.
I. Vorsitzende der Eisenbahn-Directionen	1000	20
II. Mitglieder der Eisenbahn-Directionen und bezw. Commissionen, welche zur IV. Rangklasse gehören . . .	500	10
III. Mitglieder der Eisenbahn-Directionen und bezw. Commissionen, welche nicht zur IV. Rangklasse gehören, Ober-Betriebs-Inspectoren, Ober-Maschinenmeister, Ober-Güter-Verwalter, Bau- und Betriebs-Inspectoren, Maschinen-Inspectoren, Güter-Inspectoren	300	8
IV. Eisenbahn-Baumeister, Maschinenmeister, Telegraphen-Inspectoren, Hauptkassen-Rendanten	240	7

2. Die außeretatsmäßig beschäftigten Assessoren erhalten Umzugskosten nach den Sätzen sub IV. im §. 1 des Gesetzes vom 24. Februar d. J. (300 M. auf allgemeine Kosten, 8 M. auf Transportkosten für je 10 Kilometer), sofern sie vor der Versetzung bereits gegen eine fixirte Remuneration dauernd beschäftigt waren.

Werden Beamte aus einem anderen Ressort in die Eisenbahn-Verwaltung übernommen, so wird in jedem Falle über die Gewährung von Umzugskosten diesseits Entscheidung getroffen werden.

3. Nachdem die bisherige Bestimmung aufgehoben ist, wonach eine Vergütung von Umzugskosten nicht stattfand, wenn die Versetzung lediglich auf den Antrag des Beamten erfolgte, ist es Pflicht der über die Versetzung in den innerhalb ihrer Competenz liegenden Fällen beschließenden Königlichen Directionen bezw. Commissionen, die hierauf gerichteten Anträge der Beamten vom allgemeinen dienstlichen Standpunkte einer sorgfältigen Prüfung zu unterziehen. Anträge auf Versetzung unter Bewilligung der Umzugskosten werden in der Regel nur dann zu berücksichtigen sein, wenn dadurch neben den persönlichen Wünschen der Antragsteller gleichzeitig dem dienstlichen Interesse entsprochen wird. Ob letzteres der Fall ist, bleibt jedesmal genau zu erwägen, in zweifelhaften Fällen ist die diesseitige Entscheidung einzuholen.

4. Die Erstattung der Miethe (§. 4 des Gesetzes vom 24. Februar d. J.), welche der versetzte Beamte für seine an dem bisherigen Aufenthaltsorte innegehabte Wohnung vom Tage des Verlassens der letzteren ab noch zu entrichten verpflichtet gewesen ist, hat erst nach vollständiger Auflösung des Miethsverhältnisses zu erfolgen. Die Erstattung erfolgt unter der Voraussetzung, daß der Beamte nach dem Contracte, bezw. nachweisbar zu einer früheren Vermiethung nicht in der Lage war, das Leerstehen der Wohnung obrigkeitlich bescheinigt und die Zahlung der Miethe glaubhaft nachgewiesen wird. War der Beamte durch die vorliegenden Umstände gezwungen, seine Familie eine Zeit lang in der früheren Wohnung zurückzulassen, so kann ihm die Miethsentschädigung gleichwohl gewährt werden. Im Uebrigen bleiben alle seither in Bezug auf die Erstattung von Wohnungsmiethen ergangenen allgemeinen Verwaltungs-Vorschriften in Kraft.

5. Unter „Familie" im Sinne des Gesetzes vom 24. Februar d. J. sind nicht nur Ehefrau, Kinder oder Eltern, sondern auch andere nahe Verwandte und Pflegekinder zu verstehen, sofern der Beamte denselben in seinem Hausstande Wohnung und Unterhalt auf Grund einer gesetzlichen oder moralischen Unterstützungs-Verbindlichkeit gewährt. Jedenfalls muß ein eigener Hausstand von dem Beamten geführt werden.

6. Die den Beamten bei Versetzungen zustehenden persönlichen Tagegelder und Reisekosten werden nicht, wie die Umzugskosten, nach dem Dienstrange der Stelle, aus welcher, sondern nach dem der Stelle, in welche die Versetzung erfolgt, liquidirt. (cfr. §. 4 al. 1 der Allerhöchsten Verordnung vom 26. Mai d. J.)

Die den außeretatsmäßigen verheiratheten Beamten bisher nachgelassene Begünstigung, die persönlichen Reisekosten und Tagegelder auch bei Benutzung von Eisenbahnen oder Dampfschiffen nach dem Landwege liquidiren zu dürfen, ist aufgehoben.

7. Die Bestimmungen im §. 2 der Allerhöchsten Verordnung vom 26. Mai

d. J. greifen nicht Platz, wenn die Ausführung der ganzen Reise auf solchen Eisenbahnen, welche unter Staatsverwaltung stehen, nur mit erheblichen Umwegen stattfinden kann. Ob Letzteres zutrifft, bleibt in jedem Falle der Entscheidung der Königlichen Eisenbahn-Directionen bezw. Commissionen vorbehalten; im Zweifel ist die diesseitige Entscheidung einzuholen.

8. Das Gesetz vom 24. Februar und die Allerhöchste Verordnung vom 26. Mai d. J. gelten für alle Versetzungen, welche seit dem 1. April d. J. zur Ausführung gekommen sind. Die etwa bereits erfolgten Anweisungen über Umzugskosten für solche Versetzungen sind daher einer Revision zu unterwerfen und soweit erforderlich, nach Maßgabe der neuen Bestimmungen zu berichtigen.

9. Die Königlichen Eisenbahn-Directionen und bezw. Commissionen haben mit Sorgfalt darauf zu achten, daß Versetzungen der ihnen unterstellten Beamten auf das unbedingt nothwendige Maaß beschränkt bleiben. Zum 1. Juni 1878 will ich einer Nachweisung darüber entgegensehen, welche Vergütungen aus Anlaß von Versetzungen aus dortseitigen Fonds während der Zeit vom 1. April 1877 bis Ende März 1878 gezahlt worden sind. Die Nachweisungen müssen ersichtlich machen, wie hoch sich diese Vergütungen belaufen haben würden, wenn die bisherigen Bestimmungen unverändert in Kraft geblieben wären.

Der Minister für Handel, Gewerbe und öffentliche Arbeiten.

Im Auftrage: **Dr. Frölich.**

An
sämmtliche Königliche Eisenbahn-Directionen.

II. 14881.
V. 6768.

Verordnung, betreffend die Umzugskosten von Beamten der Staats-Eisenbahnen und der unter der Verwaltung des Staates stehenden Privat-Eisenbahnen.

Vom 26. Mai 1877.

Wir Wilhelm, von Gottes Gnaden König von Preußen ꝛc. verordnen auf Grund des §. 11 des Gesetzes, betreffend die Umzugskosten der Staatsbeamten vom 24. Februar d. J. (Gesetz-Samml. S. 15) unter Aufhebung des durch Unseren Erlaß vom 28. Februar 1859 genehmigten Reglements über die den Beamten der Staatseisenbahnen und der unter der Verwaltung des Staates stehenden Privat-Eisenbahnen bei Versetzungen zu gewährenden Vergütung vom 31. Januar 1859, was folgt:

§. 1.

Die nachstehend aufgeführten etatsmäßig angestellten Beamten der Staats-Eisenbahnen und der unter der Verwaltung des Staates stehenden Privat-Eisenbahnen erhalten bei Versetzungen eine Vergütung für Umzugskosten nach folgenden Sätzen:

	auf allgemeine Kosten. ℳ	auf Transportkosten für je 10 Kilometer. ℳ
1. Bahn- und Betriebs-Controleure, Commissionskassen-Rendanten, Buchhalter, Eisenbahn-Secretäre, Werkstätten-Vorsteher, Stations-Vorsteher I. Klasse, Güterexpeditions-Vorsteher, Stationskassen-Rendanten, Materialien-Verwalter I. Classe	240	7
2. Betriebs-Secretäre, Werkmeister, Zeichner, Stations-Vorsteher II. Klasse, Güter- und Kohlen-Expedienten, Stations-Einnehmer, Kanzlisten, Stations-Aufseher, Stations-Assistenten, Gepäck-Expedienten, Materialien-Verwalter II. Klasse, Telegraphen-Aufseher, Locomotivführer und Maschinisten, Schiffscapitäne, Bahn- und Hafenmeister	180	6
3. Zugführer, Packmeister, Steuerleute der Trajectschiffe und Traject-Aufseher, Telegraphisten, Boden- (Lade-) Meister, Wagenmeister, Rangirmeister, Billetdrucker, Magazin-Aufseher	150	5
4. Locomotivheizer und Wärter stehender Dampfmaschinen, Matrosen und Heizer auf den Traject-Dampfschiffen, Schaffner, Bremser und Schmierer, Kassen- und Büreau-Diener, Portiers, Weichensteller, Bahn-, Krahn- und Brückenwärter, Nachtwächter	100	4

§. 2.

Sofern bei Versetzungen die Reise ganz auf solchen Eisenbahnen zurückgelegt werden kann, welche unter Staatsverwaltung stehen, erhalten die im §. 1 genannten Beamten freie Fahrt für sich und die Personen ihres Hausstandes und freien Transport ihrer Effecten.

Eine Vergütung auf Transportkosten wird in diesem Falle nicht gewährt.

§. 3.

Die außeretatsmäßig beschäftigten Beamten, welche auf eine Vergütung für Umzugskosten keinen Anspruch haben, erhalten bei Versetzungen freie Fahrt für sich, wenn die Reise ganz auf solchen Eisenbahnen zurückgelegt werden kann, welche unter Staatsverwaltung stehen.

Dieselben erhalten ferner auf den zwischen dem Orte, von welchem, und dem Orte, nach welchem die Versetzung stattfindet, gelegenen Bahnstrecken, soweit diese unter Staatsverwaltung stehen, freie Fahrt für die Personen ihres Hausstandes und freien Transport ihrer Effecten.

§. 4.

Die persönlichen Reisekosten sind nach Maßgabe der Allerhöchsten Verordnung vom 30. October 1876 (Gesetz-Samml. S. 451) und zwar nach der neuen amtlichen Stellung zu gewähren.

In den Fällen, in welchen den Beamten die freie Fahrt für ihre Person gewährt wird, erhalten dieselben außer den bestimmungsmäßigen Tagegeldern an Reisekosten nur die Entschädigungen für Zu- und Abgänge.

§. 5.

Diese Verordnung tritt mit dem 1. April 1877 in Kraft.

Soweit dieselbe nicht anderweite Bestimmungen enthält, finden die Vorschriften des Gesetzes, betreffend die Umzugskosten der Staatsbeamten vom 24. Februar d. J. Anwendung.

Urkundlich unter Unserer Höchsteigenhändigen Unterschrift und beigedrucktem Königlichen Insiegel.

Gegeben Berlin, den 26. Mai 1877.

(L. S.) **Wilhelm.**

Für den Minister für Handel, Gewerbe und öffentliche Arbeiten.

Camphausen. **Friedenthal.**

Erläuternde und ergänzende Bestimmungen.

I. Durch den Erlaß vom 14. März 1875, II. 1129. wird in einem Specialfalle bestimmt, daß der Staats-Ministerial-Beschluß vom 20. November 1866, wonach den nicht etatsmäßig angestellten Beamten bei Versetzungen, für welche der eigne Wunsch des Beamten nicht das alleinige Motiv gewesen ist, die persönlichen Reisekosten auch dann zu bewilligen sind, wenn ein solcher Beamter in eine mit dauernder Bewilligung fixirter Diäten oder etatsmäßigem Gehalte verbundene Stelle zuerst eintritt, oder von einer diätarischen Stelle zu einer etatsmäßigen übergeht, nur in solchen Fällen Anwendung findet, in denen die Betreffenden aus einer von ihnen bereits wahrgenommenen dienstlichen Beschäftigung im Staatsdienst in eine der vorbezeichneten Stellen eintreten.

II. Erlaß vom 24. März 1875, II. 4501 an sämmtliche Königl. Eisenbahn-Directionen.

Die Königliche Ober-Rechnungs-Kammer hat aus Anlaß eines Specialfalles den Grundsatz aufgestellt, daß den Beamten ein Anspruch auf Gewährung der ihnen sonst bestimmungsmäßig zustehenden Umzugskosten-Vergütung nur dann zugebilligt werden kann, wenn sie in Folge der Versetzung genöthigt sind, in den Bezirk einer andern Gemeinde überzusiedeln.

Der Königlichen Direction gebe ich hiervon mit der Anweisung Kenntniß, in vorkommenden Fällen darnach zu verfahren.

III. Erlaß vom 20. December 1875, II. 21655 an sämmtliche Königl. Eisenbahn-Directionen.

Den beim Bau neuer Staats-Eisenbahnen beschäftigten Beamten, gleichviel ob dieselben bei Antritt dieser Beschäftigung etatsmäßig angestellt oder nur als Diätarien thätig waren, sind bisher für die in Folge dieser Beschäftigung nöthig gewordenen Umzüge Entschädigungen, nach Befinden der Umstände bis zur Höhe der reglementsmäßigen Umzugskosten bewilligt worden. Die Königl. Ober-Rechnungs-Kammer hat in neuerer Zeit gestützt auf den Wortlaut der Allerhöchsten Ordre vom 21. October 1850, nach welcher nur den „ohne etatsmäßige Anstellung" bei dem Bau der Staats-Eisenbahnen beschäftigten Beamten für die „im Fortgange des Baues" nöthigen Umzüge mäßige Entschädigungen nach Maßgabe der betreffenden Reglements gewährt werden dürfen, die Bewilligung der Entschädigungen in dem bisherigen Umfange wiederholt monirt. Ich nehme deshalb Veranlassung, der Königlichen Direction Folgendes zur Beachtung für die Zukunft zu eröffnen:

Etatsmäßig angestellten Beamten sind, auch wenn sie beim Bau von Staats-Eisenbahnen beschäftigt werden, fernerhin Umzugs-Vergütigungen nach Maßgabe der bestehenden Bestimmungen nur dann zu bewilligen, wenn die Versetzung derselben aus einer etatsmäßigen Stelle in eine andere etatsmäßige Stelle erfolgt oder, was gleichbedeutend ist, wenn einem solchen Beamten unter Belassung in seiner Stelle ein anderer Wohnsitz aus dienstlichen Rücksichten angewiesen wird.

Für die nur diätarisch beim Bau von Staats-Eisenbahnen beschäftigten, also nicht etatsmäßig angestellten Beamten kann, wenn deren persönliche Verhältnisse dafür sprechen, die Gewährung mäßiger, die reglementsmäßigen Sätze nicht erreichender Entschädigungen zwar auch ferner bei mir beantragt werden, wenn diese Beamte anläßlich des Fortgangs der Bauten Umzüge zu bewirken haben; dagegen ist die Bewilligung einer Entschädigung für Umzugsreisen, welche dieselben behufs der ersten Uebernahme der ihnen zu übertragenden Baugeschäfte ausführen, fortan ausgeschlossen und sind daher hierauf gerichtete Anträge in Zukunft zu vermeiden.

IV. Erlaß vom 12. Mai 1877, II. 8604 an sämmtliche Königl. Eisenbahn-Directionen.

Nach der General-Verfügung vom 20. December 1875, II. 21655 können den beim Bau von Staats-Eisenbahnen diätarisch beschäftigten, also nicht etatsmäßig angestellten Beamten, wenn deren persönliche Verhältnisse dafür sprechen, mit meiner Genehmigung mäßige, die reglementsmäßigen Sätze nicht erreichende Entschädigungen für die anläßlich des Fortgangs der Bauten zu bewirkenden Umzüge aus Baufonds gewährt werden. Um bei der Bemessung dieser Entschädigungen den thatsächlichen Verhältnissen möglichst Rechnung zu tragen, erscheint es zweckmäßig, allgemein nach dem Grundsatze zu verfahren, daß hierbei einerseits die dem betreffenden Beamten durch die Versetzung wirklich erwachsenen Umzugs- und Transportkosten, sowie die etwa doppelt gezahlte Wohnungsmiethe, andererseits aber die Bezüge in Betracht gezogen werden, welche dem Beamten für die Versetzung zugestanden haben würden, wenn er in der Zeit derselben etatsmäßig angestellt gewesen wäre. Dies ist für die Zukunft zu beachten, auch sind fortan in den an mich zu richtenden bezüglichen Anträgen jene Daten jedesmal besonders anzugeben.

Soweit es für angezeigt zu erachten sein wird, solchen nicht etatsmäßig angestellten Beamten, welche aus dem Betriebe zum Bau versetzt werden müssen, zu den durch die Umzüge entstehenden Kosten Beihülfen zu gewähren, bleibt der Königlichen Direction anheimgestellt, denselben angemessene Unterstützungen aus den etatsmäßigen Mitteln des Betriebsfonds zu bewilligen, bezw. diese bei mir zu beantragen.

In Betreff der zur Beschäftigung beim Bau von Staats-Eisenbahnen neu einzuberufenden Beamten behält es bei der Bestimmung im Schlußsatze der Eingangs gedachten General-Verfügung sein Bewenden.

V. Erlaß vom 21. September 1877, II. 20111 an die Eisenbahn-Direction Hannover und an die übrigen Königl. Eisenbahn-Directionen.

Auf den Bericht vom 5. d. Mts. Nr. 5672 C. eröffne ich der Königlichen Eisenbahn-Direction, daß es mit den Bestimmungen des Gesetzes, betreffend die Umzugskosten der Staats-Beamten vom 24. Februar d. J. keineswegs im Widerspruch steht, wenn in Fällen, in welchen die Versetzung eines zum Bezuge von Umzugskosten an sich berechtigten Beamten ausnahmsweise lediglich aus persönlichen Rücksichten ohne ein gleichzeitig obwaltendes dienstliches Interesse zu erfolgen haben würde, auf den Bezug von Umzugskosten Seitens des betreffenden Beamten Verzicht geleistet wird.

VI. Erlaß vom 22. Januar 1878, II. 27385.

bestimmt, daß die auf Grund der General-Verfügung vom 12. Mai v. J., II. 8604. auf Bewilligung von Beihülfen aus Baufonds an außeretatsmäßig beschäftigte Beamte, welche anläßlich des Fortganges der Neubauten versetzt worden sind, zu stellenden Anträge für die Folge, sofern nicht besonderer Grund zur Beschleunigung vorliegt, nur am Schlusse eines jeden Kalenderquartals und zwar in Form einer tabellarischen Uebersicht — nach Anleitung des umstehenden Schemas — einzureichen sind.

VII. Erlaß vom 27. April 1878, II. 6102.

bestimmt, daß denjenigen Beamten, welche im dienstlichen Interesse an ihrem Stationsorte aus einer Dienstwohnung in eine andere, oder aus einer bis dahin innegehabten Miethswohnung in eine Dienstwohnung überziehen müssen, ein Anspruch auf Ersatz der Transportkosten bezw. der bis zur Lösung des seitherigen Miethsverhältnisses von ihnen gezahlten Wohnungsmiethe nicht eingeräumt werden kann, da nach §. 1 des Gesetzes vom 24. Februar 1877 (Ges.-Samml. S. 15), betreffend die Umzugskosten der Staatsbeamten, eine Vergütung an Umzugskosten nur „bei Versetzungen" d. h. beim Verziehen in einen anderen Gemeindebezirk zu

Vorschlags-

zur Gewährung von Beihülfen aus Baufonds an außeretatsmäßig beschäftigte Beamt[e]

der Zeit vom

Laufende No.	Name	Amtscharakter	Versetzt von........ nach........	Wirklich erwachsene Umzugskosten ℳ	Doppelt gezahlt[e] Wohnungsmieth[e] ℳ

zahlen ist und deshalb überall da nicht gewährt werden darf, wo der Wohnungswechsel an dem bisherigen Stationsorte bewirkt worden ist.

Wenn jedoch in Fällen der letzteren Art die betreffenden Beamten durch die mit dem Wohnungswechsel verbundenen pecuniären Nachtheile in eine bedrängte Lage gerathen, so können denselben ausnahmsweise mäßige Unterstützungen aus den dazu bestimmten Fonds bewilligt, eventuell bei dem Herrn Minister in Antrag gebracht werden.

VIII. In einem Specialfalle wird in dem Schreiben des Herrn Ministers der öffentlichen Arbeiten vom 13. Juni 1879 an die Königliche Ober-Rechnungs-Kammer ausgeführt, daß seit mehreren Jahren die aus dem Justiz-Dienste in den Eisenbahn-Verwaltungsdienst übertretenden Assessoren nicht mehr, wie früher, seitens des Herrn Justiz-Ministers zu diesem Zwecke zunächst beurlaubt, sondern aus dem Justiz-Dienste entlassen werden. In Folge dessen werden die Assessoren nach ihrer Entlassung aus dem Justiz-Dienste zur Staats-Eisenbahn-Verwaltung alsbald dauernd übernommen und gegen eine fixirte Remuneration beschäftigt. Dieselben werden zwar einer Direction zunächst zur Ausbildung überwiesen, indeß ist diese Beschäftigung nicht im gewöhnlichen Sinne als eine Probe-Dienstleistung aufzufassen (2c. 2c.).

(Hiernach werden den in Betracht kommenden Assessoren nach §. 3 des Gesetzes vom 24. Februar 1877 bei Versetzungen Umzugskosten zugebilligt werden können.)

IX. Erlaß vom 3. Juli 1879, II. 7127.

Auf Bericht einer Eisenbahn-Commission erwidert der Herr Minister in Folge Monitums der Königlichen Ober-Rechnungs-Kammer, daß ein Verzicht auf Umzugskosten mit Rücksicht auf die Bestimmungen des Gesetzes, betr. die Umzugskosten der Staatsbeamten vom 24. Februar 1877, nur dann als zulässig zu erachten ist, wenn

Liste

der .... Bahn, welche anläßlich des Fortgangs der Bauten in
bis versetzt worden sind.

Im Falle etatsmäßiger Anstellung würden die Umzugs- und Transportkosten betragen haben M.	Betrag der zu gewährenden Beihülfe M.	Bezeichnung des Baufonds, aus welchem die Beihülfe zu zahlen ist.	Bemerkungen.

die Versetzung eines zum Bezuge der Umzugskosten an sich berechtigten Beamten ausnahmsweise lediglich aus persönlichen Rücksichten ohne ein gleichzeitig obwaltendes dienstliches Interesse erfolgt.

Der Wohnungsgeld-Zuschuß der Staats-Beamten, bezw. der Beamten der Staats- und der unter Staats-Verwaltung stehenden Eisenbahnen.

Gesetz, betreffend die Gewährung von Wohnungsgeld-Zuschüssen an die unmittelbaren Staats-Beamten. Vom 12. Mai 1873.

(Ges.-Samml. S. 209—212.)

Wir Wilhelm, von Gottes Gnaden König von Preußen ꝛc. verordnen, mit Zustimmung beider Häuser des Landtages der Monarchie, was folgt:

§. 1.

Den unmittelbaren Staats-Beamten, welche eine etatsmäßige Stelle bekleiden und ihre Besoldung aus der Staatskasse beziehen, ferner den Lehrern und Beamten der Universitäten und derjenigen Unterrichts- und sonstigen Anstalten, bei welchen die Gewährung der erforderlichen Unterhaltungs-Zuschüsse ausschließlich dem Staate obliegt, wird vom 1. Januar 1873 ab ein Wohnungsgeld-Zuschuß nach Maßgabe des diesem Gesetze beiliegenden Tarifs gewährt.

Der Wohnungsgeld-Zuschuß wird auch denjenigen unmittelbaren Staats-Beamten gewährt, welche bei der Umgestaltung der Behörden in den neuen Provinzen etatsmäßige Stellen verloren haben und zur Zeit noch außeretatsmäßig im unmittelbaren Staatsdienst beschäftigt werden.

§. 2.

Für den zu gewährenden Wohnungsgeld-Zuschuß ist der mit der Amtsstellung verbundene Dienstrang, nicht der einem Beamten etwa persönlich beigelegte höhere Rang maßgebend.

Beamte, welche nach ihrer Dienststellung zwischen den Abtheilungen des Tarifs rangiren, werden der entsprechenden niederen Abtheilung zugerechnet.

Für solche Beamte und Lehrer, welchen ein bestimmter Dienstrang nicht beigelegt ist, wird durch den Ressort-Chef im Einvernehmen mit dem Finanz-Minister festgesetzt, welcher der im Tarif bestimmten Beamtenklassen dieselben beizuzählen sind.

Die Stellung der Orte in den verschiedenen Servisklassen bestimmt sich nach der Klasseneintheilung, wie sie in Gemäßheit des §. 3 des Reichsgesetzes vom 25. Juni 1868, betreffend die Quartierleistung für die bewaffnete Macht während des Friedenszustandes (Bundesgesetzblatt S. 523), jeweilig in Geltung ist[1]).

Bei Veränderungen in der Klasseneintheilung kommt, von dem auf die Publication der Veränderung folgenden Kalender-Quartal an, der danach sich ergebende veränderte Satz des Wohnungsgeld-Zuschusses in Anwendung.

§. 3.

Bei Versetzungen erlischt der Anspruch auf den dem bisherigen amtlichen Wohnorte entsprechenden Satz des Wohnungsgeld-Zuschusses mit dem Zeitpunkte, zu welchem der Bezug der Besoldung aus der bisherigen Dienststelle aufhört.

Die bei einer Versetzung an einen Ort einer geringeren Servisklasse eintretende Verminderung des Wohnungsgeld-Zuschusses wird als eine Verkürzung des Diensteinkommens (§. 53 des Gesetzes, betreffend die Dienstvergehen der Richter und die unfreiwillige Versetzung derselben auf eine andere Stelle oder in den Ruhestand, vom 7. Mai 1851, Ges.-S. S. 218, und §. 87 des Gesetzes, betreffend die Dienstvergehen der nicht richterlichen Beamten vom 21. Juli 1852, Ges.-S. S. 465) nicht angesehen.

§. 4.

Der Wohnungsgeld-Zuschuß wird nicht gewährt an Beamte, welche Dienstwohnungen inne haben, oder anstatt derselben Mieths-Entschädigungen beziehen.

Die Miethsvergütungen, welche Beamte für die ihnen überlassenen Dienstwohnungen zu entrichten haben, werden von dem im §. 1 bestimmten Zeitpunkte ab um den Betrag des Wohnungsgeld-Zuschusses gekürzt.

§. 5.

Beamte, welche mehrere Aemter bekleiden, erhalten den Wohnungsgeld-Zuschuß nur ein Mal, und zwar für dasjenige Amt, welches auf den höchsten Satz Anspruch giebt.

§. 6.

Bei der Feststellung der Umzugskosten-Vergütungen (§. 4 des Allerhöchsten Erlasses v. 26. März 1855, Ges.-S. S. 190) bleibt der Wohnungsgeld-Zuschuß außer Ansatz.

[1]) Cfr. das nachfolgende Gesetz, betreffend die Revision des Servistarifs und der Klasseneintheilung der Orte, vom 3. August 1878 und den Auszug aus der Klasseneintheilung der Orte.

Bei Bemessung der Pension (§. 10 des Gesetzes, betreffend die Pensionirung der unmittelbaren Staats-Beamten rc., vom 27. März 1872, Ges.-S. S. 268) wird der Durchschnittssatz des Wohnungsgeld-Zuschusses für die Servisklassen I bis V in Anrechnung gebracht. Dieser Satz gilt auch für diejenigen Beamten, welche eine Dienstwohnung beziehungsweise eine Miethsentschädigung erhalten.

Im Uebrigen gilt der Wohnungsgeld-Zuschuß in allen Beziehungen mit der im §. 3, Abs. 2 bestimmten Maßgabe als ein Theil der Besoldung.

§. 7.

Dieses Gesetz findet keine Anwendung auf die gesandtschaftlichen Beamten, sowie auf Beamte in Dienststellungen, wie sie im §. 5 des allegirten Gesetzes vom 27. März 1872 bezeichnet sind.

Urkundlich unter Unserer Höchsteigenhändigen Unterschrift und beigedrucktem Königlichen Insiegel.

Gegeben Berlin, den 12. Mai 1873.

(L. S.) gez. **Wilhelm.**

gez. Gr. v. Roon. Fürst v. Bismarck. Gr. v. Itzenplitz.
Gr. zu Eulenburg. Leonhardt. Camphausen. Falk. v. Kameke.
Gr. v. Königsmarck.

Tarif.

Bezeichnung der Beamten.	Jahresbetrag des Wohnungsgeld-Zuschusses in den Orten der Servisklasse:					
	Berlin Thlr.	I. Thlr.	II. Thlr.	III. Thlr.	IV. Thlr.	V. Thlr.
I. Beamte der 1. Rangklasse . . .	500	400	300	240	200	200
II. Beamte der 2. u. 3. Rangklasse . .	400	300	240	200	180	180
III. Beamte der 4. u. 5. Rangklasse . .	300	220	180	160	140	120
IV. Beamte, welche zwischen den Beamten der 5. Rangklasse und den Subalternen der Provinzial-Behörden rangiren, Subaltern-Beamte zweiter Klasse bei den Centralbehörden, Subalternbeamte bei den Provinzial- und Local-Behörden	180	144	120	100	72	60
V. Unterbeamte .	80	60	48	36	24	20

Bezeichnung der Beamten.	Jahresbetrag des Wohnungsgeld-Zuschusses in den Orten der Servisklasse:											
	Berlin		I.		II.		III.		IV.		V.	
	M	Pf	M	Pf	M	Pf	M	Pf	M	Pf	M	Pf
Umrechnung in Reichswährung[1])												
Abtheilung I.												
pro Jahr	1500	—	1200	—	900	—	720	—	600	—	600	—
mithin pro Quartal.	375	—	300	—	225	—	180	—	150	—	150	—
„ „ Monat .	125	—	100	—	75	—	60	—	50	—	50	—
„ pro Tag bei 31 Tagen im Monat	4	03 7/31	3	22 18/31	2	41 29/31	1	93 17/31	1	61 9/31	1	61 9/31
„ „ „ „ 30	4	16 2/3	3	33 1/3	2	50	2	—	1	66 2/3	1	66 2/3
„ „ „ „ 29	4	31 1/29	3	44 24/29	2	58 18/29	2	06 26/29	1	72 12/29	1	72 12/29
„ „ „ „ 28	4	46 3/7	3	57 1/7	2	67 6/7	2	14 2/7	1	78 4/7	1	78 4/7
Abtheilung II.												
pro Jahr	1200	—	900	—	720	—	600	—	540	—	540	—
mithin pro Quartal.	300	—	225	—	180	—	150	—	135	—	135	—
„ „ Monat .	100	—	75	—	60	—	50	—	45	—	45	—
„ pro Tag bei 31 Tagen im Monat	3	22 18/31	2	41 29/31	1	93 17/31	1	61 9/31	1	45 5/31	1	45 5/31
„ „ „ „ 30	3	33 1/3	2	50	2	—	1	66 2/3	1	50	1	50
„ „ „ „ 29	3	44 24/29	2	58 18/29	2	06 26/29	1	72 12/29	1	55 5/29	1	55 5/29
„ „ „ „ 28	3	57 1/7	2	67 6/7	2	14 2/7	1	78 4/7	1	60 5/7	1	60 5/7
Abtheilung III.												
pro Jahr	900	—	660	—	540	—	480	—	420	—	360	—
mithin pro Quartal.	225	—	165	—	135	—	120	—	105	—	90	—
„ „ Monat .	75	—	55	—	45	—	40	—	35	—	30	—
„ pro Tag bei 31 Tagen im Monat	2	41 29/31	1	77 13/31	1	45 5/31	1	29 1/31	1	12 28/31	—	96 24/31
„ „ „ „ 30	2	50	1	83 1/3	1	50	1	33 1/3	1	16 2/3	1	—
„ „ „ „ 29	2	58 18/29	1	89 19/29	1	55 5/29	1	37 27/29	1	20 20/29	1	03 13/29
„ „ „ „ 28	2	67 6/7	1	96 3/7	1	60 5/7	1	42 6/7	1	25	1	07 1/7
Abtheilung IV.												
pro Jahr	540	—	432	—	360	—	300	—	216	—	180	—
mithin pro Quartal.	135	—	108	—	90	—	75	—	54	—	45	—
„ „ Monat .	45	—	36	—	30	—	25	—	18	—	15	—
„ pro Tag bei 31 Tagen im Monat	1	45 5/31	1	16 4/31	—	96 24/31	—	80 20/31	—	58 2/31	—	48 12/31
„ „ „ „ 30	1	50	1	20	1	—	—	83 1/3	—	60	—	50
„ „ „ „ 29	1	55 5/29	1	24 4/29	1	03 13/29	—	86 6/29	—	62 2/29	—	51 21/29
„ „ „ „ 28	1	60 5/7	1	28 4/7	1	07 1/7	—	89 2/7	—	64 2/7	—	53 4/7
Abtheilung V.												
pro Jahr	240	—	180	—	144	—	108	—	72	—	60	—
mithin pro Quartal.	60	—	45	—	36	—	27	—	18	—	15	—
„ „ Monat .	20	—	15	—	12	—	9	—	6	—	5	—
„ pro Tag bei 31 Tagen im Monat	—	64 16/31	—	48 12/31	—	38 22/31	—	29 1/31	—	19 11/31	—	16 4/31
„ „ „ „ 30	—	66 2/3	—	50	—	40	—	30	—	20	—	16 2/3
„ „ „ „ 29	—	68 28/29	—	51 21/29	—	41 11/29	—	31 1/29	—	20 20/29	—	17 7/29
„ „ „ „ 28	—	71 3/7	—	53 4/7	—	42 6/7	—	32 1/7	—	21 3/7	—	17 6/7

[1]) Diese Umrechnung in Reichswährung, sowie die Berechnung der auf Quartal, Monat und Tage des Monats entfallenden Theile ist durch den Verfasser erfolgt.

Die Durchschnittssätze der Wohnungsgeld-Zuschüsse betragen jährlich:

in der Abtheilung	II	= 220	Thlr. oder	660	Mark
" " "	III	= 164	" "	492	"
" " "	IV	= 99 1/5	" "	297,60	"
" " "	V	= 37 3/5	" "	112,80	"

Erläuternde und ergänzende Bestimmungen.

I. Erlaß vom 17. Mai 1873, II. 9554.

In Ausführung des §. 2, Al. 3 des Gesetzes vom 12. d. M., betreffend die Gewährung von Wohnungsgeld-Zuschüssen an die unmittelbaren Staats-Beamten, hat in Berücksichtigung des Umstandes, daß den Beamten der Staats-Eisenbahn-Verwaltung ein bestimmter Dienstrang nicht beigelegt ist, im Einvernehmen mit dem Herrn Finanz-Minister festgestellt werden müssen, welcher der im Tarif bestimmten Beamtenklassen dieselben beizuzählen sind.

In der Anlage übersende ich der Königlichen Direction eine Uebersicht, in welcher die Beamten der Eisenbahn-Verwaltung nach den verschiedenen Abtheilungen des Tarifs aufgeführt sind[1]). Ich mache hierbei darauf aufmerksam, daß nach §. 2, Al. 1 des Gesetzes für den zu gewährenden Wohnungsgeld-Zuschuß nicht der persönliche Rang, sondern der mit der Amtsstellung verbundene Dienstrang maßgebend ist. Auch sind die Beamten, welche nach ihrer Dienststellung zwischen den Abtheilungen des Tarifs rangiren, gemäß §. 2, Al. 2, I c der entsprechenden niederen Abtheilung zugerechnet worden.

Es sind daher aus der Einrangirung der Beamten in die verschiedenen Tarifklassen, Schlüsse auf den persönlichen Rang der Beamten nicht herzuleiten.

Ich beauftrage die Königliche Direction nunmehr, unverzüglich das Erforderliche zur Ausführung des Gesetzes in die Wege zu leiten, indem ich zur Begegnung von Zweifeln Folgendes bemerke:

1. Da der Wohnungsgeld-Zuschuß nach §. 6 des Gesetzes in allen Beziehungen mit der im §. 3, Abs. 2 desselben bestimmten Maßgabe, als ein Theil der Besoldung gilt, so ist derselbe ebenso wie die Besoldungen pränumerando und in den gleichen Raten (vierteljährlich oder monatlich) zu zahlen, in welchen ein jeder Beamte sein Gehalt bezieht.
2. Aus dem gleichen Grunde verbleibt der Wohnungsgeld-Zuschuß den Hinterbliebenen eines verstorbenen Beamten als Gnaden-Competenz für die gleiche Zeit, für welche ihnen noch das Gehalt fortgewährt wird.
3. In den Fällen, wo Beamte nicht in dem Orte ihres amtlichen Domicils, vielmehr anstatt in der Stadt selbst, in den Vorstädten oder Nachbarorten

[1]) Die Klassifikations-Uebersicht folgt hier nicht; dagegen ist die entsprechende Klasse, nach welcher den Eisenbahn-Beamten der Wohnungsgeld-Zuschuß gemäß des Staats-Eisenbahn-Etats z. Z. zusteht, den betreffenden Beamten-Categorien im Besoldungstitel des Etats-Schemas — s. d. — beigefügt.

wohnen, welche außerhalb des Weichbildes gelegen sind, ist der Wohnungsgeldsatz für den Ort des amtlichen Domicils zu gewähren.

4. Zu §. 4 des Gesetzes wird darauf aufmerksam gemacht, daß Beamte, welche Dienstwohnungen gegen Miethsvergütungen inne haben, in keinem Falle den Wohnungsgeld-Zuschuß, namentlich also auch dann nicht etwa einen Theil desselben erhalten, wenn der Satz, welcher an sich dem betreffenden Beamten zustehen würde, höher ist, als die Miethsvergütung. Der erste Satz des §. 4 schließt von dem Wohnungsgeld-Zuschusse alle Beamte aus, welche Dienstwohnungen inne haben, ohne zu unterscheiden, ob sie dieses Emolument ohne oder gegen Entgelt haben.

5. Mit Rücksicht auf die Bestimmung am Schlusse des §. 6, nach welcher der Wohnungsgeld-Zuschuß in allen Beziehungen mit der im §. 3, Abs. 2, bestimmten Maßgabe als ein Theil der Besoldung gelten soll, könnte in Frage kommen, ob persönliche Zulagen und sonstige künftig wegfallende Gehaltstheile, welche einzelne Beamte über ihre Normalbesoldungen hinaus beziehen, jetzt bei Gewährung des Wohnungsgeld-Zuschusses um den Betrag desselben gekürzt werden müssen. Der §. 11 der Instruction für die Ober-Rechnungs-Kammer vom 18. December 1824 bestimmt in seinem Schlußsatz:

> Gehaltszuschüsse und persönliche Zulagen vermindern sich bei dem Aufrücken eines Beamten in ein höheres Normalgehalt nach Maßgabe dieser Erhöhung, und fallen ganz weg, wenn der Beamte durch das erhöhte Gehalt völlig entschädigt ist.

Als ein Aufrücken in ein höheres Normalgehalt kann der Eintritt in den Bezug des Wohnungsgeld-Zuschusses nicht angesehen werden. Ueberdies sind derartige, künftig wegfallende Gehaltstheile Bezüge, welche den Beamten ohne Rücksicht auf den amtlichen Wohnort in ihrem vollen Betrage unverändert fortgewährt werden müssen, während der Wohnungsgeld-Zuschuß bei Versetzungen an Orte einer anderen Servisklasse sich verändert. Sie sind ferner, soweit sie nach §. 10, Nr. 4, des Pensionsgesetzes vom 27. März 1872 bei der Pensionirung überhaupt anrechnungsfähig sind, in ihrem vollen Betrage anzurechnen, während der Wohnungsgeld-Zuschuß nicht nach seinem effectiven Betrage, sondern nach einem Durchschnitt zur Anrechnung kommt.

Danach ist der Wohnungsgeld-Zuschuß nicht ein völlig gleichartiger Bezug, wie ein Gehaltstheil. Es wird daher in allen Fällen, wo derartige künftig wegfallende Bezüge in wirklichen Gehaltstheilen bestehen, eine Kürzung derselben um den Betrag des Wohnungsgeld-Zuschusses im Allgemeinen nicht einzutreten haben. Nur in den Fällen, wo solche persönliche Bezüge etwa unter dem ausdrücklichen Vorbehalt beigelegt worden sind, daß sie bei jeder Erhöhung des Dienst-Einkommens, auch wenn dieselbe nicht in einer Erhöhung des eigentlichen Gehaltes besteht, eingezogen oder gekürzt werden sollen, oder wo dieselbe den Ersatz für eine früher genossene Dienstwohnung bilden, würde eine Einziehung resp. Kürzung dieser Bezüge stattfinden müssen.

6. Nach §. 1 des Gesetzes soll der Wohnungsgeld-Zuschuß vom 1. Januar d. J. ab gewährt werden. Dementsprechend ist zunächst für alle Beamte, welche sich noch jetzt im Dienste befinden, der Wohnungsgeld-Zuschuß vom 1. Januar d. J. ab nachzuzahlen, an Beamte, welche erst später in eine zum Bezug desselben berechtigende Stelle eingerückt sind, natürlich nur von diesem späteren Zeitpunkte ab und an Beamte, welche inzwischen in andere Stellungen aufgerückt oder an andere Orte versetzt sind, nach den verschiedenen Sätzen für die entsprechenden Zeiträume.

Für Beamte, welche am 1. Januar d. J. noch im Amte und im Gehaltsbezug waren, ist, wenn sie seitdem ausgeschieden sind, für die Zeit, für welche sie noch das Gehalt bezogen haben, der Wohnungsgeld-Zuschuß nachträglich zu zahlen und für diejenigen, welche mit Pension ausgeschieden sind, der Betrag der Pension anderweitig unter Mitanrechnung des Wohnungsgeld-Zuschusses zu reguliren. Sind Beamte am oder nach dem 1. Januar d. J. verstorben, so ist den Hinterbliebenen für die gleiche Zeit, für welche ihnen das Gehalt als Gnadencompetenz zu belassen ist, der Wohnungsgeld-Zuschuß nachträglich zu gewähren. Beamte, welche vor dem 1. Januar d. J., also auch diejenigen, welche mit dem 31. December v. J. aus dem Dienst geschieden sind, haben keinen Anspruch auf den Wohnungsgeld-Zuschuß oder auf Anrechnung desselben bei der Pension, ebenso wenig die Hinterbliebenen von Beamten, welche vor dem 1. Januar d. J. verstorben sind, auch wenn sie das Gehalt des Verstorbenen noch für einen Theil des Jahres 1873 als Gnadencompetenz bezogen haben.

7. Was die kassen- und rechnungsmäßige Behandlung des Wohnungsgeld-Zuschusses anlangt, so kann derselbe bei den Besoldungen nicht verrechnet werden, da er nicht aus dem Besoldungsfonds fließt. Es erscheint daher am zweckmäßigsten, daß jedesmal vor dem Zeitpunkte der Fälligkeit des Wohnungsgeld-Zuschusses für die Beamten eine Liquidation, zu welcher ein Schema beiliegt, aufgestellt wird. Dieselbe wird für Beamte, welche ihr Gehalt und den Wohnungsgeld-Zuschuß vierteljährlich zu beziehen haben, quartaliter und für die übrigen Beamten monatlich aufzustellen und den betreffenden Kassen mit der Anweisung zur Zahlung der darin liquidirten Beträge so zeitig zuzufertigen sein, daß jedesmal am ersten Tage des Quartals resp. des Monats die Zahlung erfolgen kann [cfr. dagegen ad 1 des Erlasses vom 13. December 1873 — S. 244].

Was die Stelle anlangt, an welcher die gezahlten Wohnungsgeld-Zuschüsse in der Rechnung rechnungsmäßig nachzuweisen sind, so sind dieselben hinter dem Besoldungstitel unter dem neu zu bildenden Abschnitt „Zu Wohnungsgeld-Zuschüssen für die Staatsbeamten“ ohne Hinzufügung einer Titelnummer zu verrechnen.

Ueber den Wohnungsgeld-Zuschuß ist in den Besoldungs-Quittungen gleichzeitig mit zu quittiren; es wird derselbe jedoch in den einzelnen Quittungen seinem Betrage nach besonders ersichtlich zu machen sein.

8. Nach einer Mittheilung des Herrn Kriegs-Ministers vom 27. Juni v. J. sind vom 1. Januar 1869 ab die Ortschaften Dom-Kietz bei Brandenburg aus der fünften in die zweite, der Flecken Wandsbeck aus der dritten in die zweite Servisklasse, und vom 1. Januar 1870 ab der einen Theil der Stadt Magdeburg bildende Ort Sudenburg aus der zweiten in die erste Servisklasse versetzt worden.

Hinsichtlich Einrangirung der Locomotivführer und Zugführer schweben noch Verhandlungen. Bis auf etwa ergehende anderweite Verfügung sind diesen Beamten die Wohnungsgeld-Zuschüsse nach den Sätzen der Abtheilung V. des Tarifs zu gewähren.

Der Minister für Handel, Gewerbe und öffentliche Arbeiten.

An
sämmtliche Königliche Eisenbahn-Directionen excl.
Breslau und Elberfeld und Saarbrücken.

Abschrift erhält die Königliche Direction mit dem Auftrage, nunmehr auch den Beamten der unter Ihrer Verwaltung stehenden Eisenbahnen die Wohnungsgeld-Zuschüsse nach Maßgabe der Bestimmungen des Gesetzes vom 12. Mai d. J. und vorstehender Ausführungs-Verfügung zahlen zu lassen.

Der Minister für Handel, Gewerbe und öffentliche Arbeiten.
gez. Dr. Achenbach.

An
die Königl. Direction der Oberschlesischen Eisenbahn zu
Breslau (ꝛc.)

II. Erlaß vom 11. Juni 1873, II. 10728.

Im Anschlusse an die Verfügung vom 17. Mai d. J., betreffend die Gewährung von Wohnungsgeld-Zuschüssen an die unmittelbaren Staats-Beamten, setze ich die Königliche Direction davon in Kenntniß, daß denjenigen etatsmäßigen Beamten, welche vorübergehend bei einer anderen Behörde außerhalb ihres Wohnortes beschäftigt werden, für die Dauer eines solchen Commissoriums der Wohnungsgeld-Zuschuß nicht nach dem, dem Orte ihrer commissarischen Beschäftigung entsprechenden Satze, sondern nach dem Satze ihres ständigen amtlichen Wohnortes zu gewähren ist. Nach §. 1, Abs. 1 und §. 6, Absatz 2 des betreffenden Gesetzes ist der Wohnungsgeld-Zuschuß als ein Theil des Dienst-Einkommens der Etatsstelle anzusehen, und für die Höhe des Bezuges ist daher der Ort maßgebend, an welchem der Beamte eine etatsmäßige Stelle bekleidet. Beamte mit deren Etatsstellen Dienstwohnung verbunden ist, können dementsprechend nicht blos für die Zeit ihrer Thätigkeit in ihrer Etatsstelle, sondern auch für die Dauer einer commissarischen Beschäftigung außerhalb ihres Wohnortes den Wohnungsgeld-Zuschuß nicht beanspruchen. Ob ein Beamter zur Aushülfe oder auf Probe und auf kürzere oder auf längere Zeit an einem anderen Orte commissarisch beschäftigt wird, kann hierin keinen Unterschied machen.

Anders liegt die Sache bei den im §. 1, Absatz 2 des Gesetzes bezeichneten neuländischen Beamten, da bei diesen die Berechtigung zum Bezuge des Wohnungsgeld-Zuschusses nicht davon abhängt, daß sie eine etatsmäßige Stelle inne haben. Es wird sich in der Regel aber auch hier nach Lage der Umstände in jedem einzelnen Falle bestimmen lassen, welcher Ort als der amtliche Wohnort des betreffenden Beamten anzusehen ist. Wenn ein solcher Beamter auf unbestimmte längere Zeit zur Aushülfe oder auf Probe zu einer anderen Behörde außerhalb seines bisherigen Wohnortes berufen wird, so wird demselben namentlich dann, wenn er seinen Hausstand an seinen neuen Aufenthaltsort verlegt, der Wohnungsgeld-Zuschuß nach dem dem letzteren entsprechenden Satze zu gewähren sein. Bei Commissorien von bestimmter Dauer, bei welchen der Beamte seinen ständigen Wohnort beibehält mit der Absicht, nach Beendigung seines commissarischen Auftrags an den Letzteren zurückkehren, wird demselben dagegen der Wohnungsgeld-Zuschuß nach der seinem ständigen Wohnorte entsprechenden Klasse des dem Gesetze beigefügten Tarifs fortzuzahlen sein.

Was die Erstattung des Wohnungsgeld-Zuschusses in den Fällen anlangt, in welchen das im Voraus gezahlte Gehalt von der Behörde, bei der die aushülfsweise oder die probeweise Beschäftigung des Beamten stattfindet, aus ihren Etatsmitteln der früheren Behörde desselben zu vergüten ist, so wird bemerkt, daß über den Wohnungsgeld-Zuschuß in den Besoldungsquittungen mitquittirt wird, und daß es daher angemessen erscheint, hinsichtlich der Zeitdauer beider Competenzen die Conformität aufrecht zu erhalten. Es empfiehlt sich daher, den dem betreffenden Beamten vorausgezahlten Wohnungsgeld-Zuschuß der früheren Dienstbehörde desselben für dieselbe Zeit zu erstatten, für welche ihr das Gehalt des Beamten zu vergüten ist. In gleicher Weise wird auch bei Versetzungen hinsichtlich des Wohnungsgeld-Zuschusses zu verfahren sein, zumal es sich hierbei nur zum Theil um die Nachzahlung von Mehrbeträgen, zum Theil dagegen auch um die Wiedereinziehung zu viel gezahlter Wohnungsgeld-Zuschüsse handeln wird.

III. Erlaß vom 14. August 1873, II. 17062.

Mit Bezug auf die Schlußbemerkung in der Verfügung vom 17. Mai d. J., betreffend die Gewährung von Wohnungsgeld-Zuschüssen an die unmittelbaren Staats-Beamten, bestimme ich hierdurch auf Grund des §. 2, 3 des Gesetzes vom 12. Mai d. J. im Einvernehmen mit dem Herrn Finanz-Minister, daß die Locomotivführer der in Abth. IV. des Tarifs zu diesem Gesetze bezeichneten Beamtenklasse beizuzählen und denselben die Wohnungsgeld-Zuschüsse nach den Sätzen dieser Abtheilung zu gewähren sind. Dagegen behält es bezüglich der Zugführer bei der Einrangirung in die V. Abtheilung des gedachten Tarifs das Bewenden.

IV. Erlaß vom 13. December 1873, II. 27492.

Behufs Vereinfachung der kassen- und rechnungsmäßigen Behandlung der an die Staats-Beamten zu zahlenden Wohnungsgeld-Zuschüsse ist von dem Herrn Finanz-Minister in Gemeinschaft mit dem Herrn Minister des Innern und im Einverständniß mit der Königlichen Ober-Rechnungs-Kammer Folgendes bestimmt worden:

1. Vom 1. Januar 1874 ab erfolgt die Zahlung des Wohnungsgeld-Zuschusses in gleicher Weise wie die der Besoldungen, auf einmalige (fortdauernde) Anweisungen. Letztere sind von der Kasse so lange zu befolgen, bis eine abändernde Verfügung ergeht. Tritt in dem Bezuge des Wohnungsgeld-Zuschusses eine Aenderung ein, wie etwa durch Beförderung des Beamten in eine höhere Amtsstellung in Folge der Versetzung des Ortes in eine andere Servis-Klasse, durch Gewährung einer Dienstwohnung ꝛc., so ist die Kasse dieserhalb mit entsprechender Anweisung zu versehen. Ist in solchen Fällen schon wegen Zahlung des Gehalts eine Ordre an die Kasse zu erlassen, so ist die Verfügung wegen des Wohnungsgeld-Zuschusses mit dieser Ordre zu verbinden. Ebenso ist bei Neuanstellungen die Anweisung des Gehalts und die Anweisung des Wohnungsgeld-Zuschusses zu verbinden.

2. In den Kassenbüchern (Manualen) und in den Rechnungen sind die Wohnungsgeld-Zuschüsse bei den Besoldungen in einer besonderen Colonne in derselben Weise nachzuweisen, wie dies früher mit den Pensionsbeiträgen geschehen ist. Der summarische Betrag derselben wird hinter den Besoldungstiteln unter dem nummerlosen Titel „Wohnungsgeld-Zuschüsse" in Ansatz gebracht.

3. Etwaige Reste an Wohnungsgeld-Zuschüssen sind in den Manualen und Rechnungen bei den betreffenden Positionen des Besoldungstitels, sowie bei dem nummerlosen Titel „Wohnungsgeld-Zuschüsse" durch Eintragung in die Rest-Colonne bei ersteren mit farbiger Tinte, ersichtlich zu machen. Da solche Reste im Allgemeinen nur wenig vorkommen werden, so erscheint es nicht erforderlich, für dieselben bei den Besoldungstiteln eine besondere Rest-Colonne anzulegen.

4. Ueber die Wohnungsgeld-Zuschüsse ist in den Besoldungs-Quittungen mit zu quittiren. In jeder Quittung muß indeß sowohl der Betrag des Gehalts, als der Betrag des Wohnungsgeld-Zuschusses in Zahlen ausgesprochen werden.

5. Die schließliche Verrechnung der Wohnungsgeld-Zuschüsse wird bis auf Weiteres in derselben Weise, wie die Verrechnung der Portokosten erfolgen. Sie sind daher in den Final-Abschlüssen hinter den Besoldungs-Titeln ebenso nachzuweisen, wie dies mit den Portokosten hinter den übrigen sächlichen Ausgaben oder sonstigen etatsmäßigen Ausgabe-Titeln geschieht.

Unter Bezugnahme auf Nr. 7 des Rescriptes vom 17. Mai cr. (II. 9554) beauftrage ich die Königliche Direction, diese Bestimmungen vom Jahre 1874 ab auch bei der dortigen Verwaltung in Ausführung zu bringen.

Der Minister für Handel, Gewerbe und öffentliche Arbeiten.

An
sämmtliche Königliche Staats-Eisenbahn-Directionen und zur Kenntniß an die Königlichen Eisenbahn-Directionen Breslau, Elberfeld und Saarbrücken.

V. Erlaß vom 7. Februar 1874, II. 1420.

Nach §. 1 des Gesetzes vom 12. Mai v. J. ist jeder unmittelbare Staats-Beamte, welcher eine etatsmäßige Stelle bekleidet, und seine Besoldung aus der Staats-Kasse erhält, zum Bezuge des Wohnungsgeld-Zuschusses berechtigt.

Zur Behebung von Zweifeln, welche über die Auslegung dieser Bestimmung entstanden sind, bemerke ich, daß es bei Bewilligung des Wohnungsgeld-Zuschusses nicht auf die Art der Anstellung, sondern darauf ankommt, daß der betreffende Beamte überhaupt in einer etatsmäßigen, ihn voll beschäftigenden Stelle dauernd angestellt ist, mithin die Stelle wirklich bekleidet und nicht blos vorübergehend commissarisch versieht. Es müssen demnach auch diejenigen Beamten, welche nach den bestehenden Vorschriften nur auf Kündigung oder nur auf Widerruf in etatsmäßigen Stellen angestellt sind, als solche angesehen werden, welchen der Wohnungsgeld-Zuschuß gesetzmäßig zusteht.

Dagegen sind alle diejenigen Beamten von dem Bezuge des Wohnungsgeld-Zuschusses ausgeschlossen, welche etatsmäßige Stellen nur einstweilen resp. commissarisch verwalten und dafür eine Remuneration, wenn auch in Höhe der Besoldung der betreffenden Stelle beziehen.

Die Bedingungen, an welche die Gewährung des Wohnungsgeld-Zuschusses nach §. 1 des Gesetzes vom 12. Mai v. J. geknüpft ist, sind bei den gedachten Beamten nicht vorhanden; dieselben beziehen weder Besoldungen, noch bekleiden sie die von ihnen nur zeitweise verwalteten Stellen, da die letzteren ihnen überhaupt nicht verliehen sind.

VI. Erlaß vom 26. April 1874, II. 9352.

Denjenigen Beamten, welche für eine vacante etatsmäßige Stelle einberufen sind, letztere versehen und ihre Qualification vorausgesetzt, zur dauernden Verwaltung derselben bestimmt sind, ist nicht schon während der probeweisen Beschäftigung in dieser Stelle, sondern erst, nachdem ihnen dieselbe nach Ablauf der Probezeit verliehen worden ist, der Wohnungsgeld-Zuschuß zu gewähren.

VII. Erlaß vom 24. Mai 1875, II. 9268 an die Königl. Direction der Ostbahn und zur Kenntniß und Nachachtung an die übrigen Königlichen Eisenbahn-Directionen.

Auf dem Bericht vom 23. Februar d. J., J.-Nr. 2189 C. I. IV., eröffne ich der Königlichen Direction, daß die Ausführungen der Königl. Ober-Rechnungs-Kammer in der Entscheidung auf die Beantwortung des Monitums 26 über die Ausgabe-Titel 1 bis 4 der Betriebs-Rechnung der Ostbahn pro 1873 als zutreffend erachtet werden. Demnach darf einem im Genusse einer Dienstwohnung befindlich gewesenen Beamten vom Tage seiner Versetzung ab die unentgeltliche Benutzung der Dienstwohnung durch seine zurückgebliebene Familie neben dem nunmehr eintretenden Bezuge des Wohnungsgeld-Zuschusses für den Ort der neuen dienstlichen Stellung des Beamten nicht zugestanden werden. Derselbe muß sich vielmehr für den Genuß der Dienstwohnung die Anrechnung eines nach den ortsüblichen Miethspreisen festzusetzenden Miethszinses, welcher mindestens den bestimmungsmäßig als Vergütung für die Dienstwohnung zu entrichtenden Procentsatz zu erreichen haben wird, gefallen lassen.

VIII. Die Bestimmungen, betreffend die Anrechnung des Wohnungsgeld-Zuschusses bei den pensionirten und später wieder angestellten Beamten, sind in der Circular-Verfügung des Herrn Finanz-Ministers vom 26. November 1873 $\frac{\text{III. 16318}}{\text{I. 18058}}$ gegeben.

IX. Wegen der Entschädigung für doppelt gezahlte Wohnungsmiethe an die beim Bau von Staats-Eisenbahnen diätarisch beschäftigten Beamten bei Versetzungen, cfr. den Erlaß vom 12. Mai 1877, II. 8604 in dem Abschnitt über Umzugskosten.

X. Erlaß vom 15. Januar 1875, II. 25253.

bestimmt in Betreff der von einer Eisenbahn erörterten Frage:

> ob mit Rücksicht darauf, daß nach §. 5 des Gesetzes vom 12. Mai 1873 der Wohnungsgeld-Zuschuß als ein Theil der Besoldung gilt, bei Festsetzung der mit dem Gehaltsbezuge von 350 Thlr. (= 1050 M.) beginnenden Verpflichtung der Inhaber von Dienstwohnungen zur Unterhaltung derselben, dem Gehalte nicht auch der Betrag des Wohnungsgeld-Zuschusses hinzuzurechnen sei, welcher den betreffenden Beamten, Falls sie eine Dienstwohnung nicht benutzten, zustehen würde,

daß bei Ermittelung der Besoldung der Dienstwohnungs-Inhaber zu obigem Zwecke der fragliche Wohnungsgeld-Zuschuß nicht in Betracht zu ziehen ist.

XI. Erlaß vom 29. März 1876, II. 952.

bestimmt, daß Rangir- und Vor-Bahnhöfe, welche sich unmittelbar an den Haupt-Bahnhof anschließen und nicht als selbstständige Stationen eingerichtet sind, als integrirende Theile des Haupt-Bahnhofes zu gelten haben und demgemäß den auf denselben stationirten Beamten der Wohnungsgeld-Zuschuß nach dem Satze für den Haupt-Bahnhof zu gewähren ist.

XII. Gesetz, betreffend die Revision des Servistarifs und der Klasseneintheilung der Orte. Vom 3. August 1878.

(Reichs-Ges.-Bl. pro 1878. Nr. 27. S. 243.)

Wir Wilhelm, von Gottes Gnaden Deutscher Kaiser, König von Preußen 2c. verordnen im Namen des Reichs, nach erfolgter Zustimmung des Bundesraths und Reichstags, was folgt:

§. 1.

Beilage I. Der unter Nummer I anliegende Servistarif[1]) tritt mit dem 1. April 1879

[1]) Der Servistarif ist hier entbehrlich und deshalb nicht aufgenommen.

an die Stelle des durch das Gesetz vom 25. Juni 1868, betreffend die Quartierleistung für die bewaffnete Macht während des Friedenszustandes — Bundes-Gesetz-Blatt S. 523 — festgestellten Tarifs.

§. 2.

Mit demselben Zeitpunkte tritt die unter Nummer II anliegende Klasseneintheilung der Orte[1]) an die Stelle der durch das erwähnte Gesetz und die wegen dessen Einführung in Bayern, Württemberg, Baden, Südhessen und Elsaß-Lothringen ergangenen Bestimmungen, sowie durch die zufolge §. 19 a. a. O. erlassenen Anordnungen festgestellten Klasseneintheilung. Beilage II.

Urkundlich unter Unserer Höchsteigenhändigen Unterschrift und beigedrucktem Kaiserlichen Insiegel.

Gegeben Homburg v. d. H., den 3. August 1878.

Im Allerhöchsten Auftrage Seiner Majestät des Kaisers:

(L. S.) Friedrich Wilhelm, Kronprinz.

Otto Graf zu Stolberg.

Auszug aus der Klasseneintheilung der Orte.

Beilage Nr. II. zu dem Gesetz, betreffend die Revision des Servistarifs und der Klasseneintheilung der Orte.

(Reichs-Ges.-Bl. pro 1878. Nr. 27 S. 243.)

Namen der Orte.	Namen der Staaten und Verwaltungsbezirke.	Servis-Klasse.
Aachen	Preußen, Reg. Bez. Aachen	I.
Ahaus	„ Reg. Bez. Münster	IV.
Ahlen	„ Reg. Bez. Münster	IV.
Ahrensburg	„ Reg. Bez. Schleswig	IV.
Ahrweiler	„ Reg. Bez. Coblenz	IV.
Aken	„ Reg. Bez. Magdeburg	IV.
Allenberg	„ Reg. Bez. Königsberg	III.
Allendorf	„ Reg. Bez. Cassel	IV.
Allenstein	„ Reg. Bez. Königsberg	IV.
Allenvorwerk	„ Reg. Bez. Königsberg	III.
Alsleben	„ Reg. Bez. Merseburg	IV.
Altena	„ Reg. Bez. Arnsberg	III.
Altenbecken	„ Reg. Bez. Minden	IV.
Altendorf	„ Reg. Bez. Oppeln	III.
Altendorf	„ Reg. Bez. Düsseldorf	IV.
Alteneſſen	„ Reg. Bez. Düsseldorf	III.
Altenhundem	Preußen, Reg. Bez. Arnsberg	IV.
Altona	„ Reg. Bez. Schleswig	A.
Altwasser	„ Reg. Bez. Breslau	IV.
Anklam mit Anklamer Peenedamm	„ Reg. Bez. Stettin	III.
Andernach	„ Reg. Bez. Coblenz	IV.
Angerburg	„ Reg. Bez. Gumbinnen	IV.
Angermünde	„ Reg. Bez. Potsdam	III.
Annen	„ Reg. Bez. Arnsberg	IV.
Apenrade	„ Reg. Bez. Schleswig	III.
Aplerbeck	„ Reg. Bez. Arnsberg	IV.
Arnis	„ Reg. Bez. Schleswig	IV.
Arnsberg	„ Reg. Bez. Arnsberg	II.
Arnswalde	„ Reg. Bez. Frankfurt a. O.	IV.
Artern	„ Reg. Bez. Merseburg	IV.
Aschersleben	„ Reg. Bez. Magdeburg	II.

[1]) Die Klasseneintheilung der Orte erscheint nachfolgend nur im Auszuge, und zwar so weit dieselbe den preußischen Staat betrifft.

Namen der Orte.	Namen der Staaten und Verwaltungsbezirke.		Servis-Klasse.
Attendorn	Preußen,	Reg. Bez. Arnsberg	IV.
Augustenburg	"	Reg.-Bez. Schleswig	III.
Aurich	"	Landdr. Bez. Aurich	III.
Bacharach	"	Reg. Bez. Coblenz	IV.
Bärwalde	"	Reg. Bez. Frankfurt a. O.	IV.
Bahn	"	Reg. Bez. Stettin	IV.
Bahrenfeld	"	Reg. Bez. Schleswig	III.
Barbara	"	Reg. Bez. Trier	II.
Barby	"	Reg. Bez. Magdeburg	IV.
Barmen	"	Reg. Bez. Düsseldorf	I.
Barmstedt	"	Reg. Bez. Schleswig	IV.
Barop	"	Reg. Bez. Arnsberg	IV.
Bartelsee, Gr.- und Klein	"	Reg. Bez. Bromberg	IV.
Bartenstein	"	Reg. Bez. Königsberg	IV.
Barth	"	Reg. Bez. Stralsund	III.
Bauerwitz	"	Reg. Bez. Oppeln	IV.
Bebra	"	Reg. Bez. Cassel	IV.
Beeck—Buschhausen	"	Reg. Bez. Düsseldorf	IV.
Beeskow	"	Reg. Bez. Potsdam	III.
Bekum	"	Reg. Bez. Münster	IV.
Belgard	"	Reg. Bez. Cöslin	IV.
Belgern	"	Reg. Bez. Merseburg	IV.
Belzig	"	Reg. Bez. Potsdam	IV.
Bendorf	"	Reg. Bez. Coblenz	IV.
Benrath	"	Reg. Bez. Düsseldorf	IV.
Bensberg	"	Reg. Bez. Cöln	IV.
Bentheim	"	Landdr. Bez. Osnabrück	IV.
Bergen	"	Reg. Bez. Cassel	IV.
Bergen	"	Reg. Bez. Stralsund	III.
Berlin mit der vereinigten Artillerie- und Ingenieurschule	"	Reg. Bez. Potsdam	A.
Berlinchen	"	Reg. Bez. Frankfurt a. O.	IV.
Bernau	"	Reg. Bez. Potsdam	IV.
Berncastel	"	Reg. Bez. Trier	III.
Bernstadt	"	Reg. Bez. Breslau	IV.
Bettenhausen	"	Reg. Bez. Cassel	IV.
Beuthen O. S.	"	Reg. Bez. Oppeln	II.
Beuthen a. O.	"	Reg. Bez. Liegnitz	IV.
Biebrich und Mosbach	"	Reg. Bez. Wiesbaden	II.
Bielefeld	"	Reg. Bez. Minden	II.
Biesdorf	"	Reg. Bez. Potsdam, Kr. Nieder-Barnim	III.
Birnbaum	"	Reg. Bez. Posen	IV.
Bitburg	"	Reg. Bez. Trier	IV.
Bitterfeld	Preußen,	Reg. Bez. Merseburg	IV.
Blume	"	Landdr. Bez. Hildesheim	III.
Bocholt	"	Reg. Bez. Münster	III.
Bochum	"	Reg. Bez. Arnsberg	II.
Böttchershöfchen (bei Königsberg i. Pr.)	"	Reg. Bez. Königsberg	II.
Bogutschütz mit Zawodzie	"	Reg. Bez. Oppeln	IV.
Bojanowo	"	Reg. Bez. Posen	IV.
Bolkenhain	"	Reg. Bez. Liegnitz	IV.
Bommels-Vitte	"	Reg. Bez. Königsberg	II.
Bonn	"	Reg. Bez. Cöln	I.
Boppard	"	Reg. Bez. Coblenz	IV.
Borbeck	"	Reg. Bez. Düsseldorf	III.
Borken	"	Reg. Bez. Münster	IV.
Bornheim	"	Reg. Bez. Wiesbaden	II.
Bosatz mit Schloß Ratibor	"	Reg. Bez. Oppeln	III.
Boxhagen — Rummelsburg	"	Reg. Bez. Potsdam	II.
Brakel	"	Reg. Bez. Minden	IV.
Bramstedt	"	Reg. Bez. Schleswig	IV.
Brandenburg	"	Reg. Bez. Potsdam	II.
Braunfels	"	Reg. Bez. Coblenz	IV.
Braunsberg	"	Reg. Bez. Königsberg	III.
Breckerfeld	"	Reg. Bez. Arnsberg	IV.
Bredow	"	Reg. Bez. Stettin	IV.
Bredstedt	"	Reg. Bez. Schleswig	IV.
Bremervörde	"	Landdr. Bez. Stade	IV.
Breslau	"	Reg. Bez. Breslau	I.
Brieg	"	Reg. Bez. Breslau	II.
Brilon	"	Reg. Bez. Arnsberg	IV.
Britz (b. Berlin) mit Buschkrug	"	Reg. Bez. Potsdam	II.
Broich	"	Reg. Bez. Düsseldorf Kr. Mühlheim a. d. Ruhr	IV.
Bromberg	"	Reg. Bez. Bromberg	II.
Brühl (Schloß)	"	Reg. Bez. Cöln	IV.
Bublitz	"	Reg. Bez. Cöslin	IV.
Buckau (bei Magdeburg)	"	Reg. Bez. Magdeburg	II.
Bünde	"	Reg. Bez. Minden	IV.
Büren	"	Reg. Bez. Minden	IV.
Bütow	"	Reg. Bez. Cöslin	IV.
Bunzlau	"	Reg. Bez. Liegnitz	III.
Burbach — Mahlstatt	"	Reg. Bez. Trier	III.

Namen der Orte.	Namen der Staaten und Verwaltungsbezirke.	Servis-Klasse.
Burg	Preußen, Reg.-Bez. Magdeburg	III.
Burg	" Reg.-Bez. Düsseldorf	IV.
Burg	" Reg.-Bez. Schleswig	IV.
Burgdorf	" Landdr. Bez. Lüneburg	IV.
Burgsteinfurt	" Reg. Bez. Münster	IV.
Burscheid	" Reg.-Bez. Düsseldorf	IV.
Burtscheid	" Reg. Bez. Aachen	I.
Buxtehude	" Landdr. Bez. Stade	IV.
Calau	" Reg. Bez. Frankfurt a. O.	IV.
Calbe a. S.	" Reg. Bez. Magdeburg	III.
Camberg	" Reg. Bez. Wiesbaden	IV.
Cammin	" Reg. Bez. Stettin	IV.
Campe (bei Stade)	" Landdr. Bez. Stade	IV.
Canth	" Reg. Bez. Breslau	IV.
Cappeln	" Reg. Bez. Schleswig	IV.
Carlshafen	" Reg. Bez. Cassel	IV.
Carolinenhof	" Reg. Bez. Königsberg, Landkr. Königsberg	II.
Cassel mit Wilhelmshöhe	" Reg. Bez. Cassel	I.
Caub	" Reg. Bez. Wiesbaden	IV.
Celle	" Landdr. Bez. Lüneburg	II.
Charlottenbrunn	" Reg. Bez. Breslau	IV.
Charlottenburg mit Unterschleuse	" Reg. Bez. Potsdam	I.
Clausthal	" Landdr. Bez. Hildesheim	IV.
Cleve	" Reg.-Bez. Düsseldorf	III.
Coblenz	" Reg. Bez. Coblenz	I.
Cochem	" Reg. Bez. Coblenz	IV.
Cölleda	" Reg.-Bez. Merseburg	IV.
Cöln mit Deutz	" Reg. Bez. Cöln	I.
Cöpenick	" Reg. Bez. Potsdam	III.
Cörlin	" Reg. Bez. Cöslin	IV.
Coesfeld	" Reg. Bez. Münster	III.
Cöslin	" Reg. Bez. Cöslin	II.
Colberg	" Reg. Bez. Cöslin	II.
Constadt	" Reg. Bez. Oppeln	IV.
Cosel	" Reg. Bez. Oppeln	III.
Cottbus	" Reg. Bez. Frankfurt a. O.	II.
Cracau	" Reg. Bez. Magdeburg	IV.
Cranz	" Reg. Bez. Königsberg	IV.
Crefeld	" Reg.-Bez. Düsseldorf	I.
Creuznach	Preußen, Reg. Bez. Coblenz	III.
Cronberg	" Reg. Bez. Wiesbaden	IV.
Crone, Deutsch-	" Reg. Bez. Marienwerder	III.
Crone, Poln.-	" Reg.-Bez. Bromberg	IV.
Cronenberg	" Reg.-Bez. Düsseldorf	IV.
Crossen a. O.	" Reg. Bez. Frankfurt a. O.	III.
Cüstrin	" Reg. Bez. Frankfurt a. O.	II.
Culm mit Fischereidorf	" Reg. Bez. Marienwerder	III.
Czarnikau	" Reg.-Bez. Bromberg	IV.
Daber (Stadt)	" Reg. Bez. Stettin	IV.
Dahlem	" Reg. Bez. Potsdam	III.
Dahlhausen	" Reg. Bez. Arnsberg	IV.
Dahme (Stadt)	" Reg. Bez. Potsdam	IV.
Damm, Alt-	" Reg. Bez. Stettin	IV.
Dannenberg	" Landdr. Bez. Lüneburg	IV.
Danzig mit Langfuhr und Neufahrwasser	" Reg. Bez. Danzig	I.
Darkehmen	" Reg. Bez. Gumbinnen	IV.
Delitzsch	" Reg. Bez. Merseburg	III.
Demmin	" Reg. Bez. Stettin	III.
Deutz, s. Cöln.		
Diez mit Oranienstein	" Reg. Bez. Wiesbaden	III.
Dillenburg	" Reg. Bez. Wiesbaden	III.
Dillingen	" Reg. Bez. Trier	IV.
Dinslaken	" Reg.-Bez. Düsseldorf	IV.
Dirschau	" Reg. Bez. Danzig	III.
Dittersbach	" Reg. Bez. Breslau	IV.
Dockenhuden	" Reg.-Bez. Schleswig	IV.
Dom-Kiez (bei Brandenburg)	" Reg. Bez. Potsdam	II.
Dorp	" Reg.-Bez. Düsseldorf	IV.
Dorsten	" Rig. Bez. Münster	IV.
Dortmund	" Reg. Bez. Arnsberg	I.
Dramburg	" Reg. Bez. Cöslin	IV.
Driburg	" Reg. Bez. Minden	IV.
Driesen	" Reg. Bez. Frankfurt a. O.	IV.
Drossen	" Reg. Bez. Frankfurt a. O.	III.
Duderstadt	" Landdr. Bez. Hildesheim	IV.
Dudweiler	" Reg. Bez. Trier	III.
Düben	" Reg.-Bez. Merseburg	III.
Dülken	" Reg.-Bez. Düsseldorf	IV.
Dülmen	" Reg. Bez. Münster	IV.

Namen der Orte.	Namen der Staaten und Verwaltungsbezirke.	Servis-Klasse.
Düren	Preußen, Reg. Bez. Aachen	III.
Düsseldorf	„ Reg. Bez. Düsseldorf	I.
Duisburg	„ Reg. Bez. Düsseldorf	II.
Dyhernfurth	„ Reg. Bez. Breslau	IV.
Eberswalde	„ Reg. Bez. Potsdam	III.
Eckernförde	„ Reg. Bez. Schleswig	III.
Egeln	„ Reg. Bez. Magdeburg	IV.
Ehrenbreitstein	„ Reg. Bez. Coblenz	I.
Ehrenfeld	„ Reg. Bez. Cöln, Landkr. Cöln	III.
Eilenburg	„ Reg. Bez. Merseburg	III.
Einbeck	„ Landdr. Bez. Hildesheim	III.
Eisleben	„ Reg. Bez. Merseburg	III.
Elberfeld	„ Reg. Bez. Düsseldorf	I.
Elbing	„ Reg. Bez. Danzig	II.
Elmshorn	„ Reg. Bez. Schleswig	IV.
Eltville	„ Reg. Bez. Wiesbaden	III.
Elze	„ Landdr. Bez. Hildesheim	IV.
Emden	„ Landdr. Bez. Aurich	III.
Emmerich	„ Reg. Bez. Düsseldorf	IV.
Ems	„ Reg. Bez. Wiesbaden	II.
Engers	„ Reg. Bez. Coblenz	III.
Erfurt	„ Reg. Bez. Erfurt	I.
Erkelenz	„ Reg. Bez. Aachen	III.
Eschwege	„ Reg. Bez. Cassel	III.
Eschweiler	„ Reg. Bez. Aachen	II.
Essen	„ Reg. Bez. Düsseldorf	I.
Eupen	„ Reg. Bez. Aachen	III.
Euskirchen	„ Reg. Bez. Cöln	IV.
Exin	„ Reg. Bez. Bromberg	IV.
Eydtkuhnen	„ Reg. Bez. Gumbinnen	III.
Eylau, Preuß.- (Stadt)	„ Reg. Bez. Königsberg	IV.
Eylau, Deutsch-	„ Reg. Bez. Marienwerder	IV.
Falkenberg O. S.	„ Reg. Bez. Oppeln	IV.
Fechenheim	„ Reg. Bez. Cassel	IV.
Filehne mit Schloß	„ Reg. Bez. Bromberg	IV.
Finsterwalde	„ Reg. Bez. Frankfurt a. O.	IV.
Flatow mit Vorwerk	„ Reg. Bez. Marienwerder	IV.
Flensburg	„ Reg. Bez. Schleswig	I.
Flottbeck, Groß- und Klein- mit Teufelsbrück	Preußen, Reg. Bez. Schleswig	III.
Forst	„ Reg. Bez. Frankfurt a. O.	III.
Frankenberg	„ Reg. Bez. Cassel	IV.
Frankenstein	„ Reg. Bez. Breslau	IV.
Frankfurt a. O.	„ Reg. Bez. Frankfurt a. O.	I.
Frankfurt a. M. mit Bockenheim	„ Reg. Bez. Wiesbaden	A.
Franzburg	„ Reg. Bez. Stralsund	IV.
Fraulautern	„ Reg. Bez. Trier	III.
Fraustadt	„ Reg. Bez. Posen	III.
Freiburg	„ Reg. Bez. Breslau	III.
Freiburg a. U.	„ Reg. Bez. Merseburg	IV.
Freienwalde a. O.	„ Reg. Bez. Potsdam	III.
Freienwalde	„ Reg. Bez. Stettin	IV.
Freistadt	„ Reg. Bez. Liegnitz	IV.
Friedeberg i. N.	„ Reg. Bez. Frankfurt a. O.	IV.
Friedeberg a. Q.	„ Reg. Bez. Liegnitz	IV.
Friedenau (bei Berlin)	„ Reg. Bez. Potsdam	II.
Friedland a. Alle	„ Reg. Bez. Königsberg	IV.
Friedrichsfelde mit Carlshorst	„ Reg. Bez. Potsdam Kr. Niederbarnim	III.
Friedrichshagen	„ Reg. Bez. Potsdam	III.
Friedrichsort	„ Reg. Bez. Schleswig	III.
Friedrichstadt	„ Reg. Bez. Schleswig	IV.
Friedrichsthal	„ Reg. Bez. Trier	IV.
Friesack	„ Reg. Bez. Potsdam	IV.
Fritzlar	„ Reg. Bez. Cassel	IV.
Fürstenwalde	„ Reg. Bez. Frankfurt a. O.	III.
Fulda	„ Reg. Bez. Cassel	III.
Gadderbaum	„ Reg. Bez. Minden	II.
Gardelegen	„ Reg. Bez. Magdeburg	III.
Garding	„ Reg. Bez. Schleswig	IV.
Garz a. O.	„ Reg. Bez. Stettin	III.
Geestemünde	„ Landdr. Bez. Stade	II.
Geestendorf	„ Landdr. Bez. Stade	II.
Geilenkirchen	„ Reg. Bez. Aachen	IV.
Geisenheim	„ Reg. Bez. Wiesbaden	IV.
Geldern	„ Reg. Bez. Düsseldorf	IV.
Gelnhausen	„ Reg. Bez. Cassel	IV.

Namen der Orte.	Namen der Staaten und Verwaltungsbezirke.		Servis-Klasse.
Gelsenkirchen .	Preußen,	Reg.Bez. Arnsberg	III.
Genthin . .	"	Reg.Bez. Magdeburg	IV.
Gerresheim .	"	Reg.Bez. Düsseldorf	IV.
Gevelsberg .	"	Reg.Bez. Arnsberg	IV.
Giebichenstein	"	Reg.Bez. Merseburg	IV.
Gladbach . .	"	Reg.Bez. Düsseldorf, Kr. Gladbach	II.
Gladbach . .	"	Reg.Bez. Cöln, Kr. Mülheim a. Rh.	III.
Glatz . . .	"	Reg.Bez. Breslau .	II.
Gleiwitz . .	"	Reg.Bez. Oppeln .	II.
Glogau, Groß-	"	Reg.Bez. Liegnitz .	II.
Glogau, Ober-	"	Reg.Bez. Oppeln .	IV.
Glückstadt . .	"	Reg.Bez. Schleswig	III.
Gnesen . . .	"	Reg.Bez. Bromberg	III.
Goar, St. .	"	Reg.Bez. Coblenz .	IV.
Goarshausen, St. . . .	"	Reg.Bez. Wiesbaden . . .	IV.
Görlitz . . .	"	Reg.Bez. Liegnitz .	II.
Göttingen . .	"	Landdr.Bez. Hildesheim	II.
Goldap . . .	"	Reg.Bez. Gumbinnen	IV.
Goldberg . .	"	Reg.Bez. Liegnitz .	IV.
Gollnow . .	"	Reg.Bez. Stettin .	III.
Goslar . . .	"	Landdr.Bez. Hildesheim	III.
Gostyn . . .	"	Reg.Bez. Posen .	IV.
Gottesberg .	"	Reg.Bez. Breslau .	III.
Grabow a. O.	"	Reg.Bez. Stettin .	III.
Gräfrath . .	"	Reg.Bez. Düsseldorf	III.
Grätz (Stadt)	"	Reg.Bez. Posen .	IV.
Gransee . .	"	Reg.Bez. Potsdam	IV.
Graudenz . .	"	Reg.Bez. Marienwerder	II.
Grebenstein .	"	Reg.Bez. Cassel .	IV.
Greifenberg .	"	Reg.Bez. Stettin .	III.
Greifenberg .	"	Reg.Bez. Liegnitz .	IV.
Greifenhagen .	"	Reg.Bez. Stettin .	IV.
Greifswald .	"	Reg.Bez. Stralsund	II.
Grevenbroich .	"	Reg.Bez. Düsseldorf	IV.
Großalmerode	"	Reg.Bez. Cassel .	IV.
Grottkau . .	"	Reg.Bez. Oppeln .	III.
Grünberg . .	"	Reg.Bez. Liegnitz .	III.
Grunewald Schloß (bei Berlin) mit Paulsborn .	"	Reg.Bez. Potsdam	II.
Guben . . .	"	Reg.Bez. Frankfurt a. O.	II.
Gütersloh . .	"	Reg.Bez. Minden .	III.
Gützkow . .	"	Reg.Bez. Stralsund	IV.
Guhrau (Stadt)	"	Reg.Bez. Breslau .	IV.
Gumbinnen .	"	Reg.Bez. Gumbinnen	III.
Gummersbach	"	Reg.Bez. Cöln .	IV.

Namen der Orte.	Namen der Staaten und Verwaltungsbezirke.		Servis-Klasse.
Haardt . . .	Preußen,	Reg.Bez. Arnsberg	IV.
Habelschwerdt .	"	Reg.Bez. Breslau .	IV.
Hadersleben .	"	Reg.Bez. Schleswig	II.
Hagen mit Wehringhausen . . .	"	Reg.Bez. Arnsberg	II.
Hainholz . .	"	Landdr. Bez. Hannover	III.
Halberstadt .	"	Reg.Bez. Magdeburg	II.
Halle a. S. .	"	Reg.Bez. Merseburg	I.
Halle . . .	"	Reg.Bez. Minden .	IV.
Halver . . .	"	Reg.Bez. Arnsberg	IV.
Hameln . .	"	Landdr. Bez. Hannover	III.
Hamm . . .	"	Reg.Bez. Arnsberg	II.
Hanau . . .	"	Reg.Bez. Cassel .	II.
Hannover . .	"	Landdr. Bez. Hannover	I.
Harburg mit Schloß und Hafenbezirk .	"	Landdr. Bez. Lüneburg	II.
Haspe . . .	"	Reg.Bez. Arnsberg	IV.
Hattingen . .	"	Reg.Bez. Arnsberg	III.
Havelberg . .	"	Reg.Bez. Potsdam	IV.
Haynau . .	"	Reg.Bez. Liegnitz .	IV.
Hechingen . .	"	Reg.Bez. Sigmaringen	IV.
Heddesdorf .	"	Reg.Bez. Coblenz .	IV.
Heide (Flecken)	"	Reg.Bez. Schleswig	III.
Heiligenhafen .	"	Reg.Bez. Schleswig	IV.
Heiligenstadt .	"	Reg.Bez. Erfurt	IV.
Heilsberg . .	"	Reg.Bez. Königsberg	IV.
Heinersdorf .	"	Reg.Bez. Potsdam, Kr. Nieder-Barnim	II.
Hemelingen .	"	Landdr. Bez. Stade	IV.
Hengstey . .	"	Reg.Bez. Arnsberg	IV.
Herborn . .	"	Reg.Bez. Wiesbaden	IV.
Herdecke . .	"	Reg.Bez. Arnsberg	IV.
Herford . .	"	Reg.Bez. Minden .	II.
Herrnstadt .	"	Reg.Bez. Breslau .	IV.
Hersfeld . .	"	Reg.Bez. Cassel	III.
Herzberg . .	"	Reg.Bez. Merseburg	IV.
Hettstedt . .	"	Reg.Bez. Merseburg	IV.
Hilchenbach .	"	Reg.Bez. Arnsberg	IV.
Hilden . .	"	Reg.Bez. Düsseldorf	IV.
Hildesheim .	"	Landdr. Bez. Hildesheim	II.
Hirschberg .	"	Reg.Bez. Liegnitz .	III.
Hitdorf . .	"	Reg.Bez. Düsseldorf	IV.
Hochheim . .	"	Reg.Bez. Wiesbaden	IV.
Höchst . .	"	Reg.Bez. Wiesbaden	IV.
Höhscheid . .	"	Reg.Bez. Düsseldorf	IV.

Namen der Orte.	Namen der Staaten und Verwaltungsbezirke.	Servis-Klasse.
Hörde	Preußen, Reg.-Bez. Arnsberg	III.
Höxter	„ Reg.-Bez. Minden	III.
Hofgeismar	„ Reg.-Bez. Cassel	III.
Holland, Preußisch mit Schloß	„ Reg.-Bez. Königsberg	IV.
Holzwickede	„ Reg.-Bez. Arnsberg	IV.
Homberg	„ Reg.-Bez. Cassel	IV.
Homberg	„ Reg.-Bez. Düsseldorf	IV.
Homburg v. d. H.	„ Reg.-Bez. Wiesbaden	II.
Honnef	„ Reg.-Bez. Cöln	III.
Hoyer	„ Reg.-Bez. Schleswig	IV.
Hoyerswerda	„ Reg.-Bez. Liegnitz	IV.
Hückeswagen	„ Reg.-Bez. Düsseldorf	IV.
Hüls	„ Reg.-Bez. Düsseldorf	IV.
Hünfeld	„ Reg.-Bez. Cassel	IV.
Hultschin	„ Reg.-Bez. Oppeln	IV.
Husum	„ Reg.-Bez. Schleswig	III.
Jacobshagen	„ Reg.-Bez. Stettin	IV.
Jarmen	„ Reg.-Bez. Stettin	IV.
Jastrow	„ Reg.-Bez. Marienwerder	IV.
Jauer	„ Reg.-Bez. Liegnitz	III.
Ibbenbüren	„ Reg.-Bez. Münster	IV.
Idstein	„ Reg.-Bez. Wiesbaden	IV.
Jersitz	„ Reg.-Bez. Posen	III.
Inowrazlaw	„ Reg.-Bez. Bromberg	III.
Insterburg	„ Reg.-Bez. Gumbinnen	II.
Joachimsthal	„ Reg.-Bez. Potsdam	IV.
Johann, St.	„ Reg.-Bez. Trier	II.
Iserlohn	„ Reg.-Bez. Arnsberg	II.
Isselburg	„ Reg.-Bez. Düsseldorf	IV.
Itzehoe	„ Reg.-Bez. Schleswig	III.
Jülich	„ Reg.-Bez. Aachen	III.
Jüterbogk	„ Reg.-Bez. Potsdam	III.
Kalk (bei Cöln)	„ Reg.-Bez. Cöln	III.
Kalthof	„ Reg.-Bez. Königsberg, Landkr. Königsberg	II.
Katscher	„ Reg.-Bez. Oppeln	IV.
Kattowitz	„ Reg.-Bez. Oppeln	III.
Kellinghusen	„ Reg.-Bez. Schleswig	IV.
Kemberg	„ Reg.-Bez. Merseburg	IV.
Kempen	„ Reg.-Bez. Posen	IV.
Kempen	„ Reg.-Bez. Düsseldorf	IV.
Kettwig	„ Reg.-Bez. Düsseldorf	IV.
Kieferstädtel	„ Reg.-Bez. Oppeln	IV.
Kiel	„ Reg.-Bez. Schleswig	I.
Kirchberg	„ Reg.-Bez. Coblenz, Kr. Simmern	IV.
Kirchditmold	„ Reg.-Bez. Cassel	IV.

Namen der Orte.	Namen der Staaten und Verwaltungsbezirke.	Servis-Klasse.
Kirn	Preußen, Reg.-Bez. Coblenz	IV.
Köben (Stadt)	„ Reg.-Bez. Breslau	IV.
Königsberg i. Pr.	„ Reg.-Bez. Königsberg	I.
Königsberg i. N.	„ Reg.-Bez. Frankfurt a. O.	III.
Königshütte	„ Reg.-Bez. Oppeln, Kr. Beuthen	II.
Königstein	„ Reg.-Bez. Wiesbaden	IV.
Königswinter	„ Reg.-Bez. Cöln	III.
Kösen	„ Reg.-Bez. Merseburg	III.
Kolmar i. Posen	„ Reg.-Bez. Bromberg	IV.
Konitz	„ Reg.-Bez. Marienwerder	III.
Kosten	„ Reg.-Bez. Posen	IV.
Krappitz	„ Reg.-Bez. Oppeln	IV.
Kreuzburg	„ Reg.-Bez. Oppeln	III.
Krojanke mit Vorwerk	„ Reg.-Bez. Marienwerder	IV.
Krotoschin	„ Reg.-Bez. Posen	III.
Kurnick	„ Reg.-Bez. Posen	IV.
Kyritz	„ Reg.-Bez. Potsdam	III.
Labes	„ Reg.-Bez. Stettin	III.
Labiau	„ Reg.-Bez. Königsberg	IV.
Labischin	„ Reg.-Bez. Bromberg	IV.
Lamberti	„ Reg.-Bez. Münster	III.
Landeck	„ Reg.-Bez. Breslau	III.
Landeshut	„ Reg.-Bez. Liegnitz	III.
Landsberg a. W.	„ Reg.-Bez. Frankfurt a. O.	II.
Landsberg O.S. (Stadt)	„ Reg.-Bez. Oppeln	IV.
Langenberg	„ Reg.-Bez. Düsseldorf	IV.
Langenbielau	„ Reg.-Bez. Breslau	IV.
Langendreer	„ Reg.-Bez. Arnsberg	IV.
Langensalza	„ Reg.-Bez. Erfurt	III.
Langenschwalbach	„ Reg.-Bez. Wiesbaden	II.
Lauban	„ Reg.-Bez. Liegnitz	III.
Lauchstädt	„ Reg.-Bez. Merseburg	IV.
Lauenburg	„ Reg.-Bez. Cöslin	III.
Lauenburg	„ Reg.-Bez. Schleswig	IV.
Lazarus, St. (bei Posen)	„ Reg.-Bez. Posen	III.
Lebus	„ Reg.-Bez. Frankfurt a. O.	IV.
Leer	„ Landdr.-Bez. Aurich	III.
Lehe	„ Landdr.-Bez. Stade	II.
Lehrte	„ Landdr.-Bez. Lüneburg	IV.

Namen der Orte.	Namen der Staaten	und Verwaltungsbezirke.	Servis-Klasse.
Leichlingen	Preußen,	Reg.Bez.Düsseldorf	IV.
Lennep	„	Reg.Bez.Düsseldorf	III.
Leobschütz	„	Reg.Bez. Oppeln	III.
Letmathe	„	Reg.Bez. Arnsberg	IV.
Lewien	„	Reg.Bez. Breslau	IV.
Lichtenberg mit Friedrichsberg	„	Reg.Bez. Potsdam, Kr. Nieder-Barnim	II.
Lichterfelde	„	Reg.Bez. Potsdam, Kr. Teltow	II.
Liebau	„	Reg.Bez. Liegnitz	IV.
Liebenwalde	„	Reg.Bez. Potsdam	IV.
Liebenwerda	„	Reg.Bez.Merseburg	IV.
Liegnitz	„	Reg.Bez. Liegnitz	II.
Limburg	„	Reg.Bez. Arnsberg	III.
Limburg	„	Reg.Bez. Wiesbaden	III.
Linden	„	Landdr. Bez. Hannover	I.
Lingen	„	Landdr. Bez. Osnabrück	III.
Linz	„	Reg.Bez. Coblenz	IV.
Lippstadt	„	Reg.Bez. Arnsberg	III.
Lissa, Polnisch- mit Leszczynko	„	Reg.Bez. Posen	III.
List	„	Landdr. Bez. Hannover	III.
Lobberich	„	Reg.Bez.Düsseldorf	IV.
Lobsens	„	Reg.Bez.Bromberg	IV.
Lockstädt mit Hoheluft und Depenstücken	„	Reg.Bez.Schleswig	IV.
Löbau	„	Reg.Bez. Marienwerder	IV.
Lötzen	„	Reg.Bez. Gumbinnen	IV.
Löwen	„	Reg.Bez. Breslau	IV.
Löwenberg	„	Reg.Bez. Liegnitz	III.
Löwenbrücken (bei Trier)	„	Reg.Bez. Trier	II.
Loslau	„	Reg.Bez. Oppeln	IV.
Lublinitz	„	Reg.Bez. Oppeln	IV.
Luckau	„	Reg.Bez. Frankfurt a. O.	IV.
Luckenwalde	„	Reg.Bez. Potsdam	III.
Ludwigshof (bei Königsberg i. Pr.)	„	Reg.Bez. Königsberg, Landkr. Königsberg	II.
Lübbecke	„	Reg.Bez. Minden	IV.
Lübben	„	Reg.Bez. Frankfurt a. O.	III.
Lüben	„	Reg.Bez. Liegnitz	IV.
Lüdenscheid	„	Reg.Bez. Arnsberg	II.
Lügumkloster	„	Reg.Bez.Schleswig	IV.
Lüneburg	„	Landdr. Bez. Lüneburg	II.
Lütjenburg	Preußen,	Reg.Bez.Schleswig	IV.
Lüttringhausen	„	Reg.Bez.Düsseldorf	III.
Lützen	„	Reg.Bez.Merseburg	IV.
Lunden	„	Reg.Bez.Schleswig	IV.
Lyck	„	Reg.Bez. Gumbinnen	IV.
Maar (b. Trier)	„	Reg.Bez. Trier	II.
Magdeburg mit Sudenburg	„	Reg.Bez. Magdeburg	I.
Malmedy	„	Reg.Bez. Aachen	IV.
Marburg	„	Reg.Bez. Cassel	III.
Mareese	„	Reg.Bez. Marienwerder	III.
Marienau	„	Reg.Bez. Marienwerder	III.
Marienburg	„	Reg.Bez. Danzig	III.
Marienfelde	„	Reg.Bez. Marienwerder, Kr. Marienwerder	III.
Marienwerder	„	Reg.Bez. Marienwerder	III.
Marten	„	Reg.Bez. Arnsberg	IV.
Martin, St. (bei Trier)	„	Reg.Bez. Trier	II.
Massow	„	Reg.Bez. Stettin	IV.
Mathias, St. (bei Trier)	„	Reg.Bez. Trier	II.
Mauritz	„	Reg.Bez. Münster	III.
Mayen	„	Reg.Bez. Coblenz	IV.
Meiderich	„	Reg.Bez.Düsseldorf	IV.
Meldorf	„	Reg.Bez.Schleswig	IV.
Melsungen	„	Reg.Bez. Cassel	IV.
Memel mit Leuchtthurm und Navigationsschule	„	Reg.Bez. Königsberg	II.
Menden	„	Reg.Bez. Arnsberg	III.
Meppen	„	Landdr. Bez. Osnabrück	III.
Merscheid	„	Reg.Bez.Düsseldorf	IV.
Merseburg	„	Reg.Bez.Merseburg	II.
Merzig	„	Reg.Bez. Trier	IV.
Meschede	„	Reg.Bez. Arnsberg	IV.
Meseritz	„	Reg.Bez. Posen	IV.
Mettmann	„	Reg.Bez.Düsseldorf	IV.
Militsch (Stadt)	„	Reg.Bez. Breslau	IV.
Minden	„	Reg.Bez. Minden	II.
Mittelwalde	„	Reg.Bez. Breslau	IV.
Mittenwalde (Stadt)	„	Reg.Bez. Potsdam	IV.
Mochbern, Klein-	„	Reg.Bez. Breslau	III.
Mocker	„	Reg.Bez. Marienwerder	III.

Namen der Orte	Namen der Staaten	und Verwaltungsbezirke	Servis-Klasse
Mölln . . .	Preußen,	Reg.Bez.Schleswig	IV.
Mörs . . .	„	Reg.Bez.Düsseldorf	IV.
Montabaur .	„	Reg. Bez. Wiesbaden	IV.
Moritzberg .	„	Landdr. Bez. Hildesheim	III.
Mühlberg (Stadt) . .	„	Reg.Bez.Merseburg	IV.
Mühlhausen .	„	Reg.Bez. Erfurt .	III.
Mülheim a. Rhein . .	„	Reg.Bez. Cöln . .	III.
Mülheim a. d. Ruhr . .	„	Reg.Bez.Düsseldorf	III.
Müncheberg .	„	Reg.Bez. Frankfurt a. O.	IV.
Münden . .	„	Landdr. Bez. Hildesheim	III.
Münder . .	„	Landdr. Bez. Hannover	IV.
Münster . .	„	Reg.Bez. Münster .	II.
Münster am Stein . . .	„	Reg.Bez. Coblenz .	IV.
Münsterberg .	„	Reg.Bez. Breslau .	IV.
Münstereifel .	„	Reg.Bez. Cöln . .	IV.
Muskau . .	„	Reg.Bez. Liegnitz .	IV.
Myslowitz . .	„	Reg.Bez. Oppeln .	III.
Nakel . . .	„	Reg.Bez.Bromberg	III.
Namslau . .	„	Reg.Bez. Breslau .	IV.
Nassau . . .	„	Reg.Bez. Wiesbaden	IV.
Nauen . . .	„	Reg.Bez. Potsdam	III.
Naugard . .	„	Reg.Bez. Stettin .	III.
Naumburg a.S.	„	Reg.Bez.Merseburg	II.
Neheim . .	„	Reg.Bez. Arnsberg	IV.
Neisse . . .	„	Reg.Bez. Oppeln .	II.
Nenndorf . .	„	Reg.Bez. Cassel .	IV.
Neudorf (bei Gleiwitz) . .	„	Reg.Bez. Oppeln .	III.
Neuebleiche .	„	Reg.Bez. Königsberg	II.
Neuenburg (Stadt) mit Fischerei . .	„	Reg.Bez. Marienwerder	IV.
Neuerburg . .	„	Reg.Bez. Trier, Kr. Bitburg . . .	IV.
Neuhaldensleben . . .	„	Reg.Bez. Magdeburg	IV.
Neuhaus (Flecken) . .	„	Reg.Bez. Minden .	III.
Neukirchen	„	Reg.Bez. Düsseldorf, Kr. Solingen	IV.
Neumarkt . .	„	Reg.Bez. Breslau .	IV.
Neumünster .	„	Reg.Bez.Schleswig	III.
Neunkirchen .	„	Reg.Bez. Trier, Kr. Ottweiler . . .	III.

Namen der Orte	Namen der Staaten	und Verwaltungsbezirke	Servis-Klasse
Neurode (Stadt) . .	Preußen,	Reg.Bez. Breslau .	IV.
Neusalz a. O.	„	Reg.Bez. Liegnitz .	IV.
Neuß . . .	„	Reg.Bez.Düsseldorf	III.
Neustadt (bei Magdeburg) .	„	Reg.Bez. Magdeburg	II.
Neustadt O. S.	„	Reg.Bez. Oppeln .	III.
Neustadt a. D.	„	Reg.Bez. Potsdam	IV.
Neustadt i. Pr.	„	Reg.Bez. Danzig .	IV.
Neustadt a. R.	„	Landdr. Bez. Hannover	IV.
Neustadt . .	„	Reg.Bez.Schleswig	IV.
Neustädtel . .	„	Reg.Bez. Liegnitz .	IV.
Neustettin . .	„	Reg.Bez. Cöslin .	III.
Neutomysl .	„	Reg.Bez. Posen .	IV.
Neuwied . .	„	Reg.Bez. Coblenz .	III.
Nicolai . . .	„	Reg.Bez. Oppeln .	IV.
Niedane (bei Ratibor) . .	„	Reg.Bez. Oppeln .	III.
Niederhermsdorf . . .	„	Reg.Bez. Breslau .	IV.
Niedermarsberg . . .	„	Reg.Bez. Arnsberg	IV.
Niederursel .	„	Reg.Bez. Wiesbaden	IV.
Nienburg . .	„	Landdr. Bez. Hannover	III.
Nienstädten .	„	Reg.Bez.Schleswig	III.
Nimptsch . .	„	Reg.Bez. Breslau .	IV.
Nippes (bei Cöln) . . .	„	Reg.Bez. Cöln . .	III.
Nörenberg . .	„	Reg.Bez. Stettin .	IV
Norburg . .	„	Reg.Bez.Schleswig	IV.
Norden . .	„	Landdr. Bez. Aurich	III.
Nordhausen .	„	Reg.Bez. Erfurt .	II.
Northeim . .	„	Landdr. Bez. Hildesheim	III.
Nortorf (Flecken) . .	„	Reg.Bez.Schleswig	IV.
Nowaweß . .	„	Reg.Bez. Potsdam	IV.
Obercassel . .	„	Reg.Bez. Düsseldorf	III.
Oberhausen .	„	Reg.Bez. Düsseldorf	III.
Oberlahnstein .	„	Reg.Bez. Wiesbaden	IV.
Oberrad . .	„	Reg.Bez. Wiesbaden	III.
Oberursel . .	„	Reg.Bez. Wiesbaden	IV.
Oberwesel . .	„	Reg.Bez. Coblenz .	IV.
Odenkirchen .	„	Reg.Bez.Düsseldorf	IV.
Oderberg . .	„	Reg.Bez. Potsdam	IV.
Oelde (Stadt)	„	Reg.Bez. Münster .	IV.
Oels . . .	„	Reg.Bez. Breslau .	III.
Oevelgönne .	„	Reg.Bez. Schleswig, Kr. Pinneberg	III.

Namen der Orte.	Namen der Staaten und Verwaltungsbezirke.	Servis-Klasse.
Oeynhausen (Stadt)	Preußen, Reg. Bez. Minden	IV.
Ohlau	„ Reg. Bez. Breslau	III.
Ohra	„ Reg. Bez. Danzig	IV.
Oldenburg	„ Reg. Bez. Schleswig	IV.
Oldesloe	„ Reg. Bez. Schleswig	IV.
Oliva	„ Reg. Bez. Danzig	IV.
Olpe	„ Reg. Bez. Arnsberg	IV.
Oppeln	„ Reg. Bez. Oppeln	III.
Oranienburg	„ Reg. Bez. Potsdam	IV.
Orb	„ Reg. Bez. Cassel	IV.
Orsoy	„ Reg. Bez. Düsseldorf	IV.
Ortelsburg (Stadt) mit Amtsfreiheit	„ Reg. Bez. Königsberg	IV.
Oschersleben	„ Reg. Bez. Magdeburg	III.
Osnabrück	„ Landdr. Bez. Osnabrück	II.
Osterburg	„ Reg. Bez. Magdeburg	IV.
Osterode Stadt nebst Amts- und Schloßfreiheit	„ Reg. Bez. Königsberg	III.
Osterode mit Freiheit	„ Landdr. Bez. Hildesheim	III.
Osterwiek	„ Reg. Bez. Magdeburg	IV.
Ostrog	„ Reg. Bez. Oppeln	III.
Ostrowo	„ Reg. Bez. Posen	III.
Othmarschen	„ Reg. Bez. Schleswig	III.
Ottensen	„ Reg. Bez. Schleswig	II.
Otterndorf	„ Landdr. Bez. Stade	III.
Ottmachau	„ Reg. Bez. Oppeln	IV.
Ottweiler	„ Reg. Bez. Trier	III.
Paderborn	„ Reg. Bez. Minden	II.
Pankow	„ Reg. Bez. Potsdam, Kr. Nieder-Barnim	II.
Papenburg	„ Landdr. Bez. Osnabrück	III.
Parchwitz (Stadt)	„ Reg. Bez. Liegnitz	IV.
Pasewalk	„ Reg. Bez. Stettin	III
Patschkau	„ Reg. Bez. Oppeln	IV.
Paulin, St. (bei Trier)	„ Reg. Bez. Trier	II.
Peine	„ Landdr. Bez. Hildesheim	IV.
Peiskretscham	„ Reg. Bez. Oppeln	IV.
Peitz (Stadt)	„ Reg. Bez. Frankfurt a. O.	IV.
Perleberg	„ Reg. Bez. Potsdam	III.
Petersdorf	„ Reg. Bez. Oppeln	III.

Namen der Orte.	Namen der Staaten und Verwaltungsbezirke.	Servis-Klasse.
Pfaffendorf	Preußen, Reg. Bez. Coblenz	IV.
Pillau nebst Hafenbezirk und Alt-Pillau	„ Reg. Bez. Königsberg	III.
Pinnau (bei Wehlau)	„ Reg. Bez. Königsberg	III.
Pinneberg	„ Reg. Bez. Schleswig	IV.
Pitschen	„ Reg. Bez. Oppeln	IV.
Plania	„ Reg. Bez. Oppeln	III.
Pleschen	„ Reg. Bez. Posen	III.
Pleß	„ Reg. Bez. Oppeln	III.
Ploen	„ Reg. Bez. Schleswig	IV.
Plötzensee (bei Berlin)	„ Reg. Bez. Potsdam, Kr. Nieder-Barnim	II.
Podgorsz	„ Reg. Bez. Marienwerder	IV.
Polkwitz	„ Reg. Bez. Liegnitz	IV.
Polzin	„ Reg. Bez. Cöslin	IV.
Poppelsdorf	„ Reg. Bez. Cöln	IV.
Posen	„ Reg. Bez. Posen	I.
Potsdam	„ Reg. Bez. Potsdam	I.
Prausnitz	„ Reg. Bez. Breslau	IV.
Praust	„ Reg. Bez. Danzig	IV.
Preetz (Flecken)	„ Reg. Bez. Schleswig	III.
Prenzlau	„ Reg. Bez. Potsdam	III.
Pritzwalk	„ Reg. Bez. Potsdam	IV.
Proschowitz	„ Reg. Bez. Oppeln	III.
Prüm	„ Reg. Bez. Trier	III.
Putbus	„ Reg. Bez. Stralsund	III.
Pyritz	„ Reg. Bez. Stettin	III.
Quedlinburg	„ Reg. Bez. Magdeburg	II.
Querfurt	„ Reg. Bez. Merseburg	IV.
Radevormwald	„ Reg. Bez. Düsseldorf	IV.
Ragnit	„ Reg. Bez. Gumbinnen	III.
Rastenburg (Stadt und Domaine)	„ Reg. Bez. Königsberg	IV.
Rathenow	„ Reg. Bez. Potsdam	III.
Ratibor	„ Reg. Bez. Oppeln	III.
Ratingen	„ Reg. Bez. Düsseldorf	IV.
Ratzeburg	„ Reg. Bez. Schleswig	III.
Rawitsch	„ Reg. Bez. Posen	III.
Recklinghausen (Stadt)	„ Reg. Bez. Münster	IV.
Rees	„ Reg. Bez. Düsseldorf	IV.
Regenwalde (Stadt)	„ Reg. Bez. Stettin	IV.
Reichenbach	„ Reg. Bez. Breslau	III.
Reichenstein	„ Reg. Bez. Breslau	IV.

Namen der Orte.	Namen der Staaten und Verwaltungsbezirke.	Servis-klasse.
Reinerz	Preußen, Reg. Bez. Breslau	IV.
Reinfeld	„ Reg. Bez. Schleswig	IV.
Reinickendorf	„ Reg. Bez. Potsdam	II.
Remagen	„ Reg. Bez. Coblenz	IV.
Remscheid	„ Reg.Bez. Düsseldorf	II.
Rendsburg	„ Reg.Bez. Schleswig	II.
Rheda (Stadt)	„ Reg. Bez. Minden	IV.
Rheinbach	„ Reg. Bez. Cöln	IV.
Rheinberg	„ Reg.Bez. Düsseldorf	IV.
Rheindahlen	„ Reg.Bez. Düsseldorf	IV.
Rheine (Stadt)	„ Reg. Bez. Münster	IV.
Rheydt	„ Reg.Bez. Düsseldorf	III.
Richtenberg	„ Reg.Bez. Stralsund	IV.
Riemke	„ Reg.Bez. Arnsberg	IV.
Riesenburg	„ Reg.Bez. Marienwerder	IV.
Rinteln	„ Reg.Bez. Cassel	IV.
Rixdorf mit Marienthal u. Rollkrug	„ Reg. Bez. Potsdam	II.
Rödelheim	„ Reg.Bez. Wiesbaden	III.
Rogasen	„ Reg.Bez. Posen	III.
Ronsdorf	„ Reg.Bez. Düsseldorf	III.
Rosenberg (Stadt)	„ Reg. Bez. Marienwerder	IV.
Rosenberg	„ Reg. Bez. Oppeln, Kreis Rosenberg	IV.
Roßberg	„ Reg. Bez. Oppeln	III.
Rotenburg	„ Reg. Bez. Cassel	IV.
Rothenburg O. L.	„ Reg. Bez. Liegnitz	IV.
Rothenditmold	„ Reg. Bez. Cassel	IV.
Ruda	„ Reg.Bez. Oppeln	IV.
Rüdesheim	„ Reg.Bez. Wiesbaden	III.
Rügenwalde	„ Reg. Bez. Cöslin	IV.
Rügenwaldermünde	„ Reg. Bez. Cöslin	IV.
Ruhbank	„ Reg. Bez. Liegnitz	IV.
Ruhrort	„ Reg.Bez. Düsseldorf	III.
Rummelsburg	„ Reg. Bez. Cöslin	IV.
Ruppin, Neu-	„ Reg. Bez. Potsdam	III.
Rybnick	„ Reg. Bez. Oppeln	IV.
Saarbrücken	„ Reg. Bez. Trier	II.
Saarburg	„ Reg. Bez. Trier	IV.
Saarlouis	„ Reg. Bez. Trier	II.
Sagan	„ Reg. Bez. Liegnitz	III.
Salze, Groß-	„ Reg. Bez. Magdeburg	IV.
Salzwedel	„ Reg. Bez. Magdeburg	II.
Samter	„ Reg. Bez. Posen	IV.
Sandhagen	„ Reg.Bez. Minden	II.
Sangerhausen	„ Reg.Bez. Merseburg	II.
Schäferei	Preußen, Reg. Bez. Marienwerder, Kr. Marienwerder	III.
Schiffbek	„ Reg.Bez. Schleswig	IV.
Schivelbein	„ Reg. Bez. Cöslin	IV.
Schkeuditz (Stadt)	„ Reg.Bez. Merseburg	IV.
Schlawe	„ Reg. Bez. Cöslin	IV.
Schleswig	„ Reg.Bez. Schleswig	I.
Schlüchtern	„ Reg. Bez. Cassel	IV.
Schmalkalden	„ Reg. Bez. Cassel	III.
Schmargendorf	„ Reg. Bez Potsdam, Kr. Teltow	III.
Schmelz	„ Reg. Bez. Königsberg, Kr. Memel	III.
Schmiedeberg	„ Reg. Bez. Liegnitz	IV.
Schmiedeberg	„ Reg.Bez. Merseburg	IV.
Schmiegel	„ Reg. Bez. Posen	IV.
Schneidemühl	„ Reg.Bez. Bromberg	III.
Schönau (Stadt)	„ Reg. Bez. Liegnitz	IV.
Schönebeck	„ Reg. Bez. Magdeburg	III.
Schöneberg	„ Reg. Bez. Potsdam, Kr. Teltow	II.
Schönhausen, Hohen- nebst Kolonie	„ Reg. Bez. Potsdam	II.
Schönhausen Nieder- mit Schönholz	„ Reg. Bez. Potsdam	II.
Schönlanke (Stadt)	„ Reg.Bez. Bromberg	IV.
Schönweide, Ober-	„ Reg.Bez. Potsdam, Kr. Nieder-Barnim	III.
Schönweide, Nieder- mit Neuekrug	„ Reg.Bez. Potsdam, Kr. Teltow	III.
Schrimm (Stadt)	„ Reg.Bez. Posen	III.
Schroda	„ Reg.Bez. Posen	IV.
Schubin	„ Reg.Bez. Posen	IV.
Schwarzort	„ Reg. Bez. Königsberg	IV.
Schwedt a. O.	„ Reg. Bez. Potsdam	III.
Schweidnitz	„ Reg. Bez. Breslau	II.
Schwelm (Stadt)	„ Reg. Bez. Arnsberg	III.
Schwerin	„ Reg. Bez. Posen	IV.
Schwersenz (Stadt)	„ Reg. Bez. Posen	IV.
Schwerte	„ Reg. Bez. Arnsberg	IV.
Schwetz (Stadt)	„ Reg. Bez. Marienwerder	IV.
Schwiebus	„ Reg. Bez. Frankfurt a. O.	IV.

Namen der Orte.	Namen der Staaten und Verwaltungsbezirke.	Servis-Klasse.
Schwientochlowitz	Preußen, Reg. Bez. Oppeln	III.
Sebastian, St.	" Reg. Bez. Coblenz	IV.
Seehausen i. A.	" Reg. Bez. Magdeburg	IV.
Seelow (Stadt)	" Reg. Bez. Frankfurt a. O.	IV.
Segeberg	" Reg. Bez. Schleswig	III.
Siegburg	" Reg. Bez. Cöln	III.
Siegen	" Reg. Bez. Arnsberg	II.
Sierakowo (bei Rawitsch)	" Reg. Bez. Posen	IV.
Sigmaringen	" Reg. Bez. Sigmaringen	IV.
Silberberg	" Reg. Bez. Breslau	IV.
Simmern	" Reg. Bez. Coblenz	IV.
Sinzig	" Reg. Bez. Coblenz	IV.
Sobernheim	" Reg. Bez. Coblenz	IV.
Soden	" Reg. Bez. Wiesbaden	IV.
Sömmerda	" Reg. Bez. Erfurt	III.
Soest	" Reg. Bez. Arnsberg	III.
Sohrau	" Reg. Bez. Oppeln	IV.
Soldin	" Reg. Bez. Frankfurt a. O.	IV.
Solingen	" Reg. Bez. Düsseldorf	III.
Sommerfeld	" Reg. Bez. Frankfurt a. O.	III.
Sonderburg	" Reg. Bez. Schleswig	II.
Sonnborn mit Vohwinkel	" Reg. Bez. Düsseldorf	IV.
Sonnenburg	" Reg. Bez. Frankfurt a. O.	IV.
Sorau	" Reg. Bez. Frankfurt a. O.	III.
Spandau	" Reg. Bez. Potsdam	I.
Sprechau	" Reg. Bez. Königsberg	II.
Spremberg	" Reg. Bez. Frankfurt a. O.	III.
Sprind	" Reg. Bez. Königsberg	II.
Sprottau	" Reg. Bez. Liegnitz	IV.
Stade	" Landdr. Bez. Stade	III.
Stargard	" Reg. Bez. Danzig	IV.
Stargardt	" Reg. Bez. Stettin	II.
Staßfurt	" Reg. Bez. Magdeburg	II.
Steele	" Reg. Bez. Düsseldorf	III.
Steglitz	" Reg. Bez. Potsdam	II.
Steinau a. O. (Stadt)	" Reg. Bez. Breslau	IV.
Steinau	" Reg. Bez. Cassel	IV.
Steinfurt, Burg-	" Reg. Bez. Münster	IV.
Stelling mit Langenfelde u. Eidelstädt	" Reg. Bez. Schleswig	IV.
Stendal	Preußen, Reg. Bez. Magdeburg	II.
Sterkrade	" Reg. Bez. Düsseldorf	IV.
Sternberg (Stadt)	" Reg. Bez. Frankfurt a. O.	IV.
Stettin	" Reg. Bez. Stettin	I.
Stolberg	" Reg. Bez. Aachen	II.
Stolp	" Reg. Bez. Cöslin	II.
Stolpmünde	" Reg. Bez. Cöslin	IV.
Storkow (Stadt)	" Reg. Bez. Potsdam	IV.
Stralau	" Reg. Bez. Potsdam	II.
Stralsund	" Reg. Bez. Stralsund	II.
Strasburg	" Reg. Bez. Marienwerder	IV.
Strasburg	" Reg. Bez. Potsdam	IV.
Strausberg (Stadt)	" Reg. Bez. Potsdam	IV.
Strehlen	" Reg. Bez. Breslau	IV.
Strehlitz, Groß-	" Reg. Bez. Oppeln	III.
Striegau	" Reg. Bez. Breslau	III.
Stromberg	" Reg. Bez. Coblenz	IV.
Strzelno (Stadt)	" Reg. Bez. Bromberg	IV.
Styrum	" Reg. Bez. Düsseldorf	IV.
Süchteln	" Reg. Bez. Düsseldorf	IV.
Suhl	" Reg. Bez. Erfurt	III.
Sulzbach mit Altenwald	" Reg. Bez. Trier, Kr. Saarbrücken	III.
Swinemünde	" Reg. Bez. Stettin	II.
Tangermünde	" Reg. Bez. Magdeburg	IV.
Tannenhof (bei Königsberg)	" Reg. Bez. Königsberg, Landkr. Königsberg	II.
Tarnowitz	" Reg. Bez. Oppeln	III.
Tarpen, Groß- und Klein- nebst Gut	" Reg. Bez. Marienwerder	III.
Tegel mit Schloß	" Reg. Bez. Potsdam	III.
Telgte	" Reg. Bez. Münster	IV.
Teltow	" Reg. Bez. Potsdam	IV.
Tempelburg	" Reg. Bez. Cöslin	IV.
Tempelhof	" Reg. Bez. Potsdam, Kr. Teltow	II.
Templin	" Reg. Bez. Potsdam	IV.
Thale	" Reg. Bez. Magdeburg	IV.
Thorn	" Reg. Bez. Marienwerder	II.

Namen der Orte.	Namen der Staaten und Verwaltungsbezirke.	Servis-Klasse.
Tilsit . . .	Preußen, Reg.-Bez. Gumbinnen	II.
Tönes, St. .	„ Reg.-Bez. Düsseldorf	IV.
Tönning . .	„ Reg.-Bez. Schleswig	IV.
Tondern . .	„ Reg.-Bez. Schleswig	III.
Torgau . .	„ Reg.-Bez. Merseburg	II.
Tost (Stadt) .	„ Reg.-Bez. Oppeln .	IV.
Trachenberg .	„ Reg.-Bez. Breslau .	IV.
Trarbach . .	„ Reg.-Bez. Coblenz .	IV.
Trebnitz . .	„ Reg.-Bez. Breslau .	IV.
Tremessen . .	„ Reg.-Bez. Bromberg	IV.
Treptow a. R.	„ Reg.-Bez. Stettin .	III.
Treptow a. T.	„ Reg.-Bez. Stettin .	IV.
Treptow mit Eierhäuschen	„ Reg.-Bez. Potsdam	II.
Treuenbritzen .	„ Reg.-Bez. Potsdam	III.
Treysa . . .	„ Reg.-Bez. Cassel .	IV.
Trier . . .	„ Reg.-Bez. Trier . .	II.
Ueberwasser (bei Münster)	„ Reg.-Bez. Münster .	III.
Ueckermünde .	„ Reg.-Bez. Stettin .	III.
Uelzen . . .	„ Landdr.-Bez. Lüneburg	III.
Uerdingen . .	„ Reg.-Bez. Düsseldorf	IV.
Uetersen (Stadt) . .	„ Reg.-Bez. Schleswig	IV.
Unna . . .	„ Reg.-Bez. Arnsberg	III.
Unruhstadt .	„ Reg.-Bez. Posen .	IV.
Usigen . . .	„ Reg.-Bez. Wiesbaden	IV.
Vahrenwald .	„ Landdr.-Bez. Hannover	III.
Vallendar . .	„ Reg.-Bez. Coblenz .	IV.
Velbert . . .	„ Reg.-Bez. Düsseldorf	IV.
Verden . . .	„ Landdr.-Bez. Stade	III.
Viersen . . .	„ Reg.-Bez. Düsseldorf	III.
Vlotho . . .	„ Reg.-Bez. Minden .	IV.
Völklingen . .	„ Reg.-Bez. Trier . .	IV.
Vorder- und Mittelhufen .	„ Reg.-Bez. Königsberg	II.
Vormstegen und Klostersaude . . .	„ Reg.-Bez. Schleswig	IV.
Wahlershausen . .	„ Reg.-Bez. Cassel .	IV.
Wahlstadt . .	„ Reg.-Bez. Liegnitz .	IV.
Wald . . .	„ Reg.-Bez. Düsseldorf	IV.
Waldenburg .	„ Reg.-Bez. Breslau .	II.
Wandsbeck . .	„ Reg.-Bez. Schleswig	II.
Wangerin . .	„ Reg.-Bez. Stettin .	IV.
Wanzleben .	„ Reg.-Bez. Magdeburg	IV.
Warburg . .	„ Reg.-Bez. Minden .	IV.
Warendorf .	Preußen, Reg.-Bez. Münster .	III.
Warmbrunn .	„ Reg.-Bez. Liegnitz .	IV.
Wartenberg, Polnisch- . .	„ Reg.-Bez. Breslan .	IV.
Wartenburg mit Strafanstalt . . .	„ Reg.-Bez. Königsberg, Kr. Allenstein	IV.
Wartha . .	„ Reg.-Bez. Breslau .	IV.
Wattenscheid .	„ Reg.-Bez. Arnsberg	IV.
Wattlau . .	„ Reg.-Bez. Königsberg	III.
Wedel mit Blankenese u. Mühlenberg .	„ Reg.-Bez. Schleswig	IV.
Wehlau . .	„ Reg.-Bez. Königsberg	III.
Wehlheiden .	„ Reg.-Bez. Cassel .	IV.
Weichselmünde	„ Reg.-Bez. Danzig .	III.
Weilburg . .	„ Reg.-Bez. Wiesbaden	III.
Weiler mit Bingerbrück	„ Reg.-Bez. Coblenz .	II.
Weißenfels .	„ Reg.-Bez. Merseburg	III.
Weißensee . .	„ Reg.-Bez. Potsdam, Kr. Nieder-Barnim	II.
Weißensee . .	„ Reg.-Bez. Erfurt .	IV.
Weißstein mit Neu-Weißstein . . .	„ Reg.-Bez. Breslau .	IV.
Wendel, St. .	„ Reg.-Bez. Trier . .	IV.
Werden . .	„ Reg.-Bez. Düsseldorf	III.
Werder (Stadt)	„ Reg.-Bez. Potsdam	IV.
Werdohl . .	„ Reg.-Bez. Arnsberg	IV.
Werl . . .	„ Reg.-Bez. Arnsberg	IV.
Wermelskirchen . . .	„ Reg.-Bez. Düsseldorf	IV.
Wernigerode .	„ Reg.-Bez. Magdeburg	III.
Wesel . . .	„ Reg.-Bez. Düsseldorf	II.
Wesselburen .	„ Reg.-Bez. Schleswig	IV.
Westhofen . .	„ Reg.-Bez. Arnsberg	IV.
Wetzlar . .	„ Reg.-Bez. Coblenz .	IV.
Wewelinghofen . . .	„ Reg.-Bez. Düsseldorf	IV.
Wiedenbrück .	„ Reg.-Bez. Minden .	III.
Wiesbaden .	„ Reg.-Bez. Wiesbaden	I.
Wilda, Ober- und Unter- .	„ Reg.-Bez. Posen .	II.
Wilhelmsburg	„ Landdr.-Bez. Lüneburg . . .	IV.
Wilhelmshafen (Heppens)	„ Landdr.-Bez. Aurich	I.
Wilmersdorf (bei Berlin) .	„ Reg.-Bez. Potsdam, Kr. Teltow .	II.
Wilster . . .	„ Reg.-Bez. Schleswig	IV.

Namen der Orte.	Namen der Staaten und Verwaltungsbezirke.	Servis-Klasse.
Winsen an der Luhe . . .	Preußen, Landdr. Bez. Lüneburg	IV.
Winzig . . .	„ Reg.Bez. Breslau .	IV.
Witten . . .	„ Reg.Bez. Arnsberg	II.
Wittenberg	„ Reg.Bez. Merseburg	II.
Wittenberge .	„ Reg.Bez. Potsdam	III.
Wittlich . .	„ Reg.Bez. Trier . .	IV.
Wittstock (Stadt) . .	„ Reg.Bez. Potsdam	IV.
Witzenhausen .	„ Reg.Bez. Cassel .	IV.
Wohlau (Stadt) . .	„ Reg.Bez. Breslau .	IV.
Woldenberg .	„ Reg.Bez. Frankfurt a. O.	IV.
Wolfhagen .	„ Reg.Bez. Cassel .	IV.
Wolgast . .	„ Reg.Bez. Stralsund	III.
Wollin (Stadt)	„ Reg.Bez. Stettin .	IV.
Wollstein . .	„ Reg.Bez. Posen .	IV.
Wolmirstedt (Stadt) . .	„ Reg.Bez. Magdeburg	IV.
Wongrowitz .	„ Reg.Bez. Bromberg	IV.
Wormditt (Stadt) . .	„ Reg.Bez. Königsberg	IV.
Wreschen . .	„ Reg.Bez. Posen .	IV.
Wriezen a. O.	„ Reg.Bez. Potsdam	III.
Wülfrath . .	„ Reg.Bez. Düsseldorf	IV.
Wunstorf . .	„ Landdr. Bez. Hannover	IV.
Wusterhausen a. D. . . .	Preußen, Reg.Bez. Potsdam	IV.
Xanten . . .	„ Reg.Bez. Düsseldorf	IV.
Zabrze, Alt- und Klein- .	„ Reg.Bez. Oppeln .	III.
Zachan . . .	„ Reg.Bez. Stettin .	IV.
Zduny . . .	„ Reg.Bez. Posen .	IV.
Zehdenick (Stadt) . .	„ Reg.Bez. Potsdam	IV.
Zeitz . . .	„ Reg.Bez. Merseburg	III.
Zell . . .	„ Reg.Bez. Coblenz .	IV.
Zempelburg .	„ Reg.Bez. Marienwerder	IV.
Ziegenhain .	„ Reg.Bez. Cassel .	IV.
Ziegenhals . .	„ Reg.Bez. Oppeln .	IV.
Zielenzig . .	„ Reg.Bez. Frankfurt a. O.	IV.
Zoppot . . .	„ Reg.Bez. Danzig .	IV.
Zossen (Stadt)	„ Reg.Bez. Potsdam	IV.
Züllchow . .	„ Reg.Bez. Stettin .	IV.
Züllichau . .	„ Reg.Bez. Frankfurt a. O.	III.
Zülpich . . .	„ Reg.Bez. Cöln . .	IV.
Zurlauben (bei Trier) . . .	„ Reg.Bez. Trier .	II.
Alle übrigen Ortschaften des Reichsgebiets		V.[1]

Tagegelder und Reisekosten der Staats-Beamten, bezw. der Beamten der Staats- und der unter Staats-Verwaltung stehenden Eisenbahnen.

Gesetz, betreffend die Tagegelder und Reisekosten der Staats-Beamten. Vom 24. März 1873.

(Gesetz-Sammlung Seite 122—125.)

Wir Wilhelm, von Gottes Gnaden König von Preußen rc. verordnen, mit Zustimmung beider Häuser des Landtages der Monarchie, was folgt:

§. 1.

(Abgeändert durch das nachfolgende Gesetz vom 28. Juni 1875 bezw. die Verordnung vom 15. April 1876.)

[1]) Es wird bemerkt, daß in diesen Auszug nur die in Preußen belegenen Ortschaften aufgenommen worden sind.

§. 2.

Erfordert eine Dienstreise einen außergewöhnlichen Kostenaufwand, so kann der Tagegelderſatz (§. 1) von dem Verwaltungs-Chef angemessen erhöht werden.

§. 3.

Etatsmäßig angestellte Beamte, welche vorübergehend außerhalb ihres Wohnortes bei einer Behörde beschäftigt werden, erhalten für die Dauer dieser Beschäftigung neben ihrer Besoldung die in §. 1 festgesetzten Tagegelder.

Nicht etatsmäßig angestellte Beamte haben im gleichen Falle auf die im §. 1 festgesetzten Tagegelder nur für die Dauer der Hin- und Rückreise Anspruch. Für die Dauer der Beschäftigung werden die denselben zu gewährenden Tagegelder durch die vorgesetzte Behörde bestimmt.

§. 4.

(Abgeändert durch das nachfolgende Gesetz vom 28. Juni 1875 bezw. die Verordnung vom 15. April 1876.)

§. 5.

Die Reisekosten werden für die Hin- und Rückreise besonders berechnet. Hat jedoch ein Beamter Dienstgeschäfte an verschiedenen Orten unmittelbar nach einander ausgerichtet, so ist der von Ort zu Ort wirklich zurückgelegte Weg ungetheilt der Berechnung der Reisekosten zu Grunde zu legen.

§. 6.

(Abgeändert durch die nachfolgende Verordnung vom 15. April 1876.)

§. 7.

(Abgeändert durch die nachfolgende Verordnung vom 15. April 1876.)

§. 8.

Beamte, welche zum Zweck von Reisen innerhalb ihres Amtsbezirks neben oder in ihrem Einkommen eine Pauschsumme für Reisekosten oder Unterhaltung von Fuhrwerk oder Pferden beziehen, erhalten Tagegelder und Reisekosten nach Maßgabe dieses Gesetzes nur dann, wenn sie Dienstgeschäfte außerhalb ihres Amtsbezirks ausgeführt haben.

Werden Beamte, welche eine solche Pauschsumme beziehen, wegen Urlaubs oder sonstiger Verhinderung vertreten, so haben dieselben ihren Stellvertreter angemessen zu entschädigen. Diese Entschädigung und die unter besonderen Umständen zulässigen Ausnahmen bestimmt die vorgesetzte Behörde.

§. 9.

Für Dienstreisen von Beamten, welche sich im Vorbereitungsdienst befinden, werden Tagegelder und Reisekosten dann nicht gewährt, wenn die Reisen lediglich zum Zwecke der Ausbildung dieser Beamten erfolgen. Ob letzteres der Fall ist, entscheidet die vorgesetzte Dienstbehörde.

§. 10.

Ist der persönliche Rang eines Beamten ein höherer, als der mit dem Amte verbundene, so ist der letztere für die Feststellung der Tagegelder- und Reisekostensätze maßgebend. Beamte, welche im Range zwischen zwei Klassen stehen, erhalten die für die niedrigere Klasse bestimmten Sätze. Für Beamte, denen ein bestimmter Rang nicht verliehen ist, entscheidet der Verwaltungs-Chef in Gemeinschaft mit dem Finanz-Minister über die denselben nach Maßgabe dieses Gesetzes zu gewährenden Sätze. [Cfr. im Weiteren das nachfolgende Gesetz vom 28. Juni 1875.]

§. 11.

Dieses Gesetz tritt mit dem 1. April 1873 in Kraft.

Alle demselben entgegenstehenden Bestimmungen sind aufgehoben, insbesondere: die Verordnung vom 28. Juni 1825 wegen Vergütigung der Diäten und Reisekosten für commissarische Geschäfte in Königlichen Dienstangelegenheiten (Gesetz-Samml. S. 163) und der Erlaß vom 10. Juni 1848 über die Tagegelder und Fuhrkosten bei Dienstreisen der Staats-Beamten (Gesetz-Samml. S. 151).

Wo in besonderen Vorschriften auf die hiernach aufgehobenen Bestimmungen Bezug genommen wird, treten die entsprechenden Bestimmungen dieses Gesetzes an deren Stelle.

§. 12.

(Abgeändert durch die nachfolgende Verordnung vom 15. April 1876).

Urkundlich unter Unserer Höchsteigenhändigen Unterschrift und beigedrucktem Königlichen Insiegel.

Gegeben Berlin, den 24. März 1873.

(L. S.) gez. **Wilhelm.**

gez. Gr. v. Roon. Fürst v. Bismarck. Gr. v. Itzenplitz. Gr. zu Eulenburg Leonhardt. Camphausen. Falk. v. Kameke. Gr. v. Königsmarck.

Anmerkung. Die Verordnung vom 29. November 1873, betreffend die Tagegelder und Reisekosten der Beamten der Staats-Eisenbahnen, und der unter der Verwaltung des Staats stehenden Privat-Eisenbahnen (Ges.-S. S. 475—479) ist aufgehoben. An deren Stelle tritt die nachfolgende Verordnung vom 30. October 1876.

Gesetz, betreffend eine Abänderung des Gesetzes vom 24. März 1873 über die Tagegelder und Reisekosten der Staats-Beamten (Ges.-Samml. S. 122) vom 28. Juni 1875.

(Ges.-Samml. S. 370.)

Wir Wilhelm, von Gottes Gnaden König von Preußen rc. verordnen, mit Zustimmung des Landtages der Monarchie, was folgt:

Artikel I[1]).

Die §§. 1, 4 und 10 des Gesetzes vom 24. März 1873 (Gesetz-Samml. S. 122), betreffend die Tagegelder und Reisekosten der Staats-Beamten, werden wie folgt abgeändert:

[1]) Artikel I. (§§. 1 und 4) ist durch die nachfolgende Verordnung v. 15. April 1876 abgeändert.

§. 1.

(Abgeändert, cfr. die Anmerkung zu Artikel I[1]).

§. 4.

(Abgeändert, cfr. die Anmerkung zu Artikel I[1]).

§. 10.

Ist der persönliche Rang eines Beamten ein höherer, als der mit dem Amte verbundene, so ist der letztere für die Feststellung der Tagegelder- und Reisekostensätze maßgebend. Beamte, welche im Range zwischen zwei Klassen stehen, erhalten die für die niedrigere Klasse bestimmten Sätze. Für Beamte, denen ein bestimmter Rang nicht verliehen ist, entscheidet der Verwaltungs-Chef in Gemeinschaft mit dem Finanz-Minister über die denselben nach Maßgabe dieses Gesetzes zu gewährenden Sätze. In gleicher Weise erfolgt die Entscheidung darüber, welche Beamte zu den in §. 1 unter VII. und VIII. genannten zu zählen sind.

Artikel II.

Durch Königliche Verordnung können die in dem Gesetze vom 24. März 1873 bestimmten Sätze an Tagegeldern und Reisekosten und die jenem Gesetze zu Grunde liegenden Entfernungsmaaße in die Reichsmarkrechnung, beziehentlich in das Metermaß übertragen und angemessen abgerundet werden. In gleichem Wege können die durch das gedachte Gesetz und durch den Artikel I. des gegenwärtigen Gesetzes für die verschiedenen Beamten-Klassen bestimmten Sätze bis zur Höhe derjenigen Sätze umgeändert werden, welche für die entsprechenden Beamtenklassen in der auf Grund des §. 18 des Reichsgesetzes vom 31. März 1873 (Reichs-Gesetzbl. S. 61) zu erlassenden Kaiserlichen Verordnung festgesetzt werden.

Urkundlich unter Unserer Höchsteigenhändigen Unterschrift und beigedrucktem Königlichen Insiegel.

Gegeben Bad Ems, den 28. Juni 1875.

(L. S.) gez. Wilhelm.

Fürst v. Bismarck. Camphausen. Gr. zu Eulenburg. Leonhardt.
v. Kameke. Achenbach.

Verordnung, betreffend die Tagegelder und die Reisekosten der Staats-Beamten. Vom 15. April 1876.

Wir Wilhelm, von Gottes Gnaden König von Preußen rc., verordnen, auf Grund des Artikels II. des Gesetzes vom 28. Juni 1875 (Ges.-Samml. S. 370), was folgt:

Art. I. Die §§. 1, 4, 6, 7 und 12 des Gesetzes vom 24. März 1873, betreffend die Tagegelder und die Reisekosten der Staats-Beamten (Ges.-Samml. S. 122), beziehentlich der Artikel I. (§§. 1 und 4) des Gesetzes vom 28. Juni 1875, betreffend eine Aenderung des Gesetzes vom 24. März 1873 (Ges.-Samml. S. 370) werden, wie folgt, abgeändert.

§. 1.

Die Staats-Beamten erhalten bei Dienstreisen Tagegelder nach den folgenden Sätzen:

I.	Active Staats-Minister	30 ℳ	—	₰
II.	Beamte der ersten Rangklasse	24 „	—	„
III.	Beamte der zweiten und dritten Rangklasse	18 „	—	„
IV.	Beamte der vierten und fünften Rangklasse	12 „	—	„
V.	Beamte, welche nicht zu obigen Klassen gehören, soweit sie bisher zu dem Diätensatze von 1 Thlr. 20 Sgr. beziehungsweise 2 Thlr. berechtigt waren	9 „	—	„
VI.	Subaltern-Beamte der Provinzial-, Kreis- und Local-Behörden und andere Beamte gleichen Ranges	6 „	—	„
VII.	Andere Beamte, welche nicht zu den Unter-Beamten zu zählen sind	4 „	50	„
VIII.	Unter-Beamte	3 „	—	„

§. 4.

An Reisekosten, einschließlich der Kosten der Gepäckbeförderung, erhalten:

I. bei Dienstreisen, welche auf Eisenbahnen oder Dampfschiffen gemacht werden können:

1. die im §. 1 unter I. bis V. bezeichneten Beamten für das Kilometer 13 Pf. und für jeden Zu- und Abgang 3 ℳ.

   Hat einer dieser Beamten einen Diener auf die Reise mitgenommen, so kann er für denselben 7 ₰ für das Kilometer beanspruchen,

2. die im §. 1 unter VI. und VII. genannten Beamten für das Kilometer 10 Pf. und für jeden Zu- und Abgang 2 ℳ,

3. die im §. 1 unter VIII. genannten Beamten für das Kilometer 7 Pf. und für jeden Zu- und Abgang 1 ℳ;

II. bei Dienstreisen, welche nicht auf Dampfschiffen oder Eisenbahnen zurückgelegt werden können:

1. die im §. 1 unter I. bis IV. genannten Beamten . . . . . 60 ₰
2. die im §. 1 unter V. und VI. genannten Beamten . . . . 40 „
3. die im §. 1 unter VII. und VIII. genannten Beamten . . . 30 „

für das Kilometer.

Haben erweislich höhere Reisekosten als die unter I. und II. festgesetzten aufgewendet werden müssen, so werden diese erstattet.

§. 6.

Für Geschäfte am Wohnorte des Beamten werden weder Tagegelder noch Reisekosten gezahlt; dasselbe gilt von Geschäften außerhalb des Wohnortes in geringerer Entfernung als 2 Kilometer von demselben. War der Beamte durch außergewöhnliche Umstände genöthigt, sich eines Fuhrwerks zu bedienen, oder waren sonstige nothwendige Unkosten, wie Brücken- oder Fährgeld aufzuwenden, so sind die Auslagen zu erstatten.

Für einzelne Ortschaften kann durch den Verwaltungschef in Gemeinschaft mit dem Finanz-Minister bestimmt werden, daß den Beamten bei den außerhalb des Dienstgebäudes vorzunehmenden Geschäften die verauslagten Fuhrkosten zu erstatten sind[1]).

§. 7.

Bei Berechnung der Entfernungen wird jedes angefangene Kilometer für ein volles Kilometer gerechnet.

Bei Reisen von nicht weniger als 2 Kilometer, aber unter 8 Kilometer, sind die Fuhrkosten für 8 Kilometer zu gewähren.

§. 12.

Die gesetzlichen und Verwaltungsvorschriften, welche für einzelne Dienstzweige oder Dienstgeschäfte bezüglich der den Beamten aus der Staatskasse zu gewährenden Tagegelder und Reisekosten ergangen sind, bleiben vorläufig in Kraft. Eine Abänderung derselben kann im Wege Königlicher Verordnung erfolgen.

Die in den vorstehenden §§. 1 und 4 bestimmten Sätze dürfen jedoch nicht überschritten werden.

Unter gleicher Beschränkung kann die Gewährung von Tagegeldern und Reisekosten für einzelne Dienstzweige und Dienstgeschäfte auch fernerhin im Wege Königlicher Verordnung besonders geregelt werden.

Desgleichen können die Sätze von Tagegeldern und Reisekosten, welche den in Angelegenheiten der directen Staatssteuern berufenen Commissions-Mitgliedern und Abgeordneten zu gewähren sind, im Wege der Königlichen Verordnung geändert oder neu bestimmt werden.

Die Bestimmung in den vorstehenden §§. 6 und 7, wonach die Entfernung von 2 beziehungsweise 8 Kilometern für die Berechtigung auf Tagegelder und Reisekosten, sowie deren Berechnung maßgebend ist, findet auch auf die vorerwähnten besonderen Vorschriften entsprechende Anwendung.

Art. II. Diese Verordnung tritt mit dem 1. Mai 1876 in Kraft.

Urkundlich unter Unserer Höchsteigenhändigen Unterschrift und beigedrucktem Königlichen Insiegel.

Gegeben Berlin, den 15. April 1876.

(L. S.) Wilhelm.

Fürst v. Bismarck. Camphausen. Graf zu Eulenburg. Leonhardt.
Falk. v. Kameke. Achenbach. Friedenthal.

[1]) Die Erstattung von Fuhrkosten ist für Berlin und Breslau genehmigt (cfr. S. 287).

Verordnung, betreffend die Tagegelder und Reisekosten der Beamten der Staats-Eisenbahnen und der unter der Verwaltung des Staats stehenden Privat-Eisenbahnen. Vom 30. October 1876.

(Ges.-Samml. S. 451.)

Wir Wilhelm, von Gottes Gnaden König von Preußen ꝛc., verordnen auf Grund des §. 12 des Gesetzes vom 24. März 1873 (Ges.-Samml. S. 122) und des Artikels I. §. 12 der Verordnung vom 15. April 1876 (Ges.-Samml. S. 107), betreffend die Tagegelder und Reisekosten der Staats-Beamten, unter Aufhebung der Verordnung vom 29. November 1873 (Ges.-Samml. S. 475), was folgt:

§. 1.

Die Beamten der Staats-Eisenbahnen und der unter Verwaltung des Staats stehenden Privat-Eisenbahnen erhalten bei Dienstreisen Tagegelder nach folgenden Sätzen:

1.	Vorsitzende der Eisenbahn-Directionen[1]	18 M.
2.	Mitglieder der Eisenbahn-Directionen und Commissionen	12 „
3.	Ober-Betriebs-Inspectoren	
4.	Ober-Maschinenmeister	
5.	Ober-Güter-Verwalter	
6.	Bau- und Betriebs-Inspectoren	
7.	Maschinen-Inspectoren	
8.	Güter-Inspectoren	
9.	Eisenbahn-Baumeister	9 „
10.	Maschinenmeister	
11.	Telegraphen-Inspectoren	
12.	Haupt-Kassen-Rendanten	
13.	Bahn- und Betriebs-Controleure	
14.	Eisenbahn-Secretäre, Rendanten der Eisenbahn-Commissions-Kassen, Kassirer und Buchhalter der Hauptkasse	
15.	Werkstätten-Vorsteher	
16.	Stations-Vorsteher I. Klasse	
17.	Güter-Expeditions-Vorsteher	
18.	Stations-Kassen-Rendanten	
19.	Materialien-Verwalter I. Klasse	
20.	Betriebs-Secretäre und Kassen-Assistenten	6 „
21.	Werkmeister	
22.	Zeichner	
23.	Stations-Vorsteher II. Klasse	

[1]) Vorsitzende der Eisenbahn-Commissariate sind bezüglich der Reisekosten und Tagegelder den Vorsitzenden der Eisenbahn-Directionen gleich gestellt. Erlasse vom 31. März 1877, V. 2665 und vom 31. October 1877, II. 22671, V. 10253.

24. Güter- und Kohlen-Expedienten	6 M.
25. Stations-Einnehmer	
26. Kanzlisten	
27. Stations-Aufseher	
28. Stations-Assistenten	
29. Gepäck-Expedienten	
30. Materialien-Verwalter II. Klasse	
31. Telegraphen-Aufseher	
32. Locomotivführer und Maschinisten	
33. Schiffs-Capitäne	
34. Bahn- und Hafenmeister	
35. Zugführer	4,50 =
36. Packmeister	
37. Steuerleute der Trajectschiffe und Traject-Aufseher	
38. Telegraphisten	
39. Boden- (Lade)- Meister	
40. Wagenmeister	
41. Rangirmeister	
42. Billetdrucker und Magazin-Aufseher	
43. Locomotivheizer und Wärter stehender Dampfmaschinen, Matrosen und Heizer auf den Traject-Dampfschiffen	3 =
44. Schaffner, Bremser und Schmierer	
45. Kassen- und Büreaudiener und Portiers	
46. Weichensteller, Bahn-, Krahn- und Brückenwärter	
47. Nachtwächter	

§. 2.

An Reisekosten, einschließlich der Kosten der Gepäckbeförderung, erhalten:

I. Bei Dienstreisen, welche auf Eisenbahnen oder Dampfschiffen gemacht werden können:

1. die im §. 1 unter 1 bis 19 genannten Beamten für das Kilometer 13 ₰ und für jeden Zu- und Abgang 3 M.

   Hat einer dieser Beamten einen Diener auf die Reise mitgenommen, so kann er für denselben 7 ₰ für das Kilometer beanspruchen;

2. die im §. 1 unter 20 bis 42 genannten Beamten für das Kilometer 10 ₰ und für jeden Zu- und Abgang 2 M.;

3. die im §. 1 unter 43 bis 47 genannten Beamten für das Kilometer 7 ₰ und für jeden Zu- und Abgang 1 M.;

II. Bei Dienstreisen, welche nicht auf Eisenbahnen oder Dampfschiffen zurückgelegt werden können:

1. die im §. 1 unter 1 bis 8 genannten Beamten . . . . . . 60 ₰

2. die im §. 1 unter 9 bis 34 genannten Beamten . . . . . 40 ₰
3. die im §. 1 unter 35 bis 47 genannten Beamten . . . . . . 30 „

für das Kilometer.

Haben erweislich höhere Reisekosten, als die unter I. und II. festgesetzten, aufgewendet werden müssen, so werden diese erstattet.

§. 3.

Beamte, welche vorübergehend außerhalb ihres Wohnortes dienstlich beschäftigt werden, erhalten für die ersten vier Wochen dieser Beschäftigung die im §. 1 festgesetzten Tagegelder. Für die folgende Zeit können die Tagegelder nach Bestimmung des Ministers für Handel, Gewerbe und öffentliche Arbeiten ermäßigt werden.

Für diejenigen Tage, an welchen die Beamten von dem Orte ihrer vorübergehenden Beschäftigung aus Dienstreisen ausführen, sind die Tagegelder nach dem vollen Satze (§. 1) zu gewähren, während die Zahlung der Tagegelder nach dem ermäßigten Satze unterbleibt.

§. 4.

Für Dienstreisen auf derjenigen Eisenbahn, bei deren Verwaltung die Beamten angestellt sind, erhalten dieselben freie Fahrt und freie Gepäckbeförderung nach Maßgabe des Freifahrt-Reglements und haben an Reisekosten, unbeschadet der Bestimmungen im §. 5, nur die bestimmungsmäßigen Entschädigungen für Zu- und Abgänge zu beanspruchen, mit der Maßgabe jedoch, daß für ein und denselben Reisetag nicht mehr als eine einmalige Entschädigung gewährt werden darf.

Beamte, welchen Vereinskarten oder Freifahrtscheine für fremde Eisenbahnen zur Benutzung überwiesen werden, sind verpflichtet, bei Dienstreisen dieselben zu benutzen und erhalten an Reisekosten nur die Entschädigungen für Zu- und Abgänge.

Beamte, welche sich zu dienstlichen Zwecken auf der Bahnstrecke zu Fuß oder unter Benutzung einer Draisine oder eines Bahnmeisterwagens innerhalb des Bezirkes der Verwaltung, bei welcher sie angestellt sind, bewegen, haben auf Reisekosten (§. 2) keinen Anspruch.

§. 5.

Die nachstehend genannten Beamten erhalten für Dienstreisen innerhalb des Bezirks derjenigen Verwaltung, bei welcher sie angestellt sind, keine Entschädigungen für Zu- und Abgang, und Tagegelder nach folgenden ermäßigten Sätzen:

1. Directions-Mitglieder, welche mit der Verwaltung einer Eisenbahn-Commission betraut sind . . . . 2. Ober-Betriebs-Inspectoren, Ober-Maschinenmeister, Ober-Güter-Verwalter	9 M.
3. Bau- und Betriebs-Inspectoren, Maschinen-Inspectoren und Güter-Inspectoren, mit Ausnahme derjenigen, welche als Vorsteher der bau- und betriebstechnischen, maschinentechnischen oder Verkehrs-Büreaus der Centralverwaltung bei solchen Directionen fungiren, bei welchen Commissionen eingerichtet sind	6 „

4.	Eisenbahn-Baumeister	6 ℳ
5.	Maschinenmeister	
6.	Telegraphen-Inspectoren	
7.	Bahn- und Betriebs-Controleure	4,50 =
8.	Werkstätten-Vorsteher	
9.	Telegraphen-Aufseher	3 =
10.	Werkmeister	

Vorstehende Bestimmung findet bei Eisenbahn-Verwaltungen mit Commissionen nur auf solche Dienstreisen Anwendung, welche innerhalb des Bezirks derjenigen Eisenbahn-Commissionen ausgeführt werden, zu denen die betreffenden Beamten gehören, beziehungsweise auf deren Bezirk sich ihre dienstliche Thätigkeit zu erstrecken hat.

Wird die Stelle eines der vorgenannten Beamten durch einen anderen Beamten vorübergehend versehen, so kann bei längerer Dauer der Vertretung die vorgesetzte Behörde bestimmen, daß dem Vertreter statt der den Beamten seiner Dienst-Categorie bewilligten Tagegelder die für den vertretenen Beamten festgesetzten ermäßigten Tagegelder gezahlt werden.

§. 6.

Bahnmeister haben innerhalb ihrer Strecke auf Reisekosten niemals und auf Tagegelder nur dann Anspruch, wenn sie mit Zustimmung ihres Vorgesetzten eine Nachtrevision vorgenommen haben, und zwar für jede Nacht, welche sie außerhalb ihres Wohnortes haben zubringen müssen.

Bahnwärter erhalten, wenn sie sich auf ihrer Strecke bewegen, weder Tagegelder noch Reisekosten.

§. 7.

An Stelle der Tagegelder und Reisekosten wird eine von dem Minister für Handel, Gewerbe und öffentliche Arbeiten im Einvernehmen mit dem Finanz-Minister festzusetzende, die in den §§. 1 und 2 bestimmten Sätze nicht übersteigende Functionszulage gewährt:

1. an Stations- und Expeditions-Beamte, deren Dienst sich auf mehrere Stationen, Zechen oder andere an die Bahn angeschlossene Etablissements erstreckt;
2. an Bahnmeister, welche neben Wahrnehmung der eigenen Dienstgeschäfte einen anderen Bahnmeister ihrer unmittelbaren Nachbarschaft vertreten, ohne daß sie außerhalb ihres Wohnortes Quartier zu nehmen nöthig haben;
3. an Weichensteller und Bahnwärter, welche mit Vertretung des ihnen vorgesetzten Bahnmeisters beauftragt werden;
4. an Bahnwärter, welche mit der Verrichtung von Weichenstellerdiensten oder mit der Vertretung eines benachbarten Bahnwärters beauftragt, ohne daß sie außerhalb ihres Wohnortes Quartier zu nehmen genöthigt sind, von ihrer Bude an gerechnet, mehr als 2 Kilometer zurückzulegen haben, um an den Ort ihrer dienstlichen Bestimmung zu gelangen.

§. 8.

Locomotiv- und Zugbegleitungs-Beamte erhalten für die Beschäftigung im Fahrdienste, Bahnaufsichts-Beamte für die Begleitung von Arbeitszügen keine Tagegelder und Reisekosten. Dagegen werden denselben Fahr-, Stunden- und Nachtgelder, welche die in §§. 1 und 2 bestimmten Sätze nicht übersteigen dürfen, nach Maßgabe eines von dem Minister für Handel, Gewerbe und öffentliche Arbeiten zu erlassenden Reglements gewährt.

§. 9.

Maschinenmeister, Werkstätten-Vorsteher und Werkmeister erhalten für die Probe- oder Revisionsfahrten, welche sie zur Feststellung der Betriebsfähigkeit einzelner Locomotiven und Wagen mit denselben ausführen, Stations-Beamte ferner für die Begleitung von Hülfsmaschinen, statt der Tagegelder und Reisekosten folgende Entschädigungssätze für jede Fahrt, Hin- und Rückfahrt als eine Fahrt gerechnet, und gleichviel, ob die eine Fahrt mittels anderer Gelegenheit erfolgt:

1. Maschinenmeister und Werkstätten-Vorsteher . . . . 3 ℳ
2. Werkmeister und Stations-Beamte . . . . 2 ℳ

Wenn diese Beamten an demselben Tage aus den vorbezeichneten Anlässen mehrere Fahrten, oder neben diesen Fahrten noch andere Dienstreisen ausführen, so dürfen die ihnen zu gewährenden Entschädigungen insgesammt die im §. 1 und resp. 5 festgesetzten Tagegelder nicht übersteigen.

§. 10.

Die einzelnen Beamten neben ihrem Einkommen gewährten Pauschsummen für Reisekosten bilden die Entschädigung für alle innerhalb und außerhalb des Amtsbezirkes auszuführenden Dienstreisen. Unter besonderen Umständen kann jedoch der Minister für Handel, Gewerbe und öffentliche Arbeiten solchen Beamten für Dienstreisen außerhalb ihres Amtsbezirkes Tagegelder und Reisekosten gewähren.

§. 11.

Diese Verordnung tritt mit dem 1. Januar 1877 in Kraft. Soweit dieselbe nicht anderweite Bestimmungen enthält, finden die Vorschriften des Gesetzes vom 24. März 1873 und der Verordnung vom 15. April 1876, betreffend die Tagegelder und Reisekosten der Staats-Beamten, Anwendung.

Urkundlich unter Unserer Höchsteigenhändigen Unterschrift und beigedrucktem Königlichen Insiegel.

Gegeben Berlin, den 30. October 1876.

(L. S.) Wilhelm.

Camphausen. Achenbach.

Ausführungs-, erläuternde und ergänzende Bestimmungen zu vorstehenden Gesetzen und Verordnungen.

I. Erlaß vom 17. December 1876, $\frac{\text{II. 23191.}}{\text{V. 11493.}}$

Zur Ausführung und Erläuterung der Allerhöchsten Verordnung, betreffend die Tagegelder und Reisekosten der Beamten der Staats-Eisenbahnen und der unter der Verwaltung des Staats stehenden Privat-Eisenbahnen, vom 30. October d. J., welche mit dem 1. Januar k. J. in Kraft tritt, bestimme ich hierdurch Folgendes:

1) Die im §. 1 der Allerhöchsten Verordnung nicht aufgeführten, außeretatsmäßig beschäftigten Beamten der Staats-Eisenbahnen und der unter der Verwaltung des Staats stehenden Privat-Eisenbahnen erhalten bei Dienstreisen Tagegelder und Reisekosten nach den Sätzen derjenigen Beamtenklasse, in welche sie bei der ersten etatsmäßigen Anstellung einzurücken bestimmt sind.

2) Der §. 3 der Allerhöchsten Verordnung enthält eine sachliche Abweichung von den Vorschriften im §. 4 der Allerhöchsten Verordnung vom 29. November 1873 in doppelter Richtung. Einerseits ist für den Fall, daß Beamte außerhalb ihres Wohnortes dienstlich beschäftigt werden, die Zeit, während deren die vollen reglementsmäßigen Tagegelder zu bewilligen sind, von 14 Tagen auf vier Wochen verlängert worden. Andererseits ist die Beschränkung, wonach für die übrige Zeit die Tagegelder nur bis auf die Hälfte des reglementsmäßigen Betrages ermäßigt werden dürfen, beseitigt worden. In letzterer Hinsicht war die Erwägung maßgebend, daß vielfach bei Commissorien von langer Dauer, insbesondere für unverheirathete Beamte, die Hälfte der reglementsmäßigen Diäten den durch das Commissorium bedingten Mehraufwand nicht unerheblich übersteigt. In Zukunft ist die Möglichkeit geboten, in jedem einzelnen Falle allen Umständen Rechnung zu tragen und die Tagegelder zu einem Betrage zu bemessen, welcher sowohl den Interessen der Verwaltung, als auch allen billigen Ansprüchen der Beamten entspricht.

In der Regel dürfen die zu bewilligenden Tagegelder nach Ablauf von vier Wochen die Hälfte des reglementsmäßigen Betrages nicht übersteigen. Wird es für erforderlich erachtet, hiervon allgemeine Ausnahmen festzusetzen, und bezüglich aller Beamten, oder einzelner Beamten-Categorien für den ganzen Verwaltungsbezirk oder für bestimmte Orte beziehungsweise Stationen einen höheren Satz generell zu bewilligen, so ist zunächst unter Angabe der Gründe an mich zu berichten. In speciellen Fällen ausnahmsweise mehr zu bewilligen, bleibt dagegen dem pflichtgemäßen Ermessen der vorgesetzten Direction beziehungsweise Commission überlassen. Jedoch dürfen ohne meine Genehmigung niemals mehr als drei Viertel der vollen reglementsmäßigen Tagegelder bewilligt werden.

Hinsichtlich der nicht etatsmäßig angestellten Beamten verbleibt es bei der Bestimmung im §. 3 al. 2 des Gesetzes, betreffend die Tagegelder und Reisekosten der Staats-Beamten, vom 24. März 1873, wonach die denselben zu gewährenden Tagegelder für die ganze Dauer der Beschäftigung mit Ausnahme der Reisetage von der vorgesetzten Behörde festgesetzt werden. Selbstredend dürfen denselben unter keinen Umständen höhere Sätze gewährt werden, als nach dem Vorstehenden den etatsmäßig angestellten Beamten bewilligt werden können.

3) Für Dienstreisen, zu welchen den Beamten Seitens ihrer vorgesetzten Behörden Freifahrtscheine für die ganze Eisenbahnstrecke, welche zurückgelegt werden soll, am Abfahrtsorte zur Verfügung gestellt werden können, sind Reisekosten mit Ausnahme der Entschädigungen für Zu- und Abgänge nicht zu gewähren, sofern die Freifahrtscheine auf diejenige Wagenklasse lauten deren Benutzung den betreffenden Beamten nach Maßgabe des Reglements über die freien Fahrten auf den preußischen Staats- und unter Staats-Verwaltung stehenden Eisenbahnen zusteht. Jedoch haben auf Ueberweisung der I. Wagenklasse nur die etatsmäßigen Mitglieder der Eisenbahn-Directionen und Commissionen Anspruch.

4) Zur Beseitigung von Unzuträglichkeiten, welche sich aus der Bestimmung im §. 5 der Allerhöchsten Verordnung vom 29. November 1873, wonach den dortselbst bezeichneten Beamten für Dienstreisen innerhalb ihres Amtsbezirks ermäßigte Tagegelder zu gewähren sind, ergeben haben, ist nunmehr an Stelle des Amtsbezirks der Bezirk derjenigen Verwaltung bezw. Eisenbahn-Commission getreten, welcher die Beamten angehören.

Als Dienstreisen innerhalb des Verwaltungsbezirks gelten auch diejenigen Dienstreisen, welche zwar ganz oder theilweise auf fremden Bahnstrecken zurückgelegt, indessen zur Verrichtung von Dienstgeschäften an solchen Orten unternommen werden, welche innerhalb des Verwaltungsbezirks gelegen sind. Ebenso sind nicht die vollen reglementsmäßigen, sondern nur die ermäßigten Tagegelder zu beanspruchen, wenn die Dienstreise zur Vornahme eines Dienstgeschäfts an einem Orte unternommen wird, an welchem die Bezirke zweier oder mehrerer Eisenbahn-Commissionen zusammenstoßen, wenn auch die Beamten nicht zu derjenigen Commission gehören, welcher der betreffende Ort zugetheilt ist.

Erstreckt sich die regelmäßige Thätigkeit eines Beamten auf mehrere Commissionsbezirke (z. B. eines Telegraphen-Inspectors, welcher für mehrere Eisenbahn-Commissionen bestellt ist), so sind für die innerhalb dieser Bezirke ausgeführten Dienstreisen nur die ermäßigten Diäten zu beanspruchen.

Unter die Zahl der Beamten, welche für Dienstreisen innerhalb eines bestimmten Bezirks ermäßigte Tagegelder erhalten, sind auch die mit der Verwaltung einer Eisenbahn-Commission betrauten Directionsmitglieder aufgenommen worden, weil dieselben in gleicher Weise, wie die im §. 5 der bisher geltenden Verordnung aufgeführten Beamten, vermöge der ihnen organisationsmäßig übertragenen dienstlichen Thätigkeit häufig in die Lage kommen, innerhalb ihres Bezirks, dessen gesammte Verhältnisse ihnen aus eigener Anschauung genau bekannt sein sollen, Dienstreisen von kurzer Dauer und mit geringem Kostenaufwand auszuführen.

Für Bau- und Betriebs-Inspectoren, Maschinen-Inspectoren und Güter-Inspectoren, welche als Vorsteher der bau- und betriebstechnischen, maschinentechnischen oder Verkehrs-Bureaus der Central-Verwaltung bei solchen Directionen fungiren, bei welchen Commissionen eingerichtet sind, ist eine Ermäßigung der Tagegelder in der Voraussetzung nicht angeordnet worden, daß dieselben nach ihrer Stellung und Beschäftigung ebenso wenig wie die Mitglieder der Directionen zu häufigen Dienstreisen Veranlassung haben werden.

5) Bezüglich der Functions-Zulagen, welche nach §. 7 der Allerhöchsten Verordnung in gewissen Fällen statt der Tagegelder und Reisekosten an Bahnmeister, Weichensteller und Bahnwärter gewährt werden sollen, bewendet es bei den in meinem Erlasse vom 24. December 1873, II. 28372[1]) getroffenen Festsetzungen.

Für Stations- und Expeditions-Beamte, deren Dienst sich auf mehrere Stationen, Zechen oder andere an die Bahn angeschlossene Etablissements erstreckt, kann zur Zeit ein fester Satz nicht normirt werden. Es bleibt daher den Directionen überlassen, dieselbe in den vorkommenden Fällen nach Lage der Verhältnisse, jedoch so zu bemessen, daß sie nicht die Hälfte der in den §§. 1 und 2 der Allerhöchsten Verordnung bestimmten Tagegelder und Reisekostensätze übersteigen.

6) Hinsichtlich der den Locomotiv- und Zugbegleitungs-Beamten für die Beschäftigung im Fahrdienste und den Bahn-Aufsichts-Beamten für die Begleitung von Arbeitszügen zu gewährenden Fahr-, Stunden- und Nachtgelder bewendet es bei den bisher ergangenen Vorschriften, soweit diese nicht durch die Bestimmungen im §. 9 der Allerhöchsten Verordnung eine Aenderung erfahren haben.

Zum 1. Juli 1878 sehe ich einem eingehenden Berichte der Königlichen Direction darüber entgegen, ob und event. welche Bedenken bei der Anwendung der Allerhöchsten Verordnung vom 30. October d. J. und der vorstehenden Ausführungs-Bestimmungen zu Tage getreten sind, sowie welche Anordnungen Seitens Derselben hinsichtlich der zu Nr. 2 und 5 dieses Erlasses erwähnten Punkte getroffen worden sind.

Der Minister für Handel, Gewerbe und öffentliche Arbeiten.
gez. Achenbach.

---

[1]) Die Verf. vom 24. December 1873 folgt.

II. Nach einem Monitum der Königlichen Ober-Rechnungs-Kammer gegen die Rechnung über die Central-Fonds der Handels-, Gewerbe- und Bau-Verwaltung für das Jahr 1869 kann eine Reise, welche einer Beförderung bezw. Ernennung vorangegangen ist, als Versetzungsreise nicht gelten und demgemäß auch nicht die Differenz zwischen den Reisekosten und Tagegeldern der früheren und der jetzigen höheren Stellung liquidirt werden. Die Gewährung einer solchen Differenz-Entschädigung ist — nach der Ausführung der Königl. Ober-Rechnungs-Kammer — zwar durch den Allerhöchsten Erlaß vom 21. November 1853 genehmigt worden, jedoch nur in den Fällen, in denen die Beamten, welche auf **Umzugskosten-Entschädigung keinen Anspruch haben**, berechtigt sind, die Kosten für die Versetzungsreise zu liquidiren.

III. Erlaß vom 30. August 1872, II. 16275.

Den Civil-Supernumerarien sind bei auswärtigen Commissorien, welche nicht lediglich die Ausbildung der Betreffenden bezwecken, 1 Thlr. Diäten und 15 Sgr. Vergütung für Zu- und Abgang zu gewähren, bei Commissorien von längerer als 14tägiger Dauer der Diätensatz den bestehenden bezüglichen Vorschriften entsprechend zu ermäßigen und die etwaige Monats-Remuneration der Supernumerarien auf die Diäten nicht in Anrechnung zu bringen.

IV. Erlaß vom 19. November 1873, II. 24472

bestimmt, daß bei Committirungen von Eisenbahn-Beamten an eine andere Bahn, diejenige Eisenbahn, zu welcher der Beamte committirt worden ist, auf die Dauer des Commissoriums sowohl die dem committirten Beamten bewilligten besonderen Diäten, als auch das Gehalt und die etwaigen sonstigen Competenzen desselben auf ihre Fonds zu übernehmen hat. Wenn von der Durchführung dieses allgemein geltenden Grundsatzes in einzelnen Fällen, in welchen Beamte einer Staatsbahn an eine andere Staatsbahn committirt wurden, aus Zweckmäßigkeitsgründen abgesehen worden ist, so erscheint doch eine solche Ausnahme im vorliegenden Falle, wo es sich um die Committirung des Eisenbahn-Baumeisters G. von der unter Staats-Verwaltung stehenden Oberschlesischen Eisenbahn an die Bebra-Hanauer Eisenbahn handelt, nicht gerechtfertigt.

V. Erlaß vom 30. October 1873, II. 23329.

Der bisher vorgeschriebene Abzug von $^1/_8$ der Tagegelder für die Benutzung der Commissionszimmer ist durch das Gesetz vom 24. März 1873, betreffend die Tagegelder und die Reisekosten der Staats-Beamten, aufgehoben und hat deshalb vom 1. April 1873 ab nicht mehr stattzufinden.

VI. Erlaß vom 24. December 1873, II. 28372.

In Ausführung der Allerhöchsten Verordnung, betreffend die Tagegelder und Reisekosten der Beamten der Staats-Eisenbahnen und der unter der Verwaltung des Staats stehenden Privat-Eisenbahnen vom 29. November c.[1]) (Ges.-Samml. S. 35 ff.), bestimme ich Folgendes:

1. Zu §. 4. Werden etatsmäßig angestellte Beamte außerhalb ihres Wohnortes dienstlich beschäftigt, so ermäßigen sich, wenn diese Beschäftigung länger als 14 Tage dauert, — die Reisetage ausgeschlossen — die im §. 1 festgesetzten Tagegelder nach Ablauf der ersten 14 Tage um die Hälfte ihres Betrages. Unter besonderen Verhältnissen können die Königlichen Eisenbahn-Directionen und Commissionen geringere Ermäßigungen eintreten lassen; jedoch soll bei Commissorien von längerer Dauer als 14 Tagen ohne meine Genehmigung nicht mehr als drei Viertel der im §. 1 bestimmten Tagegeldersätze gewährt werden. [Cfr. dagegen §. 3 der Verordnung vom 30. October 1876 und 2 des Erlasses vom 17. December 1876.]

2. Zu §. 7. Die an Stelle der Tagegelder und Reisekosten zu gewährende tägliche Functionszulage beträgt:

   a) für Bahnmeister, welche neben Wahrnehmung der eigenen Dienstgeschäfte einen anderen Bahnmeister ihrer unmittelbaren Nachbarschaft vertreten, ohne daß sie außerhalb ihres Wohnortes Quartier zu nehmen haben:

      aa) wenn ihnen zur Unterstützung ein Bahnwärter nicht beigegeben ist, 20 Sgr. = 2 Mark,

      bb) wenn ihnen ein Bahnwärter beigegeben ist, 15 Sgr. = 1 Mark 50 Pf.

   b) Für Weichensteller und Bahnwärter, welche mit Vertretung des ihnen vorgesetzten Bahnmeisters beauftragt werden:

      aa) wenn sie den Bahnmeister in allen seinen Amtsfunctionen vertreten 15 Sgr. = 1 Mark 50 Pf.,

      bb) wenn sie nur die Bahnwärter seines Bezirks zu controliren haben, während die übrige Vertretung dem benachbarten Bahnmeister übertragen ist, 10 Sgr. = 1 Mark.

   c) Für Bahnwärter, welche zur Verrichtung von Weichenstellerdiensten beauftragt, ohne daß sie außerhalb ihres Wohnortes Quartier zu nehmen genöthigt sind, von ihrer Bude an gerechnet mehr als $\frac{1}{5}$ Meile zurückzulegen haben, um an den Ort ihrer dienstlichen Bestimmung zu gelangen, 5 Sgr. = 50 Pf.

---

[1]) Die Verordnung vom 29. November 1873 ist aufgehoben. Wegen der Verf. vom 24. December 1873 cfr. dagegen den vorhergehenden Erlaß vom 17. December 1876.

3. Zu §. 8. Bezüglich der den Locomotiv- und Zugbegleitungs-Beamten, sowie den Bahnaufsichts-Beamten bei Begleitung von Arbeitszügen zu gewährenden Meilen- und Nachtgelder behält es bis auf Weiteres bei dem mittelst des Erlasses vom 6. Januar d. J. eingeführten Reglement für die Berechnung der Neben-Emolumente des Fahr- und Locomotiv-Personals sein Bewenden. [Cfr. §. 8 der Verordnung vom 30. October 1876 und 6 des Erlasses vom 17. December 1876.]

4. Rücksichtlich der Frage, ob und in wie weit für einzelne Dienstreisen, welche einen außergewöhnlichen Kostenaufwand erfordern, in Gemäßheit des §. 2 des Gesetzes vom 24. März d. J. erhöhte Tagegelder zu bewilligen sein möchten, verweise ich auf meinen Erlaß vom 7. Mai d. J. und sehe den etwa zu stellenden Anträgen entgegen.

Ich beauftrage die Königliche Direction, nunmehr hiernach unverzüglich das Erforderliche zur Ausführung der Allerhöchsten Verordnung in die Wege zu leiten.

Der Minister für Handel, Gewerbe und öffentliche Arbeiten.
gez. Dr. **Achenbach.**

VII. Erlaß vom 13. Januar 1874, II. 273.

In Erwiderung auf den Bericht vom 1. d. M. eröffne ich der Königlichen Direction (Elberfeld), daß die Auffassung, nach §. 5, 1 der Allerhöchsten Verordnung, betreffend die Tagegelder und Reisekosten der Staats-Eisenbahn-Beamten vom 29. November 1873, seien den in demselben ad 1 bis 10 genannten Beamten bei Dienstreisen innerhalb ihres Amtsbezirks nur die daselbst angegebenen Tagegeldersätze, nicht aber die Nebenkosten für Zu- und Abgänge zu bewilligen, unrichtig ist.

Durch diese Bestimmung ist für die Dienstreisen der vorgedachten Beamten innerhalb ihres Dienstbezirks nur eine Ermäßigung der Tagegelder angeordnet, während bezüglich der Gewährung von Reisekosten, abgesehen von den im Absatz 2 besonders ausgeschlossenen Fällen, die allgemeinen Bestimmungen der §§. 2, 3, Anwendung finden.

Der Minister für Handel, Gewerbe und öffentliche Arbeiten.

Abschrift erhält die Königliche Direction zur Kenntnißnahme und Beachtung.

Der Minister für Handel, Gewerbe und öffentliche Arbeiten.
gez. Dr. **Achenbach.**

An
die übrigen Königl. Eisenb.-Directionen rc.

VIII. Erlaß vom 21. Februar 1874. II. 1690.

Die Allerhöchste Verordnung über die Tagegelder und Reisekosten der Beamten der Staats-Eisenbahnen und der unter Verwaltung des Staates stehenden Privat-Eisenbahnen vom 29. November 1873 findet auch auf diejenigen beim Bau neuer Eisenbahnstrecken beschäftigten Beamten und Hülfsarbeiter Anwendung, welche zu einer der darin bezeichneten Beamten-Categorie der Betriebs-Verwaltung zählen.

Den übrigen nur zur vorübergehenden Beschäftigung bei Neubauten gegen Gewährung von Diäten angenommenen Personen stehen dagegen bei Ausführung von Dienstreisen besondere Reise-Diäten in der Regel überhaupt nicht zu. Es wird daher abgelehnt, die Entschädigungen für solche Dienstreisen dieser Diätare, deren Kosten die letzteren nicht aus den Feldzulagen zu bestreiten haben, allgemein festzustellen. In geeigneten Fällen ist eine Entschädigung jedesmal gehörig motivirt in Antrag zu bringen.

IX. Erlaß vom 17. Mai 1874, II. 11363.

Als Amtsbezirk der im §. 5 der Allerhöchsten Verordnung vom 29. November 1873[1]) aufgeführten Beamten ist nicht der ganze Verwaltungsbezirk der denselben vorgesetzten Direction, sondern der diesen Beamten für ihre amtliche Thätigkeit speciell überwiesene Bezirk anzusehen. Es steht denselben daher, ebenso wie sie vor Erlaß der obgedachten Verordnung bei Reisen, außerhalb dieses ihnen überwiesenen Bezirkes neben Reisegeldern auch Diäten zu liquidiren befugt waren, nunmehr bei solchen Reisen ein Anspruch nicht blos auf die ermäßigten, sondern auf die vollen, im §. 1 der Verordnung normirten Tagegeldersätze zu.

X. Erlaß vom 24. Mai 1874, II. 3420.

Den technisch gebildeten Eisenbahn-Secretären sind bei Dienstreisen, welche sie in Vertretung des ihnen vorgesetzten Maschinenmeisters ausführen, die nach der Verordnung vom 29. November 1873 ihnen — als Eisenbahn-Secretäre — zustehenden Diäten und Reisekosten zu bewilligen.

Probefahrten mit Maschinen nach deren Reparatur oder mit neuen Maschinen durch Werkstatts-Beamte sind als Dienstreisen im Sinne des Gesetzes nicht anzusehen und werden die Königlichen Directionen ermächtigt, es bei dem bisher von ihr eingeschlagenen bezüglichen Verfahren auch ferner bewenden zu lassen. [Cfr. dagegen §. 9 der Verordnung vom 30. October 1876.]

Die Bedingungen, unter welchen vor Erlaß der Verordnung die Entschädigung für einen mehrmaligen Zu- und Abgang liquidirt werden durfte, sind durch dieselbe als aufgehoben nicht zu betrachten; es können also künftig, wenn Hin- und

---

[1]) Entspricht dem §. 5 der an Stelle der Verordnung vom 29. November 1873 getretenen Verordnung vom 30. October 1876.

Rückreise an demselben Tage zurückgelegt werden, ohne daß das Bahngebiet verlassen wird, die Zu- und Abgangskosten nur einmal liquidirt werden[1]).

XI. Erlaß vom 24. Mai 1874, II. 8964.

Den Stations-Beamten, welche in Ermangelung und an Stelle von disponiblen Zugführern die Begleitung von Hülfsmaschinen zu bewirken haben, können statt der Tagegelder und Reisekosten Meilen- und event. Nachtgelder in Gemäßheit der Bestimmung im §. 7 des Reglements für die Berechnung der Neben-Emolumente des Fahr- und Locomotiv-Personals gewährt werden.

XII. Erlaß vom 20. Juli 1874, II. 16124.

Nachdem durch Reichs-Gesetz vom 7. December 1873 (R.-G.-Bl. 33) die durch Art. 4 der Maaß- und Gewichts-Ordnung vom 17. August 1868 als Entfernungsmaaß eingeführte Meile von 7500 Metern aufgehoben ist, ist fortan den Reisekosten-Liquidationen das Metermaaß — $7\frac{1}{2}$ Kilometer statt einer Meile — zum Grunde zu legen und die Berechnung der Reisekosten im Wege der Reduction auf dieses Maaß zu bewirken. Es sind demnach fortan die bei Dienstreisen zurückgelegten Entfernungen nach Maßgabe des Post-Coursbuches vor der Linie in Kilometern anzugeben, diese in Beachtung der Bestimmungen im §. 5 des Gesetzes vom 24. März 1873 (Ges.-Samml. S. 123) entweder für Hin- und Rückreise je besonders, oder, sofern es sich um sogenannte Rundreisen handelt, am Schlusse jeder solchen Reise nach dem oben gedachten Verhältniß abzurunden und in der betreffenden Colonne darzustellen. Am Schlusse der Liquidatiou ist sodann die Totalsumme der Kilometer behufs Berechnung der Reisekosten in Meilen umzurechnen[2]).

XIII. Den verheiratheten außeretatsmäßigen Beamten ist bei Versetzungen der Berechnung der ihnen zustehenden Reisekosten die Entfernung auf dem kürzesten Extrapostwege zu Grunde zu legen, da diese Berechnungsweise dem Sinne der hier in Betracht kommenden §§. 2 und 4 des Allerhöchsten Erlasses vom 10. Juni 1848 (G.-S. S. 151) am meisten entspricht.

Was die Berechnung der Tagegelder für die fraglichen Versetzungsreisen anlangt, so bleibt für dieselbe nur die auf die betreffende Reise wirklich verwendete Zeit maßgebend.

Rescript des Finanz-Ministers und des Ministers des Innern vom 6. Juli 1874.
F.-M. I. 8978. M. d. J. I. A. 5561.

Rescript des Ministers für Handel vom 8. August 1874 $\frac{\text{V. 2043.}}{\text{II. 18938.}}$.

---

[1]) Wegen der Dienstreisen im Verwaltungsbezirk cfr. dagegen §. 4 Abs. 1 der Verordnung vom 30. October 1876.

[2]) Nach dem Gesetz vom 15. April 1876 werden die Reisekosten nunmehr nach Kilometern entschädigt.

XIV. Mit Erlaß vom 8. August 1874, $\frac{\text{V. 2043}}{\text{II. 18938}}$ wird sämmtlichen Königlichen Eisenbahn-Directionen und Commissariaten nachstehende Circular-Verfügung zur Kenntnißnahme und gleichmäßigen Beachtung mitgetheilt.

Berlin, den 6. Juli 1874.

Bei Gelegenheit eines Specialfalles ist es neuerdings zur Sprache gekommen, daß hinsichtlich der Berechnung der den verheiratheten außeretatsmäßigen Beamten bei Versetzungen zustehenden Reisekosten (cfr. Nr. 3 des Circular-Erlasses vom 28. August 1873, betreffend die Anwendung des Gesetzes vom 24. März 1873, Ges.-Samml. S. 122) eine verschiedene Praxis beobachtet wird, indem einzelne Behörden gemäß der Verfügung vom 16. Juni 1857 (Centralblatt S. 187) dieser Berechnung die Entfernung auf dem kürzesten Extrapostwege zu Grunde legen, während andere gemäß der Circular-Erlasse vom 28. März 1867 (Min.-Bl. f. d. i. Verw. S. 179) und vom 15. Januar 1869 (Centralblatt S. 161) die betreffende Entfernung, wenn sich der kürzeste Weg dadurch ergiebt, daß einzelne Strecken der Umzugstour nach dem Eisenbahn- oder Dampfschiffswege, andere nach dem Landwege berechnet werden, nach diesem kürzesten Wege berechnen. Zum Zwecke der Herbeiführung eines gleichmäßigen Verfahrens bestimmen wir daher unter Modification der letzteren beiden Circular-Erlasse, daß für die Folge die erstere Berechnungsweise, welche dem Sinne der hier in Betracht kommenden §§. 2 und 4 des Allerhöchsten Erlasses vom 10. Juni 1848 (Ges.-Samml. S. 151) am meisten entspricht, allgemein in Anwendung zu bringen ist.

Was die Berechnung der Tagegelder für die fraglichen Versetzungsreisen anlangt, so bleibt für dieselbe nur die auf die betreffende Reise wirklich verwendete Zeit maßgebend.

Der Finanz-Minister.

(gez.) **Camphausen.**

Der Minister des Innern.
Im Auftrage:
(gez.) **Ribbeck.**

An
sämmtliche Königliche Regierungen, sowie die Königliche Ministerial-Militär-Bau-Commission hier und die Königliche Finanz-Direction in Hannover.

F.-M. I. 8978. M. d. J. I. A. 5561.

XV. Erlaß vom 16. März 1875, II. 1512.

In Folge von Anträgen auf Bewilligung der persönlichen Reisekosten an nicht etatsmäßig angestellte Beamte für Reisen bei Versetzungen, welche auf den eigenen Wunsch der Betreffenden erfolgt waren, wird darauf aufmerksam gemacht, daß in solchen Fällen die Bewilligung der persönlichen Reisekosten nach Maßgabe der Bestimmung im §. 8 des Umzugskosten-Reglements vom 26. März 1855 unzulässig ist. Bezüglich derjenigen Beamten, welche der Königlichen Direction von dem Königlichen Ministerium aus überwiesen werden, wird für die Folge in der betreffenden Verfügung jedesmal besonders ausgesprochen werden, ob dem Beamten die Zureisekosten zu gewähren sind oder nicht.

XVI. Erlaß vom 19. April 1875, II. 4342.

Nachdem der Allerhöchste Erlaß vom 10. Juni 1848 (Ges.-Samml. S. 151) über die Tagegelder und Fuhrkosten bei Dienstreisen von Staats-Beamten durch den §. 11 des Gesetzes, betreffend die Tagegelder und Reisekosten der Staats-Beamten, vom 24. März 1873 (Ges.-Samml. S. 122) aufgehoben worden, sind darüber, inwieweit der §. 4 jenes Erlasses bei Versetzungen noch Gültigkeit habe, Zweifel entstanden. Zur Behebung derselben setze ich die Königliche Direction davon in Kenntniß, daß die Bestimmung dieses Paragraphen, nach welcher verheirathete Beamte bei Versetzungen, wenn sie auf Reisekosten, nicht aber auf Umzugskosten Anspruch haben, die Reisekosten nach den Sätzen für Landwege liquidiren können, nur noch auf nicht etatsmäßige verheirathete Beamte Anwendung findet, weil sie für letztere in den §. 8, Absatz 2 des Allerhöchsten Erlasses vom 26. Mai 1855 (Ges.-Samml. S. 190), betreffend die Vergütung der den Beamten bei Versetzungen erwachsenden Umzugskosten, aufgenommen und dadurch ein integrirender Theil dieses in unveränderter Gültigkeit stehenden Erlasses geworden ist. Die Anwendung auf die etatsmäßigen verheiratheten Beamten ergab sich lediglich aus dem §. 4 des Eingangs gedachten Allerhöchsten Erlasses und ist daher mit der Aufhebung desselben in Wegfall gekommen.

Berlin, den 5. März 1876.

XVII. Auf die Anfrage vom 10. Januar d. J. wird der Königlichen Regierung erwidert, daß bei Berechnung der Reisekosten nach dem Gesetze vom 24. März 1873 (Ges.-Samml. S. 122) — insbesondere auch im Falle des §. 6 das. — die Entfernungen, soweit dieselben nicht nach dem Post-Coursbuche des General-Postamts festgestellt werden können, nicht von dem Posthause, sondern von der Grenze des Wohnortes aus zu berechnen sind.

Von welchem bestimmten Endpunkte ab die Grenze des Wohnortes im Sinne des §. 6 des Gesetzes zu bestimmen ist, ob insbesondere unter Wohnort der Complex der Wohnstätten eines Ortes oder der ganze Gemeindebezirk zu verstehen, ob als seine Grenze das dem Reiseziel zunächst belegene Thor oder das letzte vor demselben belegene Wohnhaus zu betrachten ist, kann im Allgemeinen nicht entschieden werden, da die Beantwortung dieser Frage zu sehr von den Besonderheiten des einzelnen Falles abhängt und sich je nach der Natur der localen Verhältnisse verschiedenartig gestalten kann.

In der Regel wird indeß schon der Eingangs erwähnte allgemeine Grundsatz zur Erledigung entstehender Zweifel, wie z. B. hinsichtlich der Entfernung zwischen der Stadt und dem Bahnhofe Hanau, ausreichen.

Darin endlich, daß den Baubeamten für die Abnahme einer Dampfkessel-

Anlage, welche weniger als $1/5$ Meile von dem Wohnorte entfernt ist, ein Anspruch auf Reisekosten nicht zusteht, ist der Majorität des Collegii beizutreten.

Der Minister des Innern.	Der Finanz-Minister. Im Auftrage:	Der Minister für Handel, Gewerbe und öffentliche Arbeiten.
gez. **Graf zu Eulenburg.**	gez. **Meinecke.**	gez. **Jacobi.**

An
die Königliche Regierung zu Cassel.

IV. 2464 } M. f. H.
III. 2912 }
I. A. 814 M. d. J.
I. 3514 F.-M.

Handels-Ministerium.

Abschrift ist sämmtlichen Königlichen Eisenbahn-Directionen, Eisenbahn-Commissariaten rc. mittelst Erlaß vom 23. Juli 1876, II. 9530 zur Kenntnißnahme und Beachtung zugegangen.

XVIII. Erlaß vom 10. April 1876, II. 4813.

In Verfolg meines Erlasses vom 19. Januar d. J. (II. 24195) bestimme ich, daß den bei den Königlichen Eisenbahn-Directionen in Gemäßheit der Erlasse vom 20. August und 14. October 1874 (II. 19672 und II. 22746) beschäftigten Hülfsarbeitern für Dienstreisen, welche lediglich zum Zwecke der Ausbildung erfolgen, Tagegelder und Reisekosten nicht zu gewähren sind, cfr. §. 9 des Gesetzes, betreffend die Tagegelder und Reisekosten der Staats-Beamten vom 24. März 1873.

Es werden hierbei Unzuträglichkeiten um so weniger zu befürchten sein, wenn bei der Ueberweisung der Hülfsarbeiter an auswärtige Commissionen und Stationen auf deren Wünsche und persönliche Verhältnisse billige Rücksicht genommen und bei der Anordnung sonstiger Dienstreisen zum Zwecke der Ausbildung thunlichst darauf Bedacht genommen wird, daß öftere Uebernachtungen nicht erforderlich werden. Unter besonderen Umständen würde ich auch auf desfallsigen motivirten Antrag der Königlichen Eisenbahn-Direction zur Bewilligung von außerordentlichen Unterstützungen ausnahmsweise bereit sein.

XIX. Erlaß vom 17. Februar 1877, II. 919.

Den in das Coursbuch der deutschen Reichs-Post-Verwaltung aufgenommenen Entfernungen auf gewöhnlichen Landstraßen ist die Länge des Weges von Mitte zu Mitte des Ortes bezw. von der Mitte des Ortes bis zum Bahnhofsgebäude mit der Maßgabe zu Grunde gelegt, daß die bei der Berechnung sich ergebenden Kilometer-Bruchtheile auf volle Kilometer abgerundet worden sind. In den vom laufenden Monate ab erscheinenden Ausgaben des Coursbuches wird überall da, wo die vorbezeichnete postmäßige Entfernung zwischen einem Orte und dem Bahnhofe desselben 2 Kilometer beträgt, neben dieser die wirkliche Länge der Straße zwischen dem letzten auf dem Wege nach dem Bahnhofe belegenen Hause des Ortes und dem Bahnhofe in Metern mit angegeben oder bemerkt werden, daß der Bahnhof sich im Weichbilde des Ortes befindet.

Die Königliche Eisenbahn-Direction wird hierauf mit dem Bemerken hingewiesen, daß in Gemäßheit des §. 6 der Allerhöchsten Verordnung, betreffend die Tagegelder und Reisekosten der Staats-Beamten vom 15. April 1876 (G.-S. S. 107) bei Dienstreisen eines Beamten für die Zurücklegung des Weges von dem Wohnorte zum Bahnhofe und umgekehrt, Tagegelder und Reisekosten nur dann zu gewähren sind, wenn der Bahnhof nicht im Weichbilde des Ortes gelegen ist und die wirkliche in dem Post-Coursbuche angegebene Entfernung von dem letzten auf dem Wege nach dem Bahnhofe belegenen Hause des Ortes und dem Bahnhofe mindestens 2 Kilometer beträgt.

XX. Erlaß vom 4. Juni 1877, II. 7897.

Werden die Geschäfte eines derjenigen Beamten, für welche nach §. 5 der Allerhöchsten Verordnung vom 30. October v. J., die Tagegelder und Reisekosten der Staats-Eisenbahn- 2c. Beamten betreffend, bei Dienstreisen innerhalb des Verwaltungsbezirks ermäßigte Tagegelder festgesetzt sind, durch einen anderen, ebendaselbst bezeichneten Beamten vertretungsweise wahrgenommen, so stehen, wie ich der Königlichen Direction auf den Bericht vom 5. April c., C. 2032 erwidere, dem vertretenden Beamten für die anläßlich der Vertretung auszuführenden Dienstreisen lediglich die für die Beamten seiner Charge festgesetzten ermäßigten Tagegelder zu.

XXI. Erlaß vom 26. März 1877, II. 3230.

Zur Beseitigung von angeregten Zweifeln bestimme ich, daß die für einzelne Stationsorte festgesetzten Localzulagen den nach Maßgabe des Erlasses vom 20. Mai 1875, II. 9382 für den Büreaudienst, resp. den Stations- und Expeditionsdienst anzunehmenden nichtanstellungsberechtigten Diätaren bis zur definitiven Entscheidung über ihre dauernde Beibehaltung nicht zu bewilligen, die denselben zu gewährende diätarische Remuneration vielmehr in Gemäßheit der unter Absatz 5 des genannten Erlasses gegebenen Vorschrift den Minimalsatz der Remunerationen für die Büreau- und Expeditions-Assistenten nicht übersteigen darf.

Den zur Zeit im Dienste befindlichen Diätaren dieser Categorie, welche Localzulagen gegenwärtig beziehen, können letztere neben ihrer jetzigen Monats-Remuneration bis auf Weiteres belassen werden.

XXII. Erlaß vom 9. Juli 1877, II. 14537.

Die Wagenmeister sind als Stationsbeamte im Sinne des §. 7 sub 1 der Allerhöchsten Verordnung vom 30. October 1876 (Gesetzsammlung Seite 451) anzusehen. Es ist daher überlassen, denselben in den geeigneten Fällen statt der Tagegelder und Reisekosten Functionszulagen nach Maßgabe der sub Nr. 5 al. 2 des Erlasses vom 17. Dezember v. J. $\frac{\text{II. 23191}}{\text{V. 11493}}$ getroffenen Bestimmung zu bewilligen.

XXIII. Erlaß vom 31. August 1877 $\frac{\text{II. 19133}}{\text{V. 8761}}$.

Durch den Erlaß vom 18. Februar 1874 (II. 2608) habe ich bis auf Weiteres zugelassen, daß bei Reisen zu Verbands-Conferenzen, an welchen Beamte als Commissarien oder Secretäre Theil nehmen, für die Conferenztage die anderthalbfachen reglementsmäßigen Tagegelder liquidirt werden.

Nachdem die Auslegung, welche einzelne Bahn-Verwaltungen diesem Erlasse bezw. der darin enthaltenen Definition des Begriffes „Verbands-Conferenz" gegeben haben, mehrfache Moniten der Königlichen Ober-Rechnungs-Kammer hervorgerufen hat, im Uebrigen ich auch die Ueberzeugung gewonnen habe, daß in der großen Mehrzahl der Fälle zur Deckung der den Beamten aus der Theilnahme an den Verbands-Conferenzen erwachsenden Kosten die gewöhnlichen Tagegelder ausreichen, sehe ich mich veranlaßt, den Erlaß vom 18. Februar 1874 aufzuheben und hierdurch zu bestimmen, daß fortan auch bei Reisen zu Verbands-Conferenzen nur die einfachen reglementsmäßigen Tagegelder liquidirt werden.

Sollten für eine einzelne Reise eines Beamten zu einer Verbands-Conferenz außergewöhnliche Umstände die Gewährung höherer Tagegelder angezeigt erscheinen lassen, so haben die Königlichen Directionen hierüber besonders zu berichten, indem ich mir vorbehalte, in solchem Falle auf Grund des §. 2 des Gesetzes, betreffend die Reisekosten und Tagegelder der Staats-Beamten, vom 24. März 1873 höhere Tagegeldersätze eintreten zu lassen.

XXIV. Erlaß vom 27. October 1877, II. 21480.

Die Beschlußnahme zu Nr. 3 al. 1 der Tagesordnung der Conferenz der Königlichen Eisenbahn-Directionen vom 23/24. August d. J. entspricht, wie ich der Königlichen Direction hierdurch eröffne, nicht den Bestimmungen im §. 5 der Allerhöchsten Verordnung vom 30. October 1876 und sub 4 des Erlasses vom 17. December 1876 $\frac{\text{II. 23191}}{\text{V. 11493}}$. Nach demselben haben die in dem bezogenen §. 5 aufgeführten Beamten für sämmtliche Dienstreisen ohne Ausnahme innerhalb des ganzen Bezirks derjenigen Verwaltung, bei welcher sie angestellt sind, nur die ermäßigten Tagegelder zu beanspruchen. Diese Vorschrift findet bei Eisenbahn-Verwaltungen mit Commissionen ebenso auf sämmtliche Dienstreisen ohne Ausnahme Anwendung, welche innerhalb des Bezirks derjenigen Eisenbahn-Commissionen ausgeführt werden, zu denen der betreffende Beamte gehört, beziehungsweise auf deren Bezirk sich seine amtliche Thätigkeit zu erstrecken hat.

XXV. Erlaß vom 8. Januar 1878, II. 25881.

Unter Hinweis auf die Bestimmung Nr. 1 des Erlasses vom 17. December 1876, II. 23191/V. 11493. wird in einem Specialfalle erwidert, daß den bei den Königlichen Eisenbahn-Commissionen beschäftigten oder mit den Functionen eines Mitgliedes derselben commissarisch betrauten administrativen Hülfsarbeitern für

Dienstreisen innerhalb des Commissionsbezirks die Tagegelder nach dem im §. 5 der Allerhöchsten Verordnung vom 30. October 1876, Ges.-Samml. S. 451 für Directions-Mitglieder, welchen die Verwaltung einer Eisenbahn-Commission übertragen ist, festgesetzten ermäßigten Sätze zu gewähren sind.

Im Uebrigen wird auf die Vorschriften des §. 3 der Allerhöchsten Verordnung vom 30. October 1876 und des Erlasses vom 10. April 1876, II. 4813 Bezug genommen.

XXVI. Erlaß vom 24. Februar 1878, II. 3446 an die Königliche Direction der Oberschlesischen Eisenbahn und an die übrigen Königlichen Eisenbahn-Directionen.

Auf den Bericht vom 12. d. M. I. B. 520 will ich genehmigen, daß für die Theilnahme an Verbands-Conferenzen in Petersburg Tagegelder zum dreifachen, an anderen Orten Rußlands zum doppelten Betrage der reglementsmäßigen Sätze für die Conferenztage gewährt werden.

XXVII. Erlaß vom 16. April 1878, II. 5361.

Auf den Bericht vom 13. März d. J. erwidere ich der Königlichen Direction, daß die im §. 6 der Allerhöchsten Verordnung, betreffend die Tagegelder und Reisekosten der Beamten der Staats-Eisenbahnen und der unter der Verwaltung des Staates stehenden Privat-Eisenbahnen, vom 30. October 1876 als Vorbedingung für den Anspruch auf Tagegeld Seitens des Bahnmeisters erwähnte Zustimmung des Vorgesetzten zur Vornahme der Nachtrevision auch dann als erfolgt anzusehen ist, wenn der Bahnmeister die Nachtrevision in Folge genereller Anweisung ausgeführt hat. Im Uebrigen ist für die Zubilligung des Tagegeldes die Uebernachtung des Bahnmeisters außerhalb seines Wohnorts kein Erforderniß, jedoch ist dabei im Allgemeinen festzuhalten, daß die Nachtrevision in der Zeit von 6 Uhr Abends bis 6 Uhr des anderen Morgens mindestens vier Stunden in Anspruch genommen haben muß und der Bahnmeister nicht vor Mitternacht nach seinem Wohnorte hat zurückkehren können.

Der Minister für Handel, Gewerbe und öffentliche Arbeiten.

Im Auftrage:

An
die Königliche Direction der Oberschlesischen Eisenbahn zu Breslau und an die übrigen Königl. Eisenbahn-Directionen und Commissionen.

XXVIII. Erlaß vom 31. Mai 1878, II. 4326.

Auf den Bericht vom 28. Februar d. J. erwidere ich der Königlichen Direction, daß der Bezirk einer Eisenbahn-Verwaltung bezw. Eisenbahn-Commission im Sinne des §. 5 der Allerhöchsten Verordnung, betreffend die Tagegelder und Reisekosten der Beamten der Staats-Eisenbahnen und der unter der Verwaltung des Staates stehenden Privat-Eisenbahnen, vom 30. October 1876, sämmtliche Gemeindebezirke umfaßt, welche von den der betreffenden Verwaltung bezw. Commission unterstellten Bahnlinien durchschnitten werden, oder in welchen Zubehörungen der Bahn, wie z. B. Kiesgruben, Imprägnir-Anstalten, Zechen-Anschlüsse ꝛc. gelegen sind, auf deren Verwaltung oder Beaufsichtigung sich die regelmäßige dienstliche Thätigkeit der im §. 5, l. c. aufgeführten Beamten zu erstrecken hat. Ebenso gehören zu solchem Bezirke diejenigen Gemeindebezirke, nach denen Stationen, Haltestellen ꝛc. benannt worden sind, ohne diesen Gemeindebezirken einverleibt zu sein.

XXIX. Erlaß vom 17. Juni 1878, II. 4465.

Einem Werkmeister, welcher zur Vertretung eines gleichstehenden Beamten auf längere Zeit nach einem andern Orte desselben Amtsbezirks committirt war, sind für die ganze Dauer des Commissoriums — sowohl für die ersten 4 Wochen wie auch für die spätere Zeit — nur die ermäßigten Diäten nach Maßgabe des §. 5 der Allerhöchsten Verordnung vom 30. October 1876 in der irrthümlichen Annahme zugebilligt worden, daß die Bestimmungen des §. 3, l. c. hierbei unzulässig sei.

Ich nehme hieraus Veranlassung, darauf hinzuweisen, daß im §. 3 der angezogenen Verordnung zwischen „vorübergehender Beschäftigung außerhalb des Wohnortes" (d. h. Commissorien von längerer Zeitdauer) und einfachen „Dienstreisen" unterschieden wird, während der §. 5, l. c. sich lediglich auf „Dienstreisen" gewisser Beamten-Categorien bezieht.

Sofern sich daher die auswärtigen dienstlichen Verrichtungen der in §. 5, al. 1 und 3 bezeichneten Beamten nicht als einfache Dienstreisen zur Ausübung ihres regelmäßigen Dienstes, sondern als vorübergehende längere Beschäftigung außerhalb des Wohnortes im Sinne des §. 3, al. 1 characterisiren, finden bei Bemessung der hierfür zu gewährenden Vergütungen lediglich die Bestimmungen des §. 3 Anwendung.

Hiernach ist für die Folge zu verfahren.

XXX. Erlaß vom 8. December 1878, II. 18308.

Auf den Bericht vom 19. October d. J. (J. Nr. 18965) erwidere ich der Königlichen Eisenbahn-Direction, daß zum Bezirke einer Eisenbahn-Direction bezw. einer Eisenbahn-Commission im Sinne des §. 5 der Allerhöchsten Verordnung vom 30. October 1876, betreffend die Tagegelder und Reisekosten der Beamten der Staats-Eisenbahnen und der unter der Verwaltung des Staates stehenden Privat-Eisenbahnen, neben den betreffenden Strecken der eigenen Bahn auch solche fremde Bahnstrecken gehören, auf welchen die Eisenbahn-Direction bezw. die Eisenbahn-Commission in Folge Uebernahme des Betriebes, des Mitbetriebes oder aus sonstiger Veranlassung ressortmäßig Functionen auszuüben hat.

XXXI. Erlaß vom 1. Februar 1879, II. P. 2171. T. 6583

(Eisenb.-Verordn.-Bl. pro 1879. Nr. 3. S. 17)

bestimmt über die Verrechnung der durch gerichtliche Vernehmung der Eisenbahn-Beamten entstehenden Stellvertretungskosten.

In Betreff der Reise ist unter Absatz 3 angeordnet, daß freie Eisenbahnfahrt zur Wahrnehmung der gerichtlichen Termine den als Zeugen vorgeladenen Beamten nicht zu gewähren ist, weil ihnen nach dem Gesetze vom 1. Juli 1875 (Ges.-Samml. S. 545) §§. 5 ff. eine Entschädigung für die Reise gewährt wird.

XXXII. Erlaß vom 12. Februar 1879, II. 406.

Reisekosten für Wagenmeister.

Auf den Bericht vom 7. v. M. — Nr. 11042 — eröffne ich der Königlichen Direction, daß die Diäten und Reisekosten derjenigen Wagenmeister, welche gemäß der Bestimmung zu 1 in der Verfügung vom 24. Juli v. J. — S. 147 — die zu Reisen Allerhöchster und Höchster Herrschaften in die fahrplanmäßigen Züge eingestellten — nicht zu dem Wagenzuge Seiner Majestät des Kaisers und Königs gehörigen — Salon- resp. gewöhnlichen Personen-Wagen zu begleiten haben, nicht besonders in Rechnung zu stellen, sondern auf Betriebsfonds zu übernehmen und dort bei dem Fonds für Diäten und Reisekosten zu verausgaben sind.

Der Minister für Handel, Gewerbe und öffentliche Arbeiten.

An
die Königliche Direction der Niederschlesisch-Märkischen Eisenbahn und an die übrigen Königlichen Staats-Eisenbahn-Directionen.

XXXIII. Erlaß vom 14. März 1879, II. 680.

(Eisenb.-Verordn.-Bl. pro 1879, Nr. 5, S. 34.)

Auf den Bericht vom 11. Januar d. J. eröffne ich der Königlichen Eisenb.-Commission (Danzig), daß ein Beamter im Falle und für die Dauer einer Committirung zu einer anderen Verwaltung bezw. Eisenbahn-Commission im Sinne des §. 4 al. 3, bezw. §. 5 der Allerhöchsten Verordnung vom 30. October 1876 bezw. des Erlasses vom 17. December 1876 (II. 23191) derjenigen Verwaltung bezw. Eisenbahn-Commission angehört, zu welcher er committirt worden ist.

XXXIV. Erlaß vom 17. März 1879, II. 1939.

Die früheren Bestimmungen, welche den im Staatsdienste bereits beschäftigten nicht etatsmäßigen Beamten für die behufs Antritt einer anderweiten Beschäftigung im Staatsdienste bewirkten Umzüge die persönlichen Reisekosten und Tagegelder zubilligen (cfr. Albrecht, 3. umgearbeitete Auflage, Seite 109, Note 8), sind durch das Gesetz vom 24. Februar 1877, betreffend die Umzugskosten der Staats-Beamten, und die Verordnung vom 26. Mai 1877, betreffend die Umzugskosten von Beamten der Staats- und der unter Staats-Verwaltung stehenden Privat-Eisenbahnen, nicht aufgehoben worden. Den aus der Justiz-Verwaltung zur Staats-Eisenbahn-Verwaltung übertretenden Assessoren können daher für die aus diesem Anlaß ausgeführten Umzüge die persönlichen Reisekosten und Tagegelder unbedenklich auch in solchen Fällen gezahlt werden, in welchen die nach den neuern Bestimmungen für die Gewährung der Umzugskosten nothwendigen Voraussetzungen fehlen.

XXXV. Erlaß vom 1. April 1879, II. 3546.

(Eisenb.-Verordn.-Bl. pro 1879, S. 46.)

Nach §. 7 der Verordnung vom 15. April 1876, betreffend die Tagegelder und Reisekosten der Staats-Beamten, sind bei Reisen von nicht weniger als 2 Kilometern, aber unter 8 Kilometern, die Fuhrkosten für 8 Kilometer zu gewähren. Auf Grund dieser Bestimmung sind nach dem, analoge Anwendung findenden Ministerial-Erlaß vom 21. März 1865[1]) bei einer theils auf Eisenbahnen oder Dampfschiffen, theils auf anderen Transportmitteln zurückgelegten Dienstreise die danach zu unterscheidenden Wegestrecken für sich und besonders zu berechnen, so daß, wenn eine der betreffenden Strecke mindestens 2, aber weniger als 8 Kilometer beträgt, 8 Kilometer in Ansatz zu bringen sind.

Diese Vorschrift wird in Folge eines neuerdings ergangenen Monitums der Königlichen Ober-Rechnungs-Kammer hierdurch in Erinnerung gebracht.

XXXVI. In einem Specialfalle ist unterm 18. September 1879 Folgendes bestimmt:

Die Bewilligung von Diäten an einen Beamten für die Zeit während welcher derselbe ohne versetzt zu sein, eine etatsmäßige Stelle bei einer anderen Eisenbahn-Verwaltung inne gehabt hat, kann nicht erfolgen, da zwar eine Beschäftigung außerhalb des Wohnorts im Sinne des Gesetzes, betr. die Gewährung von Wohnungsgeld-Zuschüssen an die unmittelbaren Staats-Beamten vom 12. Mai 1873 (G.-S. S. 209), nicht aber im Sinne des Gesetzes vom 24. März 1873 (G.-S. S. 122) bezw. der auf Grund desselben ergangenen Allerh. Verordnung vom 30. October 1876, betr. die Tagegelder und Reisekosten der Beamten der Staats-Eisenbahnen und der unter der Verwaltung des Staates stehenden Privat-Eisenbahnen, vorliegt. Während nämlich für die Bemessung des Wohnungsgeld-Zuschusses als eines Theiles des Diensteinkommens lediglich der Ort maßgebend ist, an welchem der Beamte eine etatsmäßige Stelle bekleidet, gleichgiltig, ob derselbe seinen Wohnsitz auch wirklich dahin verlegt hat oder ob seine Beschäftigung auch fernerhin an einem andern Orte erfolgt, bildet für die Gewährung von Tagegeldern stets die außerhalb des thatsächlich behaupteten dienstlichen Wohnortes erfolgte Beschäftigung dergestalt die Voraussetzung, daß der dem Beamten zugewiesene Wohnort der Etatsstelle wirklich von ihm bezogen und demnächst zur Wahrnehmung der ihm vorübergehend übertragenen anderweiten Geschäfte verlassen sein muß.

---

[1]) Der Circular-Erlaß vom 21. März 1865 ist auf Seite 46/47 des Eisenb.-Verord.-Blattes pro 1879 abgedruckt.

Einige specielle Bestimmungen über die Entschädigungen für das Zu- und Abgehen bei Dienstreisen auf Eisenbahnen.

I. Erlaß vom 3. April 1860, II. 1973.

Bei Dienstreisen mit Bahnmeister-Wagen, Draisinen, Maschinen und Arbeitszügen erscheint die Gewährung von Reisekosten neben den reglementsmäßigen Diäten nicht gerechtfertigt und kann nur insoweit für zulässig erachtet werden, als es sich um Ersatz der Kosten für Zu- und Abgehen handelt.

II. Erlaß vom 18. Juni 1869, II. 9403.

Beim Uebergehen von einer Eisenbahn auf die andere können volle Ab- und Zugangs-Gebühren auch dann liquidirt werden, wenn der Beamte zwar nicht nöthig hat, sich beim Uebergange auf einen anderen Bahnhof zu begeben, aber sich auch nicht eines durchgehenden, für beide Bahnen gültigen, zur kostenfreien Gepäckbeförderung von der einen Bahn auf die andere berechtigenden Billets bedienen können.

III. Erlaß vom 13. Januar 1874, II. 273.

[Dieser Erlaß ist bereits im Wortlaute auf Seite 275 zum Abdruck gekommen und wird daher dorthin verwiesen.]

IV. Erlaß vom 24. Mai 1874, II. 3420.

Die Bedingungen, unter welchen vor Erlaß der Verordnung vom 29. November 1874 die Entschädigung für einen mehrmaligen Zu- und Abgang liquidirt werden durfte, sind durch dieselbe als aufgehoben nicht zu betrachten; es können also auch künftig, wenn Hin- und Rückreise an demselben Tage zurückgelegt werden, ohne daß das Bahngebiet verlassen wird, die Zu- und Abgangskosten nur einmal liquidirt werden.

[Wegen der weiteren Anordnungen dieses Erlasses cfr. den Abdruck desselben anf Seite 276.]

Erlaß vom 26. August 1875, $\frac{\text{II. 15183}}{\text{V. 8311}}$ betreffend Entschädigung veranslagter Fuhrkosten in den Städten Berlin und Breslau.

In Erwiderung auf den Bericht vom 15. Mai d. J. — 2038 — bestimme ich im Einverständnisse mit dem Herrn Finanz-Minister, auf Grund des §. 6 des Gesetzes, betreffend die Tagegelder und Reisekosten der Staats-Beamten vom 24. März 1873, daß den Beamten der Staats-Eisenbahn-Verwaltung in den Orten Berlin und Breslau die von ihnen bei Erledigung von Geschäften außerhalb des Dienstgebäudes verauslagten Fuhrkosten erstattet werden. Zugleich werden die Ausgaben, welche durch die Erstattung derartiger Auslagen in den beiden Vorjahren erwachsen sind, nachträglich genehmigt.

Der Minister für Handel, Gewerbe und öffentliche Arbeiten.

Im Auftrage.

An
die Königl. Direction der Niederschlesisch-Märkischen Eisenbahn.

(Den übrigen betheiligten Directionen zur Kenntnißnahme und Beachtung mitgetheilt.)

Tagegelder und Reisekosten der technischen Hülfsarbeiter.

I. Erlaß vom 16. October 1877, II. 20509.

In Verfolg meines Erlasses vom 8. Juni d. J. — II. 23271 — bestimme ich hinsichtlich der Annahme und Beschäftigung technischer Hülfsarbeiter bei der Ausführung von Staats-Eisenbahnbauten, sowie der denselben zu gewährenden diätarischen Remunerationen und Reisekosten-Entschädigungen das Nachstehende:

I. Den bei der Ausführung von Staats-Eisenbahnbauten beschäftigten technischen Hülfsarbeitern — mit Ausnahme der in Preußen staatlich geprüften Baumeister und Bauführer — ist nur in den Fällen die Eigenschaft eines Staats-Beamten beizulegen, wenn dieselben nicht allein für die Zeit des betreffenden Baues, sondern in der Absicht dauernder Beibehaltung angenommen werden.

II. Die bei der Ausführung von Staats-Eisenbahnbauten beschäftigten technischen Hülfsarbeiter sind zunächst ausnahmslos nur gegen tageweise bemessene Diäten anzunehmen.

Nach mindestens dreimonatlicher zufriedenstellender Dienstführung können den in Preußen staatlich geprüften Baumeistern und Bauführern, sowie auch denjenigen sonstigen technischen Hülfsarbeitern, welche nicht allein für die Zeit des Baues, sondern in der Absicht dauernder Beibehaltung angenommen sind, an Stelle der Tagesdiäten monatweise fixirte Remunerationen bewilligt werden.

Die Diäten und Remunerationen sind von den bauleitenden Behörden im Voraus festzusetzen und dürfen die nachfolgenden pro Tag normirten Sätze nicht übersteigen:

1.	für Abtheilungs-Baumeister.	10,50	*M.*
2.	Sections-Baumeister	9	„
3.	„ Bauführer	6	„
4.	Bau-Assistenten .	5,50	„
5.	„ Zeichner und Bauaufseher	4,50	„
6.	vereidete Feldmesser	7,50	„
7.	„ Hülfsfeldmesser	5,50	„

Die Bewilligung höherer Sätze bedarf in jedem Falle meiner vorgängigen Genehmigung und ist nur in solchen Fällen ausnahmsweise in Aussicht zu nehmen, wo sie durch die Anforderung an gesteigerte Leistungen, durch besondere mit der Beschäftigung verbundene Auslagen, oder allgemeine Theuerung des Orts begründet ist.

III. Den bei der Ausführung von Staats-Eisenbahnbauten angenommenen technischen Hülfsarbeitern sind in Fällen vorwiegend auswärtiger Thätigkeit Reisekosten-Pauschquanta innerhalb der nachstehenden pro Monat normirten Sätze zu gewähren,

a) bei Vorarbeiten:

1.	für Baumeister	90—180	ℳ
2.	„ Bauführer	45— 90	„
3.	„ vereidete Feldmesser	30— 90	„
4.	„ Hülfsfeldmesser	30— 60	„

b) bei Neubauten:

1.	für Abtheilungs-Baumeister	120—180	ℳ
2.	„ Sections-Baumeister	60—120	„
3.	„ Bauführer	30— 60	„
4.	„ vereidete Feldmesser	30— 90	„
5.	„ Hülfsfeldmesser	30— 60	„ ;

Abtheilungs-Baumeistern, welche eigenes Fuhrwerk zu halten genöthigt sind, kann ausnahmsweise ein Reisekosten-Pauschquantum bis zum Betrage von 240 M. gewährt werden.

c) Bei Neubauten auf den im Betriebe befindlichen Strecken sind Reisekosten-Pauschquanta nach denselben Sätzen wie unter b) zu gewähren, jedoch unter Abzug einer Ermäßigung von 50%. Die für Abtheilungs-Baumeister zugelassenen Sätze dürfen aber nur solchen Baumeistern bewilligt werden, welche sich in einer längeren dienstlichen Beschäftigung bewährt haben und mit Functionen betraut sind, die denjenigen der Abtheilungs-Baumeister bei Neubauten im Wesentlichen gleich kommen.

Außer den vorstehend sub a. bis c. aufgeführten, neben den laufenden Diäten zu zahlenden Pauschal-Entschädigungen sind weitere Vergütungen für Dienstreisen den in Rede stehenden Beamten nicht zu gewähren. Sofern besondere Umstände die Gewährung einer höheren als der hiernach zulässigen Entschädigung nothwendig erscheinen lassen sollten, oder für einzelne, mit größerem Kostenaufwande verbundene Reisen außerhalb des Dienstbezirks die Bewilligung einer besonderen Entschädigung neben dem Pauschquantum angezeigt erscheint, ist unter specieller Darlegung der dafür sprechenden Gründe in jedem einzelnen Falle an mich zu berichten.

In Urlaubs-, Krankheits- ꝛc. Fällen ist den gegen Tagesdiäten beschäftigten technischen Hülfsarbeitern selbstverständlich ein der Dauer des Urlaubs ꝛc. entsprechender Theil des zugebilligten Reisekosten-Pauschquantums zu entziehen. Hinsichtlich derjenigen technischen Hülfsarbeiter, welche monatweise bemessene Remunerationen beziehen, findet dagegen ein ratirlicher Abzug von dem Reisekosten-Pauschquantum nur dann statt, wenn die Unterbrechung der dienstlichen Beschäftigung — innerhalb Monatsfrist — länger als zehn Tage dauert.

IV. Ist in Ermangelung vorwiegend auswärtiger Beschäftigung von der Festsetzung und Bewilligung eines Reisekosten-Pauschquantums abgesehen worden, so können für die Ausführung von Dienstreisen, zu welchen in einzelnen Fällen besonderer Auftrag ertheilt wird, Fuhrkosten-Vergütungen nach den folgenden Sätzen gewährt werden:

1. für Baumeister nach den unter I^1 und II^2 im §. 4 Artikel I der Allerhöchsten Verordnung, betreffend die Tagegelder und die Reisekosten der Staats-Beamten vom 15. April 1876 (G.-S. S. 107) bestimmten Sätzen,
2. für Bauführer nach den Sätzen unter I^2 und II^3 l. c.
3. für die übrigen technischen Hülfsarbeiter, denen die Eigenschaft eines Staats-Beamten beigelegt ist, nach den Sätzen derjenigen Beamten-Categorie, welcher sie nach Eröffnung des Betriebes voraussichtlich angehören werden.

Außerdem können beim Fortbezug der laufenden Tagesdiäten beziehungsweise der monatlichen Remuneration für die Reisetage angemessene Zuschüsse bis zum Betrage von 6 *M.* pro Tag für Baumeister und von 3 *M.* pro Tag für die übrigen technischen Hülfsarbeiter bewilligt werden. Mit den lediglich zur vorübergehenden Beschäftigung angenommenen, staatlich nicht geprüften technischen Hülfsarbeitern ist hinsichtlich der Vergütungen für die Ausführung etwaiger Dienstreisen, zu denen in einzelnen Fällen besonderer Auftrag ertheilt wird, bei der Annahme ausdrückliche Vereinbarung zu treffen. Diese Vergütungen dürfen die für Bauführer zugelassenen Sätze nicht überschreiten.

V. Für die aus Anlaß von Versetzungen auszuführenden Dienstreisen sind Fuhrkosten nach den unter IV bestimmten Sätzen auch in den Fällen zu gewähren in welchen Reisekosten-Pauschquanta bewilligt sind.

VI. Für die in Preußen staatlich geprüften Maschinenmeister und Maschinenbauführer, welche bei der Ausführung von Staats-Eisenbahnbauten beschäftigt werden, gelten dieselben Bestimmungen, wie für die Baumeister und Bauführer. Technikern welche die in Preußen für den höheren Staats-Bau- und Maschinendienst vorgeschriebenen Prüfungen nicht bestanden haben, können die Functionen eines (Abtheilungs-, Sections-) Baumeisters oder Maschinenmeisters nur mit meiner Genehmigung übertragen werden. Im Falle der Genehmigung sind die bauleitenden Behörden ermächtigt, denselben die Competenzen zuzusichern, welche nach diesem Erlasse denjenigen Beamten gewährt werden können, mit deren Functionen sie beauftragt werden sollen.

Der Minister für Handel, Gewerbe und öffentliche Arbeiten.

II. Erlaß vom 27. December 1877, II. 25949.

Mit Bezug auf die Vorschrift unter IV des General-Erlasses vom 16. October d. Js. II. 20509 wird in einem Specialfalle erwidert, daß den bei der Ausführung von Staats-Eisenbahnbauten beschäftigten technischen Hülfsarbeitern für die Ausführung von Dienstreisen, zu welchen in einzelnen Fällen besonderer Auftrag ertheilt wird, beim Fortbezug der laufenden Tages-Diäten beziehungsweise der monatlichen Remuneration neben den festgesetzten Fuhrkosten-Vergütungen angemessene Zuschüsse bis zum Betrage von 6 ℳ. beziehungsweise 3 ℳ. pro Tag nicht nur für diejenigen Tage, an welchen die Hin- und Rückreise ausgeführt wird, sondern für die ganze Dauer der Reise bewilligt werden können.

III. Erlaß vom 20. Februar 1878, II. 2143.

Im Anschluß an den Erlaß, betreffend die Annahme und Beschäftigung technischer Hülfsarbeiter für Staats-Eisenbahnbauten ꝛc. vom 16. October 1877 (E.V.Bl. S. 977) bestimme ich, daß den bei Neubauten auf den im Betriebe befindlichen Strecken beschäftigten Baumeistern der unter II. 1 des bezogenen Erlasses für Abtheilungs-Baumeister normirte Maximal-Diätensatz von 10,50 ℳ. pro Tag unter der Voraussetzung gewährt werden darf, daß dieselben sich in einer längeren dienstlichen Beschäftigung bewährt haben und mit Functionen betraut sind, welche denjenigen der Abtheilungs-Baumeister auf den Neubaustrecken im Wesentlichen gleichkommen.

Den bei Neubauten beschäftigten Bau-Assistenten können in geeigneten Fällen bei vorwiegend auswärtiger Thätigkeit Reisekosten-Pauschquanta von monatlich 30 bis 60 ℳ. bewilligt werden.

IV. Erlaß vom 24. September 1878, II. 16134.

Auf den Bericht vom 28. v. Mts., Nr. 3322, eröffne ich der Königlichen Direction, daß den im Betriebs-Dienste dauernd beschäftigten technischen Hülfsarbeitern Tagegelder und Reisekosten nach den für die Betriebs-Verwaltung bestehenden Vorschriften auch in denjenigen Fällen zu gewähren sind, in welchen sie ausnahmsweise mit der Ausführung von Dienstreisen zu Neubauzwecken beauftragt werden.

V. Erlaß vom 1. April 1879, II. 2171.

(Eisenb.-Verordn.-Blatt pro 1879 S. 44.)

Unter der Fuhrkosten-Vergütung, welche nach Nr. IV. V. des Erlasses vom 16. October 1877, II. 20509 den beim Bau beschäftigten technischen Hülfsarbeitern gewährt werden kann, sind nicht blos die reglementsmäßigen Sätze pro km Reiseweg, sondern auch die Entschädigung für Zu- und Abgänge zu verstehen.

VI. Erlaß vom 24. September 1879, II. 10630 an die Direction der Berliner Stadt-Eisenbahn und an sämmtliche übrige Directionen und Commissionen.

Auf den Bericht vom 19. v. M. will ich genehmigen, daß solche Ingenieure, welche zwar nicht das Examen als Bauführer oder Maschinen-Bauführer abgelegt, jedoch entweder die Gewerbe-Academie oder ein preußisches oder deutsches Politechnicum besucht haben, und mit der Wahrnehmung derselben Functionen wie Bauführer betraut sind, im Sinne des Erlasses vom 16. October 1877, II. 20509 — Eisenbahn-Verordnungs-Blatt pro 1878 S. 9 ff. — bezüglich der denselben zu gewährenden Diäten den Bauführern gleich zu stellen sind.

VII. Erlaß vom 20. October 1879, II. P. 7087.

eröffnet der Direction der Berliner Stadt-Eisenbahn, daß der durch den Erlaß vom 16. October 1877 — II. 20509 — für Bau-Assistenten festgesetzte Diätensatz von 5 ℳ. 50 ₰ auch dann gewährt werden kann, wenn die Bau-Assistenten nicht bei der Bauausführung selbst, sondern im Büreau beschäftigt werden.

Tagegelder und Reisekosten an Beamte bei landespolizeilicher Prüfung von Eisenbahn-Projecten, Abnahme fertiger Bahnstrecken und bei Expropriationen.

I.

Berlin, am 14. September 1872.

Bei Verrechnung der Diäten und Reisekosten, welche an Beamte für die Wahrnehmung von Terminen zur landespolizeilichen Prüfung eines Eisenbahn-Projects ꝛc. gezahlt worden sind, sowie bezüglich der Frage, ob den als Commissarien der Regierung bei Expropriations-Verhandlungen innerhalb ihres Kreises fungirenden Landräthen ein Anspruch auf Diäten und Reisekosten zustehe, ist bisher nicht von allen Regierungen ein gleichmäßiges Verfahren beobachtet worden. Zur Herbeiführung einheitlicher Grundsätze wird daher bestimmt, daß die erstgedachten Kosten, sofern es sich dabei um Termine zur landespolizeilichen Prüfung eines Eisenbahn-Projects oder zur landespolizeilichen Revision und Abnahme einer fertig gestellten Bahnstrecke vor der Betriebs-Eröffnung handelt, auf fiscalische Fonds zu übernehmen, sofern es sich aber um Termine im Expropriations-Verfahren handelt, von den Privat-Eisenbahn-Unternehmern zu tragen sind. In den Fällen, wo der Staat selbst als Bau-Unternehmer auftritt, sind die erwachsenden Kosten stets auf fiscalische Fonds zu übernehmen.

In weiterer Ausdehnung dieses Grundsatzes wird es der Billigkeit entsprechend und nach den bestehenden Vorschriften als zulässig erachtet, den Landräthen für die Wahrnehmung von Terminen bei Expropriations-Verhandlungen nicht allein für Eisenbahnbauten, sondern auch für Bergbauzwecke und sonstige Bauten innerhalb ihrer Kreise die reglementsmäßigen Diäten und Reisekosten zu gewähren, wenn die Expropriation zu Gunsten von Privat-Unternehmern stattfindet. Die Gewährung von Diäten und Reisekosten ist dagegen ausgeschlossen, wenn der Staat selbst oder die Kreis-Corporation, welcher der betreffende Landrath vorsteht, der Unternehmer ist.

In gleicher Weise sind auch den mit einem Reisekosten-Aversum ausgestatteten Bau-Beamten die reglementsmäßigen Diäten und Reisekosten für Rechnung der Bau-Unternehmer zu gewähren, wenn dieselben zum Zweck von Straßen- und Wasser-, namentlich Canal-Bauten, deren Unternehmer Privatpersonen, Actien-Gesellschaften, Gemeinden oder Kreis-Corporationen sind, Expropriations-Termine wahrnehmen.

Da die Stellung der Landräthe und Bau-Beamten es erfordert, daß dieselben wegen Zahlung derartiger Kosten nicht an die betreffenden Bau-Unternehmer gewiesen werden, so sind die bezüglichen Liquidationen von der Regierung (bei Expropriationen für Bergbauzwecke von dem Ober-Bergamte) festzusetzen, auf fiscalische Kassen anzuweisen und die gezahlten Beträge demnächst durch die Regierung (das Ober-Bergamt) von den zur Tragung dieser Kosten verpflichteten Unternehmern der betreffenden Bauten wieder einzuziehen.

Der Minister des Innern.	Der Finanz-Minister.	Der Minister für Handel, Gewerbe u. öffentliche Arbeiten.
In Vertretung: gez. **Bitter.**	**Camphausen.**	Im Auftrage: **Weishaupt.**

An
sämmtliche Königliche Regierungen und Landdrosteien.

Abschrift zur Kenntniß und Beachtung.

Der Minister für Handel, Gewerbe und öffentliche Arbeiten.

Im Auftrage:
gez. **Weishaupt.**

An
sämmtliche Königliche Eisenbahn-Directionen, Ober-Bergämter, Eisenbahn-Commissariate und Commissarien.

II. 15631 }
III. 13038 } M. f. H.
I. }
I. A. 8847. M. d. J.
I. 13100. F. M.

II.

Berlin, den 21. August 1873.

Mit Bezug auf die General-Verfügung vom 14. September v. J., betreffend die den Beamten für Wahrnehmung von Terminen zur landespolizeilichen Prüfung eines Eisenbahn-Projects oder zur landespolizeilichen Revision und Abnahme einer fertig gestellten Bahnstrecke vor der Betriebs-Eröffnung zu zahlenden Diäten und Reisekosten, wird die Königliche Regierung davon in Kenntniß gesetzt, daß auch die Kosten derjenigen Amtshandlungen einer Staats-Behörde, durch welche ein Termin zur landespolizeilichen Prüfung eines Eisenbahn-Projects oder zur landespolizeilichen Revision und Abnahme einer Bahnstrecke vor deren Eröffnung vorbereitet wird, auf die Staats-Kasse zu übernehmen sind.

Die Königliche Regierung hat in vorkommenden Fällen hiernach zu verfahren.

Der Minister des Innern.	Der Finanz-Minister.	Der Minister für Handel, Gewerbe u. öffentliche Arbeiten.
Im Auftrage: gez. **von Klützow.**	Im Auftrage: gez. **von Lentz.**	Im Auftrage: gez. **Duddenhausen.**

An
sämmtliche Königliche Regierungen und Landdrosteien.

Abschrift erhält die, das (Tit.) Ew. ꝛc. zur Kenntniß.

Der Minister für Handel, Gewerbe und öffentliche Arbeiten.

Im Auftrage.

An
sämmtliche Königliche Eisenbahn-Directionen, Ober-Bergämter, das Eisenbahn-Commissariat in Berlin und die Eisenbahn-Commissarien.

Abschrift — von 1 — erhält das Königliche Eisenbahn-Commissariat auf den Bericht vom 7. Juni d. J. zur Kenntniß und weiteren Veranlassung.

Der Minister für Handel, Gewerbe und öffentliche Arbeiten.

Im Auftrage:
gez. **Duddenhausen.**

An
das Königliche Eisenbahn-Commissariat zu Coblenz.

M. f. H. II. 16037. M. d. J. I. A. 7104. F. M. I. 12883.
III. 14148.
I. 5154.

III.

Berlin, den 16. Januar 1875.

Auf den Bericht vom 24. August d. J. erklären wir uns damit einverstanden, daß die den Amtsvorstehern ertheilten Aufträge in Expropriationssachen für Eisenbahnzwecke nicht in den Bereich derjenigen Geschäfte fallen, welche denselben durch die Vorschriften der Kreis-Ordnung vom 13. December 1872 als Angelegenheiten der Amtsverwaltung zugewiesen worden sind und für deren Besorgung die Amtsvorsteher nach §. 69 ibid. eine Amtsunkosten-Entschädigung aus der Kasse des Amtsbezirks erhalten. Dennoch haben die Amtsvorsteher für die von ihnen in solchen Angelegenheiten unternommenen Geschäftsreisen eine besondere Entschädigung an Reisekosten und Tagegeldern in Anspruch zu nehmen.

Was die Höhe dieser Entschädigung betrifft, so findet das Gesetz vom 24. März v. J. über die Tagegelder und Reisekosten der Staats-Beamten auf die Amtsvorsteher, da dieselben nicht zu den unmittelbaren Staats-Beamten gehören, keine Anwendung. Die Festsetzung der zu gewährenden Entschädigung wird daher nach dem Maßstabe der Angemessenheit erfolgen müssen. Allgemeine Tariffätze für die Amtsvorsteher vorzuschreiben, liegt zur Zeit kein Bedürfniß vor und ist an sich, bei der Verschiedenheit der thatsächlichen Voraussetzungen in den einzelnen Fällen nicht unbedenklich.

Gegen die nach dem Berichte der Königlichen Regierung vom 24. August d. J. von dem Amtsvorsteher Baron von F. vorgelegte Liquidation von 3 Thalern an Tagegeldern und Fuhrkosten finden wir nichts zu erinnern, und ist dieser Betrag von den Extrahenten des Verfahrens einzuziehen.

Für künftige Fälle hat die Königliche Regierung bei den zu Zwecken des Staats-Eisenbahnbaues erfolgenden Expropriationen dergleichen Aufträge den Landräthen zur eigenen Ausführung zu übertragen, in welchem Falle bezüglich der Reisekosten und Tagegelder der Landräthe der Ministerial-Erlaß vom 14. September 1872 (Min.-Bl. d. inn. V. S. 256) zur Anwendung zu bringen ist.

Der Minister des Innern.
Eulenburg.

Der Minister für Handel, Gewerbe und öffentliche Arbeiten.
Achenbach.

An
die Königliche Regierung zu Oppeln.

Abschrift erhält die Königliche Regierung zur Kenntnißnahme und Nachachtung.

Der Minister des Innern.
Eulenburg.

Der Minister für Handel, Gewerbe und öffentliche Arbeiten.
Achenbach.

An
die Königliche Regierung zu Breslau, Liegnitz, Königsberg, Gumbinnen, Danzig, Marienwerder, Potsdam, Frankfurt a. O., Stettin, Cöslin, Stralsund, Magdeburg, Merseburg, Erfurt.

M. d. J. I. K. O. 1480.

M. f. H. ꝛc. $\frac{\text{II. 23547}}{\text{V. 7081}}$.

IV. Verordnung, betreffend die Reisekosten der Beamten bei der Revision von Eisenbahnstrecken und in Strombefahrungs-Angelegenheiten.

Vom 7. Januar 1876.

(Ges.-S. S. 31.)

Wir Wilhelm, von Gottes Gnaden König von Preußen ꝛc. verordnen auf Grund des §. 12 des Gesetzes, betreffend die Tagegelder und Reisekosten der Staats-Beamten vom 24. März 1873. (Gesetz-Samml. S. 122) was folgt:

Einziger Paragraph.

Für Dienstreisen Behufs Revision von Eisenbahnstrecken, sowie für Dienstreisen in Strombefahrungs-Angelegenheiten, sei es auf Dampfschiffen oder anderen Wasserfahrzeugen, werden, sofern das Transportmittel dem Beamten kostenfrei gestellt wird, an Reisekosten nur die Entschädigungen für Zu- und Abgänge gezahlt, welche dem Beamten gemäß §. 4 ad 1 des obengenannten Gesetzes bei den auf Eisenbahnen oder Dampfschiffen zurückgelegten Dienstreisen zustehen.

Urkundlich unter Unserer Höchsteigenhändigen Unterschrift und beigedrucktem Königlichen Insiegel.

Gegeben Berlin, den 7. Januar 1876.

(L. S.) gez. Wilhelm.

gegengez. Camphausen. Gr. zu Eulenburg. Achenbach.

Anmerkungen des Verfassers.

1. Diese Bestimmungen werden auch auf die zur landespolizeilichen Revision und Abnahme neuer Eisenbahnen auszuführenden Reisen Anwendung finden müssen.

2. Nach dem Beschlusse des Staats-Ministeriums vom 29. November 1862 können für Dienstreisen, welche auf aus Staats- oder öffentlichen Fonds bezahlten Extrazügen oder mit Benutzung von Freikarten zurückgelegt werden, neben Tagegeldern nur die Entschädigungen für Zu- und Abgang, nicht auch Meilengelder liquidirt werden.

Pensionen.

Pensionsberechtigung der Eisenbahn-Beamten, Berechnung der pensionsfähigen Dienstzeit, sowie der Pensionsbeträge ꝛc.

A. Pensionsberechtigung.

Für die Pensionirung der Beamten der Staats-Eisenbahnen finden die Bestimmungen des Gesetzes betreffend die Pensionirung der unmittelbaren Staatsbeamten, sowie der Lehrer und Beamten an den höheren Unterrichts-Anstalten mit Ausschluß der Universitäten, vom 27. März 1872 (Ges.-Samml. S. 268) entsprechende Anwendung. Dieses Gesetz folgt hier in einem Auszuge nebst einschlägigen Bestimmungen. Zur Erzielung einer besseren Uebersicht ist das Material systematisch gruppirt.

Nachdem auch den unter dem Vorbehalte des Widerrufs oder der Kündigung angestellten Staats-Eisenbahn-Beamten, welche eine in den Besoldungs-Etats aufgeführte Stelle bekleiden, durch das Gesetz vom 27. März 1872 (§. 2) ein Anspruch auf Pension aus Staats-Fonds verliehen worden, ist durch Erlaß des Herrn Ministers für Handel, Gewerbe und öffentliche Arbeiten vom 3. August 1872, II. 14906 in Abänderung der desfallsigen Vorschriften in den Reglements für die Beamten-Pensions- und Unterstützungs-Kassen der Staats-Eisenbahnen, bestimmt, daß diese Beamten sowohl bezüglich der Beitragsleistung als auch hinsichtlich des Pensionsbezuges vom 1. April 1872 ab, als dem Tage, mit welchem das neue Pensionsgesetz in Kraft getreten ist, den definitiv angestellten Beamten gleichgestellt werden. Demzufolge fallen vom 1. April 1872 ab die Ansprüche der gedachten Beamten auf Pensionsbezug aus den Bahn-Pensions- und Unterstützungs-kassen, wie solche in den betreffenden Reglements näher bestimmt sind, mit Ausnahme jedoch das Anrecht auf etwaige Zuschuß-Pensionen, fort und sind von da ab die $^1/_{12}$ Gehalts- und Gehalts-Verbesserungsbeträge sowie die fortlaufenden Beiträge von $1^2/_3$ pCt. des Diensteinkommens nicht mehr zu entrichten, soweit solche aber nach dem 1. April 1872 von den in Rede stehenden Beamten noch erhoben worden sind, zurückzuzahlen. Die vor dem 1. April 1872 fällig gewesenen derartigen Gelder verbleiben vorläufig in so weit den Bahn-Pensions-Kassen, als sie nicht in Folge definitiver Anstellung resp. wegen Uebertritts der Beamten zu einer andern Verwaltung oder in Folge Ausscheidens aus dem Dienste zurückzugewähren oder an andere Kassen abzuführen sind.

Die Bahn-Beamten-Pensions- und Unterstützungs-Kassen sind für sich bestehende Institute. Nach dem durch Erlaß des Herrn Ministers für Handel, rc. vom 23. October 1874, II. 20165 für die Staatsbahnen mit dem 1. Januar 1875 eingeführten gleichartigen Reglement gewähren diese Institute — mit Ausnahme derjenigen Fälle, in welchen eine Entschädigung auf Grund des Reichsgesetzes vom 7. Juni 1871 (Reichsgesetz-Blatt S. 207) oder auf Grund anderer gesetzlicher Bestimmungen zu beanspruchen ist, — den Beamten der betreffenden Bahnen, deren Wittwen und Kindern nach Maßgabe der Bestimmungen des genannten Reglements Pensionen bezw. Zuschuß-Pensionen[1]) und Unterstützungen.

Der Kasse beizutreten und berechtigt sind alle nicht lediglich vorübergehend beschäftigten Beamte der betreffenden Staatsbahnen, welche ein mindestens monatweis fixirtes Diensteinkommen beziehen.

Im Uebrigen wird auf die Reglements selbst, welche den betheiligten Beamten zugängig sind, verwiesen.

Die definitiv angestellten Beamten der unter Staats-Verwaltung stehenden Privatbahnen sind nach dem Erlaß vom 3. Mai 1858, II. 3334 in allen Stücken nach dem Reglement für Civil-Staatsdiener vom 30. April 1825 (von Kamptz Ann. Bd. 16 S. 843) zu behandeln. An Stelle dieses Reglements ist das Gesetz vom 27. März 1872 (cfr. die Einleitung dieses Abschnitts) getreten, wie dies im §. 38 dieses Gesetzes ausgedrückt ist.

Die Beamten der unter Staats-Verwaltung stehenden Eisenbahnen erhalten, auch wenn sie definitiv angestellt sind, ihre Pensionen — unbeschadet der vorstehenden Bestimmung in dem Erlaß vom 3. Mai 1858 — aus den Fonds der Beamten-Pensions- und Unterstützungs-Kassen der betreffenden Bahnen, auf deren Reglements im Uebrigen ebenfalls verwiesen wird.

Auszug

aus dem Gesetz, betreffend die Pensionirung der unmittelbaren Staats-Beamten rc., vom 27. März 1872 (Ges.-S. S. 268.)

§. 1. Jeder unmittelbare Staatsbeamte, welcher sein Diensteinkommen aus der Staatskasse bezieht, erhält aus derselben eine lebenslängliche Pension, wenn er nach

[1]) Cfr. den vorhergehenden Erlaß vom 3. August 1872.

einer Dienstzeit von wenigstens zehn Jahren in Folge eines körperlichen Gebrechens, oder wegen Schwäche seiner körperlichen oder geistigen Kräfte zu der Erfüllung seiner Amtspflichten dauernd unfähig ist, und deshalb in den Ruhestand versetzt wird.

Ist die Dienstunfähigkeit die Folge einer Krankheit, Verwundung oder sonstigen Beschädigung, welche der Beamte bei Ausübung des Dienstes, oder aus Veranlassung desselben ohne eigene Verschuldung sich zugezogen hat, so tritt die Pensionsberechtigung auch bei kürzerer als zehnjähriger Dienstzeit ein.

Bei Staatsministern, welche aus dem Staatsdienste ausscheiden, ist eingetretene Dienstunfähigkeit nicht Vorbedingung des Anspruchs auf Pension.

§. 2. Die unter dem Vorbehalte des Widerrufs oder der Kündigung angestellten Beamten haben einen Anspruch auf Pension nach Maßgabe dieses Gesetzes nur dann, wenn sie eine in dem Besoldungsetat aufgeführte Stelle bekleiden.

Es kann ihnen jedoch, wenn sie eine solche Stelle nicht bekleiden, bei ihrer Versetzung in den Ruhestand eine Pension bis auf Höhe der durch dieses Gesetz bestimmten Sätze bewilligt werden.

§. 3 (bezieht sich auf die bei den Auseinandersetzungs-Behörden beschäftigten Oeconomie-Commissarien und Feldmesser, ferner auf Wiesenbautechniker und Wiesenbaumeister).

§. 4 (bezieht sich auf die Oberwachtmeister und Gendarmen der Landgendarmerie).

§. 5. Beamte, deren Zeit und Kräfte durch die ihnen übertragenen Geschäfte nur nebenbei in Anspruch genommen, oder welche ausdrücklich nur auf eine bestimmte Zeit oder für ein seiner Natur nach vorübergehendes Geschäft angenommen werden, erwerben keinen Anspruch auf Pension nach den Bestimmungen dieses Gesetzes.

Darüber, ob eine Dienststellung eine solche ist, daß sie die Zeit und Kräfte eines Beamten nur nebenbei in Anspruch nimmt, entscheidet mit Ausschluß des Rechtsweges die dem Beamten vorgesetzte Dienstbehörde.

§. 6 (bezieht sich auf die Lehrer an den Universitäten, die Lehrer und Beamten an Gymnasien ꝛc.).

§. 7. Wird außer dem im zweiten Absatz des §. 1. bezeichneten Falle ein Beamter vor Vollendung des zehnten Dienstjahres dienstunfähig und deshalb in den Ruhestand versetzt, so kann demselben bei vorhandener Bedürftigkeit mit Königlicher Genehmigung eine Pension entweder auf bestimmte Zeit oder lebenslänglich bewilligt werden.

§. 12 (erscheint im Abschnitt C. — S. 309).

B. Berechnung der pensionsfähigen Dienstzeit.

§. 13. Die Dienstzeit wird vom Tage der Ableistung des Diensteides gerechnet. Kann jedoch ein Beamter nachweisen, daß seine Vereidigung erst nach dem Zeitpunkte seines Eintritts in den Staatsdienst stattgefunden hat, so wird die Dienstzeit von diesem Zeitpunkte an gerechnet.

§. 14. Bei Berechnung der Dienstzeit kommt auch die Zeit in Anrechnung, während welcher ein Beamter:

1. unter Bezug von Wartegeld im einstweiligen Ruhestand nach Maßgabe der Vorschriften des Gesetzes vom 21. Juli 1852, §. 87. Nr. 2. (Ges.-Samml. S. 465), der Erlasse vom 14. Juni 1848 (Ges.-Samml. S. 153.) und 24. October 1848 (Ges.-Samml. S. 338) und der Verordnung vom 23. September 1867, §. 1, Nr. 4. (Ges.-Samml. S. 1619) oder
2. im Dienste des Norddeutschen Bundes oder des Deutschen Reichs sich befunden hat, oder
3. als anstellungsberechtigte ehemalige Militärperson nur vorläufig oder auf Probe im Civildienste des Staates, des Norddeutschen Bundes oder des Deutschen Reichs beschäftigt worden ist, oder
4. eine praktische Beschäftigung außerhalb des Staatsdienstes ausübte, insofern und insoweit diese Beschäftigung vor Erlangung der Anstellung in einem unmittelbaren Staatsamte Behufs der technischen Ausbildung in den Prüfungs-Vorschriften ausdrücklich angeordnet ist, oder
5. als Lehrer (§. 6) das vorgeschriebene Probejahr abhielt.

§. 15. Der Civildienstzeit wird die Zeit des activen Militärdienstes hinzugerechnet.

Zu §. 15. Betreffs der Militärpersonen aus den neu erworbenen Landestheilen sind folgende Bestimmungen ergangen:

a) Erlaß vom 8. Juni 1875, II. 7672.

Bezüglich der pensionsfähigen Militärdienstzeit des p. T. bemerke ich, daß nach dem Ergebniß einer mit dem Herrn Kriegs-Minister gepflogenen Erörterung bei Feststellung der in der früheren Hannoverschen Armee zurückgelegten Dienstzeit zwischen der eingestellten Mannschaft, den sogenannten Conscribirten, und den freiwillig eingetretenen Leuten, den Capitulanten, ein Unterschied zu machen ist, daß hierbei indessen für die vorliegende Frage nur die Capitulanten der Cavallerie in Betracht kommen, welche während ihrer Capitulation mit Dienstpferd, Sold und Hartfuttergeld beurlaubt wurden. Während eines derartigen Urlaubsverhältnisses wurde nämlich die Dienststandsangehörigkeit des Cavalleristen überhaupt nicht unterbrochen, und blieb derselbe auch in dieser Zeit zu jedem Dienste verpflichtet und hinsichtlich seiner Person und seines Pferdes den ordentlichen und außerordentlichen Inspectionen seiner Vorgesetzten im Quartier und an den Sammelplätzen unterworfen. Bei dieser Sachlage kann der Urlaubszeit der Capitulanten der frühern Hannoverschen Cavallerie der Character einer activen Dienstzeit im Sinne des §. 15 des Gesetzes vom 27. März 1872 nicht wohl abgesprochen werden.

Für die Berechnung der Hannoverschen Militärdienstzeit bezüglich aller andern Mannschaften, sowie in Betreff der Beurlaubungen nach beendeter Capitulation (Reserve-Urlaub; ohne Pferd mit 1 Thlr. monatlichem Solde) bleiben dagegen die Normen des Passus 5 der Circular-Verfügung der Herren Minister der Finanzen, des Innern und des Krieges vom 24. September 1874 —

Nr. 234 des Deutschen Reichs- und Preußischen Staats-Anzeigers — sowie die Vorschriften des diesseitigen Erlasses vom 20. November v. J.[1]) auch ferner maßgebend.

b) Erlaß vom 3. Juni 1878, II. 8223.

Den Königlichen Eisenbahn-Directionen und Commissionen lasse ich anliegend eine Zusammenstellung derjenigen Grundsätze, welche bei Berechnung der Militär-Dienstzeit in den durch die Gesetze vom 20. September und 24. December 1866 mit der Preußischen Monarchie vereinigten Landestheilen zur Anwendung gekommen sind, zur Kenntnißnahme und Beachtung mit dem Bemerken zugehen, daß, wie aus der Zusammenstellung ersichtlich, sich für die Mehrzahl der in Betracht kommenden Fälle nicht mit Sicherheit allgemeine Normen darüber haben aufstellen lassen, in wie weit die in den Militär-Abschieden vermerkte Zeit als active Dienstzeit anzusehen ist, und daß daher in zweifelhaften Fällen die Vermittlung der zuständigen Königlichen General-Commandos in Anspruch zu nehmen ist.

Zusammenstellung
der
Grundsätze, welche bei Berechnung der Militär-Dienstzeit in den durch die Gesetze vom 20. September und 24. December 1866 mit der Preußischen Monarchie vereinigten Landestheilen zur Anwendung gekommen sind.

1. Kurfürstenthum Hessen.

Als active Dienstzeit ist nur die in der 1. Abtheilung des 1. Aufgebots zugebrachte sowie diejenige Zeit gerechnet worden, während welcher ein Soldat etwa aus der 2. Abtheilung des 1. Aufgebots (der Reserve) oder aus dem 2. Aufgebot zur Fahne eingezogen war. Ueber letztere Einziehung wurde auf dem Abschiede zumeist ein Vermerk gemacht. Wenn sich die active Dienstzeit somit auch im Allgemeinen aus den Abschieden ersehen läßt, so wird eine sichere Auskunft hierüber, namentlich auch wegen etwaiger Anrechnung von Feldzugsjahren, jedoch nur aus den Grundbüchern gewonnen.

2. Landgrafenthum Hessen.

Die sämmtlichen Kriegs-Dienstpflichtigen wurden in sechs Klassen getheilt.

Die 1. Klasse begriff diejenigen, welche im Laufe des vorhergegangenen Jahres ihr 20. Lebensjahr zurückgelegt hatten; die 2. Klasse diejenigen, welche im Laufe des vorhergegangenen Jahres ihr 21. Lebensjahr zurückgelegt hatten u. s. w. Je nach der Klasse nun, aus welcher ein Kriegs-Dienstpflichtiger zum Dienst einberufen wurde, war auch die Dauer seiner activen Dienstzeit verschieden; so hatte der aus der 1. Klasse Einberufene 4, der aus der 2. Klasse Einberufene 3 Jahre activ zu dienen, bis sein Uebertritt zur sogenannten „Kriegsreserve“ erfolgte.

---

[1]) Cfr. die nachfolgenden Bestimmungen (Erlaß vom 3. Juni 1878).

Die Mannschaften der 5. und 6. Klasse konnten nur zur Kriegsreserve und mit dieser auch nur im Falle eines Krieges einberufen werden.

Durch Desertion und Gefängnißstrafe von 2 Monaten und mehr wurde die Dienstzeit unterbrochen; der Deserteur verlor die ganze Dienstzeit und mußte eine neue beginnen.

Nach Maßgabe dieser Grundsätze ist die in den Abschieden vermerkte Dienstzeit als active Dienstzeit anzusehen; bei den Capitulanten (Freiwilligen) ist jedoch die ganze in den Abschieden vermerkte Dienstzeit activ zurückgelegt.

3. Herzogthum Nassau.

Von der sechsjährigen Dienstzeit geht die Zeit ab, während welcher sich die Mannschaften auf Urlaub (sogenannten Groß-Urlaub) befanden. Die Dauer des Großurlaubs ist aber weder in den Stammrollen noch in den Abschieden angegeben.

Die active Dienstzeit dauerte bei der Infanterie in der Regel zunächst 18 Monate, in den darauf folgenden Jahren nur zusammen 4 Monate.

4. Freie Stadt Frankfurt a. M.

Die ganze im Dienste der Stadt zugebrachte Zeit war activer Dienst; die in den Abschieden angegebene Dienstzeit ist daher im vollen Umfange als active Dienstzeit anzusehen.

5. Königreich Hannover.

Als active Dienstzeit ist auch diejenige Zeit anzusehen, während welcher die Capitulanten der Cavallerie, der Artillerie (Kanoniere 1. Klasse), sowie das Ingenieur-Corps (Pioniere 1. Klasse)[1]) mit vollem Solde beurlaubt waren.

6. Schleswig-Holstein.

Die Verabschiedung erfolgte nach 20jähriger Dienstzeit, vor dieser nur dann, wenn Invalidität nachgewiesen war. Das Gesetz geht grundsätzlich nur von der wirklich zurückgelegten Dienstzeit aus; es läßt sich daher annehmen, daß die in den Abschieden vermerkte Dienstzeit active Dienstzeit gewesen ist. Zu bemerken ist hierbei jedoch, daß die Dienstzeit erst vom vollendeten 18. Lebensjahre gerechnet wurde, sowie daß nach einem Circular-Schreiben des Königlich Dänischen Kriegs-Ministeriums vom 12. Januar 1854 derjenige, welcher das Ehrenzeichen für 8 bezw. 16jährige Dienste besaß, dadurch zwei Jahre in Beziehung auf Pensionsversorgung gewann.

§. 16. Die Dienstzeit, welche vor den Beginn des 18. Lebensjahres fällt, bleibt außer Berechnung.

---

[1]) In Betreff der im vormaligen hannoverschen Ingenieur-Corps beim Stamme desselben als Pioniere 1. Klasse Gedienten ist bereits durch Erlaß vom 27. Juni 1876, II. 5476, V. 5830 bestimmt, daß die von ihnen nach ihren Militärpässen zurückgelegte Dienstzeit als eine active im Sinne des Pensionsgesetzes vom 27. März 1872 anzurechnen ist.

Nur die in die Dauer eines Krieges fallende und bei einem mobilen oder Ersatz-Truppentheile abgeleistete Militär-Dienstzeit kommt ohne Rücksicht auf das Lebensalter in Anrechnung.

Als Kriegszeit gilt in dieser Beziehung die Zeit vom Tage einer angeordneten Mobilmachung, auf welche ein Krieg folgt, bis zum Tage der Demobilmachung.

§. 17. Für jeden Feldzug, an welchem ein Beamter im preußischen oder im Reichsheer oder in der preußischen oder kaiserlichen Marine derart Theil genommen hat, daß er wirklich vor den Feind gekommen oder in dienstlicher Stellung den mobilen Truppen in das Feld gefolgt ist, wird demselben zu der wirklichen Dauer der Dienstzeit Ein Jahr zugerechnet.

Ob eine militärische Unternehmung in dieser Beziehung als ein Feldzug anzusehen ist, und inwiefern bei Kriegen von längerer Dauer mehrere Kriegsjahre in Anrechnung kommen sollen, dafür ist die nach §. 23 des Reichsgesetzes vom 27. Juni 1871 (Reichsgesetzbl. S. 275) in jedem Falle ergehende Bestimmung des Kaisers maßgebend.

Für die Vergangenheit bewendet es bei den hierüber durch Königl. Erlasse gegebenen Vorschriften.

Zu §. 17. In Ansehung der vorstehenden Bestimmung im §. 17 des Pensions-Gesetzes kommen folgende Allerhöchste Erlasse in Betracht:

a) vom 20 November 1848[1]) (Just.-Min.-Bl. S. 456):

Mit Bezug auf §. 8 des Militär-Pensions-Reglements vom 13. Juni 1825 bestimme Ich, daß der Feldzug in Schleswig-Holstein den an Gefechten betheiligt gewesenen Personen bei Berechnung der Dienstzeit als ein Kriegsjahr in Anrechnung kommen soll.

b) vom 13. Februar 1849 (Just.-Min.-Bl. S. 133):

Ich genehmige mit Bezug auf den §. 8 des Militär-Pensions-Reglements vom 13. Juni 1825, daß der Kampf des Jahres 1848 im Großherzogthum Posen zur Unterdrückung der daselbst ausgebrochenen Insurrection den an Gefechten betheiligt gewesenen Personen bei Berechnung der Dienstzeit als ein Kriegsjahr in Anrechnung kommen soll. Das Staats-Ministerium hat hiernach das Weitere zu verfügen.

c) Vom 6. November 1849 (Just.-Min.-Bl. S. 483):

In Verfolg Meiner an das Staats-Ministerium erlassenen Ordres vom 20. November v. und 13. Februar d. Js. will Ich in Bezug auf den §. 8 des Militär-Pensions-Reglements vom 13. Juni 1825 hierdurch bestimmen, daß auch der diesjährige Feldzug in Schleswig und Jütland, sowie der Kampf des Jahres 1849 in der Pfalz und im Großherzogthum Baden zur Unterdrückung des daselbst ausgebrochenen

[1]) Die Allerhöchsten Ordres unter a bis e sind den damaligen Staats-Eisenbahn-Directionen mittelst Verfügung des Herrn Ministers für Handel, ꝛc. vom 20. Juni 1858 abschriftlich zur Nachachtung zugefertigt und deren Beachtung durch die weitere Verfügung vom 11. November 1874, II. 25468 in Erinnerung gebracht worden.

Aufstandes, den an Gefechten betheiligt gewesenen Personen bei Berechnung der Dienstzeit als ein Kriegsjahr in Anrechnung kommen soll.

d) Vom 19. Januar 1850 (Just.-Min.-Bl. S. 146):

Da das für den Kriegszweck ausgerüstete Post-Dampfschiff „Preußischer Adler" am 27. Juni v. J. im Gefecht mit der dänischen Kriegsbrigg „St. Croix" gewesen ist, so will Ich in Verfolg meiner Ordres vom 20. November 1848 und 13. Februar und 6. November 1849 in Beziehung auf den §. 8 des Militär-Pensions-Reglements vom 13. Juni 1825 hierdurch bestimmen, daß denjenigen Personen, welche an diesem Kampfe Theil genommen haben, jenes Jahr bei Berechnung der Dienstzeit als ein Kriegsjahr in Anrechnung kommen soll.

e) Vom 6. Mai 1858:

In Verfolg Meiner an das Staats-Ministerium erlassenen Ordre vom 6. November 1849 will Ich mit Bezug auf den §. 8 des Militär-Pensions-Reglements vom 13. Juni 1825 hierdurch bestimmen, daß auch der im Jahre 1849 zur Unterdrückung des Aufstandes im Königreich Sachsen stattgefundene Kampf den preußischen Militärpersonen, welche die Gefechte in Dresden mitgemacht haben, bei Berechnung der Dienstzeit als ein Kriegsjahr in Anrechnung gebracht werden soll, insofern sie nicht bereits aus der Theilnahme an den späteren kriegerischen Operationen des Jahres 1849 ein Anrecht auf die Doppelrechnung desselben besitzen.

f) Vom 14. Juni 1855 (Ges.-S. S. 515):

Auf Ihren Vortrag genehmige Ich, daß den bei mobilen Truppen angestellten und diesen in das Feld folgenden Beamten der Militär-Verwaltung ohne Unterschied, ob sie Militär- oder Civil-Beamte sind, die Kriegszeit in allen den Fällen doppelt gerechnet werden darf, wo dies den Truppen selbst zugestanden wird. Auch will Ich diese Berechtigung denjenigen Beamten beilegen, welche in früheren Kriegen bei der mobilen Armee als Beamte gedient haben und sich gegenwärtig noch im activen Dienst befinden.

g) Vom 18. December 1864:

Ich bestimme mit Bezug auf den §. 8 des Militär-Pensions-Reglements vom 13. Juni 1825, daß der diesjährige Feldzug gegen Dänemark den dabei Betheiligten bei Berechnung ihrer Dienstzeit als ein Kriegsjahr in Anrechnung kommen soll. Für die Betheiligung ist der statutenmäßige Besitz der durch Meine Ordre vom 10. November d. J. gestifteten Kriegsdenkmünze maßgebend.

h) Vom 6. November 1866:

Ich bestimme mit Bezug auf den §. 8 des Militär-Pensions-Reglements vom 13. Juni 1825, daß der diesjährige Feldzug den dabei Betheiligten bei Berechnung ihrer Dienstzeit als ein Kriegsjahr in Anrechnung kommen soll. Für die Betheiligung ist der statutenmäßige Besitz des durch Meine Ordre vom 20. September d. J. gestifteten Erinnerungskreuzes maßgebend. Das Staats-Ministerium hat hiernach das Weitere zu veranlassen.

i) Vom 16. Mai 1871[1]):

Ich bestimme mit Bezug auf den §. 8 des Militär-Pensions-Reglements vom 13. Juni 1825, daß der Feldzug gegen Frankreich von 1870/71 den an solchem Betheiligten bei Berechnung ihrer Dienstzeit nach folgenden Grundsätzen als Kriegsdienstzeit in Anrechnung zu bringen ist:

1. Denjenigen Betheiligten, welche in jedem der beiden vorbezeichneten Jahre an einer Schlacht, einem Gefecht resp. einer Belagerung Theil genommen, oder welche je zwei Monate aus dienstlicher Veranlassung in Frankreich zugebracht haben, kommen zwei Kriegsjahre in Anrechnung.
2. Denjenigen dagegen, welche diese Bedingungen nur in einem der Jahre 1870 oder 1871 erfüllt, sowie Denjenigen, welche ohne an einem Kampfe Theil zu nehmen, nur in beiden Jahren zusammen zwei Monate fortlaufender Zeit aus dienstlicher Veranlassung in Frankreich zugebracht haben, ist nur ein Kriegsjahr in Anrechnung zu bringen. Die Anrechnung des Jahres 1871 als Kriegsjahr für Diejenigen, welche in diesem Jahre nicht an einem Kampfe betheiligt gewesen, findet jedoch überhaupt nur in dem Falle statt, wenn die Betreffenden bis zum 2. März dieses Jahres mindestens zwei Monate aus dienstlicher Veranlassung in Frankreich anwesend waren.

k) Vom 20. Juni 1872 (Deutscher Reichs-Anzeiger Nr. 168/72) betreffend Anrechnung des Feldzuges 1866 als Kriegsjahr bei den in die preußische Armee übernommenen Officieren, ꝛc. welche in diesem Feldzuge gegen Preußen gekämpft haben:

Auf den Mir gehaltenen Vortrag genehmige Ich, daß der Feldzug 1866 als Kriegsjahr auch denjenigen in die preußische Armee übernommenen Officieren, Beamten und Mannschaften, welche bei Truppen der mit Preußen im Kriege befindlich gewesenen Staaten gestanden haben, anzurechnen ist, sobald dieselben an einem Gefechte Theil genommen, oder Behufs Ausführung von Operationen zu kriegerischen Zwecken die Grenzen ihrer damaligen Heimathsländer verlassen haben. Diese Meine Ordre hat rückwirkende Kraft in Bezug auf alle diejenigen Personen der genannten Categorien, welche seit dem Jahre 1866 nach preußischen Normen resp. dem Gesetze vom 27. Juni 1871 pensionirt sind, wenn

---

[1]) Mitgetheilt durch Erlaß vom 23. December 1871, II. 24996.

die Anrechnung des qu. Kriegsjahres von Einfluß auf die Competenzen derselben ist.

l) Vom 11. Februar 1875:

Auf Grund der Bestimmungen des §. 23 des Gesetzes, betreffend die Pensionirung und Versorgung der Militärpersonen ꝛc. vom 27. Juni 1871, genehmige Ich, daß der Feldzug des Jahres 1866 denjenigen in den Civil- oder Militär-Dienst des Reiches eingetretenen Officieren, Beamten und Mannschaften, welche bei Truppen der in jenem Jahre im Kriege befindlich gewesenen Deutschen Staaten gestanden haben, als Kriegsjahr anzurechnen ist, sofern dieselben an einem Gefecht Theil genommen oder behufs Ausführung von Operationen zu kriegerischen Zwecken die Grenzen ihrer damaligen Heimathsländer verlassen haben. Dieser Mein Erlaß hat rückwirkende Kraft für alle seit dem Jahre 1866 pensionirten Personen der genannten Categorien. —

Zu vorstehendem Allerhöchsten Erlaß ist folgende Verfügung des Herrn Ministers für Handel, Gew. u. öffentl. Arbeiten an sämmtliche Königl. Eisenbahn-Directionen, Eisenbahn-Commissariate und Commissionen ꝛc. ergangen:

Berlin, den 22. Juni 1875.

Der Königlichen Direction lasse ich in der Anlage Abschrift des Allerhöchsten Erlasses vom 11. Februar d. J., betreffend die Anrechnung des Feldzuges von 1866 als Kriegsjahr bei der Pensionirung von Personen des Soldatenstandes und von Reichs-Beamten zur Kenntnißnahme und Beachtung mit dem Bemerken zugehen, daß nach §. 17 des Preußischen Gesetzes vom 27. März 1872 (G.-S. S. 272) dieser Allerhöchste Erlaß ohne Weiteres auch für die Pensionirung Preußischer Staats-Beamten maßgebend ist.

Falls inzwischen Beamte pensionirt sein sollten, auf welche diese Bestimmung in Anwendung zu bringen ist, wird den bezüglich der anderweiten Berechnung der Pensionen zu stellenden Anträgen entgegengesehen.

§. 18. Die Zeit

a) eines Festungsarrestes von einjähriger und längerer Dauer, sowie

b) der Kriegsgefangenschaft

kann nur unter besonderen Umständen mit Königlicher Genehmigung angerechnet werden.

§. 19. Mit Königlicher Genehmigung kann zukünftig bei der Anstellung nach Maßgabe der Bestimmungen in den §§. 13 bis 18 zugesichert und bei den jetzt bereits Angestellten angerechnet werden:

1. Die Zeit, während welcher ein Beamter,

a) sei es im In- oder Auslande als Sachwalter oder Notar fungirt, im Gemeinde-, Kirchen- oder Schuldienste, im ständischen Dienste, oder im

Dienste einer landesherrlichen Haus- oder Hofverwaltung sich befunden, oder

b) im Dienste eines fremden Staates gestanden hat;

2. die Zeit praktischer Beschäftigung außerhalb des Staatsdienstes, insofern und insoweit diese Beschäftigung vor Erlangung der Anstellung in einem unmittelbaren Staatsamte herkömmlich war.

Die Anrechnung der unter 1. erwähnten Beschäftigung muß erfolgen bei denjenigen Beamten, welche mit den im Jahre 1866 erworbenen Landestheilen in den unmittelbaren Staatsdienst übernommen worden sind, sofern dieselben auf diese Anrechnung nach den bis dahin für sie maßgebenden Pensionsvorschriften einen Rechtsanspruch hatten.

Anrechnung gewisser Beschäftigungs-Zeiten.

Erlaß vom 23. August 1873. II. 17244.

Nach der Bestimmung des §. 19 des Gesetzes, betreffend die Pensionirung der Staats-Beamten ꝛc. vom 27. März v. J. kann den in den Staatsdienst aufgenommenen Beamten für den Fall ihrer künftigen Pensionirung die Anrechnung gewisser Beschäftigungszeiten bei der Anstellung mit Königlicher Genehmigung zugesichert werden.

Nach den Eingangsworten dieser Bestimmung ist nicht zu bezweifeln, daß nach der Voraussetzung des Gesetzes die Allerhöchste Genehmigung bereits ertheilt sein muß, bevor die Anstellung erfolgt, weil es in der Regel zu Unzuträglichkeiten führen würde, wenn die Genehmigung trotz der bereits erfolgten Anstellung versagt werden sollte.

Ich veranlasse deshalb die Königliche Direction in allen Fällen, in welchen die Anwendung des §. 19 cit. angezeigt erscheint, vor Anstellung des betreffenden Beamten meine Entscheidung einzuholen.

§. 33. Den in Folge der Aufhebung der Patrimonial-Gerichtsbarkeit aus dem Privat-Gerichtsdienst in den unmittelbaren Staatsdienst übernommenen oder bereits vor dieser Aufhebung in den unmittelbaren Staatsdienst übergegangenen Beamten wird die Zeit des Privat-Gerichtsdienstes nach Maßgabe der Bestimmungen des gegenwärtigen Gesetzes angerechnet.

Den vormals Schleswig-Holsteinischen Beamten wird die Zeit, welche sie als beeidigte Secretäre oder Volontäre bei den Oberbeamten zugebracht haben, bei Feststellung ihrer Dienstzeit mit angerechnet.

§. 34. Die Zeit, während welcher ein Beamter in den neu erworbenen Landestheilen oder ein mit einem solchen Landestheile übernommener Beamter auch in einem anderen Theile des Landes, welchem seine Heimath vor der Vereinigung mit Preußen angehört hat, im unmittelbaren Dienste der damaligen Landesherrschaft gestanden hat, wird in allen Fällen bei der Pensionirung nach Maßgabe des gegenwärtigen Gesetzes in Anrechnung gebracht.

§. 35. Hinsichtlich der Hohenzollernschen, in den preußischen Staatsdienst übernommenen Beamten bleiben die Bestimmungen unter Nr. 2 und 3 des Erlasses vom 26. August 1854 (Ges.-Samml. 1855 S. 33) in Kraft.

§. 36. Zusicherungen, welche in Bezug auf dereinstige Bewilligung von Pensionen an einzelne Beamte oder Categorien von Beamten durch den König oder einen der Minister gemacht worden sind, bleiben in Kraft.

Doch finden auf Beamte, hinsichtlich deren durch Staatsverträge die Bewilligung von Pensionen nach den Grundsätzen fremdländischer Pensions-Bestimmungen zugesichert worden ist, die Vorschriften des gegenwärtigen Gesetzes insoweit Anwendung, als sie für die Beamten günstiger sind.

(§. 37 bezieht sich auf städtische Beamte in der Provinz Schleswig-Holstein.)

§. 38. Das gegenwärtige Gesetz tritt mit dem 1. April 1872 in Kraft u. s. w.

C. Berechnung der Pension.

§. 8. Die Pension beträgt, wenn die Versetzung in den Ruhestand nach vollendetem zehnten, jedoch vor vollendetem elften Dienstjahre eintritt, $^{20}/_{80}$ und steigt von da ab mit jedem weiter zurückgelegten Dienstjahre um $^{1}/_{80}$ des in den §§. 10 bis 12 bestimmten Dienst-Einkommens.

Ueber den Betrag von $^{60}/_{80}$ dieses Einkommens hinaus findet eine Steigerung nicht statt.

In dem im §. 1 Absatz 2 erwähnten Falle beträgt die Pension $^{20}/_{80}$, in dem Falle des §. 7 höchstens $^{20}/_{80}$ des vorbezeichneten Dienst-Einkommens.

§. 9. Bei jeder Pension werden überschießende Thalerbrüche auf volle Thaler abgerundet.

Zu §. 9. Erlaß des Herrn Ministers für Handel, ꝛc. vom 15. Januar 1875, II. 29092 ꝛc. Hierbei mache ich noch besonders darauf aufmerksam, daß mit Rücksicht auf den §. 9 des Pensions-Gesetzes vom 27. März 1872 die nach dem Marksystem berechnete Staats-Pension stets auf den nächst höher liegenden, durch 3 ohne Rest theilbaren Markbetrag abzurunden ist. Ergiebt z. B. die Rechnung für die Staats-Pension einen Betrag von 927,36 Mark, so ist derselbe nicht auf 928 Mark, sondern auf 930 Mark abzurunden.

§. 10. Der Berechnung der Pension wird das von dem Beamten zuletzt bezogene gesammte Dienst-Einkommen [1]), soweit es nicht zur Bestreitung von Reprä-

[1]) Mit der Verfügung, welche die Versetzung eines Beamten in den Ruhestand ausspricht und seine Pension endgültig festsetzt, hat die Dienstlaufbahn desselben ihren Abschluß gefunden, wenn auch für den Dienstaustritt selbst ein späterer Termin festgesetzt wird.

Dadurch wird ausgeschlossen, daß der ausscheidende Beamte als solcher noch weiter vermögensrechtliche Ansprüche dem Staate gegenüber erwerbe. Demgemäß darf ihm eine Gehalts-Erhöhung, welche gleichzeitig auch eine Erhöhung der festgesetzten Pension bedingen würde, nicht mehr bewilligt werden. (Circul.-Erlaß des Finanz-Ministers und des Ministers des Innern vom 19. Juli 1872, I. 7171 F.-M. C.-B. 3449 M. d. J. — Hand.-M. II. 15495).

sentations- oder Dienst-Aufwandskosten gewährt wird, nach Maßgabe der folgenden näheren Bestimmungen zu Grunde gelegt:

1. Feststehende Dienst-Emolumente, namentlich freie Dienstwohnung, sowie die anstatt derselben gewährte Mieths-Entschädigung, Feuerungs- und Erleuchtungs-Material, Natural-Bezüge an Getreide, Winterfutter u. s. w., sowie der Ertrag von Dienst-Grundstücken kommen nur insoweit zur Anrechnung, als deren Werth in den Besoldungs-Etats auf die Geldbesoldung des Beamten in Rechnung gestellt, oder zu einem bestimmten Geldbetrage als anrechnungsfähig bezeichnet ist[1]).
2. Dienst-Emolumente, welche ihrer Natur nach steigend und fallend sind werden nach den in den Besoldungs-Etats oder sonst bei Verleihung des Rechts, auf diese Emolumente deshalb getroffenen Festsetzungen und in Ermangelung solcher Festsetzungen nach ihrem durchschnittlichen Betrage während der drei letzten Kalenderjahre vor dem Jahre, in welchem die Pension festgesetzt wird, zur Anrechnung gebracht.
3. Blos zufällige Dienst-Einkünfte, wie widerrufliche Tantième, Commissions-Gebühren, außerordentliche Remunerationen, Gratificationen, und dergleichen kommen nicht zur Berechnung.
4. Das gesammte zur Berechnung zu ziehende Dienst-Einkommen einer Stelle darf den Betrag des höchsten Normalgehalts derjenigen Dienst-Categorie, zu welcher die Stelle gehört, nicht übersteigen.

   Ohne diese Beschränkung kommen jedoch solche Gehaltstheile oder Besoldungs-Zulagen, welche zur Ausgleichung eines von dem betreffenden Beamten in früherer Stellung bezogenen Dienst-Einkommens demselben mit Pensions-Berechtigung gewährt sind, zur vollen Anrechnung.
5. Wenn das nach den Bestimmungen dieses Paragraphen ermittelte Einkommen eines Beamten insgesammt mehr als 4000 Thlr. (= 12000 Mark) beträgt, wird von dem überschießenden Betrage nur die Hälfte in Anrechnung gebracht.

§. 11. Ein Beamter, welcher früher ein mit einem höheren Dienst-Einkommen verbundenes Amt bekleidet und dieses Einkommen wenigstens Ein Jahr lang bezogen hat, erhält, sofern der Eintritt oder die Versetzung in ein Amt von geringerem Dienst-Einkommen nicht lediglich auf seinen im eigenen Interesse gestellten Antrag erfolgt, oder als Strafe auf Grund des §. 16 des Gesetzes, betreffend die Dienst-Vergehen der nicht richterlichen Beamten u. s. w. vom 21. Juli 1852 (Ges.-S. S. 465), oder des §. 1 des Gesetzes, betreffend einige Abänderungen des Gesetzes über die Dienst-Vergehen der Richter vom 7. Mai 1851, u. s. w. vom 22. März 1856 (Ges.-S. S. 201) gegen ihn verhängt ist, bei seiner Versetzung in den Ruhestand eine nach Maßgabe des früheren höheren Dienst-Einkommens unter Berücksichtigung der gesammten Dienstzeit berechnete Pension, jedoch soll die gesammte Pension das letzte pensionsberechtigte Dienst-Einkommen nicht übersteigen.

---

[1]) Es wird auf §. 6 des Gesetzes, betreffend die Gewährung von Wohnungsgeld-Zuschüssen an die unmittelbaren Staats-Beamten, vom 12. Mai 1873 sowie auf die Ausführungs-Bestimmungen zu demselben — Seite 236 dieses Werkes — verwiesen.

§. 12. Das mit Nebenämtern oder Nebengeschäften verbundene Einkommen begründet nur dann einen Anspruch auf Pension, wenn eine etatsmäßige Stelle als Nebenamt bleibend verliehen ist.

§. 32. Ist die nach Maßgabe dieses Gesetzes bemessene Pension geringer als die Pension, welche dem Beamten hätte gewährt werden müssen, wenn er am 31. März 1872 nach den bis dahin für ihn geltenden Bestimmungen pensionirt worden wäre, so wird diese letztere Pension an Stelle der ersteren bewilligt.

Anrechnung der Militär-Invaliden-Pensionen auf die Civil-Pension, event. Weiterbezug der ersteren, Verstümmelungszulagen.

I. Nach dem Militär-Pensions-Gesetz vom 27. Juni 1871, (§. 107) wird den im Civildienst angestellten Militär-Pensionären bei ihrem Ausscheiden aus diesem Dienst, wenn sie in demselben entweder gar keine oder eine geringere oder eine dem Betrage der Invaliden-Pension nur gleiche Civil-Pension erdient haben, an Stelle derselben die gesetzliche Invaliden-Pension aus Militär-Fonds wieder angewiesen. Haben dieselben jedoch in den von ihnen bekleideten Civilstellen den Anspruch auf eine höhere Pension erworben, so wird der Betrag der Invaliden-Pension hierauf in Anrechnung gebracht und nur der Mehrbetrag aus dem betreffenden Civil-Pensions-Fonds bestritten.

Die Pensions- und Verstümmelungs-Zulagen bleiben bei dieser Berechnung außer Betracht und werden unter allen Umständen aus Militär-Fonds bestritten.

II. Erlaß vom 9. November 1876, II. 20415.

In Gemäßheit der Bestimmung in dem §. 1 des Reichsgesetzes vom 23. Mai 1873, betreffend die Gründung und Verwaltung des Reichs-Invaliden-Fonds, sind die auf Grund des Militär-Pensionsgesetzes vom 27. Juni 1871 an die in Folge des Krieges von 1870/71 invalide gewordenen Militärpersonen bewilligten Pensionen nicht auf den allgemeinen Pensions-Fonds des Deutschen Reichs, sondern auf den Reichs-Invaliden-Fonds zu übernehmen. Unter Hinweis auf die Nr. 3 des Circular-Erlasses der Herren Minister des Innern, der Finanzen und des Krieges vom 24. September 1874[1]) (Nr. 234 des Deutschen

---

[1]) Nach dem Circular-Erlaß vom 24. September 1874 ist in den Vorschlags-Nachweisungen zur Bewilligung von Pensionen an Beamte, welche auf Anrechnung einer Militär-Dienstzeit Anspruch haben, eine Angabe darüber zu machen, ob eine, event. welche Invaliden-Pension diesen Beamten vor dem Eintritt in den Civil-Dienst bewilligt ist.

In einem Specialfalle ist ferner durch Erlaß vom 26. Januar 1877, II. 23040 darauf hingewiesen, daß bei Pensionirungen Ermittelungen darüber erforderlich sind, ob und zu welchem Betrage eine Militär-Pension auf die Dauer bewilligt worden. Ist in den betreffenden Militär-Papieren die Invaliden-Pensions-Bewilligung nur als eine vorläufige bezeichnet, so ist doch dahin eine Ermittelung anzustellen, ob und zu welchem Betrage später eine Militär-Pension auf die Dauer bewilligt ist. Im Uebrigen ist bei Aufstellung der Pensions-Nachweisungen auch darauf zu achten, daß etwaige Verwundungs- und Kriegszulagen auf die Civil-Pension überhaupt nicht in Anrechnung kommen. —

Reichs- und Preußischen Staats-Anzeigers de 1874) veranlasse ich die Königliche Direction, in die einzureichenden Nachweisungen zur Bewilligung von Civil-Pensionen an Beamte, welche früher eine Invaliden-Pension erdient haben, eine Angabe darüber aufzunehmen, ob die letztere Pension in Folge einer durch den Krieg von 1870/71 eingetretenen Invalidität bewilligt ist und daher dem Reichs-Invaliden-Fonds zur Last fällt, oder ob dieselbe auf den allgemeinen Pensions-Fonds des Deutschen Reiches zu übernehmen ist.

Der Minister für Handel, Gewerbe und öffentliche Arbeiten.

III. Erlaß vom 1. September 1877, $\frac{\text{II. 17829}}{\text{V. 8206}}$.

Durch Verfügung vom 9. November v. J. II. 20415 sind die Königlichen Directionen angewiesen worden, in die einzureichenden Nachweisungen zur Bewilligung von Civil-Pensionen an Beamte, welche früher eine Invaliden-Pension erdient haben, eine Angabe darüber aufzunehmen, ob die letztere Pension in Folge einer durch den Krieg von 1870/71 eingetretenen Invalidität bewilligt ist und daher dem Reichs-Invaliden-Fonds zur Last fällt, oder ob dieselbe auf den allgemeinen Pensions-Fonds des Deutschen Reiches zu übernehmen ist.

Inzwischen sind durch das Reichsgesetz vom 11. Mai c. (R.-G.-Bl. S. 495) verschiedene Gattungen von Invaliden-Pensionen, welche bis zum 1. April d. J. aus dem allgemeinen Pensions-Fonds des Deutschen Reiches bestritten wurden, von dem gedachten Tage ab dem Reichs-Invaliden-Fonds zur Last gelegt worden, was vom laufenden Rechnungsjahre an bei Ausführung der Eingangs erwähnten Verfügung entsprechend beachtet werden muß. Ich nehme Veranlassung, die Königliche Direction hierauf besonders aufmerksam zu machen.

Der Minister für Handel, Gewerbe und öffentliche Arbeiten.

D. Versetzung in den Ruhestand[1]).

§. 20. Zum Erweise der Dienstunfähigkeit eines seine Versetzung in den Ruhestand nachsuchenden Beamten ist die Erklärung der demselben unmittelbar vorgesetzten Dienstbehörde erforderlich, daß sie nach pflichtmäßigem Ermessen den Beamten für unfähig halte, seine Amtspflichten ferner zu erfüllen.

Inwieweit noch andere Beweismittel zu erfordern, oder der Erklärung der unmittelbar vorgesetzten Behörde entgegen für ausreichend zu erachten sind, hängt von dem Ermessen der über die Versetzung in den Ruhestand entscheidenden Behörde ab.

---

[1]) Durch den in Nr. 234 des Deutschen Reichs- und Preußischen Staatsanzeigers veröffentlichten gemeinschaftlichen Erlaß der Herren Minister der Finanzen, des Innern und des Krieges vom 24. September 1874 ist das Verfahren bei der Vorbereitung der Pensionirung von Civilbeamten, wie solches im Bereich der Eisenbahn-Verwaltung im Wesentlichen bereits eingeführt ist, für die Ressorts der genannten Ministerien näher präcisirt. Auf diesen gemeinschaftlichen Erlaß ist durch Erlaß des Herrn Ministers für Handel ꝛc. vom 20. November 1874, II. 24341 verwiesen.

Durch Erlaß vom 4. Januar 1873, II. 25379 ist bestimmt, daß bei Anträgen auf Pensionirung neben der nach §. 20 abzugebenden Erklärung noch ausdrücklich zu bemerken sei, daß nach pflichtmäßigem Ermessen der Direction der betreffende Beamte auch zu keinem anderen Amte von gleichem Range tauglich ist.

§. 21. Die Bestimmung darüber, ob und zu welchem Zeitpunkte dem Antrage eines Beamten auf Versetzung in den Ruhestand stattzugeben ist, erfolgt durch den Departements-Chef.

Bei denjenigen Beamten, welche durch den König zu ihren Aemtern ernannt worden sind, ist die Genehmigung des Königs zur Versetzung in den Ruhestand erforderlich.

§. 22. Die Entscheidung darüber, ob und welche Pension einem Beamten bei seiner Versetzung in den Ruhestand zusteht, erfolgt durch den Departements-Chef in Gemeinschaft mit dem Finanz-Minister.

Durch Erlaß vom 10. Januar 1876, II. 24211 ist bestimmt, daß bei dem Pensionirungs-Verfahren in der Verfügung, durch welche dem zu pensionirenden Beamten die in Gemäßheit des §. 22 des Gesetzes vom 27. März 1872 (Ges.-S. S. 268) getroffene Entscheidung über die Versetzung in den Ruhestand und die Höhe der bewilligten Pension bekannt gemacht wird, stets ausdrücklich hervorzuheben sei, daß die betreffende Entscheidung von dem Herrn Minister für Handel (jetzt der öffentlichen Arbeiten) „in Gemeinschaft mit dem Herrn Finanz-Minister“ erfolgt ist.

§. 23. Gegen diese Entscheidung (§. 22) steht dem Beamten nur die Beschreitung des Rechtsweges nach Maßgabe des Gesetzes, betreffend die Erweiterung des Rechtsweges, vom 24. Mai 1861 (Ges.-S. S. 241) offen.

§. 24. Die Versetzung in den Ruhestand tritt, sofern nicht auf den Antrag oder mit ausdrücklicher Zustimmung des Beamten ein früherer Zeitpunkt festgesetzt wird, mit dem Ablauf des Vierteljahres ein, welches auf den Monat folgt, in welchem dem Beamten die Entscheidung über seine Versetzung in den Ruhestand und die Höhe der ihm etwa zustehenden Pension (§. 22) bekannt gemacht worden ist.

E. Zahlung der Pensionen und Recht auf den Bezug derselben.

§. 25. Die Pensionen werden monatlich im Voraus bezahlt[1]).

§. 26. Das Recht auf den Bezug der Pension kann weder abgetreten noch verpfändet werden.

In Ansehung der Beschlagnahme der Pensionen bleiben die bestehenden Bestimmungen in Kraft.

§. 27. Das Recht auf den Bezug der Pension ruht:

---

[1]) In Betreff der Anweisung ꝛc. der Pensionen wird auf die Anmerkungen zu §. 14 der Instruction für die Ober-Rechnungs-Kammer verwiesen.

1. wenn ein Pensionär das Deutsche Indigenat verliert bis zu etwaiger Wiedererlangung desselben;
2. wenn und so lange ein Pensionär im Reichs- oder Staats-Dienste ein Dienst-Einkommen bezieht, insoweit als der Betrag dieses neuen Dienst-Einkommens unter Hinzurechnung der Pension den Betrag des von dem Beamten vor der Pensionirung bezogenen Dienst-Einkommens übersteigt.

§. 28. Ein Pensionär, welcher in eine an sich zur Pension berechtigende Stellung des unmittelbaren Staats-Dienstes wieder eingetreten ist (§. 27, Nr. 2), erwirbt für den Fall des Zurücktretens in den Ruhestand den Anspruch auf Gewährung einer nach Maßgabe seiner nunmehrigen verlängerten Dienstzeit und des in der neuen Stellung bezogenen Dienst-Einkommens berechneten Pension nur dann, wenn die neu hinzutretende Dienstzeit wenigstens ein Jahr betragen hat.

Mit der Gewährung einer hiernach neu berechneten Pension fällt bis auf Höhe des Betrages derselben das Recht auf den Bezug der früher bezogenen Pension hinweg.

Dasselbe gilt, wenn ein Pensionär im Deutschen Reichs-Dienste eine Pension erdient.

§. 29. Die Einziehung, Kürzung oder Wiedergewährung der Pension auf Grund der Bestimmungen in den §§. 27 und 28 tritt mit dem Beginn desjenigen Monats ein, welcher auf das, eine solche Veränderung nach sich ziehende Ereigniß folgt.

Im Falle vorübergehender Beschäftigung im Reichs- oder im Staats-Dienste gegen Tagegelder oder eine anderweite Entschädigung wird die Pension für die ersten sechs Monate dieser Beschäftigung unverkürzt, dagegen vom siebenten Monate ab nur zu dem nach den vorstehenden Bestimmungen zulässigen Betrage gewährt.

F. Unfreiwillige Versetzung in den Ruhestand.

§. 30. In Ansehung der unfreiwilligen Versetzung in den Ruhestand und des dabei stattfindenden Verfahrens behält es bei den Vorschriften in den §§. 56 bis 64 des Gesetzes, betreffend die Dienstvergehen der Richter und die unfreiwillige Versetzung derselben auf eine andere Stelle oder in den Ruhestand, vom 7. Mai 1851 (Ges.-S. S. 218) und in den §§. 88 bis 93 des Gesetzes, betreffend die Dienstvergehen der nicht richterlichen Beamten, die Versetzung derselben auf eine andere Stelle oder in den Ruhestand, vom 21. Juli 1852 (Ges.-Samml. S. 465) sein Bewenden.

Wird hiernach gemäß §. 90 des letzterwähnten Gesetzes von dem Rechtsmittel des Rekurses an das Staats-Ministerium Gebrauch gemacht, so läuft die sechsmonatliche Frist zur Anstellung der Klage wegen unrichtiger Festsetzung des Pensionsbetrages (§. 2 des Gesetzes, betreffend die Erweiterung des Rechtsweges, vom 24. Mai 1861, Ges.-S. S. 241) erst von dem Tage, an welchem dem Beamten die Entscheidung des Staats-Ministeriums bekannt gemacht ist.

Erlaß vom 15. Juni 1873, II. 11724.

Bei der unfreiwilligen Pensionirung der unter dem Vorbehalt des Widerrufs oder der Kündigung in etatsmäßigen Stellen angestellten Beamten wird Seitens der Directionen der Staats-Bahnen meistens das in den §§. 88 bis 93 des Gesetzes vom 21. Juli 1852 vorgeschriebene Verfahren eingeleitet, hierdurch aber nicht selten die Versetzung der betreffenden Beamten in den Ruhestand in erheblichster Weise verzögert. Wenn dies Verfahren, bei welchem ein dienstunfähiger Beamter längere Zeit hindurch, sei es unter Entbindung von seinen Geschäften, sei es unter Belassung derselben im Amte verbleibt, schon mit den finanziellen und den dienstlichen Interessen des Staats nicht im Einklang steht, so widerspricht es nicht minder der Natur des auf Widerruf oder Kündigung eingegangenen Dienstverhältnisses, da Letzteres die jederzeitige Entlassung nur von der Bedingung des vorgängigen Widerrufs resp. der Kündigung abhängig macht und die Nothwendigkeit eines anderweiten, complicirteren Verfahrens für diejenigen Fälle, in welchen mit der Dienstentlassung die Gewährung einer Pension verbunden ist, nicht begründet erscheint.

Allerdings verweist der §. 30 des Pensionsgesetzes vom 27. März vorigen Jahres bezüglich der unfreiwilligen Versetzung in den Ruhestand ausdrücklich auf die vorbezeichneten Bestimmungen des Gesetzes vom 21. Juli 1852; er bedient sich hierbei indessen nur des Ausdrucks, daß es in dieser Beziehung bei den citirten gesetzlichen Vorschriften *sein Bewenden* behalte, und läßt somit, da diese Vorschriften seiner Zeit nur die definitiv angestellten Beamten betrafen (confer. auch §. 83 ibidem), deren Anwendbarkeit auf die nicht dieser Categorie angehörigen, lediglich auf Widerruf oder Kündigung angestellten Beamten zweifelhaft.

Bevor ich 2c. 2c.

Der Minister für Handel, Gewerbe und öffentliche Arbeiten.

Erlaß vom 12. November 1873, II. 20125.

In Verfolg meines Erlasses vom 15. Juni d. J. II. 11724 eröffne ich der Königlichen Direction, daß bei der unfreiwilligen Pensionirung der unter dem Vorbehalt des Widerrufs oder der Kündigung in etatsmäßigen Stellen angestellten Beamten die Bestimmungen des §. 30 des Pensionsgesetzes vom 27. März v. J. resp. der §§. 88 bis 93 des Gesetzes vom 21. Juli 1852 (Ges.-S. S. 465) nicht in Anwendung zu bringen sind. Den betreffenden Beamten ist vielmehr, sobald der Fall der Versetzung in den Ruhestand vorliegt, hiervon Kenntniß zu geben und gleichzeitig der vorbehaltlich der höheren Genehmigung ihnen voraussichtlich zu gewährende Pensionsbetrag mitzutheilen, auch ihre etwaige Gegenerklärung entgegenzunehmen. Demnächst ist der Antrag auf Versetzung in den Ruhestand unter Vorlegung der bezüglichen Verhandlungen in der bisherigen Weise bei mir einzureichen und nach ergangener

Entscheidung die im §. 24 des Pensionsgesetzes vorgesehene Bekanntmachung bei gleichzeitiger Kündigung des Dienstverhältnisses zu dem in Aussicht genommenen Pensionirungs-Termin schleunigst zu bewirken, damit die der Regel nach mit Ablauf der hierauf folgenden drei Monate eintretende Versetzung in den Ruhestand nicht zu weit hinausgeschoben wird.

Der Minister für Handel, Gewerbe und öffentliche Arbeiten.

G. Zahlung der Pension für den auf den Sterbemonat folgenden Monat[1]).

§. 31. Hinterläßt ein Pensionär eine Wittwe oder eheliche Nachkommen, so wird die Pension noch für den auf den Sterbemonat folgenden Monat gezahlt.

An wen die Zahlung erfolgt, bestimmt die Provinzial-Behörde, auf deren Etat die Pension übernommen war.

Die Zahlung der Pension für den auf den Sterbemonat folgenden Monat kann auf Verfügung dieser Behörde auch dann stattfinden, wenn der Verstorbene Eltern, Geschwister, Geschwisterkinder oder Pflegekinder, deren Ernährer er gewesen ist, in Bedürftigkeit hinterläßt, oder wenn der Nachlaß nicht ausreicht, um die Kosten der letzten Krankheit und der Beerdigung zu decken.

Der über den Sterbemonat hinaus gewährte einmonatliche Betrag der Pension kann nicht Gegenstand einer Beschlagnahme sein.

Auszug

aus den Dienstvorschriften für die Beförderung von Personen, Reisegepäck, Leichen, Fahrzeugen und Thieren, sowie von Gütern.

Genehmigt durch Ministerial-Rescript vom 21. December 1878, Nr. II V. T. 6356.

für die

Preußischen Staats- und die unter Staats-Verwaltung stehenden Privat-Eisenbahnen.

Eingeführt mit dem 1. Juli 1879.

Abschnitt I.
Allgemeine Vorschriften.

§. 1.

Die Beförderung von Personen, Reisegepäck, Leichen, Fahrzeugen und Thieren, sowie von Gütern geschieht nach den Bestimmungen des Betriebs-Reglements für die Eisenbahnen Deutschlands, nach den Vorschriften der Tarife für die Local- und

---

[1]) Es wird im Weiteren auf den besonderen Abschnitt über Gnaden-Competenzen — S. 127 — und auf die Anmerkungen zu §. 14 der Ober-Rechnungs-Kammer-Instruction — Seite 193/194 — verwiesen.

Verbandverkehre, in denen die Beförderung erfolgt und nach Maßgabe der nachfolgenden Instruction.

(Letztere findet nachfolgend nur so weit Aufnahme, als es dem Zweck dieses Werkes entspricht.)

§. 2.

Organisation des Dienstes.

Als Organe der Verwaltung fungiren:

1. Der Billet-Expedient für den Verkauf der Personen- und Hunde-Billets;
2. Der Gepäck-Expedient für die Abfertigung des Reise-Gepäcks, sowie nach Maßgabe der §§. 29 und 41 ff. auch der Leichen, Fahrzeuge, Thiere (und deren Begleiter);
3. Der Güter-Expedient für die Abfertigung der Eil- und Frachtgüter, sowie derjenigen Leichen, Fahrzeuge, Thiere (und deren Begleiter), deren Abfertigung nach den §§. 41 und 51 in seinen Geschäftskreis fällt.

Diesen Beamten ist nach der Verkehrsausdehnung ihrer Stationen das erforderliche Hülfspersonal beigegeben, den Gepäck- und Güter-Expedienten Wiege- (Boden-, Lade-) Meister, denen speciell die Annahme, Verwiegung, Ver- und Entladung und Ausgabe der Gepäckstücke und Frachtgüter obliegt.

Sind den Güter-Expedienten außerdem noch Kassirer zugeordnet, so liegt diesen speciell die Vereinnahmung, Buchung, Verwaltung und Abführung der Frachtgelder ob. Auf Stationen von geringerer Verkehrs-Bedeutung sind die Functionen von zwei oder mehrern der obengenannten Beamten-Categorien in einer Person vereinigt, auf noch kleinern Stationen, Haltestellen oder Verladungsweichen ist die Ausübung derselben dem Vorsteher übertragen.

Jeder Beamte hat ohne Rücksicht auf die Amtsstellung, welche ihm verliehen ist, die ihm zugewiesenen Arbeiten und Aufträge in gleicher Weise zu erledigen, wie Derjenige, dessen Amtsfunctionen sie eigentlich bilden.

§. 3 bis 9.

(Betr. Allgemeine Dienstpflichten des Beamten-Personals; Verwaltung von Geldern und geldwerthen Sachen; Dienst-Correspondenz und Formulare; Diensteintheilung; Dienststunden; Zahlungsmittel).

§. 10.

Abführung der Einnahmen.

Die bei den Expeditions-Kassen entstandenen Einnahmen werden nach Maßgabe der hierüber ergangenen besonderen Bestimmungen abgeführt.

Abschnitt II.
Abfertigung von Personen.

§. 11.
Dienstverrichtungen des Billet-Expedienten.

Die hauptsächlichsten Dienstgeschäfte des Billet-Expedienten sind folgende:

1. Requisition, Aufbewahrung und Verkauf der Billets;
2. Führung der Bücher und Aufstellung der vorgeschriebenen Rapporte und Rechnungen;
3. Verwaltung und Abführung der Einnahmen.

§. 12.
Fahrbillets und deren Beschaffenheit.

Die Abfertigung der Reisenden und der von denselben mitgeführten Hunde erfolgt durch Verausgabung von Billets in der Regel nach dem Edmonson'schen System, welche innerhalb jeder Verkehrsstrecke und Wagenklasse nach laufender Nummerfolge, bei jeder Billetsorte mit 0000 beginnend, verkauft werden.

Jedes Edmonson'sche Billet bezeichnet nach §. 10 des Betriebs-Reglements die Station, von und bis zu welcher es gilt, die Wagenklasse und das tarifmäßige Fahrgeld. Außerdem erhält dasselbe die Control-Nummer und die etwaige specielle Bezeichnung als Schnellzug-Billet, Retour-Billet, Militär-Billet u. s. w. Ferner wird die Wagenklasse durch die Pappenfarbe unterschieden.

Inwieweit für einzelne Verbandverkehre oder zu besonderen Zwecken Blanket-Billets, Zettelbillets oder Billetbücher ausgegeben werden, bleibt specieller Bestimmung vorbehalten.

§. 13.
Requisition und Aufbewahrung der Billets.

Die Requisition der Billets erfolgt beim Eintritt des Bedürfnisses bei der mit der Billetverwaltung beauftragten Dienststelle durch Vorlage des Billetverlangebuchs nach Formular I.[1]) und unter Beifügung eines Billetverlangezettels nach Formular II. sowie der zur Versendung der Billets etwa bestimmten Kiste. Der Verlangezettel muß den voraussichtlichen Bedarf für die nächstfolgenden zwei Monate umfassen. In demselben sind die verlangten Billets nach Stationen, Klasse, Anzahl und Tarifsatz einzutragen.

Die Eintragung in das Billetverlangbuch erfolgt durch die mit der Billet-Verwaltung beauftragte Dienststelle, welche dasselbe sodann dem Expedienten zurückgiebt; der Verlangezettel dagegen bleibt bei der qu. Dienststelle.

Die Billets sind möglichst so zeitig zu verlangen, daß zur Anfertigung ungefähr

---

[1]) Die durch die Dienstvorschriften vorgeschriebenen Formulare können hier mit Rücksicht auf die umfangreiche Zahl derselben nicht aufgenommen werden und muß event. deren Einsicht an betreffender Stelle anheimgestellt bleiben.

4 Wochen Zeit bleibt. Jede durch die verspätete Einreichung des Verlangezettels verursachte Störung fällt dem Billet-Expedienten zur Last.

Der Expedient hat die Billets sofort nach dem Empfange hinsichtlich der richtigen Bezeichnung der Station, der Wagenklasse, der Tarifsätze, der Stückzahl sowie der Anfang- und Endnummern innerhalb jedes Packets zu prüfen und mit dem Verlangbuch zu vergleichen. Etwaige Differenzen sind innerhalb acht Tagen bei der genannten Dienststelle zur Sprache zu bringen, event. innerhalb dieser Frist Verlängerung nachzusuchen, widrigenfalls das Billetverlangbuch als anerkannt gilt.

Nach Befund der Richtigkeit ist von dem Billetvorrath die nöthige Anzahl in dem Billetschrank, nachdem dessen Fächer mit den Namen der Stationen überschrieben worden, zu vertheilen. In dem Billetschrank sind die Billets richtungsweise und möglichst in alphabetischer Ordnung der Stationen unterzubringen. Das unterste Billet muß die niedrigste, zunächst zur Ausgabe gelangende Nummer enthalten, und auf diesem müssen in genau aufwärts steigender Nummerfolge die übrigen Billets liegen. Außer der Verkaufszeit ist der Billetschrank verschlossen zu halten.

Diejenigen Billets, welche von dem Billetschrank nicht aufgenommen werden können, sind entweder in dem zu den Reservebillets besonders gelieferten Schrank oder an einem andern sichern Ort unter Verschluß aufzubewahren.

§. 14.

Die dem Expedienten überwiesenen Billets gelten insofern als geldwerthe Papiere und Documente, als jedes fehlende Billet, dasselbe möge in oder außer der Reihenfolge vermißt werden, als verkauft angesehen und dem Expedienten hierfür das tarifmäßige Fahrgeld zum Soll gestellt wird.

Die sichere Aufbewahrung der Billets muß daher Gegenstand seiner ganz besonderen Aufmerksamkeit sein.

§. 15.

(Betrifft den Verkauf der Billets — §. 9 des Betriebs-Reglements — ꝛc.)

§. 16.

Bevor der Verkauf der Billets zu einem Zuge beginnt, müssen die untersten Billets, also die niedrigste Nummer jeder Station und Billet-Klasse, für welche zu dem Zuge Billets ausgegeben werden dürfen, erkennbar hervorgezogen sein. Mit diesem Billet beginnt der Verkauf in der Nummerfolge (ꝛc.).

Sofern ein Wechsel in den Beamten eintritt, hat eine Vergleichung der vorliegenden Billetnummern zu erfolgen; durch dieselbe geht die Verantwortlichkeit für die Richtigkeit der Anschlußnummern auf den expedirenden Beamten über.

(ꝛc.)

§. 17.

Jedes Billet ist vor der Verausgabung nach §. 10 des Betriebs-Reglements noch mit Datum und Abgangszeit des Zugs, zu welchem es ausgegeben, zu bezeichnen. Diese Bezeichnung erfolgt nach den speciellen Vorschriften in §. 18.

§. 18.

Zur Abstempelung der Edmonson'schen Billets dient eine Presse. In dieselbe wird das Datum (Tag, in 2 Stellen z. B. 01 — Monat, in Zahlen — Jahr, die 2 letzten Ziffern desselben —) und die fahrplanmäßige Abfahrtszeit des Zuges, letztere mindestens mit V (Vorm.) oder N (Nachm.) mit Typen eingesetzt z. B.: 01. 8. 78. V; andernfalls ist dieselbe stets in vollen Stunden nach aufwärts abzurundender Ortszeit anzugeben. Statt 12 Uhr 10 Minuten Nachmittag ist z. B. 1 N zu setzen.

Der Expedient hat die Presse sofort nach Abgang jedes Zuges für den nächsten Zug mit Personenbeförderung zu stellen, und sich von der Brauchbarkeit derselben zu überzeugen.

(Folgen Vorschriften über die Stempelung der Billets.)

Ist ausnahmsweise eine Presse nicht vorhanden, so werden die Billets mit einem Handstempel auf der Rückseite abgestempelt oder auf der Vorderseite mit Datum und Abgangszeit des Zuges beschrieben.

Dem Zugführer ist hiervon rechtzeitig Mittheilung zu machen.

Für die Bezeichnung der nicht nach dem Edmonson'schen System eingerichteten Billets sind die besonders gegebenen Bestimmungen zu beachten.

§. 19.

(Betr. die Ausgabe der Billets zu der betreff. Fahrt, zu Zügen ohne Fahrtunterbrechung — mit Fahrtunterbrechung nur auf ausdrückliches Verlangen der Reisenden — ꝛc.)

§. 20.

Werden dem Expedienten Reisende zugewiesen, die nach §. 14 des Betriebs-Reglements ohne Billet zur Mitfahrt zugelassen waren, also für die zurückgelegte Fahrt nachbezahlen müssen, so sind denselben Fahrbillets für die benutzte Wagenklasse und die durchfahrene Strecke in umgekehrter Richtung nebst Zusatzbillet auszugeben, die Beträge dafür zu erheben und die abzustempelnden und vom Schaffner zu coupirenden bezw. vom Stations-Vorstand zu entwerthenden Billets an den überweisenden Zugführer bezw. Stations-Vorstand abzuliefern.

§§. 21, 22.

Ein Umtausch gelöster Fahrbillets gegen Billets höherer Klassen findet nach Maßgabe des §. 11 des Betriebs-Reglem. statt, so lange das zum Umtausch präsentirte Billet noch nicht coupirt ist.

Falls das umgetauschte Billet zu demselben Zuge nicht mehr verkauft werden kann, wird dasselbe mit den sonst noch verstempelten oder zum Verkauf unbrauchbar gewordenen Billets, welche sofort mittelst Durchkreuzens mit Tinte völlig ungültig zu machen sind, als verstempelt verbucht.

Unterwegs ist der Uebergang der Reisenden in eine höhere Wagenklasse nicht durch Umtausch der Billets, sondern nur durch Zulösen eines zweiten Billets, für welche die Bestimmung im §. 11 des Betriebs-Reglements maßgebend ist, zulässig.

(Folgen Bestimmungen über das Verfahren bei Unterbrechung der Reise in einem gewöhnlichen Zuge und Fortsetzung in einem Expreß-, Courir- oder Schnellzuge — Zukaufen von Billets hierzu ist genehmigt — 2c., ferner über Bestellung ganzer Coupés.)

§. 23.

Abfertigung des Militärs.

Die Abfertigung der Militärpersonen 2c. zu ermäßigten Tarifsätzen erfolgt nach Vorschrift des Reglements für die Beförderung von Truppen 2c., sowie nach den hierüber ergangenen besonderen Bestimmungen und zwar entweder für Rechnung der Militär-Verwaltung oder für eigene Rechnung der zu befördernden Personen.

§. 24.

Abfertigung der Gefangenen.

Das Verfahren bei Abfertigung von Zuchthaus-Sträflingen, Untersuchungs-Gefangenen 2c. hinsichtlich deren Transports auf der Eisenbahn Verträge mit den betreffenden Verwaltungs-Behörden geschlossen sind, wird durch besondere Anweisungen geregelt.

§. 25.

Billet-Ausgabe-Register und Billet-Einnahme-Controle.

Zum Zweck des Nachweises der zugweisen Verausgabung der Billets führt der Expedient ein Billet-Ausgaberegister nach Formular 3. In dieses Register trägt derselbe bei Anfang eines jeden Monats und nach Abfertigung eines jeden Zuges bezw. nach den von der Verwaltung besonders bestimmten Verkaufsperioden die niedrigste Bestandsnummer ein. Die Differenz zwischen dieser und der Anfangsnummer, welche bei Beginn des Verkaufs vorlag, ergiebt die Stückzahl der verkauften bezw. verstempelten Billets, welche in die hierfür besonders angelegte Spalte (Stückzahl) einzutragen ist. Die Blanketbillets sind am Schlusse des Billet-Ausgaberegisters besonders aufzuführen, hinter jeder Nummer ist die Bestimmungsstation, wohin der Verkauf stattgefunden hat, einzutragen.

Gleiches geschieht mit den zeitweilig genehmigten Rundreise-, Retour- und Abonnements-Billets.

Die Notirung der verkauften Billets erfolgt mit schwarzer Tinte, während die Nummern der verstempelten Billets besonders anzugeben und roth zu unterstreichen sind.

Demnächst wird die verkaufte Anzahl und zwar sowohl für den Binnen-Verkehr als auch für die directen Verkehre, nach Stationen und Klassen in die Billet-Einnahme-Controle nach Formular 4 übertragen, und in dieser der tarifmäßige Gelderlös berechnet. Der Gesammtertrag für die Billets nach jeder Station wird sodann in das Billet-Ausgabe-Register übernommen.

Die baare Einnahme ist nach der Abfertigung jedes Zuges bezw. zu den von der Verwaltung besonders bestimmten Perioden mit dem nach den verkauften Billets in der Billet-Einnahme-Controle berechneten Sollerlöse zu vergleichen, wobei etwaige Differenzen auszugleichen und zu vermerken sind.

Nach Abfertigung des letzten Zuges jeden Tages ist in der Billet-Einnahme-Controle die Stückzahl der zu allen Zügen nach jeder Station verkauften Billets, unter Berücksichtigung der verstempelten, aus dem Billet-Ausgaberegister zu ermitteln und der Erlös dafür zu berechnen. Das Ergebniß dieses Tagesabschlusses muß sodann mit der Tageseinnahme, welche sich durch Addition der Einnahmen für die einzelnen Zugsummen ergiebt, übereinstimmen.

Wenn nach Lage der Züge der Tagesabschluß nicht innerhalb des Kalendertages bewirkt werden kann, so wird der Zeitpunkt hierfür anderweitig festgesetzt.

§. 26.

Auf denjenigen Stationen, auf welchen der Billetverkauf durch mehr als einen Beamten besorgt wird, hat die Eintragung der Resultate für die einzelnen Züge bezw. Verkaufsperioden sowohl in das Billet-Ausgaberegister, als auch in die Billet-Einnahmecontrole stets durch denjenigen Beamten zu erfolgen, welcher die Billet-Ausgabe bewirkt hat, damit niemals Zweifel darüber entstehen können, wen die Verantwortung trifft. Der erste verantwortliche Beamte hat im Laufe des Monats einige Male durch Berechnung des Erlöses für die bis dahin verkauften Billets festzustellen, ob bis dahin Uebereinstimmung vorhanden ist, andernfalls hat er die Ursache der Differenz zu ermitteln.

§. 27.

Die zur Verausgabung unbrauchbar gewordenen Billets sind mit besonderer Nachweisung täglich an die Personen-Controle einzusenden.

Zur Erleichterung der Uebersicht über die verstempelten rc. Billets hat der Billet-Expedient am Schlusse jeder Seite des Billet-Ausgaberegisters, sowie am Schlusse des Monats die bis dahin an die Personen-Controle eingesandte Stückzahl jeder Klasse roth zu recapituliren.

§. 28.

Auf Grund des Billet-Ausgaberegisters und des vormonatlichen Rapports ist über den abgelaufenen Monat ein Monats-Rapport für den Binnen- und für den directen Verkehr nach Formular 5 aufzustellen, welcher umfaßt:

1. den Bestand an Billets nach dem Abschluß für den vorherigen Monat nach Zuggattungen, Stationen, Wagenklassen, Anfangs- und Endnummern;
2. den Zugang in dem abgelaufenen Monat;
3. die Nummern, mit welcher am ersten Tage des abgelaufenen Monats der Verkauf begonnen hat, und die Anfangsnummer, welche am Schluß desselben für den folgenden Monat im Billet-Ausgabeschrank als Bestand verblieben ist;
4. die Stückzahl der im ganzen Monat verkauften Billets;
5. die Gelderträge nach Klassen und im Ganzen;
6. die verstempelten Billets nach Stückzahl, Klasse und Nummer.

Der Monats-Rapport bildet die Grundlage der Abrechnung des Billet-Expedienten, und ist deshalb auf die Aufstellung desselben die größte Sorgfalt zu verwenden. Die Eintragungen ad 1 müssen mit dem Rapport des Vormonats, diejenigen ad 2 mit dem Billet-Verlangbuch, diejenigen ad 3 mit dem Billet-Ausgabe-Register und diejenigen ad 5 mit der Billet-Einnahme-Controle vollständig übereinstimmen.

Die Stückzahl der verkauften Billets (4) wird durch Subtraction der niedrigsten von der höchsten Anfangsnummer (3) und demnächstige Absetzung der verstempelten Billets (6) ermittelt.

Am Schluß des Monats-Rapports muß die Soll-Einnahme der verschiedenen Verkehre ersichtlich sein und mit den in der Billet-Einnahme-Controle event. nachgewiesenen Gesammt-Ablieferungen genau übereinstimmen. Etwaige extraordinäre Einnahmen sind unter kurzer Bezeichnung des Ursprungs derselben hierunter zu bemerken.

Der Monats-Rapport ist, nachdem die Uebertragung der verbliebenen Billet-Bestände nach Anfangs- und Endnummern in den Rapport für den folgenden Monat stattgefunden hat, spätestens zum 5. des letzteren an die Personen-Controle einzureichen.

Diese giebt der Billet-Expedition von etwa erforderlich gewordenen Aenderungen und Berichtigungen Kenntniß.

Abschnitt III.

Abfertigung von Reisegepäck, Leichen, Fahrzeugen und lebenden Thieren.

§. 29.

Dienstverrichtungen des Gepäck-Expedienten.

Die Dienstverrichtungen des Gepäck-Expedienten bestehen hauptsächlich in der Annahme und Ablieferung des Reisegepäcks, sowie derjenigen Leichen, Fahrzeuge und lebenden Thiere, einschließlich der Begleiter, welche nach den dieserhalb ergangenen besonderen Bestimmungen auf Transportschein zur Beförderung gelangen; in der Einziehung, Verrechnung und Verwaltung der Gepäckfracht, der Transport-Gelder für Leichen, Fahrzeuge und Vieh; in der Führung der vorgeschriebenen Bücher, Berichte und Rechnungen. Hunde, welche auf Hunde-Billets zur Beförderung gelangen, werden von der Billet-Expedition abgefertigt.

A. Abfertigung des Reisegepäcks.

§. 30.

Begriff des Reisegepäcks.

Als Reisegepäck wird nach §. 24 des Betriebs-Reglements in der Regel nur befördert, was der Reisende zu seinem und seiner Angehörigen Reisebedürfnisse mit sich führt, namentlich Koffer, Mantel- und Reisesäcke, Hutschachteln, kleine Kisten und dergleichen. Größere, kaufmännisch verpackte Kisten, Tonnen und andere Gegenstände, welche nicht zu den Reisebedürfnissen zu rechnen sind, können ausnahmsweise zugelassen, jedoch nicht in das durch den Tarif bestimmte Gepäck-Freigewicht eingegerechnet werden.

rc. (Sichere Verpackung, Entfernung alter Bezettelung) Gegenstände, welche nach §. 48 des Betriebs-Reglements von der Beförderung als Frachtgut ausgeschlossen sind[1]), dürfen auch zur Beförderung als Reisegepäck nicht angenommen werden.

rc. rc.

§. 31.

Gepäckscheine, Eintheilung und Verwendung derselben.

Die Abfertigung des Reisegepäcks erfolgt auf Gepäckschein nach Formular 6, welcher aus vier mit der gleichen laufenden Nummer versehenen Abschnitten besteht. Dieses Formular wird in Heften geliefert und zwar:

a) für Stationen mit geringem Gepäck-Verkehr ohne den Namen der Aufgabe- und Empfangstation und nur in einem Hefte. Letzteres ist ohne Unterschied des Local- oder Verband-Verkehrs nach allen Stationen zu benutzen. (Die einzelnen Scheine sind nach der Anlieferung mit dem Namen der Versandstation zu bestempeln, der Name der Empfangstation wird bei der Verwendung eingeschrieben);

b) für die übrigen Stationen in zwei Gattungen: die eine Gattung Gepäckhefte — ohne vorgedruckten Namen der Empfang- oder Versand-Station — ist bestimmt für alle diejenigen Empfangstationen, nach welchen ein geringer Gepäck-Verkehr besteht, und ist in der ad a angegebenen Weise zu behandeln.

Die zweite Gattung von Gepäckheften ist bestimmt für diejenigen Empfang-Stationen, nach welchen ein lebhafterer Gepäckverkehr besteht und wird mil bereits vorgedruckten Namen der Empfangstation geliefert.

---

[1]) Nach §. 48 des Betriebs-Reglements sind von der Beförderung ausgeschlossen:

1. Alle solche Sachen, die wegen ihres Gewichtes oder Umfanges, ihrer Form oder sonstigen Eigenschaft nach den Einrichtungen und der Benutzungsweise der Bahn sich zum Transport nicht eignen.
2. Alle postzwangspflichtigen Gegenstände, sowie Documente, Edelsteine, echte Perlen und Pretiosen.
3. Alle der Selbstentzündung oder Explosion unterworfenen Gegenstände, z. B. Schießpulver und Schießbaumwolle, Zündschnüre (mit Ausnahme der bedingungsweise zugelassenen, als: Reib- und Streichhölzer (als Lichtchen, Hölzchen, Schwämmchen), Sicherheitszünder (Zündschnüre), wenn sie aus einem dünnen dichten Schlauche bestehen, in dessen Innern eine verhältnißmäßig geringe Menge Schießpulver enthalten ist; Buchersche Feuerlöschdosen in blechernen Hülsen), geladene Gewehre, Knallsilber, Knallquecksilber, Knallgold, Feuerwerkskörper, Pyropapier (sogenanntes Düpplerschanzen-Papier), Nitro-Glycerin (Spreng-Oel), pikrinsaure Salze (Pikringelb, Anilingelb u. s. w.), Natronkokes, Patent-Sprengpulver (Dynamit) und alle Präparate, in deren Mischung sich Phosphor in Substanz befindet, ferner Zündblättchen (amorces). Wegen der im Uebrigen nur bedingungsweise zum Transport zugelassenen Gegenstände wird auf das Betriebs-Reglement selbst verwiesen, da deren Zahl sehr umfangreich ist.

Diese Gepäckscheinhefte sind sogleich nach deren Anlieferung mit dem Namen der Versandstation zu bestempeln, soweit derselbe nicht eingedruckt ist ꝛc. — Der Gepäckschein ist in allen vier Abschnitten nach Maßgabe des Formulars auszufüllen. Der erste Abschnitt (Stamm) verbleibt in den Händen des Gepäck-Expedienten, der zweite (Talon) wird dem Packmeister als Begleitzettel mitgegeben, den dritten Abschnitt erhält der Reisende als Legitimation.

Die fünf Zettel des vierten Abschnitts, deren Nummern mit denen der übrigen Abschnitte correspondiren, dienen zur Bezettelung der Gepäckstücke und werden nach Entfernung etwaiger früherer Bezettelungen oder auf diese selbst aufgeklebt. Wenn mehr als fünf Gepäckstücke abzufertigen sind, wird dazu der nächstfolgende Gepäckschein mit verwendet, jedoch bilden beide Gepäckscheine in diesem Falle nur eine Abfertigungsposition ꝛc.

Falls zwischen der Abgangs- und der Bestimmungs-Station verschiedene Routen bestehen, ist die gewählte neben dem Worte „via“ auf allen vier Abschnitten einzutragen.

§. 32.

(Betr. Dienststunden).

§. 33.

Abfertigung des Gepäcks.

Die Abfertigung des Gepäcks darf — abgesehen von den Fällen des §. 30, Absatz 6 und 7 —[1]) nur nach derjenigen Station, auf welche das Fahrbillet oder der betreffende Coupon des Rundreisebillets oder des Billet-Buches lautet, erfolgen. Sie geschieht gegen Vorzeigung der betreffenden Fahrbillets, welche der Expedient zu prüfen und auf der Rückseite mit dem Gepäckstempel abzustempeln hat.

Nach dem er sich von der ordnungsmäßigen Beschaffenheit, Verpackung und Stückzahl der Gepäckstücke überzeugt hat, läßt er dieselben verwiegen und bezetteln, (§. 31), berechnet sodann event. die Fracht und die Zuschläge, füllt sämmtliche Abschnitte des Gepäckscheins nach Vorschrift des §. 31 aus und behändigt den Abschnitt 3 desselben unter Erhebung der tarifmäßigen Gebühren dem Reisenden.

In den Gepäckscheinen, in welchen ein höherer Werth oder das Interesse rechtzeitiger Lieferung nicht declarirt ist, hat der Expedient die betreffenden Columnen zu durchstreichen.

Correcturen und Rasuren in den Gepäckscheinen sind unzulässig. [Unbrauchbar gewordene Gepäckscheine sind der Controle mit dem nächstfälligen Bericht — §. 47 — vorzulegen.]

Die Abfertigungsart für Militärgepäck wird durch das Reglement für die Beförderung von Truppen ꝛc. bestimmt.

Gepäck, welches nach §. 26 des Betriebs-Reglem. unabgefertigt mitgenommen wird, muß mit dem Namen der Billet-Bestimmungsstation bezeichnet werden.

[1]) Diese lauten: a) In den Personenzügen werden Gepäckstücke aller Art, Hunde und sonstige kleine Thiere in Käfigen, sowie Güter, welche sich zur Beförderung im Packwagen eignen, auch ohne Lösung von Fahrbillets zur tarifmäßigen Gepäckfracht auf Gepäckschein nach Maßgabe der tarifarischen Bestimmungen befördert. b) In diesen Fällen ist Talon und Garantieschein mit dem Vermerk: „ohne Billets abgefertigt“ zu versehen.

§. 34.

(Betr. Zeit der Annahme des Gepäcks.)

§. 35.

Gepäck-Quittungsbuch.

Der Gepäck-Expedient der Versandstation hat über die expedirten Gepäckstücke und sonstigen Transport-Gegenstände, wie solche mit den einzelnen Zügen zur Beförderung gelangen, zum Nachweis ihres Verbleibs ein Gepäck-Quittungsbuch nach Form. 7 zu führen. In diesem werden die bei jedem Zuge expedirten Gepäckstücke und sonst noch nachzuweisenden Transport-Gegenstände nach Bestimmungsstationen zusammengefaßt, unter Angabe der Nummern, mindestens der Anzahl der Talons und Bezeichnung der sonstigen Transport-Documente eingetragen und hieraufhin dem Packmeister gegen Quittungsleistung überwiesen.

Die Quittungsleistung über empfangene Talons zu Transportscheinen oder sonstige Begleit-Documente begreift die Bescheinigung des richtigen Empfanges der darauf abgefertigten Transport-Gegenstände in sich ꝛc.

[Die §§. 36—40 handeln über die weitere Abfertigung der Gepäckstücke, als: Uebernahme durch den Packmeister, Empfang des Reisegepäcks bei Ankunft der Züge, die Gepäck-Ausgabe; ferner über das Verfahren beim Fehlen des Gepäckscheins[1]) und über nicht eingegangene, herrenlose oder beschädigte Gepäckstücke.]

B. Abfertigung der Leichen, Fahrzeuge, lebenden Thiere und deren Begleiter.

§. 41.

Transportscheine und deren Verwendung.

Zur Abfertigung der Leichen, Fahrzeuge und lebenden Thiere (einschließlich deren Begleiter) sofern dieselben auf Transportschein befördert werden, dienen Transportscheine nach Formular 9.

ꝛc. (Bestimmung der Züge zur Beförderung erfolgt durch die Verwaltung).

Die Transportscheine, welche mit Ausnahme der Nummerzettel wie die Gepäckscheine eingerichtet sind, werden wie diese benutzt.

ꝛc. (Bezettelung der einzelnen, auf einem Eisenbahnwagen verladenen Fahrzeuge verschiedener Versender mit der Nummer des Transportscheins und Bestimmungsstation).

Im Falle der Declaration höheren Werths oder des Interesses rechtzeitiger Lieferung sind die im §. 33, Abs. 3 dieser Instrct. gegebenen Vorschriften ebenfalls maßgebend.

(Abfertigung erfolgt auf die entfernteste Station, wohin direct expedirt werden darf.)

Die abgefertigten Gegenstände sind in das Gepäck-Quittungsbuch einzutragen.

---

[1]) Die Auslieferung des Gepäcks erfolgt in diesem Falle nur nach Ausweis der Empfangsberechtigung gegen Ausstellung eines Reverses nach vorgeschriebenem Wortlaut.

§. 42.

Lade-Utensilien.

Die zur Verladung der oben bezeichneten Frachtstücke zu benutzenden, der Eisenbahn gehörigen Lade-Utensilien und Ausrüstungsstücke aller Art hat die Gepäck-Expedition von der nächsten Güter-Expedition zu requiriren.

Die Ausfertigung der erforderlichen Begleitscheine und die Kartirung derselben hat diejenige Güter-Expedition, zu deren Bestand die Utensilien gehören, nach den bestehenden bezüglichen Bestimmungen vorzunehmen und mit den Utensilien der Gepäck-Expedition gegen Quittung zu übergeben. Die Rücksendung der Utensilien und kartirten Begleitscheine erfolgt von der Empfangsstation direct an die betreffende Güter-Expedition.

§. 43.

Besondere Vorschriften bei Leichen-Transporten 2c.

Der Transport einer Leiche kann zurückgewiesen werden, wenn derselbe auf der Ausgangsstation des Zuges nicht mindestens 6 Stunden, auf einer Zwischenstation nicht mindestens 12 Stunden vorher angemeldet worden ist.

Die Leiche muß in einem Sarg luftdicht eingeschlossen und dieser von einer hölzernen Kiste umgeben sein. Der Transport kann auch im Leichenwagen stattfinden.

Der Leiche ist ein Begleiter beizugeben, welcher ein Fahrbillet zu lösen hat.

Bei der Aufgabe muß der vorschriftsmäßige Leichenpaß beigebracht werden, welchen die Eisenbahn übernimmt und bei Ablieferung der Leiche zurückstellt. Die tarifmäßigen Transport-Gebühren sind bei der Aufgabe zu entrichten.

Leichen, welche den Universitäten 2c. zu anatomischen Zwecken zugeführt werden, sind nach besonderen Vorschriften abzufertigen.

Welche Behörden und Beamten zur Ausstellung von Leichenpässen befugt sind, ist durch besondere Anordnung bestimmt.

[§§. 44 und 45 handeln über die Wagenbestellung — dieselbe hat vom Versender beim Stations-Vorstand zu erfolgen —; eventuelle Cautionsleistung; über Entladung, Desinficirung der Wagen, Prüfung der berechneten Fracht und Auslieferung der abgefertigten bezeichneten Frachtstücke.]

§. 46.

Buchführung, Monats-Rapport.

Zur Buchung und Verrechnung der in den Abschnitten A und B behandelten Transporte dient ein fortlaufender Monats-Rapport, nach Formular 10. Bei der Anlage desselben sind die Stationen des Binnen-Verkehrs in der tarifmäßigen Reihenfolge einzutragen, diejenigen des directen Verkehrs nach den bezüglichen besonderen Bestimmungen.

Am Tagesschluß, d. h. nach Abgang bezw. Ankunft des letzten Zuges eines Tages, jedenfalls vor Abgang des ersten Zuges des nächstfolgenden Tages, trägt der Expedient auf Grund der in den Gepäck- bezw. Transporscheinheften zurückbehaltenen Stämme die abgefertigten Gepäckstücke, Leichen, Fahrzeuge, Pferde und das andere

Vieh, sowie deren Begleiter — stationsweise summarisch — in den Monats-Rapport ein, ermittelt die Soll-Einnahme für Gepäck-Ueberfracht, sowie für die Leichen, Fahrzeuge, Pferde und Viehtransporte, die Stand- und Lagegelder, Wiegegelder und verfallene Cautionen, trägt dieselben auf der Rückseite des Umschlagebogens zum Monats-Rapport ein und vergleicht den Betrag mit der Ist-Einnahme, wobei etwaige Differenzen sofort aufzuklären sind. Die Abführung dieser Beträge hat an die dazu bestimmte Kasse täglich zu erfolgen.

2c. Am Monatsschluß sind die Monats-Rapporte aufzurechnen; über die Resultate ist, und zwar abgesondert für den Binnen- und Verband-Verkehr, eine stationsweise Recapitulation nach Form. 11 anzufertigen.

Zum 5. jeden Monats sind die Monats-Rapporte mit der zugehörigen „Recapitulation der Personen-Controle" einzureichen.

[§§. 47 bis 49 handeln über die Einsendung der den Reisenden abgenommenen, mit den zugehörigen, vom Packmeister abzugebenden Talons zusammenzuklebenden Gepäck- und Transportscheinen an die Personen-Controle; Notaten-Erledigung; Soll-Liste — diese wird von der Personen-Controle aufgestellt und dem Gepäck-Expedienten mitgetheilt —, sowie über das Verhältniß der Gepäckträger zum Gepäck-Expedienten.]

Anmerkung des Verfassers.

Die Einnahmen für die Beförderung von Personen, Reisegepäck, der Hunde, sowie derjenigen Leichen, Fahrzeuge und lebenden Thiere nebst Begleitern, welche auf Transportschein zur Beförderung gelangen, hat die Verkehrs-Controle, Abtheilung I., nach der durch Ministerial-Rescript vom 26. Juni 1879, II. 6908, IV. 3745 genehmigten, für alle Preußischen Staats- und unter Staats-Verwaltung stehenden Privatbahnen gültigen Instruction zu controliren, festzustellen und zur definitiven Verrechnung zu bringen.

Abschnitt IV.

Abfertigung der Eil- und Frachtgüter.

§. 51.

(Handelt über die dienstlichen Obliegenheiten des Güter-Expedienten — Handhabung des Expeditionsdienstes bezüglich der Frachtgüter; Verwaltung der Güter-Kasse, event. Beaufsichtigung der Kassenführung; Ueberwachung 2c. der nachgeordneten Beamten und Arbeiter — und sonstige Pflichten.)

§. 52.

Annahmefähigkeit im Allgemeinen, Postzwang 2c. 2c.

A. Abgehende Güter.

Bei der Einlieferung von Frachtgütern zum Eisenbahn-Transport hat der annehmende Beamte zunächst deren Annahmefähigkeit nach Maßgabe der Bestimmungen des Betriebs-Reglements §§. 47 und 48[1]) und der für die einzelnen Verkehre dazu

[1]) §. 47 des Betriebs-Reglements handelt von der Uebernahme der Güter. Danach ist

erlassenen zusätzlichen Bestimmungen genau zu prüfen. Hierbei ist noch Folgendes zu beachten:

Welche Gegenstände in Rücksicht auf den Postzwang von der Beförderung ausgeschlossen sind (Betriebs-Reglement §. 48 I, Nr. 2), ist aus dem Gesetz über das Postwesen des Deutschen Reiches vom 28. October 1871 (Reichs-Gesetzblatt Nr. 42 und dessen Ergänzungen) zu ersehen[1]).

Zeitweisen obrigkeitlichen Beschränkungen unterliegen Transporte von Kriegsmaterial und — bei Absperrung der Landesgrenzen oder einzelner inländischer Bezirke gegen Viehseuchen — Vieh-Transporte, sowie die einer Ansteckung ausgesetzten thierischen Stoffe; unter Umständen auch Wild, Fische, Krebse, Holz und andere Gegenstände. rc.

Frachtgüter, welche unter Zoll- oder Steuer-Controle stehen, sind nur dann anzunehmen, wenn die äußere Beschaffenheit mit den Angaben in den Begleitpapieren in Uebereinstimmung steht.

Insbesondere ist die Ordnungsmäßigkeit des Verschlusses — Plombe, Siegel, Vorlageschloß rc. — genau zu prüfen.

In Rücksicht auf die Sicherheit des Eisenbahn-Betriebes ist der Transport aller feuergefährlichen, der Selbstentzündung oder Explosion leicht unterworfenen Gegenstände untersagt.

Inwieweit und unter welchen Bedingungen einzelne der Selbstentzündung der Explosion unterworfene Gegenstände zum Transport zugelassen werden, bestimmt das Betriebs-Reglement §. 48 II. A. 1—20.

Inwiefern einzelne Gegenstände wegen ihrer äußeren Form, Beschaffenheit, ihres Umfangs oder Gewichts von der Beförderung überhaupt oder doch von den Personenzügen auszuschließen, oder endlich bedingungsweise zuzulassen sind, hat der annehmende Beamte unter Beachtung der Vorschriften der Betriebs-Reglements §. 48 I, 1 und II. C. und der für die Verladung von Brettern, Bohlen, Langholz, Schienen, Langeisen, Eisenconstructionen rc., sowie von losem Heu, Stroh, Tabak, Baumrinde rc. gegebenen Vorschriften gleichfalls zu prüfen.

Soweit die Tarife die Beförderung außergewöhnlicher Gegenstände von vorheriger Vereinbarung des Transportpreises abhängig machen, hat diese Vereinbarung der Annahme voranzugehen.

Der Güter-Expedient hat dergleichen Fälle rechtzeitig zur Entscheidung der vorgesetzten Dienststelle zu bringen.

[§§. 53 und 54 handeln des Weiteren über Annahme und Transportfähigkeit rücksichtlich der Verpackung sowie über Annahme-Beschränkungen wegen Mangels an Betriebsmitteln rc.]

---

die Eisenbahn nicht verpflichtet, Gut zum Transport anzunehmen, welches nicht ordnungsmäßig oder gar nicht verpackt ist (u. s. w.). — §. 48 bezeichnet die vom Transport entweder ganz (cfr. Anmerkung zu §. 30), oder bedingungsweise ausgeschlossenen Gegenstände.

[1]) Cfr. das nachfolgende Gesetz vom 20. December 1875 (Eisenbahn-Postgesetz) rc.

§. 55.

Genaue Bezeichnung der Partien und des Bestimmungsorts.

Sowohl der Absender als der Empfänger eines jeden zur Beförderung aufgegebenen Frachtgutes muß eine bestimmte namentlich bezeichnete Person sein. Als solche gelten auch Handlungs-Firmen, Vorstände korporativer Gesellschaften, Staats- und Communal-Behörden ꝛc. Auflieferungen eines unbenannten oder nicht hinlänglich bezeichneten Absenders sind ebenso unstatthaft, wie unbestimmte Bezeichnungen des Empfängers, z. B. „an Ordre", an den Vorzeiger des Frachtbrief-Duplicats". — Die Aufgabe eines Frachtguts an die eigene Adresse des Absenders ist zulässig.

Auch der Bestimmungsort der Sendung muß genau bezeichnet sein.

Wenn in der Frachtbrief-Adresse mehrere Stationen benannt sind, hat der Absender die eigentliche Bestimmungsation (Ablieferungsstation) durch Beifügung der Worte: „auszuliefern auf Station . . . ." zu bezeichnen ꝛc.

In Betreff derjenigen Güter, welche nach an einer Eisenbahn nicht gelegenen Orten bestimmt sind, wird auf die Bestimmungen unter 6 im §. 50 des Betriebs-Reglements verwiesen.

Frachtsendungen an zwei oder mehr Adressaten, nach zwei oder mehr Bestimmungsstationen oder von zwei oder mehr Versendern mittelst desselben Frachtbriefes sind nicht anzunehmen.

§. 56.

Frachtbrief[1]).

Jede zur Beförderung aufgelieferte Sendung muß nach §. 50 des Betriebs-Reglements[2]) von dem vorgeschriebenen gedruckten, von der Eisenbahn-Verwaltung gestempelten Frachtbrief begleitet sein.

Die Annahme von Frachtbriefen, welche von den Bestimmungen des Betriebs-Reglements abweichende Vorschriften enthalten, sowie von solchen, mit welchen das Gut vor der Aufgabe zur Eisenbahn durch andere Frachtführer befördert worden, ist durch das Betriebs-Reglement ausdrücklich untersagt; letztere dürfen selbst als Beilagen zu den Eisenbahn-Frachtbriefen nicht angenommen werden.

---

[1]) Durch Erlaß des Reichs-Eisenbahnamtes vom 7. Juni 1879 R. E. A. Nr. 6007 sind die unter Privatverwaltung stehenden Eisenbahnen Deutschlands (excl. Bayerns) veranlaßt, streng darauf zu halten, daß zur Herstellung der Frachtbrief-Formulare durchweg haltbares Schreibe-Papier von weißer — bezw. für Eilfrachtbriefe dunkelrosa — Farbe verwendet wird. Selbstverständlich gilt dies in gleicher Weise für die Anfertigung von Frachtbrief-Formularen für eigene Rechnung, wie für die Abstempelung von Formularen, welche von Privaten gedruckt sind.

Dieser Erlaß ist den sämmtlichen Directionen der Staats- und unter Staats-Verwaltung stehenden Eisenbahnen durch Erlaß des Herrn Ministers der öffentlichen Arbeiten vom 22. Juni 1879, $\frac{II.}{IV.}$ T. 3539 zur Kenntniß und weiteren Veranlassung wegen gleichmäßiger Beachtung mitgetheilt. (Eisenb.-Verordn.-Blatt pro 1879 Seite 110.)

[2]) Nach dem Erlaß vom 29. Juli 1879, $\frac{II.}{IV.}$ T. 4345 (Eisenb. V. Bl. S. 120/1) sind zu §. 50 Nr. 7 des Betriebs-Reglements vom 11. Mai 1874 Ausführungs-Vorschriften, betreffend die Beschreibung der Güter auf den Frachtbriefen und Angabe der Gewichte der Sendungen ꝛc. ergangen, auf welche hiermit hingewiesen wird.

Frachtbriefe, welche außer dem Firmenstempel des Ausstellers noch einen andern Stempel, oder welche eine mit dem Eisenbahn-Transport nicht im Zusammenhang stehende Bemerkung tragen, sind zurückzuweisen, soweit nicht seitens der Verwaltung bestimmte Bemerkungen als zulässig bezeichnet sind.

Die mit der Firma der Eisenbahn abgestempelten Frachtbrief-Formulare werden käuflich an das Publicum abgelassen. Es ist jedoch auch gestattet, daß einzelne Versender sich die Formulare selbst drucken lassen und dieselben der Bahnverwaltung zur Abstempelung einreichen.

Außer den von der eigenen Verwaltung abgestempelten Frachtbriefen sind an Orten, wo mehrere Eisenbahnen münden, auch solche Frachtbriefe anzunehmen, welche den Stempel einer der andern dort einmündenden Eisenbahnen tragen. Auch auf Zwischenstationen ist ein Frachtbrief mit dem Stempel einer andern Bahn nicht stets zurückzuweisen, sondern ausnahmsweise zuzulassen, wenn nach Lage der Verhältnisse eine absichtliche Umgehung der diesfallsigen Vorschriften nicht anzunehmen ist. Der Frachtbrief ist in diesem Fall aber genau zu prüfen.

Unabgestempelte Frachtbriefe sind unbedingt zurückzuweisen.

In dem Frachtbrief sind Ort und Datum der Ausstellung anzugeben und die Güter nach Zeichen, Nummer, Anzahl, Verpackungsart, Inhalt und Bruttogewicht der Frachtstücke deutlich und richtig zu bezeichnen. Der Frachtbrief muß ferner die Unterschrift oder eine gedruckte oder gestempelte Zeichnung des Namens des Absenders enthalten.

Weicht das Datum des Frachtbriefs von dem Tag der Auflieferung erheblich ab, so hat der Expedient den Auflieferer zu bewegen, dasselbe und zwar wie im Falle jeder andern etwaigen Aenderung unter Beisetzung seiner Namens-Unterschrift zu berichtigen, oder, wenn die Auflieferung nicht durch den Frachtbrief-Aussteller selbst bewirkt wird, den Letztern in geeigneter Weise von dem Sachverhältniß in Kenntniß zu setzen, damit etwaige spätere schwer aufzuklärende Beschwerden vermieden werden.

Die Angaben in den Frachtbrief-Columnen: „Zeichen und Nummer" bilden zusammen die im kaufmännischen Leben gebräuchliche Signatur der Frachtgüter, deren Zweck es ist, die Identität eines jeden Frachtstücks möglichst unzweifelhaft festzustellen. Es dienen dazu in der Regel Zahlen, Buchstaben und mathematische Figuren. Insbesondere in dem Verkehr des nicht dem Handelsstand angehörigen Publicums hat der Expedient sein Augenmerk auf eine deutliche und sich leicht kennzeichnende Signatur zu richten und die Nachholung des etwa in dieser Beziehung Fehlenden zu veranlassen. Einfache Striche, Kreuze, Kreise und dgl. sind als Signatur nicht ausreichend. Eine vollständige Signatur unverpackter Fracht-Gegenstände ist durch Etikettiren oder Beschreiben oder auf sonstige einfache, den Transport nicht vertheuernde Weise zu verlangen, wenn nach der Beschaffenheit der Transport-Gegenstände eine Verwechslung mit andern ähnlichen Frachtstücken zu befürchten ist, wie etwa bei Möbeln, kleinern Quantitäten Eisen und Stahl, Flachs, Hanf, Heede, leeren Säcken, Häuten, Blechen, Blei, Dachpappen, leeren Fässern, Schnitter-Geräthen u. dgl. m.

Sämmtliche Stückgüter mit Ausnahme derjenigen, welche überseeisch eingegangen sind und nach der zollamtlichen Behandlung bei den betreffenden Hafen-Stationen zum Weitertransport aufgegeben werden, müssen außerdem, soweit es ihre Beschaffenheit ohne besondere Schwierigkeit gestattet, mit der Bezeichnung der Bestimmungsstation in dauerhafter Weise versehen sein. Ist dies seitens der Versender unterlassen, so darf deshalb zwar die Annahme des Guts nicht verweigert werden, es hat dann aber die Annahmestation die Signirung gegen Erhebung der tarifmäßigen Gebühren zu vervollständigen.

Bei der Ausfüllung der Frachtbrief-Rubrik: „Art der Verpackung" hat der Expedient auf einen möglichst bezeichnenden Ausdruck (Faß, Sack, Korb, Kiste, Kasten, Ballen, Ballon, u. dgl.) hinzuwirken und die Anwendung des Gesammtbegriffs Kollo nicht zu gestatten.

Bei der Inhaltsangabe ist es Pflicht des Expedienten, das Publicum in geeigneter Weise ohne Ausübung eines Zwangs dazu zu veranlassen, daß es sich der Nomenclatur des Eisenbahn-Tarifs, soweit dieselbe ausreicht, bediene, bezw. neben der speciellen Bezeichnung des Frachtguts den tarifmäßigen Gattungsnamen vermerke.

Es ist ferner Pflicht des Expedienten, darüber zu wachen, daß in der nächsten Columne des Frachtbriefs wirklich das Bruttogewicht der Frachtgüter, d. h. das Gewicht des Frachtguts selbst (netto) zusammen mit dem Gewicht der Emballage (tara) angegeben werde. Erfahrungsmäßig wird besonders bei Aufgabe von Salz, Getreide, Mehl, Spiritus u. s. w. hiergegen verstoßen.

Der declarirte höhere Werth der Frachtstücke, das declarirte Interesse an der rechtzeitigen Lieferung derselben, sowie der Betrag der Nachnahme müssen von dem Frachtbrief-Aussteller an den dazu bestimmten Stellen des Frachtbriefs deutlich in Buchstaben aufgeschrieben sein. Von dem der Eisenbahn nach §. 54 des Betriebs-Reglements zustehenden Verlangen auf Specification der Nachnahmen hat der Expedient jedoch nur dann Gebrauch zu machen, wenn begründete Veranlassung zu der Annahme vorliegt, daß dem Eigenthümer des Guts durch die Specificirung Nutzen verschafft wird. Bei Sendungen an Reichs- und Staats-, Civil- und Militär-Behörden müssen jedoch die Nachnahmen im Frachtbriefe stets specificirt sein.

Hat der Versender den Nachnahmebetrag auch auf der Noten-Rubrik des Frachtbriefs vermerkt, so ist die Uebereinstimmung beider Eintragungen sorgfältig zu prüfen. Frachtbriefe mit abweichenden Angaben sind zurückzuweisen.

Der Name des Frachtbrief-Empfängers muß deutlich und so genau angegeben sein, daß Verwechslungen nicht vorkommen können. Bei einer Handels-Firma genügt deren Bezeichnung; bei Personen, welche dem Handelsstande nicht angehören, namentlich bei häufig vorkommenden Familiennamen ist auf Beisetzung des Vornamens und des Standes, bei Sendungen nach größern Städten auch auf Angabe der Wohnung zu halten.

Ist auch in diesen Beziehungen die Ausübung eines Zwangs auf den Auflieferer zu vermeiden, so wird es doch dem Expedienten bei Auseinandersetzung der Absicht, das Frachtgut möglichst schnell an den Adressaten gelangen zu lassen, in der Regel gelingen, den Auflieferer zur Vervollständigung der betreffenden Angaben im Frachtbrief zu bewegen.

Der Auflieferer hat in jedem Fall die Eisenbahn anzugeben, an welcher der Bestimmungs-Bahnhof liegt. Soweit dem Absender bei von ihm verlangter Anwendung der directen Tarife überhaupt das Recht zusteht, den Transportweg zu wählen, hat er denselben in der Regel zu bezeichnen. In beiden Fällen ist demselben mit den dem Expedienten zu Gebote stehenden Materialien, als Stations-Verzeichniß Eisenbahnkarten und Tarifen, an die Hand zu gehen, damit er vor Schaden thunlichst bewahrt werde. Bei der Bezeichnung des einzuschlagenden Transportwegs sind jedenfalls die Knotenpunkte den Instradirungs-Vorschriften der bezüglichen Tarife entsprechend, mangels solcher aber so zu bezeichnen, daß auch auf den Zwischen-Bahnen Zweifel über die Absicht des Versenders nicht entstehen können. Soweit directe Verkehre in Betracht kommen, bei denen Routen-Vorschriften überhaupt nicht oder nur ganz bestimmte Routen-Vorschriften zugelassen sind, oder soweit durch die vom Versender gewählten Routen-Vorschriften Fracht-Vertheuerungen entstehen würden, ist der Auflieferer hierauf aufmerksam zu machen.

In allen denjenigen Fällen, zu denen Absender den Wagen selbst beladen hat, ist darauf zu halten, daß die Wagen-Nummer und die Wagen-Eigenthümerin im Frachtbriefe angegeben wird, unbeschadet der vom Annahme-Beamten auszuübenden Prüfung.

Die Benutzung der Frachtbriefe zu calculatorischen Vermerken beziehungsweise zur Ausrechnung der Fracht, sowie willkürliche Abänderungen der Frachtbriefe, insbesondere Durchstreichung und Verwischung der darin enthaltenen Routen-Vorschriften, ist dem Expedienten ausdrücklich untersagt.

Vom Publicum corrigirte Frachtbriefe sind überhaupt nicht oder nur nach Anerkennung der Correctur seitens der Absender anzunehmen; von anderen Bahnen übernommene Frachtbriefe sind ebenfalls einer sorgfältigen Prüfung zu unterwerfen; hierbei wahrgenommene Correcturen müssen sowohl auf dem Frachtbriefe als in sonst üblicher Weise constatirt werden.

§. 57.

Bahnseitige Frachtbrief-Ausfertigung.

Auf Antrag des Auflieferers ist die Ausstellung des Frachtbriefs und das Signiren der Frachtstücke gegen Erhebung der tarifmäßigen Gebühren durch die Güter-Expedition auszuführen. Der bahnseitig ausgefertigte Frachtbrief ist durch den Auflieferer mit Namens-Unterschrift zu vollziehen, bezw. bei Schreibensunkunde zu unterkreuzen, wonächst die Handzeichen von einer dritten Person zu bescheinigen sind. Die Unterzeichnung des Frachtbriefes mit der Firma der Güter-Expedition oder mit dem Namen eines Bediensteten derselben ist unzulässig, auch ist es nicht gestattet, die Ausstellung des Frachtbriefs als Privatperson zu übernehmen. 2c.

[§§. 58 und 59 handeln über Feststellung des Gewichts und der Stückzahl — Stückgüter sind bei der Annahme stets nachzuwiegen —, und Erklärung des Absenders über Fehlen oder mangelhaften Zustand der Verpackung[1]). Diese Erklärung kann auch in einem General-Revers abgegeben werden, auf welchen dann in jedem Frachtbriefe in folgendem Wortlaut Bezug zu nehmen ist: „Mit Bezug auf meinen General-Revers vom ...... unverpackt (oder mangelhaft verpackt) aufgeliefert." Der General-Revers ist nach vorgeschriebenem Schema auszufertigen.]

§. 60.

Zollpapiere.

Nach §. 51 des Betriebs-Reglements ist der Absender von Gütern, welche vor der Ablieferung an den Empfänger einer zoll- oder steueramtlichen Behandlung unterliegen, verpflichtet, die Eisenbahn in den Besitz der dazu erforderlichen Begleitpapiere bei Uebergabe des Frachtbriefes zu setzen und die Begleitpapiere auch im Frachtbriefe zu verzeichnen.

Der annehmende Beamte hat darauf zu halten, daß die Zoll- und Steuerpapiere in dem Frachtbrief, und zwar in der dafür bestimmten letzten Rubrik, so genau bezeichnet werden, daß die Identität derselben unzweifelhaft ist. ꝛc. Mit den Vorschriften über Behandlung von zoll- und steuerpflichtigen Gütern hat der Expedient sich aufs Genaueste vertraut zu machen, insbesondere mit dem Vereins-Zollgesetz vom 1. Juli 1869, dem Regulativ, die zollamtliche Behandlung des Güter- und Effecten-Transports auf den Eisenbahnen betreffend, sowie mit dem Begleitschein- und Niederlage-Regulativ.

[§§. 61—63 handeln über Wagenbedarf; die Pflicht des Absenders zur Verladung, die Gestellung von Eisenbahnwagen zur Selbstverladung; die Uebereinstimmung des Frachtbriefes mit dem Frachtgut nach Inhalt und Gewicht. Berechnung der Conventionalstrafen.]

§. 64.

Uebernahme und Uebergabe im Verkehr mit Anschluß-Bahnen.

Bezüglich der Annahme der Frachtgüter von Anschluß-Bahnen und der Uebergabe der Frachtgüter an die Anschluß-Bahnen sind die Bestimmungen des „Reglements für die Uebergangsstationen" nebst Ausführungsbestimmungen und, soweit mit den Nachbar-Bahnen Special-Vereinbarungen bestehen, auch diese zu beachten.

Wenn auf einer Station mehrere Bahnen münden, welche eine gemeinschaftliche Expedition besitzen, so erfolgt die Uebernahme der auf der einen Bahn ankommenden, für die andere Bahn bestimmten Güter nicht von Expedition zu Expedition, sondern von dem Packmeister durch die Expedition in der für den Local-Verkehr der übernehmenden Verwaltung oder durch etwaige besondere Vereinbarung bestimmten Art. ꝛc.

---

[1]) Diese Erklärung (Revers) ist nach dem im §. 47 des Betriebs-Reglements, Anlage A. vorgeschriebenen Schema besonders auszufertigen und ihr Vorhandensein auf dem Frachtbriefe durch den von dem Absender zu vollziehenden Vermerk: „unverpackt (mangelhaft verpackt) laut besonderer „Erklärung" zu §. 47 des Betriebs-Reglements" zu bescheinigen.

§. 65.

Zeit und Ort der Güter-Annahme. Quittungsleistung ꝛc.

Die von der Verwaltung festgesetzten Expeditionszeiten werden durch Aushang zur Kenntniß des Publicums gebracht. ꝛc.

Verlangte Bescheinigungen der Uebergabe werden nach §. 50 des Betriebs-Reglements durch Vollziehung eines Frachtbrief-Duplicats ausgestellt, zu welchem Zweck Versender zwei gleichlautende Exemplare des Frachtbriefs einzureichen hat[1]). ꝛc. — Das Frachtbrief-Duplicat ist in gleicher Weise wie das Original mit dem Einlieferungs-Stempel und dem Gewichts-Stempel zu versehen.

Inwieweit sogenannte Collectiv-Duplicat-Frachtbriefe, d. h. solche Duplicat-Frachtbriefe, welche mehrere an einem Tage, an einen oder verschiedene Adressaten gerichtete Sendungen enthalten, zur Abstempelung zugelassen werden können, bleibt specieller Verfügung der Verwaltung vorbehalten.

Dem Absender kann auch Quittung über das von ihm selbst oder seinen Leuten aufgegebene Gut in einem sogenannten Bescheinigungs-Buche nach Formular 13, sofern derartige Bücher zugelassen sind, ertheilt werden. ꝛc.

In Betreff der Bescheinigung über die Annahme von Frachtgütern, welche von einer andern Eisenbahn übergeben werden, wird auf das Reglement für die Uebergangsstation verwiesen. (Siehe auch §. 64.)

§. 66.

Abstempelung des Frachtbriefes.

Nach vollständiger Auflieferung der zu einem Frachtbrief gehörigen Transport-Gegenstände ist in Gemäßheit des §. 49 des Betriebs-Reglements zum Zeichen der Annahme seitens der Expedition der zu diesem Zweck besonders gelieferte Expeditions-Stempel auf den Frachtbrief an der hierfür bestimmten Stelle ohne Verzug aufzudrücken. ꝛc.

[§§. 67—69 handeln über Bezettelung, Bezeichnung und Ablagerung der zum Transport angenommenen Stückgüter; über die Verladung, den Verschluß und Plombirung der Wagen.]

§. 70.

Francaturen und Francatur-Noten.

Die Fracht muß von dem Absender bei der Annahme des Guts und vor Abschluß des Frachtvertrags bezahlt werden, sobald Francaturzwang in Frage kommt oder der Frachtbrief die frankirte Zusendung an den Adressaten vorschreibt. (Siehe §. 71.)

Zu diesem Zweck ist in allen Fällen, wo zwischen Versand- und Bestimmungsstation eine directe Tarifirung besteht, sofortige genaue Berechnung und Erhebung

---

[1]) Das eine Exemplar wird mit „Duplicat" bezeichnet und mit der Namensunterschrift des Expedienten versehen, das zweite aber mit der Bezeichnung „Duplicat ertheilt", versehen.

der Fracht vorzunehmen. Beim Mangel directer Verkehrsbeziehungen und falls auch auf andere Weise eine genaue Berechnung der Fracht bis zur Bestimmungsstation nicht mit aller Sicherheit zu ermöglichen ist, hat Versender dagegen bei der Anlieferung des Guts den ungefähren Frachtbetrag zu zahlen, dessen Berechnung auf Grund der in den Expeditionen vorhandenen Hülfsmittel, insbesondere mit Rücksicht auf die Länge des zurückzulegenden Weges, die Klassifikation des Guts und etwaige Unterwegs-Ueberführungen zu erfolgen hat.

Der so annähernd berechnete Betrag der Francatur wird aber seitens der Expedition nicht als solche, sondern vorerst als Depositum und demnächst definitiv als zur Einziehung überwiesene Empfangsfracht verrechnet. Ueber diese Francatur-Depositen sind entweder besondere Quittungen auszustellen, oder aber die Duplicat-Frachtbriefe zu diesem Zweck zu verwenden. Absender, denen Frachtcredrit gewährt ist, sind von Erlegung des Depositums frei, doch ist auf deren Conto der ungefähre Frachtbetrag seitlich zu vermerken und bei Bemessung ihrer Schuld mit anzurechnen.

Allen derartigen Sendungen sind Francatur-Noten nach Formular 14 beizugeben und in der Frachtkarte Col. Bemerkungen zu notiren, auch ist in der Note der etwa deponirte Betrag an der dazu bestimmten Stelle nachrichtlich einzutragen.

Kartirung auf der Versandstation erfolgt in der Weise, daß die Sendung als unfrankirte behandelt, also die Fracht in Ueberweisung gestellt und die Kartirungsstation hiermit belastet wird. Weiterkartirung auf der oder den Umkartirungsstationen bis zur Bestimmungsstation wird in gleicher Weise bewirkt, und die bis zur jedesmaligen Umkartirungsstelle erwachsene Fracht als Vorfracht ohne Provisions-Berechnung per Nachnahme in Rechnung gestellt.

Die Empfangs-Station, welcher sämmtliche Frachten für die ganze Transportstrecke zur Erhebung überwiesen sind, liefert das Gut dem Empfänger franco Fracht aus und macht sich dadurch bezahlt, daß sie den laut Francaturnote aufgelaufenen Frachtbetrag auf demselben Wege, welchen das Gut zurückgelegt hat, und zwar als Nachnahme in Ueberweisung ohne Provisionsberechnung zurückkartirt.

Unter dem Worte „franco" auf dem Frachtbriefe ist also nur „franco Fracht" zu verstehen. Es werden daher alle sonstigen Kosten bezw. Neben-Gebühren, soweit deren Frankirung nicht ebenfalls durch ausdrückliche Vorschrift auf dem Frachtbriefe verlangt worden ist, oder nicht geschehen konnte, vom Empfänger eingezogen, ohne Unterschied, ob die Sendung mit Francaturnote oder direkt franco expedirt ist. Uebrigens wird durch die Francirung der Eisenbahn nicht das Recht benommen, den etwa vom Absender zu wenig erhobenen Frachtbetrag vom Empfänger oder Absender einzuziehen und die Güter zurückzuhalten, bis der nachzuzahlende Betrag erlegt ist.

Die Versand-Expedition rechnet nach Empfang der Francaturnote mit dem Absender entweder durch Nacherhebung der zu wenig erhobenen oder durch Rückzahlung der zu viel deponirten Beträge unter gegenseitiger Quittungsleistung ab.

(Wegen Buchung und Verrechnung der Francatur-Depositen und der Differenzen gegen die wirklich erwachsenen Frachtbeträge gelten die im §. 103 gegebenen Vorschriften.)

§. 71.
Francaturzwang.

Die Frachtgelder werden bei der Aufgabe der Güter berichtigt oder auf den Empfänger zur Zahlung angewiesen; ob das Eine oder das Andere im einzelnen Falle geschieht, hängt lediglich von der Bestimmung des Absenders ab, soweit es sich nicht um Transporte handelt, bei welchen der Francaturzwang in Frage kommt, d. h. die Verpflichtung, die für den Transport bis zur Bestimmungsstation erwachsende Fracht gleich bei Auflieferung zu bezahlen.

Eine solche Verpflichtung besteht:

1) für die Artikel: Eis, Hefe, Seeschaltthiere, frische Fische aller Art, Krebse, frisches Gemüse, frisches Fleisch, Wildpret, geschlachtetes Geflügel, lebende Pflanzen, gebrauchte leere Kisten, Körbe, Ballons in Körben, sowie Kartoffeln und frisches Obst; für letztere beiden Artikel während der Monate October bis einschließlich April — unbedingt.
2) event. auch für noch andere Güter, welche nach dem Ermessen der annehmenden Bahn dem schnellen Verderben unterliegen oder die Fracht nicht sicher decken.

(Ausnahmen werden von der Verwaltung genehmigt, von anderen Bahnen unfrankirt zur Beförderung zugelassene Artikel dieser Art dürfen von der nachfolgenden Verwaltung nicht zurückgewiesen werden, 2c.)

§. 72.
Nachnahmen und Provisionen.

Unter Nachnahmen im engeren Sinne dieses §. werden alle Geldbeträge verstanden, mit welchen Güter bei der Annahme auf der Versandstation nach Maßgabe der Angaben im Frachtbrief durch den Absender belastet und welche durch die Empfangsstation von dem Empfänger bei Auslieferung des Guts für den Absender einzuziehen sind.

Eisenbahnseitig nachgenommene Beträge, Auslagen, Zölle, Gebühren für Nebenleistungen und dergleichen erfahren zwar zumeist die gleiche Berechnungsweise wie Nachnahmen, werden auch bei der Kassen- und Buchführung zum Theil so genannt, sind theilweise, gleich jenen, auch provisionspflichtig, gelten aber im Sinne dieses Paragraphen gegenüber nicht als Nachnahmen, sondern als Vorfrachten bezw. Auslagen oder Nebenerhebungen der Eisenbahnen selbst.

Die eigentliche Nachnahme im Sinne dieses Paragraphen bezweckt zu Gunsten des Absenders eine gänzliche oder theilweise Deckung entweder für Auslagen und Mühewaltungen des Absenders bezw. Auflieferers (Spesen-Nachnahme), oder für den Werth des Guts (Vorschüsse) — §. 54, Abs. 1 und 2 des Betriebs-Reglements.

Vorschüsse dürfen hiernach, wenn dieselben nach dem Ermessen des expedirenden Beamten durch den Werth des Guts sicher gestellt werden, überhaupt nur bis zur Höhe von 300 Mark auf eine Sendung zugelassen werden.

Alle Nachnahmen, welche 150 M. und darüber betragen, sowie alle Nachnahmen auf Güter, welche dem Francaturzwang unterliegen, desgleichen alle Nachnahmen auf

„bahnhoflagernd" gestellte Güter, sowie endlich alle Nachnahmen im Verkehr mit außerdeutschen Bahnen (sofern die etwaigen besondern Reglements nichts anderes enthalten) und endlich die im internationalen Verkehr als „remboursements" bezeichneten Beträge dürfen auf der Versandstation dem Absender erst ausgezahlt werden, wenn eine positive Anzeige darüber vorhanden ist, daß auf der Empfangstation unter Abnahme des Guts die Zahlung der darauf lastenden Fracht und Nachnahme erfolgt ist.

Zum Zeichen und zur Ermöglichung der Auszahlung muß deshalb über alle derartigen Sendungen stets ein Nachnahme-Begleitschein nach Formular 15 ausgefertigt und dem Frachtbrief beigelegt, sowie daß dies geschehen, in der Frachtkarte vermerkt werden. Erst die von der Bestimmungsstation bewirkte Rücksendung dieses ausgefertigten Nachnahme-Begleitscheins ermächtigt die Versandstation zur Auszahlung der Nachnahme. Als Bescheinigung der Versandstation darüber, daß der Absender ein Frachtgut durch den Frachtbrief mit einer Nachnahme belegt hat, dient in der Regel der abgestempelte Frachtbrief oder die anderweitig gestattete Form der Bescheinigung über Aufgabe von Gütern (§. 65); jedoch müssen auf Verlangen der Absender bei der Anlieferung zu diesem Zwecke auch besondere Nachnahmescheine (d. h. also Bescheinigungen darüber, daß und welche Nachnahme der Absender nachgenommen hat), nach Formular 16 und zwar gebührenfrei ertheilt werden, falls nicht die Nachnahme gleich ausgezahlt wird. In diesen ist der Tag der Auszahlung der Nachnahmen durch Ausfüllung der dafür bestimmten Stelle nur in den Fällen zu bezeichnen, in welchen den Sendungen nach obigen Bestimmungen Nachnahme-Begleitscheine nicht beigegeben werden und richtet sich die Angabe des Auszahlungstages nach den aus §. 73 ersichtlichen Vorschriften. In denjenigen Fällen dagegen, in welchen den Sendungen Nachnahme-Begleitscheine beigegeben werden müssen, ist ein bestimmter Tag der Auszahlung auf den Nachnahmescheinen nicht anzugeben, vielmehr sind an der betreffenden Stelle der letztern statt des Datums die Worte: „gemäß den Bestimmungen des Betriebs-Reglements" zu vermerken.

Die Güter-Expeditionen haben bei den Spediteuren und größern regelmäßigen Versendern möglichst darauf hinzuwirken, daß dieselben auf Ertheilung specieller Nachnahmescheine verzichten. In diesem Falle soll es zulässig sein, daß die genannten Versender über ihre Nachnahmen besondere Gegenbücher zur Controle und Bescheinigung anlegen, welche bei Auflieferung der Güter in der Expedition vorgewiesen und in denen durch Abstempelung oder Bescheinigung die Richtigkeit der darin verzeichneten Nachnahmen anerkannt wird. Es ist jedoch darauf zu halten, daß aus diesen Nachnahme-Bescheinigungsbüchern der Absender genügend hervorgeht, wie die darin angebrachte Bescheinigung der Versandstation nur diesem Zwecke dient.

Für die Nachnahmen der Absender, gleichwie für alle andern Nachnahmen, die durch baare Auslagen der Versand-Expedition entstehen, wird die im Tarif bestimmte Provision erhoben. Bei Umkartirung darf dagegen für die auf dem Gut haftenden Vorfrachten, ob solche auch zufällig die gleiche kassenmäßige Behandlung und Verrechnung wie Nachnahmen erfahren, Provision nur dann berechnet werden, wenn es sich um einen Weitertransport des Guts seitens des Adressaten mittelst eines neuen Frachtbriefs handelt. Von Beträgen, welche im Interesse der Verwaltung selbst und ohne gehabte baare Auslagen zur Erhebung gelangen, z. B. Ladegebühren, Wiegegelder und dergl. im Tarif vorgesehene Gebühren für Nebenleistungen darf ebenso wenig Provision berechnet werden, wie von den Rollgeldern der bahnamtlich verpflichteten Rollfuhr-Unternehmer.

Nur mit Zustimmung des Absenders bezw. der Versandstation dürfen Güter, auf denen Nachnahmen lasten, von der eigentlichen Empfangstation, ohne vorher Zahlung empfangen zu haben bezw. ohne Aufgabe eines neuen Frachtbriefs weiter gesandt werden. Im Fall auf der Bestimmungsstation eines mit Nachnahme belasteten Guts die Annahme des letztern verweigert wird, ist sofort nach den nähern Bestimmungen des §. 89 zu verfahren.

Will der Absender eines mit Nachnahme belasteten Guts nach eingetretener Beförderung desselben die Zurückziehung der Nachnahme bewirken, so hat er dies der Absendestation schriftlich zu erklären, worauf dieselbe die Empfangstation und, falls nicht direct, sondern auf eine Vorstation kartirt worden ist, auch diese schriftlich von der Zurückziehung der Nachnahme benachrichtigt und den Betrag derselben auf sich zurückrechnen läßt, letzteres ohne abermals Provision zu berechnen.

Während des Eisenbahn-Transports selbst etwa unterwegs erwachsende baare Auslagen, welche von der betreffenden Unterwegsstation stets in die Frachtbriefnote einzutragen sind, unterliegen der Provisionspflichtigkeit wie andere Nachnahmen der Versandstation. Wegen Verrechnung derartiger Unterwegsnachnahmen, welche nicht zugleich mit einer Umkartirung zusammenfallen, wird Folgendes bestimmt:

Steht die Unterwegsstation, auf welcher solche Kosten erwachsen, mit der Empfangstation des Guts im Kartenwechsel, so muß zur Verrechnung der gehabten Verläge als Nachnahme der von der Versand- resp. Kartirungs-Station ausgefertigten Frachtkarte von der bezüglichen Unterwegsstation eine weitere specielle Karte, in welcher die Nachnahmen zu Gunsten der Unterwegsstation auf die empfangende Kartirungsstation des Frachtguts zur Verrechnung gelangt, ausgefertigt und letztere als Belag und Anlage mit geeignetem Vermerk beigefügt werden. In der Originalkarte ist stets ein entsprechender Vermerk behufs Sicherstellung der Einziehung zu machen.

Steht die Unterwegsstation mit der Empfangstation nicht im directen Kartenwechsel, so hat sie in die das Gut begleitende Frachtkarte und in die Frachtbriefnote einen kurzen Vermerk über die gehabten Verläge und die Vorstation, auf welche dieselben nachgenommen worden sind, an geeigneter Stelle zu machen. Die Einhebung der der Unterwegsstation gebührenden Verläge erfolgt mittelst einer besonders anzufertigenden Frachtkarte. Letztere ist auf diejenige Station auszustellen, welche in der Transportrichtung der Unterwegsstation zunächst liegt und thatsächlich oder doch voraussichtlich mit derjenigen Station in directem Verkehr steht, auf welche die Frachtkarte des Guts lautet. Das Gut ist mit der Originalkarte ohne Aufenthalt weiter zu senden.

Ist im ausnahmsweisen Fall bei Entstehung einer Unterwegsnachnahme die Originalkarte mit dem Gut oder einem Theil desselben inzwischen weitergegangen, ohne daß die eben vorgeschriebene Verrechnung erfolgen konnte, so ist die Nachnahme unter Anfertigung einer besonderen Karte der Empfang- bezw. Kartirungs-Station in gleicher Weise zu verrechnen, wie dies oben bestimmt wurde, es ist dann aber der neuen Karte ein den Sachverhalt erläuterndes Schreiben beizugeben.

§. 73.

Auszahlung der Nachnahmen.

Die Auszahlung der Nachnahmen an den Absender erfolgt durch die Versandstation.

Alle Nachnahmen unter 150 M., sowie die im internationalen Verkehr nicht als „remboursements" bezeichneten Beträge werden, wenn der Transport des Guts sich nur über drei dem Verein deutscher Eisenbahn-Verwaltungen angehörigen Bahnen bewegt hat, nach Ablauf von 14 Tagen vom Expeditionstage ab, letztern nicht mit eingeschlossen, wenn der Transport dagegen sich über mehr als drei zum Verein deutscher Eisenbahn-Verwaltungen gehörige Bahnen bewegt hat, nach 3 Wochen an den Aufgeber ausgezahlt, sofern innerhalb dieser Frist von der Empfangstation keine Anzeige der Nicht-Abnahme des Guts eingegangen ist. Hat eine solche Anzeige stattgefunden, so unterbleibt die Auszahlung der Nachnahme, bis die Empfangstation die ordnungsmäßige Erledigung des früheren Anstands meldet.

Im Verkehr nach und von Oesterreich werden Spesen-Nachnahmen jeglichen Betrags (also auch unter 150 M.) dem Aufgeber erst dann ausgezahlt, wenn der Eingang derselben von der Empfangstation der Versandstation mittelst des zurückkartirten Nachnahme-Begleitscheins avisirt worden ist.

Im Verkehr nach Rußland geschieht die Auszahlung aller Nachnahmen, welche 150 M. und darüber betragen, desgleichen aller Nachnahmen auf bahnhoflagernd gestellte Güter erst dann, wenn die Aufgabestation von der Empfangstation die Anzeige über die erfolgte Ausgleichung der Nachnahmen von Seiten des Empfängers erhalten hat, die der übrigen Nachnahmen erfolgt, falls nicht schon früher Anzeige über die bewirkte Zahlung eingegangen oder von der Empfangstation kein Einspruch erhoben ist:

a) hinsichtlich der Güter, deren Transport auf einer russischen Verbandstation endet, nach Ablauf von 6 Wochen, vom Tag der Expedition an gerechnet;
b) hinsichtlich der Güter, welche nach Nichtverbandstationen bestimmt sind bezw. über eine Verbandstation hinausgehen, nach Ablauf von 8 Wochen vom Tage der Expedition an gerechnet.

Es ist nach Möglichkeit dahin zu wirken, daß die fälligen Nachnahmebeträge von den Empfangsberechtigten rechtzeitig abgehoben werden.

Ueber die Avisirung und Auszahlung der Nachnahmen gelten die bei jeder Bahn bestehenden besondern Bestimmungen.

Zieht der Absender Nachnahmen auf bereits abgesandte Güter ganz oder zum

Theil zurück, so ist der Empfangstation hiervon Mittheilung zu machen. Diese liefert das Gut, nachdem auf dem Frachtbrief der erlassene Nachnahmebetrag, jedoch nicht die tarifmäßige Provision, abgesetzt ist, aus und entlastet sich dadurch, daß sie den Betrag der zurückgezogenen Nachnahme auf die Abgangstation ohne Berechnung einer Provision als Nachnahme zurückkartirt. Die Abgangstation vermerkt in dem Nachnahmebuch, daß die Nachnahme bezw. wie viel von derselben zurückgezogen ist, und zahlt dem Absender nur den etwa noch verbleibenden Rest gegen Quittung. Ueber nicht gezahlte Beträge ist die Correspondenz an Quittungsstelle aufzubewahren. Die Provision wird für den vollen Nachnahmebetrag erhoben.

Die als Nachnahmen erscheinenden Vorfrachten der Anschlußbahnen gehen weder unter Nachnahme-Begleitschein, noch ist ihre Auszahlung an bestimmte Fristen gebunden, sie sind vielmehr sofort bei Uebergabe des Frachtguts auszuzahlen, insofern nicht die betreffenden Verwaltungen über die gegenseitige Begleichung ihrer Vorfrachten besondere Abkommen getroffen haben.

§. 74.

Frachtberechnung und Kartirung.

Die Aufstellung der Note im Frachtbrief erfolgt nach den Bestimmungen des Tarifs, wobei zuerst die aufgegebene Nachnahme in die Note zu übertragen und die Provision dafür auszuwerfen ist. Demnächst wird die eigentliche Fracht unter Angabe des Einheitsfrachtsatzes und bei denjenigen Sendungen, welche nach Achse oder Kilometern berechnet werden, unter Angabe der Kilometer nebst den Zuschlägen für höhere Werthsdeclaration und für das declarirte Interesse der rechtzeitigen Lieferung zu berechnen. Zuletzt sind die etwa zur Erhebung kommenden Neben-Gebühren, wie Stand- und Lagergelder, Conventionalstrafen, Signir- und Verwiege-Gebühr auszuwerfen.

Die Eintragung frankirter Geldbeträge geschieht in der Columne links, die Eintragung unfrankirter Beträge (überwiesener Fracht) in der Columne rechts der Note. Es ist Pflicht des Expedienten, dafür zu sorgen, daß die Note des Frachtbriefs sowohl die bei Frankirung erhobenen, als auch die sämmtlichen vom Empfänger einzuziehenden Beträge deutlich und vollständig nachweist.

Die Frachtberechnung erfolgt für die Bahnstrecke von der Auflieferungsstation bis zu derjenigen Station, auf welche das Gut verrechnet wird (Kartenschlußstation).

Liegt die Bestimmungsstation im Gebiet der Verwaltung der Anlieferungstation, so wird auf sie unmittelbar kartirt; liegt sie im Gebiet einer andern Verwaltung, so regelt sich die Kartirung nach den bestehenden Vereinbarungen und Einrichtungen für den directen Verkehr.

Welche Station als Kartenschlußstation zu wählen, ist von den localen Verhältnissen abhängig und wird durch specielle Verfügung geregelt; als Grundsatz gilt hierbei, daß die Anwendung vorhandener directer Tarife stets stattfinden muß, und daß in deren Ermangelung auf die weitgelegenste mit directen Tarifen ausgerüstete Vorstation abzufertigen ist.

Francaturen für einen bestimmten Theil der Transportstrecke sind nur zulässig, wenn die Station, bis zu welcher das Gut franco befördert werden soll, eine der im Tarif genannten, auf der Transportroute belegenen Stationen ist. Es ist aber auch gestattet, auf die Fracht einen beliebigen Theil als Francatur anzuzahlen.

Einen Einfluß auf die Kartirung haben solche Theilfrancaturen nicht.

Bei der Wahl des Wegs hat der kartirende Beamte den diesfallsigen Dispositionen des Absenders auf dem Frachtbrief zu folgen, falls solche aber fehlen oder unvollständig sein sollten, stets den Weg zu wählen, welcher dem Publicum der vortheilhafteste ist, ohne Rücksicht auf das höhere oder geringere Interesse der eigenen Verwaltung; nur in den Fällen der Gleichstellung zweier Bahnstrecken in den Frachtsätzen hat dies den Ausschlag zu geben. Für genaue Uebereinstimmung der Kartirung und Verladung hat der Expedient zu sorgen.

Frachtgüter, welche zur Umkartirung gelangen, sind von der Umkartirungsstation im Allgemeinen ebenso zu behandeln, wie Güter, welche zum Bahntransport neu aufgeliefert werden; die bis dahin entstandene Belastung des Frachtguts mit Fracht und anderen bahnamtlichen Erhebungen einschließlich der Nachnahmen des Absenders erscheint als Nachnahme.

Nachdem auf den Frachtbriefen die nach Vorstehendem auszuwerfenden Beträge verzeichnet sind, erfolgt die Kartirung derselben auf Form. 17 soweit nicht für einen Verbandverkehr ein anderes Formular vorgeschrieben ist. Zu jedem Zug sind nach jeder einzelnen Station besondere Karten für Eilgüter, Einzeln-Frachtgüter, Ladungen, Dienstgüter und Viehsendungen anzufertigen.

Für Ladungen wird zu jedem einzelnen Wagen eine besondere Karte ausgestellt, sofern nicht für einzelne Fälle Ausnahmen angeordnet sind. Eilgüter dürfen niemals mit Frachtgütern, Güter, welche einer zoll- oder steueramtlichen Behandlung unterliegen, niemals mit Gütern des freien Verkehrs, bedingungsweise zum Transport zugelassene Güter niemals mit andern zusammenkartirt werden, es sei denn, daß dieselben auf einen Frachtbrief aufgeliefert werden dürfen. Welche sonstigen getrennten Kartirungen vorzunehmen sind, namentlich in Rücksicht auf Stationen, wo mehrere Bahnen abgehen, auf Umladeverhältnisse, auf Platzverhältnisse und dergleichen, ergeben die bezüglichen besondern Bestimmungen.

Wenn bei der Zollabfertigung im Ansageverfahren, welche das Gut wie den Frachtbrief unter Zollverschluß setzt, die Kartirung auf eine vor dem Amt, wohin das Gut angesagt ist, gelegene Station lautet, mithin unterwegs Umkartirung (Dekartirung und Weiterkartirung) stattfindet, so hat diejenige Expedition, wo der Zoll-Verschluß eintritt, von dem Frachtbrief eine mit „Duplicat" zu bezeichnende correcte Abschrift zu fertigen oder sich vom Absender geben zu lassen und diese der Kartirung beizufügen, damit auf Grund derselben die Umkartirung bewirkt werden kann. Die Expedition am Ort des Amts, auf das angesagt ist, welche also den Original-Frachtbrief von der Zollbehörde zurückerhält, hat aus dem Duplicat-Frachtbrief die Kartenpositionen und die Fracht- 2c. Beträge auf das Original zu übertragen und demnächst das Duplicat aufzubewahren.

Dem Empfänger ist dasselbe nicht auszuliefern und bei weitergehenden Gütern nicht mit weiter zu senden.

Für die nach Vorstehendem etwa auszufertigenden Frachtbrief-Duplicate ist eine Gebühr nicht zu erheben. Die Columnen der Frachtkarte sind nach den Frachtbriefen mit Ausnahme des Datums, für welches letztere der Tag der Expedition maßgebend ist, genau auszufüllen. Ist das Frachtgut im Tarif unter einer Gattungsbezeichnung oder als Specialartikel namentlich aufgeführt, und stimmt die Frachtbrief-Declaration mit dieser Tarifbezeichnung nicht überein, so ist neben jener auch diese in Parenthese zu setzen; in Columne „Absender" ist bei umkartirten Gütern nicht die Vorbahn, sondern der ursprüngliche Frachtauflieferer, in Columne „Bestimmungsort" der eigentliche Wohnort des Empfängers, bei bahnseitwärts belegenem Wohnort auch die Bestimmungs-, nicht aber der Name der Kartenschluß-Station zu setzen. In Columne „Bemerkungen" sind vorzugsweise die etwa dem Frachtbrief beiliegenden Zoll- und Steuer-Papiere sowie auch Francaturnoten und Nachnahme-Begleitscheine anzuführen.

Bei der Kartirung nach einer Uebergangstation ist zu vermerken, ob das Gut nach dieser selbst (loco) oder nach welcher Anschlußbahn es bestimmt ist, in ähnlicher Weise bei Kartirungen aus Uebergangstationen, ob das Gut aus dem Ort selbst, oder von welcher Anschlußbahn es herstammt.

In der Columne „Bemerkungen" ist ferner ein Vermerk darüber zu machen, ob der Absender eines unverpackten oder mangelhaft verpackten Frachtguts nach §. 59 einen besondern Revers niedergelegt hat.

In den Gewichtscolumnen ist das wirkliche Bruttogewicht und das nach den Bestimmungen des Tarifs der Frachtberechnung zu Grunde zu legende abgerundete Gewicht anzugeben. In den Geldcolumnen sind die Beträge aufzunehmen, welche in der Note des Frachtbriefs oder der Francaturnote (§. 70) verzeichnet sind, und zwar, je nachdem die Sendung in Franco- oder in überwiesener Fracht befördert wird, in den dafür bestimmten Columnen für Francatur und Ueberweisung mit der Maßgabe, daß Francofrachten auf Francaturnoten wie überwiesene Frachten erscheinen.

Jeder Frachtbrief erhält bei der Kartirung an der dazu bestimmten Stelle die Nummer, unter welcher er in der Karte eingetragen ist, und darüber die Karten-Nummer. Die Nummern der Frachtbriefe fangen in jeder Karte mit 1 an, während die Karten nach jeder einzelnen Kartenschlußstation monatsweise nummerirt werden, sofern nicht für einzelne Verkehre eine Ausnahme gestattet ist.

Zur Abschließung der auf diese Weise ausgestellten Frachtkarten sind Collizahl, Gewicht und Beträge zu summiren. Die Francaturbeträge, für deren etwa unterbliebene Einziehung mit Ausnahme der Conto-Inhaber der kartirende Beamte verantwortlich bleibt, sind von links nach rechts und von oben nach unten, die Ueberweisungsbeträge hingegen nur von oben nach unten von der Versand-Expedition zu summiren. Das Total der letztern Beträge wird nach Zusetzung etwaiger Neben-Gebühren erst von der Empfangs-Expedition gezogen. Nach erfolgter Kartirung sind die Frachtkarten vom expedirenden Beamten leserlich zu unterschreiben. Demnächst werden die Frachtbriefe in die Karte so fest eingeschlagen, daß sie nicht herausfallen können, und der Umschlag so bewirkt, daß der erste Abschnitt des ausgefüllten Formulars sichtbar bleibt.

Falls ein anderes Kartenformular zur Kartirung benutzt wird, welches nicht dem vorhin erwähnten entspricht, so ist die Außenseite mit dem Datum, der Kartirungs- und der Kartenschluß-Station und mit der tarifmäßigen Routen-Vorschrift zu versehen. Darunter sind die Nummern der Wagen, in denen das Gut verladen ist, unter Beifügung der zur Bezeichnung der Eigenthumsbahn dienenden Buchstaben, sowie die Zahl der Colli anzugeben.

In welchen Verkehren den Original-Frachtkarten Duplicate (souches) beizugeben sind, wird durch besondere Verfügung bestimmt.

§. 75.

Versandregister.

Die ausgefertigten Frachtkarten werden in das Versandregister (Abgangs-Journal), soweit dasselbe nicht durch vervielfältigte Karten ersetzt ist, vollständig übertragen.

Die Anlage, die innere Einrichtung und die Führung der Versandregister wird durch besondere Anordnungen geregelt.

§. 76.

Verladungsscheine.

Inwieweit Verladungsscheine (Ladelisten) erforderlich sind, wird von jeder Verwaltung besonders bestimmt.

§. 77

[handelt über den Dienst an den Zügen, Quittungsleistung, Verfahren unterwegs. —

Nach Anfertigung der Begleitpapiere ist das eigentliche Expeditions-Geschäft beendet und ist nunmehr seitens der Expedition der Transport der abgefertigten Güter unter Quittungsleistung des dafür bestimmten Zugbeamten (Packmeister) zu veranlassen. ꝛc.]

B. Ankommende Güter.

§. 78.

Uebernahme ankommender Güter und Ausladung von Einzelgütern.

Bei Ankunft des Zuges übernimmt der Expedient und zwar bei Durchgangsstationen mit kürzerem Aufenthalt am Zuge selbst, die für die Station bestimmten Güter nebst Begleitpapieren auf Grund der im Frachtkarten-Quittungsbuch des Packmeisters erfolgten Eintragungen. Während der öffentlichen Expeditionsstunden hat dies durch den Expedienten direct zu geschehen; außerhalb derselben, insbesondere zur Nachtzeit tritt die Vermittelung der Stationsbeamten nach näheren Localvorschriften ein.

Die Uebernahme dieser Güter erfolgt bei ganzen Wagenladungen generell nach Maßgabe der äußern Beschaffenheit und der eventuellen Plombirung, also auch erst nach Prüfung und Richtigbefund dieser Umstände, bei in sogenannten Stationswagen befindlichen Einzelgütern speciell durch Ausladung am Zug seitens der Arbeiter auf Grund der Angaben in den Papieren und der äußern Beschaffenheit.

Die hierbei etwa vorgefundenen Unregelmäßigkeiten sind ebenso wie das Fehlen und die Beschädigung von Gütern und Papieren im Beisein des Packmeisters zu constatiren und im Frachtkarten-Quittungsbuch kurz zu vermerken; im Uebrigen ist der Empfang darin durch Quittungsleistung anzuerkennen ꝛc.

[§§. 79 und 80 handeln über Entladung der Stückgüter — diese liegt in jedem Falle der Eisenbahn-Verwaltung ob —, Feststellung von Mancos oder Beschädigungen, einstweilige Einlagerung; ferner Prüfung des Inhalts der Güter — der Expedient ist befugt, die Uebereinstimmung des Frachtbriefs mit den betreffenden Gütern auch nach dem Inhalte zu prüfen und festzustellen.]

§. 81.

Entladung der Wagenladungsgüter.

Hinsichtlich der Entladung der Güter durch die Empfänger sind die in §. 62 bezüglich der Selbstverladung gegebenen Vorschriften ebenfalls maßgebend.

[Der Tarif bestimmt, bei welchen Gütern das Auf- und Abladen von den Parteien selbst zu besorgen ist.]

Es ist darauf zu halten, daß die Entladung unmittelbar aus den Eisenbahnwagen in die Landfuhrwerke bewirkt wird, und daß die Empfänger sich dabei ihrer eigenen Lade-Utensilien bedienen.

Ausgenommen hiervon sind die auch zum Gebrauch für das Publicum bestimmten, auf den Bahnhöfen befindlichen Ladekrähne, deren Benutzung jedoch nur gegen die hierfür zu erhebende tarifmäßige Gebühr unter Aufsicht der Eisenbahn erfolgen darf. ꝛc. ꝛc.

§. 82.

Dekartirung. Aenderungs-Protocoll.

Gleich nach Eingang sind die Frachtkarten abzustempeln und die Frachtbriefe mit den Frachtkarten in sämmtlichen Columnen, namentlich in Bezug auf Inhalt, Gewicht, Werths- und Interessen-Declaration, Nachnahmen und auf die als Beilagen notirten Steuerpapiere ꝛc. zu vergleichen, etwaige Differenzen in der Karte zu beseitigen und sodann die in derselben ausgeworfenen Geldbeträge auf Grund des betreffenden Tarifs zu prüfen bezw. zu berichtigen.

Ist bei Francaturen auf der Abgangstation zu wenig erhoben, so wird der Minderbetrag sowohl in der Karte, wie auf dem Frachtbrief behufs Einziehung vom Empfänger in Ueberweisung zugesetzt. Verweigert der Adressat die Zahlung dieses Differenzbetrages, so ist das Gut nicht auszuhändigen, sondern der Versandstation eventuell per Telegraph die Einziehung des qu. Betrages vom Absender aufzugeben und, falls auch dieser die Nachzahlung verweigert, als unbestellbar zu behandeln. Ist dagegen auf der Abgangstation an Francatur zu viel erhoben, so wird darüber in der Karte ein Vermerk und (behufs Rückzahlung) der Versandstation Meldung gemacht.

Wenn Absender zugleich Empfänger des Guts ist, so wird die zu viel erhobene Francatur sogleich unter Berichtigung der Karte ausgezahlt und der Betrag, mit der Quittung belegt, von der Versand-Expedition durch Nachnahme eingezogen. Die im Frachtbrief ausgeworfene Fracht ist stets zu berichtigen, auch ist zu viel erhobene Fracht an den Empfänger, wenn er gleichzeitig Absender ist, zurückzuzahlen, und im Frachtbrief ein bezüglicher Vermerk zu machen.

Demnächst sind die bei der Dekartirung bekannten und zu berechnenden Nebengebühren im Frachtbriefe und in der Karte zuzusetzen. Anderweite erwachsende und zu erhebende Nebenerträge sind im Frachtbrief zu notiren und nach Maßgabe des §. 100 zu berechnen bzw. zu behandeln. Sind sämmtliche überwiesene 2c. Beträge auf den Frachtbriefen und in der Frachtkarte notirt, so wird letztere von links nach rechts und von oben nach unten aufgerechnet, so daß in der Columne „Summe der Ueberweisungen" sowohl der zu erhebende summarische Betrag jedes Frachtbriefes einzeln erscheint, als die Summe dieser Columne den Betrag nachweist, welcher auf alle zu der Karte gehörigen Frachtbriefe einzuziehen ist.

Der dekartirende Beamte ist für die Richtigstellung der Frachtkarten in allen Theilen verantwortlich und hat deshalb auch, soweit die Feststellung der Fracht es erfordert, das Frachtgut selbst in Augenschein zu nehmen. Die Dekartirung hat in allen Fällen mittelst Tinte zu erfolgen, so daß also die aufgerechneten Summen mit Tinte geschrieben sind. Nach erfolgter Dekartirung sind die Frachtbriefe mit dem Tagesstempel zu versehen und die Karten an der dazu bestimmten Stelle zu unterschreiben. Gleichzeitig sind auf den Frachtbriefen und sonstigen Begleitpapieren die Nummer und Position der Frachtkarte, die Nummer des Zugs, Nummer und Eigenthumsbezeichnung des Wagens, worin das Gut einging, sowie die Abgangstation an hierzu vorgesehener Stelle zu vermerken, sofern das Eine oder Andere von der Versandstation nicht bereits geschehen ist.

Ueber alle Aenderungen, welche in der Frachtkarte auf der Kartenschlußstation vorgenommen sind, hat der Güter-Expedient ein Aenderungs-Protocoll nach Form. 19 an die Kartirungsstation zu senden, worauf diese ihre Bücher bezw. Duplicat-Versandkarten entsprechend zu berichtigen hat. Der Kartirungsstation steht ein Anspruch gegen diese Aenderung nicht zu, doch ist es ihr überlassen, in Fällen, wo sie die Aenderung nicht für richtig anerkennt, das Aenderungs-Protocoll nach Kenntnißnahme mit ihrer Aeußerung darüber an die Controlstelle zu senden.

Sind Francatursendungen versehentlich in überwiesener Fracht expedirt, so ist ebenso zu verfahren, wie bei zu niedrig erhobenen Francaturbeträgen. Von dem Versehen ist die Versandstation mit vorzugsweiser Beschleunigung in Kenntniß zu setzen und dasselbe auch der vorgesetzten Dienststelle als Expeditionsfehler zu melden.

§. 83.

Sortirung der Frachtbriefe, Avisirung, Verrechnungskarten.

Die Frachtbriefe und sonstiges Belastungsmaterial sind thunlichst verkehrsweise zusammenzuhalten und sofort nach beendeter Dekartirung wie folgt zu sortiren:

1. Baar zu erhebende Posten:

a) die Frachtbriefe und sonstigen Belastungspapiere, deren Beträge baar bei der Kasse bezahlt werden, sowie die Francofrachtbriefe zu den Gütern, welche die Adressaten selbst abholen;

b) die zurückbelasteten Francaturnoten ꝛc., zu welchen Depositen bei der Kasse beruhen;

c) die Frachtbriefe ꝛc. zu den Gütern, welche durch den bahnamtlich bestellten Rollfuhrmann abgefahren werden.

2. Zu contirende Posten:

a) die Frachtbriefe, Francaturnoten ꝛc., welche an Anschlußbahnen überwiesen werden;

b) die Frachtbriefe, Francaturnoten ꝛc. für Conto-Inhaber.

3. Umexpeditions-Posten:

a) die Frachtbriefe und Francaturnoten ꝛc., welche weiter expedirt werden;

b) die zurückzubelastenden Francaturnoten.

Bei der Sortirung der Frachtbriefe ist darauf zu achten, daß beim Wechsel zweier Monate diejenigen Belastungspapiere, welche nach den weitern Bestimmungen noch auf den alten Monat zu buchen sind, getrennt gehalten werden von denjenigen, welche für den neuen Monat zur Verrechnung gelangen müssen.

Für die Avisirung der Güter mittelst der Post dienen Postkarten nach Formular 20 und für die Avisirung durch Boten Avisbriefe nach Formular 21.

Für Güter, welche bahnhoflagernd gestellt sind, können Avisbriefe auf besondere Anordnung der Verwaltung ausgefertigt werden.

Ueber die Art und Weise der Bestellung der Avisbriefe werden jeder Station besondere, den örtlichen Verhältnissen angepaßte Anordnungen ertheilt. ꝛc. ꝛc.

Im Fall der telegraphischen Avisirung, sowie bei der Avisirung mittelst Postkarte hat der Expedient die Gebühren bezw. das Porto aus den Kassengeldern zu verauslagen und bei Einlösung der Güter durch die Adressaten von diesen durch Zusetzung des Betrages in der Frachtbriefnote wieder einzuziehen.

Die Erklärung über die Expreß-Avisirung ist nach folgendem Revers abzugeben:

> „Die Güter-Expedition zu (Stationsname) ermächtige ich hierdurch, die unter meiner Adresse ankommenden Frachtgüter (eventuell welche) mir durch expressen, von ihr abzusendenden Boten (oder durch die Post per express oder per telegraphische Depesche) zu avisiren, und mache ich mich zur Zahlung der dadurch entstehenden Auslagen verbindlich."

Die Güter für Empfänger, welche sich schriftlich ein für allemal Avisirung verbeten haben, bleiben liegen, bis sich die Frachtbrief-Adressaten zur Abnahme melden. Die Erklärung derselben über Ausschließung der Avisirung ist nach folgendem Revers abzugeben:

„Ich (wir) Unterzeichnete . . erkläre . . hiermit, daß ich (wir) in Gemäßheit der Bestimmung im §. 59, Nr. 1 des Betriebs-Reglements für die Eisenbahnen Deutschlands die Avisirung der mit der Eisenbahn auf Station (Name) für (mich) und diejenigen Personen, welche (mich) zur Abholung und Empfangnahme ihrer Güter bevollmächtigt haben, ankommenden Frachtgüter ein- für allemal verbitte und (mich) demgemäß in Bezug auf dieselben den Bestimmungen des gedachten Reglements in §. 57 am Schluß, §. 59, Nr. 1 und §. 60, Nr. 5[1]) unterworfen.

(Ort, Datum, Name, Stand und Wohnung.)

Ueber die Behandlung der Güter, welche unter Begleitschein oder Uebergangsschein-Controle stehen und behufs steuerlicher Abfertigung der Steuerbehörde zugeführt werden müssen, wird auf die Vorschriften bezüglich Behandlung zoll- und steuerpflichtiger Güter verwiesen (§. 60).

Die Güter für Empfänger, welche schriftlich ein- für allemal oder für den Specialfall einen Andern zur Empfangnahme der für sie ankommenden Güter bevollmächtigt haben, werden statt dem Adressaten, dem zur Abnahme Bevollmächtigten avisirt, welcher auch über dieselben zu quittiren hat.

Die Erklärung über die nach §. 59, Abs. 7 des Betriebs-Reglements vorgeschriebene Anzeige hat nach folgender Form zu erfolgen:

„Ich 2c. zeige der Güter-Expedition hiermit an, daß ich den N. N. mit der Empfangnahme der für mich ankommenden Güter, der Avise und der Quittungsleistung beauftragt habe."

(Ort, Datum, Name, Stand und Wohnung.)

Es ist Gegenstand besonderer Bestimmung, ob die Vollmachten nur mit gewisser Fristbeschränkung angenommen werden sollen. Stehen die Anweisungen des Absenders und des Empfängers über eine am Bestimmungsort zu wählende Mittelsperson (Roller oder Spediteur) in Widerspruch, so hat der Expedient nach der des ersteren zu verfahren (§. 59, Abs. 1 des Betriebs-Reglements). Bei der Avisirung der im zollamtlichen Ansageverfahren oder auf Grenzstationen aus dem Zollvereins-Auslande eingegangenen Güter ist stets gleichzeitig die Disposition der Adressaten über die weitere Behandlung (ob Verzollung, Packhofsniederlage oder Begleitschein-Ausfertigung, und letzternfalls welcher Art, eintreten soll) zu erfordern. Auf Wunsch von Interessenten hat die Güter-Expedition den ihr in dieser Beziehung zugehenden Auftrag gegen Berechnung der tarifmäßigen Gebühren auszuführen. Die Behandlung derartiger Güter für den Fall, daß von Interessenten

---

[1]) §. 57 am Schlusse bestimmt, daß der Lauf der Lieferfristen für die Dauer der steueramtlichen Abfertigung und einer ohne Verschulden der Bahnverwaltung eingetretenen Betriebsstörung ruht. §. 59 Nr. 1 handelt über die Zeit der Abnahme bezw. Auslieferung der Güter, §. 60 Nr. 5 über die Berechnung des Lagergeldes und der Wagen-Strafmiethe.

keine Disposition eingeht oder die Disposition unausführbar oder unklar ist, ist durch §. 51, Abs. 3 des Betriebs-Reglements vorgeschrieben.

Nach der Sortirung der Frachtbriefe und der Ausfertigung der Avise sind der Sortirung entsprechend (also unter Mitaufnahme aller Francofrachtbriefe) Verrechnungskarten

ad 1. Schalterkarten nach Form. 22, Francaturnoten-Listen nach Form. 23, Rollkarten nach Form. 22;

ad 2. Ueberweisungskarten nach Form. 24, Contokarten nach Form. 22;

ad 3. Umexpeditions-Listen nach Form. 24,

anzufertigen.

Von den Ueberweisungskarten sind stets, von den übrigen Verrechnungskarten nach Bedürfniß Duplicate zu fertigen.

Die Verrechnungskarten erhalten, jede Categorie für sich, monatlich fortlaufende Nummern.

Die nach der Aufsummirung der Belastungsbeträge gefundenen Summen werden nach der Dekartirung in das Empfangs-Controlbuch (Controle des Empfanges) eingetragen.

Da die Verrechnungskarten außerdem als Recherche- und Nachschlagematerial dienen, so müssen dieselben alles hierauf Bezügliche enthalten. Zweckmäßig werden dieselben bis Ende des laufenden Monats in Mappen aufbewahrt und sodann erst zur weitern Aufbewahrung geheftet.

Die Uebergabe der Güter an den bahnamtlich bestellten Rollfuhrmann erfolgt auf Grund der für ihn ausgestellten Verrechnungskarten (Ablieferkarten), in welche, gleichwie in die Frachtbriefe, das Rollgeld bahnseitig einzutragen ist. Vorher sind dieselben in das Contobuch, Abtheilung des Rollfuhrmanns mit ihren Nummern und den Belastungsbeträgen einzutragen und darin zum Soll zu stellen.

Der Rollfuhrmann hat über den richtigen Empfang der Papiere und zugehörigen Güter zu quittiren.

Werden auf der Rollkarte aufgenommene Frachtbriefe als unbestellbar zurückgegeben, so wird der auf dieselben entfallende Betrag von der betreffenden Rollkarte abgesetzt bez. zurückgerechnet.

Die Rollkarte kann auch als Quittung bei solchen Fuhrwerksbesitzern oder Spediteuren verwendet werden, welche im Besitz vieler Vollmachten zum Güterabrollen sind und sich die Avisirung ihrer eigenen Güter und derjenigen ihrer Machtgeber verbeten haben.

Die Ablieferkarten können für jede einzelne Dekartirungsperiode in so vielen einzelnen Rollkarten angefertigt werden, als nach Lage der Fahrbezirke und der Fuhren-Ausnutzung bei jeder einzelnen Dekartirung in Berücksichtigung der Güterwagen erforderlich erscheinen.

Eine und dieselbe Contokarte von Contisten geringerer Bedeutung darf durch Nachtragung neuer Posten für einen mehrtägigen Zeitraum fortlaufend benutzt werden. Der jedesmaligen Anlage bezw. Anfertigung neuer Karten für Contisten, welche täglich nur einige Sendungen erhalten, bedarf es sonach nicht, jedoch muß die in das Haben des Empfangs-Controlbuchs (§. 102) zu buchende Summe jeder Dekartirung auf solchen Sammelkarten stets nachgewiesen und ersichtlich sein.

§. 84.

Fracht-Einziehung und Auslieferung des Guts.

Die zur Empfangnahme der angekommenen Güter berechtigten Personen haben, sofern ihnen nicht ein Creditconto (§. 101) von der Verwaltung bewilligt ist, die auf dem Frachtbriefe zur Einziehung verzeichneten Beträge an zugesetzten Francaturen, überwiesenen Frachten und Nebengebühren aller Art baar an die Güterkasse und in deren Amtslocal zu erlegen, den ihnen zugefertigten Avisbrief mit Quittung nach vorgedrucktem Formular versehen zurückzugeben und bei Steuergütern die vorschriftsmäßige Quittung zu vollziehen, worauf ihnen der Frachtbrief ausgehändigt wird, gegen dessen Vorzeigung auf dem Güterschuppen die Auslieferung des Guts erfolgt. Ist der Avisbrief nicht zur Stelle, so ist die Ausstellung einer besondern Quittung zulässig, welche das Frachtgut so bezeichnen muß, daß Zweifel über dessen Identität nicht obwalten können.

Der Ueberbringer eines quittirten Avises bezw. der nach Abs. 1 an Stelle desselben tretenden Quittung gilt zur Einlösung des Frachtbriefs, der Ueberbringer des Frachtbriefs, in welchem bahnseitig über Bezahlung der Frachtgelder quittirt ist, zur Entnahme des Guts für ermächtigt. Im Uebrigen ist es Pflicht des Expedienten sich von der Identität der Person des Quittirenden bezw. von der Richtigkeit der Unterschrift unter der Quittung Ueberzeugung zu verschaffen.

Der Firma-Inhaber hat lediglich die Firma, der Procurist neben der letztern den sein Verhältniß zu derselben kennzeichnenden Vermerk („p. p., per procura") und seinen Familiennamen, der Handlungs-Bevollmächtigte dagegen seinen Namen mit dem Vermerk: „Als Bevollmächtigter der Handlung N. N." unter die Quittung zu setzen.

Quittungen von Behörden, Corporations-Vorständen 2c. müssen unter der gesetzlichen Firma derselben ausgestellt und mit Unterschrift versehen sein. In Ermangelung einer solchen muß der zur Empfangnahme sich meldende Beamte sich durch besondere Vollmacht legitimiren.

Bei auswärtigen Personen genügt in der Regel die Vorzeigung des Frachtbrief-Duplicats zur Feststellung ihrer Legitimation.

Wenn nach der Frachtzahlung die sofortige Auslieferung des Guts verlangt wird, und es sich herausstellt, daß dasselbe nicht vorhanden ist, oder wenn der Empfangsberechtigte nach äußerer Besichtigung des Guts die Annahme verweigert, so darf ihm auf sofortigen Antrag die entrichtete Fracht alsbald zurückgezahlt werden, wobei der Frachtbrief mit einem darüber sprechenden Vermerk zu versehen und dem Interessenten die Quittung zurückzustellen ist.

Empfänger, denen ein Creditconto bewilligt ist, geben, da sie später Zahlung leisten, nur die quittirten Avise zurück, erhalten dagegen die Frachtbriefe und auf Grund derselben die Güter ohne sofortige Frachtzahlung ausgeliefert.

Bei den Expeditionen, bei welchen ein besonderer Kassengehülfe (Schalter-Beamte) fungirt, werden demselben die Verrechnungskarten (Schalterkarten) mit den Frachtbriefen ꝛc. nach vorheriger Anerkennung der darauf verzeichneten Summen überwiesen bezw. letztere demselben in einem im Contobuche (§. 101) anzulegenden Conto zur Last gestellt. Die zur Zahlung kommenden Beträge hat der Schalter-Beamte in eine Tageskassen-Karte (Form. des Baarkassenbuchs) chronologisch einzutragen und dabei über jeden eingezahlten Betrag unter Angabe des Datums und der Nummer der Tageskassen-Karte, auf welcher Vereinnahmung erfolgt ist, auf dem Frachtbrief ꝛc. zu quittiren.

Die Tageskassen-Karte ist mit der Tageskasse gegen Schluß der Expeditions-Dienstzeit an den Kassenverwalter zu übergeben und erfolgt von diesem nur eine summarische Verbuchung dieser Tages-Einnahme im Baarkassenbuch.

Da, wo kein besonderer Kassengehülfe (Schalterbeamte) fungirt und die Vereinnahmung der Frachten ꝛc. von dem Kassenverwalter geschieht, hat die Verbuchung der einzelnen Posten im Baarkassenbuche zu erfolgen.

Die Vereinnahmung der auf der Schalter-Verrechnungskarte verzeichneten Einzelbeträge in der Tageskassen-Karte bezw. in dem Baarkassenbuch geschieht unter Anführung der Adressaten und zugleich unter Angabe der Nummer der Schalter-Verrechnungskarte in der Columne „Ueberweisungen", wobei die Nummer der Tageskassen-Karte bei der betreffenden Post in der Schalter-Verrechnungskarte, Columne „Rollgeld" ebenfalls zu notiren ist.

Auf Grund des an der Zahlstelle der Güter-Expedition eingelösten Frachtbriefs, welcher von dem zuständigen Beamten mit Quittung zu versehen ist, erfolgt die Auslieferung des Guts.

Der verabfolgende Beamte hat nach den für den Verwaltungsbereich erlassenen Special-Verfügungen vorher zu prüfen, ob und inwieweit eine Ueberschreitung der lager- und standgeldfreien Zeit stattgefunden hat.

Wann für bahnhoflagernd gestellte Güter, sowie für Güter derjenigen Empfänger, welche die Avisirung ein- für allemal schriftlich verbeten haben, die lager- oder standgeldpflichtige Zeit des Guts beginnt, bestimmt der Localtarif.

Die Fristen, binnen welcher die von den Absendern selbst verladenen Güter durch die Empfänger auszuladen und abzuholen sind, werden durch die besonderen Vorschriften jeder Verwaltung festgesetzt und auf jeder Station durch Aushang in den Expeditions-Localen beziehungsweise auch durch Bekanntmachung in einem Localblatt zur allgemeinen Kenntniß gebracht. Darin ist auch bestimmt, inwieweit zwischenfallende Sonn- und Festtage nicht mitgerechnet werden.

Wegen nicht erfolgter Ankunft eines Theils der in demselben Frachtbriefe verzeichneten Sendung, wovon jeder Theil ohne Zusammenhang mit dem Ganzen einen gemeinen Werth hat, kann die Annahme des angekommenen Theils und die Zahlung des verhältnißmäßigen Frachtbetrags vom Adressaten nicht verweigert werden (§. 59, Abs. 10, ad 4 ff. des Betriebs-Reglements).

Hat eine Ueberschreitung der publicirten Abholungs- bezw. Entladungsfrist stattgefunden, so ist die Einzahlung des verfallenen Lager- ꝛc. Geldes vor Ablieferung des Guts zu veranlassen.

Die Quittung über die Frachtgelder muß den Betrag derselben deutlich in Zahlen, das Datum und die Unterschrift des zur Einziehung befugten Beamten enthalten.

An Communal-, Militär- und andere Behörden ist neben der Quittung auf dem Frachtbriefe, in welcher die gezahlten Beträge in Worten auszudrücken sind, eine besondere Quittung nicht zu ertheilen.

Dem Antrage auf Ausstellung von Separat-Quittungen ist nur dann stattzugeben, wenn etwa der Frachtbrief nicht mehr vorhanden sein sollte.

Auf Verlangen der Empfänger sind diesen die angekommenen Güter gegen Entrichtung des im Tarif festgesetzten Wiegegeldes und nach ausdrücklicher Hinweisung auf die Erhebung dieser Gebühr vorzuwägen, und ist das Resultat im Frachtbrief amtlich zu bescheinigen.

Eine amtliche Gewichtsbescheinigung ist auf Verlangen des Empfängers auch in dem Fall nicht zu versagen, wenn Theile der Frachtbrief-Sendungen fehlen (Betriebs-Reglement §. 59, Nr. 4), oder wenn das Frachtgut beschädigt ist. Ist in der Zeit zwischen Zahlung der Fracht und der Abnahme des Frachtguts Stand- oder Lagergeld aufgelaufen, so hat der ausgebende Beamte den Empfänger von Neuem an die Kasse zu verweisen und das Gut nicht vor Berichtigung auch dieser Gebühren zu verabfolgen. Bei der Auslieferung der Güter hat der ausgebende Beamte die Frachtbriefe mit seinem Namen und einem Zeichen für die Auslieferung zu bezeichnen, wenn nicht für größere Stationen zu diesem Zweck Stempel eingerichtet sind.

Wird bei Ablieferung von Frachtgütern, für welche Stand- oder Lagergeld erwachsen ist, die Zahlung desselben verweigert, weil der Empfänger die Berechtigung der Eisenbahn zur Erhebung dieser Gebühr bestreitet, oder dem Abholer die nöthigen Mittel fehlen, so darf von dem Frachtgut nur ein solcher Theil zurückbehalten werden, welcher nach überschläglicher Berechnung das Lagergeld sicher deckt.

ꝛc. (betrifft die Auslieferung gewöhnlicher Frachtgüter an Sonn- und Feiertagen).

Die quittirten Avise und Rollkarten, sowie die Vollmachten und Dispositionen der Waaren-Empfänger sind geordnet und geheftet in der Güter-Expedition aufzubewahren und bei jeder Revision dem revidirenden Beamten vorzulegen.

ꝛc. (betr. alphabethisches Verzeichniß der Vollmachten und Dispositionen).

§. 85.

Rückmeldung über Einzahlung von Nachnahmen.

Die den Frachtbriefen beiliegenden Nachnahme-Begleitscheine (§. 72) sind, sobald die Abnahme des zugehörigen Guts und die Zahlung der Nachnahme erfolgt ist, durch Unterschrift und Beidrückung des Amtssiegels vollzogen an die Abgangsstation mittelst Karte zurückzusenden.

Jeder Nachnahme-Begleitschein bildet in derselben eine Kartirungsposition, jedoch ohne Belastung. Die Nachnahme-Begleitscheine sind daher zu vermerken mit: „Nachnahme-Begleitschein von (Name der Versandstation) über .... M. .... Pf. zurück."

Wenn mit Nachnahme belastete Güter, denen kein Nachnahme-Begleitschein beigegeben ist (vergl. §. 72), von dem Adressaten nicht angenommen werden, so ist der Versandstation hiervon Anzeige zu machen, damit diese die Nachnahme dem Absender bis auf Weiteres nicht auszahlt. Diese Anzeigen sind spätestens 24 Stunden nach erfolgter Annahmeverweigerung zu machen und jedenfalls derart zu beschleunigen, daß sie vor Ablauf der zur Auszahlung der Nachnahmen bestimmten tarifmäßigen Frist in die Hände der Versandstation gelangen können.

Bei Unterlassung dieser Anzeigen hat der betreffende Güter-Expedient resp. Kassenbeamte die etwa entstehenden Nachtheile zu vertreten. Diese Anzeigen sind direct an die Versandstation zu senden.

C. Besondere Vorkommnisse.

§. 86.

Verfahren mit überzähligen und verschleppten Gütern.

Wegen Behandlung der bei den Expeditionen sich als herrenlos, also überzählig bezw. ohne Papiere vorhanden ergebenden Güter sind die Vorschriften über die Schuppenrevisionen und über das Melde- und Recherche-Verfahren genau zu beachten. Als überzählige Güter sind auch alle diejenigen Gegenstände zu betrachten, zu behandeln und zu rapportiren, welche zwar ersichtlich oder aller Wahrscheinlichkeit nach nur verschleppt sind, die sich aber wegen Mangels genügender Begleitpapiere nicht mit Sicherheit als solche behandeln lassen.

Als verschleppte oder verfahrene Güter sind alle diejenigen Sendungen zu betrachten, welche in Folge unrichtiger Kartirung oder Verladung oder unrichtigen Transports statt derjenigen Route, auf welcher sie eigentlich befördert werden mußten, ganz oder theilweise einen andern Weg durchlaufen haben. In der Regel können Güter nur dann als verschleppt behandelt werden, wenn aus vorhandenen Begleitpapieren zu erkennen ist, daß die Gegenstände nicht als überzählige zu betrachten sind.

Verschleppte Gegenstände sind von der Station, auf welcher sie als verschleppt erkannt werden, auf dem kürzesten Wege schleunigst nach der Bestimmungsstation zu senden und zwar Frachtgut als Frachtgut, Eilgut und Gepäck aber als Eilgut.

Für die Beförderung verschleppter Eilgut- und Gepäckstücke sind diejenigen Züge zu benutzen, welche die Bestimmungsstation am schnellsten erreichen, für Eilgüter jedoch nur, insoweit die Züge nach den bestehenden Vorschriften für diesen Zweck Verwendung finden dürfen.

Die Beförderung der nur in Folge unrichtiger Verladung oder falschen Transports verschleppten Gegenstände, also auch solcher, welche trotz richtiger und vorschriftsmäßiger Kartirung gleichwohl auf einer unrichtigen Station eintreffen, geschieht auf Begleitschein und Karte bezw. auf Grund der vorhandenen vorschriftsmäßigen Begleitpapiere, jedoch ohne Frachtberechnung, diejenige der unrichtig kartirten Güter mit regelrechter Weiterexpedition und Frachtberechnung.

Die Expedition, welche eine Verschleppung constatirt, hat dieselbe sofort anzuzeigen.

§. 87.

Aenderung der Kartirung.

Unterwegsstationen, welche bei der Abgabe der Frachtgüter an die Nachbarbahn zu bemerken glauben, daß auf eine Station direct kartirt ist, wohin überhaupt oder für den betreffenden Fall nach ihrer Kenntniß directe Kartirung nicht stattfindet, oder daß statt der zulässigen bezw. angeordneten directen Kartirung eine andere gewählt worden ist, haben die unrichtige Kartirung unter Beifügung einer Abschrift der betreffenden Karte zu melden.

Kann in Folge von Betriebsstörungen oder zeitweiliger Einstellung des Verkehrs der Transport auf Grund der bewirkten Kartirung nicht ausgeführt werden, so darf nach Maßgabe besonderer Vorschriften die Unterwegsstation die Kartirung entsprechend ändern. Hiervon ist der Kartirungsstation behufs Berichtigung ihrer Bücher unverzüglich Nachricht zu geben. Ob die ursprüngliche Karte hierbei zurückzusenden und event. auch Abschrift der neu ausgefertigten beizufügen ist, ergeben die oben erwähnten Vorschriften.

Wenn nach §. 60, Nr. 1 des Betriebs-Reglements das Frachtgut vor Erreichung seiner ursprünglichen Bestimmungsstation zurückgenommen wird, ingleichen wenn der Absender dem Frachtgut eine andere Bestimmung giebt (§. 88), so fungirt die Expedition, bei welcher dies geschieht, als Dekartirungsstation und hat der Kartirungs-, sowie der Kartenschluß-Station ungesäumt Mittheilung davon zu machen.

Anderweitige Aenderungen der Kartirung sind unstatthaft, auch wenn innerhalb der Kartenschlußstrecke Umladung und Verwiegung des Frachtguts stattfindet und bei letzterer ein von dem kartirten abweichendes Gewicht entdeckt wird. Die Umladungsstation hat in solchem Falle lediglich die Verrechnungspapiere mit diesfallsigem Vermerk zu versehen und nach dem Conventionalstrafen-Reglement (siehe §. 80) zu verfahren.

§. 88.

Nachträgliche Anweisungen des Absenders.

Nachträgliche Anweisungen des Absenders wegen Zurückgabe des Guts oder Auslieferung an einen andern als den im Frachtbrief bezeichneten Empfänger (siehe §. 59, Abs. 1 und 2 des Betriebs-Reglements) sind nur dann auszuführen bezw. anzunehmen, wenn sie durch Vermittelung der Aufgabestation gegeben werden und die Bestimmungsstation unverändert bleibt.

Ausnahmsweise werden bei Wagenladungsgütern, sofern Zollvorschriften und Betriebsrücksichten nicht entgegenstehen, auch nachträgliche Anweisungen des Absenders zugelassen, welche sich auf Unterwegsanhalten beziehen und den Zweck haben:

a) das Gut an den Aufgabeort zurück zu befördern, oder
b) auf einer Vorstation des Bestimmungsorts auszuliefern, oder
c) nach einer über den ursprünglichen Bestimmungsort hinaus resp. seitwärts gelegenen Station weiter zu senden.

Vor der Annahme bezw. Ausführung solcher nachträglichen Anweisungen seitens der Aufgabe=Station hat indeß der Absender ein schriftliches Anerkenntniß nach Form. 25 dahin abzugeben, daß die Verwaltung für den Ersatz irgend welchen Schadens in Folge unterlassener oder mangelhafter Ausführung der nachträglichen Disposition nicht aufzukommen habe, sowie die Verpflichtung zu übernehmen, die Eisenbahn=Verwaltung für alle derselben durch die Ausführung dieser nachträglichen Disposition erwachsenden Kosten schadlos zu halten.

Dieses Formular ist so angelegt, daß es für alle drei Fälle paßt und sind die in dem einen oder andern Fall nicht zutreffenden Einschaltungen zu durchstreichen. Auf die genaue Ausfüllung derselben ist besonders zu sehen.

Die Unterwegsstationen haben das Verfahren der Aufgabestationen lediglich anzuerkennen und den bezüglichen Requisitionen derselben, soweit sie überhaupt ausführbar sind, nachzukommen.

Das vom Absender ausgestellte Anerkenntniß hat auf der Aufgabestation zu verbleiben und ist von dem Güter=Expedienten sorgfältig unter Verschluß aufzubewahren; in den Fällen ad a und b ist ferner der alte Frachtbrief beizubehalten und die Abänderung desselben durch die Unterwegsstation, auf welcher das Gut angehalten ist, mit dem Beisatz:

> Zufolge nachträglicher Anweisung des Absenders vom . . . ten . . . . . .
> von Amtswegen abgeändert.
>
> N. N.
> (Amtscharacter.)

zu bewirken.

In den Fällen ad c ist von Vorstehendem abweichend nur dann zu verfahren, wenn das Gut nicht auf der ursprünglichen Beförderungs= bezw. Verbandstrecke verbleibt, sondern auf eine andere Bahn bezw. in einen andern Verband übergeht. Alsdann nämlich ist die Ausfertigung eines neuen Frachtbriefs seitens des Absenders, event. auf dessen Verlangen seitens der die anderweite Disposition ausführenden Güter=Expedition erforderlich.

Der alte Frachtbrief hat die Sendung bis zu der neuen Bestimmungsstation zu begleiten, ist aber dem Adressaten nicht mit auszuhändigen, sondern zurückzubehalten und aufzubewahren.

Sämmtliche die Abänderung der alten bezw. Ausfertigung der neuen Frachtbriefe begründenden Documente und Correspondenzen verbleiben der die Abänderung 2c. bewirkenden Unterwegsstation.

Die Fracht wird, insofern nicht in den Verbandtarifen besondere Vorschriften hierüber enthalten sind, tarifmäßig für die wirklich stattgehabte Beförderung berechnet.

Soll Weiterbeförderung über die ursprüngliche Bestimmungsstation hinaus stattfinden, so ist auf dieser die Umkartirung vorzunehmen, die bis zu derselben berechnete Fracht aber unverändert zu lassen.

Findet eine Ablenkung von der ursprünglichen Route statt, so ist die Sendung auf der Uebergangsstation zu kartiren, auf welcher das Gut die ursprünglich bestimmte Route verläßt.

Bei Aushändigung des Guts auf einer Unterwegsstation ist die Fracht bis zu dieser zu berechnen und selbst dann zu erheben, wenn die directe Fracht nach der ursprünglichen weiter gelegenen Bestimmungsstation niedriger ist; jedoch ist in diesem letzten Fall von der Erhebung von Reugeld (§. 60 Nr. 1 des Betr.-Reglts.) abzusehen.

§. 89.

Dispositionsgüter und deren Behandlung.

Unter Dispositionsgütern (§. 61 des Betriebs-Reglements) werden Güter verstanden, deren Ab- oder Annahme seitens des Empfängers überhaupt verweigert wird, ferner solche, welche nicht rechtzeitig abgenommen werden, sowie solche, deren Abgabe die Empfangstation nicht zu bewirken vermag und endlich Güter, welche unter der Adresse „bahnhoflagernd" ohne Meldung des Empfängers länger auf der Empfangstation lagern. Wegen des Verfahrens mit diesen Gütern sind die nachfolgenden Vorschriften zu beachten:

Im Fall der Annahmeverweigerung seitens des Empfängers ist zunächst festzustellen, ob dieselbe durch einen bahnseitig zu vertretenden Umstand herbeigeführt ist oder doch damit in Verbindung steht. Betreffendenfalls sind die Expeditionen gehalten, die Versandstationen und zwar, wenn nöthig telegraphisch, ausführlich zu benachrichtigen und um Intervention beim Absender behufs Ertheilung geeigneter Anordnung, was mit dem Gut weiter geschehen soll, zu ersuchen. Gleichzeitig ist Anzeige zu machen. Auf solche Mittheilungen hin bleiben auf der Versandstation die etwa auf dem Gut haftenden Nachnahmen unbezahlt, und ist der Absender Mangels entsprechender Verständigung zur Erhebung seines Reclamations-Anspruchs zu veranlassen. Was weiter mit dem Gut auf der Empfangstelle zu geschehen hat, ergiebt entweder der Verlauf der Verhandlungen bezw. die Verfügung der vorgesetzten Stelle, oder es richtet sich dies nach der Natur und Beschaffenheit des Guts, dessen weitere Entwerthung oder Gefährdung jedenfalls zu verhindern ist.

Findet eine Annahmeverweigerung statt, ohne daß die Eisenbahn-Verwaltung dazu Veranlassung geboten hat, so hat die Empfangstation der Versandstation sofort und unter Angabe des Grunds Anzeige zu machen, dabei auf die Unterlassung der Auszahlung etwa auf dem Gut haftender Nachnahmen ausdrücklich hinzuweisen und anderweite Disposition des Absenders auf Grund §. 61 des Betriebs-Reglements zu verlangen. Geht die erforderliche Disposition des Absenders überhaupt nicht oder nicht in angemessener Frist ein, oder stellt der Absender die Güter der Eisenbahn zur Verfügung, so ist damit ebenso zu verfahren, wie dies nachstehend für nicht rechtzeitig oder gar nicht abgenommene bezw. dem schnellen Verderben unterliegende Güter, soweit es sich um solche thatsächlich handelt, vorgeschrieben ist.

Bei Gütern, deren Abnahme verzögert oder unterlassen wird, also auch bei „bahnhoflagernd" gestellten Gütern ist bezüglich des weitern Verfahrens zunächst zu unterscheiden, ob sie mit Nachnahme belastet sind, ob sie dem schnellen Verderben, also auch der Entwerthung unterliegen, ob sie zu den gefährlichen gehören, ob sie ausladbar und eisenbahnseitig füglich angemessen unterzubringen sind, oder nicht. Die nicht thunlich gewesene Abgabe bezw. nicht bewirkte Abnahme mit Nachnahme belasteter, aus den Eisenbahnwagen entladener Güter ist nach Ablauf einer angemessenen Abnahmefrist, längstens nach 3 Tagen, der Versandstation schriftlich zu melden, damit dieselbe die Nachnahme-Auszahlung unterläßt und dem Absender Kenntniß giebt, daß die Güter auf seine Gefahr und Kosten lagern. Mit unentladenen Wagenladungen ist in gleicher Weise zu verfahren, jedoch schon nach Ablauf der ersten 24 Stunden und zwar, wenn die Entladung und Einlagerung in den Eisenbahnräumen möglich und räthlich ist, unter gleichzeitiger bahnamtlicher Entladung der Wagen. Wird trotz obiger Anzeige über in Bahnräumen bezw. auf Bahnplätzen eingelagerte Güter nicht nach Ablauf von 8 Tagen und über noch in den Wagen stehende nach Ablauf von 3 Tagen nach der Ankunft bezw. Avisirung weder vom Absender noch vom Empfänger disponirt, so ist nochmals die Disposition des Absenders und zugleich weitere Weisung der zuständigen Stelle einzuholen, soweit die Empfangs-Expedition nicht etwa generelle Ermächtigung wegen des weitern Verfahrens besitzt.

Handelt es sich in allen vorerörterten Fällen um Güter, welche dem schnellen Verderben, also auch der Entwerthung unterliegen, so ist im Interesse der Parteien die Anzeige an die Versandstation stets, ganz gleichgültig um welchen der vorstehenden Fälle es sich handelt, jedenfalls nach Ablauf von 24 Stunden und wenn es irgend empfehlenswerth ist, telegraphisch zu bewirken und, falls die Expedition keine, oder keine für den vorliegenden Fall hinreichende Vollmacht besitzt, den bestmöglichen Verkauf der Güter zu veranlassen, gleichzeitig die weitere Weisung der dienstvorgesetzten Stelle einzuholen. Sind derartige Sendungen geringwerthig, gleichwohl aber mit verhältnißmäßig erheblichen Frachtbeträgen belastet, so ist besonders noch darauf zu halten, daß die Deckung der Fracht gewahrt bleibe.

Alle diese Benachrichtigungen der Versandstation haben stets direct, also mit Uebergehung der etwaigen Zwischen-Kartirungs-Stationen in der Regel durch die Post zu erfolgen und müssen die genaue Bezeichnung des Absenders und Empfängers, das Datum des Einlieferungs-Stempels, die Bezeichnung des Guts nach Gattung, Signatur bezw. Gewicht, sowie auch die auf dem Gut haftenden Frachten, Nachnahmen und sonstigen Spesen umfassen.

Die Versandstationen müssen es sich solchen Meldungen gegenüber besonders angelegen sein lassen, in schleunigster Weise den Absendern Kenntniß von den Vorkommnissen zu geben, um die anderweite Disposition derselben möglichst schnell zu erwirken. Erfolgt letztere nicht binnen 24 Stunden, so muß Absender durch die Versandstation erinnert werden. Die ertheilten anderweiten Dispositionen sind demnächst den Empfangstationen umgehend und zwar in der Regel ebenfalls durch die Post zu übersenden, auch ist denselben, falls Dispositions-Ertheilung nicht zu erlangen ist, entsprechend Mittheilung zu machen.

Meldet sich der Adressat noch vor dem Eingang der anderweiten Disposition des Absenders nachträglich zur Annahme des Guts, so ist ihm dasselbe auszuliefern und der Versandstation sofort direct Kenntniß davon zu geben.

Wenn in den vorstehend erörterten Fällen die erforderlichen Dispositionen von den Parteien innerhalb der festgesetzten Fristen nicht gegeben werden, oder wenn die Abgabe der Güter nicht thunlich geworden ist, die Annahme nicht bewirkt wird, oder wenn endlich die angebotene Zurücknahme durch den Absender unterbleibt, so dürfen sich die Expeditionen gleichwohl ohne besondere Ermächtigung nicht für befugt erachten, nach ihrem Ermessen von den ihren Verwaltungen vorbehaltenen Rechten im Abs. 1, 2, 4 und 5 §. 61 des Betriebs-Reglements ohne Weiteres Gebrauch zu machen. Nur in den weiter unten erörterten Grenzen soll dies geschehen dürfen, wenn nicht im einzelnen Fall auch hierfür die Verfügung der dienstvorgesetzten Stelle zweckmäßiger eingeholt wird.

Was zunächst den Verkauf von Gütern, wann und soweit solcher überhaupt stattfinden darf, anlangt, so ist, soweit es sich um Objecte im Abschätzungswerth unter 50 *M.* handelt, dem vorsichtigen und verständigen Ermessen des Expedienten die Entscheidung anheimgestellt, ob sich je nach Lage der Sache entweder der sofortige Verkauf oder die Ueberweisung des Guts an einen Spediteur oder die fernere Lagerung in den Räumen der Verwaltung als zweckmäßig empfiehlt, und ist hierbei nicht nur die Befriedigung und Sicherung der Ansprüche der Verwaltung, sondern auch das Interesse der Parteien selbst thunlichst zu berücksichtigen. Finden Verkäufe statt, so sollen solche nach vorheriger angemessener Bekanntmachung in geeigneten Kreisen, keinesfalls nur unter Heranziehung von Bediensteten, öffentlich und meistbietend bewirkt werden, damit in jeder Beziehung die Interessen der Verwaltung und des Absenders gewahrt werden. Der Verkauf anderer Güter, für welche nach dem Betriebs-Reglement der Ablauf einer vierwöchentlichen Frist abzuwarten ist, darf, weil keine Eile damit verbunden und der Antrag rechtzeitig vor Ablauf dieser Frist gestellt werden kann, erst nach besonderm Antrag auf Genehmigung des Verkaufs bei der vorgesetzten Dienststelle unter Beifügung aller auf die Sache selbst bezüglichen Correspondenzen und nach ertheilter Genehmigung derselben erfolgen. Ueber jeden Verkauf ist ein Protocoll aufzunehmen, in welchem unter Anschluß der Beläge die Art der stattgehabten Bekanntmachung, der Name des Käufers sowie das Meistgebot ersichtlich zu machen, und welches mindestens von dem Meistbietenden und dem den Verkauf leitenden Beamten zu unterschreiben ist.

Was die Ueberweisung an Spediteure oder Lagerhäuser anlangt, so ist auf denjenigen Stationen, wo die Räume der Verwaltung zur Lagerung von Dispositons-Gütern nicht geeignet erscheinen bezw. in den Fällen, wo die letztern eine besondere Gefahr für die übrigen Güter oder die Eisenbahn-Verwaltung mit sich führen oder doch führen können, oder eine besondere sachgemäße Behandlung und Lagerung erfordern, die Ueberweisung an einen als bewährt bekannten Spediteur oder an ein

Lagerhaus gegen Erhebung aller darauf lastenden Kosten zu veranlassen, jedoch sind thunlichst, wenn dies nicht durch die Verwaltung bereits ein- für allemal geschehen ist, vorher geeignete, das Interesse des Publicums wahrende Bedingungen zu verabreden und muß der Einlagerer alle Rechte und Pflichten der Eisenbahn vorbehaltlos und definitiv übernehmen.

Die Versandstation ist von dieser Maßregel behufs Mittheilung an den Absender besonders in Kenntniß zu setzen und die weitere Regelung der Angelegenheit den Interessenten zu überlassen.

§. 90

(betrifft Aussetzen von Güterwagen aus dem Zuge.

Die unterwegs befindlichen Güter (siehe auch §. 77) gehen den neu hinzukommenden bei der Weiterbeförderung vor; es ist deshalb im Allgemeinen unstatthaft, einzelne Wagen eines Zuges zurückzuhalten, um auf einer Zwischenstation andere Wagen statt derselben einzurangiren.

Ausnahmen sind namentlich in folgenden Fällen zulässig: rc. rc.).

§. 91

(betrifft Verletzung der bahnamtlichen Plomben).

§. 92

(betrifft Boden-Revision).

§. 93

(betrifft Controle der Waagen).

§. 94.

Dienstgut.

Bezüglich der Beförderung von Dienstgütern und des kostenfreien Transports von Umzugsgegenständen versetzter Beamten sind die hierüber erlassenen Instructionen, Reglements rc. maßgebend.

§. 95.

Postgüter, Militär-Effecten und sonstige Armee-Bedürfnisse.

Bezüglich des Transports der Postsendungen auf den Eisenbahnen wird auf das Eisenbahn-Postgesetz vom 20. December 1875, und die dazu erlassenen Vollzugs- und Ergänzungs-Bestimmungen[1]), bezüglich des Transports von Militär-Effecten und sonstigen Armee-Bedürfnissen auf das Reglement vom Jahre 1870 und die dasselbe abändernden oder ergänzenden Bestimmungen verwiesen.

§. 96

(betrifft Wagen-Beschädigungen).

---

[1]) Das Eisenbahn-Postgesetz vom 20. December 1875 sowie die Vollzugs- rc. Bestimmungen folgen.

D. Buchführung und Rechnungslegung.

§. 97.

Einnahmen und Ausgaben der Expeditionen im Allgemeinen.

Die Güter-Expeditionen bezw. die zu denselben gehörigen Kassen sind auf Grund dieser Instruction ein- für allemal generell legitimirt und beauftragt, alle diejenigen Erhebungen und Zahlungen sofort und ohne weitere Anweisung vorzunehmen, welche nach Ausweis der in dieser Instruction vorgeschriebenen Bücher und Buchungen aus dem Güterverkehr unmittelbar hervorgehen, mithin rücksichtlich der Einnahmen alle Frachten sowohl in Francatur als in Ueberweisung, die Frachtzuschläge für Werths- und Interesse-Declarationen, sowie alle überwiesenen Nachnahmen incl. Provisionen, die reglementarischen bezw. tarifmäßigen Neben-Gebühren und Francatur-Depositen; hinsichtlich der Zahlung alle fälligen Nachnahmen und Rückzahlungen aus den Depositen. Alle andern Erhebungen und Zahlungen dürfen nur auf Grund jedesmaliger besonderer Anweisung geschehen. Als solche sind zu betrachten die Ordres der zuständigen (Haupt- bezw. Commissions-) Kassen bei Uebersendung von Vorschüssen, die Anzeigen über vorgenommene Berichtigungen von Kassenposten seitens der Controlen und der Expeditionen und provisorische oder definitive Anweisungen der zuständigen Vorgesetzten.

§. 98.

Francaturbuch.

Durch die Führung des Francaturbuchs soll die Controle darüber hergestellt werden, daß die einzelnen Francaturbeträge, welche der Güterkasse durch die Frachtkarten bezw. durch die Monats-Versandrechnung (siehe §. 107) und das Abrechnungsbuch (siehe §. 105) zum Soll gestellt werden, der Kasse auch wirklich zugeflossen sind, oder durch Verrechnung im Creditconto 2c. in Gutschrift gebracht werden.

Die Francaturbeträge für Sendungen nach einer im directen Kartenschluß stehenden Station (siehe §. 70) sind, insofern der Versender nicht im Genuß eines Creditcontos ist, oder die Beträge nicht durch den bahnamtlichen Rollfuhrmann eingezogen werden, vor der perfect gewordenen Annahme des Guts baar zu erheben.

Zum Zeichen der erfolgten Baarzahlung der Francaturfracht ist die Folionummer des Baarkassenbuchs, unter welcher die Vereinnahmung erfolgte, nebst dem Namen des vereinnahmenden Beamten unter den in der „Nota“ auf dem Frachtbrief angegebenen und erhobenen Frachtbetrag zu setzen.

Nach der Kartirung und vor der Eintragung in das Versandregister, wo ein solches geführt wird und nicht etwa Karten-Duplicate diesem Zweck zu dienen haben, sind die Francaturen zunächst in dem Francaturbuch nach Form. 26 zu buchen.

Die Verbuchung erfolgt direct aus den Frachtbriefen in der Reihenfolge, wie sie kartirt sind, ohne jede weitere Unterscheidung nach Stationen oder Verkehren 2c., und sind die baar erhobenen Beträge von den durch den Rollfuhrmann einzuziehenden und den den Conto-Inhabern zur Last zu stellenden getrennt nach Anleitung des Formulars in den betreffenden Rubriken aufzuführen. Bei bedeutendern Conto-Inhabern ist für jeden derselben eine besondere Rubrik zu benutzen, während für Conto-Inhaber, deren Francaturbeträge in geringerer Anzahl zu creditiren sind, für letztere Beträge eine Columne mit der Ueberschrift „Für Verschiedene" genügt.

Bei Expeditionen, bei denen ein bahnamtlich bestellter Rollfuhrmann fungirt, sind im Francaturbuch die Eilgutsendungen, wegen der spätern richtigen Berechnung der Rollgeldbeträge, als solche besonders zu bezeichnen.

Außer den Beträgen der einzelnen, zu ein- und derselben Karte gehörenden Frachtbriefe wird im Francaturbuch auch die Francatursumme der ganzen Karte in der hierfür vorhandenen Rubrik ausgeworfen und mit der bezüglichen Summe der Karte verglichen bezw. abgestimmt.

Am Tagesschluß werden die Eintragungen der Versandregister bezw. der Duplicat-Versandkarten verglichen. Nachdem etwa sich ergebende Differenzen berichtigt sind, wird das Francaturbuch in seinen Geldcolumnen abgeschlossen. Die Verkehrssummen der Versandregister werden demnächst unter den Tagessummen des Francaturbuchs zusammengestellt, und wird deren Summe mit der Summe des letztern abgestimmt und behufs Uebertragung in das Abrechnungsbuch (§. 105) nach Local- und directem Verkehr zerlegt.

Wenn hiernach auch von jeder Expedition überhaupt nur ein Francaturbuch gehalten wird, so soll es doch gestattet sein, bei größern Expeditionen dasselbe in der Weise in zwei Büchern zu führen, daß tageweise oder in mehrtägigen Perioden damit gewechselt wird. In diesem Fall ist das eine Buch mit von 1 anfangenden ungeraden, das andere mit von 2 anfangenden geraden Folionummern zu versehen.

Demnächst werden alle expedirten baar bezahlten Francaturen vom Kassen-Verwalter aus dem Francaturbuch in dem Baarkassenbuch durch Eintragung der Folien des Francaturbuchs in die dafür vorhandene Rubrik gelöscht. Ebenso ist im Francaturbuch bei dem betreffenden Posten das Folium des Baarkassenbuchs zum Nachweis der geschehenen Löschung zu vermerken.

Ueber die durch den Rollfuhrmann einzuziehenden Francaturbeträge bei Gütern, die zur Abholung bei der Güter-Expedition angemeldet sind, wird täglich aus dem Francaturbuch eine Rechnung, in welche zugleich die hierbei zu berechnenden Rollgelder aufzunehmen sind, mit monatlich laufender Nummer ausgefertigt und demselben übergeben. Die einzelnen Posten werden in diesem Fall im Francaturbuch durch Beischreiben der Nummer der Rechnung und umgekehrt gelöscht. Der Betrag der Rechnung wird vom Rollfuhrmann nach der Einkassirung, welche spätestens innerhalb der von der Verwaltung festgesetzten Frist zu erfolgen hat, eingezogen, im Baarkassenbuch unter „Francaturen" vereinnahmt und das Folium, auf welchem dies geschehen, als Nachweis der geschehenen Vereinnahmung unter dem Betrag der Rechnung im Francaturbuch vermerkt.

Die Einziehung der Francaturen der Conto-Inhaber erfolgt je nach dem Umfange derselben in kürzeren oder monatlichen Perioden (§. 101).

Die mittelst Francaturnoten zu expedirenden Francosendungen berühren das Francaturbuch nicht (siehe §§. 70 und 103).

Das Francatur- und das Nachnahmebuch können, wenn dies speciell angeordnet wird, zu einem einzigen Buch vereinigt, sowie auch die für die beiden Bücher vorgeschriebenen Formulare durch Zusammenziehung der für verschiedene Contisten vorgesehenen mehrfachen Columnen vereinfacht werden.

§. 99.

Nachnahmebuch.

Durch das Nachnahmebuch soll die Controle darüber hergestellt werden, daß die einzelnen Nachnahmebeträge, welche der Güterkasse durch die Frachtkarten bezw. durch die Monats-Versandrechnung (siehe §. 107) und das Abrechnungsbuch (siehe §. 105) zur Gutschrift gelangen, durch die Kasse auch wirklich gezahlt sind, oder den Empfangsberechtigten durch Verrechnung im Creditconto 2c. vergütet werden.

Alle Nachnahmen, welche zur Verrechnung gelangen, sind nach erfolgter Kartirung und vor der Eintragung in die Versandregister, wo solche geführt werden und nicht etwa Karten-Duplicate diesem Zweck dienen, in das Nachnahmebuch nach Form. 27 einzutragen.

Das Nachnahmebuch ist weder stations- noch verkehrsweise, jedoch wie das Francaturbuch (siehe §. 98) bei den größern Expeditionen in zwei Büchern zu führen, von denen dann das eine gerade, das andere ungerade Folien trägt.

Die Eintragung erfolgt unmittelbar nach der Kartirung direct aus den Frachtbriefen und sonstigen Belastungs-Papieren (Francaturnoten 2c.) in der Reihenfolge der Kartirung, und sind die gezahlten bezw. zu zahlenden Beträge von den zu contirenden bezw. zur Umexpedition gelangenden getrennt nach Anleitung des Formulars in den betreffenden Columnen aufzuführen.

Für die Nachnahmen bedeutenderer Conto-Inhaber ist je eine besondere Columne zu benutzen, welche vorher im Kopf entsprechend beschrieben werden muß; für Contisten mit geringern Nachnahmen können solche für mehrere zusammen auf einem Conto „für Verschiedene" Verbuchung finden.

Außer den Nachnahmebeträgen der einzelnen, zu ein- und derselben Frachtkarte gehörenden Frachtbriefe 2c. wird auch die Nachnahmesumme der ganzen Karte in der hierfür vorhandenen Columne ausgeworfen und mit der bezüglichen Summe der Frachtkarte verglichen bezw. abgestimmt.

Am Tagesschluß werden diese Eintragungen mit denjenigen der Versandregister bezw. der Duplicat-Versandkarten verglichen. Nachdem etwa ermittelte Differenzen berichtigt sind, wird das Nachnahmebuch in allen Geldcolumnen abgeschlossen.

Die Tagessummen der in den einzelnen Verkehren expedirten Nachnahmen sind in den Versandregistern zu ermitteln, unter dem Abschluß des Nachnahmebuchs zusammenzutragen und deren Totalsumme mit der Tagessumme des Nachnahmebuchs zu vergleichen bezw. abzustimmen, demnächst aber behufs Uebertragung in das Abrechnungsbuch in Nachnahmen für Local- und directen Verkehr zu zerlegen.

Wegen der Behandlung der Nachnahmen siehe die Bestimmungen im §. 72 und wegen Auszahlung und Quittungsleistung diejenigen im §. 73. Sobald Nachnahmen zur Zahlung gelangen, sind dieselben im Baarkassenbuch mit dem ganzen gezahlten Betrag nach den nähern Bestimmungen des §. 104 in Ausgabe zu stellen.

Bezüglich der Vereinigung des Nachnahme- und des Francatur-Buchs siehe letzten Absatz des §. 98.

§. 100.

Begriff und Verrechnung der Nebengebühren. Manual für dieselben.

Nebengebühren aus dem Güterverkehr gelangen zur Verrechnung bezw. Erhebung, wenn seitens der Güter-Expedition Conventionalstrafen erhoben oder Nebenleistungen übernommen und ausgeführt werden, für welche laut Tarif und Betriebs-Reglement die Eisenbahn neben der Fracht eine besondere Gebühr in Ansatz zu bringen berechtigt ist; Provisionen und Frachtzuschläge für höhere Werths- und Interesse-Declaration sind niemals als solche Nebengebühren zu betrachten.

Zumeist sind es Signir- und Zoll-Abfertigungs-Gebühren, Wiege-, Krahn-, Lade-, Lager-, Stand- oder Reu-Gelder, Wagen-Strafmiethen, Anschlußgeleis- (Abhol-, Rangir- oder Zustell-Gebühren), Ueberführungs-Gebühren und dergl., event. auch Frachtbrief-Ausfertigungs-Gebühren, aus denen diese Nebenerhebungen bestehen können.

Ihrer Verrechnungsweise nach zerfallen sie in zwei verschiedene Categorien und zwar in:

I. durch die Karten zu verrechnende, das sind:

a) alle Nebeneinnahmen, welche auf der Versandstation entstehen und schon auf dieser zu verrechnen sind, sei es, daß sie entweder in Francatur oder in Ueberweisung erscheinen;

b) Nebeneinnahmen, welche erst auf der Empfangstation, aber vor der Dekartirung, also vor definitiver Feststellung und vor Abschluß der Frachtkarte, entstehen;

II. in einem besonderen Manual zu verrechnende, das sind Nebeneinnahmen, welche auf der Empfangstation, aber erst nach der Dekartirung und nach definitivem Abschluß der Frachtkarte zur Berechnung kommen können, wie beispielsweise Lagergeld, Wagenstrafmiethe, Standgeld 2c.

Die Handhabung der Bestimmungen über die Erhebung der Nebengebühren wird durch besondere Vorschriften geregelt.

Die unter I a bezeichneten Nebengebühren sind in jedem Fall durch die Frachtkarte zu verrechnen, und zwar, wenn sie auf der Versandstelle bezahlt werden (wie häufig Signir-, Lade- und dergl. Gebühren) als Francatur, sonst als Ueberweisung; in beiden Fällen dient hierzu die Columne „Nebengebühren" der Frachtkarte.

In der Monats-Versandrechnung (§. 107) sind solche Nebengebühren nachzuweisen und werden daraufhin im directen Verkehr der Versandbahn zugeschieden.

Die unter I b bezeichneten werden stets als Nebengebühren der Empfangsbahn, ebenfalls durch die Karte in der dafür vorgesehenen Columne mit der Bezeichnung, wofür sie zur Erhebung gelangten, verrechnet und im directen Verkehr durch die Monats-Empfangsrechnung der Empfangsbahn zugeschieden.

Für die unter II bezeichneten Nebengebühren, welche nicht durch die Frachtkarte Verrechnung finden können, ist ein besonderes Manual für Nebengebühren oder extraordinäre Einnahmen nach Form. 28 zu führen, welches die zur Berechnung gekommenen Nebeneinnahmen einzeln und chronologisch unter jedesmaliger Angabe der Vereinnahmung im Baarkassenbuche bezw. in den entsprechenden Contis categorienweise nachweist.

Die im Manual für Nebengebühren, welches bei Ablauf des Monats abzuschließen und urschriftlich an die Controle einzusenden ist, verrechneten Beträge sind in der Recapitulation der bezüglichen Monats-Empfangsrechnung, insoweit sie nicht in der Recapitulation zur Monats-Versandrechnung des Localverkehrs (§. 107) hinter der letzten Station categorienweise und summarisch in genauer Uebereinstimmung mit den betreffenden Summen des Manuals Aufnahme gefunden haben, nachzuweisen.

Welche einzelnen Categorien der Nebengebühren im Manual zur Erscheinung kommen sollen, wird durch besondere Anordnung für die einzelnen Stationen bestimmt.

Wegen der etwa auf einer Unterwegsstation erwachsenen Nebengebühren siehe §. 72.

§. 101.
Credit-Conto.

Für diejenigen Absender und Empfänger, denen seitens der Verwaltung Stundung der auflaufenden Frachtgelder gewährt ist, ferner für die Anschlußbahn, für den Rollfuhrmann, für den Schalterdienst und für die Restverwaltung hat die Güter-Expedition ein Creditconto nach Form. 29 anzulegen, worin für jeden dieser Contisten und Zwecke eine besondere Abtheilung einzurichten ist.

Die Höhe des zu gewährenden Credits und die dem Contisten auferlegten Verpflichtungen wegen Begleichung des Contos werden in jedem einzelnen Fall durch besondere Anordnung der Verwaltung festgesetzt.

Der Kassenführer hat darüber zu wachen, daß die gegebene Credithöhe nicht überschritten wird.

Sobald der gewährte Credit erschöpft ist, darf die Annahme frankirter Güter bezw. die Auslieferung der mit einzuziehenden Beträgen belastet eingegangenen Güter ohne Baarzahlung nicht weiter erfolgen. Die Erörterung etwaiger Differenzen, zu deren Aufklärung auch das von jedem Conto-Inhaber zu führende Gegenconto vorzulegen ist, darf die Baarausgleichung nach der vorläufigen Feststellung der Güter-Kasse niemals aufhalten.

Im Kopf des Creditcontos ist der Name des Contisten, die zulässige Höhe des Credits und die die Führung des Contos anordnende Verfügung zu vermerken.

Ueber die Führung des Creditcontos, sowie die anderweite Verrechnung der gestundeten Beträge auf fällige Nachnahmen 2c., wird auf die bestehenden Special-Bestimmungen verwiesen.

Wegen der Anlegung und Benutzung der einzelnen Conti sind im Allgemeinen die Bemerkungen auf dem Formular maßgebend. — Für die Führung des Restcontos wird speciell noch Folgendes bestimmt:

In dasselbe werden alle Restposten aus dem Empfang, welche stets durch Kassenbeläge nachzuweisen sind, übertragen.

Werden auf der Rollkarte aufgenommene Frachtbriefe als unbestellbar zurückgegeben, so sind die auf demselben haftenden Beträge auf denselben abzusetzen und in der Conto-Abtheilung für den Rollfuhrmann im Haben in der Columne „Sonstige Gutschriften" gleich unter der gezahlten Rollkarte besonders in Gutschrift zu bringen.

Demnächst ist der abgesetzte Posten auf das Restconto zu übertragen und, daß dies geschehen, unter Anführung der Nummer des Restenconto-Foliums auf der Rollkarte zu vermerken.

Das gleiche Verfahren gilt für die auf den übrigen Verrechnungskarten verzeichneten Beträge, welche auf Gütern haften, deren Annahme verweigert ist, oder die aus irgend einem Grunde länger als 4 Wochen lagern.

Das Restconto bei Expeditionen mit getrenntem selbstständigem Kassendienst führt der Güter-Expedient. Es sind demselben daher auch alle auf das Restconto gehörigen Frachtbriefe zur Eintragung in dasselbe und Aufbewahrung zu übergeben. Die Rückgabe solcher Frachtbriefe an die Kasse darf nur unter gleichzeitiger Austragung im Restconto geschehen.

Ueber Restposten, welche demnächst auf Verrechnungskarten wieder aufzutragen sind, werden separate Verrechnungskarten mit besondern Nummern, die auch als „Verrechnungskarten über Restposten" am Kopfe besonders zu bezeichnen sind, angefertigt.

Die Beträge derselben sind selbstverständlich nicht in das Empfangs-Controlbuch, sondern event. nur in die Conti des Rollfuhrmanns bezw. des Schalter-Beamten oder der andern Contisten einzutragen.

Die Erledigung dieser Restposten ist mit allen Kräften anzustreben. Sind einzelne derselben trotzdem bis zum 15. des zweitnächsten Monats nicht erledigt, so ist wegen der dann noch offenen Posten bis zum 20. durch Einsendung einer Restliste nach Form. 30 Anzeige an die vorgesetzte Dienststelle zu machen, damit das Geeignete veranlaßt werde.

Vierteljährlich und zwar am 20. des ersten Monats sind sämmtliche noch offen stehende Restposten der früheren Monate unter Hinweisung auf die frühere Verbuchung einzeln auf den laufenden Monat zu übertragen.

§. 102.

Controle des Versands und des Empfangs.

Ueber alle im Laufe eines Tages von der Expedition durch die vorgeschriebenen Bücher in Einnahme oder Ausgabe zur Verrechnung gebrachten Kassenposten ist täglich eine summarische Controle und zwar nach Versand und Empfang getrennt zu führen.

Die Controle des Empfanges (Empfangs-Controlbuch) wird nach Anleitung des Form. 31 wie folgt geführt:

Die eingegangenen Frachtkarten werden in das Empfangs-Controlbuch gleich nach Beendigung jeder einzelnen, durch die Zugverhältnisse, die Abfertigungsweise der einzelnen Verbände und die ganze Diensteintheilung bedingten Dekartirungsperiode verkehrsweise mit Angabe des Expeditionstags, der Nummer der Karte, der Versandstation, der Summen der überwiesenen Beträge der einzelnen Karten (die bei der Dekartirung zugesetzten Nebengebühren inbegriffen) unter Austragung der ganzen Summe der Dekartirungsperiode in die dafür vorgesehene Rubrik eingetragen bezw. zum Soll gestellt. Die Ueberweisungssummen der einzelnen Karten aus den internationalen Verkehren sind sowohl in der fremden, als auch in der deutschen Währung im Empfangs-Controlbuch in den dafür bestimmten Columnen aufzuführen.

Die Geldsummen der Verrechnungskarten für den Umfang derselben Dekartirung sind dagegen unter Haben zu verbuchen, und ist deren Summe mit jener beim Soll für dieselbe Dekartirungsperiode abzustimmen.

Etwaige Differenzen sind dabei durch Vergleichen unter Abstreichung der einzelnen Posten in den Frachtkarten und den Verrechnungskarten zu ermitteln und zu berichtigen.

Die Beträge im Soll werden, sofern die Dekartirung in verschiedenen Perioden erfolgt, außerdem am Tagesschluß verkehrsweise am Fuß der Eintragungen recapitulirt, die Summe dieser Recapitulation wird den summarischen Beträgen im Haben gegenübergestellt und demnächst Abstimmung vorgenommen.

Die Controle über die Einnahmen und Ausgaben aus dem Versand ergiebt sich aus dem Francatur- und Nachnahme-Buch (§§. 98 und 99) in der Weise, daß die für den ganzen Tag festgestellten Frachtkarten-Summen die Kassencontrole für den Versand bilden gegenüber dem Versandregister (bezw. den Frachtkarten-Duplicaten), dem Abrechnungsbuch und den Monatsrechnungen.

Beim Monatswechsel sind alle diejenigen Karten, welche noch auf den abgelaufenen Monat expedirt sind, getrennt zu halten von denjenigen, welche auf den neuen Monat ausgestellt erscheinen. Es bleibt der Expedition überlassen, das Empfangs-Controlbuch bezüglich dieser Restkarten entweder fortlaufend zu führen oder ebenfalls tageweise abzuschließen; jedenfalls sind aber die auf den alten Monat expedirten Karten, soweit sie in der Empfangsrechnung des alten Monats Aufnahme finden (siehe §. 105), auch in dem Empfangs-Controlbuch für diesen nachzuweisen. — Mit Abschluß und Einsendung der betreffenden Empfangsrechnung (§. 107) ist jedoch auch der betreffende Monat in dem Empfangs-Controlbuch abzuschließen, und sind alle dann noch eingehenden Karten des alten Monats so zu betrachten, als ob sie am betreffenden Tag des neuen Monats eingegangen wären.

Die gewissenhafte und currente Führung der Francatur- und Nachnahme-Bücher und die Bearbeitung des Empfangs-Controlbuchs, welches das Haupterforderniß zur Nachweisung und Feststellung der Belastungs- und Gutschrifts-Beträge bildet, ist vorzugsweise und unerläßliche Bedingung.

Die Empfangskarten sind in periodischen durch besondere Anordnungen zu bestimmenden Zeitabschnitten der Gütercontrole verkehrs- und stationsweise geordnet einzusenden.

§. 103.

Depositen- und Vorschuß-, auch Francatur-Depositenbuch.

Insoweit für die Vereinnahmung oder Verausgabung der im §. 97 näher bezeichneten Beträge Bücher oder besondere Buch-Columnen nicht vorhanden sind, oder insofern derartige Erhebungen und Zahlungen vor Eintreffen oder vor Einfordern der erforderlichen Ordres geschehen müssen, sind diese Zahlungen und Erhebungen als „vorläufige" zu betrachten, wie namentlich Cautionen bei Wagenbestellungen, der Kasse belastete aber nicht eingezogene Wagen-Strafmiethen, unabgehobene Nachnahmen abgeschlossener Monate, abgesetzte bezahlte Nachnahmen abgeschlossener Monate (§. 108), eingezogene Frachtzusetzungen [Francaturen und resp. Ueberweisungs-Frachten] und erstattete Frachtabsetzungen, welche noch nicht durch Aenderungs-Nachweisungen (siehe §. 108) geregelt bezw. im Abrechnungsbuch (siehe §. 105) noch nicht berücksichtigt sind, abgesetzte Versandkarten, welche mit Francaturen oder Nachnahmen belastet waren (siehe dieserhalb speciell §. 108 von Abs. 7 ab), nicht zurückzahlbare überhobene bezw. nicht einziehbare zu wenig berechnete Frachten, außergewöhnliche Einnahmen für verkaufte Gegenstände und dgl. Alle voraufgeführten Erhebungen und Zahlungen sind bis zur Abwickelung durch später zu gewärtigende Ordre, oder bis die Verrechnung durch die regulären Expeditions-Bücher nachträglich geschehen kann (z. B. bei Nachnahmen aus frühern Monaten, Control-Aenderungen 2c.) in dem Depositen- und Vorschuß-Buch — nach Form. 32 bezw. 33 — zu vereinnahmen bezw. zu verausgaben. (Wegen Buchung und Verrechnung der Francatur-Depositen siehe weiter unten.)

Das Formular 32 dient ausschließlich zur Verrechnung nicht abgehobener Nachnahmen und sonstiger Depositen, ausgenommen Francatur-Depositen. Für die letzteren wird das Formular 33 verwendet.

Die Baarvereinnahmung bezw. Verausgabung von dergleichen Posten, soweit der Baarbestand alterirt wird, erfolgt nach näherer Anweisung des §. 104, und es ist deshalb im Depositen- und Vorschuß-Buch das Einnahme resp. Ausgabe-Folium des Baarkassenbuchs und umgekehrt im Baarkassenbuch die Einnahme- und Ausgabe-Nummer des Depositen- und Vorschuß-Buchs zu vermerken.

Sowohl sämmtliche Einnahme- als sämmtliche Ausgabe-Posten werden im Depositen- und Vorschuß-Buch chronologisch eingetragen, auch werden beide für sich das Jahr durchlaufend mit 1 anfangend nummerirt.

Die Erledigung der einzelnen Posten muß stets durch Gegenbuchungen erfolgen und daher jeder erledigte Posten, wenn auch unter verschiedener Nummer, sowohl einmal in Einnahme als einmal in Ausgabe erscheinen.

Wenn durch eine neue Buchung ein früherer Posten erledigt wird, so ist an beiden Stellen die laufende Nummer der Gegenbuchung zu vermerken. Das Depositen- und Vorschuß-Buch wird in Einnahme (Depositen) und Ausgabe (Vorschüsse) fortlaufend summirt und am Ende jedes dritten Monats (ult. März, Juni, September und December) vollständig abgeschlossen. Die noch offenen Posten werden dann unter Hinweisung auf ihre alte Nummer auf den neuen Monat mit neuen bezw. weiterlaufenden Nummern vorgetragen.

Verbliebene Reste dürfen niemals als Vorschüsse gebucht und dadurch länger als zulässig offen gehalten werden.

Ueber verbuchte Depositen und Vorschüsse, welche länger als 3 Monate schweben, ist der vorgesetzten Dienststelle mit geeignetem Antrage über die definitive Verrechnung der bezüglichen Beträge monatlich einmal am 15. jeden Monats Vorlage zu machen.

Die Francatur-Depositen (§. 70), wenn dieselben auch in einem besondern Buch nachgewiesen werden, erfahren indeß im Uebrigen die entsprechende Behandlung wie alle andern Depositen. Bei der Ausgleichung mit den Absendern werden zuviel erhobene Beträge zurückgezahlt, zu wenig erhobene nachträglich eingezogen und zugleich im Baarkassenbuch verausgabt bezw. vereinnahmt. Die Columnen „zurückzuerstatten“ und „nachzuerheben“ bilden die fortlaufende Ergänzung zu der Einnahmecolumne „deponirter Betrag“ und zu der Ausgabecolumne „wirklicher Francaturbetrag“ bei Abschluß des Buchs.

§. 104.

Baarkassenbuch.

Jede baare Einnahme und Ausgabe der Güter-Kasse ist sofort bei Eingang oder Verausgabung in das Baarkassenbuch nach Form. 34 einzeln einzutragen, so daß auf Grund desselben sowohl die Richtigkeit des Baar-Bestands jederzeit geprüft, als auch jede einzelne Post in den übrigen Geschäfts- und Kassenbüchern wieder aufgefunden werden kann.

Die Einnahmen bestehen in Francaturen und Ueberweisungen (überwiesene Frachten, Nebengebühren und Nachnahmen), in Nebengebühren laut Manual (Extraordinarien), in etwaigen Vorschüssen, welche von der betreffenden (Haupt-, Commissions-, Stations-) Kasse requirirt und geleistet wurden (laut Vereinnahmung im Abrechnungsbuch §. 105) und in Depositen, sowie sonstigen Einnahmen.

Ausgaben der Kasse sind die gezahlten Nachnahmen, die Baarablieferungen an die zuständige Abführungsstelle, etwaige baare Vorschüsse laut Vorschußbuch (siehe §. 103) und sonstige Zahlungen.

Zahlungen, welche auf Grund speciell angewiesener Beläge geleistet werden, sind im Baarkassenbuch nicht als Ausgaben zu verbuchen; solche Zahlungen erscheinen — so lange sich die Beläge bei der Kasse befinden — nicht als Ausgabe vielmehr werden die Beläge als baares Geld betrachtet. Derartige Zahlungen sind deshalb im Baar-Kassenbuch nicht einzutragen, wohl aber nachrichtlich darin zu vermerken, wenn die Beläge an die zuständige Kasse behufs Gutschrift als baares Geld abgeliefert werden, damit ersichtlich ist, wieviel von dem abgelieferten Betrag aus baarem Geld und wieviel aus gezahlten Belägen bestand.

Das Baarkassenbuch ist fortlaufend zu foliiren, und es ist die Zahl des

Blattes, auf welchem die Einnahme oder Ausgabe gebucht wurde, bei den betreffenden Einnahme- oder Ausgabeposten in den Grundbüchern, also im Francaturbuch, in den verschiedenen Contis, im Manual für Nebengebühren, im Depositen- und Vorschuß-Buch, oder in den Buchungen über die Nachnahme-Zahlungen ꝛc. zu vermerken.

Diese Uebertragungen der Kassenbuchfolien sind von dem Vorstand der Expedition bezw. von dem verantwortlichen Kassenführer stets zu bewirken, denn sie bieten demselben die Sicherheit und genaueste Controle dafür, daß auch alle Beträge wirklich eingegangen bezw. verausgabt sind und machen ihm etwaige während seiner Beurlaubung oder kurzer Verhinderung von Andern ohne stattgehabte Kassenübergabe bewirkten Einnahmen und Ausgaben genau kenntlich.

Außerdem aber treten bei der Uebertragung der Kassenbuchfolien auch stets die offenstehenden Beträge hervor, und wird dadurch dem Kassenführer Gelegenheit gegeben, die Reste zu bemerken und die nöthigen Maßregeln zu deren Erledigung rechtzeitig zu treffen.

Im Baarkassenbuch ist täglich der Betrag an Einnahme und Ausgabe für den betreffenden Tag in der vorgesehenen Columne auszuwerfen. Diese Summen, wie diejenigen aller übrigen Columnen sind durch den ganzen Monat fortlaufend zu addiren. An jedem Tag ist ein Abschluß des Buchs in der Weise vorzunehmen, daß die Einnahme seit Beginn des Monats festgestellt, die Ausgabe abgerechnet, der Sollbestand ermittelt und mit dem Istbestand verglichen wird.

Das Resultat dieses Abschlusses ist seitlich nachrichtlich zu vermerken. Ergeben sich hierbei Differenzen, so sind solche beim Sollbestand — soweit sie sich nicht sofort aufklären lassen — nachzutragen.

Nicht aufzuklärende Ueberschüsse sind spätestens im Laufe des nächsten Tags im Baarkassenbuch als Deposit und gleichzeitig im Depositenbuch zu vereinnahmen, fehlende Beträge dagegen sofort dem Baarbestande zuzulegen; kann Letzteres bei einer bedeutenden Differenz nicht geschehen, ist der vorgesetzten bezüglichen Dienststelle sofortige Anzeige zu erstatten.

Am letzten Tag des Monats vor Geschäftsschluß ist das Baarkassenbuch vollständig in Einnahme und Ausgabe abzuschließen, der Sollbestand zu ermitteln und auf den nächsten Monat sowohl unter „sonstige Einnahmen“ als auch in der Columne „Summe“ vorzutragen.

§. 105.

Abrechnungsbuch.

Die täglich nach den Versand- und Empfangs-Controlen und dem Baarkassenbuch festgestellten Belastungs- und Gutschrifts-Summen sind in ein Abrechnungsbuch verkehrsweise entweder nach Form. 35 oder 36 einzutragen.

Es geschieht dies in der Weise, daß nach Maßgabe der Tagessumme der Controlen und nach den im Baarkassenbuch eingetragenen Ablieferungen am Ende jeden Tags bezw. jeder Periode die Eintragung für den betreffenden Zeitraum erfolgt.

Von der (Haupt-, Commissions-, Stations-) Kasse, an welche abgeliefert wird, requirirte Vorschüsse sind sofort bei Eingang im Abrechnungsbuch für die empfangende Kasse zu belasten.

Die beim Monatswechsel für den abgelaufenen Monat in dem Empfangs-Controlbuch geführten Nachtragstage sind als solche in gleicher Anordnung in das Abrechnungsbuch zu übertragen.

Demnächst wird am Schluß des Monats — spätestens am 10. des folgenden — und nach Abschluß der Monatsrechnungen das Abrechnungsbuch in allen Columnen aufgerechnet, mit den Recapitulationen zu den Monatsrechnungen (§. 107) hinsichtlich der Summen an Belastungen und Gutschriften speciell verglichen, und werden die Totalsummen unter Ausfüllung der betreffenden Rubriken im Abrechnungs-Buch ermittelt.

Die sich hiernach ergebende Schuld der Expeditions-Kasse wird durch Ablieferung an die zuständige Stelle ausgeglichen. Ein etwa verbleibendes Guthaben wird auf den nächsten Monat übertragen.

Das Abrechnungsbuch ist gleichzeitig abzuschließen und eine Abschrift davon an die Güter-Controle einzureichen.

Sobald die von der letztern festgestellten Monatsrechnungen mit der Monats-Abänderungs-Nachweisung und der festgestellten Abschrift des Abrechnungsbuchs bei der Expedition wieder eingehen, sind die nach §. 108 von der Controle für den betreffenden Monat bewirkten Zu- und Absetzungen im Abrechnungsbuch am Fuß desselben mittelst der dafür vorgesehenen Quer-Columnen nachträglich der Kasse gutzuschreiben bezw. zu belasten, im Uebrigen aber hiermit nach den Bestimmungen der §§. 97 und 108 zu verfahren.

Die sich in Folge der Zu- und Absetzungen ergebende Differenz in der Einnahme und Ausgabe des Abrechnungs-Buchs ist hierbei wiederum ebenso auszugleichen wie oben für den ersten Abschluß bestimmt worden ist.

Findet nach den gegebenen Vorschriften nicht das Form. 35, sondern dasjenige Nr. 36 Anwendung, so gelten bezüglich der Uebertragung der Belastungs- und Gutschriftsposten folgende generelle Bestimmungen:

In Columne 2 wird die nach definitivem Abschluß der Rechnung des Vormonats sich ergebende Schuld der Expeditions-Kasse täglich und zwar in dem Umfange vorgetragen, als deren allmälige Begleichung durch Einziehung bezw. Ablieferung der Reste erfolgt ist. Die Verrechnung derselben im Uebrigen hat für denjenigen Rechnungs-Monat zu geschehen, aus welchem die Schuld originirt.

In Columne 3a hat die Güter-Expedition sämmtliche Transport- und Neben-Einnahmen sowohl an Francaturen als auch an Ueberweisungen einzutragen, wie solche sich durch die täglich aufzusummirenden Bücher als Tages-Sollbelastung ergeben.

In Columne 3b ist die bis zum vorhergehenden Tag sich ergebende Belastungssumme einzutragen; es erscheint daher am ersten Tag eines jeden Monats in dieser Columne kein Betrag, am zweiten Tag die Solleinnahme des ersten, am dritten

Tage die Solleinnahme des ersten und zweiten u. s. w., so daß beim Rechnungs-Abschluß des Monats in Columne 3b das gesammte Monatssoll sich ergiebt.

In Columne 4 hat die Güter-Expedition diejenigen Beträge aufzunehmen, welche seitens der Controle durch Zusetzung an Frachten ꝛc., Absetzung an der Nachnahme zum Soll gestellt werden. Diese Beträge sind bei jedem neuen Tag wieder vorzutragen, so daß sich durch dieses Verfahren die Gesammtsumme der Zusetzungen am Monatsschluß von selbst ergiebt.

In Columne 5 werden auf Uebergangsstationen die an fremde Bahnen zu zahlenden Uebergangsfrachten eingetragen. Die Eintragung erfolgt aus dem täglich abzuschließenden und gegenseitig anzuerkennenden Uebergangsconto mit der betreffenden fremden Bahn. Durch Hinzurechnung der Beträge des täglichen Contos zur Gesammtsumme des vorhergehenden Tags ergiebt sich am Monatsschluß die Gesammtsumme der an die fremde Bahn zu zahlenden Uebergangsfrachten.

In Columne 6 werden diejenigen Beträge eingeschrieben, welche als Francatur-Fracht erhoben, aber noch nicht kartirt worden sind. Ist eine Versandkartirung in Ueberweisung — also unfrankirt — erfolgt, obgleich der Francaturbetrag erhoben oder in einem Creditconto verrechnet worden, so ist der Betrag ebenfalls in Columne 6 zu verrechnen. Ferner sind hier auch diejenigen Beträge aufzunehmen, welche nach einer andern Station kartirt, von dieser durch Nachnahme im Soll zur Verrechnung gelangen.

In Columne 7 gelangen diejenigen Beträge zur Eintragung, welche für Francaturen vorschußweise deponirt sind.

In Columne 8 werden alle sonstigen deponirten oder zur Asservation übergebenen Beträge bis zu deren definitiver Verrechnung gebucht.

In Columne 9 hat die Güter-Expedition die am Tagesschluß laut Columne 14 bereits verrechneten aber noch nicht ausgezahlten Nachnahmebeträge einzutragen.

In Columne 10 sind diejenigen Beträge aufzunehmen, welche laut Columne 15 im Wege der Revision durch die Controle der Güter-Expedition gutgeschrieben, aber von dieser noch nicht ausgezahlt sind.

In Columne 12 erscheint durch Summirung der Columnen 2 bis 11 das ganze Tagessoll der Güterkasse.

In Columne 13 wird derjenige Betrag, welcher laut vorangegangener Monatsabrechnung zu viel abgeliefert worden ist, vorgetragen. Dieser bildet sich aus denjenigen Summen, welche der Güter-Expedition für Depositen, noch zu zahlende Nachnahmen und dgl. aus dem alten Monat noch zum Soll stehen.

In Columne 14 werden die im Lauf des Tages weiter kartirten Vorfrachten, sowie die von Privaten zur Einziehung aufgegebenen und kartirten Nachnahmen eingetragen.

In Columne 15 werden diejenigen Beträge aufgenommen, welche seitens der Controle durch Absetzung an den Frachten oder durch Zusetzung an der Nachnahme gutgeschrieben sind.

Die Columne 16 hat auf Uebergangsstationen, die an fremde Bahnen laut

Uebergangsconto zur Weiterkartirung überwiesenen und zu fordernden Uebergangsfrachten zu enthalten. Im Uebrigen gilt hier dasselbe wie bei Columne 5.

In die Columne 19 wird die Summe der sämmtlichen Baarablieferungen bis incl. zum Eintragungstag aufgenommen, so daß sich am Monatsschluß die Gesammtsumme der Baarablieferung des ganzen Monats von selbst ergiebt.

In Columne 20 wird der vorhandene Baarbestand eingetragen. Differirt derselbe mit dem Abschluß des Baarkassenbuchs, so muß die Ursache der Differenz aufgeklärt werden. Ist eine Aufklärung an dem Eintragungstag nicht mehr möglich, so wird ein etwaiges Plus im Baarkassenbuch vereinnahmt, sowie in Columne 8 zum Soll gestellt und dort bis zur Aufklärung nachgewiesen; ein etwaiges Minus aber muß von dem Kassenverwalter sogleich aus eigenen Mitteln gedeckt werden.

Die Columne 21 dient zur Aufnahme der Summen sämmtlicher Entlastungs-Beträge. — Da Soll und Haben bei jedem Tagesabschluß balanciren müssen, so kommen in dieser Columne die gleichen Zahlen wie in Columne 12 zur Erscheinung.

An welchem Tage des folgenden Monats das Abrechnungsbuch behufs Aufstellung der Monatsabrechnung abzuschließen ist, wird besonders bestimmt.

Die Monatsabrechnung selbst wird nach Anleitung des Vordrucks auf dem Formular gefertigt und demnächst eine Abschrift des Abrechnungsbuchs incl. der Monatsabrechnung an die dafür bestimmte Dienststelle eingereicht.

Nachdem obige Abschrift festgestellt worden ist, erhält die Güter-Expedition ein Anerkenntniß als Justification der wirklich erfolgten Abrechnung und asservirt dasselbe, um es event. bei Kassenrevisionen vorzulegen.

Ueber die bei der Monatsabrechnung etwa verbliebenen Reste ist ein Rest-Verzeichniß an die dazu bestimmte Dienststelle einzusenden und darin zu erläutern, woraus der Rest besteht und wann bezw. wie derselbe voraussichtlich gedeckt werden wird.

§. 106.

Ablieferung der Einnahmen.

Die Ablieferung der Einnahmen wird durch specielle Vorschriften geregelt.

Daraus geht hervor, an welche Stellen, zu welchen Zeiten, in welchen Beträgen und in welcher Weise die angesammelten Baar- und Belags-Bestände von der Kasse abzuführen sind und wie dies nachzuweisen ꝛc. ist.

Im Uebrigen sind die beim Abrechnungsbuch (§. 105) gegebenen Bestimmungen genau zu beachten.

§. 107.

Monats-Rechnungen.

Ueber alle Frachtkarten, welche im Lauf eines Monats von der Güter-Expedition als Versandstation ausgestellt worden sind, ist von ihr eine nach Verkehren und Empfangsbahnen getrennte Versandrechnung nach Form. 37 laufend zu führen. Ebenso ist über alle Frachtkarten, welche bei ihr im Lauf eines Monats, auf diesen ausgestellt eingehen bezw. für denselben nach den gegebenen Vorschriften zu verrechnen sind, eine verkehrsweise anzulegende Empfangsrechnung nach Form. 38 laufend zu führen.

Soweit für einzelne internationale Verkehre etwa abweichende besondere Formulare, sei es für die Versand- oder für die Empfangsrechnungen oder für beide vorgeschrieben sind bezw. noch vorgeschrieben werden, kommen diese an Stelle der obigen zur Verwendung.

Die Versand- und die Empfangsrechnungen sind vor Beginn eines jeden Monats nach Maßgabe der directen Verkehre, an welchen die Expedition betheiligt ist und unter Beachtung der für einzelne Verbände gegebenen besonderen Vorschriften rechtzeitig von der Expedition anzulegen. In diesen Rechnungen ist jeder Station ein Conto zu eröffnen und zwar durch Ueberschrift der Stationen unter Belassung von so viel Zeilen, als erfahrungsmäßig in maximo Karten mit der betreffenden Station gewechselt zu werden pflegen, und folgen die Stationen in der durch specielle Vorschriften bezw. durch den Tarif geregelten Ordnung.

Die Eintragungen in die Rechnungen müssen auf Grund der Frachtkarten selbst in der Weise erfolgen, daß die nach §. 82 abgeschlossenen Karten mit den Summen für die einzelnen Rubriken nach näherer Anleitung des Formulars nachgewiesen werden. Dieselben sind daher ganz regelmäßig und jedenfalls vor Absendung der Frachtkarten mit dem Gut bezw. vor Einsendung der Empfangskarten an die Controle (siehe §. 102) vorzunehmen. In der Versandrechnung erscheinen somit die Frachtkarten für die einzelne Station genau nach ihrer Nummerfolge, wogegen die Empfangsrechnung dieselben in anderer Reihenfolge enthalten kann, weil für diese das Eingangsdatum mit der Maßgabe bestimmend ist, daß alle nach Monatsschluß eingehenden Karten noch in dem Expeditionsmonat bis zum Abschluß selbst durch die Empfangsrechnung nachzuweisen sind. Gleichwohl ist bei der Eintragung der Karten in die Empfangsrechnungen die Nummerfolge genau zu controliren und sind die über 24 Stunden gegen die erst eingehende spätere Nummer ausbleibenden Karten von den Versandstationen sofort zu requiriren; auch muß bei späterm Nichteingang für den Localverkehr nach vier, für die Verbandsverkehre nach acht Tagen der vorgesetzten Dienststelle kurze Anzeige von dem Ausbleiben der Karten erstattet werden. Inwieweit und wie oft die Empfangs- und Versandrechnungen aufzurechnen und bezüglich ihrer Geldsummen mit den Büchern der Expedition zu vergleichen bezw. abzustimmen sind, wird besonders bestimmt.

Nach Schluß des Monats sind die Rechnungen und zwar die Versandrechnungen bis spätestens zum 4., die Empfangsrechnungen des Localverkehrs bis zum 6., diejenigen der directen Verkehre bis zum 10. jeden Monats stationsweise in allen Columnen zu summiren. Für jeden einzelnen Verkehr ist demnächst eine Recapitulation zusammenzustellen und für alle Verkehre eine Haupt-Recapitulation auf besonderm Formular nach localen Vorschriften anzufertigen.

Die Summen dieser Recapitulationen sind mit den Monatssummen der bezüglichen Verkehre in dem Abrechnungsbuch event. unter Zurückgreifung auf die Summen des Empfangs-Controlbuchs in Uebereinstimmung zu bringen und alsdann vollständig abzuschließen. Die Monatsrechnungen und Recapitulationen müssen der Controle und zwar die sämmtlichen Versandrechnungen zum 6., die des Empfangs vom Localverkehr zum 8. und diejenigen des Empfangs der Verbandsverkehre zum 12. des folgenden Monats eingereicht sein.

Das Verfahren wegen Berichtigungen der Rechnungen durch die Controle und Anerkennung der berichtigten Rechnungen durch die Expedition enthält der §. 108.

Die Vorschriften in Abs. 5, 6 und 7 haben, wenn das Abrechnungsbuch nach Formular 36 geführt wird, keine Geltung.

Im letztern Fall sind die Versandrechnungen zwar ebenfalls verkehrs- und routenweise aufzustellen und bis spätestens zum 4. jeden Monats abzuschließen, auch nebst Recapitulation am 6. der Controle einzusenden; dahingegen müssen die verkehrs- und routenweise anzufertigenden Empfangsrechnungen täglich abgeschlossen und ohne jede Recapitulation am 22. jeden Monats der Controle eingereicht werden.

§. 108.

Behandlung der Zu- und Absetzungen durch die Controle.

Die Monatsrechnungen (siehe §. 107) werden von der Controle auf Grund der eingehenden und nach den für sie bestehenden besondern Vorschriften revidirten Frachtkarten geprüft und die sich hierbei ergebenden Zu- und Absetzungen, soweit es sich um auf der Empfangstation zu bewirkende Erhebungen handelt, direct der betreffenden Empfangs-Expedition, soweit es sich um Francaturen und Versand-Nachnahmen handelt, der Controle der Versandbahn bezw. der Versand-Expedition, durch in duplo aufgestellte monatliche Aenderungs-Nachweisungen nach Form. 39, getrennt für den Local-Verkehr und für alle directen Verkehre zusammen, im ersten Fall gleichzeitig mit den der Empfangs-Expedition zur Anerkennung zugehenden Rechnungen mitgetheilt.

Der Versand-Expedition gehen sonach die sie betreffenden Aenderungen in den Francaturen und Nachnahmen thunlichst zusammen mit den sie als Empfangs-Expedition betreffenden Aenderungen durch die ihr vorgesetzte Controle zu.

Die Expedition hat die erfolgten Zu- und Absetzungen zu prüfen; soweit gegen ihre Anerkennung kein Bedenken obwaltet, sind die zugesetzten Beträge thunlichst bald einzuziehen und die abgesetzten an die Empfangsberechtigten gegen Quittung zu zahlen, auch die erfolgten Zurückerstattungen auf den Frachtbriefen — sofern solche zu beschaffen — zu vermerken, um spätere Reclamationen zu vermeiden. Die von den Controlen bewirkten Zu- und Absetzungen sind nach Maßgabe der monatlichen Aenderungs-Nachweisung in den betreffenden Columnen des Abrechnungsbuchs summarisch einzutragen und auf diese Weise die Monatssummen der Belastungen und Gutschriften übereinstimmend mit den Festsetzungen der Controle abzuschließen. Demnächst ist das Unicat der Aenderungs-Nachweisung mit Anerkennung zu versehen und geht nebst den anerkannten Rechnungen und Recapitulationen (siehe §. 107) an die Controle zurück. Die gesammten Aenderungen der letztern, soweit sie nicht als unberechtigt etwa zurückzuweisen waren, sind in den Grundbüchern (Francatur-, Nachnahmebuch, Manual für Nebengebühren, Conto &c. -Büchern) an der Stelle, wo die betreffende Einzelpost als Gutschrift Verrechnung fand, seitlich der Linie nachrichtlich zu vermerken und bei jeder spätern Auskunft über die betreffende Post genau zu beachten. Die Duplicate der Aenderungs-Nachweisungen, welche bei der Expedition nebst den Quittungen der Absender und Empfänger über zurückgezahlte Beträge verbleiben, bilden ein Supplement zu den Rechnungsbüchern der Expedition, sind deshalb als Kassenbelag zu behandeln, somit allmonatlich zu heften und sorgfältig aufzubewahren. So lange die Feststellung der Rechnungen seitens der Controle nicht erfolgt ist, dürfen keinerlei Zu- und Absetzungen in den Büchern vorgenommen werden. Um die Einziehung der zugesetzten Beträge zu beschleunigen, hat die Controle gleich nach stattgehabter Kartenrevision über Zusetzungen von drei Mark und darüber den Expeditionen besondere vorläufige Berichtigungsanzeige zu machen. Dergleichen Beträge sind sofort einzuziehen und hierauf bis zum Eingang und der vorgeschriebenen Behandlung der monatlichen Aenderungs-Nachweisungen für den betreffenden Monat im Depositenbuch zu vereinnahmen.

Bezüglich der zugesetzten, aber nicht einziehbaren Beträge ist besondere Bestimmung gegeben.

Werden von dem betheiligten Publicum Frachtreclamationen wegen von der Controle noch nicht berichtigter Frachtberechnung bei der Expedition erhoben, oder findet die Expedition solche Fehler nachträglich selbst, oder endlich giebt die Versand-Expedition bezügliche Mittheilungen, so sind dieselben genau zu prüfen und, wenn unzweifelhaft richtig befunden, die Beträge gegen Quittung zu erstatten bezw. zu erheben, und die Ab- bezw. Zusetzung nach erfolgter Verbuchung in das Depositen- und Vorschuß-Buch bei der Controle zu beantragen. Das Gleiche, also Beantragung der erforderlichen Veränderungen bei der eigenen Controle und einstweilige Buchung im Depositen- und Vorschuß-Buch seitens der Versand-Expedition, hat auch dann zu geschehen, wenn die Empfangs-Expedition an den von jener berechneten Francaturen oder Nachnahmen Zu- und Absetzungen gemacht und derselben davon Kenntniß gegeben hat. Auch alle diese Aenderungen sind nach Maßgabe der Bestimmungen in Abs. 2 bis 5 dieses Paragraphen zu behandeln; es dürfen also, so lange die Feststellung seitens der Controle nicht erfolgt ist, die Zu- und Absetzungen in den Columnen am Fuß des Abrechnungsbuchs und in den Controlbüchern nicht vorgenommen werden.

Werden seitens der Controle Versandkarten, weil sie als in dem betreffenden Monat nicht oder als überhaupt nicht eingegangen von der Empfangs-Expedition nicht rapportirt worden sind, durch Aenderungs-Nachweisung vorläufig abgesetzt, so sind die bezüglichen Beträge seitens der Versandstation im Depositen- und Vorschuß-Buch bis zur demnächst von der Controle durch eine anderweite Aenderungs-Nachweisung vorzunehmenden Belastung bezw. Gutschrift zu verbuchen, d. h. abgesetzte Francaturen sind in dem Depositenbuch zu vereinnahmen und abgesetzte Versand-

Nachnahmen bei ihrer demnächstigen Auszahlung resp. wenn ihre Auszahlung bereits stattgehabt hat, bei den Vorschüssen zu verausgaben.

Haben seitens der Controle Absetzungen von Versandnachnahmen stattgefunden, weil dieselben in der von der Empfangs-Expedition eingesandten Karte nicht aufgeführt waren, so müssen die Beträge bis zum Eingang der Genehmigung der Empfangstation zur Belastung und, bis letztere wirklich erfolgt ist, bei bereits geschehener Auszahlung bezw. von da ab, gleichfalls im Vorschußbuch verausgabt werden.

Können abgesetzte Frachtbeträge aus irgend einem Grunde nicht zurückgezahlt werden, so ist dieses bei der Beantwortung der Aenderungs-Nachweisung anzugeben, damit die Controle besondere Belastung vornehmen kann. Bis letztere erfolgt, sind diese Beträge im Depositenbuch zu vereinnahmen. Die Nummer des Depositen- und Vorschuß-Buchs, bei welcher die Verbuchung event. das Folium des Baarkassenbuchs, auf welchem die Vereinnahmung bezw. Verausgabung erfolgt, ist bei dem betreffenden Posten in dem bei der Kasse zurückbleibenden Duplicat der Aenderungs-Nachweisung zu vermerken.

Hält die Expedition ein seitens der Controle gezogenes Notat nicht für richtig, so hat sie bei Rücksendung der Berichtigungs-Anzeige bezw. der Aenderungs-Nachweisung der Controle ihren Einwand dagegen mitzutheilen und nach Entscheidung zu verfahren. Glaubt die Expedition sich einer derartigen Entscheidung nicht fügen zu können, so hat sie dennoch die berichtigten Rechnungen und die bezügliche Aenderungs-Nachweisung selbst unter Vorbehalt der spätern Ausgleichung der fraglichen Differenz ohne Verzug anzuerkennen und zurückzusenden und Berufung gegen das Notat der Controle bei der vorgesetzten Dienststelle einzulegen.

§. 109.

Kassen-Bilanz.

Der Verwalter einer Kasse, bei welcher das Abrechnungsbuch nach Formular Nr. 35 geführt wird, ist verpflichtet, wenigstens einmal im Monat sich vom Stande der Kasse durch eine Selbstrevision eine Uebersicht zu verschaffen. Wann solche zu geschehen hat, hängt von den localen Verhältnissen der einzelnen Expeditionen ab bezw. wird durch specielle Anordnungen bestimmt.

Vorbedingung für eine gründliche und zuverlässige Selbstrevision ist zunächst die pünktliche Führung und stete Currenthaltung aller Bücher und Rechnungen. Außerdem muß die Selbstrevision genau und mit der größten Gewissenhaftigkeit bezw. unter Mitwirkung und Anleitung des Vorstandes der Expedition ausgeführt werden.

Der Stand der Kasse soll aus einem detaillirten Revisions-Abschluß nach Form. 40 hervorgehen, welcher vom Kassen-Verwalter und dem event. zur Mitwirkung verpflichteten Vorstand zu unterzeichnen, zu den Acten zu nehmen und bei der nächsten Revision dem Revisor (Bahn-Controleur) vorzulegen ist. Eine Abschrift des Abschlusses ist sofort nach Beendigung der Selbstrevision der bezüglichen vorgesetzten Dienststelle einzureichen.

Nachdem in den Rechnungsbüchern, soweit solche nicht schon an sich laufend aufgerechnet sein müssen, die Hauptsummen gezogen und seitwärts ausgeworfen sind, ist zunächst das Haben der Kasse festzustellen.

Die hierzu gehörenden Posten sind nach specieller Anleitung des Formulars zu ermitteln und im Revisions-Abschluß einzutragen. Demnächst wird in gleicher Weise zur Feststellung des Solls geschritten.

Hierauf wird die Aufstellung im Soll und Haben addirt und die Bilanz gezogen. Differenzen sind nach Möglichkeit sofort aufzuklären. Zu diesem Zweck findet zuvörderst eine generelle Vergleichung der Eintragungen im Revisions-Abschluß mit den bezüglichen Büchern statt. Demnächst werden die einzelnen Conti und die Bücher nachaddirt. Wird auch hierdurch noch keine Aufklärung herbeigeführt, so sind schließlich noch die einzelnen Eintragungen im Abrechnungsbuch mit denjenigen Büchern (Francatur-, Nachnahme- und Empfangs-Control-Buch 2c.), aus welchen die Eintragungen in das Abrechnungsbuch geschehen sind, desgl. auch die verschiedenen Contis mit den Eintragungen derselben Bücher zu vergleichen.

Ist auch hierdurch eine Aufklärung nicht zu ermöglichen, so muß bei Differenzen über 30 *M.* sofort an die vorgesetzte Dienststelle besonders berichtet und auf den mit- oder nachfolgenden Revisions-Abschluß Bezug genommen werden, damit event. eine officielle Revision veranlaßt werde.

Die vorstehenden Bestimmungen gelten nicht für diejenigen Expeditionen, welche auf Grund des Formulars 36 zum Abrechnungsbuch den Kassen-Abschluß täglich bewirken.

Gesetz, betreffend die Abänderung des §. 4 des Gesetzes über das Postwesen des Deutschen Reichs vom 28. October 1871.

Vom 20. December 1875.

(Eisenbahn-Postgesetz.)

Wir Wilhelm, von Gottes Gnaden Deutscher Kaiser, König von Preußen 2c. verordnen im Namen des Deutschen Reichs, nach erfolgter Zustimmung des Bundesraths und des Reichstags, was folgt:

Einziger Paragraph.

An die Stelle des §. 4 des Gesetzes über das Postwesen des Deutschen Reichs vom 28. October 1871 (Reichs-Gesetzbl. S. 347) treten die nachfolgenden Bestimmungen:

Artikel 1.

Der Eisenbahnbetrieb ist, soweit es die Natur und die Erfordernisse desselben gestatten, in die nothwendige Uebereinstimmung mit den Bedürfnissen des Postdienstes zu bringen.

Die Einlegung besonderer Züge für die Zwecke des Postdienstes kann jedoch von der Postverwaltung nicht beansprucht werden.

Bei Meinungsverschiedenheiten zwischen der Postverwaltung und den Eisenbahnverwaltungen über die Bedürfnisse des Postdienstes, die Natur und die Erfordernisse des Eisenbahnbetriebes entscheidet, soweit die Postverwaltung sich bei dem Ausspruche der Landes-Aufsichtsbehörde nicht beruhigt, der Bundesrath, nach Anhörung der Reichs-Postverwaltung und des Reichs-Eisenbahnamts.

Artikel 2.

Mit jedem für den regelmäßigen Beförderungsdienst der Bahn bestimmten Zuge ist auf Verlangen der Postverwaltung Ein von dieser gestellter Postwagen unentgeltlich zu befördern[1]). Diese unentgeltliche Beförderung umfaßt:

a) die Briefpostsendungen, Zeitungen, Gelder mit Einschluß des ungemünzten Goldes und Silbers, Juwelen und Pretiosen ohne Unterschied des Gewichts, ferner sonstige Poststücke bis zum Einzelngewichte von 10 Kilogramm einschließlich,

b) die zur Begleitung der Postsendungen, sowie zur Verrichtung des Dienstes unterwegs erforderlichen Postbeamten, auch wenn dieselben vom Dienste zurückkehren,

c) die Geräthschaften, deren die Postbeamten unterwegs bedürfen.

Für Poststücke, welche nicht unentgeltlich zu befördern sind, hat die Postverwaltung eine Frachtvergütung zu zahlen, welche nach der Gesammtmenge der auf der betreffenden Eisenbahn sich bewegenden zahlungspflichtigen Poststücke für den Achskilometer berechnet wird.

Die Mitbeförderung solcher Päckereien, welche nicht zu den Brief- und Zeitungs-Packeten gehören, soll bei Zügen, deren Fahrzeit besonders kurz bemessen ist, beschränkt oder ausgeschlossen werden, wenn dies von der Eisenbahn-Aufsichtsbehörde zur Wahrung der pünktlichen und sicheren Beförderung der betreffenden Züge für nothwendig erachtet wird, und andere zur Mitnahme der Päckereien geeignete Züge auf der betreffenden Bahn eingerichtet sind.

Artikel 3.

Auf Grund vorangegangener Verständigung kann an Stelle eines besonderen Postwagens eine Abtheilung eines Eisenbahnwagens gegen Erstattung der für Herstellung und Wiederbeseitigung der für die Zwecke des Postdienstes erforderlichen Einrichtungen von der Eisenbahnverwaltung aufgewendeten Selbstkosten, sowie

---

[1]) Cfr. den nachfolgenden Erlaß vom 7. November 1877, II. 14638.

gegen Zahlung einer Miethe für Hergabe und Unterhaltung benutzt werden, welche nach Artikel 6 Absatz 5 zu berechnen ist.

Artikel 4.

Bei solchen für den regelmäßigen Beförderungsdienst der Bahn bestimmten Zügen, welche nicht in der in den Artikeln 2 und 3 bezeichneten Weise zur Postbeförderung benutzt werden, kann die Postverwaltung entweder, insoweit dies nach dem Ermessen der Eisenbahnverwaltung zulässig ist, der letzteren Briefbeutel, sowie Brief- und Zeitungspackete zur unentgeltlichen Beförderung durch das Zugpersonal überweisen, oder die Beförderung von Briefbeuteln, sowie Brief- und Zeitungspacketen durch einen Postbeamten besorgen lassen, welchem der erforderliche Platz in einem Eisenbahnwagen unentgeltlich einzuräumen ist.

Artikel 5.

Reicht der eine Postwagen (Art. 2) oder die an dessen Stelle für Postzwecke bestimmte Wagenabtheilung (Art. 3) für die Bedürfnisse des Postdienstes nicht aus, so sind die Eisenbahnverwaltungen auf rechtzeitige Anmeldung oder Bestellung gehalten, nach Wahl der Postverwaltung

mehrere Postwagen zur Beförderung zuzulassen,

oder der Postverwaltung zur Befriedigung des Mehrbedürfnisses geeignete Güterwagen oder einzelne geeignete Abtheilungen solcher Personenwagen, deren übrige Abtheilungen in dem betreffenden Zuge für Eisenbahnzwecke verwendbar sind, zu gestellen,

oder endlich die ihnen von der Postverwaltung überwiesenen Postsendungen zur eigenen Beförderung zu übernehmen.

Bei Zügen, auf denen die Beförderung von Postpäckereien ausgeschlossen oder beschränkt ist (Art. 2 Abs. 3), darf die Gestellung außerordentlicher Transportmittel seitens der Postverwaltung nicht beansprucht werden. Die Ueberweisung von Postsendungen an die Eisenbahnverwaltungen ist nur insoweit zulässig, als letztere sich bei dem betreffenden Zuge mit der Beförderung von Gütern (Eil- oder Frachtgütern) befaßt und die zu überweisenden Poststücke nicht in Geld- oder Werthsendungen bestehen.

Für die Beförderung eines zweiten oder mehrerer Postwagen, sowie für die Gestellung und Beförderung der erforderlichen Eisenbahn-Transportmittel ist von der Postverwaltung eine für den Achskilometer zu berechnende Vergütung, für die Beförderung der überwiesenen Poststücke aber die tarifmäßige Eisenbahn-Eilfrachtgebühr zu zahlen. Für die Mitbeförderung des etwa erforderlichen Postbegleitungspersonals und der Geräthschaften für den Dienst wird eine Vergütung nicht gezahlt.

Artikel 6.

Die für den regelmäßigen Dienst erforderlichen Eisenbahn-Postwagen werden für Rechnung der Postverwaltung beschafft.

Die Eisenbahnverwaltungen sind verbunden, die Unterhaltung, äußere Reinigung, das Schmieren und das Ein- und Ausrangiren dieser Wagen gegen eine den Selbstkosten entsprechende Vergütung zu bewirken.

Wenn die im regelmäßigen Dienst befindlichen Eisenbahn-Postwagen während des Stillagers auf den Bahnhöfen der Endstationen im Freien stehen bleiben, so ist dafür eine Vergütung nicht zu zahlen. Letzteres gilt auch für die Plätze auf den Bahnhöfen, welche der Postverwaltung zur Aufbewahrung der Perronwagen und sonstigen Geräthschaften für das Verladungs-Geschäft angewiesen werden.

Unbeladene Postwagen sind gegen Erstattung der für Eisenbahn-Güterwagen tarifmäßig zu entrichtenden Frachtgebühr zu befördern. Für die Beförderung zur Eisenbahn-Reparatur-Werkstatt und zurück findet eine Vergütung nicht statt[1]).

Wenn Eisenbahn-Postwagen beschädigt oder laufunfähig werden, so sind die Eisenbahnverwaltungen gehalten, der Postverwaltung geeignete Güterwagen zur Aushülfe zu überlassen. Für diese Güterwagen hat die Postverwaltung die nämliche Miethe zu bezahlen, welche die betreffende Eisenbahnverwaltung im Verkehr mit benachbarten Bahnen für Benutzung fremder Wagen von gleicher Beschaffenheit entrichtet[1]).

Desgleichen sind die theilweise von der Post benutzten Eisenbahnwagen (Art. 3), wenn sie laufunfähig werden, von den Eisenbahnverwaltungen auf ihre Kosten durch andere zu ersetzen.

Artikel 7.

Bei Errichtung neuer Bahnhöfe oder Stationsgebäude sind auf Verlangen der Postverwaltung die durch den Eisenbahnbetrieb bedingten, für die Zwecke des Postdienstes erforderlichen Diensträume mit den für den Postdienst etwa erforderlichen besonderen baulichen Anlagen von der Eisenbahnverwaltung gegen Miethsentschädigung zu beschaffen und zu unterhalten.

Dasselbe gilt bei dem Um- oder Erweiterungsbau bestehender Stationsgebäude, insofern durch die den Bau veranlassenden Verhältnisse eine Erweiterung oder Veränderung der Postdiensträume bedingt wird.

Bei dem Mangel geeigneter Privatwohnungen in der Nähe der Bahnhöfe sind die Eisenbahnverwaltungen gehalten, bei Aufstellung von Bauplänen zu Bahnhofs-Anlagen und bei dem Um- oder Erweiterungsbau von Stationsgebäuden auf die Beschaffung von Dienstwohnungsräumen für die Postbeamten, welche zur Verrichtung des durch den Eisenbahnbetrieb bedingten Postdienstes erforderlich sind, Rücksicht zu nehmen. Ueber den Umfang dieser Dienstwohnungsräume wird sich die Postverwaltung mit der Eisenbahnverwaltung und erforderlichen Falls mit der Landes-Aufsichtsbehörde in jedem einzelnen Falle verständigen. Für die Beschaffung und Unterhaltung der Dienstwohnungsräume hat die Postverwaltung eine Miethsentschädigung nach gleichen Grundsätzen wie für die Diensträume auf den Bahnhöfen zu entrichten.

---

[1]) Cfr. den nachfolgenden Erlaß vom 7. November 1877, II. 14638.

Das Miethsverhältniß bezüglich der der Postverwaltung überwiesenen Dienst- und Dienstwohnungs-Räume auf den Bahnhöfen kann nur durch das Einverständniß beider Verwaltungen aufgelöst werden.

Werden bei Errichtung neuer Bahnhofsanlagen, sowie bei dem Um- oder Erweiterungsbau bestehender Stationsgebäude zur Unterbringung von Dienst- oder Dienstwohnungs-Räumen auf Verlangen der Postbehörde besondere Gebäude auf den Bahnhöfen hergestellt, so ist der erforderliche Bauplatz von den Eisenbahnverwaltungen gegen Erstattung der Selbstkosten zu beschaffen, der Bau und die Unterhaltung derartiger Gebäude aber aus der Postkasse zu bestreiten.

Artikel 8.

Wenn bei dem Betriebe einer Eisenbahn ein im Dienst befindlicher Postbeamter getödtet oder körperlich verletzt worden ist, und die Eisenbahnverwaltung den nach den Gesetzen ihr obliegenden Schadensersatz dafür geleistet hat, so ist die Postverwaltung verpflichtet, derselben das Geleistete zu ersetzen, falls nicht der Tod oder die Körperverletzung durch ein Verschulden des Eisenbahnbetriebs-Unternehmers oder einer der im Eisenbahnbetrieb verwendeten Personen herbeigeführt worden ist[1]).

Artikel 9.

Der Reichskanzler ist ermächtigt, für Eisenbahnen mit schmalerer als der Normalspur, und für Eisenbahnen, bei welchen wegen ihrer untergeordneten Bedeutung das Bahnpolizei-Reglement für die Eisenbahnen Deutschlands nicht für anwendbar erachtet ist, die vorstehenden Verpflichtungen für die Zwecke des Postdienstes zu ermäßigen oder ganz zu erlassen.

Artikel 10.

Durch die von dem Reichskanzler, nach Anhörung der Reichs-Postverwaltung und des Reichs-Eisenbahnamts, unter Zustimmung des Bundesraths zu erlassenden Vollzugsbestimmungen werden die näheren Anordnungen über die Ausführung der vorstehenden Leistungen, sowie über die Festsetzung und die Berechnung der Vergütung für die gegen Entgeld zu gewährenden Leistungen getroffen.

Artikel 11.

Auf die bei Erlaß dieses Gesetzes bereits concessionirten Eisenbahngesellschaften und deren zukünftig concessionirte Erweiterungen durch Neubauten finden die vor-

[1]) Durch Erlaß vom 25. September 1877, II. 19639 ist in einem Specialfalle Seitens des Herrn Ministers für Handel 2c. der Grundsatz aufgestellt worden, daß den Postbeamten im Allgemeinen der Aufenthalt in den Rangirwagen zu gestatten und nur falls die speciellen Bahnanlagen oder Betriebsverhältnisse diesen Aufenthalt bedenklich erscheinen lassen, deshalb mit den zuständigen Organen der Postverwaltung in Verbindung zu treten sei. Im Uebrigen seien die den Rangirdienst leitenden Beamten befugt, die Postbeamten zum Verlassen der Rangirwagen zu ersuchen, wenn im einzelnen Falle und Momente letzteren Beamten aus dem Verbleib in den Wagen eine besondere Gefahr erwachsen würde.

stehenden Vorschriften insoweit Anwendung, als dies nach den Concessionsurkunden zulässig ist. Im Uebrigen bewendet es für die Verbindlichkeiten der bereits concessionirten Eisenbahngesellschaften bei den Bestimmungen der Concessionsurkunden, und bleiben insbesondere in dieser Beziehung die bis dahin zur Anwendung gekommenen Vorschriften über den Umfang des Postzwanges und über die Verbindlichkeiten der Eisenbahnverwaltungen zu Leistungen für die Zwecke des Postdienstes maßgebend.

Die bereits concessionirten Eisenbahngesellschaften sind jedoch berechtigt, an Stelle der ihnen concessionsmäßig obliegenden Verpflichtungen für die Zwecke des Postdienstes die durch das gegenwärtige Gesetz angeordneten Leistungen zu übernehmen.

Artikel 12.

Die vertragsmäßige Vergütung, welche an das Großherzogthum Baden für Leistungen seiner Staatsbahnen zu den Zwecken des Postdienstes zu entrichten ist, wird, sofern nicht eine anderweite Vereinbarung erfolgt, bis zum Ablauf des Jahres 1879 weiter gezahlt. Bis dahin bleiben für die Leistungen der badischen Staatsbahnen zu Zwecken des Postdienstes die Bestimmungen des Reglements über die Verhältnisse der Post zu den Staatseisenbahnen vom 1. Januar 1868 maßgebend.

Im Uebrigen kommen die Vorschriften dieses Gesetzes auf die im Eigenthum des Reichs oder eines Bundesstaates befindlichen, sowie auf die in das Eigenthum des Reichs oder eines Bundesstaates übergehenden Eisenbahnen mit dem Inkrafttreten dieses Gesetzes zur Anwendung.

Artikel 13.

Dieses Gesetz tritt mit dem 1. Januar 1876 in Kraft. Dasselbe findet auf Bayern und Württemberg keine Anwendung.

Urkundlich unter Unserer Höchsteigenhändigen Unterschrift und beigedrucktem Kaiserlichen Insiegel.

Gegeben Berlin, den 20. December 1875.

(L. S.) **Wilhelm.**

Fürst v. Bismarck.

Vollzugsbestimmungen zum Eisenbahn-Postgesetz vom 20. December 1875.

Auf Grund der Vorschrift im Artikel 10 des Gesetzes vom 20. December 1875, betreffend die Abänderung des §. 4 des Gesetzes über das Postwesen des Deutschen Reichs vom 28. October 1871, werden, nach erfolgter Anhörung der Reichs-Postverwaltung und des Reichs-Eisenbahnamts, unter Zustimmung des Bundesraths, nachstehende Vollzugsbestimmungen erlassen.

I.
Zu Artikel 1 des Gesetzes.

Die Entwürfe zu den Eisenbahnfahrplänen für die Personenbeförderung, sowie für diejenigen Güterzüge, welche nach Verständigung zwischen der Postverwaltung und der Eisenbahnverwaltung zur Beförderung von Postpäckereien benutzt werden sollen, sind der Ersteren zur Wahrung ihrer Interessen rechtzeitig mitzutheilen. Die Feststellung der Fahrpläne geschieht unter Mitwirkung der Postverwaltung.

Die festgestellten Fahrpläne sind von den Eisenbahnverwaltungen ohne Verzug der Postverwaltung mitzutheilen, welche diejenigen einzelnen Züge bezeichnet, die sie zur Postbeförderung benutzen wird.

II.
Zu Artikel 2.

1. Die Bezeichnung eines Zuges als Eil-, Schnell- oder Courirzug reicht an sich nicht aus, um die Postpäckereien von der Beförderung mit demselben völlig auszuschließen.

2. Die Zahl der Postbeamten, welche zur Begleitung der Postsendungen sowie zur Verrichtung des Dienstes unterwegs bei jedem Zuge regelmäßig mitgehen sollen, wird von der Postverwaltung bestimmt und der Eisenbahnverwaltung mitgetheilt. Muß diese Zahl in einzelnen Fällen überschritten werden, so sind die außergewöhnlich mitreisenden Postbeamten seitens der Postverwaltung mit besonderen, auf die einzelnen Fahrten lautenden Legitimationskarten zu versehen.

3. Außer dem unter Nr. 2 gedachten Postbegleitungspersonal dürfen nur der jedesmalige Vorsteher desjenigen Postamts, welchem der Betrieb auf der Route zugewiesen ist, ferner die Post-Aufsichtsbeamten und solche Personen zur Mitbeförderung in den Postwagen oder Wagenabtheilungen zugelassen werden, welche aus postdienstlichen Gründen vom Postamtsvorsteher des Courses oder von dessen vorgesetzter Behörde hierzu mit Erlaubnißscheinen versehen sind. Personen, welche außer dem Postbegleitungspersonal (Nr. 2) in den Postwagen oder Postwagenabtheilungen mitreisen, müssen das Personengeld für die zweite Wagenklasse des betreffenden Zuges, und sofern dieser nur Wagen erster Klasse führt, das Fahrgeld erster Klasse entrichten. Die Eisenbahnverwaltung ist befugt, darüber zu wachen, daß eine mißbräuchliche Personenbeförderung in den Postwagen und Wagenabtheilungen nicht stattfinde.

4.[1]) Die Fracht für die Beförderung zahlungspflichtiger Postsendungen wird wie folgt berechnet:[2])

Für einen Zeitraum von 10 Tagen wird ermittelt, wie viele Poststücke (mit

[1]) Die Bestimmungen unter Ziffer 4 sind durch die nachfolgende Verordnung des Herrn Reichskanzlers vom 9. Mai 1878 geändert.

[2]) Erlaß vom 30. October 1876, II. 19871 an sämmtliche Königliche Eisenbahn-Directionen.

Nach den in Veranlassung der Verfügung vom 8. August d. J., II. 13794 erstatteten Berichten ist bisher Seitens der Königlichen Eisenbahn-Directionen bei der nach Nr. II. 4 der Vollzugsbestimmungen zum Eisenbahn-Postgesetz vom 20. December 1875 zu bewirkenden Gebührenberechnung für die Beförderung der zahlungspflichtigen Postsendungen nicht in gleicher Weise

Ausnahme der Briefpostsendungen, Zeitungen und Gelder) mit jedem Zuge von jeder Station bis zur nächstfolgenden befördert worden sind. Diese Ermittelung wird durch die Postverwaltung bewirkt. Der Eisenbahnverwaltung steht die Mitwirkung bei der Ermittelung frei. In den Jahren 1876 und 1877 soll diese Ermittelung während des Monats Mai stattfinden.

Von der für jede dieser Bahnstrecken sich ergebenden Gesammtzahl werden so viel Procent abgezogen, als nach der von der Postverwaltung zuletzt veröffentlichten amtlichen Statistik von der Gesammtstückzahl auf Stücke bis zu 10 Kilogramm zu rechnen sind. Der für jede Bahnstrecke verbleibende Rest wird mit der Kilometerzahl derselben vervielfältigt und die gefundenen Summen werden zur Gewinnung einer Stückzahl für den Kilometer der Bahnlänge zusammengerechnet.

Die ermittelte Summe wird mit demjenigen Gewichte vervielfältigt, welches nach der von der Postverwaltung zuletzt veröffentlichten amtlichen Statistik sich als durchschnittliches Gewicht jedes einzelnen Stückes über 10 Kilogramm ergiebt, und die so gefundene Gewichtssumme wird auf Achskilometer zurückgeführt, indem je 20 Centnerkilometer auf den Achskilometer gerechnet, überschießende Gewichtsbeträge bis zu 10 Centnerkilometern außer Ansatz gelassen, größere Beträge aber als je eine volle Achse angesetzt werden.

Durch Vervielfältigung mit der Zahl 3 und dem Vergütungssatze von 0,20 *M.* für den Achskilometer ergiebt sich die monatliche Summe der von der Post- an die Eisenbahnverwaltung zu leistenden Frachtvergütung.

Anderweite Festsetzungen der so gefundenen Monatssumme können im Laufe desjenigen Kalenderjahres, in welchem die Ermittelung stattgefunden hat, nur dann verlangt werden, wenn in der Benutzung der Bahn zu Zwecken des Postdienstes erhebliche Veränderungen eingetreten sind.

Bei Eröffnung neuer Strecken schon bestehender Bahnen kann die Ermittelung im beiderseitigen Einverständnisse in der Art bewirkt werden, daß nur für die neu eröffnete Strecke die Zahl der Centnerkilometer berechnet, diese Zahl der Zahl der Centnerkilometer für die übrigen Bahnstrecken hinzugerechnet und solchergestalt die Zahl der zu vergütenden Achskilometer neu berechnet wird.

Bei neu angelegten Bahnen wird sich die Postverwaltung mit der Eisenbahnverwaltung über den Zeitpunkt der Ermittelung für das Kalenderjahr, in welchem die Betriebseröffnung erfolgt, in jedem einzelnen Falle verständigen.

---

verfahren, indem diese Berechnung theils nach der wirklichen Entfernung von Station zu Station, theils auf Grund des allgemeinen Tarif-Kilometerzeigers vorgenommen worden ist.

Nach Benehmen mit dem Herrn General-Postmeister bestimme ich, unter besonderem Hinweis auf die Vorschrift im Absatz 3 der vorangezogenen Vollzugsbestimmung, wonach „eine Stückzahl für den Kilometer der Bahnlänge" gewonnen werden soll, daß bei der in Rede stehenden Berechnung von jetzt an allgemein die wirkliche Entfernung von Station zu Station unter Abrundung auf volle Kilometer, bei Weglassung der Bruchtheile von weniger als 0,5 und Annahme höherer Bruchtheile für ein volles Kilometer als Grundlage zu dienen hat. (Anmerkung: cfr. im Uebrigen die nachfolgende Verordnung vom 9. Mai 1878.)

Der Minister für Handel, Gewerbe und öffentliche Arbeiten.

Die Ermittelung des Betrages der für die zahlungspflichtigen Päckereien zu entrichtenden Vergütung kann im Uebrigen in jedem Kalenderjahre nur einmal verlangt werden. Das Verlangen ist spätestens bis zum 1. April zur Kenntniß des anderen Theils zu bringen.

III.
Zu Artikel 3.

1. Der Einstellung vereinigter Post- und Eisenbahnwagen muß eine Verständigung zwischen der Post- und Eisenbahnverwaltung über die Größe und die Einrichtung der für die Post zu bestimmenden Räume, sowie über die Zahl und Gattung von Eisenbahnwagen, in welchen diese Räume herzustellen sind, vorhergehen.

2. Sofern die innere Ausstattung der für Postzwecke bestimmten Abtheilung und deren demnächstige Wiederentfernung in einer Werkstatt der betreffenden Eisenbahnverwaltung erfolgt, können als Selbstkosten in Rechnung gestellt werden:

a) die Kosten des verwendeten Materials, als Eisen, Stahl, Messing, Blech, Holz, Gummi, Glas, Leder, Tuch und sonstige Stoffe;

b) die Arbeitslöhne der wirklichen Handwerker, und

c) ein Zuschlag von 100 Procent zu den unter 2 bezeichneten Arbeitslöhnen als Generalkosten für Arbeitslocale, Werkzeuge, Feuerung und Verwendung geringerer Materialien, wie Farben, Leim, Politur, Stopffarbe, Nägel und kleine Schrauben, sowie für die verwendeten Hülfsarbeiter.

3. Für die Benutzung der fraglichen Räume zahlt die Postverwaltung eine Miethe, welche so lange das seit dem 1. Mai 1875 gültige Regulativ für die gegenseitige Wagenbenutzung im Bereiche der Deutschen Eisenbahnen Anwendung behält, bei Verwendung von Güter- oder Gepäckwagen an Laufmiethe 0,01 *M.* für den Kilometer und an Zeitmiethe 1 *M.* für den Tag, bei Verwendung von Personenwagen aber an Laufmiethe 0,02 *M.* für den Kilometer und an Zeitmiethe 2 *M.* für den Tag mit der Maßgabe beträgt, daß die hiernach für den ganzen Wagen zu berechnende Vergütung auf die Postabtheilung nach dem Verhältniß der Länge derselben zur Wagenlänge berechnet wird. Die Zeitmiethe wird für so viele Wagen, einschließlich der erforderlichen Reservewagen entrichtet, als nach der zwischen der Post- und Eisenbahnverwaltung gemäß Nr. 1 getroffenen Verabredung für den regelmäßigen Postverkehr auf den Strecken der Eisenbahnverwaltung wirklich eingerichtet sind.

In dieser Miethe sind die Kosten für die Unterhaltung, für das jedesmalige Ein- und Ausrangiren der betreffenden Wagen in die Züge und aus den Zügen, für die äußere Reinigung und für das Schmieren mitbegriffen. Für die innere Reinigung, sowie für die etwaige Heizung und innere Erleuchtung hat die Postverwaltung für eigene Rechnung zu sorgen.

Soweit die Wagen auf den Bahnen verschiedener Eisenbahnverwaltungen durchbenutzt werden, tritt die Postverwaltung über die zu zahlende Miethe nur mit Einer Eisenbahnverwaltung in Abrechnung.

IV.
Zu Artikel 5.

1. Die außergewöhnlichen Transportmittel sind bei der Eisenbahnverwaltung schriftlich zu bestellen. Die Bestellung muß möglichst zeitig vor der bestimmten Abfahrtszeit der Züge geschehen.

2. Die für die Hergabe und Beförderung außerordentlicher Transportmittel von der Postverwaltung zu zahlenden Vergütungen betragen für den Achskilometer:

a) für Postwagen	0,08 M.
b) für Güterwagen oder Abtheilungen von Personenwagen . . .	0,10 =

In den vorstehenden Sätzen sind die Vergütungen für das Ein- und Ausrangiren der betreffenden Wagen in die Züge und aus denselben, ferner die Vergütungen für Reinigung und Schmieren der Wagen, sowie für die Zurückschaffung der der Eisenbahnverwaltung gehörigen außerordentlichen Transportmittel mitbegriffen.

Für die etwaige Heizung und innere Erleuchtung der gestellten Wagenräume sorgt die Postverwaltung für eigene Rechnung.

3. Die Postverwaltung darf verlangen, daß ihr die Benutzung der für sie auf einer Eisenbahn gestellten außerordentlichen Transportmittel, namentlich der Eisenbahn-Güter- und der Postwagen, auch über den Bereich dieser Bahn hinaus und zwar insoweit gestattet werde, als im Eisenbahndienste selbst eine Durchbenutzung der Wagen auf anschließenden Bahnen stattfinden kann, und als außerdem eine Umladung der Postgüter an den Uebergangspunkten nicht ohne Beeinträchtigung des regelmäßigen Ganges der Postgüter zu bewirken sein würde.

Die Zahlung der Hergabe- und Beförderungs-Vergütungen findet der Regel nach an jede Eisenbahnverwaltung, auf deren Bahn außerordentliche Transportmittel benutzt worden sind, zum vollen Betrage und ohne Rücksicht darauf statt, ob die benutzten Wagen erst auf der betreffenden Bahn eingestellt, oder schon von weiterher durchgenommen worden sind. Jede Eisenbahnverwaltung, deren Wagen über den Bereich ihrer Bahn hinaus benutzt werden, hat sich daher wegen der ihr für die Weiterbeförderung zustehenden Miethe mit denjenigen Verwaltungen unmittelbar zu berechnen, anf deren Bahnen die Wagen weitergegangen sind.

4. Die Ueberweisung von Postsendungen an die Eisenbahnverwaltung soll sich vorzugsweise auf Poststücke von größerem Umfange und Gewicht beschränken. Die Ueberweisung geschieht mittelst doppelt ausgefertigter Versendungsscheine, von denen die Eisenbahnverwaltung ein Exemplar mit der Quittung über den Empfang der einzeln verzeichneten Stücke zurückgiebt, während sie das andere Exemplar zurückbehält.

Für jede Ablieferungsstation müssen besondere Versendungsscheine vorhanden sein. Die Ueberweisung muß so frühzeitig erfolgen, daß die Verladung in die Eisenbahnwagen vor Abgang des Zuges mit Ordnung bewirkt werden kann. Ist zur

Verladung genügende Zeit vorhanden, worüber der Eisenbahn-Stationsvorsteher in Differenzfällen entscheidet, so darf seitens der Eisenbahn die Mitbeförderung mit dem betreffenden Zuge nicht versagt werden. Bei der Ablieferungsstation ist es Sache der Post, die Gegenstände von der Eisenbahnverwaltung wieder abzufordern. Dabei wird von der Post in dem, in den Händen der Eisenbahnbeamten befindlichen Exemplare des Versendungsscheins Gegenquittung geleistet. Auf Grund des Versendungsscheins zahlt die Postverwaltung die tarifmäßige Eilfrachtgebühr nach dem von der Eisenbahnverwaltung ermittelten Gesammtgewichte, wobei die Sendungen nach jeder Ablieferungsstation besonders tarifirt werden.

V.
Zu Artikel 6.

1. Den Bau der Postwagen vermittelt bei den Staatsbahnen die betreffende Eisenbahn-Direction, bei Privatbahnen die zunächst die Aufsicht führende Behörde.

2. Die zum Gebrauche auf einer Eisenbahn bestimmten Postwagen werden der Eisenbahnverwaltung überwiesen. Letztere hat die Verpflichtung, für den fortgesetzt betriebsfähigen Zustand der überwiesenen Postwagen und überhaupt dafür, daß dieselben in guter Beschaffenheit bleiben, in gleichem Maße und in gleicher Weise zu sorgen, wie ihr diese Sorge hinsichtlich der eigenen Wagen obliegt. Auch die Beschaffung der erforderlichen Reservestücke zu den Eisenbahn-Postwagen wird von der betreffenden Eisenbahnverwaltung für Rechnung der Postverwaltung besorgt. Uebersteigt jedoch der Kostenaufwand für neue Reservestücke im Einzelfalle den Betrag von 1500 *M.*, so ist zuvor eine Verständigung mit der Postverwaltung erforderlich. Die Eisenbahnverwaltung sorgt ferner für das Einrangiren der Postwagen in die einzelnen Züge, sowie dafür, daß die Postverwaltung in jedem Zuge, bei welchem ein Postwagen mitgehen muß, solchen rechtzeitig vorfinde. Dagegen kann sie verlangen, daß ihr eine so große Anzahl von Postwagen überwiesen werde, als nach den für den Eisenbahnbetrieb bestehenden Grundsätzen zur Deckung des Bedarfs erforderlich ist.

3. Sind Postwagen zum durchlaufenden Gebrauch auf mehreren, unmittelbar aneinander schließenden Eisenbahnen zugleich bestimmt, so werden dieselben der Verwaltung einer dieser Bahnen überwiesen. Letztere übernimmt alsdann, was die Unterhaltung der Postwagen in Reparatur betrifft, die vorstehende Verpflichtung für die Ausdehnung des Kurses, und hat sich über die Art und Weise, in der die Verwaltungen der übrigen Bahnen hierbei mitzuwirken haben, mit diesen zu verständigen. Für das Einrangiren der Postwagen in die Züge, sowie für die Unterstellung der im regelmäßigen Gebrauch befindlichen Wagen an den End-Stationen hat jede Verwaltung an ihrem Theile zu sorgen.

4. Die Eisenbahnverwaltung läßt die nothwendig werdenden Revisionen der ihr überwiesenen Eisenbahn-Postwagen und die an den Eisenbahn-Postwagen auszuführenden Reparaturen in ihren eigenen oder sonst dazu geeigneten Werkstätten besorgen und empfängt dafür von der Postverwaltung die Selbstkosten zurück, welche

nach den Grundsätzen der Vollzugs-Bestimmungen zu Artikel 3 berechnet werden können.

Die betreffenden Liquidationen müssen mit Attesten über die Nothwendigkeit und zweckmäßige Ausführung der Revisionen und Reparaturen und über die Angemessenheit der Preise versehen sein. Das bei Reparatur der Eisenbahn-Postwagen etwa entbehrlich gewordene alte Material wird von der Eisenbahnverwaltung entweder nach dem Gebrauchswerthe vergütet, oder in der Weise in Rechnung gestellt, daß der Erlös aus dem Verkaufe von dem Betrage der Liquidation abgezogen wird. In beiden Fällen genügt zur Begründung des Betrages die einfache Bescheinigung der Eisenbahnverwaltung.

5. Die für die äußere Reinigung und das Schmieren der Postwagen nach Maßgabe der Selbstkosten zu bemessende Entschädigung wird in einer Gesammtvergütung entrichtet, welche für den laufenden Achskilometer 0,20 ₰ beträgt.

Für die Reinigung im Innern der Wagen, sowie für deren innere Erleuchtung und Heizung sorgt die Postverwaltung auf ihre eigene Rechnung.

Für die Aufstellung der nicht im regelmäßigen Dienst befindlichen Postwagen auf den Bahnhöfen im Freien hat die Postverwaltung eine Vergütung von 0,11 ℳ für den Tag und den Wagen, für die etwaige Unterstellung von Postwagen in gedeckten Räumen eine Vergütung von 0,55 ℳ für den Tag und den Wagen zu entrichten.

Für jedes durch den Betrieb bedingte Ein- oder Ausrangiren von Postwagen oder Umstellen von im Zuge verbleibenden Postwagen hat die Postverwaltung als den Selbstkosten entsprechend den Betrag von 1 ℳ zu entrichten. Verschiebungen der Postwagen mit dem Zuge, sowie das Umsetzen von Postwagen, welche sich in auf der Fahrt begriffenen Zügen befinden, werden als zu vergütende Rangirbewegungen nicht betrachtet.

6. Die im regelmäßigen Gebrauche befindlichen Postwagen können während des Stillagers an den End-Stationen im Freien stehen bleiben, sofern nicht Gelegenheit zur Unterstellung vorhanden ist, oder die vorhandene Gelegenheit für Eisenbahnwagen nicht benutzt wird. Reserve-Postwagen müssen für die Zeit des Nichtgebrauchs, soweit thunlich, in Remisen trocken untergestellt werden.

7. Für die Beförderung von zu Postdienstzwecken nicht benutzten zurückgehenden Postwagen wird eine Frachtgebühr nicht gezahlt, wenn die Eisenbahnverwaltung dieselben, was ihr freisteht, für ihre Zwecke benutzt.

8. Die im Gesetz Artikel 6 Absatz 5 bestimmte Vergütung tritt auch in allen denjenigen Fällen ein, wo ausnahmsweise an Stelle der regelmäßig mitgehenden Postwagen Eisenbahnwagen hergegeben werden.

VI.
Zu Artikel 7.

1. Bei Aufstellung der Bauprojecte zu den im Artikel 7 bezeichneten Neu-Anlagen oder Veränderungen ist der Postverwaltung rechtzeitig Gelegenheit zu geben, ihr Bedürfniß an Dienst- und Dienstwohnungs-Räumen anzumelden.

Die Genehmigung des Bauplans steht der Eisenbahn-Aufsichtsbehörde zu. In Ermangelung einer Verständigung zwischen Post- und Eisenbahnverwaltung darüber, ob die von der Post verlangten Diensträume oder besonderen baulichen Anlagen durch den Eisenbahnbetrieb bedingt sind, und ob die Eisenbahnverwaltung zur miethsweisen Beschaffung von Dienstwohnungsräumen anzuhalten ist, sowie endlich über die Lage und Einrichtung der Postdiensträume entscheidet der Bundesrath nach Maßgabe der Bestimmungen im Artikel 1 des Gesetzes.

2. Die von der Eisenbahnverwaltung beschafften Postdienst- bzw. Dienstwohnungs-Räume sind der Postverwaltung in einem zur beabsichtigten Verwendung geeigneten, gebrauchsfähigen Zustande zu übergeben.

3. Die bauliche Unterhaltung der der Post überwiesenen Räumlichkeiten geschieht von Seiten und für Rechnung der Eisenbahnverwaltung. Zur baulichen Unterhaltung ist hierbei jedoch die Ausführung solcher Reparaturen ꝛc. nicht zu rechnen, welche nach den in dem betreffenden Staate geltenden Bestimmungen über die Unterhaltung von Dienstwohnungen der Staats-Beamten für Rechnung der Inhaber auszuführen sind. Zwar hat die Eisenbahnverwaltung auch bei Reparaturen dieser Art auf Verlangen der Postverwaltung die Vermittelung zu übernehmen; die Kosten sind aber der Postverwaltung in Rechnung zu stellen.

4. Für die Beschaffung und Unterhaltung der Postdienst- bezw. Dienstwohnungs-Räume zahlt die Postverwaltung an die Eisenbahnverwaltung eine jährliche Mieths-Vergütung von sieben Procent des Baucapitals.

Als Baucapital gilt der Betrag der Herstellungskosten einschließlich des Preises für den Grund und Boden.

Bei Gebäuden, welche ausschließlich von der Postverwaltung benutzt werden, wird das Baucapital ungetheilt zur Berechnung gezogen.

Bei solchen Gebäuden dagegen, in denen die Postverwaltung nur einen Theil der vorhandenen Räumlichkeiten benutzt, wird derjenige Theil des Baucapitals des ganzen Gebäudes in Ansatz gebracht, welcher auf die von der Postverwaltung benutzten Räumlichkeiten nach dem Verhältniß des Raumes derselben zu dem Raume des ganzen Gebäudes entfällt, und ist dabei der Bauwerth der gemeinschaftlich benutzten Flure, Treppen und Bodenräume auf die Eisenbahn- und auf die Postverwaltung nach dem Verhältniß des von jeder Verwaltung benutzten Raumes zu vertheilen.

Unter dem Ausdrucke „Raum des ganzen Gebäudes" ist die Summe des quadratischen Inhalts der lichten Räume sämmtlicher Etagen, unter Hinzurechnung des Bodenraumes zu verstehen. Von dieser Gesammtsumme ist vorweg die Summe der auf die gemeinschaftlich benutzten Flur-, Treppen- und Bodenräume fallenden Quadratmeter in Abzug zu bringen, so daß es also in Bezug auf jene gemeinschaftlich benutzten Räume einer besonderen Repartition nicht bedarf.

5. Die Reinigung, Erleuchtung und Heizung der zu dienstlichen Zwecken benutzten Räume liegt derjenigen Verwaltung ob, welche die Räume benutzt. Die Reinigung, Erleuchtung und Heizung der gemeinschaftlich zu dienstlichen Zwecken be-

nutzten Räume besorgt die Eisenbahnverwaltung gegen Erstattung der Hälfte eines zu berechnenden Kosten Bauschquantums.

Für die Reinigung und Erleuchtung der für Dienstzwecke gemeinschaftlich benutzten Flure und Treppen werden nur die im Interesse des Postdienstes etwa entstehenden besonderen Aufwendungen von der Postverwaltung erstattet.

Die Reinigung und Erleuchtung der Flure und Treppen der Dienstwohnungs-Räume der Postbeamten liegt der Eisenbahnverwaltung nicht ob.

6. Die für die Eisenbahnreisenden bestimmten Wartesäle können auch von den Postreisenden benutzt werden, und zwar unter denjenigen Bedingungen bezüglich des Aufenthalts in denselben, welche für die Benutzung der Wartesäle durch die Eisenbahnreisenden allgemein vorgeschrieben sind. Soweit den Eisenbahnen durch die Aufnahme der Postreisenden in den Wartesälen der Eisenbahn nachweisliche Mehrkosten entstehen, sind dieselben von der Postverwaltung zu erstatten.

7. Die Stellen, wo Postschilder und Briefkasten anzubringen sind, werden von der Postverwaltung nach vorheriger Verständigung mit der Eisenbahnverwaltung bestimmt.

8. Ueber die Baupläne für die besonderen Postgebäude auf den Bahnhöfen, sowie darüber, ob die Ausführung des Baues für Rechnung der Postkasse von der Eisenbahnverwaltung zu übernehmen ist, werden sich die Postverwaltung und die Eisenbahnverwaltung in jedem Einzelfall verständigen.

9. Wenn die Eisenbahnverwaltung Veränderungen der Bahnhofsanlage vornehmen will, durch welche die zweckentsprechende Benutzung der Postlocalitäten unthunlich gemacht wird, so ist die Postverwaltung berechtigt, die letzteren zurückzugeben und nach Maßgabe der Festsetzungen im Artikel 7 die Zuweisung anderer zweckentsprechender Räumlichkeiten in Anspruch zu nehmen. Meinungsverschiedenheiten darüber, ob ein solcher Fall vorliegt, werden auf dem im Artikel 1 des Gesetzes vorgeschriebenen Wege erledigt.

VII.

Zu Artikel 8.

Ersatzansprüche, welche wegen einer bei dem Betriebe einer Eisenbahn erfolgten Tödtung oder Verletzung eines im Dienst befindlichen Postbeamten erhoben werden, wird die betreffende Eisenbahnverwaltung alsbald zur Kenntniß der Postverwaltung bringen.

Werden solche Ersatzansprüche im Wege des Processes verfolgt, so wird die Eisenbahnverwaltung nach Zustellung der Klage eine Abschrift derselben der Post-Verwaltung mittheilen.

Die Mittheilung erfolgt in beiden Fällen an diejenige Kaiserliche Ober-Post-Direction, in deren Bezirk der Unfall sich ereignet hat.

VIII.

Zu Artikel 10.

Allgemeine Bestimmungen.

1. Die Beamten der beiderseitigen Verwaltungen sind verpflichtet, bei Wahrnehmung ihres Dienstes dergestalt Hand in Hand zu gehen, daß das Interesse beider Verwaltungen nach Möglichkeit gefördert, Nachtheil für die eine oder die andere Verwaltung aber vermieden wird. Soweit solches mit den Interessen der eigenen Verwaltung verträglich erscheint, müssen die Beamten in allen Vorkommnissen des Dienstes den Wünschen der Beamten der anderen Verwaltung sich willfährig beweisen.

2. Den Anordnungen, welche zur Aufrechterhaltung der Ordnung auf den Bahnhöfen, der Regelmäßigkeit und Sicherheit im Gange der Eisenbahnzüge, sowie auf Grund bahnpolizeilicher Vorschriften von der Eisenbahnverwaltung oder von den mit der Ausübung der Bahnpolizei betrauten Eisenbahnbeamten getroffen werden, sind auch die Postbeamten nachzukommen verbunden.

Bei Erlaß der bezüglichen Anordnungen ist eine Beschränkung und Erschwerung des Postverkehrs thunlichst zu vermeiden. Insbesondere ist zu jeder Zeit, wo solches im Postinteresse nothwendig erscheint, der Zugang zu den auf den Bahnhöfen befindlichen Postbüreaus offen zu halten; auch muß zur Zeit der Ankunft, der Abfahrt und des Durchganges der Züge den dienstthuenden Postbeamten der Zutritt zu den Perrons gestattet werden, ingleichen auch dem die Briefkasten an den Postwagen benutzenden Publicum, insofern nicht die Eisenbahnverwaltung aus besonderen Gründen das Betreten des Perrons zu beschränken genöthigt ist und diese Gründe von der Eisenbahn-Aufsichtsbehörde gebilligt werden. Den anschließenden Posten ist das Aufstellen auf den Bahnhöfen an geeigneten Stellen, soweit solche vorhanden sind, zu gestatten.

Die Plätze, wo das Ein- und Ausladen der Postgüter in die und aus den Eisenbahn-Postwagen zu geschehen hat, sind mit Rücksicht auf die Stelle, die der Postwagen im Zuge einnimmt, möglichst ein- für allemal zu bestimmen. Die Plätze sind, wo dies thunlich erscheint, so zu wählen, daß sie dem Andrange des Publikums nicht ausgesetzt sind. Müssen dieselben im ausschließlichen Interesse des Postdienstes Nachts erleuchtet werden, so trägt die Postverwaltung die Kosten.

3. Die Postbeamten sind verbunden, alle Vorsicht anzuwenden, um Unglücksfälle unterwegs zu vermeiden. Es bezieht sich dies nicht allein auf das Umgehen mit Feuer und Licht, auf das Schließen und Oeffnen der Wagenthüren 2c., sondern auch ganz besonders auf die Art des Verladens der Postgüter. Die einzelnen Achsen der Postwagen müssen möglichst gleichmäßig belastet, jede Ueberlastung aber muß sorgfältig vermieden werden. Nimmt der Eisenbahn-Stationsvorsteher eine Ueberlastung des ganzen Wagens oder eines Theiles desselben wahr, so ist er berechtigt und verpflichtet, sofortige Beseitigung dieses Uebelstandes zu verlangen.

Sobald die Postbeamten, von welchen Eisenbahn-Posttransporte begleitet werden, unterwegs eine Schadhaftigkeit an den Postwagen wahrnehmen, haben sie davon in geeigneter Art den Eisenbahnbeamten Nachricht zu geben.

Werden an Eisenbahnhaltestellen, wo besondere Postanstalten sich nicht befinden, von der Postverwaltung Briefkasten aufgestellt, so wird die Eisenbahnverwaltung, soweit dies ohne Beeinträchtigung der Sicherheit des Betriebes zulässig ist, nach Verständigung mit der Postverwaltung den Eisenbahnbeamten, welchen die Wahrnehmung des Dienstes an der Haltestelle obliegt, verpflichten, sich der Beaufsichtigung des Briefkastens zu unterziehen, denselben kurz vor Durchgang jedes Zuges zu eröffnen und die darin befindlichen Briefe den Postbeamten, welche die Züge begleiten, während des Anhaltens derselben zu übergeben.

Unter den gleichen Voraussetzungen wird die Eisenbahnverwaltung den Eisenbahnbeamten einer solchen Haltestelle auch beauftragen, die Auswechselung verschlossener Brieftaschen oder Briefpackete zwischen Postanstalten und solchen Personen, welche in der Nähe der Haltestelle wohnen, zu vermitteln.

5. Die Eisenbahn-Stationsvorsteher sind verpflichtet, den Vorstehern der Orts-Postanstalten von allen Störungen im Eisenbahnbetriebe, welche auf den Postdienst von Einfluß sein können, sowie von der erfolgten Beseitigung solcher Störungen, unverzüglich Mittheilung zu machen.

6. Bei Betriebsstörungen, welche die Weiterbeförderung des Postwagens nicht gestatten, sind die Briefpost und die Zeitungen, soweit der Fortschaffung derselben nicht unüberwindliche Hindernisse entgegenstehen, mit dem nächsten abgehenden Zuge weiter zu befördern. Bei gänzlicher Hemmung der Passage auf der Eisenbahn ist es Sache der Postverwaltung, für die Beförderung der Postsendungen durch Postbetriebsmittel zu sorgen.

7. Jede Eisenbahnverwaltung tritt in Bezug auf ihre gesammten Forderungen an die Postverwaltung in der Regel mit nur einer Ober-Postdirection, und zwar mit derjenigen in Abrechnung, in deren Bezirk der Ort belegen ist, an welchem die Eisenbahnverwaltung ihren Sitz hat. Die Abrechnungen sind vierteljährlich von der Eisenbahnverwaltung aufzustellen. Die Zahlung der Beträge erfolgt, sobald die Abrechnung von der Ober-Postdirection geprüft und festgestellt worden ist, kostenfrei aus der Ober-Postkasse.

8. Die Bestimmungen unter II. Ziffer 4 sind nach Ablauf von zwei Jahren und demnächst mit den Bestimmungen unter III. Ziffer 2 und 3, unter IV. Ziffer 2 und unter V. Ziffer 5 nach Ablauf von 5 Jahren nach Maßgabe der inzwischen gemachten Erfahrungen einer Revision zu unterziehen.

Berlin, den 9. Februar 1876.

Der Reichskanzler.

Fürst v. Bismarck.

Die nachstehende Verordnung des Herrn Reichskanzlers vom 9. Mai 1878, betreffend Abänderung der Vollzugsbestimmung II. Ziffer 4 zu Artikel 2 des Eisenbahn-Postgesetzes vom 20. December 1875 ist durch Erlaß des Herrn Ministers für Handel ꝛc. vom 24. December 1878, II. V. T. 2423 (Eisenb.-Verordn.-Blatt pro 1878 S. 164) sämmtlichen Königlichen Eisenbahn-Directionen und Commissariaten ꝛc. zur weiteren Veranlassung mitgetheilt:

Berlin, den 9. Mai 1878.

Abänderung der Vollzugsbestimmung II., Ziffer 4 zu Artikel 2 des Eisenbahn-Postgesetzes vom 20. December 1875.

Auf Grund des Artikels 10 des Gesetzes vom 20. December 1875, betreffend die Abänderung des §. 4 des Gesetzes über das Postwesen des Deutschen Reichs vom 28. October 1871, wird die Vollzugsbestimmung II., Ziffer 4 zu Artikel 2 des gedachten Gesetzes, betreffend das Verfahren zur Ermittelung der Frachtvergütung für die Beförderung zahlungspflichtiger Postsendungen auf den Eisenbahnen, unter Zustimmung des Bundesraths, wie folgt, abgeändert:

„4. Die Fracht für die Beförderung zahlungspflichtiger Postsendungen wird, wie folgt, berechnet.

Für einen Zeitraum von zehn Tagen wird ermittelt, wie viele Poststücke (mit Ausnahme der Briefpostsendungen, Zeitungen und Gelder) im Einzelgewicht von mehr als 10 kg mit jedem Zuge von jeder Station bis zur nächstfolgenden befördert worden sind, und wie viel das Gewicht dieser zahlungspflichtigen Poststücke von Station zu Station betragen hat.

Diese Ermittelung wird durch die Postverwaltung bewirkt. Der Eisenbahnverwaltung steht die Mitwirkung bei der Ermittelung frei. In den Rechnungsjahren 1878/79, 1879/80 und 1880/81 soll diese Ermittelung während des Monats Mai stattfinden.

Die ermittelte Gesammt-Gewichtssumme der zahlungspflichtigen Postsendungen, welche zwischen je zwei Stationen befördert worden sind, wird mit der Kilometerzahl der Stationsentfernung vervielfältigt, und die gefundenen Summen werden zur Gewinnung einer Gewichtszahl in Kilogrammen für das Kilometer der Bahnlänge zusammengerechnet.

Die so gewonnene Gewichtssumme wird auf Achskilometer zurückgeführt, indem je 1000 Kilogrammkilometer (20 Centnerkilometer) auf das Achskilometer gerechnet, überschießende Gewichtsbeträge bis zu 500 Kilogrammkilometern außer Ansatz gelassen, größere Beträge aber je als eine volle Achse angesetzt werden.

Durch Vervielfältigung mit der Zahl 3 und dem Vergütungssatze von ℳ 0,20 für das Achskilometer ergiebt sich die monatliche Summe der von der Post- an die Eisenbahnverwaltung zu leistenden Frachtvergütung.

Für die Stationslänge kommt die wirklich ausgemessene Entfernung (nicht die zu Tarifzwecken abgerundete Kilometerzahl) mit der Maaßgabe zur Anwendung, daß

Entfernungen unter 0,50 km nicht in Rechnung gesetzt, Entfernungen von 0,50 bis 0,99 km dagegen für ein volles Kilometer gerechnet werden.

Die für das Rechnungsjahr 1878/79 ermittelte Fracht ist auch für das Vierteljahr Januar/März 1878 zahlbar.

Anderweite Festsetzungen der so gefundenen Monatssumme können im Laufe desjenigen Rechnungsjahres, in welchem die Ermittelung stattgefunden hat, nur dann verlangt werden, wenn in der Benutzung der Bahn zu Zwecken des Postdienstes erhebliche Veränderungen eingetreten sind.

Bei Eröffnung neuer Strecken schon bestehender Bahnen kann die Ermittelung im beiderseitigen Einverständnisse in der Art bewirkt werden, daß nur für die neu eröffnete Strecke die Zahl der Centnerkilometer berechnet, diese Zahl der Zahl der Centnerkilometer für die übrigen Bahnstrecken hinzugerechnet und solchergestalt die Zahl der zu vergütenden Achskilometer neu berechnet wird.

Bei neu angelegten Bahnen wird sich die Postverwaltung mit der Eisenbahnverwaltung über den Zeitpunkt der Ermittelung für das Rechnungsjahr, in welchem die Betriebseröffnung erfolgt, in jedem einzelnen Falle verständigen.

Die Ermittelung des Betrages der für die zahlungspflichtigen Päckereien zu entrichtenden Vergütung kann im Uebrigen in jedem Rechnungsjahre nur einmal verlangt werden. Das Verlangen ist spätestens bis zum 1. April zur Kenntniß des anderen Theils zu bringen."

Der Reichskanzler.
In Vertretung:
gez. **Stephan.**

Erlaß des Herrn Ministers für Handel, Gewerbe und öffentliche Arbeiten vom 7. November 1877, II. 14638.

Auf den Bericht vom 27. Juni d. J., die Auslegung einiger Punkte des Eisenbahn-Postgesetzes betreffend, erwidere ich der Königlichen Direction (Bromberg) Folgendes:

Zu 1. Der Anspruch, daß die bei den monatlichen Abrechnungen der Miethen für die der Postverwaltung extraordinär gestellten Transportmittel sich ergebenden überschießenden Stunden als voller Tag berechnet worden, ist auch von dem Herrn General-Postmeister für nicht unberechtigt erachtet worden.

Der Letztere wird daher in diesem Sinne die Kaiserliche Ober-Postdirection mit Anweisung versehen.

Zu 2. Was die Entschädigung für die Rangirbewegungen solcher Postwagen, welche behufs Revision oder Reparatur der Werkstatt zugeführt und zu diesem Zweck aus den Zügen ausrangirt bezw. demnächst wieder einrangirt werden, betrifft, so ist Seitens der Reichs-Postverwaltung hervorgehoben, daß die Herausnahme laufunfähig gewordener Bahnpostwagen aus den Zügen und das Wiedereinstellen derselben einen Theil ihrer Beförderung nach und von der Reparatur-Werkstatt bilde, und sich deshalb nicht als eine zahlungspflichtige Rangirbewegung im Sinne des Gesetzes darstelle. Nach Maßgabe der Vorschriften im Artikel 6 alin. 4 des Eisenbahn=Postgesetzes würden dieselben sonach nicht besonders zu vergüten sein.

Mit Rücksicht hierauf ist von der Liquidation der in Rede stehenden besonderen Gebühren abzusehen.

Zu 3. Das Verlangen, für die Beförderung von Postwagen in solchen Güterzügen, welche gewöhnlich zu Postzwecken nicht benutzt werden, die Gebühr für extraordinär beförderte Transportmittel zu erheben, erscheint im Hinblick auf die Bestimmung im Artikel 2 alin. 1 des Gesetzes nicht begründet.

Bestimmungen, betreffend die Verpflichtungen der Eisenbahnen untergeordneter Bedeutung zu Leistungen für die Zwecke des Postdienstes. Vom 28. Mai 1879.

(Eisenb.= Verordnungsblatt pro 1879, Seite 108.)

Auf Grund der mir durch den Artikel 9 des Gesetzes vom 20. December 1875 (Reichs=Gesetz=Blatt S. 318) — betreffend die Abänderung des §. 4 des Gesetzes über das Postwesen des Deutschen Reichs vom 28. October 1871 — ertheilten Ermächtigung bestimme ich hierdurch, was folgt:

I. Die Verpflichtungen der fortan auf Kosten des Reichs oder eines Bundesstaats oder im Wege der Privatunternehmung zur Anlage kommenden Eisenbahnen untergeordneter Bedeutung zu Leistungen für die Zwecke des Postdienstes regeln sich nach dem vorbezogenen Gesetze vom 20. December 1875 und den dazu gehörigen Vollzugsbestimmungen, jedoch mit der Erleichterung, daß für die Zeit bis zum Ablauf von acht Jahren, vom Beginn des auf die Betriebs=Eröffnung folgenden Kalenderjahres, an Stelle der Art. 2, 3 und 4 des vorbezogenen Gesetzes die nachstehenden Bestimmungen treten:

Die Bahnverwaltung ist verpflichtet, in jedem für den regelmäßigen Beförderungsdienst bestimmten Zuge auf Verlangen und nach freier Wahl der Reichs=Postverwaltung:

1. die Beförderung der Postsendungen durch die Vermittelung des Zugpersonals bewirken zu lassen, wofür die Postverwaltung eine Vergütung von einem Pfennig für den Centner und den Kilometer der Beförderungsstrecke nach dem monatlichen Gesammtgewichte der von Station zu Station beförderten Poststücke, jedoch mit Ausschluß der unentgeltlich zu befördernden Briefbeutel, Brief= und Zeitungspackete, entrichtet. Die Postverwaltung wird dafür sorgen, daß die Poststücke thunlichst in Säcken oder Körben zusammengepackt zur Bahnbeförderung übergeben werden;
2. Briefbeutel, sowie Brief= und Zeitungspackete mit Ausschluß anderer Postsendungen zur Beförderung durch das Zugpersonal gegen eine Entschädigung

von fünfundzwanzig Pfennigen für jeden in dieser Weise benutzten Zug zu übernehmen;

3. die Beförderung von Briefbeuteln, sowie Brief- und Zeitungspacketen durch einen Postbeamten zu gestatten, welchem der erforderliche Platz in einem Personenwagen dritter Klasse gegen Entrichtung eines Fahrgeldes von zwei Pfennigen für den Kilometer einzuräumen ist;

4. eine Abtheilung eines Eisenbahnwagens zur Beförderung der Postsendungen, des Postbegleitpersonals und der erforderlichen Postdienstgeräthe gegen die in Art. 3 bezw. 6 des Eisenbahn-Postgesetzes und den dazu gehörigen Vollzugsbestimmungen festgesetzte Entschädigung und gegen Entrichtung einer Frachtvergütung von einem halben Pfennig für den Centner und Kilometer nach dem gemäß der Bestimmung zu 1 zu ermittelnden Gesammtgewichte der Poststücke einzuräumen. Die Entscheidung darüber, ob die Wagenabtheilung in einem Personen- oder in einem Güterwagen einzurichten ist, steht der Postverwaltung zu;

5. einen von der Postverwaltung gestellten Eisenbahn-Postwagen mit den darin befindlichen Postsendungen, dem Postbegleitpersonal und den erforderlichen Postdienstgeräthen gegen Entrichtung einer Frachtvergütung von einem halben Pfennig für den Centner und Kilometer nach dem gemäß der Bestimmung zu 1 zu ermittelnden Gesammtgewichte der Poststücke zu befördern.

Sofern innerhalb des vorbezeichneten Zeitraums in den Verhältnissen der Bahn in Folge von Erweiterungen des Unternehmens oder durch den Anschluß an andere Bahnen oder aus anderen Gründen eine Aenderung eintreten sollte, durch welche nach der Entscheidung der obersten Reichs-Aufsichtsbehörde die Bahn die Eigenschaft als Eisenbahn untergeordneter Bedeutung verliert, tritt das Eisenbahn-Postgesetz mit den dazu gehörigen Vollzugsbestimmungen ohne Einschränkung in Anwendung.

II. Unter den Eisenbahnen untergeordneter Bedeutung im Sinne der vorstehenden Bestimmungen sind diejenigen verstanden, welche mit schmalerer als der Normalspur gebaut sind, sowie diejenigen, auf welche vermöge ihrer untergeordneten Bedeutung die Bestimmungen des Bahnpolizei-Reglements für die Eisenbahnen Deutschlands vom 4. Januar 1875 von der zuständigen Landes-Behörde im Einverständniß mit dem Reichs-Eisenbahnamte für nicht anwendbar erklärt sind.

Auf die zur Zeit bereits im Betriebe oder Bau befindlichen Eisenbahnen untergeordneter Bedeutung wie auf bestehende Eisenbahnen, denen künftig der Character einer Eisenbahn untergeordneter Bedeutung beigelegt werden möchte, finden die Bestimmungen unter I. — vorbehaltlich meiner besonderen Bewilligung im Einzelfall — keine Anwendung.

Berlin, den 28. Mai 1879.

Der Reichskanzler.
von Bismarck.

Nachtrag.

A. Verrechnung des Erlöses für alte und entbehrliche Baumaterialien, Geräthe, Utensilien.

I. Erlaß vom 13. März 1875, II. 3873.

Bei Gelegenheit eines Specialfalles hat die Königl. Ober-Rechnungs-Kammer monirt, daß ein Betrag, welcher aus dem Verkaufe von Materialien eines zum Abbruch gekommenen Bahnhofs-Gebäudes erzielt worden, bei dem betreffenden Baufonds zur Vereinnahmung gekommen ist und die Abführung desselben zu dem allgemeinen Staatsfonds deshalb angeordnet, weil in dem aufgestellten Kostenüberschlage zu der betreffenden Neubauausführung derartige Einnahmen nicht vorgesehen waren.

Mit Rücksicht hierauf veranlasse ich die Königl. Direction, in gegebenen Fällen bei Aufstellung der Kostenanschläge zu Um- und Erweiterungsbauten stets auf die Einnahme aus dem zum Verkaufe kommenden Baulichkeiten 2c. zu rücksichtigen.

Der Minister für Handel, Gewerbe und öffentliche Arbeiten.

An
die Königlichen Directionen der Staats-Eisenbahnen.

II. Erlaß vom 7. December 1878.

Nach einer zwischen uns und der Königlichen Ober-Rechnungs-Kammer stattgehabten Verständigung sind die Einnahmen aus dem Erlöse für alte und entbehrliche Baumaterialien, Geräthe, Utensilien 2c. fortan nicht mehr durch Absetzung von den Kosten in den Bauanschlägen den betreffenden Baufonds zuzuführen, sondern in derselben Weise, wie dies zum Theil schon bisher mit den bei der Veranschlagung der Baukosten nicht vorgesehenen Einnahmen dieser Art geschah, bei den allgemeinen Einnahmen der den Bau ausführenden Verwaltung, nach dem Staatshaushaltsetat des laufenden Jahres, also bei Capitel 12 Titel 7 des Etats der Bauverwaltung, bezw. bei Titel 7 des Etats der Staatseisenbahnen oder, falls bei den letzteren die Baukosten nicht aus Ordinarienfonds bestritten werden, bei der General-Staatskasse zu verrechnen, und ist in letzterem Falle dem unterzeichneten Minister für Handel, Gewerbe und öffentliche Arbeiten behufs Ertheilung der Kassenordre jedesmal die nöthige Anzeige zu machen. Vorstehende Bestimmungen gelten sowohl von den Einnahmen, welche durch Ueberlassung der für den Neubau nicht verwendbaren Baumaterialien ꝛc. an den Entrepreneur, wie von denjenigen, die durch anderweitige Veräußerung derselben erzielt werden.

Wenn eine Berücksichtigung der vorerwähnten Einnahmen bei Aufstellung der Anschläge hienach auch nicht weiter zum Zwecke der Vermehrung der Baufonds stattfinden soll, so wird der muthmaßliche Betrag dieser Einnahmen doch behufs Gewinnung einer Uebersicht über die Gesammthöhe der Baukosten am Schlusse der Anschläge mit thunlichster Genauigkeit zu bezeichnen und sofern die Ueberlassnng der Materialien ꝛc. an den Entrepreneur nach Lage der Umstände angemessen und vortheilhaft erscheint, letzterem die Verpflichtung zur Uebernahme derselben zu dem angenommenen Betrage durch eine Bestimmung in dem Vertrage aufzuerlegen und die betreffende Einnahmeordre mit dieser Vertragsbestimmung zu justificiren sein.

Rücksichtlich derjenigen Bauausführungen, für welche die Kostenanschläge unter Absetzung der in Rede stehenden Einnahmen bereits festgestellt sind, bewendet es bei der bisherigen Weise der Verrechnung, auch dürfen diese Erlöse für die Folge bei Bauausführungen, deren Kosten außeretatsmäßig durch besondere Anleihegesetze zur Verfügung gestellt werden, in den Anschlägen in der bisher üblichen Weise durch Absetzung von den Baukosten berücksichtigt und den Baufonds zugeführt werden.

Die Königliche Regierung veranlassen wir hiernach für die Folge zu verfahren und die Staatsbaubeamten mit entsprechender Anweisung zu versehen, denselben dabei auch die bestimmte Erwartung auszusprechen, daß sie nach wie vor bei der Verwerthung der alten Baumaterialien ꝛc. das finanzielle Interesse des Staates sorgsam wahrzunehmen bemüht sein werden.

Der Minister für Handel, Gewerbe und öffentliche Arbeiten.
gez. **Maybach.**

Der Finanz-Minister.
Im Auftrage:
gez. **Meinecke.**

An
die sämmtlichen Königlichen Regierungen und Landdrosteien, die Königliche Ministerial-Bau-Commission hierselbst sowie an die Königlichen Directionen der sämmtlichen Staatseisenbahnen.

III. 19026 / II. 17989 H. M.
I. 16239 F. M.

B. Abhebung der für Eisenbahnzwecke extraordinär bewilligten Geldmittel.

Erlaß vom 8. November 1879, II. 13284.

Die in Bezug auf die Abhebung der für Eisenbahnzwecke extraordinär bewilligten Geldmittel bei der General-Staatskasse bisher ergangenen Vorschriften haben vielfach nicht genügende Beachtung gefunden. Ich sehe mich deshalb veranlaßt, in theilweiser Modification derselben Folgendes zu bestimmen:

Die Anträge auf Ueberweisung von Geldmitteln aus denjenigen Bewilligungen, welche durch das Extraordinarium des Etats der Eisenbahnverwaltung erfolgt sind, sind fortan für die drei ersten Quartale des Etatsjahres in der Regel am Schlusse eines jeden Quartals, und zwar zu den für die Einreichung der Nachweisungen über die Verwendung der extraordinär bewilligten Geldmittel bestimmten Terminen zu stellen. Den betreffenden, besonders zu erstattenden Berichten ist im Anschluß an die letztbezeichneten Verwendungs-Nachweisungen eine Uebersicht nach dem beigefügten Formular anzuschließen, für deren Aufstellung (Colonne 7) zu beachten ist, daß sich die Ueberweisungen lediglich auf diejenigen Fonds zu beschränken haben, für welche bis zum Schlusse des betreffenden Quartals mehr als 10000 ℳ über die bereits überwiesenen Summen hinaus verausgabt sind und daß lediglich die Ueberweisung der in Vorschuß stehenden Beträge — Col. 6 — zu beantragen ist. — Im Laufe des Quartals ist die Ueberweisung von Geldmitteln nur in denjenigen Fällen zu beantragen, wo es sich um den Restbetrag der Kosten für eine beendete und abgerechnete Ausführung — also um die Abwickelung eines Fonds — oder aber um einen so erheblichen Betrag handelt, daß die alsbaldige Ueberweisung nicht zu umgehen ist. In Bezug auf die Abhebung der extraordinären Ausgaben vor dem Finalabschluß werden die bestehenden Vorschriften hierdurch nicht geändert.

Soweit hiernach für die Vergangenheit noch Anträge zu stellen sind, wird denselben alsbald entgegengesehen.

Anlangend die Abhebung der für Eisenbahnzwecke durch besondere Gesetze bewilligten Geldmittel, so werden die Königlichen Eisenbahn-Directionen unter Hinweis auf den Erlaß vom 24. August v. J. II. 15314 wiederholt an die sorgfältige Beachtung der Vorschrift erinnert, daß von diesen Geldmitteln niemals mehr, als der innerhalb des Etatsjahres mit Sicherheit zu erwartende Bedarf zur Ueberweisung zu beantragen ist, dergestalt, daß am Finalabschluß die überwiesenen resp. bei der General-Staatskasse abgehobenen Summen mit den wirklich verausgabten Beträgen genau übereinstimmen.

Der Minister der öffentlichen Arbeiten.

1. Titel	2. Bezeichnung der Bauausführung 2c.	3. Bewilligter Betrag M	₰	4. Davon sind bereits überwiesen M	₰	5. Verausgabt sind M	₰	6. Mithin stehen im Vorschuß (Col. 5—Col. 4) M	₰	7. Betrag dessen Ueberweisung erbeten wird. M	8. Bemerkungen
	a. Aus dem Etat pro 2c.		*	**						***	* In Col. 3 ist bei solchen Ausführungen, für welche mehrere Raten bewilligt sind, nur diejenige Bewilligung nachzuweisen, aus welcher die jeweilige Ueberweisung erbeten wird. ** In Col. 4 ist stets der auf Antrag bei der General-Staats-Kasse zur Verfügung gestellte, nicht der bei letzterer wirklich abgehobene Betrag anzugeben. *** In Col. 7 ist die Ueberweisung lediglich derjenigen Beträge zu beantragen, welche nach Col. 6 in Vorschuß stehen mit der Maßgabe, daß die letzteren auf 100 M aufwärts abgerundet werden.

C. Verrechnung der Verbandskosten.

Erlaß vom 22. November 1879, $\frac{\text{II. P. 5571}}{\text{II. 12404}}$.

Mit Bezug auf die durch Erlaß vom 31. Juli c. — II. 8707 — den Königlichen Directionen abschriftlich mitgetheilte Registratur über die am 27. und 28. Juni c. in meinem Ministerium stattgehabte Conferenz der Staatsbahn-Verwaltungen (ad Nr. 3 der Tagesordnung) bestimme ich, daß fortab bezüglich der Verrechnung der Verbandskosten nach folgenden Grundsätzen verfahren wird:

1. Jede Verwaltung, welcher die Geschäftsführung in einem Verbande übertragen ist, verrechnet die durch die Abrechnungsarbeiten entstehenden persönlichen und sächlichen Kosten auf die betreffenden Ausgabetitel ihres eigenen Etats und vereinnahmt die auf die anderen Verbandsverwaltungen entfallenden Beträge bei Tit. III, Pos. 4, Lit. A desselben (neues Etatsschema).

   Von den etwa durch Verbandsbeschluß den für den Verband thätigen Beamten der eigenen Bahn bewilligten extraordinären Remunerationen sind indeß nur die auf die eigene Verwaltung entfallenden Antheile bei dem etatsmäßigen Remunerationsfonds zu verausgaben, die Reste dagegen bis zur erfolgten Erstattung seitens der anderen Verwaltungen vorschußweise zu buchen.

2. Jede Verwaltung, welche zu den Verbands- und Abrechnungskosten Beiträge zu leisten hat, verausgabt dieselben bei Tit. XII, Pos. 4, Lit. A ihres Etats.

   Unter diese Verbandskostenbeiträge sind auch die an die Beamten fremder Verwaltungen durch Verbandsbeschluß bewilligten Remunerationen und sonstigen Bezüge zu rechnen.

   Bei Bemessung derartiger Bewilligungen seitens der Verbände an Beamte fremder Verwaltungen haben die dem Verbande angehörigen Staatsbahn-Verwaltungen darauf zu halten, daß die für die Gewährung außerordentlicher Zuwendungen an Beamte der Staatseisenbahn-Verwaltung geltenden Grundsätze thunlichst gleichmäßig berücksichtigt werden.

3. Falls nicht einer einzelnen Verwaltung die Erledigung der Verbandsgeschäfte übertragen ist, sondern zu diesem Behufe selbstständige Abrechnungsbüreaus eingerichtet sind, werden deren Kosten von der betreffenden Verwaltung verauslagt, vorschußweise gebucht, am Jahresschluß auf die einzelnen Verwaltungen repartirt und von denselben wie zu 2. verrechnet.

   Soweit in diesen selbstständigen Abrechnungsbüreaus im Staatseisenbahndienst angestellte Beamte fungiren, hat die Verwaltung, welcher dieselben angehören, die Verrechnung ihrer Competenzen nach den Festsetzungen ad 1 bewirken zu lassen.

   Nach dem Vorstehenden ist vom 1. April d. J. ab zu verfahren.

D. Uebergang fiscalischen Grundeigenthums von einem Verwaltungs-Ressort auf ein anderes; Umtausch von Grundstücken.

I. In einem Schreiben des Herrn Finanz-Ministers vom 9. April 1869 ist folgender Grundsatz ausgesprochen:

Wenn ein Verwaltungs-Ressort veranlaßt wird, ein bis dahin unter seiner Administration gestandenes fiscalisches Grundstück der Administration eines anderen Verwaltungs-Ressorts zu überlassen, so geht damit keinerlei Veränderung in dem

Eigenthumsrechte des Fiscus vor. Eigenthümer bleibt nach wie vor derselbe Fiscus und die eintretende Veränderung beschränkt sich darauf, daß ein Vermögens-Object des Fiscus, das bisher für dessen Rechnung von dem einen fiscalischen Verwaltungs-Ressort zu den von diesem verfassungsmäßig zu erstrebenden Staatszwecken benutzt und verwaltet worden ist, nunmehr für Rechnung desselben Fiscus von einem anderen fiscalischen Verwaltungs-Ressort zu den von diesem letzteren zu verfolgenden Zwecken benutzt und administrirt wird.

Eben deswegen wird es nicht darauf ankommen, daß eine allgemeine, das letztere Ressort (an welches die Abtretung geschieht) von Zahlung eines solchen Entgelts ausdrücklich entbindende Vorschrift nicht besteht und wird aus dem Mangel einer die unentgeltliche Abtretung ausdrücklich anordnenden Vorschrift nicht die Nothwendigkeit eines Entgeltes gefolgert werden können.

Eine Ausnahme, aber nur eine scheinbare Ausnahme hiervon, tritt bei den Domänen- und Forstgrundstücken, aber auch bei ihnen nur insoweit ein, als sie durch die Verordnung vom 17. Januar 1820, sub III. den Staatsgläubigern zur Special-Hypothek bestellt sind. Wenn die Domänen- und Forstverwaltung eines dieser verpfändeten Grundstücke an ein anderes Ressort abtritt, so wird es vom Etat jener abgesetzt und auf den Etat des letzteren Ressorts übertragen. Damit scheidet es aber aus dem Complex der Pfandobjecte aus, und es ergiebt sich daraus von selbst die Nothwendigkeit, daß dasjenige Ressort, welches das fragliche Grundstück und zwar nunmehr befreit von dem bis dahin darauf gehafteten Pfandrechte der Staatsgläubiger übernimmt, diesen (nicht aber der Domänen- und Forst-Verwaltung) ein Aequivalent dafür gewähren muß. Selbst in diesem Falle wird aber das Aequivalent nicht sofort und überhaupt nicht der Domänen- und Forst-Verwaltung bezahlt. Denn der Regel nach genügt die in der Allerh. Cabinets-Ordre vom 13. März 1827 vorgeschriebene Reversirung des Taxwerths und dieser Taxwerth wird der Haupt-Verwaltung der Staatsschulden zu dem von ihr für die Staatsgläubiger verwalteten und zu deren Sicherstellung resp. Befriedigung bestimmten Fonds der Staatsschulden-Tilgungskasse reservirt.

Wenn ausnahmsweise in Folge der Allerhöchsten Cabinets-Ordre vom 30. September 1836 in gewissen Fällen statt dieser Reversirung eine Baarzahlung des Taxwerthes eintreten muß, so wird dadurch in dem vorstehend erörterten Verhältniß nichts geändert, da auch die Baarzahlung nicht an die Domänen- und Forst-Verwaltung, sondern gleichfalls an die Haupt-Verwaltung der Staatsschulden zu dem vorbezeichneten Fonds erfolgt.

Die Sache stellt sich hiernach einfach dahin, daß

1. wenn ein Ressort ein unter seiner Verwaltung stehendes Grundstück in die Verwaltung eines anderen Ressorts abtritt, die Abtretung unentgeltlich erfolgt und daß
2. eine Ausnahme hiervon nur bei den Grundstücken eintritt, die unter der Administration der Domänen- und Forst-Verwaltung stehen und zugleich nach III. der Verordnung vom 17. Januar 1820 dem Pfandrechte der

Staatsgläubiger unterliegen. In Ansehung solcher Domänen- und Forstgrundstücke tritt allerdings eine Abgeltung ihres Werthes Seitens des Ressorts, an welches die Domänen- und Forst-Verwaltung sie abtritt (durch Reversirung oder in den Fällen der Allerhöchsten Cabinets-Ordre vom 30. September 1836 durch Baarzahlung), ein. Sie tritt aber nicht der Domänen- und Forst-Verwaltung gegenüber zu deren Gunsten, sondern nur den Staatsgläubigern gegenüber zu deren Gunsten ein.

Wenn dagegen die Domänen- und Forst-Verwaltung in die Lage kommt, Grundstücke, die auf ihrem Etat stehen und dem Pfandrechte der Staatsgläubiger auf Grund der Nr. III der Verordnung vom 17. Januar 1820 **nicht** unterliegen (was bei allen Domänen- und Forstgrundstücken in den neu erworbenen Provinzen der Fall ist), an einen anderen Verwaltungszweig abzutreten, so erfolgt diese Abtretung **unentgeltlich**.

3. Die Regel ad 1 tritt aber ausnahmslos bei allen Abtretungen ein, durch welche ein anderes Ressort als die Domänen- und Forst-Verwaltung Grundstücke, die unter seiner Verwaltung stehen, einem der übrigen Ressorts (darunter auch der Domänen- und Forst-Verwaltung) abtritt, weil das qu. Pfandrecht der Staatsläubiger bei keinem fiscalischen Grundstücke in Betracht kommt, welches unter einem anderen Ressort, als unter dem der Domänen- und Forst-Verwaltung steht.

Ich bin daher der Ansicht, daß, wenn fiscalische Grundstücke, die bisher unter der Verwaltung des dortigen Ressorts gestanden haben, von demselben an die Domänen- und Forst-Verwaltung abgetreten werden, diese Abtretung unentgeltlich zu erfolgen hat. In dieser Weise ist auch seither in den alten Provinzen verfahren worden. Daß dadurch der Staatsschatz[1]) in den ihm durch die Allerh. Cabinets-Ordre vom 17. Juni 1826 sub III. zugewiesenen Einnahmen verkürzt werde, kann ich — selbst wenn es sich um einen Fall aus den alten Provinzen handeln würde — nicht anerkennen, da nach dieser Vorschrift dem Staatsschatze nur die Erlöse aus **Veräußerungen** resp. Erbverpachtungen aller nicht zu den Domänen und Forsten gehörigen fiscalischen Grundstücke überwiesen sind, in der Abtretung solcher Grundstücke von einem fiscalischen Verwaltungszweige an den andern aber eine Veräußerung überhaupt nicht gefunden werden kann, weil durch sie das fiscalische **Eigenthumsrecht** an den betreffenden Realitäten überhaupt nicht alterirt wird.

Zu diesem durchgreifenden Grunde tritt, wenn es sich um einen Fall aus den neuen Provinzen handelt, noch der Umstand hinzu, daß der Verkaufs-Erlös auch der dort belegenen Domänen-Grundstücke gleichfalls zum Staatsschatz und nicht zur Staatsschulden-Tilgungskasse abzuführen ist.

---

[1]) Cfr. das Gesetz, betreffend die Aufhebung des Staatsschatzes, vom 18. December 1871.

II. In einem Specialfalle hat sich die Königl. Ober-Rechnungs-Kammer unterm 23. August 1878 — Nr. 8784 — mit der Ansicht einverstanden erklärt, daß die Bestimmung in Nr. III. 1 der Allerhöchsten Ordre vom 17. Juni 1826 (Ges.-S. S. 37) nicht dahin auszulegen ist, daß auch der Taxwerth von vertauschten, zu den Domainen nicht gehörigen Grundstücken zu dem Fonds des ehemaligen Staatsschatzes abzuführen sei.

Die Königliche Ober-Rechnungs-Kammer modificirt demgemäß ihre früheren, in mehreren Specialfällen vertretene, entgegengesetzte Ansicht und theilt nach nochmaliger Erwägung die von den Herren Ministern für Handel, Gewerbe und öffentliche Arbeiten und der Finanzen entwickelte Auffassung, daß es nach der Nr. III. 1 der Cabinets-Ordre vom 17. Juni 1826 einer Allerhöchsten Ermächtigung nicht bedarf, wenn der Taxwerth von vertauschten, zu den Domainen nicht gehörigen Grundstücken nicht zu dem Fonds des ehemaligen Staatsschatzes abgeführt wird, daß dagegen in dem Falle, wenn Fiscus außer dem eingetauschten Grundstücke noch einen Baarbetrag von dem Gegencontrahenten gezahlt erhält, die Abführung dieses Baarbetrages nach wie vor zu dem Fonds des ehemaligen Staatsschatzes zu erfolgen hat bezw. eine Allerhöchste Ermächtigung zu erbitten ist, wenn dies nicht geschehen soll.

E. Geschäftliche Behandlung der Postsendungen in Staatsdienst-Angelegenheiten.

Mit Bezug auf die einschlägige kurze Anmerkung auf Seite 49 wird mit Rücksicht auf das in Folge der Verstaatlichung mehrerer Privatbahnen eintretende neue Interesse, das Regulativ über die geschäftliche Behandlung der Postsendungen in Staatsdienst-Angelegenheiten nachfolgend zum Abdruck gebracht.

Dasselbe ist mittelst Erlasses vom 23. December 1869, II. 20379 sämmtlichen Königl. Eisenbahn-Directionen unter besonderem Hinweis auf die nach §. 7 zu treffenden Controle-Anordnungen zur Kenntnißnahme und Beachtung mitgetheilt worden.

Das für die Postanstalten bestimmte, Seitens des General-Postamtes in Ausführung des Bundesgesetzes vom 5. Juni 1869 (Bundes-Ges.-Bl. S. 141) ergangene anderweite Regulativ über die Portofreiheiten im Norddeutschen Postgebiete, welches zugleich die rücksichtlich der äußeren Anforderungen an die in Zukunft portofreien Sendungen zu beobachtenden Bestimmungen enthält, wird den Behörden von den Ober-Post-Directionen zugängig gemacht.

Für die Behandlung der portopflichtigen Correspondenz zwischen Behörden verschiedener Bundesstaaten ist von dem Herrn Kanzler des Norddeutschen Bundes unterm 29. August 1870 (Seite 514 des Bundes-Gesetzblattes Nr. 36) Bestimmung getroffen.

In Betreff der Porto- und Gebührenerhebung für die postamtliche Insinuation gerichtlicher und außergerichtlicher Verfügungen und des bei dieser Erhebung zu beobachtenden Verfahrens kommen nach dem Erlaß vom 27. December 1869,

II. 19817 vom 1. Januar 1870 ab gleichmäßige Bestimmungen, welche in einer Uebersicht des Herrn Bundeskanzlers enthalten sind, in Anwendung.

Im Uebrigen wird auf das Gesetz über das Postwesen des Deutschen Reiches, vom 28. October 1871 (Reichs-Ges.-Bl. S. 42, S. 347 ff.); ferner auf das Gesetz über das Posttaxwesen im Gebiete des Deutschen Reiches, vom 28. October 1871 (ebendaselbst S. 358 ff.) hingewiesen.

Regulativ
über die geschäftliche Behandlung der Postsendungen in Staatsdienst-Angelegenheiten.

Nachdem durch das Bundesgesetz vom 5. Juni d. J. (Bundes-Gesetz-Blatt S. 141) die bisher bestandenen Portofreiheiten und Porto-Ermäßigungen für Postsendungen in Staatsdienst-Angelegenheiten vom 1. Januar 1870 ab aufgehoben worden sind, treten mit diesem Tage folgende Bestimmungen über die geschäftliche Behandlung der gedachten Sendungen in Kraft:

§. 1.

Alle Postsendungen zwischen Königlichen Behörden, einschließlich der einzeln stehenden, eine Behörde repräsentirenden Königlichen Beamten sind bei der Absendung zu frankiren.

Ebenso ist hinsichtlich der von Königlichen Behörden abzulassenden Postsendungen an andere Empfänger zu verfahren, wenn dieselben entweder

a) nicht im Interesse der Empfänger, sondern ausschließlich im Staatsinteresse erfolgen, oder
b) an eine Partei gerichtet sind, welche nach den bisher geltenden Vorschriften auf portofreie Zustellung einen Rechts-Anspruch hat, oder
c) in einer Proceß- oder Vormundschaftssache ergehen, für welche einer Partei das Armenrecht bewilligt ist.

Alle sonstigen, von Königlichen Behörden ausgehenden Postsendungen sind unfrankirt abzulassen. Den einzelnen Ministerien bleibt vorbehalten, dies auch in Betreff der von einzeln stehenden Königlichen Beamten ihrer Ressorts ausgehenden Sendungen anzuordnen.

Post-Anweisungen unterliegen jedoch dem Frankirungszwange; der entfallende Francobetrag ist daher durch den Absender erforderlichen Falls von dem Geldbetrage der Ueberweisung vorweg abzuziehen.

§. 2.

Die Frankirung der gewöhnlichen Briefe und der Post-Anweisungen, welche nach einem Orte innerhalb des Norddeutschen Postbezirks bestimmt sind, erfolgt Seitens der absendenden Behörden durch Aufkleben von Dienst-Freimarken im Betrage des tarifmäßigen Portos.

Die Königlichen Behörden haben ihren Bedarf an Marken gegen baare Entrichtung des Nennwerthes derselben von den Post-Anstalten zu entnehmen.

§. 3.

Die Frankirung

a) derjenigen Briefe, welche entweder mit einer Werths-Declaration versehen oder nach einem Orte außerhalb des Norddeutschen Postbezirks bestimmt sind,

b) der nach einem solchen Orte adressirten Post-Anweisungen,

c) der Packete

erfolgt durch Contirung des Porto und der sonstigen Postgebühren.

Die bezeichneten Sendungen werden von der ablassenden Behörde in ein Porto-Contobuch eingetragen und demnächst mit dem letzteren der Post-Anstalt übergeben, welche die tarifmäßigen Porto- und Gebühren-Beträge sowohl in dieses Buch, als auch in ihr Gegenbuch einträgt. Ebenso werden das Porto und die Gebühren für sämmtliche an eine Königliche Behörde gerichtete Sendungen, welche unfrankirt eingehen, bei der Auslieferung Seitens der Post-Anstalt in den bezeichneten Büchern contirt.

Allmonatlich werden die contirten Gesammtbeträge von den Behörden an die Post-Anstalten gegen Quittung im Contobuch gezahlt.

§. 4.

In Betreff der Wiedereinziehung derjenigen von einer Behörde verauslagten Porto- und Gebühren-Beträge, zu deren Erstattung der Absender oder der Empfänger einer Sendung oder ein sonstiger Interessent verpflichtet ist, bewendet es bei den bestehenden Vorschriften.

§. 5.

Die nach §. 1 frankirt oder unfrankirt abzulassenden, der Portozahlung unterworfenen Sendungen sind auf der Adresse als „portopflichtige Dienstsache" zu bezeichnen und mit dem Dienstsiegel der absendenden Behörde zu versehen. Einzeln stehende Beamte, welche ein solches nicht führen, haben unter dem Vermerk „portopflichtige Dienstsache" die „Ermangelung eines Dienstsiegels" mit Unterschrift des Namens und Beisetzung des Amtscharacters zu bescheinigen.

§. 6.

Die Königlichen Behörden haben in ihrem Geschäftsverkehr auf thunlichste Beschränkung der Porto-Ausgaben Bedacht zu nehmen und insbesondere folgende Bestimmungen sorgfältig zu beachten:

1. Sollen mehrere Briefe gleichzeitig an eine Adresse abgesandt werden, so sind dieselben in ein gemeinschaftliches Couvert zu verschließen.

2. Packete ohne Werths-Declaration, deren Gewicht mehr als zwanzig Pfund beträgt, sind da, wo Eisenbahn-Verbindungen bestehen, soweit es ohne unverhältnißmäßige Verzögerung ihrer Beförderung oder einen sonstigen Nach-

theil geschehen kann, als Frachtgut mit der Eisenbahn zu versenden. Dagegen sind Geld- und andere Werthsendungen stets zur Post zu geben[1]).

3. Zu den Reinschriften der Verfügungen an Privatpersonen ist Papier von solcher Beschaffenheit zu verwenden, daß das Gewicht desselben einschließlich des Couverts das zulässige Maximal-Gewicht eines einfachen Briefes nicht übersteigt.

§. 7.

Bei jeder Königlichen Behörde hat deren Vorstand diejenigen Anordnungen zu treffen, welche erforderlich sind, um eine ausreichende Controle der Verwendung der Dienst-Freimarken und der Eintragungen in das Porto-Conto-Buch sicher zu stellen, wobei jedoch darauf zu sehen ist, daß die Controle möglichst einfach geführt und daß dadurch keine große Schreiberei verursacht wird.

§. 8.

Die Verrechnung der gezahlten Portobeträge erfolgt im Ressort der Justiz-Verwaltung nach Anleitung des Etats bei den darin ausgebrachten betreffenden Titeln, in den übrigen Ressorts dagegen unter einem neu zu bildenden, nach dem Titel „zu sächlichen Ausgaben" einzuschaltenden Titel mit der Bezeichnung: „Porto und sonstige Frachtgebühren für dienstliche Sendungen" und zwar als Mehrausgabe über den Etat[2]).

Denjenigen Königlichen Behörden und einzeln stehenden Königlichen Beamten bei welchen eine selbstständig Rechnung legende Kasse nicht vorhanden, ist Seitens der vorgesetzten Provinzial-Behörden die Kasse zu bezeichnen, von welcher die Porto-Auslagen zu erstatten und zu verrechnen sind.

§. 9.

Den einzelnen Ministerien bleibt vorbehalten, die für ihre Ressorts erforderlichen näheren Bestimmungen über die Ausführung dieses Regulativs zu erlassen.

Berlin, den 28. November 1869.

Königliches Staats-Ministerium.

gez. **v. Roon. Gr. v. Itzenplitz. v. Mühler. v. Selchow. Gr. zu Eulenburg. Leonhardt. Camphausen.**

---

[1]) Die Bestimmung im §. 6. 2, steht dem Verfahren, wonach die zwischen den eigenen Kassen der Staatseisenbahn-Verwaltungen nothwendig werdenden Geldsendungen per Bahn durch Fahrbeamte besorgt werden, nach neuerer, im Einvernehmen mit dem Herrn Finanz-Minister ergangener Entscheidung, nicht entgegen.

Dieses Verfahren ist, in Verbindung mit der den Eisenbahn-Directionen ertheilten Ermächtigung, mit den Reichsbankstellen in Giro-Verkehr zu treten, geeignet, nicht nur den Geldverkehr zwischen den einzelnen Eisenbahn-Kassen, ferner mit der General-Staats-Kasse sowie mit anderen Instituten und Privat-Unternehmern zu vereinfachen und zu erleichtern, sondern auch Ersparnisse an Porto, Emballage rc. zu erzielen.

[2]) Cfr. die nachfolgende Declaration vom 24. Juli 1878.

Beschluß ad St. M. Nr. 1458/78.

(cfr. Eisenb.-Verordn.-Bl. pro 1878, S. 233/4.)

Berlin, den 24. Juli 1878.

Der §. 8, Absatz 1 des Regulativs über die geschäftliche Behandlung der Postsendungen in Staatsdienst-Angelegenheiten vom 28. November 1869, wonach die Verrechnung der gezahlten Portobeträge im Ressort der Justizverwaltung nach Anleitung des Etats bei den darin ausgebrachten betreffenden Titeln, in den übrigen Ressorts dagegen unter einem neu zu bildenden, nach dem Titel „zu sächlichen Ausgaben" einzuschaltenden Titel mit der Bezeichnung: „Porto und sonstige Frachtgebühren für dienstliche Sendungen" und zwar als Mehrausgabe über den Etat erfolgen soll, wird hierdurch dahin declarirt, daß unter diesem letzteren Titel außer den auf demselben nach §. 4 des Regulativs über die geschäftliche Behandlung der Telegramme in Staatsdienst-Angelegenheiten vom 30. Juni 1877 zu übernehmenden, von Königlichen Behörden und einzeln stehenden Königlichen Beamten für Telegramme in Staatsdienst-Angelegenheiten zu entrichtenden Geldbeträgen fortan nur noch

1. das Postporto, und zwar dieses ohne Ausnahme, soweit es von der Verwaltung baar oder in angekauften Marken direct bezahlt wird, und
2. die Frachtgebühren für solche nicht mit der Post bewirkte Packetsendungen, welche durch Zusammenlegung der dienstlichen Correspondenz oder durch Versendung von Acten, Drucksachen und Formularpapier zwischen Behörden und Beamten in Anwendung der Vorschriften im §. 6 des Regulativs vom 28. November 1869 entstehen,

zu verrechnen, daß dagegen

die Ausgaben an sonstigen Fracht- und Transportkosten denjenigen Ausgabetiteln jeder Verwaltung, welche die Beschaffungskosten der transportirten Gegenstände zu tragen haben, zuzuweisen sind.

Königliches Staatsministerium.

gez. Otto Graf zu Stolberg. Falk. Friedenthal. Graf zu Eulenburg. Maybach. Hobrecht.

Anmerkung. Nach neuerer Bestimmung sind die Portokosten und sonstigen Frachtgebühren für dienstliche Sendungen vom Etatsjahre 1880/81 ab unter einem eigenen Unterabschnitt der etatsmäßigen Büreaukostenfonds zu verrechnen.

F. Diäten der nicht anstellungsberechtigten Personen.

In Betreff der nicht anstellungsberechtigten Hülfsarbeiter ist durch Erlaß vom 20. Mai 1875, II. 9382 bestimmt, daß bis zur definitiven Entscheidung über die dauernde Beibehaltung der für den Büreaudienst resp. den Stations- und Expeditionsdienst angenommenen Personen die denselben zu gewährende diätarische Remuneration über den Minimal-Satz der Remunerationen für die Büreau- und Expeditions-Assistenten nicht hinausgehen darf.

(Wegen event. Bewilligung von Localzulagen an die nicht anstellungsberechtigten Diätare wird auf Nr. XXI Seite 281 dieses Werkes Bezug genommen.)

Im Weiteren ist durch den Erlaß vom 22. Juni 1875, II. 11491 ausgedrückt, daß die Bestimmungen des Erlasses vom 20. Mai 1875, II. 9382 sich nur auf diejenigen Personen beziehen, bezüglich deren bei der Mangels anstellungsberechtigter Bewerber erfolgten Annahme die Absicht vorliegt, dieselben dauernd beizubehalten; dagegen keine Anwendung auf diejenigen Personen leiden, welche lediglich zur Deckung eines vorübergehenden Bedürfnisses — bei vorübergehendem Verkehrsandrange, bei Bauten ꝛc. — aushülfsweise angenommen werden.

Es steht deshalb auch Nichts entgegen, diesen Personen, deren Annahme übrigens auch nur bei Mangel anstellungsberechtigter Anwärter erfolgen soll, nach Maßgabe der in dieser Beziehung ergangenen Bestimmungen, eine höhere Remuneration, als zu 5 des Erlasses vom 20. Mai 1875 bestimmt worden ist (d. i. der Minimal-Satz der Büreau- und Expeditions-Assistenten) zu gewähren. Mit Rücksicht auf die nur vorübergehende Beschäftigung dieser Personen sind dieselben indessen nur gegen ein tägliches Lohn und, ohne daß sie in ein Beamtenverhältniß treten, anzunehmen, und ist ihnen bei der Annahme ausdrücklich zu eröffnen, daß sie keine Aussicht auf dauernde Beschäftigung haben.

Buchdruckerei von Gustav Schade (Otto Francke) in Berlin N.